U0142939

法律風險管理

理論與案例

施茂林、宋明哲、宋峻杰、陳維鈞 合著

五南圖書出版公司 印行

　　人類的所有活動都與法律分不開，有法律就會有法律責任風險。各國採用的法系各有不同，法學上也有眾多不同學說，因此，國際間或同一國內的同一法律條文，就有可能出現不同的解讀，從而也會產生法律風險。其次，任何風險事件的發生，通常會伴隨法律責任，因此，法律與風險間，可說是相生相隨，有密不可分的關係。有鑒於此，作者乃商議共同撰寫《法律風險管理》（*Legal Risk Management*）一書。撰寫過程中，也得力於兩位年輕法學博士——宋峻杰（宋教授公子）與陳維鈞（施部長女婿）——的鼎力相助，四十多萬言巨著，歷經二年，終能與讀者們見面，以饗讀者。

　　本書共計二十五章，除作學理之論述，也列舉超過450則事例供參，綜合風險管理理論與法律案例，做系列及系統性介紹。其中，有眾多涉及刑事與行政責任的法律風險案例，雖然傳統的風險管理，只管理涉及民事責任的法律風險，但鑒於近年來，工商企業主身陷刑事法事件頻生，因此，企業主不可忽視刑事責任的法律風險。

　　傳統法學研究以規範分析法學為基礎，較少著重系統性管理學之探索，而風險管理本就是跨領域整合性學科，本書的撰寫即基於科際融合意旨，同時，也期盼讀者們能從書中體會法律風險處處存在，法律規範確有相當之約制力，這對風險管理精神意旨仍模糊的臺灣必有助益，蓋因風險管理與類似名詞間常被混淆。

　　2016年5月前往法國遊覽，同行者有學者專家與科技、通路、傳廣企業家，大都對法律風險管理有相當興趣。經簡要說明其精義，並佐以實際案例驗證，深刻體會法律風險與管理防範之必要及實益。在尼斯（Nice）活動中，有諸多企業第二代

生力軍受過歐美教育，更認同在企業經營上，法律元素之比重極大，故須正視法律風險之威力，建立法律風險管理機制，增進經營效能，提升企業成效。相信本書之出版，有益個人、家庭及工商企業界重視法律風險管理之重要性與實效性。

施茂林 亞洲大學講座教授
中華法律風險管理學會創會理事長
宋明哲 湖北省楚天學者　謹識於臺中・武漢
湖北經濟學院特聘教授
中華民國風險管理學會創會理事長

楔子　Risk 譯為「風險」

　　中文「風險」與「危險」各有其中文的語源，傳統[1]的「風險」概念代表機會，「危險」則代表不安全的情境概念。其次，德國社會學家盧曼（Luhmann, 1991）亦區分英文「Risk」與「Danger」的不同，前者與吾人的決策有關，後者無關決策。《面對風險社會》（*Risk and Society*）的原作者丹尼（Denney, 2005）在其書中的第一章風險的本質裡頭，也明確區分「Risk」與「Danger」的不同。相反的，國內對「Risk」的譯名偶有爭論，有譯成「危險」者；有譯成「風險」者。在堅守眞、善、美三原則下，本書將Risk譯爲風險。理由說明如下：

　　首先，翻譯上，應先求其「眞」。換言之，先考據英文Risk的語源。之後，則考慮中文詞彙，何者爲善爲美，才作決定。十七世紀中期，英文的世界裡才出現Risk這個字（Flanagan and Norman, 1993）。它的字源是法文Risque，解釋爲航行於危崖間。航行於危崖間的「危崖」是個不安全的情境。或許，這是主張應譯爲「危險」的論者，所持的理由之一。然而，法文Risque的字源是義大利文Risicare，釋爲膽敢，再追溯源頭則從希臘文Risa而來。膽敢有動詞的意味且含機會的概念。膽敢實根植於人類固有的冒險性，如前所提，航行於危崖間，亦可視爲冒險行爲。冒險意謂有獲利的機會。這個固有的冒險性，造就了現代的Risk Management。故以求「眞」原則言，中文「風險」實較契合英文Risk的原意。其次，英文Risk譯成「危險」，那麼，英文Danger該如何翻譯成中文，易讓初學者困惑。最後，現代Risk Management的範圍與思維已脫離過去的傳統，且中文「風險」實較「危險」爲「美」，也已廣爲兩岸學界所接受。因此，本書從善如流，採用「風險」當作英文Risk的譯名。

---

[1] 風險的傳統概念，是機會的涵義；風險的另類概念，是價值的涵義。

目　錄

第一篇

緒　論

本篇說明當前風險社會下，一般風險與法律風險之連動關係，法律風險管理對企業、家庭、個人與國家政府及非營利事業組織的重要性及其效益。

第 **1** 章

法律風險管理的重要性與效益

讀完本章可學到：

1. 認識當前法律風險環境的挑戰。
2. 瞭解風險社會與法律風險管理的關聯。
3. 體認法律風險常存於社會中。
4. 瞭解一般風險與法律風險之連動效應。
5. 認識法律風險管理的效益。

生活需舞動法律風險

法律（law）與風險（risk）看似無關，但現代生活中眾多風險來源，是來自法律，兩者可說是生活中必要的元素。不論個人、家庭、公司、非營利組織與政府等均會面臨法律風險（legal risk），法律風險管理（legal risk management）已成現代人們生活不可或缺的知識。例如：病人手術前，家屬簽的手術同意書，究其文字如何記載就會產生不同的法律效果，對醫病雙方可能帶來不同的法律風險。

那麼，風險是什麼？法律風險又指什麼？在此，先簡單說，未來的不確定性就是**風險**，進一步說，因立法或法律條文或契約安排或訴訟引發的不確定性就是**法律風險**。風險管理（risk management）則是掌控未來不確定性的一種管理過程，而**法律風險管理**就是掌控因立法或法律條文或契約、訴訟引發的不確定性的一種管理過程。但需留意法律風險管理涉及的不只是控制法律風險的手段，應搭配管理責任損失的手段，才能冠稱法律風險管理，缺乏其中之一，所冠稱的法律風險管理，均不符合風險管理的精神意旨[1]。

【案例[2]1】消失的董事長

鈦西公司小開各為26、28歲，資歷經驗淺少，正逐步培養歷練中，未料董事長突然辭職，推派長子任董事長，次子擔任總經理。全公司員工相當震撼，而新任董事長、總經理大權在握，自以為武功蓋世，凡不配合、不順眼者紛紛調職，高階主

---

[1] 科學有系統的風險管理，以「風險管理」詞彙出現為起始計算，應是1956年的事（Gallagher, 1956）。「風險管理」詞彙實有別於「安全管理」（safety management），這理由是根據1985年於RIMS（risk and insurance management society）年會揭櫫的101風險管理準則第8條的意旨而來，第8條的原文是「For any significant loss exposure, neither loss control nor loss financing alone is enough; control and financing must be combined in the right proportion」。

[2] 本書列述之案例，大多數為實際發生之事例，有則為司法案例，有則為行政案例，有則為社會事例，目的在透過各種案例說明法律風險管理防範之方方面面，俾能認識法律風險與管理法律風險之重要性，以及藉之體會管理思維與作法，預防法律風險事件的實現。其次，書中所列之各類案例，為公私部門與社會曾發生之事例，且類似或相同事例經常發生，在論述中，部分為單一事例，惟為使同類法律風險明確化，部分案例係將相近之事例中之行為態樣、不法模式及相關人之風險認知等予以整合，部分並作個案情節略作調整提敘，藉以凸顯忽略、忽視法律風險或置之不理之後果。本書蒐羅工商事業、公務部門及家庭個人發生之法律風險管理事例，並深入檢視分析，指出其間之盲點、爭點與問題，是本書列舉事例主要在引述闡述之用，不再提點各該案例之主角或公私部門名稱，除部分為公眾周知之案例，而列出其名稱外，其餘均不列出係何人、何企業或何機關，參閱時，亦不必究明其實際之主角或公私體，重要者，藉各事例深入瞭解法律風險管理之特質與實益。最後，本書中引用諸多檢察機關或法院偵審之案件，有經《聯合報》、《中國時報》、《自由時報》、《蘋果日報》、《旺報》、《經濟日報》、《工商時報》等新聞媒體披露，有為社會所知悉，有則僅少數人或當事人所瞭解，又部分案件僅經檢察官處理，有者為第一、二審之案件，並非為三審定讞案件，本書依案件之內容與特性，不以確定案件為準，而分別摘述在相關議題內，彰顯法律風險管理圖像。

管人人自危。未幾員工多人分別投靠董事長、總經理，極力巴結，排擠他人，以致董事長、總經理日久產生嫌隙，逐漸不合，母親調停無效，公司業績逐步下滑，利潤銳減，引發股東不滿，大家好奇董事長去哪裡了？原來董事長從事內線交易，被判處4年徒刑，坐牢去了。

一、當代法律風險環境的挑戰

時間在向前，任何活動面對的法律環境，越來越複雜，古今法律也大不同。活在當代的任何組織與個人，面對的是多如牛毛的法令，稍有不慎，即可能觸法。其次，拜科技之賜，網路發達，交通快速，當代人們所處的環境，是個國際地球村，面對國際，各國法系更是重要的法律風險來源。基此，活在當代，法律風險環境帶來的重要挑戰，主要來自：

第一、對個人生活言，在法令多如牛毛的環境中，最重大的挑戰，是不知法而觸法的可能性比往昔大增。例如：隨意當人頭戶，之後，可能一個頭兩個大。再如，試婚現象、同居不婚現象等，牽涉的法律問題也大。

【案例2】網路商店盜刷

洪原喜歡在網路購物，不論日常用品、家具、電器用品、書籍、衣服等，常網購進貨。某次收到帳單，發現有四筆金額較大，並非伊訂購，以為誤植，向銀行查證確係伊信用卡所刷，再調查原來是傳輸信用卡卡號等資料時，遭駭客「攔截卡號」，再到網路商店盜刷，趕緊報警。警局告知盜刷手法日新，有歹徒架設釣魚網頁引誘民眾點擊，趁機植入惡意程式抓取資料，或傳送「信用卡回饋紅利」的電子郵件，誘騙民眾填寫卡號。得到卡號、銀行碼及使用年限後，以網拍、網購、郵購等方式盜刷詐財。依臺灣銀行業通報資料，網路盜刷信用卡詐欺金額已達4.62億新臺幣，較五年前增加5.3倍。洪原聞悉後，直覺認為駭客輕鬆搶銀行，這種非面對面刷卡交易方式，風險不少，而自己被刷，還得舉證盜刷事實，否則要付出該被刷金額，根本是種法律風險。

第二、就企業商業活動言，在越來越國際化的經營環境中，企業雖有法務人員，但仍面臨來自各國法系[3]，對法律條文解讀不同與相關規定落差極大的挑戰。

例如：國內多家公司產製之面板因美國對反托拉斯法（anti-trust）的解讀不同，而發生極大的法律風險。

第三、對非營利事業團體（組織），包括社團、人民組織、國際性團體等，涉及之法律議題甚多，諸如其人格地位、權利義務主體、資金籌措、捐款支應、組織運作、捐輸與對象之法律性質等，都有法律規範的適用與因應問題，處理不當，也存有法律風險。

第四、對政府機構言，在國際法、國際公約與各國政府間簽協議越頻繁的環境中，各國國內最終的法律權威基礎，可能越會屈從於國際或各國政府協議的權威（Skipper, 1997）。在此背景下，各國政府施政也面臨極大的法律風險挑戰。例如：兩岸簽署的服務貿易協議。

再者，法律風險源於人，可謂因人為因素而產生法律風險居多，而人為因素可能係本人或內部相關人員所致，此種法律風險如做好法律風險預測、辨識、評定、回應，採取風險對策，可設法控制法律風險帶來之法律責任與損害。另有可能來自第三人，例如：(1)檢舉、告發、舉發、告訴等；(2)當事人對方提出訴訟；(3)司法相關辦案人員引致者，其法律風險則不如內部人員容易掌握，甚或遠遠超過自己所評估之損害程度。舉例而言，辦案人員有一定主觀認知，在訴訟過程很難導正而利於己方；又如有政治力量或政治意識影響，則當事人花費再大努力，提出充分事證，亦常無力回天；再如對照很有說服力或與本案無直接關聯之陳述，致辦案人員接受其說法產生非事實之認知，亦不易扭轉頹勢，似此，僅能做最大努力，降低事件之影響力。

面對這些複雜的法律風險環境（legal risk environment），不論個人、家庭、公司、非營利組織與政府，平時就應具備法律風險管理的常識，或組織內就應引進一套完善的法律風險管理機制，才能因應未來嚴酷的挑戰。

二、 風險社會與法律風險管理

我們的社會已走到風險社會（risk society）這個階段，在這不同以往的工業或農業社會裡，法律風險管理與它有何關聯？同時，風險社會又有什麼特徵？風險社會是社會學裡的專有名詞，首由德國著名社會學家貝克（Beck, U.）所冠稱。

系與東亞地區法系等六大法系。參閱Skipper, H. D. (1997). International risk and insurance: An environmental-managerial approach. 1ed. McGraw-Hill.

　　風險社會有不同以往工業社會與農業社會的特徵（周桂田，1998b；Beck，1992）：第一，它是高科技與生態破壞特別顯著的社會，而伴隨的是高度爭議的風險，例如：複製科技就存在高度的倫理爭議。人類如果繼續選擇複製科技發展，文明就會隨著複製科技所伴隨的風險演進，這就是貝克（Beck, U.）冠稱的**風險文明**（risk civilization）[4]，而風險文明演化過程中，為了維持社會秩序，更需新的立法加以控制；第二，它也是更需要個人作決策的社會，蓋因眾多風險爭議，專家與科學的答案不一致，個人面對時，需自己作決定。例如：臺灣的食安餿水油事件令國人惶惶不安、方便的手機可能傷腦、用鐵氟龍的鍋子炒菜，可能致癌⋯⋯用不用或吃不吃，大眾個人自己決定，個人作決策時，更需留意法律風險；第三，它更是風險全球化分配不公的社會。例如：環境汙染風險分配集中在落後國家或開發中國家的現象。這種分配不公，更需各國政府間的協議或各國進一步立法控管。

　　綜合來說，風險社會呈現的各種風險對工業化的反思[5]，這過程中所可能涉及的法律風險，不論個人、家庭、公司、非營利組織或政府皆須落實法律風險管理。

三、　法律風險森林

　　在風險社會中，存有許多法律風險，不論個人、家庭生活、企業經營、政治性活動中，都常發生法律風險事例，而且法律風險不限於民事賠償責任或刑事犯罪責任（但法律風險管理的範圍不包括刑事犯罪責任），也包括違反行政法規之行政裁罰責任，可說範圍廣泛，凡有違規違法之行為，都有法律責任問題。事實上，不論在國內或是在外國，一樣都有法律風險責任，現從各角度提供下列案例說明今天社會也是個法律風險的世界，法律風險正是風險社會最具體的明證之一。

---

[4]　「風險文明」一詞，是德國著名社會學家貝克（Beck, 1992）所提出。風險文明是人類文明的新起點，主要導因於工業革命以來，至現代高科技的發展，伴隨的高爭議風險，已不同於過去科技所伴隨的風險。過去，科技伴隨的風險，社會能夠承受，但現在不能。因此，人類文明的發展，需要脫離工業文明，轉而進入風險文明的新起點，此種風險文明，是由高科技風險，決定了人類文明發展的屬性，高科技風險，也成為人類文明演化的內涵。

[5]　簡單說，反省性現代是貝克（Beck, U.）、季登斯（Giddens, A.）與瑞旭（Lash, S.）所冠稱，此名詞不同於其他社會學者所稱的第二現代，反省性現代指的是現代化的工業社會，反而成為被解體與被取代的對象。詳細內容，可參閱劉維公（2001）。第二現代理論：介紹貝克與季登斯的現代性分析。顧忠華主編《第二現代——風險社會的出路？》pp. 1-15。

【案例3】打工成犯罪分工

　　高中畢業生何鑫指考360分，父母慶幸可錄取國立名校，某日經同學張義邀請打工，由人力派遣公司指派至機械廠工作，結識工人吳興、涂忠，相談甚歡。吳、涂找其喝酒同樂，席上張義、吳興一直不甘工資有限，商議押出機械廠老闆林彬給錢，何鑫不肯，涂忠告以你不必去，人帶回來協助看住就好，後押來林彬同意付款30萬元，何鑫分得1.8萬元，被聲請羈押，判刑8年，令人不勝唏噓，何以如此欠缺法律知識，大好青春隨風而去[6]。

【案例4】騷擾野生動物要罰款

　　泛舟哥郭倫喜愛划獨木舟，得悉秋季後最宜賞鳥，乃駕駛獨木舟在東石鰲鼓濕地水域悠哉泛舟7個多小時，巡查人員勸導其上岸離開，否則會被裁罰。原來鰲鼓濕地有250多種鳥類棲息，內有大鳥、候鳥進入，經主管機關公告禁止進入嬉水捕魚等，擅自進入者，違反《野生動物保育法》中的「騷擾」野生動物的行為，處2萬元以上10萬元以下罰鍰。《濕地保育法》也規定，非經主管機關許可，重要濕地內禁止騷擾野生動物，違反者裁罰6萬元以上30萬元以下。

【案例5】撿石頭也要罰

　　遊客董詠與友人至臺東達仁鄉鵝卵石海邊玩耍，看到石頭非常喜歡，順手撿了二大四中的鵝卵石。準備放到自家汽車時，有他車遊客上前勸阻，說：這叫南田石，臺東縣政府已公告南田海岸嚴禁撿拾砂石，違者依《土石採取法》移送法辦，處以100萬至500萬元罰鍰，你不要帶走，否則會被罰錢。董詠趕緊放回海邊，回家上網查看，才知道南田石深受玩家青睞，一顆南田雅石收購價有則數10萬。常有懷抱發財夢的撿石者尋寶，幾乎已達濫撿地步，因石頭為公有，未經許可取走還可能構成竊盜罪[7]。

---

[6] 根據近十年犯罪原因，主要在於心理、家庭、學校、社會因素，其中個人之心理因素比例逐漸升高，有關「缺乏法律知識」及「好奇心驅使」佔有相當比重。分析其好奇心趨使犯罪者，部分為法律意識淡薄，法律約制力不足，是以加強青少年法律觀念，強化校園法治教育，誠為學校重要之課題。

[7] 許多蒐集石頭之雅士常到河川、山上撿取，認為無人管理，就可隨意採取挖掘，尋求喜歡的自然寶貝，甚至雅士還公開招攬有興趣者參加野外探寶活動，殊不知採取土石需依《土石採取法》規定辦理申請許可，若未經許可採者可處以100萬元至500萬元罰鍰。還好《土石採取法》第3條開了一道方便之門，例如：採取少量土石自用者不在此限；經濟部並發布《採取土石免申辦土石採取許可管理辦法》以供遵循。

【案例6】撤銷贈與不孝子之房屋

　　張欣德贈與其子張景同透天厝一棟，價值將近2千萬元，訌婚後其妻莊茜桃對張欣德態度逐漸不友善，常口出惡言。在親戚婚禮中因耳聞其父數落不是，竟辱罵張欣德三字經不要臉，當場持酒杯向其父臉部潑酒，罵稱：偷老闆的錢買房屋，有什麼好神氣！張欣德向檢察官提出告訴，提起公訴後，有友人勸張景同夫妻小心，向父親道歉，張某夫婦不願意，法院判決拘役50日確定。張欣德乃依《民法》第416條規定，以張景同對其有故意毀謗行為，撤銷贈與，民事法院判決准許，張景同自嘆疏忽友人所提法律風險，後悔已來不及[8]。

【案例7】還好有限定繼承

　　署立醫院醫師甲唆使護士，只要來看病，除非患老年痴呆或精神障礙，否則一律在醫療紀錄上載明已進行「門診會談資料」。在2年8個月時間內，共虛偽記載3萬3543次「門診會談資料」，每次詐領187元到304元不等治療費，金額達912萬餘元，導致醫院被健保局裁罰2倍罰鍰共1825萬餘元，甲死亡後，醫院向家屬求償。因甲已死亡，院方轉向家屬求償，最高法院維持高院見解，認為家屬未拋棄繼承，全數判准賠償，依新修《民法》「限定繼承」規定，家屬只需在遺產繼承範圍內償還。由於繼承包括繼承消極財產（即死者之債務）在內，繼承人需有風險認識，如繼承不利，最好拋棄繼承[9]。

【案例8】未成年不能政治獻金

　　各類公職人員選舉期間，熱心民眾常會努力捐款，有一候選人接到一小學生捐款1000元及一張文情並茂的讚美信，非常高興，乃在記者會中出示以凸顯其個人特質，引起不少回應。未料接到好心人士提醒，收到捐款要小心。經團隊查證，發現《政治獻金法》第7條第1項第7款規定，未具有選舉權人不得捐贈政治獻金，大家才查覺法律森嚴，法律風險常在。

---

[8]　《民法》第416條規定得撤銷贈與之二種情形，其一是受贈人對贈與人有故意侵害之行為，依《刑法》有處罰之明文者，贈與人得撤銷其贈與。其二是對贈與人之配偶、直系血親、三親等內旁系血親或二親等內姻親，有《刑法》處罰之侵權行為，也可以撤銷贈與。目前父母引用本條規定訴請撤銷贈與，有相當多案例。

[9]　繼承遺產，不一定有利，因《民法》第1148條第1項規定，繼承係承受被繼承人財產上之一切權利義務，所以被繼承人之債務也由繼承人負責，如經計算有不利結果，可以拋棄繼承。

【案例9】違反法令圖利

謝誥為某市建設局局長，處理民間投資立體停車場併同商場使用興建案，後雄仁公司投資申辦時，要求放寬為商業使用，違反當時都市計畫公共設施用地多目標，該方案原不得核准，承辦人員亦簽報其違反法令使用。詎謝誥明知申請案與法令不合，乃予核准，使雄仁公司因此取得市政府核發之商業使用之建造執照及使用執照。謝誥在法庭上辯稱部分商場使用與商業使用同義，範圍及功用相同。惟法院認為商業使用不同於商場用途，經法院以圖利罪等判決7年確定[10]。

【案例10】廠商利益迴避

信達營造廠創建以來，已傳承三代，一向負責敬業，重視品質，深得業主肯定。多次承標政府公共工程，均能按圖施工，如期完工，有良好口碑。二年前向公家機關標得辦公大樓、檔卷室、圖書館等工程，金額各為1億1千萬元、7千萬元及5千萬元，負責人張友明親自督工，工程進行相當順利，預計均可如期完成，初步評估有近2成毛利。張董事長為感謝員工辛勞，宣布順利完工後，將提撥0.5成作為獎金，全體員工相當興奮，未料突接獲通知，因其兄弟在該機關擔任職員，將各裁罰1億1千萬元、7千萬元及5千萬元。張董事長聞後大吃一驚，幾乎暈倒，覺得奉公守法不敢懈怠，怎會落得如此下場。三代慘澹經營，幾乎一場空，原來《公職人員利益衝突迴避法》規定，有關承攬、買賣、租賃等可以處罰交易額1至3倍，亦即可以從2億3千萬元，罰到2倍的4億6千萬元，更可罰到6億9千萬元，讓他目瞪口呆說：企業正派經營還不夠，對法律實在不能忽略[11]。

【案例11】分散所得不算聰明

韓原在智信公司擔任董事長，月領24萬元。因其收入來源多，乃商請祕書鍾璋、工讀生廖婷同意，指示財務和會計人員將自己薪資中的14萬元，以該二名的受

---

[10] 在公務員圖利案件中，涉案被告常抗辯其本身並未得到任何利益或好處云云，但圖利就是未收取賄賂或不正利益，如有收取則犯收受賄賂罪。

[11] 社會一般人對於法律風險不一定重視，有的甚至有意忽略或漠視，等到風險發生，才知「代誌大條了」。以《公職人員利益衝突迴避法》而言，已先後發生諸多案例：（一）政務官之弟承包其下級單位之工程，被依工程額罰4千8百多萬元。（二）機關首長上任後，繼續聘用其妻為職員，年薪40萬元，被裁罰100萬元。（三）國小校長任用配偶前夫之子女任教，領得薪金60多萬元，被裁罰100萬元。（四）校長經合議制公開甄選教師，其子女上榜予以聘用，被罰100萬元。（五）首長之姊在某藥廠任職，藥廠標得所屬醫院藥品，被裁罰標價金額共5千多萬元。（六）他如鄉長在其姊工地旁施作美化工程，鎮長在其弟農地前鋪設柏油路等，都違反該條例。

領薪資為名義存入帳戶，並製作不實薪資明細單以及各類所得扣繳暨免扣繳憑單。在辦理綜合所得稅結算申報時，短報薪資所得192萬元，逃漏綜合所得稅。涉嫌逃漏稅捐與偽造文書，遭法院判處有期徒刑8月在案。

【案例12】擅自調製中藥

雅蘭中醫聯合診所負責人顏介山在診所地下室，將甘草等藥材及火麻仁等科學中藥加工調製成中藥，分裝成鋁箔小包裝供診所及認識之中藥師使用。經衛生局查獲，顏介山抗辯：僅屬調劑藥物，並非製造藥品。檢察官調查後，認製造未經核准之偽藥，以違反《藥事法》提起公訴。

【案例13】買入集體土地之風險

仕典鞋業公司在中國向廠房所在村民委員會購買集體土地及其上房屋後，於空地上興建廠房，開始生產。業務繁榮，利潤不錯，後村委員表示不能再讓仕典公司使用，仕典仍向當地人民法院請求村委員履約。法院判決當地房地主管部門出具產權證明，僅係證明該房有使用權，集體土地未經徵收為國有土地不得出讓，其上房屋不得買賣，雙方所訂買賣契約違反中國土地法律應為無效，村委員應賠償仕典公司。終而被收回，仕典只得搬遷，損失不少。公司事後檢討，公司欠缺法律風險意識，未研究中國房地產法律，疏於注意法律之適用問題。決定未來需充分認清中國法令，對於土地之取得需完成報批手續，取得國土證明書。首要注意土地法律規範，如購地合約後2年未經開發將被收回等。

【案例14】藥商對賣藥搶天價賠償

36歲時死於肺癌的老菸槍強森（Michael Johnson）的遺孀欣西雅·羅賓森（Cynthia Robinson）指控駱駝牌香菸製造商RJ雷諾茲（RJ Reynolds）未適當提醒消費者香菸的風險的情況下製造與販售香菸，公司此項疏忽，強森飽受肺癌之苦並且喪命；美國佛羅里達州陪審團經15小時審議會裁示RJ需支付236億美元（約7100億新臺幣）的懲罰性賠償，與1680萬美元的補償性損害賠償。

【案例15】Enron風暴

發生在2001年末，震撼全球的Enron風暴事件與企業內部是否落實法律風險管理，相當有關係。Enron集團事實上有良好的聲譽與極佳的風險管理制度及辦

法，這當然包括作業風險管理中的法律風險控管機制。然而，由於負責人、CEO、CFO等高階主管人性的貪婪，官商勾結；董監事與著名銀行及著名國際會計師事務所——安達信的共犯結構，不落實專業倫理與道德，終究瓦解企業巨人，走上不歸路。因該起事件，倫理與道德課程重新登上哈佛商學院課堂，美國國會嗣後也通過影響內稽內控與風險管理深遠的Sarbane-Oxley法案。

【案例16】動物可否享有著作權

2011年英國自然攝影師史雷特（David Slater）到印尼蘇拉威西島野生保護區拍照，相機為印尼黑冠猴「納魯托」（Naruto）取走隨意拍照，99%照片模糊失焦，其中有納魯托露出牙齒狀似笑容之自拍照相當清楚，史雷特乃將二張相片放在書中及上網，引起網路瘋傳。維基百科將之收錄在供免費使用之照片收藏中，史雷特主張其有著作權，維基百科認為納魯托才是照片作者。因美國法律禁止人類以外之動物擁有著作權，應歸為公共財。善待動物組織（PETA）則於2015年9月向舊金山聯邦法庭提出告訴，認為照片是納魯托主動拍攝擁有著作權，而史雷特藉書出售附有該自拍照賺錢，侵犯納魯托之權利。聯邦地區法官歐利克於2016年1月6日裁定：雖然美國國會和總統能夠把法律提供的保護擴及動物和人類，但動物不能擁有著作權。引起學者專家熱烈討論，由於攝影設備為史雷特所有，亦由其放置，本該攝影器材之著作照片應歸其取得著作權，不因係本人親自操作或合於其原來拍攝目的而非本人完成有所不同，唯有不同之見解，因之類似情形，有下列法律議題值得探討：

1. 權利主體是否限於人類？如非人類不得享有，則本案之照片著作權之歸屬為何？

2. 人類社會強調尊重動物，何以不能享有權利主體？

3. 自然人豢養之動物，如發生權利義務行為，是否由自然人享有其法律效果？

4. 動物出於本能意識，如有權利義務行為，其法律效果歸屬為何？

5. 在野外架設科技設備，設計動物操作，其權利義務歸由何主體？

6. 動物自動操作自然人放置之科技設備，而發生權利義務行為，是否歸該自然人？

四、 一般風險與法律風險之連動

（一）一般風險與法律風險關聯性

風險之分類有依來源、性質、個人認知、損失（害）標的、損害主體及保險角度等而有不同之類型。基本上從損失標的而言，可分為人身風險、財產風險、責任風險及利得風險；再由其實質探究，有些情況會涉及法律風險因素於其中，經由法律風險之辨識、回應與控制，達致減少損失，降低損害之目的，是以法律風險管理亦在其間發揮其影響力。

又管理風險之目的，在於(1)生存需要；(2)安全之要求；(3)控制風險之經濟耗費（economic costs of risk）；(4)創造利益與價值；(5)法律規範之強制需求[12]，其中充分說明法律要求對管理風險之重要性，蓋法律之規定常要求個人、家庭、企業、社會團體必須遵法行事。公務員必須依法執行，若因故意、過失而有違章、違規、違法或不法等行為，將涉及法律責任，進而出現法律責任風險，由此復可知法律風險管理之影響力。

對企業而言，風險範圍甚廣，含括製造生產風險、行銷風險、市場風險、環境變動風險、營運風險、決策風險、人事管理風險、財務會計風險、政治風險、國際情勢風險及法律風險等。在各種風險之管理控管過程，必須正視法律問題，除依法令規定及作好契約安排外，需充分防阻法律風險出現，而且各該風險出現時，經常伴隨法律責任之約制，如未做好預防評量，採取有效對策，則出現嚴重之法律責任而企業無法承擔時，可能導致企業必須結束營運。是以有識之士指明企業之各類風險出現而不涉及法律風險時至多無法繼續運轉，但法律重大責任一旦發生，企業與負責人面臨民刑及行政責任，有謂法律風險為企業終結者，有其深理。

---

[12] 鄭燦堂，《風險管理理論與實務》，五南圖書，2016年3月3版1刷，頁36-38。

圖 1-1　企業風險類型

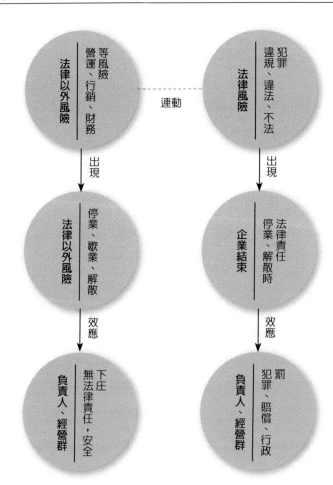

圖 1-2　法律風險與法律以外風險後續效應

（二）處理法律風險之連動風險

　　法律風險出現後，必須重視，及時處理，不論是主動處置或被動、被迫處理，均以化解法律風險，至少是降低或減少法律風險損害與責任為上。一般而言，法律風險作妥慎處理後，可能事情可告一段落，但有時會產生其他作業風險等，致當事人造成甚大影響，超過原先之預期。是以在作法律風險控管及管理時，另須預測、評量及測定可能延伸之一般風險、作業風險及社會風險；同時要評量解決原有法律風險後，是否已予終結，千萬不要為解決一時之風險，而延伸新的法律風險，或未評量其可能產生變動之新法律風險。總之，法律風險要作適當之管理解決，儘量使法律風險管理得以全盤性掌握及控制，避免風險之後續效應。

【案例17】董事之解任

　　上市A公司董事長兼總經理翁國明得知聚豐實業旗下子公司將以每股0.8美元價，收購裕南子公司南台公司50%股權，遂以每股14元買進A股票300張，估算不法所得225萬元。投保公司依《證券投資人及期貨交易人保護法》第10條之1第1項第2款之規定，對翁國明提起民事訴訟解任訴訟，經一審法院判決其董事職務應予解任。

【案例18】緩起訴處分之後續效應（一）

　　大三學生劉宗賢偶然機會認識柯松清，柯某知道劉宗賢手頭拮据，力邀劉至伊企業工讀，劉宗賢發覺柯某是詐騙集團首腦，經不住誘惑同意參加。第10次出面擔任車手被查獲，報紙大幅報導，其手法高明，指學校教育訓練出問題，為學校得知以其影響校譽重大，擬予退學。另一方面檢察官著手偵辦後，劉之父母察覺事態嚴重，具狀檢察官從輕發落，劉某到庭也表示高度懺悔，檢察官予以緩起訴處分。劉之父母以此要求學校原諒，學校告以劉除為集團要角，又拉同學多名下海，情節重大，勸劉轉學，劉父母不得已同意，經洽二所大學不接受，令劉父母體悟法律風險行為也會連動其他風險。

【案例19】緩起訴處分之後續效應（二）

　　縣議員選舉時，里民張權、林欣、郭聞、趙都等10人接受縣議員候選人陳倫之弟陳龍之賄款各800元，答允投陳倫一票。經檢調查獲，陳龍否認有買賣之事，林欣、張權等5人在偵查中坦承其事；郭賢、趙都等5人否認，檢察官就林欣、張權等

5人緩起訴。法院審理結果，依林欣、張權等人緩起訴認定之事證，認定確有買票之事，判決陳倫當選無效。當初陳倫堅信未查獲本人賄選，又有多人否認，證據有所不足，而未評量緩起訴處分關連到法院判決，眞是始料未及之法律風險再現。

【案例20】證據契約之後效

教學醫院主治醫師劉喆爲病人黃恆生手術後死亡，黃恆生家屬黃立群告訴劉喆過失致死罪，經檢察官提起公訴；民事部分，家屬亦提出損害賠償訴訟，兩案同時在法院審理，劉喆倍感壓力，經與律師商量，與黃立群在民事訴訟部分達成證據契約[13]，約明未來民事訴訟以刑事案件認定證據爲準，雙方合意停止訴訟。後刑事訴訟部分判決徒刑7月，緩刑3年確定；民事部分據此判決劉喆與醫院需連帶賠償1800萬元。醫院責怪爲何要締結證據契約，劉喆回應當時認爲家屬及檢察官之證據不足，有信心爭取判決無罪。醫院之律師認爲證據契約威力大，其法律後座力高，簽署後，將演變成原有法律風險擴大增加新的法律風險，何以未審愼評量！

【案例21】緩刑期間出國有限制

潘明清在傑仁公司任職時，因違反《多層次傳銷管理法》，在審理中爲求緩刑，坦白認罪，法官判決徒刑10月，緩刑3年確定在案，隨後移送觀護人執行保護管束。潘明清特地從新工作地點江蘇返回臺灣報到，觀護人得悉在境外工作，涉及住所遷徙，需報請檢察官核准。檢察官以其曾斷斷續續報到，其工作之企業爲其父經營，伊家另有企業在臺灣，不必遠赴大陸，不准其出國。潘明清才察覺麻煩大了，憶及當初考量緩刑時，未料及有保護管束之事，懊悔不已。

【案例22】判罪後任獨立董事之困擾

林坤在釩憲企業任經理時，因業務上登載不實，爲法院判處5月，易科罰金完畢。其後親戚匡美所營碁業科技公司準備上櫃，商請其擔任獨立董事。在證券商輔導上櫃期間，查出林坤有僞造文書前科，堅持不要聘任林坤，匡美則力爭其案件已執行完畢，證券商明告有此業務上不法行爲，未來在審核時，必被質疑，還得準備文件及說明，不要自找麻煩。林坤聞知，不願匡美難做人，表明不願擔任，林坤之

---

[13] 證據契約係指關於訴訟上確定事實方法之訴訟契約，有廣義、狹義之分。廣義之證據契約，有自認契約、仲裁鑑定契約、約定各個證據方法之證據力契約，以及狹義之證據契約等證據契約之內容，如不侵害自由心證主義，且在辯論主義適當領域內，應認爲有效。但證據方法契約或證據限制契約，影響法官事實發見與依職權調查證據，不宜承認其效力。

妻乃感嘆説：沒料到法律風險出現，也會帶來非法律之風險。

【案例23】重訂新約帶來新問題

　　金億機械公司將其生產之工作機、切割機等產品委託銘峰實業公司銷售，後金億公司準備外銷海外，已談妥歐洲及美加地區代理廠商。銘峰知悉後，向金億表示依原契約伊有代理權，金億主張當初只是同意銘峰代銷，並未限定臺灣只由銘峰一家代理，又未提到海外之事；銘峰則強烈主張海內外均在內。雙方經折衝後，重簽契約。銘峰同意只代理臺灣地區，但取得金億子公司麗喜家電新產品代理權，其後3年，金億海外銷售大好，銘峰則業務日下，麗喜銷路更差。銘峰監察人吐槽重簽契約時，已予反對，並提議給一大通路銷售竟被否決，董事長應負主要責任。董事長也後悔處理舊約而訂新約，反而綁住自己，連帶臺灣地區業績更加不振。

　　從上述諸多事例顯示在管理法律風險時，不能僅就法律風險事件做瞭解，而必須前後兼顧，周詳評量。對解決法律風險本身以外有無延伸及後續發展之法律風險有整體性、完備性之評斷，以免發生未預期、超預期之後展性法律風險問題，造成更大的困擾，甚至發生後階段之法律風險遠遠比前階段法律風險嚴重，危害性更大。同時，一般風險會與法律風險接合延續展開，而法律風險也會連動一般風險，不能不謹慎以對[14]。

五、　法律風險管理的效益

　　在這風險社會中，不論個人、家庭、公司、非營利組織與政府如能具備法律風險管理的知識，至少可產生如下效益[15]：第一，做好法律風險控制，可降低責任風險的程度。例如：個人要當保證人時，必須事先瞭解法律地位，降低可能的責任；第二，就企業商業活動言，做好法律風險管理的實踐，對法律遵循的落實，可減少高額違法賠償與行政裁罰金，進而可提升公司價值（corporate's value）與經營

---

[14] 以司法機關處理判刑重罪之被告是否如期入監服刑，常成為社會關注之重點。對司法機關而言，若未做好風險控管致被告潛逃出境，必引來風險效應，遭受社會各界撻伐。如2015年有一縣議長簽賭判刑3年2月，一鎮長貪瀆判刑9年，先後逃匿國外，司法機關一再被批：「大咖落跑了」、「又一大咖跑掉了」，質疑司法無能。

[15] 施茂林，〈法律風險管理體用距陣與連動議題之研究〉，《法律風險管理跨領域融合新論》，五南圖書，2014年9月初版2刷，頁2-58。

效能。例如：印度波帕耳（Bhopal）爆炸案，法院判賠高達4億7千萬美元的賠償金等；第三，對政府機構言，落實法律風險管理，依法行政，可增強民眾的信任度與滿意度，提升公共價值[16]（public value）；第四，對整體社會言，法律風險管理間接的也帶來減少違法或違規行為的發生，降低社會成本的效益。

企業界對法律風險管理之認知究竟如何？容有不同看法，惟從實際發生事例觀測，有不少企業家明顯欠缺法律風險意識，談不上有管理之作為。解析其原因，有者根本無視法律規範之約制，有者忽視法律與企業經營之關聯性，有者忽略企業經營必須容納法律元素，有則更是存心或有違法犯罪。當法律風險事件發生方覺悟法律森嚴，法律風險責任重大，後悔不及，此則從建立企業負責人與經營層主觀正確觀念。法律風險管理策略運用與具體實作方法，對企業界而言，更具其實效性與實益性，也更能彰顯其效能。

六、 本書架構

本書共分六篇二十五章，其撰寫架構，依序說明如後：

第一篇緒論中，說明法律風險環境的挑戰與法律風險管理的效益。

第二篇則是總論，首先說明法律風險與風險理論，其次說明法律風險管理的涵義與歷史發展，最後說明法律風險管理與ERM。

第三篇以企業為管理主體，說明在ERM架構下，企業內部法律風險管理的實施。

第四篇則說明個人家庭有關日常生活、社群互動及投保理賠等法律風險管理。

第五篇介紹政府機構、法律管理與法律風險管理。

第六篇說明公私部門與個人有關法律風險管理實作之狀況與奧妙。

七、 本章小結

法律也是道德規範，面對風險社會，不論個人、家庭、公司、非營利組織與政府，如能具備法律風險管理的知識，除可產生各種效益外，對整體社會秩序也產生

---

[16] 以企業為管理風險的主體稱私部門的企業風險管理，其目標在提升企業或公司價值；相反的，政府是管理風險的主體時，稱為公部門的公共風險管理，其目標在提升公共價值。兩者目標間存在差異，內涵上企業或公司價值以財務為主，公共價值除財務外，非財務的因素極為重要。

極大的功用。

本章摘要

1. 風險社會的特徵：第一，它是高科技與生態破壞特別顯著的社會；第二，它也是更需要個人作決策的社會；第三，它更是風險全球化分配不公的社會。

2. 法律風險在風險社會中最具體。從書中各案例，可充分瞭解法律風險常在個人生活、家庭事務、工商企業活動、政府權力運作中實現。

3. 從法律風險事例中，可充分瞭解法律風險常在，有如在森林內各類法律風險林立，任何人與公私部門均不能忽視其存在。

4. 風險可分成一般風險與法律風險，前者在運作過程常涉及法律風險，且後者法律風險之管理對一般風險之預防控管有其正面助益。當一般風險事件發生，法律責任風險常關聯存在，更棘手者為重大法律風險事件，會導致企業之終結。

5. 法律風險管理的效益：第一，做好法律風險控制，可降低責任風險的程度；第二，就企業商業活動言，做好法律風險管理的實踐，對法律遵循的落實，可提升公司價值與經營效能；第三，對政府機構言，落實法律風險管理，可增強民眾的信任度與滿意度，提升公共價值；第四，對整體社會言，法律風險管理間接的也帶來降低社會成本的效益。

思考題

❖ 臺灣的食安餿水油事件跟風險社會的特徵有何關聯？

❖ 以個人、企業、政府為主體作說明，各自想想為何要管理法律風險？

參考文獻

1. 周桂田（1998），現代性與風險社會。《臺灣社會學刊》。
2. 宋明哲，《風險管理新論——全方位與整合》，五南圖書，2012年10月6版1刷。
3. 鄭燦堂，《風險管理理論與實務》，五南圖書，2016年3月3版1刷。
4. 劉維公（2001）。第二現代理論：介紹貝克與季登斯的現代性分析。顧忠華主編，

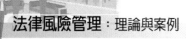

《第二現代——風險社會的出路？》

5. 施茂林，《法律風險管理跨領域融合新論》，五南圖書，2014年9月初版2刷。

6. 施茂林等，《生活法律風險管理》，亞洲大學財經法律系，2014年10月初版。

7. Beck, U. (1992). *Risk society-towards a new modernity*. London: Sage.

8. Gallagher, R. B. (1956). Risk management-new phase of cost control. *Harvard business review*. Vol. 24. No. 5.

9. Skipper, H. D. (1997). *International risk and insurance: An environmental-Managerial Approach*. 1ed. McGraw-Hill.

第二篇

總　論

　　本篇闡釋法律風險與風險理論，其次，說明法律風險管理的涵義與歷史發展，最後說明法律風險管理與ERM。

第 **2** 章

法律風險與風險理論

讀完本章可學到：

1. 不確定的來源有哪些？有多少層次？

2. 認識兩種風險本體論的差異與各種風險理論的要旨。

3. 唯有從理性與感性的角度觀察風險，才能真正瞭解法律風險真相的全貌。

4. 瞭解風險及法律風險不只是數字，它也是個選擇，也是種感覺，更可以是一個社會的文化價值。

風險是理性與感性的字眼

　　法律風險是作業風險之一，風險概念自有其不同理論基礎。依目前的學術發展來說，風險，可以是數字，可以是選擇，也可以是種感覺，更可以是社會價值，這其中「社會價值」更是法律風險管理領域絕不可忽視的概念。這些「可以」均有其理論基礎，基礎不同，看待風險的方式就不同。不同的風險理論（risk theory）會影響吾人回應風險（responding to risk）或管理風險（managing risk）的思維。因此，說明法律風險管理之前，認識各種不同的風險理論是必要且重要的。

　　以現代科技的神速進展來看，科技除使得風險的量化，更快速、方便管理[1]外，人類未來的生活中，也充滿著更多機會（opportunity）與威脅（threat）。這些機會與威脅，除來自各種科技外，來自各研訂的立法，也與日俱增。例如：複製科技可能帶來無限希望，也可能帶來極大的恐懼與倫理的爭議。再如，環保低碳稅的新立法，帶給企業成本負擔，也可能產生效益衍生新的商機。類似這些未來的可能，生活中不勝枚舉[2]。其實這些可能，粗略地說，就是風險。

　　「風險」一直是人類所有活動中，必要的元素，當代的風險，拜現代科技[3]之賜，更迥異往昔。也因此，德國著名的社會學家貝克（Beck, U.）直稱當今是個風險社會，不是工業社會；是**風險文明**（risk civilization）[4]，不是工業文明。

　　其次，伯恩斯坦（Bernstein, 1996）也提及「未來」是風險的遊樂場。這句話的意涵多元，它可指「風險」是永遠存在的，因為時間永遠向前轉動，亦可進一步解讀成「風險」在造就人類的未來[5]。此外，風險固然令人愛恨交織，但人類的冒險（taking risk）本性，除創造了現代文明[6]外，人類也想進一步加以掌控[7]，從而

---

[1] 用來計量風險的電腦軟體與開發軟體的專業機構，因電腦科技的神速進展，已比往昔大量增加。前者如RiskMetrics軟體，後者如Algorithmics公司。

[2] 極端氣候持續發生，你我不無可能成為氣候災民？今天結了婚，未來可能離婚？股票族最想知道，明天臺灣股市，可能漲或跌？眾多可能，牽伴著你我。

[3] 現代的眾多科技，例如：基因科技，均伴隨著高度爭議的風險。Jerome R. Ravetz 稱呼現代科技為後常態科學（post-normal science），有別於工業社會時的常態科學（normal science）。參閱Funtowicz and Ravetz (1996), *Risk management, post-normal science, and extended peer communities*。

[4] 「風險文明」一詞，是德國著名社會學家貝克（Beck, 1992）所提出。風險文明是人類文明的新起點，主要導因於工業革命以來，至現代高科技的發展，伴隨的高爭議風險，已不同於過去科技所伴隨的風險。過去，科技伴隨的風險，社會能夠承受，但現在不能。因此，人類文明的發展，需要脫離工業文明，轉而進入風險文明的新起點，此種風險文明，是由高科技風險，決定了人類文明發展的屬性，高科技風險，也成為人類文明演化的內涵。

[5] 風險在造就人類的未來，是著者研讀「風險文明」一語內涵後的另類解讀。

[6] Bernstein , P. L.（1996）所著《與天為敵》一書中提到，風險是現代與古代的分水嶺。參閱該書中文譯本第003頁。

[7] 根據《與天為敵》（Bernstein, 1996）一書中的第025頁所載，文藝復興與宗教改革是人類掌控

誕生了當紅的顯學——風險管理。風險管理在學科性質上（Tapiero, 2004），是屬於多元的跨領域整合性學科（interdisciplinarity），法律風險管理也不例外（施茂林，2013）。

　　風險與風險管理，這兩個詞彙，從字源的起點來看，風險的歷史久遠[8]，科學有系統的風險管理則是1950年代的事[9]。最後，風險概念本身，涉及的是未來，不含過去。相反的，風險管理爲了評估與預測風險，就需涉及過去的紀錄，推估未來風險[10]可能出現的軌跡，方便吾人管理風險。對於風險概念中的未來與不確定性，每人看法不同，想法也不同。因此，「百花齊放，一統未定」[11]就成爲目前風險理論的最佳寫照。

一、　不確定的來源與層次

　　從前述可知，「不確定」是風險概念的核心，當然法律風險也不例外，但奈特（Knight, F.）（1921）將不確定與風險作嚴格的區分[12]，因此回答，不確定爲何存在？它的來源有哪些？它有沒有層次之分？就顯得必要。

　　首先回答，爲何會存在不確定？以及它的來源有哪些？不確定存在的理由與來源有（MaCrimmon and Wehrung, 1986; Rowe, 1994; Fichhoff, et al., 1984）：

　　第一，當吾人無法完全掌控未來的事物時，就會存在不確定。嚴格來說，任何未來的事物，吾人均無法完全掌控，對任何未來的事物，吾人只能說有多少信心可掌控幾成，未來的時間越短，就越有信心完全掌控。吾人無法完全掌控的原因，也

風險的第一個舞臺，此時神祕主義被科學與邏輯所取代。機率論產生後，人類想掌控風險的意圖更強。古代並非無風險，只是當時人們對風險是消極地訴諸神祇與民俗信仰。

[8] 從Risk英文字源的歷史來看，風險的歷史久遠，根據伯恩斯坦（Bernstein, 1996）所著*Against the Gods-the remarkable story of risk*一書中所載，風險研究的歷史可追溯自西元12世紀開始。

[9] 科學有系統的風險管理，以「風險管理」詞彙出現爲起始計算，應是1956年的事（Gallagher, 1956）。「風險管理」詞彙實有別於「安全管理」（safety management），這理由是根據1985年於RIMS（risk and insurance management society）年會揭櫫的101風險管理準則第8條的意旨而來，第8條的原文是「For any significant loss exposure, neither loss control nor loss financing alone is enough; control and financing must be combined in the right proportion」。

[10] 我們就是不能推估預測風險，反對推估預測風險的哲學思維，可參閱Taleb, N. N. (2010). *The Black Swan: The impact of the highly improbable*. 第10章預測之恥至第18章假學究的不確定性。

[11] 「百花齊放，一統未定」的寫照，參閱本章後述。

[12] Knight, F.認爲If you don't know for sure what will happen, but you know the odds, that's risk, and is you don't even know the odds, that's uncertainty. 參閱 Knight, F. (1921). *Risk, uncertainty and profit. New York: Harper & Row*.

就是造成不確定的來源。當可運用的資源不足、可運用的資訊不充分，與可運用的時間不夠時，就容易使吾人無法掌控未來。此外，社會、經濟、政治體制的變動，自然界的力量，與人為的故意，也常使得吾人很難掌控未來。就法律風險來說，法律變更條文是否能在國會通過，對個人、企業公司與政府機構而言，是很難掌控的，因為通過過程中，常涉及朝野政黨的政治角力。而對於法令不瞭解，未能掌握法律規範，也有法律風險[13]，凡此形成個人、企業公司與政府機構所面臨的法律風險；

第二，當資訊本身有瑕疵，與吾人對資訊顯示的涵義不瞭解，或解讀錯誤，或誤判時，也會產生不確定。資訊本身有瑕疵，將使預測未來時，出現極大的誤差。對資訊顯示的涵義不瞭解，或解讀錯誤，或誤判，均會使決策失誤。誤差的產生與決策的失誤，代表著不確定所產生的後果。就法律風險來說，法律條文的解讀，因學說、社會文化或國家政體的不同，可能有異樣的解讀，也就會形成個人、企業公司與政府機構所面臨的法律風險；

【案例1】游泳在保險範圍內

山水科技公司策略副處長甲奉派至美國與客戶亞東公司討論產品，在7月21日之聯誼會，跳進愛達荷州的迪克司湖游泳時不幸溺斃。行前由公司投保「產物美國運通卡綜合保險」，家屬依其中「24小時商務旅行傷者意外保險」，向保險公司申請理賠。公司表示，該聯誼會地點與亞東公司所在地相距212公里之遠，其費用非由公差旅費支付，亦未列入甲的「出國申請表及核定表」之內，顯然不屬商務旅行，甲跳湖游泳屬於個人危險行為，不在理賠範圍之內。地院審理後認為雙方合約未規定旅行範圍，相距212公里並不構成不理賠之要件；另甲是與派駐亞東公司的同事一起參與聯誼會，乃以增進公司業務為目的，公務性質濃厚，認定是商務旅行；加以跳湖游泳之行為，不是雙方保險契約中明定排除之「特殊運動」，而該湖泊平時就有許多民眾游泳戲水，難認定屬危險活動，判決產險公司賠償1200萬元。

第三，來自測度單位[14]的不確定，測量不確定所使用的單位尺規，不同領域的

---

[13] 很多人未注意法律規範，如攜帶外幣超過等值1萬美元（約32萬元新臺幣）、有價證券總面額逾等值1萬美元、逾2萬人民幣（約10萬元臺幣）、新臺幣逾10萬元，要向海關申報。外幣、人民幣與新臺幣分開計算。有部分國人出入境因不瞭解而被沒收。2015年臺北海關統計入境案件10件，總金額新臺幣980萬1900元；出境案件有90件，總金額共計2億5848萬5390元。

[14] 例如：要表示一項科技產生的風險，不同的專家可能選擇不同的測量單位。對某些專家言，

人士，各有其用法，不同的單位尺規，容易造成對不確定解讀的不同；

【案例2】多次測量風險乃生

甲與乙因工地界址不明，向法院提出民事訴訟請求確定界址。因當事人對於所在地之地政事務所測量結果有意見，乃擇由同縣他地政事務所施測；又有一方不認同，再委由同縣第三個地政事務所測量；雙方仍有歧見，法院乃囑託省測量亦未獲同意，其後再囑託二大學測量，當事人仍有意見。總計測量六次，結果歧異，形同當事人之訴訟風險。

第四，來自測度模型[15]的不確定。測度風險，常用一些模型，然而，影響模型的各類因子間，互動的空間如何，以及因子間的關係，是比例或非比例，要能影響系統或模型的有用性與效度；

第五，來自時間的不確定。它可包括決策時機的不確定，未來軌跡是否重複過去的不確定，過去的紀錄是否確定，與未來是否明確的不確定。就法律風險來說，法律變更條文是否排入國會某會期的議程未明朗化，這就屬於來自時間的不確定。

其次，不確定可分三種不同的層次（Fone and Young, 2000）：第一種是**客觀的不確定**（objective uncertainty），這是最低的層次，例如：買樂透彩，其結果不外是「中獎」與「不中獎」，而各類中獎機率容易客觀計算；第二種是**主觀的不確定**（subjective uncertainty），不確定層次高於前者，例如：在民主國家中，法律須由最高立法機關制定施行，而立法過程所產生之不確定性，雖然結果容易推測，亦即不外乎通過、修正後通過，或不通過等情形，但若是想要去推算可能通過的機率，就不像買彩券之中獎機率一般地，容易進行客觀的計算而得以掌握；再者，契約當事人間會因對方主觀因素，發生不確定之情形，致契約未履行，連帶影響後續工廠作業，以致無法交貨。

可能選擇年度死亡人數（annual death toll）表示風險；某些專家也可能會選擇生命的預期損失（loss of life expectancy）表示風險；某些專家則可能以喪失的工作日數（lost working days）來表示風險等。

[15] 例如：在過去保險風險管理（IRM: insurance risk management）或傳統風險管理（TRM: traditional risk management）年代，常見的測度風險的工具，有MPL（maximum possible loss or maximun probable loss）、MPY（maximum probable yearly aggregate dollar loss）等。現在整合型／全面性風險管理（ERM/EWRM: enterprise-wide risk management）年代，VaR（value-at-risk）則成最常用的測度模型，衡量VaR值也有不同的方法，為更精進，VaR模型也持續被改良。

【案例3】訂約不履行

建德鞋業公司向浩佑公司訂購鞋類皮件加工，雙方言明價錢、規格及交貨方式，簽立買賣契約書。後因原料皮價格上揚，浩佑公司評估結果，利潤有限，不願交貨，乃藉口許多理由搪塞。建德公司再三催促、拜託，甚且透過雙方好友出面說項，浩佑仍不願意，致建德無法出貨，被國外客戶依約索賠；建德向浩佑請求賠償損失，浩佑百般推辭。經同業轉告，方瞭解浩佑一向不顧信譽，縱然訂有契約，亦不依約行使，讓建德董事長嘆息人的主觀因素也是風險的來源。

最後一種是**混沌未明的不確定**，這種層次的不確定，不管在可確認的結果上，或可能發生的機率上，根本就無從知道與判斷，所以不確定的成分，比前兩個層級高出甚多，例如：太空探險初期，或蘇聯帝國剛瓦解時，或SARS（severe acute respiratory syndrome）剛爆發時。此外，值得吾人留意的是眾多未來不確定的事物，隨著時間，也大多會成為確定，因此，風險是會隨著時間改變的。

最後，著者對不確定的層次，以圖2-1，進一步說明如下：

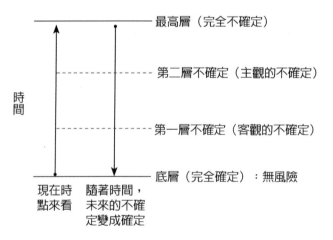

圖 2-1　不確定的層次

上圖頂端代表完全不確定，這層次吻合奈特（Knight, F.）（1921）的主張。風險與不確定，完全無法混用，底部代表完全確定，這是兩個極端，完全確定代表無風險，完全不確定就是混沌未明的不確定。這一層次，嚴格說，不是風險管理的範疇。風險管理可適用在客觀的與主觀的不確定兩個層次，在這兩層次中，風險與不確定的概念，可交換使用。從圖中，亦可知道這三個層次的不確定，會隨著時間降

低，直至完全確定。

二、　風險理論的核心議題

　　根據任恩（Renn, 1992）與拉頓（Lupton, 1999）對風險概念的整理，截至目前，總計有八種風險理論，散見於九種不同的學科[16]。如此多元多軌，主要源自於不同的學科對風險理論的三項核心議題有不同的看法。

　　這三項核心議題中的第一項，就是風險定義中的不確定是指哪種層次的不確定？以及該如何衡量不確定？前者可拆解成，例如：不確定有幾種層次？風險衡量的，是指何種層次？後者可拆解成數個問題，例如：衡量風險該考慮幾種面向？是不是只考慮發生的可能性與嚴重性兩種面向？衡量風險有統一尺規嗎？如有，該用何種統一尺規衡量？

　　其次，三項核心議題中的第二項是不確定可能產生的後果，是否僅指財務的；抑或是還包括心理的、政治的、與生態環境的。這項議題，不同學科領域人士間，有諸多爭議。例如：保險學與心理學領域間的看法就不同，前者因損失補償原則[17]（principle of loss indemnity）的關係，認定可能產生的後果只能包括財務損失；後者則主張應外加心理的負面感受，例如：與預期[18]（expectation）有落差的失落感。

　　最後的核心議題，是屬於「風險」是否真實（reality）存在的哲學問題。哲學家常質疑，什麼是「真實」？人們是如何知道的？哲學家認為每個人均生活在其認定的「真實」世界中，並依其認定，來瞭解世界的種種特質（Berger and Luckmann, 1991）。「風險」是否真實（reality）存在？因人而異。例如：對宿命論者（fatalist）來說，「風險」是否真實存在？不無疑問，風險管理，對他（她）們來說，似乎也不重要。上述這些對風險概念的質問，也就形成了諸多的風險理

---

[16] 這九種學科領域，包括保險精算、流行病學、安全工程、經濟學、心理學、社會學、法律學、文化人類學與哲學等九大領域。

[17] 損失補償原則是保險契約的基本原則之一，其目的是透過保險人對被保險人的財務損失補償，使被保險人的財務狀況回復至損失發生前的情況，以達成保險制度保障被保險人財務安全的目的。這項原則強調的是回復，意即依被保險人遭受的實際財務損失彌補，不能多也不能少。多的話，容易誘發道德危險因素；少的話，則失卻保險的目的。其次，損失的回復，也只限縮在財務金錢上的損失，其他通常不列計在內。

[18] 簡單說，預期就是人們對未來期盼的猜測，以數學表達就是期望值。預期是財務經濟學、心理學、行為財務學與經濟心理學中，極為重要的概念。

論。

三、 多元化的風險理論

目前風險學術領域中，看待「風險」的思維方式，分成兩種流派（The Royal Society, 1992; Renn, 1992; Lupton, 1999）：一種是採機會取向的個別（individualistic）概念，看待風險，這屬於傳統的概念；另一種是採價值取向的群生（communal）概念，看待風險，這是後來興起的另類概念。個別概念，剔除了風險所在的社會文化脈絡，是將「風險」看成獨立於人們心靈世界外的個別事物。換言之，這種概念是採價值中立（value-free）取徑量化風險，這種看待風險的方式，在哲學基礎上稱呼為**實證論**（positivism），這是截至1980年代[19]，風險學術領域中，唯一的思維方式。

然而，1980年代後，風險學術領域興起了另類概念，也就是群生概念，這種概念採價值取徑看待風險，意謂「風險」是無法脫離社會文化脈絡獨立存在。換言之，這種思維，認為風險是由社會文化建構（construct）而成，也因此含有那個社會的文化價值觀，是質化風險的概念。進一步說，**群生**指的是社會團體成員，如何藉由相互間的義務與預期或期盼，維繫社會團體的生存，它具體展現在一個社會的文化價值與行為規範上。例如：一個國家社會的法律約束，就是群生概念的具體呈現。風險如採用群生的概念來觀察，那它是一種相對的概念，會因人、或因群體而異，這種看待風險的方式，在哲學基礎上，稱呼為**後實證論**（post-positivism）。

綜合而言，依實證論的思維方式，風險測量（measurement）與模型化（modelling）是觀察風險面貌的重點；依後實證論的思維方式，重點不在如何模型化風險，而是人們的社會文化條件如何決定那個社會文化裡的風險，這將影響某一群體社會的人們，如何評估與觀察那個群體社會所決定的風險。就本書法律風險管理而言，同採兩種觀點來解釋法律風險是必要的，蓋因不同的觀點有不同的面向與用途。

---

[19] 風險分析學會（SRA: The Society of Risk Analysis）創立於1980年，目前臺灣也有分會。同時，該學會也出版了著名的國際期刊*Risk Analysis*。該期刊與SRA學會，可說是風險學術發展上重要的里程碑，期刊上出現了許多風險建構理論相關的研究文獻。因此，1980年代是風險學術發展上重要的分水嶺。

（一）實證論基礎的風險理論

　　實證論基礎的風險理論，又稱現實主義者（realist）的風險理論（Lupton, 1999），這主要見諸於保險精算、經濟學（含財務理論）、流行病學、安全工程與心理學等學術領域。其中，除心理學領域主張主觀風險（subjective risk）且以多元面向（multi-dimension）看待風險外，其他領域均屬單一面向（one-dimension）的客觀風險（objective risk）理論。

　　其次，實證論基礎的風險理論，對之前曾提及的三項核心議題，其論點大體相同。針對第一項的核心議題：「風險概念中的不確定，是指哪種層次的不確定？以及該如何衡量不確定？」這類理論認為，風險概念中的不確定，指的是客觀的不確定與主觀的不確定兩個層次，並用主客觀機率衡量不確定，同時考量發生的可能性與嚴重性兩種面向。其次，對不確定可能產生的後果，主要是包括金錢財務的。在心理學領域，還包括心理上所感受的負面效果，此種負面效果則以等值金錢（equivalent money）換算。最後，針對風險的真實性，此種理論認為風險是脫離社會文化環境獨立存在的個別實體，也因此風險可被預測、可被模型化。

1. 風險的傳統定義──機會取向的個別概念

　　實證論基礎的風險理論認為，風險可被預測、可被模型化，這是傳統的想法。雖然此種理論所涉及的學科間，對風險的定義，存在語意或表達方式上的些許差異，但基本想法是共通的。之前曾提及風險的寬鬆用法，風險指的是未來的不確定性，代表的是機會概念。這項不確定，這些領域比較有共識的用法，均會考量發生的可能性與嚴重性兩種面向，同時，風險通常會以統計學的變異量（variance）或標準差（standard deviation）等來表達；也就是說，**風險**可嚴謹的定義為未來某預期值的變異。某預期值的意涵極為多元，例如：可指預期損失、預期次數、預期報酬、預期現金流量、預期死亡人數等概念。若以數學符號表示風險，其基本的表示方法為：

$$R = Var = \Sigma P_i(X_i - \mu)^2 \qquad 而\mu = EV = \Sigma P_i X_i \quad i = 1...n$$

未來的預期值（EV: expected value），是測量風險的基本概念，這基本概念在經濟學與心理學領域中，可以預期效用值（expected utility）替代。此外，變異在實用

上，當用途與情境不同時，會衍生出不同的表現方式[20]與計算。

最後，風險的機會概念，可用來回答諸如下列的問題：假設未來與過去沒什麼兩樣，那麼人們想知道30歲的男性，活到31歲的機率有多高？或者要知道明天新提案之法律條文在國會通過的機會有多高？或者想知道建築物未來一年遭受火災毀損的機率有多大？損失多嚴重？或者想知道持有10萬美元，明天可能的最大損失有多少？機率多大？

(1) 保險精算、流行病學與安全工程領域的風險概念

前述預期值概念中，會涉及機率的概念。這三種領域採用的都是客觀機率（objective probability）概念。此外，未來預期損失的變異是這些領域常見的風險定義。所謂的**客觀機率**指的是某一事件於特定期間內，隨機實驗下，出現機會的高低。換言之，即某一損失事件於特定期間內，發生的頻率（frequency）。發生的事件涉及的金錢價值（money value），是指財務損失，即損失幅度或損失嚴重度。兩者之積，即是該事件的預期損失（expected loss）。預期損失是這三種領域評估風險的基本概念，但流行病學領域是採被模型化的預期值（modeled value），而安全工程領域是採綜合預期值（synthesized expected value）。

上述基本概念，在保險精算領域中，又稱**風險數理值**（mathematical value of risk）。以簡單符號，表示此概念：R（risk）= M（magnitude）×P（probability），R = 風險、M = 幅度、P = 客觀機率（頻率）。然而，保險精算中的風險概念，強調風險的損失面向（downside risk or negative risk）。某事件損失機率分配（loss probability distribution）所反應的變異即為風險。損失變異的程度即稱**風險程度**（degree of risk）。依事件的不同性質，損失機率分配亦可能不

---

[20] 在商管領域與工業安全衛生領域，風險表現的方式有所不同。商管領域中，風險表現的方式，共有九種（Mun, 2006）：(1)損失發生的機率；(2)標準差與變異數；(3)半標準差或半變異數；(4)波動度（volatility）；(5)貝它（beta）係數；(6)變異係數；(7)風險值（VaR: value-at-risk）；(8)最壞情況下的損失與後悔值（worst-case scenario and regret）；(9)風險調整後資本報酬（RAROC: risk-adjusted return on capital）。這九種，每種均有其優缺點，每種有其實用的情境。其次，在工業安全衛生領域中，許惠棕（2003）主張針對人體健康與生態的風險評估，其風險表現的方式不同。以人體健康風險的表現為例，常見的表現方式有：(1)致死事故率（FAR: fatal accident rate）；(2)生命預期損失（LLE: loss of life expectancy）；(3)百萬分之一的致死風險（one-in-a-million risks of death）。整體而言，由於風險評估的標的，不同學科領域，關注的對象不同，風險表現的方式也就不同。然而，風險表現的方式，要同時考量損失發生的可能性與嚴重度兩種面向，是較有共識的看法。

同[21]。其次，在流行病學中的風險概念與保險精算中的風險概念雷同。但計算預期值的過程不同。要言之，流行病學中常以動物實驗的結果，藉以觀察對人體的可能傷害。從而，進一步推算毒性物質對人體可能傷害的預期值，這稱為被模型化的預期值。

最後，安全工程中的風險概念與保險精算中的風險概念，亦雷同。在安全工程中，系統安全失效機率評估，常使用事件樹或失誤樹分析[22]（ETA or FTA: event-tree or fault-tree analysis）評估每一可能發生安全失效事件的機率。之後，綜合得出整體工程系統安全失效的機率，此過程稱為**機率風險評估**（PRA: probabilistic risk assessment），經此過程所得的預期值稱為綜合預期值。

(2) 經濟學領域（含財務理論）的風險概念

經濟學與財務理論的風險概念，不限於風險的損失面，它也包括風險的獲利面（upside risk or positive risk），但強調獲利的減少。基本上與保險精算、流行病學與安全工程領域雷同，但該領域係以未來預期報酬的變異定義為**風險**，而以某一事件損益分配的變異程度為風險程度的概念。兩領域間不同的是，在經濟學與財務理論的風險概念中，預期效用值（expected utility）可用來替代預期值；效用值則以等值金錢（equivalent money）概念衡量，此概念涵蓋人們心中的感受。因此，除了客觀機率被用於經濟學與財務理論的風險概念中外，主觀機率（subjective probability）亦被採用。**主觀機**率係指對某一事件於特定期間內，發生頻率或出現機會的主觀信念強度而言。

(3) 心理學領域的風險概念

心理學對風險的看法，採多元面向，有別於前面各領域以單一面向看待風險。就風險概念中所涉及的損失，前面各領域局限在財務損失，但心理學中，損失的概

---

[21] 例如：同樣適用於頻率分配的卡瓦松（Poisson）分配與貝它（beta）分配，前者通常用於經常發生事件頻率的模擬；後者常用在專案風險的評估。再如，同樣適用於幅度分配的常態（normal）分配與韋伯（Weibull）分配，前者通常用於大量隨機獨立的事件；後者通常用於事件間隔的時間分配。各種常用的分配，可參閱 Marshall（2001）. *Measuring and managing operational risks in financial institutions-tools, techniques and other resources.* Chapter Seven.

[22] 事件樹與失誤樹分析均是定性兼定量的危害分析方法。前者發展的時間，約在1970年代，稍晚於失誤樹分析的1960年代。事件樹分析是由事故原因推向結果的前推邏輯式歸納法，其主要目的在決定意外事故發生的先後順序，並決定每一事件的重要性。至於失誤樹分析，則主要探究事故發生的原因以及造成這些原因的變數之機率，同時瞭解每一變數的相關性，進而達成防止事故發生的目的。兩種分析法的內容，可參閱黃清賢（1996）。《危害分析與風險評估》，第十一章與第十二章。

念並非如此，它不僅多元，而且它是指與某參考[23]（references）點，比較後的負面感受，以符號表示：L = Rf － X，其中L = 損失、Rf = 參考點、X = 既定結果。例如：你現有月薪有3萬元，但與同學比起來，你月薪少，感受差，這就含括在心理學中的損失概念，實際上，你並沒有財務損失。因此，心理學領域，是以心理的感受看待風險，對未來期望的可能落差就是**風險**。這種心理學的觀點可能就比前面幾種學科領域對風險的解釋，更適合對法律風險的理解。

基本上，該領域是以主觀機率（subjective probability）規範與測度不確定性。主觀判斷（subjective judgement）與主觀預期效用[24]（SEU: subjective expected utility）是心理學說明風險的核心概念。其中，主觀預期效用值是基本概念。個人主觀機率與判斷是個人風險知覺（risk perception）、風險偏好（risk preferences）、與風險行為（risk behaviour）的主要依據。

心理學領域認為，客觀風險評估與機率，只有在融入個人知覺中，才有意義。心理學領域也認為，一切不利後果應涉及人們心理的感受。風險真實性的認定，以個人知覺為基礎。心理學領域的風險概念，亦可應用在政府監督政策、社會衝突的解決與風險溝通（risk communication）的策略上。在這方面，心理學領域的風險理論，提供了如下的貢獻（Renn, 1992）：第一，心理學領域的風險概念可顯示出，社會大眾心中的關懷與價值信念；第二，它也可顯示，社會大眾的風險偏好；第三，它亦可顯示，社會大眾想要的生活環境生態；第四，心理學領域的風險概念，有助於風險溝通策略的擬定；最後，它展現了，以客觀風險評估方法，無法顯現的個人經驗。

（二）後實證論基礎的風險理論

1. 對實證論基礎風險理論的批判

從科技災難頻傳的1980年代開始，實證論基礎的風險理論，受到人文學者（Douglas, 1985; Clarke, 1989）的不少批判：

第一，客觀風險中的「客觀」，就是問題。菲雪爾等（Fischhoff, et al., 1984）

---

[23] 參考點就是比較的對象，包括任何人、事、物，它有很多種與名詞，例如：personal average references, situatuinal average references, social expectation references, target references, best-possible references與regret references等，參閱Yates, J. F. and Stone, E. R. (1992). The risk construct. In: Yates, J. F. ed. *Risk-taking behavior*. pp.1-25。

[24] 主觀預期效用理論的內容，可參閱Pitz (1992). Risk taking, design, and training. In Yates ed. *Risk taking behavior*. pp.283-320。

指出客觀本身是引起爭議的原因之一。梅奇爾（Megill, 1994）認爲，客觀的涵義有四種：

(1)絕對的客觀：事物如其本身謂之客觀。此涵義的客觀，放之四海皆準。例如：瞎子摸大象，就不會客觀，明眼人看大象，可從任何角度看大象，其結果必然是絕對客觀；(2)學科上的客觀：此涵義的客觀，不強調放之諸以四海皆準，只強調特定學科研究上，取得共識的客觀標準。例如：從事任何社會科學的問卷調查，問卷本身必須吻合信度[25]（reliability）與效度[26]（validity）；(3)辯證法上的客觀：此涵義的客觀，指辯證過程中，討論者所言的客觀。此種客觀，含有討論者主觀意識的空間。例如：法律條文的立法過程或德耳非[27]（Delphi）研究方法上的專家共識；(4)程序上的客觀：此涵義的客觀，指處理事務方法程序上的客觀。強調方法要吻合事務本身的性質，方法本身的採用，不容許人爲的干預。例如：促使法律條文生效通過之國會三讀程序或大學教師的聘用規定要符合三級（系級／院級／校級）三審的程序，三級三審就是程序上的客觀。如省略一級，程序上就不客觀。除了絕對的客觀，其他涵義的客觀，均是相對的概念，主觀價值成分甚難避免。

第二，價值觀與偏好，根本無法從風險評估中免除。計量風險評估需要考量權重或參數，而權重或參數的考量，即含人們的價值觀與偏好。權重或參數的考量，一向具政治敏感性，或許有人認爲只要權重或參數，來自研究方法所產生的必然結果，那麼該權重或參數，應該不包含人們的價值觀與偏好，這種看法應該對一半，原因是選擇任何研究方法的本身，就包含人們的價值觀與偏好。法律風險更是無法剔除人們的價值觀與偏好。

第三，計量風險的評估，剔除環境與組織因子，不合實際。人文學者通常將風險視爲價值取向的群生概念，不是脫離環境的個別概念，因此，體制環境決定了那個體制環境下的風險，法律風險更是如此。

第四，風險事件的發生及其後果與人爲因子的互動是極爲複雜的，不是任何機率運算方式或預測模型，可以完全解釋的。之後，風險建構（risk is a construct）的思維，日益受到重視。

---

[25] 信度係指測量結果是否具一致性的程度，也就是沒有誤差的程度。詳細可參閱吳萬益與林清河（2001）。《企業研究方法》。
[26] 效度係指使用的測量工具是否測到研究者想要的問題。同樣可參閱吳萬益與林清河（2001）。《企業研究方法》。
[27] Delphi是質性研究方法的一種。

其次，後實證論的風險理論，對前面曾提及的三項核心議題，其論點與實證論的風險理論有別。針對第一項的核心議題，風險概念中的不確定是指哪種層次的不確定？以及該如何衡量不確定？後實證論的風險理論通常認為風險是價值取向的群生概念，因此未來的不確定，應該是來自社會文化環境中，也因此認為風險理論的重點不是衡量與衡量哪種層次的問題，而是社會文化環境如何決定哪個社會文化環境下的風險問題。再者，對不確定可能產生的後果，這項理論認為，應包括所有產生的後果，從第一次人員傷亡與財物損失的後果，到對社會文化環境衝擊的終極後果，均應包括在風險的概念中。最後，針對風險的真實性，此種理論認為，風險只有在特定的社會文化環境下來觀察，其真實性才有意義，也因此，風險是被特定的社會文化環境所決定的。例如：法律風險是由特定的國家社會文化環境所決定。

2. 風險的另類定義——價值取向的群生概念

後實證論基礎的風險理論，認為風險是群生的概念，而不是脫離社會文化環境的獨立個別概念，群生概念的風險，代表價值，而非機會，這種概念強調風險的本質，來自群體社會。這種概念下，對風險的定義，自然與實證論基礎的風險理論對風險的定義，截然不同。自1980年代開始，群生概念的風險定義已廣受重視，尤其在公共風險管理（public risk management）或法律風險管理領域，蓋因公共風險或法律風險的評估，不單是科學理性的問題，也是心理問題、社會問題、甚或是政治問題。

後實證論基礎的風險理論就是風險建構理論（the construction theory of risk），該理論不著重風險如何測量與如何模型化，它著重的是一個國家社會團體的社會文化規範與條件，如何決定那個國家社會團體裡的風險，著重的是那個決定與互動的過程。在這過程中，人們間有相互的預期與義務，此時社會文化價值就扮演著極為重要的角色。因此，在風險建構理論的領域裡，所謂**風險**指的是未來可能偏離社會文化規範的現象或行為。由於每個國家社會團體的社會文化規範與條件不盡相同，也因此風險建構理論中的風險概念是相對概念，是相對主義者（relativist）的風險概念。

3. 各類風險建構理論的主要概念

簡單說，所謂風險的建構，指的是社會文化環境決定風險與互動的過程，尤其法律風險的建構更是如此。這種風險理論是將風險附著於社會文化環境中，加以觀察的群生概念，完全不同於實證論基礎的風險理論。實證論基礎的風險理論，是將

風險視為自外於社會文化環境的獨立個別概念。人文學者認為專家與一般民眾對風險的瞭解，同樣是社會文化歷史過程下的結果。換言之，風險是經由社會文化歷史進程建構而成，它是相對主義者的風險理論，此稱為**風險建構理論**。

　　風險建構理論有三種：其一為，英國文化人類學家道格拉斯（Douglas, M.）主張的風險文化理論（the cultural theory of risk）；其二為，德國社會學家貝克（Beck, U.）主張的風險社會理論（the theory of risk society）；其三為，法國哲學家傅科（Foucault, M.）主張的風險統治理論（the theory of risk and governmentality）。雖然風險在這三種理論中，均被認為是群生的，是由社會文化所建構的，但它們之間，仍有程度上的差異。依照拉頓（Lupton, 1999）的區分，風險社會理論是程度較弱的風險建構理論，風險文化理論居中，風險統治理論是程度最強的風險建構理論。

(1) 風險文化理論

　　風險文化理論應該是風險建構理論的代表，蓋因它受到實證論中，心理學者的認同。**風險文化理論**將風險視為違反規範的文化反應。所謂實證論下的科學理性（Rationality），在風險文化理論的支持者眼中，不過是文化的反應，不管理性或是感性，均是文化現象。這種理論的風險概念中，還包括責難[28]（Blame）的概念（Douglas and Wildavsky, 1982）。

(2) 風險社會理論

　　從社會建構理論的立場看，以德國貝克（Beck, U.）教授的**風險社會理論**最受矚目。貝克（Beck, U.）教授認為風險不僅是現代化過程的產物，也是人們處理威脅與危害的方式。這項理論以反省性現代[29]（reflexivity modernity）、信任（trust）、與責任倫理（responsibility and ethics）為風險概念的核心。

(3) 風險統治理論

　　傅科（Foucault, M.）的**風險統治理論**，則認為風險與權力（power）有關，權

---

[28] 風險文化理論中的風險之所以有責難的涵義，主要是風險的決策與責任（responsibility）有關，該不該對決策者加以責難，則有不同的看法，參閱本篇第三章。

[29] 簡單說，反省性現代是貝克（Beck, U.）、季登斯（Giddens, A.）與瑞旭（Lash, S.）所冠稱，此名詞不同於其他社會學者所稱的第二現代，反省性現代指的是現代化的工業社會，反而成為被解體與被取代的對象。詳細內容，可參閱劉維公（2001）。第二現代理論：介紹貝克與季登斯的現代性分析。顧忠華主編《第二現代——風險社會的出路？》pp. 1-15。

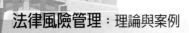

力是所有風險行為中，重要的變異數（Bensman and Gerver, 1963）。蓋因，一般而言，它是個人或團體的利益影響到他人或團體的事物，這種影響力，當它對風險中的不確定，因這影響力，而有解釋權時，有沒有風險就跟權力有關。因此，這項理論對風險建構的主張最強。

（三）各學科領域風險定義彙總

學科領域	風險的定義
保險精算等領域	未來預期損失的變異
財經領域	未來預期報酬的變異
心理學領域	未來期望的可能落差
法律學領域	未來可能法律責任與變動
建構理論領域	未來可能偏離社會文化規範的現象或行為

（四）兩種概念的調和──冰山原理

傳統風險概念是該轉變，但不是改變，轉變並非意味放棄傳統的機會概念，而是指因應新環境時，應重新思考看待風險的方式。轉變風險的概念，在因應新環境時，才可能產生新的管理思維，而比較具體的理由，著者認為有兩點：

第一，採用傳統的機會概念，評估風險，顯然，無法掌握風險的全貌，也因而容易低估風險。傳統風險的評估，主要考慮風險事件發生的可能性與嚴重性，從風險理論核心議題中的第二項可知，傳統風險的評估，對可能的嚴重性是局限於財務損失，其他非財務損失，因評估技術難克服，並未納入評估範圍內。因此，以傳統的機會概念，評估風險，因難於掌握風險的全貌，除會低估風險外，對風險的回應，也可能出現偏離現象。

第二，採用傳統的機會概念，無法認識風險真正的本質，風險的真正本質，來自群體社會，不同的群體社會，風險本質不盡相同，也因此，風險管理人員應對所服務的群體，需完全掌握該群體的風險本質，才可能有效推展風險管理與制定完整的機制。例如：公司風險管理人員，要能瞭解公司員工群體對風險的看法，當公司面對外部化風險（externalized risk）時，要能瞭解社會大眾對風險的看法，蓋因，這些類別不同的群體，對風險本質的認定，與風險管理人員的認定間，如有落差，

風險管理是難有效推展的。再如，這次金融海嘯告訴我們[30]，未來整體金融監控體系重建時，投資群眾如何看待風險，是不容忽視的一環。

其次，機會的個別概念與價值的群生概念有其關聯性，打個比方，風險全貌是塊冰山，如圖2-2，浮在水面上的就是風險的機會概念，利用這種概念，應用風險科技軟體，進行風險計量，但冰山水面下的價值概念，就會影響風險管理人員的決策，必須留意的是風險計量的結果，不能取代決策。換言之，我們不能不用風險的機會概念，但風險決策時，需適當運用群生概念，看待風險。

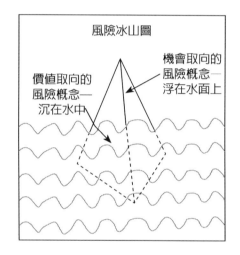

圖 2-2　風險冰山全貌——機會與價值概念的融合

（五）法律風險管理領域中應採多元的風險概念

前面幾節所述的風險理論，在法律風險管理中，最好採用風險冰山全貌融合的概念來看待風險，畢竟法律風險是作業風險的一種，作業風險有別於市場風險或信用風險，它涉及的是人員、管理過程與制度為來源的風險，同時，法律條文與解讀展現的是不同國家的社會文化價值，因此，法律風險評估不只要理性思考，更要從感性的角度去理解。換言之，實證論基礎的風險機會概念與後實證論基礎的群生價值概念，在法律風險管理領域中均不能偏廢，才能充分瞭解法律風險管理之全貌。

---

[30] 參閱段錦泉（2009），《危機中的轉機——2008-2009金融海嘯的啟示》。書中第45頁提及，投資者的心理因素，是未來金融監管設計上，不容忽視的課題。

四、 法律風險案例分析

【案例4】借錢免息契約

　　法律風險是很典型的群生概念風險，全球200多個國家，有六大主要法系，同一行為或事項，不同法系的解讀與效力大不同，跨國做生意與全球旅遊就得小心。有臺商在沙烏地阿拉伯做生意，做生意均難免有資金借貸。有天有位朋友向他借錢，他海派二話不說，借款給他，契約上自然訂定付息條件，然而前往討債時，卻要不回利息，由於與當地公民發生法律交往時，依照國家主權原則，通常適用該國的法律，結果告上法院，法院判定不用付息，因沙烏地阿拉伯是伊斯蘭法系國家。回教《可蘭經》是教徒必須遵守的道德倫理，也就是「Shari'a」，「Shari'a」不允許對債務收利息。許多商業契約在「Shari'a」法院解決，其結果會與其他法系大不同，例如：利潤損失不被承認，人身傷害賠償則依穆罕默德制定的diyah或血錢規則判定，這些都是在伊斯蘭法系國家做生意的商人需留意的法律風險。同樣，產品責任、侵權責任等責任概念，在不同法系間解釋也會有差異。

【案例5】借名登記財產

　　75歲法國商人A娶小他37歲的臺籍嫩妻，婚前以準岳父名義買房，婚後因認為妻子劈腿，訴請將房產移轉，一審地院認為，無法證明有「借名登記」關係，認定是「贈與」妻子，無權要回，眼看房產市價已飆至6000萬元，A真是賠了夫人又折兵。本案關鍵在於當初登記之法律性質及舉證問題[31]。

【案例6】連動式推銷塑身產品

　　葉媖看到電視塑身產品廣告，聯繫後對方楊冰宣稱是營養師，建議先試試3萬5千元塑身食品，表明若沒效果可退貨。她服用近1個月，腿沒有變細，對方建議她另購14多萬元新產品，包括木瓜酵素、液態植物膠囊等，承諾保證有效。陸續花了102萬元，都沒有效果，要求退貨還錢，對方僅同意退她47萬元，但聲稱要再買日本研發新產品，「這次一定有效」，雖拿回47萬元，但又向對方買120萬元「日本

---

[31] 由於法律風險無所不在，本書乃蒐集諸多發生之事例以明法律風險發生之威力，因此有關司法案件，並不以三審定讞之民刑事案件為限，而依風險之性質廣泛摘錄起訴及第一、二、三審案例，列述在各章節中，以利於研讀參考。

貨」，效果有限，才驚覺對方詐騙，控訴對方詐欺，葉媖的同學感慨説：葉女真沒有風險意識，而楊冰掛保證療效牽強，收費又高，明顯會有詐欺之風險，何以未察覺？

【案例7】投資還是借貸

江雄因開發山坡地出售，周轉困難，經由許亮介紹，向高登融資3000萬元，約明為期1年，江雄保證獲利，並簽立本票二紙，面額各為2500萬元及2000萬元，由許亮代為書寫契約書，許亮不擅文書，請其代書友人將平常書寫之借貸供其增修，擬具內容，由江、高簽名為憑，後雙方意見不合，江雄提出告訴，指許亮收取1500元利息，明顯重利，高登力辯：係投資非借貸，江雄反駁指契約言明為借貸，白紙寫黑字，許亮到庭推説詳情不悉，只依雙方意見書寫，致高登被判成立重利罪，高登怨嘆：當初信任江雄，江雄未在意契約名稱有誤，留下無限法律風險！

【案例8】闖紅燈再逃避之重罪

辜男於深夜在臺南市新樂路路口闖紅燈，被警車攔檢，未停車受檢，反而加速開離，從市區道路開到國道三號和四號，再開回市區，警車一路緊追不捨，在市區道路攔下辜男轎車，經警方認定一再闖紅燈、紅燈右轉未依號誌指示行駛，與拒絕停車受檢逃逸等行為，共開出11張罰單，由5400元增加到2萬多元，辜男不服提起行政訴訟被駁回確定，顯見風險已現，又一再違規，以致法律風險責任加多加重。

【案例9】毒趴舉辦人有責任

萬昌在高雄左營區，約15名在租屋處開趴，並提供K他命與搖頭丸，從下午狂歡到晚上。王魁當天喝下含有MDMA搖頭丸成分的咖啡包、施用K他命後，像喝醉酒一樣，在客廳跳舞，精神狀況不太好，曾突然起身往門口走表示要離開，在場人將他拉回沙發，未幾快步走向陽臺，跨過欄杆墜樓死亡，檢察官驗屍後，調查萬昌提供毒品，又是「毒品趴」舉辦者、場所提供者，對參與者因施用毒品後生命及身體危險升高，應負有危險警告與危險通報義務，乃其知王已達迷幻高度風險，卻未阻止，當王行為舉止怪異難以控制時，也未將他送醫，導致王跳樓死亡，應負過失責任。依毒品及過失致死罪嫌起訴。由本案例可知，任何人在從事各種社會活動與行為時，都不能忽視法律責任之風險。

【案例10】

上櫃公司董事長林杰因被檢調追查其2年前涉及不合常規之事，心知不妙，加上公司第一、二季虧損達8億元，不想再眷戀董事長一職，乃向其表弟即公司顧問雷齊提及三天後將辭職，雷齊乃運用其人脈，發現林杰辭意已定，第二天立即將其本人與女兒名下持有之股票共350張全數出清，當天下午媒體報導林杰不合常規之事，第三天又公布虧損8億元，股價連跌十二個交易日，跌幅40%，檢察官據報後，認定H公司在公布重大訊息後，連跌十二個交易日，雷齊提早賣股，明顯規避損失98萬元，追訴其內線交易犯罪行為；在股市翻滾，法律禁制甚嚴，內線交易罪容易成罪，不少人偷雞不著，反蝕一大堆米，大嘆悔不當初。

五、 本章小結

從實證論，到後實證論，從機會取向的個別概念，到多元價值的群生概念，從早期保險精算領域的風險概念，到晚近的風險建構理論，風險概念已產生極大的變化。這個變化，也使得風險管理的管理思維產生微妙的轉變。茲將主要的風險理論內容，整理如表2-1。

表 2-1　主要的風險理論內容

主要的風險理論			
風險理論類型	基本尺規	理論假設	作用
保險精算理論	預期值	損失均勻分配	講求風險分攤
經濟學風險理論	預期效用	偏好可累積	講求資源分配
心理學風險理論	主觀預期效用	偏好可累積	講求個人風險行為
風險文化理論	價值分享	社會文化相對主義	講求風險的文化認同

附註：除表列四種風險理論外，還有Toxicology epidemiology, Probability and Risk Analysis, Social Theory of Risk，與The Theory of Risk and Governmentality等四種風險理論。參閱 Renn, O. (1992). Concepts of Risk: a classification. In: Krimsky, S. and Golding, D. ed. *Social theories of risk*. Westport: Praeger. pp.53-83. 以及Lupton, D. (1999). *Risk*. London: Routledge. pp.84-103.

本章摘要

1. 不確定的來源有：第一，當吾人無法完全掌控未來的事物時；第二，當資訊本身有瑕疵，與吾人對資訊顯示的涵義不瞭解，或解讀錯誤，或誤判時；第三，來自測度單位的不確定；第四，來自測度模型的不確定；第五，來自時間的不確定。

2. 不確定可分三種不同的層次：第一種是客觀的不確定；第二種是主觀的不確定；最後一種是混沌未明的不確定。

3. 看待「風險」的思維方式，分成兩種流派：一種是採機會取向的個別概念，看待風險，這屬於傳統的概念；另一種是採價值取向的群生概念，看待風險，這是後來興起的另類概念。

4. 個別概念，是採價值中立取徑，量化風險，這種看待風險的方式，在哲學基礎上，稱為實證論。

5. 群生概念，採價值取徑，看待風險，意謂「風險」是由社會文化建構而成，在哲學基礎上，稱為後實證論。

6. 風險是經由社會文化歷史進程建構而成，它是相對主義者的風險理論，此稱為風險建構理論。

7. 各學科風險的定義：保險精算等領域，風險定義為未來預期損失的變異；財經領域，風險定義為未來預期報酬的變異；心理學領域，風險定義為未來期望的可能落差；法律學領域則認為，風險為未來可能之法律責任與變動；建構理論領域，風險定義為未來可能偏離社會文化規範的現象或行為。

思考題

❖ 請購買臺灣商周出版，威治翻譯，Blastland, M.與Spiegelhalter, D.合著《別說不可能》一書，閱讀後寫下該書與本章的關聯。

參考文獻

1. 吳萬益與林清河（2000）。《企業研究方法》。臺北：華泰文化事業公司。

2. 段錦泉（2009）。《危機中的轉機——2008-2009金融海嘯的啓示》。新加坡：八方文化創作室。

3. 黃清賢（1996）。《危害分析與風險評估》。臺北：三民書局。

4. 劉維公（2001）。第二現代理論：介紹貝克與季登斯的現代性分析。在：顧忠華主編。《第二現代——風險社會的出路？》。臺北：巨流出版社，pp.1-17。

5. Beck, U. (1992). *Risk society-towards a new modernity*. London: Sage.

6. Bensman and Gerver (1963). Crime and punishment in the factory: the function of deviancy in maintaining the social system. *American Sociological Review. 28* (4). pp. 588-598.

7. Berger, P. L. and Luckmann, T. (1991). *The social construction of reality: a treatise in the sociology of knowledge.*

8. Bernstein, P. L. (1996). *Against the Gods-the remarkable story of risk.* Chichester: John Wiley & Sons.

9. Clarke, L. (1989). *Acceptable risk? Making choice in a toxic environment.* Berkeley: University of California Press.

10. Douglas, M. (1985). *Risk acceptability according to the social sciences.* New York: Russell Sage Foundation.

11. Douglas, M. and Wildavsky, A. (1982). *Risk and culture: an essay on the selection of technological and environmental dangers.* Losangeles: University of California Press.

12. Fischhoff, B. et al (1984). Defining risk. *Policy sciences. 17.* pp.123-139.

13. Fone, M. and Young, P. C. (2000). *Public sector risk management.* Oxford: Butterworth-Heinemann.

14. Funtowicz, S. O. and Ravetz, J. R. (1996). Risk management, post-normal science, and extended peer communities. In: Hood, C. and Jones, D. K. C. ed. *Accident and design-contemporary debates in risk management.* London: UCL Press.

15. Gallagher, R. B. (1956). Risk management-new phase of cost control. *Harvard business review.* Vol. 24. No.5.

16. Knight, F. (1921). Risk, uncertainty and profit. New York: Harper & Row.

17. Lupton, D. (1999). *Risk.* London: Routledge.

18. MacCrimmon, K. R. and Wehrung, D. A. (1986). *Taking risks: the management of uncertainty.* New York: The Free Press.

19. Marshall, C. (2001). *Measuring and managing opersational risks in financial institutions-tools, techniques and other resources.* New Jersey: John Wiley & Sons.

20. Megill, A. (1994). Introduction: four senses of objectivity. In: Megill, A. ed. *Rethinking objectivity*. Durham and London: Duke University Press. pp.1-15.

21. Renn, O. (1992). Concepts of risk: a classification. In: Krimsky, S. and Golding, D. ed. *Social theories of risk.* Westport: Praeger. pp.53-83

22. Pitz, G. F. (1992). Risk taking, design, and training. In: Yates, J. F. ed. *Risk-taking behavior.* pp.283-320 Chichester: John Wiley & Sons.

23. Rowe, W. D. (1994). Understanding uncertainty. *Risk analysis.* Vol.14. No.5. pp.743-750.

24. Tapiero, C. S. (2004). Risk management: An interdisciplinary framework. In: Teugels, J. L. and Sundt, B. ed. *Encyclopedia of actuarial science.* Vol. 3. Chichester: John Wiley & Sons. pp.1483-1493.

25. The Royal Society (1992). *Risk*: *analysis, perception and management.* London: Royal Society.

26. Yates, J. F. and Stone, E. R. (1992). The risk construct. In: Yates, J. F. ed. Risk-taking behavior. pp.1-25. Chichester: John Wiley & Sons.

第 **3** 章

法律風險管理的涵義
與歷史發展

讀完本章可學到：

1. 瞭解公司與政府要管理法律風險的原因。
2. 知悉法律風險與法律風險管理之內涵。
3. 認識法律風險管理的內涵。
4. 認識法律風險管理的多元類型。
5. 瞭解法律風險管理發展簡史。

　　法律風險不論是個人、家庭、企業或政府與國家，均是會面對的風險之一。由於政府與企業公司風險管理的終極目標有別，因此本章先就終極目標的差異，說明政府與企業公司為何要管理法律風險。其次，進一步說明法律風險管理的涵義與類型，最後，則說明法律風險管理的歷史發展。

一、　法律風險與其管理之必要性

　　法律風險（legal risk）一詞逐漸在法學領域中被討論，迄今尚缺乏一致性見解，從法律之適用與實效性而言，法律風險是個人、家庭、企業、政府機關或非營利事業組織在處理公司事務上，基於法律規定或契約之約定，所面臨法律上可能之法律責任與損害（失），包括增加費用、減少利潤、稅賦負擔損失、法律條件成就效果及法律之制裁處罰與法律責任[1]，法律責任包括民刑事與行政責任三類[2]。

　　法律風險之存在，係在特定的法律規範體系，違反具體限制、禁止、約束之規定或違背授權自行安排契約之約定，以致引發生命、身體或財產之損失損害及各種法律責任，從而承擔法律不利之後果，是以要瞭解法律風險之內涵，自可由法律風險有何法律規範與約制、法律風險將帶來何種、何類危害、損失與法律責任，以及法律風險事件發生將因何種行為、作法或疏失所引致，由此探究即可對法律風險之內延與外緣有具體認識[3]。

---

[1] 施茂林，〈法律風險管理體用矩陣與連動議題之研究〉，收錄於氏主編《法律風險管理跨領域融合新論》，五南圖書，2014年9月初版2刷，頁10。

[2] 何謂法律責任，各人有不同解讀，為便於說明，以交通事件之法律責任說明之。由於國人對於遵守交通規則之意願與精神不足，以致常有交通違規行為或車禍事故之發生，而各該違法、觸法之行為，將受到法律之制裁，而帶來下列之法律責任：（一）行政責任：違反《道路交通管理處罰條例》所禁止之行為，各有不同之處罰規定，如吊銷駕照、吊扣駕照、罰鍰、參加安全講習等，其處罰程序係由警察局或監理所裁決，如有不服，再向法院聲明異議。（二）民事責任：民法第184條之規定，凡故意或過失不法侵害他人之權利者，應負損害賠償責任，駕駛人駕車如有不慎發生車禍，致他人受傷、死亡，即為侵權行為，自應負損害賠償責任。若肇事者與被害人或其家屬不能達成和解，被害人或其家屬將會循民事訴訟程序訴請法院判決肇事者（及其僱用人）賠償，此謂之民事事件，訴訟。（三）刑事責任：肇事者因其過失行為，以致他人死亡或受傷，應負刑法第276條過失致死罪、第284條之過失傷害罪。在交通事故發生時，往往會因其過失行為，同時須負擔上開兩種或三種責任，此時，分由不同程序來處理。一般人對此不瞭解，往往以「我已被開罰鍰怎麼還要判罪？」、「我已被判刑，為何還要賠錢？」、「我已賠錢或判刑了，為何還要吊銷駕照」等等來抗辯或表示不服，事實上，都是錯誤之觀念。

[3] 中國質量監督檢驗檢疫總局、國家標準化管理委員會於2011年12月30日發布企業法律風險管理指南，界定企業法律風險（enterprise legal risk）為「基於法律規定或合同約定，由於企業外部環境及其變化，或者企業及其利益相關者的作為或者不作為導致的不明確性，對企業實現

法律風險與一般風險相近，具有下列特徵：

1. 不確定性

不確定性係因不易掌握其發生、結果之實際情形，此不易控制之因素，涉及認知、能力與管理等項；也可能難以確認法律風險，亦不易選擇適宜的對策。

2. 法律風險事件的爆發無法預期

風險有可能發生危險，然因不易控制之因素，使其爆發之時間點、爆發威力及產生後果效應等無法預知，因此需要管理法律風險以降低與控制可能損害。

3. 損失範圍不易確定

法律風險會產生多大的損失存在著不確定性，在大多數情況，其範圍與幅度難以確知，即便法律本身有規範，但需有實際法律事件產生，才可知悉損害程度，主管機關或法院再依事件情節處罰，其屬契約之違背，亦視一方違約造成他方之實際損害為準。

企業公司風險管理終極目標在提升企業公司價值，而政府公共風險管理的目標則在提升公共價值。法律風險的存在可能導致賠償責任的損失、相關人員要服刑坐監以及遭到行政處罰，也因此最終也會影響企業公司價值或政府的公共價值。本節先說明公司價值。

（一）公司價值觀點

創立一家公司，本就存在法律風險，創立的股東們，當然會要求報酬。一般來說，公司面對的法律風險越高（例如：到法治不健全的國度投資，法律風險就相對高）股東要求的投資報酬，當然就越大。其次，公司面對的法律風險有多方面，當公司之處理導致賠償責任的損失，在負責人與職員方面有可能觸犯刑罰法令被判處罪刑，而且公司及董事負責人也會涉及行政裁罰責任，也有可能要負民事責任，因此法律風險可指未來可能法律責任損失的變異；換句話說，專業的法律風險管理人員，主要在於負責管理公司這些未來責任損失，尤其是可能導致現金流量的變異，與賠償之減免，也因此，所謂公司**價值**（the value of a firm）或稱企業價值（enterprise value），就是公司經營上的所有風險（這當然包括法律風險）可能影

目標的影響。」

響未來預期淨現金流量的折現值或資本化價值而言。公司價值或企業價值，可用簡單的數學符號，表示如下：

$$EV = \Sigma NCFt/(1 + r)^t \qquad t = 1...n$$

也可表示為：

$$V(F) = \Sigma E(CFt)/(1 + r)^t$$

NCFt與E（CFt）均表示未來預期淨現金流量的折現值或資本化價值。留意上述兩公式中的分母，分母中的預期報酬率或資金成本「r」，也是折現率，它是由r(f)與r(p)加總構成。r(f)是無風險利率[4]（risk-free rate of interest），主要用來補償股東投入資金的金錢、時間價值方面的損失，也是出資股東至少應獲取的報酬，通常可以國庫券利率或定存利率來代表。r(p)是風險溢價／風險溢酬[5]（risk premium），也就是用來回饋給股東承擔公司各類無法分散風險（non-diversifiable risk）的報酬率，見圖3-1風險與資金成本。

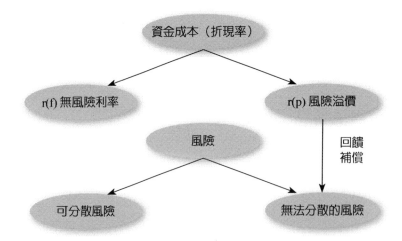

圖 3-1　風險與資金成本

---

[4]　嚴格說，無風險利率是連通貨膨脹風險，也不包括在內，但一般所稱的無風險利率，也就是名目利率，它等同實質利率與通貨膨脹率之和，例如：短期國庫券利率，仍包含通貨膨脹風險溢價。

[5]　風險溢價／溢酬，包括通貨膨脹風險溢價、違約風險溢價、流動性風險溢價、到期風險溢價等。

其次，法律風險管理終極要完成的就是提升公司價值，也因此，從上述公式中，就可知道公司經營者，當然要設法在可用資源下有效運用開創利潤，並降低未來可能的責任損失，增進未來的收益[6]，這也意味可進一步，降低資金成本[7]（CoC: cost of capital），此資金不論是來自股東投資的資本，還是來自他（她）人資金的負債。因此，從公司資產負債表來思考，公司價值的產生，來自資產報酬扣除所需的資金成本。

1. 公司管理法律風險的必要性

【案例1】天價1.5億元賠償

立富公司負責人陳傑自2011年起向中國銷售商林貴訂購BURBERRY手錶，每支手錶依機型不同，以4000到7000元購入，透過小三通、兩岸空運快遞，進口到臺灣，在森森和東森購物網及所屬電視購物臺販賣，每支錶賣價7999到15780元不等。BURBERRY英國原廠控告販賣仿冒品，陳辯稱手錶是平行輸入真品，但BURBERRY原廠指證陳男手錶面板等之商標和真品不同；一審地院認為陳男提不出海關正式進口單據，依詐欺取財、違反《商標法》等罪，判決陳男1年10月徒刑，尚須賠償1億5794餘萬元[8]，並在報紙刊登判決結果。專家指出陳男未評量《商標法》重罪之法律風險，所得利潤又不高，既須賠償鉅款，尚得服刑，提醒企業不能不顧法律規範而只貪圖賺錢。

【案例2】侵害著作權之責任

近幾年來著作權訴訟案相當多，茲舉出下列數案例，說明企業對《著作權法》需多重視，避免侵權，增加法律風險成本。

1. 2000年，中帝公司盜拷美商微軟的電腦軟體5萬餘套賤售案，法院判決中帝公司應賠償2億4232萬餘元。

---

[6] 《公司法》第1條規定：「本法所稱公司，謂以營利為目的，依照本法組織、登記、成立之社團法人。」明白揭示公司旨在獲取利潤，以維公司永續經營、股東、投資人及債務人等權益。

[7] 取得資金所需支付的成本，即為資金成本。就投資言，它是必要的報酬；就融資面向言，它越低越好，但仍有極限。而依各類不同資金成本占總資本比率加權平均所得之平均成本，即為加權平均資金成本（WACC: weghited average cost of capital）。

[8] 商標法第71條第2項規定：「就查獲侵害商標權商品之零售單價1500倍以下之金額」賠償，本案例BURBERRY原廠係以零售價700倍求償，若以1500倍請求損害賠償則其賠償金額高達3億元以上。

2. 2008年4月，傳輸軟體FOXY侵害環球、華納、艾迴等跨國娛樂公司著作權，檢察官對負責人起訴，面臨鉅額民事求償。

3. 2009年9月，IFPI控告國內最大線上影音下載網Kuro侵害著作權，經一審法院判決Kuro敗訴，負責人被判3年徒刑，併科罰金300萬元。

由上開侵害智慧財產權案例，已可認知到企業對於法律風險如何管理之重要性。再以上市公司來說，公司管理法律風險的必要性，繫於法律風險本身的存在是否影響股東利益？如會影響，那麼公司管理法律風險是有必要的；反之，則否。要回答這個問題，首先，根據資本市場理論[9]（captial market theory）中的資本資產定價模式（CAPM: capital asset pricing model）顯示（Doherty, 1985; Doherty, 2000），公司的經營在無**磨擦／交易成本**（friction/transaction cost）的考量下，法律風險本身的存在，主要與公司營運、成本與利潤有關，尚不會直接影響股東的利益，因此，股東們對公司管理法律風險的興趣不高。因為股東可以藉由股票組合，分散法律風險。法律風險如無法分散，股東亦可依風險溢價出售股票。在此情況下，管理法律風險的效應，只不過改變，股東所持的股票報酬與風險的組合比例。但實際上探究，當法律風險管理得當，風險不出現，股東又何必換股組合。

另一方面，如存在磨擦／交易成本，那情況就不同了。蓋因，這些磨擦／交易成本會影響[10]公司未來預期淨現金流量，從而使公司價值減少，間接影響了股東利益，公司管理法律風險就有其必要。而所謂的**磨擦／交易成本**，主要包括賦稅成本、破產預期成本、代理成本、新投資計畫的資金排擠與管理上的無效率等（Doherty, 2000）。

（二）公共價值觀點

政府與國家同樣面臨法律風險，政府與國家的法律風險管理屬於公共風險管理（public risk management）之一，這有別於公司法律風險管理。公共風險管理終極目標在提升公共價值（public value）。公共價值中的「公共」是指政府所服務的社會大眾（the public）而言，因此，公共**價值**是指民眾福祉與公共利益，公共風險管

---

[9] 詳閱本書第四章法律風險管理與ERM。

[10] 每一磨擦／交易成本，除賦稅成本在本章後續說明外，其餘交易成本如何影響公司價值，限於篇輻，請參閱 Doherty (2000). Integrated risk management-techniques and strategies for managing corporate risk. 第七章的說明。

理追求的就是民眾福祉的提升。具體說，公共價值以提升國民GDP（gross domestic products）及如何增進國民的生命身體健康、財產安全與社會的公平正義（social fairness and justice）爲主。其次，所謂公共風險（public risk）是指涉及公共事務及公眾利害關係的風險。由於政府與國家若面臨的法律風險勢必與公共事務及公眾利害關係有關，因此政府與國家面臨的法律風險都屬公共風險。政府與國家若面臨法律風險，就可能導致國家賠償或補償的責任損失，這項責任損失最終還是全民買單，進而就會損及全民福祉、影響公共價值。在此觀點下，政府與國家管理法律風險絕對有必要。

二、 法律風險管理的涵義

（一）法律風險管理的定義與性質

　　法律風險管理在第一章中已有寬鬆的定義，在此進一步具體定義如下：法律風險管理就是根據法令遵循目標，認清自我法律環境，連結所有管理階層，辨識分析法律風險，評估法律風險，回應法律風險，管控過程，評估績效，並在合理法律風險胃納下完成目標的一連串循環管理的過程。從定義中，也應該很清楚法律風險管理的主要階段過程就是辨識法律風險，評估法律風險，回應法律風險，進而評估績效。最後，留意過程中每一階段一定要涉及適當的法律風險溝通。因此，法律風險管理是以科學方法，管理可能發生危害之法律風險事件，避免法律風險實現，以降低危害與損害之步驟與作法[11]；更簡單說，所有監控法律風險的循環管理過程就是法律風險管理。從定義中，應該很清楚所謂的法律風險的安全管理（或稱預防管理）、法律風險的危機管理、法律風險的保險管理，都只是法律風險管理的一小部分。其次，法律風險管理是跨領域學科，以圖3-2表示。

---

[11] 施茂林，〈法律風險管理之課題與圖像〉，收錄於《工商事業活動與法律風險管理》，五南圖書，2014年11月初版1刷，頁6。

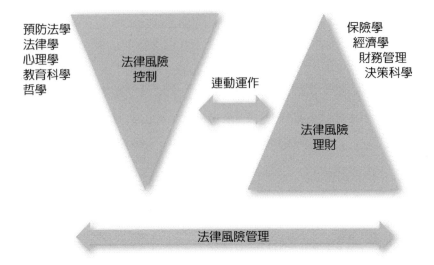

預防法學
法律學
心理學
教育科學
哲學

法律風險
控制

連動運作

保險學
經濟學
財務管理
決策科學

法律風險
理財

法律風險管理

圖 3-2 跨領域的法律風險管理

　　圖3-2中的法律風險控制（legal risk control）（參閱第九章）與法律風險理財（legal risk financing）（參閱第十章）都是回應法律風險的方式，兩者間需同時連動思考，對法律風險採雙元策略，始配稱法律風險管理。而其所涉及的學科極為多元，圖左預防法學等與法律風險控制有關，圖右保險學等學科與法律風險理財相關，很顯然，法律風險管理是跨領域學科，是異學異業之科際整合。

（二）法律風險管理與類似管理名詞的分野

　　第一，法律風險管理與法律風險的安全管理：法律風險的安全管理與法律風險管理中的法律風險控制與法律風險溝通，關係密切，但法律風險的安全管理不涉及法律風險理財，法律風險管理則需整合法律風險理財，同時，法律風險管理以財務導向為主，尤其公司風險管理，最具實益性，亦契合公司追求利潤之目標。

　　第二，法律風險管理與法律風險的保險管理：法律風險的保險管理，顧名思義，就是僅針對責任保險與保證保險理財相關的管理活動，對公司法律責任之負擔可達到風險規避之目的；管理風險的類別上，也只針對可保的法律風險（insurable legal risk）的管理活動，不涉及不可保的法律風險（例如：刑事法律風險）。法律風險的保險管理範圍，比現代法律風險管理，小太多。值得留意的是，法律風險的保險管理也不等同於可保法律風險管理[12]（IRM: insurable legal risk management），

---

[12] 法律風險的保險管理只涉及法律風險理財中的保險，而可保法律風險管理不只涉及法律風險

蓋因後者合括了法律風險控制，前者沒有。

　　第三，法律風險管理與法律風險的危機管理：法律風險的危機管理乃在於法律風險事件之管理，主要以解決訴訟法律紛爭為主旨，其中訴訟之處理占重要地位，可見危機管理，只是法律風險控制中的特殊環節，近年來，已廣受矚目，但它不等同法律風險管理，因法律風險的危機管理，不涉及法律風險理財的內容。或許可這樣說，平時需法律風險管理，危機來臨時，就需啟動法律風險的危機管理。法律風險的危機管理之功能，存在於危機期間，但法律風險管理的功能，重在平時，貴在事前預防。

三、　法律風險管理的多元類型

　　法律風險管理的類型是多元的，依據誰管理法律風險（who）、管理什麼法律風險（what），以及與如何管理法律風險（how），大體可歸納如下：

（一）私有與公有部門的法律風險管理

　　依據誰管理法律風險，法律風險管理可細分為個人法律風險管理、家庭法律風險管理、公司法律風險管理、政府機構法律風險管理、總體國家社會法律風險管理與國際組織法律風險管理等。此處，則歸納為兩大類別：一為私部門法律風險管理（legal risk management in the private sector），又可分為單一個人法律風險管理、家庭法律風險管理與公司法律風險管理等；二為公部門法律風險管理（legal risk management in the public sector），又稱為公共法律風險管理（public legal risk management），可分為政府組織法律風險管理（ORM: organizational legal risk management）與社會法律風險管理（SRM: societal legal risk management）等。最後，值得注意的是，依團體組成的目的，又可再細分為營利組織法律風險管理與非營利組織法律風險管理。

（二）法律規範與契約安排的法律風險管理

　　依據管理什麼法律風險，法律風險管理可細分為法律規範（條文）的法律風險管理與契約的法律風險管理。法律規範的法律風險管理涉及法律條文的解讀、適用

　　理財中的保險措施，也涉及可保法律風險的控制手段。

與爭端、糾紛解決程序引發的法律風險管理。契約的法律風險管理涉及契約談判安排、契約內容安排的風險疏忽與契約責任損益分配引發的法律風險管理。

契約在雙方洽商、溝通及安排過程中，對於締約後以迄履約過程，需有充分之評斷，預測可能發生之狀況，也要有風險回應。

原發性法律風險 ——————— 契約安排

中繼性法律風險 ——————— 契約缺陷

次發性法律風險 ——————— 契約不履行

終結性法律風險 ---------- 契約解除終止

加劇性法律風險 ------------ 契約終了續行責任

圖 3-3 契約締結以迄結束之法律風險對應

現再以供應商履約為例，在契約締結之前需作好風險評估，考量交貨是否依約履行、品質是否合於約定、期限是否依約行事，因為這些都涉及生產線與銷售之誠信，企業不能不重視。再則，經相當期間後，尤需就供應之情形作法律風險之評量，依其供應之實況作不同之風險評斷，回應契約之安排之情形作法律風險之評量；依其供應之實況作不同之風險評斷，回應契約之安排並作為爾後參據：

1. 正常供應
2. 少數延遲供應
3. 偶發性未依約供應
   —出於預期
   —未依約供應
   —品質有瑕疵
4. 異常性供應
   —次數—漸多
   —頻率—已高
   —期間—延期漸久
5. 常態違約供應
   —影響加深加大

（三）預防與回應型法律風險管理

　　依據如何管理法律風險，法律風險管理也可歸納為兩大類別：一為預防型法律風險管理，這是在管理法律風險上，預先確立明確的法令遵循目標、整合所有的資源完成的，也就是事先防範、預警式的思維。如同俗話：預防勝於治療的道理，這個思維像吾人賽跑，故也比方成賽跑型法律風險管理；二為回應型法律風險管理，並不預先確立明確的法令遵循目標，而是像「拔河」追求競合下的平衡，也就是強化彈力、靈活之回應式的思維。具體言之，建構一套相生相剋的體系機制，強化管理主體抵抗法律風險威脅的能力即可，故也比方「拔河」型法律風險管理[13]。

四、　法律風險與管理案例解析

【案例3】房客提前解約之限制

　　陳宇向黃寧租賃房屋，後發現上下層隔音差，又常漏水，無法入睡，乃以房屋有瑕疵，不符租屋目的，要求黃寧提前解約，黃寧回絕，陳宇乃向公司法務請教，告知所訂租約房客並無提前解約之權利，陳宇不信邪，請教律師，律師告知此約係社會統計之通用版，在書局、超商都可買到，一般是對房東有利，對房客之保護不足，包括租賃附屬設備、房東違約之賠償、房東提前解約之補償、自然毀損之處理以及租期屆滿前是否應先通知是否續約等，最好使用內政部通過的「房屋租賃契約書範本」，可以通過消保會或內政部的網站下載，或向內政部函索[14]。

【案例4】買中古車買到肇事車

　　卓曍經由修配廠購入一臺中古廂型汽車，價錢40萬元，親友都誇其很會買車，3個月後駕車行經省道，為警攔下，告知汽車有問題，予以查扣，10日後警察告知：去年4月間原車在南部大車禍中，造成3死6傷，汽車幾乎全毀，該車引擎蓋、部分車身及橫桿都被換過，車體安全堪慮，經調查類似借屍還魂車已出售近500輛，卓男聽到是事故車蒙上陰影，心中忐忑不安，警員並告訴他買中古車一定要看

---

[13] 例如：零災害目標就是賽跑型風險管理，恐怖平衡概念就是拔河型風險管理。再如，防洪治水的概念就是預防型風險管理，與水共治的概念就是回應型風險管理。

[14] 當前內政部公平會、消保會、交通部、衛生福利部等制頒相當多的各種類型公定契約範本，如租售、旅遊、醫療、買賣等，可在各部會之網站查到參考。

「車身號碼」，在右前座椅下、雨刷防火牆、避震器上方，或引擎上方查到車身號碼仔細比對，並留意有無被切割、顏色不同的痕跡，小心被動手腳。另外不能購買只有車籍資料，而無法過戶之汽車，以免吃上贓物官司。

【案例5】移用外籍勞工

源興科技公司業務興隆，自東南亞引進勞工，從事製造有關工作，董事長蘇杰身價數10億元，因其本身不合外勞聘僱條件，乃將3名外籍勞工帶至自家及岳父母家，從事幫傭家務工作，超時工作，不給予假日休息，扣住存摺、證件以防逃跑，一名外籍勞工生病不讓其看病，給予藥局購來之成藥，另名外籍勞工就利用倒垃圾機會，告知他家外勞，向勞工局檢舉，勞工局認情節重大，裁罰70萬元，外界質疑家財萬貫，何以如此虧待勞工？且蘇杰友人太太曾有好意提醒是否合法？蘇杰認監督周密，不會被察知，友人認為明知違法還心存僥倖，害得名聲受影響，何苦來哉！

【案例6】女兒自殺成凶宅，父母要賠償

學生劉姿在臺北市公館商圈租屋處燒炭自殺，女房東指房屋因而變凶宅，房價暴跌，向劉姿的父母求償，劉姿父母認為自殺已屬不幸，房東未善盡保護房客之責任，豈能對其父母要求賠償，何況房屋地點不佳，不好賣是地點問題，不能要他們負責，一審以房屋尚未出售、也無毀損，判女房東敗訴，但高等法院認為，凶宅不應以尚未出售即認定沒有造成損害，實際上已影響房價，經委託鑑定機關比較其周邊房價──劉女在104年12月20日自殺日之前後時間點的房價差別等情形，鑑定認為，該房屋因劉女自殺，房價已下跌1成5造成損失，因此判決劉姿父母應賠償186萬元[15]。

【案例7】隆乳失敗要賠償

診所醫師A對外宣稱不必開刀，注射「長效型玻尿酸」隆乳，安全無虞，替多名女病患隆乳，每人費用20至30萬元，被害人事後陸續出現硬塊、病變，驗出為致癌物質丙烯醯胺，檢察官依違反《藥事法》、詐欺等罪起訴，A乃陸續與女病人和解賠償100萬至150萬元，未和解之B女提出民事賠償，地院法官根據鑑定，丙烯醯

---

[15] 有關凶宅之法律問題，請參閱施茂林，〈靈異屋不要買，契約寫明白〉，收錄在氏著《法律站在你身邊》，聯經出版，2013年3月初版4刷，頁107-111。

胺是導致神經系統、生殖系統罹患癌症的化學物質，B女胸部之病變，確實因隆乳手術而起，乃判賠120萬元。

【案例8】訴訟多話與少話風險

高賓擔任專門委員，個性馬馬虎虎，審核公文並不用心，後因新誠公司土地開發案與局長被訴圖利罪，在法庭上，局長推說事務龐雜，每日公文眾多，該開發案之過程並不瞭解，僅是依程序最後由其批示云云，高賓則據理力爭，侃侃而談，從法令規範內容、本件開發案之性質等，再三強調並未違背法令，結果法官認為局長所述合理可採，就高賓部分判決有罪，理由是：被告任職公務員長達20年，從科長、專員，處理類似開發案已有10年時間，對於法令規定非常清楚，依其在案件所述，對土地開發能否許可，最為清楚，以本案違反法令之情節明灼，高賓了然在心，諉稱：不知有違反法令之事，難令人置信，大出高賓之意外，事後檢討其訴訟策略錯誤，話多反而誤事。

【案例9】打官司以原就被

陳智與邱貴合夥在宜蘭建造房屋，一向由邱貴負責財務，陳智負責銷售，因景氣原因，未能全部銷售完畢，陳智急著用錢，邱貴竟不結算，乃向陳智居住之臺中地方法院提起民事訴訟，故意讓住在宜蘭的邱貴旅途奔波，邱貴抗辯管轄錯誤。按訴訟官司程序，必須同時考慮有法律風險控制性質的裁判管轄地之問題與有法律風險理財性質的訴訟費、律師費與可能加收的裁判費問題，否則官司可能會很奇怪。以民事訴訟為例，不知以原就被的程序原則，被告住臺南，原告住臺北，無法在臺北打官司，原告得往返臺南，這種程序控制不知，將花額外的冤枉錢，不懂先繳訴訟費有時可左右官司，也不是好的風險理財決策。曾有兩家公司有土地糾紛，一審判決原告輸，決定上訴，但贏家被告聲稱一審時土地價值算錯，訴訟費要加倍，如再上訴另加裁判費，結果總計金額太高，原告無力繳費，除認輸外，原繳費用也追不回。這都是缺乏法律風險管理概念之故。

五、　法律風險管理發展簡史

法律風險是各類風險之一，專屬法律風險管理的發展，文獻上很難考證其源起，但勢必也伴隨著現代科學風險管理的發展而發展。現代科學風險管理的

發展，眞正起算應從1956年開始，蓋因文獻（Gallagher, 1956）顯示，「風險管理」詞彙的出現約在1956年。1956年前，雖無「風險管理」詞彙，但人類對「風險」的研究，已從文藝復興時代開始（Bernstein, 1996）。其次，1929年的經濟大蕭條，英美等先進國家政府留意到，對商業活動市場中企業公司監督管理的重要性，各種監理法規、新機構紛紛出籠，例如：1930年的國際清算銀行（BIS: Bank of International Settlements）、證券法與證券交易法（Securities Act and Securities Exchange Act, 1933-34）等。上述法律方面的發展，對企業公司往後法律風險管理的功能，均產生極爲明顯的影響。

【案例11】契約約定之落實

2015年3月甲女以1萬元參加港商B公司拍攝「麗好眞醫美宣傳平面使用廣告」企劃案，與男模C及3名小孩合拍全家福，圖中父母是俊男美女，3名小孩小眼、朝天鼻，完全不像父母，文案寫著：「你唯一需要擔心的是，該如何跟孩子解釋」，廣告強烈凸顯整形後的效果，在網路中瘋傳，引起各方注目，甲女發現當初言明照片係供廣告商內部比稿用，不會外流，且僅供D診所使用，若交其他診所應用，應另簽約，給予報酬，B公司明顯違約，侵害肖像權，且被連結成「女子因整形而被丈夫控詐欺，須賠12萬美元」的假新聞，致形象有損，工作邀約減少，委請律師向B、D提告。

風險管理詞彙出現後，會計、法律監理上，要求企業公司對利害關係人有報告的義務與責任，影響日後，內部稽核、公司治理（Corporate Governance）的各種重要機構團體紛紛成立。近年由於發生許多著名作業風險詐欺事件，例如Baring銀行事件、Enron事件等，影響今日內部控制、公司治理與風險管理相當深遠的會計、法律規範相繼出籠，例如：國際財務報導準則（第一階段）（IFRSs: International Financial Reporting Standards）（2009）、COSO（the Committee of Sponsoring Organization of the Treadway Commission, USA）I報告（1992，關於整合型內部控制架構）、COSO II報告（2004，關於ERM架構）、Cadbury報告（1992, UK）、Hampel報告（1998, UK）、Combined 法案（1998, UK）、SOX（Sarbanes-Oxley Act）（2002, USA）、Smith 報告（2003, UK）、DCGC（Dutch Corporate Governance Code, Netherlands, 2008）等。

另一方面，國際上冠稱法律風險的風險管理專業學會實不多見，臺灣應是少數

之一，法律學者也在相關論著中，或多或少論及，國內也有多本以探索法律風險之專著，分別從不同法律或法學概念論述。2009年中華法律風險管理學會成立後，在理事長施茂林教授倡導下積極推動法律風險學門，舉辦諸多系列之研討會[16]、論壇及演講[17]活動，並陸續出版專書論著，逐步引動諸多回應。在大學教育法律風險管理課程，則是由亞洲大學率先開授。企業方面，各公司紛紛改名成立的法令遵循部門，有效推廣法律風險管理之實益性，逐漸影響臺灣的法律風險管理發展。

　　中國質量監督檢驗檢疫總局與國家標準化管理委員會於2011年12月30日發布企業法律風險管理指南，供全國企業界等遵行，而有關法律風險之論著逐日增加。有一般性法律風險管理著作，有行業員法律風險管理書籍，有人力資源、合同管理、銀行信貸、公務執行、稅務籌劃、國際貿易、投資理財、營銷、創業、電子商務、技術轉讓、知識產權等法律風險管理專書，亦有企業組織、企業變革、企業改制、企業併購、企業重組等法律風險管理論著。另有企業負責人、經營群民事、刑事責任防範控管之著述，呈現豐富多元、活絡多面之現象，而且中國龍龜法律風險管理論壇曾大規模對中國上市公司作過法律風險管理實況研究，舉辦大型之法律風險管

---

[16] 中華法律風險管理學會陸續於臺大、政大、臺北大學、中興、成大、高雄大學、東吳、逢甲、亞洲、朝陽、玄奘、大同等大學院校舉辦多項大型學術研討會、圓桌會議及論壇等，也與中國法學會、內蒙古、湖北、北京、天津、南京、山西、陝西、甘肅、新疆、青海、雲南、重慶、四川等法學會以及大陸多所高校共同舉辦法律風險管理研討會、論壇等，對海峽兩岸法律風險管理新學識之推展不遺餘力，也得到良好回響。

[17] 為使公私部門及家庭個人認識法律風險管理理念，中華法律風險管理學會7年來舉辦多元、多軌之演講活動。例如：（一）一般性演講：如人身安全與風險意識、日常生活事物與法律風險、財產管理法律風險、投資理財與風險規劃、全球化法律發展趨勢與權益保障方法、金融商品與消費者權益之保障、法律糾紛之預防與處理機制。（二）專業人士演講：如律師、會計師、建築師、醫師等，從當前醫療過失有無之判定談法律風險防範對策、醫療與科技之法律風險、醫病關係與法律風險預防、從醫療案例談法律風險規避、鑑識會計與司法實務、會計業務與法律風險評斷、房地產登記與法律實務、律師職場運用法律風險管理實務等。（三）企業經理人演講：如工商事業活動與法律風險防範、上市櫃公司法律風險與管理、企業經營層法律風險責任、企業經營法律風險責任探討、法律風險與企業經營決策、企業經營之法律風險防範、地下經濟活動與法律制裁規範、市場競爭法制與法律風險等。（四）企業員工演講：如企業經營與法律風險管理總說、法律風險管理之內涵與實務運作、科技發展與法律風險規劃探討、環保法律與防範教育、智慧財產權與法律圖譜、員工法律風險責任與防範、企業內部管理法律風險治理等。（五）校園演講：如法律風險面面觀、國中常見的法律問題、公民素養與法治教育、青少年竊盜、網路交友、被害意識與預防、校園霸凌相關法律責任與風險認識、教師管教責任與風險避讓、教師應具備之法律素養、校園危險因子之預測與防範。（六）公務機關演講：如公務員法律責任與風險認知、便民與圖利之風險評量、採購事務之法律規範與風險迴避、利益迴避與遊說之法律風險、陽光法案與職務職權運作之風險因子、國家賠償事例與防阻公務風險作為、公務執行與職務犯罪之風險議題。（七）社團演講：如常見社會風險事件與防範要領、如何避免成為犯罪被害人、法律風險相關課題、創業投資與股權投資之法律風險防範、法律風險與預測控管圖像、企業經營與法律風險規劃、科技智慧財產權之運用與趨勢、房地產經營與風險評估。

理研討會與研習活動，成績斐然。

　　法律風險管理連動到法律學與管理學二個母題，未來發展空間甚為寬廣，其方向基本上有二：其一係以法律學為主軸，將管理學中有關風險管理之理念納入，有系統的將法律風險辨識、分解、整理、彙集，進而匯流成整體性、類型化及模組化資訊予以管理與應用，成為一科際整合之新學門；其二則以管理學為底基，吸納涵攝法律元素，強化管理學多層化思考，尤其是以風險管理為基礎，擴增闡發法律風險議題，演進成為獨立之新學識。此二方向之演進，各有其天地，也有其不同系統價值。

六、　本章小結

　　法律風險是風險之一種，法律風險管理是風險管理的一種，其歷史發展自然受風險管理發展的影響。在解讀法律風險管理概念時，也需藉由風險管理闡述之，性質則應同時思考法律風險控制與法律風險理財間的連動，所涉及的是跨領域不同的學科，未來如何發展成新學門，尚需學者專家與實務界共同努力。

本章摘要

　　1. 法律風險的存在可能導致賠償責任的損失，也因此最終會影響到企業公司價值或政府的公共價值。

　　2. 公司價值或稱企業價值就是公司經營上的所有風險（這當然包括法律風險），可能影響未來預期淨現金流量的折現值或資本化價值而言。

　　3. 磨擦／交易成本主要包括：賦稅成本、破產預期成本、代理成本、新投資計畫的資金排擠與管理上的無效率等。

　　4. 公共風險是指涉及公共事務與公眾利害關係的風險。

　　5. 公共價值是指民眾福祉，公共風險管理追求的就是民眾福祉的提升。具體說，公共價值以提升國民GDP及如何增進國民的身體健康、安全與社會的公平正義為主軸。

　　6. 法律風險管理就是根據法令遵循的目標，認清自我法律環境，連結所有管理階層，辨識分析法律風險，評估法律風險，回應法律風險，管控過程，評估績效，並在合理法律風險胃納下完成目標的一連串循環管理的過程。

7. 依據誰管理法律風險，管理什麼法律風險，與如何管理法律風險，法律風險管理的類型是多元的，而且有關契約之安排也需如此考量與施作。

思考題

❖ 每一行業老闆都說他（她）自己最懂法律風險管理，配合本章的內容，說明法律風險管理是不是可有可無？

❖ 學一門學科，有需要知道其歷史演變嗎？

參考文獻

1. 汪渡村，《公平交易法》，五南圖書，2014年3月4版2刷。
2. 行政院公平交易委員會，《公平交易法行政裁判案例彙編》，2007年12月版。
3. 宋明哲，《風險管理新論——全方位與整合》，五南圖書，2012年10月6版1刷。
4. 宋明哲，《公共風險管理——ERM架構》，台灣金融研訓院，2015年2月初版。
5. 施茂林，《法律做後盾》，聯經出版社，2013年4月10版。
6. 施茂林，《法律風險管理跨領域融合新論》，五南圖書，2014年9月初版2刷。
7. 施茂林，《工商事業活動與法律風險管理》，五南圖書，2014年11月初版1刷。
8. 唐淑美，《法律風險管理》，亞洲大學，2011年7月2版。
9. 陳麗潔，《企業法律風險管理的創新與實踐：用管理的方法解決法律問題》，中國法律出版社，2009年4月初版1刷。
10. 白濤，〈企業法律風險的量化研究〉，發表於中國法律諮詢中心、亞洲大學等合辦2010年兩岸法律風險管理研討會，2010年10月26日，《亞洲大學研討會論文集》，頁13-17。
11. Doherty, N. A. (1985). *Corporate risk management-a financial exposition*. New York: McGraw-Hill.

第 4 章

法律風險管理與ERM

讀完本章可學到：

1. 認識ERM與其八大要素。

2. 瞭解法律風險管理中所需的基礎理論。

3. 從事例認知ERM與法律風險管理之運作。

　　現代科學風險管理最新一代的管理架構，就是全方位／整合型[1]風險管理，英文全稱為「enterprise risk management/enterprise-wide risk management」（ERM/EWRM），而不是傳統／零散式的風險管理，英文全稱為「traditional risk management」（TRM）。這套ERM架構，是美國COSO提出的架構，均適合於任何經濟個體，當然也就包括國家政府。

　　本章首先說明ERM架構與要素。其次，說明法律風險管理與ERM各要素的關係。最後，說明ERM架構下，管理法律風險所需的基礎理論。

一、 全方位／整合型風險管理的涵義與特性

　　ERM的創新，孕育自1990年代，約完成於21世紀初期，其力量來自邏輯[2]的必然與外部的監理。例如：安隆[3]（Enron）風暴後，美國通過的沙賓-奧斯雷法案（SOX: Sarbanes-Oxley Act）。本章特就美國COSO全方位／整合型風險管理的涵義及其與傳統風險管理的比較，予以論述。

（一）COSO的ERM定義

　　美國贊助組織委員會（COSO）對ERM的定義如下：「全方位／整合型風險管理係一遍及經濟個體各層面的過程，該過程受董事會、管理階層或其他人士所影響，用以制定策略，辨識可能影響經濟個體的潛在事件，使管理風險，不至超出風險胃納，合理確保經濟個體目標的達成。」（Enterprise risk management is a process, effected by an entity's board of directors, management and other personnel,

---

[1] ERM/EWRM在臺灣，有些人士譯成企業風險管理，此中文譯法實有待商榷。其實這概念架構，重點是原文中的「Wide」，該字意即「全面性」的意思。在中國大陸將ERM譯成全面性風險管理，實較為妥切。此外，在TRM架構下，如果管理主體是企業公司，那麼也可稱企業風險管理，但其精神不是ERM的意旨，還有政府機構也以ERM為風險管理架構，因此臺灣的中文譯法，不足為取。本書將ERM譯成整合型或全方位風險管理，實因ERM是以整合為精神，而且英文IRM（integrated risk management）或holistic risk management 均可與ERM通用，因此，本書採用整合型或全方位風險管理稱之。

[2] 有些風險只有損失，有些風險不是損失就是獲利，試想全部風險一起考量在管理範圍時，就有（獲利；獲利）、（獲利；損失）、（損失；獲利）、（損失；損失）四種結果，但只有（損失；損失）的情況需要管理，（獲利；獲利）、（獲利；損失）、（損失；獲利）的三種情況無需管理，因獲利與損失，相互抵銷，這就是ERM的邏輯。

[3] 2001年11月，美國安隆公司承認會計上的錯誤，重新調降高估6億美元的財測，這項舉動，導致其股價大跌，之後，不到1個月內宣布破產。這是美國華爾街有史以來，最大的商業醜聞。安隆公司一群絕頂聰明的高階經理人，輕輕鬆鬆捲走10億美元，讓投資人血本無歸，上萬名員工失業。

applied in strategy setting and across the enterprise, designed to identify potential events that may affect the entity, and manage risk to be within its risk appetite, to provide reasonable assurance regarding the achievement of entity objectives）（The Committee of Sponsoring Organizations of the Treadway Commission, 2004）。該定義，解析如下：

第一，COSO的定義，同樣是從ERM觀點，說明風險管理，且該定義認為ERM是全面性連結董事會與組織所有的管理階層。

第二，定義中，有兩個名詞，特別重要，一是合理確保（reasonable assurance），另一為風險胃納（risk appetite）。合理確保意涵是指畢竟未來不是確定的，完全精準的預測風險，是不可能的事，當然，也不代表ERM機制不管用，而是組織應確實運用內部控制與內部稽核制度，達成營運效率、財務業務報告的可靠性與法令遵循方面合理的確保，以便能防堵內外部詐欺事件的發生。其次，風險胃納被COSO定義[4]為組織為追求價值，願意承擔的風險水準（Risk appetite is defined as the amount of risk, on a broad level, an entity is willing to accept in pursuit of value.）。在這風險胃納定義中，特別留意，組織為了追求價值會進行風險間的交換，接受某種風險，拒絕別種風險，組織也可能為了獲利，在資本可因應下，承擔額外的風險。

（二）ERM與TRM 共同點

ERM與TRM，兩者都是管理風險的過程與觀念架構。其次，兩者管理的目標均與企業價值或公共價值有關。最後，ERM與TRM，兩者都是管理的一部分，在風險管理上各有其實用性。

（三）ERM與TRM 相異處

總體而言，ERM與TRM不同的地方，在於它們管理的深度與廣度，所需知識的廣狹、操作技術的繁簡以及觀點與管理意旨的轉換。詳細的不同點，說明如下：

第一，過去傳統的TRM，一直將「風險」看待成負面或威脅的概念，這主要是因TRM只限縮在危害風險的管理。然而，隨著時空的轉換，「風險」已被擴張

---

[4] COSO (2004). Enterprise Risk Management-Integrated Framework, Executive Summary. p.19. New York:AICPA Inc.

看待成，有機會獲利的字眼；換言之，在ERM架構裡，至少「風險」是被看待成，有威脅與機會的成分，此種看法，明顯趨向正面看法，對風險管理的操作，極度重要。著者宋明哲以為，ERM架構裡，更需有群生價值的風險概念，尤其針對公共風險的管理。其次，ERM強調風險管理過程中，關於用語的內涵，解讀上，必須統一。例如：風險事件（risk event）的內涵與定義。TRM不強調這點，常常是名詞相同，但大家有不同的解讀。

第二，ERM是持續流通於經濟個體各個管理層面的過程，TRM則僅限縮於特定管理層面的過程，例如：只著重損害防阻與購買保險的功能。值得留意的是，ERM的「enterprise」包括所有公私部門的經濟個體（Spencer Pickett, 2005），某部分人士將「enterprise」譯成企業，值得商榷[5]，因如此譯法，無法真正體現ERM的真諦。

第三，ERM受到經濟個體每一層次人員的影響；換言之，不管是外部利害關係人層次、策略制定層次與營運管理層次的人員均會影響ERM的過程，顯然ERM是量身訂作的一種管理過程，蓋因每一經濟個體在外部利害關係人（stakeholders）層次、策略制定層次與營運管理層次的人員均會不同。TRM則限縮於某管理層次的人員，且通常不涉及策略管理層次，不涉及所有的內外部利害關係人。

第四，ERM可應用在經濟個體策略的制定，但這種策略的制定必須配合經濟個體風險胃納[6]（risk appetite）的水準，風險胃納是ERM最核心的課題，唯有在考慮眾多變項，決定經濟個體本身的風險胃納後，策略管理的目標，才能制定。而經濟個體需冒險到何種程度，才算安全，也才能判斷精準，TRM都跟這些層次的策略思考無關。

第五，ERM可確保經濟個體能合理達成目標，它可說是完成經濟個體目標的發動機，它涉及經濟個體所有的風險，包括策略風險、財務風險、作業風險（含法律風險）與危害風險，同時ERM也涉及所有管理風險工具之整合，實務操作上更複雜；簡單來說，ERM是人員、風險科技與管理過程的整合。TRM不只局限於

---

[5] 政府機構也採用ERM架構管理風險時，譯成企業風險管理，就會有管理主體混淆與語意的問題，其實ERM完整的縮寫是EWRM，重點是「wide」，意即全面性或全方位，這才是ERM的精神，故譯成全面性或全方位風險管理較為合適。

[6] 簡單說，風險胃納（risk appetite）就是經濟個體對風險的承受能力。本書將風險胃納、風險接受度（risk acceptability）與風險容忍度（risk tolerance）等名詞，交互使用。如何決定法律風險胃納，參閱本書第五章。

危害風險的管理,且不強調所有風險間的互動,與所有管理工具的整合;換言之,TRM是零散式的風險管理,「Silo」by「Silo」或「Case」by「Case」。

第六,ERM是宏觀積極的,重風險管理文化的孕育與改變;TRM是微觀消極的,風險管理文化的孕育與改變,不是太重要。進一步說,ERM是積極提升所有經濟個體的價值,同時,也著重提升所有內外部利害關係人的價值。TRM只是在意外事故發生後,消極地,回復所有經濟個體的價值,同時,TRM只提升經濟個體所有人的價值。例如:就公司言,所有人即股東(shareholders)。最後,參閱圖4-1、圖4-2與圖4-3顯示,TRM與ERM不同的操作方式,以及ERM架構下風險的彙集。

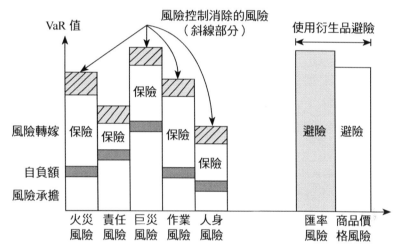

附註:VaR值參閱本書第八章

圖 4-1　TRM的零散操作

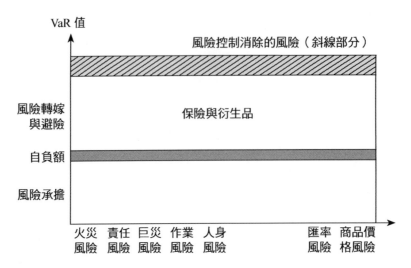

附註：VaR值參閱本書第八章

圖 4-2 ERM的整合操作

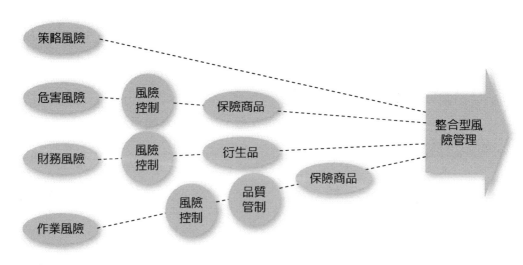

圖 4-3 ERM的風險匯集

　ERM要素與法律風險管理

（一）ERM八大要素

根據COSO的意見，經濟個體不論規模大小，只要在風險管理實施過程中，包括下列八大要素，即可謂已實施ERM。這八大要素，分別簡要說明與法律風險管理的關係如下：

第一，內部環境：內部環境是ERM的軟性要素，也應是ERM成功的前提。內部環境包括公司治理（corporate governance）、政府治理（governmental governance）、風險管理文化、風險管理哲學、風險胃納、正直與倫理價值以及經營的環境。其中，文化、哲學、正直與倫理價值均是風險管理上非技術性的事項，少了它，再好的技術，對管理風險也枉然，近年重大的金融事件，即為明證。此外，這些非技術性的事項對風險胃納量與內部的經營也會產生影響。就法律風險管理而言，這項要素指的是公司內部的法律環境，包括公司治理相關法律、法律風險管理文化、法律風險管理哲學、法律風險胃納、正直與倫理價值等。

【案例1】內部風險環境

康福文創公司董事長馬陸接二連三接獲郵局存證信函，分別是（一）警告康福某文創產品有侵害著作權問題；（二）要求除去某設計意向圖上之圖案，否則控告侵害商標權；（三）要求賠償營業祕密損失。因康福新僱員工使用離職前所服務公司之圖檔，馬陸趕緊找律師商量，律師深入瞭解後告知：貴公司員工欠缺法律觀念，不把法律規範當一回事，而且貴公司又是從事文創業務，如此欠缺法律風險意識，也無守法文化，未來法律問題會更多。馬陸聽後不以為意，2年內先後發生6件民刑事官司，疲於奔命，後悔未重視內部環境產生之法律風險因素。

【案例2】法律風險正向回應

漢廣生技公司創業以來，業務興隆，與往來之上、下游廠商互動良好，但上、下游公司唯一最不習慣者，乃漢康諸多業務常有律師陪同，對法律有關文書極為慎重，常增加作業時間，協力廠商董事長廖昌、盧源、袁偉等，有天開會後向漢廣董事長林樺表示彼此熟悉何需如此，林樺反問與法律有關的事務以法律為主，有何不好，而且公司員工已有形成共識，他們研發、實驗、創新、處理授權覺得不必擔心

法律事件，非常支持。袁偉反思伊公司常有官司；廖昌也發現曾因員工疏忽，製造涉及仿冒，纏訟3年；盧源則體悟曾因一宗契約文字不當，損失上千萬元，3人檢討後，警覺法律風險文化，可增強競爭力，減少法律上之困擾。

　　第二，目標設定：ERM觀念架構下，一個組織需達成四種目標，一為策略目標，二為營運效率目標，三為報告可靠目標，四為遵循法令目標。就法律風險管理而言，遵循法令目標是最相關的目標，次為報告可靠目標。所有這些目標應能配合組織的風險胃納制定，可有助於董事會與高階決策人員，隨時監督與暸解目標達成的程度。

【案例3】法律風險預防因子

　　徐志豪奉命接任一自然資源管理局長時，長官特別指明該機關政風不良，需作體質改變，徐志豪上任後經明察暗訪，警覺機關部分公務員觀念不正，不能廉潔自持，乃找政風室擬定反貪計畫，定出遵法目標，提出具體措施，逐步調整同仁觀念，改善公務思維，並要求各科室主管以身作則，掌握同仁狀況，經過1年努力，民眾感受到公務文化已在改變中。

【案例4】保全程序運用

　　偉益投資公司資金充裕，常有企業向其借款，董事長巫慧因借主大都認識，對擔保物未強力要求，未料常催索無著，朋友間反而鬧得不歡而散，業務經理建議要設定目標與作業守則，要求有人保或物保才能出借，而且對於賴債不還者，採取必要之假扣押、假處分保全程序，一審判決時，即實施假執行，運作1年後檢視發現效果良好。巫慧也常在他人提及法律無用，因公司打贏官司，卻又拿不到錢時，告知這種結果顯然未做好法律風險管理績效目標，而且公司最好善用法律保全程序的假扣押、假處分與假執行，雖然也無法保證拿到錢，因對方早早已脫產，但至少採取保全程序越早，機會可能越大。假扣押並非「假」，只是暫時將對方財產扣押，使其不能變賣。都採行後，仍無法拿到錢的話，還可向法院聲請撤銷對方的脫產行為。

　　第三，法律風險事件辨識：任何組織的營運，均會面臨來自內部或外部事件的衝擊，這種衝擊有些可能對組織造成威脅，有些也可能提供轉機獲利的機會，又如

何將危機轉化為轉機，爭取利基，自ERM的觀念架構有助於辨識這些事件是屬威脅還是機會，有助於組織目標的達成。就法律風險管理而言，當指法律風險事件的辨識，即法律風險是否會發生？法律風險責任之類型？

【案例5】法律風險預防

　　天助醫院新任院長蘇祥有感於以往醫療糾紛不少，召集院內主管討論如何降低醫療糾紛，副院長葉豪教授提出其個人多年觀察心得，建議各科主任將科內發生之案例提出，交由法務室彙整研析，列出各科最會出現之醫療事例、綜合性問題以及行政管理上之缺失，整理出法律風險事件之類型、發生原因及防範對策，由各科室在會議、研訓活動向醫療人員詳細解說。在有系統介紹說明後，第一線醫療人員已有所認識，醫糾事件逐步下降。

　　第四，法律風險評估：針對可能的內部或外部事件，在ERM的觀念架構下，需進行更具體的風險評估，針對事件可能發生的頻率，以及可能帶來的嚴重性，進行審慎的評估，如此對如何管理風險才能做適切的安排。就法律風險管理而言，也當指法律風險的評估。亦即法律風險在哪裡？風險危害程度如何？可能損害狀況為何？如何予以防控等。

【案例6】法律風險評估之好處

　　森豪化工公司存有相當數量之危險化學物品，容易引火爆炸，總經理游正見友廠爆炸，賠付甚多賠償金，經巡視工廠後，發現員工已日久生惰，趕緊指示副總經理劉松專責全面評估化學物品，劉松帶隊經1個月之實地查勘，評估管理上、操作上、保管上各有缺失之處，迅即依化學物品性質，分成爆炸性物質、發火性物質、可燃性氣體等類，列出引火、爆炸、化學反應、粉塵、漏氣等風險等級與預防對策，要求員工嚴格遵守，勞檢單位前來勘查時，讚許風險評估與作業優異。

【案例7】查證責任之轉嫁

　　佑明工業公司業務興隆，急需購地擴廠，經仲介汪信寧介紹，向鄰源益購買3000坪工業區旁土地興建廠房，一樓起造時，有工業界朋友告知該地似非工業用地而為綠地，經委請建築師核查，發現為公共設施用地，怪不得便宜2成，乃向鄰某抗議，鄰某告知契約第10條約明：「本件買賣土地有關符合工業使用、分區管制、

地目名目、土地利用、建築管理等由乙方（即買方）自行查證驗斷，甲方不負保證責任。」佑明乃向律師請教，律師解釋契約已如此約定，不能歸咎鄒源益。

第五，法律風險回應：根據組織的風險胃納量與風險評估的結果，ERM 有助於對內部或外部事件作出適當的回應，回應的方法可以是風險控制法，也可以是風險理財法，也可以是兩者的混合，也可以是風險溝通法，這些方法的採行需能搭配組織的目標。就法律風險管理而言，指法律風險的回應，這包括法律風險控制、法律風險理財與法律風險溝通，進而採取法律風險對策。

【案例8】法律風險策略

安助營造公司新承包一地下潛盾工程，員工彭彬在地下工作過久，產生潛水夫病症，經送醫急救，逐漸康復，董事長柯安與工務處長歐紹多次商議，瞭解在地下密閉空間工作，風險性高，指示總經理林宗邀集專家速擬工作準則，明定工作時間、更換方式、休息時間、攜帶器械、耗氧環境改善、通風設施、應變措施等，要求主管嚴格遵守及督導，其後1年4月工作期間，未再發生職業災害事件。

【案例9】法律風險對應

瑞仁電子公司生產過程中使用三氯乙烯有機溶劑，突有多名員工罹患皮膚病及肝中毒住院醫治，勞檢單位立即派員全面檢測施鑑，確定係因三氯乙烯所致，董事長田鳴除答允從寬賠償外，答允改善，組成工作小組，邀醫療、化工專家提出改善對策，採用毒性較低之代替性化學品，採取隔離操作方式，改善通風設備，調整作業流程，實施健康管理機制。在新的控制作法下，員工之健康狀況改善，職業病未再發生。

第六，法律風險控制活動：這要素所言的控制活動是指在一定的管理政策與程序下，有助於確保風險回應各類方法有效性的控制活動而言。依其涵義係指管理控制（management control）系統，管理控制與風險控制概念有別[7]，前者涉及的範圍廣泛，自然也將風險控制作為含於其中。就法律風險管理而言，管理控制同樣必要。

---

[7] 請參閱本書第十二章。

【案例10】管制非營運時間進出海水浴場

　　旺泉企業承包鎮公所海水浴場營運，發現原來已有早泳隊、晨泳隊及喜歡游泳之鎮民常在浴場開放時間前後，即早晨5點至8點以及下午5點30分後下水游泳，既未繳費，又常破壞設施，甚為苦惱。經董事長池宗華召集同仁多次研究，評量在該時段進入海域雖非營運時間，惟因係旺泉負責管理與經營，如有意外或溺斃，可能涉及管理疏忽及未盡善良管理人之義務，而且交通法規中有諸多海水浴場管理規則，加之經營者責任，乃與各游泳隊長、鎮長、主祕研商解決之道，彼等均表示應開放鎮民使用，然無人願意負責，池董事長乃決定請團體隊長、領隊及鎮長出具承諾書，切結自行進出，自負責任，不能對海水浴場經營者藉口要求賠償，但隊長、領隊、鎮長等均不願出具，旺泉乃將上情告知鎮民，作好圍籬管制，遂禁止上述時間進入海域游泳，以維安全。

　　第七，法律風險資訊與溝通：ERM觀念架構下，相關的訊息應能辨識且及時傳輸給正確的人員，確保責任能順利完成，同時訊息要能在組織各階層人員獲得良好的溝通。就法律風險管理而言，資訊與溝通亦同樣必要[8]，才能正確作好法律風險規避與控管。

【案例11】法律風險資訊正確傳送

　　甲保險公司業務員董梅明知93歲老榮民利昆已逾投保年齡上限，卻以按月收取7000元利息、1年就能取回本金等說詞，誘騙利昆花727萬元買保險，董女雖把利昆列為受益人，但須等到157歲，才能領到錢；地院依詐欺罪判董女4個月徒刑，得易科罰金，宣告緩刑2年。事情爆開後，有同業表示甲公司業務員類似情形常常發生，也有人向金管會投訴，甲公司為求業績，並不在意其嚴重性，保險專家批評此種心態不當，應當明定約制規範，傳達與教育員工不得有類似情形，否則，增加糾紛，需費時處理，對公司之信譽也大有影響。

　　第八，法律風險監督與評估：ERM觀念架構下，強調整個管理過程的生生不息，互相勾稽，與監督評估，這要素也包括內部稽核（internal auditing）。這主要是因組織的內外部環境會因時空產生變化，整個管理過程的監督評估是必要的。就

---

[8]　請參閱本書第十二章。

法律風險管理而言，同樣需要，使企業體上下認知到自己公司觸及之法律風險？公司管理能力？能管理法律風險之成效？管理上之缺失、漏洞？以及未來如何改正管理錯失或瑕疵等。

【案例12】法律風險管理監督

茂昌工廠員工先後2次因女工長髮遭旋轉機捲入頭部受傷以及男工爲鉋刀切割手指，總經理指示廠長需訂定作業安全守則，由各生產線組長執行，副廠長督導，2個月後又有一工人操作衝床時，手部遭截斷，總經理相當不滿，深入瞭解，乃是副廠長對於勞工職災之預防不經心，見到工人未依規定保護自身安全，亦未糾正，致安全守則形同具文，經報董事長予以降調，重啓安全防護機制。

【案例13】法律風險稽核

惠訊公司董事長鄭謙信任之貼身祕書楊碧利用經手代辦董事長公關所需禮品及其他相關支出，與丈夫僞造董事長的簽名，夫妻聯手長期詐領公款，4年共搜刮8380萬元。經人檢舉全面清查後，在股市公開資訊觀測站公告：「本公司財務單位發覺特定員工帳戶撥款有異，並會同本公司稽核全面清查，發現行政支援處員工，涉嫌利用職務之便，陸續詐領公司款項。」風險管理專家，指明該公司欠缺法律風險管理措施，忽略預防理念，也缺乏監督之機制，以致4年長期間一直發生此風險事件，而且此案例也提醒企業：

1. 用人不疑、疑人不用鐵律之風險測定。
2. 信任員工之風險極限。
3. 負責人有權支用款項之處理方式與親信報支之風險評量。

（二）ERM管理過程架構

ERM管理過程架構，在各國專業組織的努力下，出現許多不同的管理過程架構圖，此處，簡要顯示ERM管理過程架構，如圖4-4。

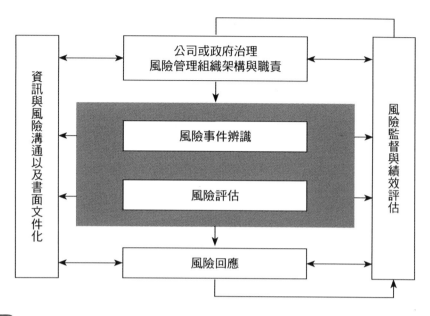

圖 4-4　ERM管理過程架構

三、　ERM架構下法律風險管理所需的理論

（一）風險動力論

　　風險動力論是從組織經營模式的分析開始，在組織目標、風險胃納、財務資源、業務資源與監理制度及其他外部環境的限制下，尋求ERM操作的變數[9]。這其中，包括五項重要原則（林永和，2007/10/15），這些原則同樣適用在法律風險管理中，茲將其調整說明如下：

　　第一，深度分析組織在法令遵循目標、法律風險胃納、財務資源、法律業務資源與監理制度及其他外部法律環境的限制下，法律風險動力互動的強度與方向。例如：採用有效的法律風險辨識程序，瞭解利害關係人風險意識多少，對組織的影響有多大，隨著時間，利害關係人如何調整法律風險認知，對組織的認同，如何改變；第二，深度分析組織不同階層所展現的法律風險動力強度與方向，例如：企業內部作業規範、遵法程度；第三，深度分析外部法律因素之規範對組織資產與負債的影響，進而以內部價值影響法律風險管理的實際作為；第四，建置一套組織的內

---

[9]　即指ERM的八大要素所需的資源與條件。

部法律風險管理整合的模式，導引實際管理法律風險之活動；第五，法律風險管理主要參與者所採取的行動，可能影響法律風險動力的強度與方向，例如：法令遵循主管、組織執行長、主計長、風險長、信評機構等管理信念與能力。

（二）決策的基礎理論

ERM風險回應要素中，需做各類型不同的決策，風險管理的決策，是屬於不確定情況下的決策。風險管理決策，可分為技術決策（technical decision）與管理決策（managerial decision）（Baranoff et al., 2005）。其次，風險管理決策，亦可分為投資決策（investment decision）與理財／融資／財務決策（financing decision）（Doherty, 1985）。技術決策的層次，可由財政管理與風險管理人員，藉助於各類決策輔助工具，作專業技術的評估與決定。然而，管理決策的層次不同，它考量組織整體利益才能決定，無法單獨依據專業技術的評估，而由財政管理與風險管理人員決定。同時，管理決策涉及各類利害關係人，這些利害關係人的看法與決策行為，決定最後的結果。

決策的基礎理論主要聚焦在最後決策者，「應如何作」與「實際上又如何作」的決策行為上。至於作決策時，使用的各類輔助工具，例如：決策樹分析（decision tree analysis）、成本效益分析（cost-benefit analysis）等，請參閱後面章節。

決策的基礎理論，基本上，分為兩大類：第一類是決策的規範性理論（normative theory），這類理論以理性（rationality）假設為前提，以人們「應該如何」作決策為議題。屬於這類理論的，包括作個人決策的效用理論（utility theory）以及作團體／社會決策的賽局理論（game theory）與社會選擇理論（social choice theory）；第二類是描述性理論（descriptive theory），這類理論以有限理性（bounded rationality）假設為前提，而以人們「實際如何」作決策為議題。有限理性概念，存在部分感性，屬於這類理論的，包括作個人決策的前景／展望理論[10]（prospect theory）與滿意法則（satisficing principle）以及作團體／社會決策的社會心理理論（social psychology theory）。公共風險管理中，雖也需個人決策理論，但瞭解團體／社會決策，更為重要。上述理論也都同樣適用在法律風險管理情境

---

[10] 前景／展望理論與效用理論差別大，其重要特點包括：考慮參考點（reference point）；其價值函數顯示的是S曲線，敏感度遞減現象；放大損失規避；重視框架對決策行為的影響；非直線的決策權重。該理論已成為行為經濟學的重要基礎。

中，予以運用。

（三）組合理論

組合理論[11]一直是證券投資的典型理論，其方法同樣可適用在各類法律導致責任損失組合的情境。瞭解原有組合理論的內涵，在法律風險管理中，自有其重要性。根據組合理論原內涵，投資組合風險是投資組合的標準差或變異係數，它除受組合中單一證券標準差影響外，投資比例與證券間的相關性，也會影響投資組合風險的高低。在法律風險業務情境中，也可說成各類法律責任組合風險是該組合的標準差或變異係數，它除受組合中單一法律責任損失標準差影響外，法律責任損失間的相關性，也會影響法律責任組合風險。組合理論數學符號表示如下：

$$\text{Var}(W_1 R_1 + W_2 R_2) = W_1^2 \sigma_1^2 + W_2^2 \sigma_2^2 + 2W_1 W_2 \sigma_{12}$$

因為$\sigma_{12} = \rho_{12} \sigma_1 \sigma_2$

所以上式可改寫成$\text{Var}(W_1 R_1 + W_2 R_2) = W_1^2 \sigma_1^2 + W_2^2 \sigma_2^2 + 2W_1 W_2 \rho_{12} \sigma_1 \sigma_2$

R_1：法律責任風險1　　　　　R_2：法律責任風險2

W_1：法律責任業務1 的比例　W_2：法律責任業務2的比例

四、 案例分析 —— ERM的貢獻

重大的法律風險事件會影響公司之財務、收支、利潤與公司聲譽形象，造成股價下滑。而極優質的整合式全方位法律風險管理，雖也無法阻止股價下滑，然其跌幅比劣質的法律風險管理為低。根據國際信評機構標準普爾（S&P: Standard & Poors）的統計分析（1/1-11/14, 2008）顯示，極優質的ERM公司股價在風險事件（也含括法律風險事件）發生時，其平均跌幅約30%；然而極劣質的ERM公司，股價跌幅平均超過60%（參閱圖4-5）。顯示ERM對企業之影響與貢獻。

---

[11] 馬可維茲（Markowitz, H.）的組合理論應用廣泛，可應用在投資證券的組合，探求風險與報酬間的關係，也可應用在風險或保險業務的組合，探求風險與損失間的關係，此處即探求法律風險與責任損失間的關係。

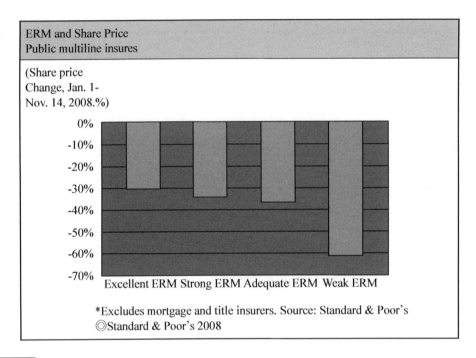

ERM and Share Price
Public multiline insures

(Share price
Change, Jan. 1-
Nov. 14, 2008.%)

Excellent ERM Strong ERM Adequate ERM Weak ERM

*Excludes mortgage and title insurers. Source: Standard & Poor's
◎Standard & Poor's 2008

圖 4-5 股價跌幅與ERM品質等級

五、 本章小結

　　從TRM 到 ERM顯示，風險管理的實務操作，並非一成不變的，就像風險的性質，隨時空的演變而變，有人說「唯一不變的就是變」，這句話，形容風險管理的理論思維的改變也好，還是實務操作的改變也好，可說是最貼切不過。法律風險管理亦復如此。

本章摘要

　　1. 全方位／整合型風險管理係一遍及經濟個體各層面的過程，該過程受董事會、管理階層或其他人員影響，用以制定策略，辨識可能影響經濟個體的潛在事件，使管理風險，不至超出風險胃納，合理確保經濟個體目標的達成。

　　2. ERM的八大要素：第一，內部環境；第二，目標設定；第三，事件辨識；第四，風險評估；第五，風險回應；第六，控制活動；第七，資訊與溝通；第八，監督與評估。

3. ERM架構下法律風險管理所需的基礎理論，主要有風險動力論、決策理論與組合理論。

4. 從諸多事例反應出ERM八大要素，運作之狀況與效益。

思考題

❖ ERM八大要素間，有何關聯？

❖ 組合理論如何適用在法律風險管理？

參考文獻

1. 宋明哲，《風險管理新論——全方位與整合》，五南圖書，2012年10月6版1刷。
2. 施茂林，《工商事業活動與法律風險管理》，五南圖書，2014年11月初版1刷。
3. 林永和（2006/10/15）。ERM的理論架構。《風險與保險雜誌》，No.11, pp.14-21. 中央再保險公司。
4. 高振山、楊曼君，〈風險管理推動實務〉，《研考會雙月刊》，第30卷2期，2006年。
5. 劉清明，〈淺探企業風險管理機制〉，《內部稽核》，第62期，2008年。
6. 陳端、周林穎，《風險評估與決策管理》，五南圖書，2007年3月初版1刷。
7. 葉小忠，〈企業法律風險管理發展十大趨勢〉，發表於中國法律諮詢中心、雲南省法學會、中華法律風險管理學會、雲南大學合辦2013年兩岸法律風險管理研討會，2013年9月2日，收錄於該次研討會論文集。
8. 中國國家質量監督檢驗檢疫總局等，《法律風險管理指南》，2011年12月30日。
9. 陳麗潔，《企業法律風險管理的創新與實踐》，法律出版社，2012年4月初版1刷。
10. Baranoff, E. G. et al (2005). *Risk Assessment*. Pennsylvania: IIA.
11. Doherty (1985). *Corporate Risk Management-A financial exposition*. Chapter 3.
12. Spencer Pickett, K. H. (2005). *Auditing the risk management process*. New Jersey: John Wiley & Sons.
13. The committee of sponsoring organizations of the treadway commission. *Enterprise risk management-integrated framework. Executive Summary.* Sep. 2004. USA: COSO.

第三篇

分論（一）
——企業篇

本篇站在企業公司立場，依ERM八大要素，分章說明法律風險管理。

第 **5** 章

法律風險管理與內部環境及目標設立

讀完本章可學到：

1. 瞭解法律風險胃納的訂定。
2. 認識法律風險管理文化衡量效標。
3. 瞭解法律風險管理政策說明書。
4. 認識法令遵循目標。
5. 認識公司治理與法律風險管理的關係。

　　法律風險管理在ERM架構下，亦可依八大要素進行一連串循環管理的過程。不同的產業適用的法律環境不盡相同，因此，要落實ERM架構下的法律風險管理應先自我認識與瞭解所屬產業的法律環境。其次，ERM是為組織量身訂作的一種管理過程，公司全體成員如何看待法律風險，亦會因不同的法律風險管理文化（legal risk management culture）、不同的法律風險管理哲學、不同的法律風險胃納（legal risk appetite），而有所不同[1]。

　　法律風險管理中，包括規避風險、降低風險、轉移風險、接受風險與其他策略，其中關鍵性的決策議題，就是公司如何決定可接受的法律風險程度（acceptable legal risk level）。表示可接受法律風險程度的用語，包括法律風險胃納／法律風險胃口（legal risk appetite）、法律風險限額（legal risk limit）、法律風險承受度（legal risk acceptability）與法律風險容忍度（legal risk tolerance）等[2]；寬鬆地說，這些名詞間，可交互使用，但如嚴格區分，則有其語意與應用的差別。法律風險胃納是指願意且能承受的概念，這會涉及各類法律風險間的交換更迭（trade-off），常用於公司最高層與董事會。法律風險限額、法律風險承受度與法律風險容忍度的概念，是僅涉及有能力承受的概念，常見於公司各單位部門為完成法令遵循目標時之作法。

一、　法律風險胃納

【案例1】投保竊盜險之風險胃納

　　立坤公司先後購入不同類型之轎車、卡車、工程車等，董事長蔡高要求總務經理評估是否投保竊盜險，經理邀集同仁研商，認為轎車失竊情事常發生，各種工作車常放在工地或偏遠處，同業也常反應被竊及解體，應全數投保，董事長聽取報告後，指摘經理不用心，經理不解，蔡高乃指明公司部分車已成中古車，部分工程車僅能在特殊工地使用，目標明確，不必投保，並趁此機會教育：不投保當然有可能失竊，但其價值不高或非偷竊之標的，不用保就是風險胃納，本公司還承受得起這些車子之失竊損失。

---

[1] 例如：胃納高越冒險，把風險看成是機會；胃納低，看待風險則保守；再如，市場型文化者，都樂觀看待風險；平等型文化者，看待風險都是危險的。

[2] 中國國家質量監督檢驗檢疫總局等，企業法律風險管理指南，2011年12月30日。

（一）法律風險胃納的涵義

公司跟人一樣，以個人投資股市來說，個人在股市跌至幾點時，會認賠出場，就是個人對股市風險的胃納量，也就是風險容忍度，顯然，每個人均不相同，因每個人風險態度（risk attitude）的屬性不同。換句話說，風險胃納（risk appetite）就是停損點。常聽的一句話「高風險、高報酬」，這話的真確性，在風險胃納範圍內是正確的，超過風險胃納範圍時，投資人就可能必須將過去賺的錢全部吐回。

上述針對個人投資股市所說的，轉移至公司本身，也是正確的。依臺灣上市上櫃公司守則第28-1條規定指出，上市上櫃公司薪酬政策不應引導董事及經理人為追求報酬而從事逾越公司風險胃納之行為。顯然，風險胃納的概念，不論是個人投資或公司經營均是極為重要的概念，尤其ERM的核心，就是風險胃納。

就法律風險胃納之評量，需先鑑析法律風險發生的可能性高低，方容易採取胃納管理對策。

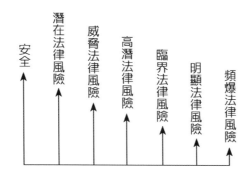

安全　潛在法律風險　威脅法律風險　高潛法律風險　臨界法律風險　明顯法律風險　頻爆法律風險

圖 5-1　*法律風險程度評估*

針對法律風險管理言，法律風險胃納就是在極端情況下，公司願意且能容忍責任損失的程度，為何願意容忍？主要原因是，雖然法律風險可能帶來公司的責任損失，但也能帶來對方的賠償。其次，可控制與能容忍的法律風險，值得冒險，不值得轉嫁給別人（例如：保險公司），這中間就可進行各類法律風險間的交換。此處，以公司可能面對的各類法律風險來看，各類法律風險值高低與法律風險胃納間的關聯，參閱圖5-2。

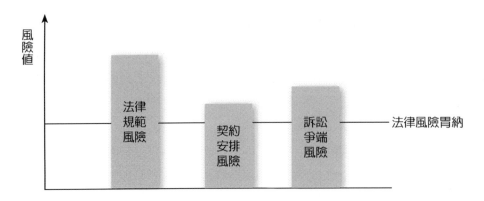

圖 5-2 各類法律風險值高低與法律風險胃納間的關聯

　　圖5-2顯示的，只是法律風險胃納的概念。如何決定法律風險胃納，是董事會策略層次核心的決策問題，也是ERM流程的核心，它會牽動所有ERM的過程。例如：優質的法律風險管理文化與法律風險胃納，是互動的，文化優質，胃納可高；胃納能高，文化需優質。如此可進一步，設定更高的ERM目標。同時，它也是動態的觀念，但並非任意變動，且變動時，要有一致的基礎。其次，決定法律風險胃納，需要理性計算與感性的結合，才能使該胃納制定得合情合理，管理決策者唯有知道合情合理的法律風險胃納，才能安心從事各類商業活動[3]。

【案例2】未做風險胃納評估之處罰

　　伸葉公司因業務萎縮，工廠閒置，股東魏康以工廠地點偏僻，不易招商，建議出租他人作屠宰，用以彌補營收，董事長陳健同意，並在工廠另端販賣活體豬牛羊肉，因未作汙水處理，血水流入水溝，現場髒亂難聞，又無冷凍庫致屠宰肉品有異味，經人檢舉，衛生局查驗有害健康，移送檢察官偵辦起訴。在法院訊問時，陳健辯稱：我們做生意，又沒偷又沒有騙人，為何說我犯罪。法官調查後，以違反《畜牧法》第38條第4、5項之罪判處有期徒刑3月，對伸葉公司判決5萬元罰金。後陳健向同業好友周彬抱怨，此種屠宰案小事也要用刑罰制裁，簡直小題大作。周彬說，我公司開拓新業務，都會作各種評估，包括法律之容許與限制情形，當法律處罰重，對公司並無大利益，超過法律風險胃納，我們就放棄，另行選擇其他業務，陳健聽後不言。

---

[3] 例如：評估大陸投資風險時，公司無法承受，那就放棄去大陸投資。

（二）影響法律風險胃納的變數與概念式

在說明決定法律風險胃納的步驟前，先說明影響法律風險胃納決策的變數，是必要的。綜合各類文獻（e.g. Chicken and Posner, 1998; Fischhoff et al., 1993），影響法律風險胃納的變數，以下列法律風險胃納的概念式，最具一致性，同時，此概念式，可適用於各類法律風險與各種決策位階，決策位階包括總體社會、政府機構、公司整體、公司各單位與個人家庭。這概念式如下：

$$A = K1 \times T + K2 \times E + K3 \times SP$$

A（appetite）表示法律風險胃納；T（technical dimension）表示影響法律風險胃納的技術面變數，也就是，是否有控制法律風險的技術？E（economic dimension）表示影響法律風險胃納的財務面變數，也就是，控制法律風險的技術，需花多少成本，產生多少效益，或法律風險可透過何種理財方式避險或轉嫁，理財成本需花多少；SP（social and political dimension）表示影響法律風險胃納的人文感性面變數，也就是，會涉及在最後決定法律風險胃納過程的討論中，董事會與高階管理人員，對法律風險的不同認知（cognition）；K1、K2、K3為各面向的權重。

在決定法律風險胃納時，三面向的變數是互動的，互動最後的淨結果，才是法律風險胃納量。作決定過程中，所需考慮的主要問題如下：第一，哪些法律風險或組合是公司不想要或不想承擔的？；第二，哪些機會被錯過？；第三，哪些法律風險可額外承擔？；第四，要承受這些法律風險要多少資本？每一主要問題，均會涉及全部或部分，前述三個面向變數，例如：第一個問題的「不想要或不想承擔」，就涉及公司的意願、偏好、態度與能力問題，進而衍生出，對法律風險有沒有控制力的問題（涉及技術面變數）、夠不夠資本承擔法律風險的問題（涉及財務面變數）、對法律風險性質瞭不瞭解的問題（涉及人文面變數）等。

【案例3】不正確之風險胃納決策

森鳴公司從事皮革加工，會產生廢水，經汙水處理後，有時不合放流水標準，為環保局查獲，裁罰多次，產製部經理上簽報告近4個月已被處罰10萬、8萬、15萬、20萬元，環保局也通知需予改善，增添汙水處理設備。董事長蔡豐批示：需花費多少，經理查報需支付4000萬元，董事長批不必了，總經理勸告董事長要改善，蔡豐說：環保局4個月裁罰50多萬元，我們公司準備擴廠在東南亞8個月後正式生

產，何需浪費，如被查到要罰我們就接受。環保局人員聞後很不以為然，公司特助則從風險胃納角度解釋，董事長作法未必被認同，但公司評估可以忍受行政罰款，比改善設備負擔為輕。

又以就公司大陸投資的法律風險而言，首先，考慮想不想要這項法律風險？或想不想承擔？能主動承擔嗎？此時，可進行評估影響投資大陸法律風險的所有因子（涉及技術面變數），並分析公司可採何種法律風險控制方法控制法律風險事件的發生？在不同的法律風險控制技術下，公司可容忍的責任損失是多少？[4]其次，評估法律風險控制技術的成本與效益（涉及財務面變數），資本可承擔嗎？以及考慮是否有責任保險（涉及財務面變數）轉嫁法律風險，責任保險費需多少？最後，由董事會與管理層權衡決定（涉及人文面變數）。

（三）決定法律風險胃納與法律風險限額的具體步驟

不論是公司整體的法律風險胃納或各單位部門的法律風險限額，均要考慮前列概念變數，依循下列步驟，分別訂定常態時與非常態時的整體法律風險胃納以及各單位部門的法律風險限額。而法律風險胃納與法律風險限額，可以量化方式或質化等級呈現，量化可用多少資本數量或利潤率是多少百分比等方式表達，而質化則以等級，劃分為最高、次高、中度與低度四級，使法律風險管理型態明朗化。

【案例4】錯誤之風險胃納評估

LED臺廠Y公司知悉波士頓大學高絕緣單晶氮化鎵薄膜專利（藍光LED磊晶製程，終端產品涵蓋背光、照明等），竟蓄意侵權（willful infringement）及誘導其下游廠商侵權（induced infringement），經3年訴訟，美國麻州地院陪審團於2015年11月認定侵權，初步裁定賠款930萬美元（約新臺幣3億元），對於年營收逾200億元的全球龍頭甲晶電來說並不算高，但值LED低迷時，賠款雪上加霜。風險管理學者指出光電業控訴侵害智財權之案件甚多，業者大多認識到侵權之風險責任嚴重，已評估法律風險胃納深淺，竟仍蓄意侵權，真是自找麻煩。

1. 整體法律風險胃納的決定步驟

就量化步驟上，首先，由公司法令遵循部與風險管理部或委員會，確認公司

---

[4] 施茂林，《法律站在你身邊》，聯經出版社，2013年3月初版4刷，頁46-48。

的長短期策略目標，例如：短期獲利率、資本的風險調整報酬率（RAROC: risk adjusted return on capital）或長期成長率等。

其次，針對公司現況，在瞭解各類法律風險對策略目標的衝擊與公司可採用的各類回應方式後，可選擇參考國際信評機構制定的各信評等級違約機率，以某等級的機率，作為公司最大願意忍受責任損失的機率，進而收集過去公司責任損失的歷史數據，檢視其屬於何種統計分配，再依統計方法求出公司所需的法律風險資本總量，該總量可當作公司整體法律風險胃納量決定的參考。

最後，將公司營運項目計畫與資本需求配套，交由董事會討論決定。另一方面，就質化步驟上，公司整體法律風險胃納，可參考後述p.92 3.3.2中所述過程。採質化表示法，討論公司整體法律風險胃納，俾能將管理作為精準化。

2. 單位／部門法律風險限額的決定步驟

法律風險限額攸關決定法律風險管理對策，為瞭解法律風險管理之影響層面，均作法律風險之偵測鑑析：

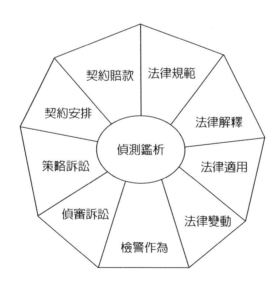

圖 5-3　法律風險鑑測

各單位／部門法律風險限額，在量化步驟上，首先，公司整體法律風險胃納數量，經由董事會討論決定後，可選擇一安全係數，乘上整體法律風險胃納量，即為公司整體法律風險限額。

其次，公司各單位／部門（例如：客服部等）依所屬業務的目標屬性與營運計畫，採比例計算或試驗方式，經由討論，將整體法律風險限額，配置至各單位／部門以憑執行。

【案例5】未作環境風險胃納考量

林筱在住家開早餐店，每週一到週六從早上6點營業至9點，從凌晨3點就備料準備營業。鄰居徐姓夫妻拿出醫院診斷證明，指稱：自早餐店營業後就被吵到長期失眠，出現精神衰落、頭痛等症狀就醫，提告請求賠償精神撫慰金60萬元，早餐店應停止營業。法院認為早餐店位於住宅區，屬於第二類噪音管制區，依規定從晚間10點至翌日上午8點間不得從事餐飲及使用動力機械操作等營業行為，而早餐店長時間在常人的睡眠時間內發出聲響，妨礙他人生活環境安寧，徐姓夫婦主張侵權有據，判決應賠償40萬元，且晚間10點至翌日上午8點不得營業及有動力機械操作等商業行為。林筱接獲判決則默然不語，當初開店前沒有好好評量外部環境問題，重大失策，連帶重新裝潢所費80萬元全部泡湯。

另一方面，就質化步驟，其決定過程如後：

首先，將所屬業務依其對不同層次目標的影響，善加歸類。例如：會影響策略層次目標的法律風險為何？會影響經營層次目標的法律風險為何？會影響基層目標的法律風險為何？嗣後，在考量前概念式變數後，區分成最高、次高、中度與低度四種等級。換言之，針對所屬的目標屬性，考量是否可控制？所需代價與效益如何？最後，經由單位／部門人員討論後，決定每種業務的法律風險限額等級。

以客戶服務部門為例，客戶對產品品質的抱怨可能產生的法律風險？有何法律風險責任？尤其新客戶可能影響公司策略目標，因此，在考量概念式變數後，將該業務活動列為低度風險限額項目。其次，依同樣概念式，可將寄給客戶的帳單，可能的出錯，例如：款項短少，又如寄錯客戶，洩漏個資，而發生的法律風險事件，因而影響經營目標，因此，列入中度風險限額項目。將客戶額外需要的服務如答允制式服務外之服務供應商品，涉及契約責任，就出現可能出錯的法律風險，需列入次高風險限額項目。最後，將會影響基層目標的客戶服務業務可能出錯的法律風險，例如：長期客戶、高價產品、需專人配合商品等，列入最高風險限額項目。

其次，依據各單位／部門所屬業務的法律風險屬性，決定法律風險限額。公司各單位／部門每項業務，均有其法律風險屬性，例如：事業部、供銷部、貨品部

等都有業務上不同之法律事項，需依照不同的法律風險屬性，以同樣的概念式，決定不同等級的法律風險限額。例如：對行銷部門言，產品行銷會與品牌名譽風險有關，這種業務法律風險屬性可能最無法容忍，因此，法律風險限額程度最低。財務與遵循法令風險，屬中度風險限額。行銷作業的法律風險，屬次高風險限額。其他侵害智慧財產權契約履行發生爭議繫屬法院訴訟案件等法律風險，可歸屬最高的法律風險限額。

接續，決定所屬業務法律風險屬性所伴隨的影響。通常，依同樣概念式，對有獲利商機的專案或業務，可歸屬高法律風險限額的項目；可能發生威脅的業務，可歸屬次高或中度法律風險限額；突發的危機事件，法律風險限額最低，此與一般性危機事件列為最高風險性之概念不同。

接續，各單位／部門所屬業務，均有不同層次的授權管理，依不同授權層次，同一概念式，決定法律風險限額。業務如屬日常業務，基層管理員負責決策，則該業務可列為法律風險限額最高項目；其次，依業務所屬管理層級的升高，法律風險限額越來越低；跟董事會授權管理相關的業務，法律風險限額最低。

進而，依據法律風險限額等級，決定業務被監控的性質。屬於法律風險限額低的業務，應由更高階主管負責監控。其次，隨著法律風險限額等級的提升，負責監控的管理階層，可越來越低階。

最後，依法律風險限額等級，決定法律風險回應起動水準。法律風險限額最低的業務，應作法律風險迴避。其他程度的法律風險限額業務，均應搭配適切的法律風險回應措施。

上述步驟，從公司總法律風險胃納開始至各單位／部門所屬業務法律風險限額等級的決定，以及業務監控與法律風險回應的起動，均屬於決定法律風險胃納／風險限額的過程，參閱表5-1（Spencer Pickett, 2005）。表中的每一法律風險胃納等級，儘可能搭配相關數據，則效果更佳。

表 5-1　公司各單位／部門法律風險限額工作表

單位名稱＿＿＿＿＿＿　　風險負責人＿＿＿＿＿＿　　日期＿＿＿＿＿＿

風險描述	最高限額	次高限額	中度限額	低度限額
1. 業務對不同層次目標的影響	基層營運作業	顯著影響營運目標	顯著影響策略目標	嚴重影響策略目標
2. 分派業務的風險屬性決定限額	其他風險	作業風險	財務或法令遵循風險	商譽風險
3. 業務風險屬性的影響	產生獲利機會	產生營運威脅	產生策略威脅	產生策略危機
4. 授權監控等級	基層員工	單位主管	CEO	董事會
5. 評估效果的負責人員	由基層主管定期評估	由單位主管每月評估	由高階主管持續監控	由 CEO 持續監督
6. 風險回應	合理冒險	些許冒險	謹慎回應	風險迴避

（四）法律風險胃納與內部稽核

　　公司內部稽核應以ERM全流程為基礎。針對內部環境要素，內部稽核的重點就是稽核法律風險胃納的制定。內部稽核人員針對法律風險胃納，主要須留意公司法律風險胃納制定的過程，是否有適當的溝通？同時，是否能合情合理地，反應所有內外部利害關係人期待值？具體的稽核點，例如：制定法律風險胃納過程中，是否有考慮公司的核心價值、法律風險管理文化、所有內外部利害關係人的期待以及所有員工管理法律風險的能力？再如，法律風險容忍的標準是否上下管理層次均一致？制定標準的方法是否也一致？法律風險胃納的制定是否考慮業務的目標屬性、業務的法律風險屬性以及正負面的影響？每家公司法律風險胃納均不相同，但內部稽核的原則相同。

【案例6】內部專業能力之稽核

　　仁德醫院業績下滑，院長謝敏心急如焚，召集科室主管討論因應之道，多位主管建議購買最新影像類儀器，配合宣傳，增加醫院看病能力之信賴度，謝敏同意，購入二臺最新64切CT及超音波儀器，病患增多。後有一病患家屬至仁德抗議，指其父來院照2次肺部超音波，竟未發現有肺癌腫瘤，1年後在其他醫院才查出以致延誤救治時機，終致惡化。仁德諉以當初無腫瘤是令尊病發過快，家屬提出早已拍

攝之影像圖斥責說謊，鬧至衛生局調解，衛生局人員直白告知仁德院長：你們空有新儀器，又無研判解析人員，等於自找麻煩，院長不得不相信管理風險能力之重要性。

二、 法律風險管理文化、哲學與政策

文化是什麼？風險與文化又有何關聯？對前者，文獻（e.g. Smith, 2001）中，有太多不同的定義，在此，可簡單理解文化為價值、信念、與規範三要素的綜合體。對後者，可簡單的說，風險就是一種文化反應。文獻顯示（Maister, 2001），文化會影響員工之整體意識、共同信念及齊心工作態度，進而會顯著影響公司業務績效，有效開創財務成效。

風險管理文化，這項軟性要素，是風險管理中，最重要的基石，它是指公司內部各個層面在作任何決策時，對風險管理的重視程度。具體項目可包括風險管理政策與風險胃納的制定，以及風險治理過程中，人員參與的程度、認同向心力或對內對外風險資訊的溝通與揭露程度等。在沒有風險管理文化的公司，風險管理部門，再如何努力，也枉然。也因此，國際信評機構標準普爾（S&P: Standard & Poor's）在評估保險公司ERM的五大項目中，第一大項就是評估風險管理文化。風險管理文化的評估，採用十六項效標，這十六項效標，同樣，可適用在其他產業。對應到法律風險管理工作亦然，當公司有優質法律風險管理文化，員工容易有法律風險意識，依遵法機制行事，減少法律風險事件發生。

（一）衡量效標與文化改變

1. 優質文化效標

優質文化效標包括：(1)法律風險管理與公司治理完全緊密結合，並獲得董事會堅實的支持；(2)特定期間內，公司法律風險胃納水準，清楚明確且配合法令遵循目標；(3)法律風險管理的成效關鍵在於有影響力的高層，其實際責任亦在經營層身上；(4)董事會能清楚瞭解公司整體的法律風險部位，且對法律風險管理活動與訊息，能定期討論或收到回報，得適時調整法律風險回應作法；(5)法律風險管理人員均具備專業證照或接受過法律風險管理的專業訓練，且是專職，能全心全力處理公司有關法律風險事務，做好控管工作；(6)法律風險管理目標與業務單位目標完全契合，能務實執行法律風險管理機制；(7)薪酬制度完全與法律風險管理績

效契合，符合公義原則；(8)法律風險管理政策與實施程序，完全文件化且眾所周知，容易培養風險信念與文化；(9)法律風險管理活動與訊息的內外部溝通程序，不只有效且完全順暢；(10)公司將法律風險管理視為競爭的利器，減少法律風險事件，提升營運成效；(11)公司法律風險管理上，不只積極從錯誤或招損中學習，且針對政策與程序作積極的改變，將法律風險轉為正面機會；(12)當實際法律風險與預期有落差時，法律風險管理上，允許作改變，發揮機動靈活之應變效能；(13)公司管理層能完全瞭解法律風險評估的基礎與假設，也能完全溝通以及瞭解法律風險管理方案的優缺點與其呈現的價值與過程，可隨公司需要作必要法律管理之調整；(14)針對特定重大的法律風險，有特定的高層負完全責任，在主動、快速、機動下，做好防阻控管工作；(15)法律風險評估、監督考核與法律風險管理，各由不同的員工負責，與分層負責結合，可因應變化調控；(16)海外分支機構或不同的關係企業，對法律風險管理的看法，均與總公司或母公司一致，俾能首尾相顧，內外連通。

2. 劣質文化效標

【案例7】保全未監看竊賊入侵，要賠償

臺中市福康社區管委會與保全公司簽立駐衛保全服務契約書，保全需負責監看監視器與防盜系統，發現盜賊入侵時，立即報警，防止災害擴大。詎有2名竊賊從2樓未將窗戶上鎖之楊彪住處潛入，竊得60萬元之財物，二審法院審理中，發現部分行竊過程被監視器拍下，如果保全監看畫面，可發現並報警，保全卻渾然不知，保全人員則抗辯人手不足，要查看違規停車，也要巡視，不是不負責。法院認為保全公司沒有派駐充足的保全人員，亦未設置適當設備，需賠償被竊的48萬元財物，懲法性賠償部分15萬元，住戶沒鎖好窗戶需負2成責任，判決保全公司共賠償63萬元。新聞見報後，有其他大樓住戶反應，此保全公司人員素質差，服務態度惡劣，執勤時常打瞌睡，換了數個保全人員仍未改善，可說是一家劣質文化之企業。

劣質文化效標包括：(1)法律風險管理在公司經營上，只是用來應付監理機構的要求；(2)法律風險胃納水準不明確且隨狀況任意改變，甚至做出錯誤之風險回應措施；(3)法律風險管理的責任在於中低階層，無法有效建立真正之法律風險文化；(4)董事會只有在損失發生後，才能瞭解公司整體的法律風險部位，也才討論

相關訊息，錯失回應調控良機，於事無補；(5)法律風險管理工作是由其他部門員工擔任，且邊學邊作；或公司無人從事法律風險管理的工作，容易使細小或輕微法律風險事件擴大，演變成不易控制之後果；(6)法律風險管理目標與業務單位目標不契合且有所衝突，浪費人力、物力，降低公司營運成效；(7)薪酬制度與法律風險管理績效不契合，致員工不滿，離心離德；(8)法律風險管理政策與實施程序，文件化不完全，使半吊子管理機制流於形式；(9)法律風險管理的活動與訊息，只有必要人員，才能獲悉，此風險訊息揭露不透明，可能造成法律風險之實現或惡化；(10)公司將法律風險管理視為應付或化解外部制約的利器，內部欠缺法律風險管理意識，使風險出自內部；(11)公司法律風險管理上，忌諱提及錯誤或損失，且管理人員過分自信，認為同樣的事件，未來不會再發生，此種盲信觀念容易讓法律風險再度發生；(12)公司法律風險管理上，不允許意外，也不允許寬恕，員工產生應付或得過且過現象，欠缺正面應對法律風險；(13)公司裡，只有法律風險技術人員瞭解法律風險評估的基礎，但這些技術人員無法與管理層人員，進行有效的溝通，以致風險溝通不良，無形間法律風險出現；(14)公司裡，沒有特定的高層，針對特定重大的法律風險責任負責，養成部屬不信任經營層，上下不齊心，危機到來；(15)法律風險評估、監督考核與法律風險管理的職能，由同樣的員工負責，未能發揮規劃—執行—稽核之實際效果；(16)海外分支機構或不同的關係企業，對法律風險管理的看法，均與總公司或母公司不一致，且完全在地化，容易造成公司文化之多層化與差異化，在管理上將發生矛盾、衝突性。

3. 改變文化的要訣

【案例8】轉型異業經營後之文化調整

　　健呈精機公司在創辦人袁景蓽路藍縷，慘澹經營下，公司成長迅速，在業界首屈一指，其後年邁交予兒子袁炳經營，好大喜功，投資模具開發，因技術不良，虧損不少，開始重視投資異業公司，因不夠專業，投資失利，本身財務影響甚大，袁炳甚為惶恐，找來公司親信幹部，研商對策，副總經理建議以短期能獲利為上，公司決定轉向投機，原來老本行之模具開發、工作母機製造等逐漸弱化，長期客戶強烈感覺健呈組織文化在退步，從短期投機如炒股、炒地皮均失利，法律問題浮出檯面，甚至放高利貸也被控訴重利罪，炒股涉及對作問題，管理專家診斷後，這正是公司文化劣質化的明證，乃向公司提出改造，變革策略，將惡質公司文化作有效調

整，並回老本行認眞研發經營，2年後，公司客戶察覺其文化已有改進。

　　ERM是依組織量身訂作的，ERM成功的首要條件，在於法律風險管理文化是否優質，因此，文化的改變，極爲重要。任何法律風險管理文化的改變，均需組織最高層的極度重視與領導，才可能成功。下列是文化改變的六項要訣（Bowen, 2010）：

　　(1) 對組織現行文化類型[5]，進行全面性的檢視評估。

　　(2) 決定應從何處開始改變，其理由與依據爲何？

　　(3) 描繪出組織未來法律風險管理文化的圖像，並要能確定它是最有利的文化類型。

　　(4) 檢視現行文化與描繪未來文化的過程中，均需組織成員的參與，並執行需要的改變。

　　(5) 將組織想要的行爲模式，融入所有管理過程與績效評估中。

　　(6) 法律風險管理文化的改變過程中，需持續進行評估，且要能獲得利害關係人的回饋，進行必要的回應與調整。

（二）正直與倫理

　　法律風險管理文化，固然是法律風險管理成功的重要基石，前面所提的十六項效標，只是外顯的效標，文化其實還包括內隱的價值與信念，因此，法律風險管理人員風險倫理的價值觀與正直的品德、誠信的信念，更是影響法律風險管理文化良窳的重要變數，外顯的效標，即使優質，法律風險管理操作人員，不具風險倫理的價值觀與正直的品德、誠信的信念，亦枉然。例如：霸菱銀行與AIG風暴即爲明證。臺灣企業界有諸多掏空舞弊、五鬼搬運等事例，也是最好的寫照。是以人品、人格，其實是重要關鍵[6]。

　　在公司治理中，報酬也是觀測正直之指標。所謂報酬包括形式上之待遇薪津、酬謝、車馬費、交通費、補助、補貼、津貼、贊助及紅利、工資等，實質上尚包括出差旅行、休憩遊樂、出國考察、住宿提供、公務車私用、祕書、司機等，

---

[5] 文化的分類，有多種。依照第二章所提及的風險文化理論（the cultural theory of risk）之分類，可分爲宿命型文化、市場型文化、官僚型文化與平等型文化四種。

[6] 優質文化之養成，首在公司負責人與經營層之信念、誠實與決心，並貴在全體同仁體認公司優質文化之重要與效益，上下配合，集體共造，眾志成城，逐步達成目標。

其中固然有與職務推動、業務推廣等有關，但有些係企業負責人、經營管理階層等，藉權力職務之便，滿足個人私慾，經濟學家認為此種在職消費（on-the-job consumption）不當，常受撻伐。是以強化公司治理，應一併有防範肥貓風險意識與決策。

正直的品德與誠信的信念，其重要性，可參閱《101條風險管理準則》第99條與第100條的內容。其次，風險倫理的價值觀，則從負責任的風險評估，開始說明。孫治本（2001）提出負責任的風險評估四大原則[7]，其中「原則一」提到，如做某種事情，可能獲利，也可能產生無法承受的損失；但如不做某種事情，就不會產生無法承受的損失；如果我們的決定是不做某種事情，那就是一種負責任的風險評估。孫治本的風險評估四大原則，同時考慮了機率原則與後果原則，從技術觀點言，負責任的風險評估應奠基在合理的風險胃納（risk appetite）下。其次，孫治本（2001）在〈風險抉擇與形而上倫理學〉一文中提及，約拿斯（Jonas, H.）的風險倫理學是不同於傳統倫理學的「未來倫理學」概念。傳統倫理學強調人們只需為現在的行為產生的直接後果負責，未來倫理學則強調人們需為現在行為所產生後果的遠程效應負責；換言之，**風險倫理**的概念，不局限在行為的直接後果，也包括間接後果，不局限於現時後果，也包括長期的影響。

（三）法律風險管理哲學與政策

1. 法律風險管理的哲學

法律風險管理的哲學對於管理思維上有兩種論調，分別是事先防範的思維與強化彈力的思維，採用前者的，即預警式法律風險管理，採用後者的，屬回應式法律風險管理（參閱第三章）。這兩種不同的管理哲學，將顯著影響公司資源。在臺灣社會上，忽略預防管理之重要，常常等有法律事故或打官司時再請律師的觀念，又在法律風險管理上的配置策略、事先防範的思維下，預防重於治療，因此公司在法律風險控制上，會配置較多資源。強化彈力的思維下，公司資源，在法律風險理財

---

[7] 孫治本（2001）在〈風險抉擇與形而上倫理學〉一文中指出，負責任的風險評估有四大原則，原則一除外，其他三個原則分別是原則二「如做某種事情，可能獲利，也可能產生無法承受的損失，然而不做某種事情，也可能產生無法承受的損失，則可參考各自發生的機率。」；原則三「若做某事有可能獲利，且可能產生的損失在容忍範圍內，則可參考損失、獲利的大小及其各自發生的機率做出決定。」；原則四「若做某事可能產生無法承擔的損失，不做該事則目前看不出會產生無法承擔的損失，但放棄做該事，可能會在未來某種情況下造成無法承擔的損失，則目前不應做該事，但應保留做該事的潛能，以備不時之需。」

或其他有助於改善公司體質的措施上，會配置較多。此外，公司規範辦法上，呈現的想法，也是法律風險管理哲學的範疇。最後，法律風險管理文化，也與這項哲學的思維與其他規範辦法上，呈現的想法有關。

【案例9】法律風險思維

德溫公司董事長呂溫在宴會場合認識豪隆企業董事長黃康，談起業務合作之事，乃指示職員洽談，雙方同意合資成立新公司，由德溫提供技術，豪隆提供周轉金，經豪隆提出共同投資契約書，德溫經理莊罡以其多年經驗，認為契約不明，對公司較為不利，乃簽報呂溫聘請律師審核，呂溫凡事隨意，無風險意識，認為不必花用律師費。雙方簽約後，德溫出資4000萬元蓋好廠房，而豪隆認為時機已變，原合作案利潤有限，不願出資，發生爭執，德溫遂訴請豪隆履行契約，豪隆答辯：契約中言明提出資金時，雙方依市場狀況決定金額，現時空改變，無前景可言，無出資義務，呂溫才後悔當初未將契約簽好，落得一場空。

2. 法律風險管理政策

ERM架構下的法律風險管理政策，其考量因素，遠比TRM架構下的複雜。政策的考量，首先受法律風險管理哲學影響。其次，受到整體法律風險胃納影響。法律風險胃納決定後，公司即應形成法律風險管理政策，其文書可謂之法律**風險管理政策說明書**（risk management policy statement）。

法律風險管理人員草擬政策說明書時，除內部法律環境因素，於決定法律風險胃納時，已考量外，尚應考慮三大外部要素如後[8]：

第一，公司經營大環境：經營環境包括政治、經濟、社會、文化、法律等環境。經營大環境變動的資訊，如兩岸三通、84小時工時案的通過、戒急用忍政策的鬆綁、核四廠停建等，均會深深影響企業的經營。大環境變動，可能產生的新風險，如兩岸三通，進行大陸投資的政治風險以及大陸法律之制頒修正等，均是法律風險管理人員草擬政策說明書時，應仔細分析和謹慎因應的。其如到國外投資或有交易、進出口業務，對外國法律風險更不能忽略（參閱第二十五章外國法律風險評量）。

第二，公司所屬產業的競爭狀況：這個因素是考慮公司與顧客、同行以及供應商的互動關係。公司與顧客的關係，如公司大客戶突然停止下訂單，造成公司連帶

---

[8] 宋明哲（2012），《風險管理新論——全方位與整合》，臺北：五南圖書。

的生產中斷，風險管理上要能事先因應。公司與同行間的競爭激烈且產品間的替代性高，風險管理上可要特別留意，生產中斷與連帶生產中斷的可能性，以免占有的市場迅速被同行替代。公司對供應商要留意，供料中斷的可能。慎選供應商爲風險管理上重要課題，而且各該風險事項，也常伴隨法律風險事項，不能忽略。

第三，公司所在地責任保險市場的狀況。責任保險是法律風險管理中，重要的風險理財工具。公司所在地責任保險市場的狀況，要能影響公司法律風險管理上對責任保險的依賴度。如果當地責任保險市場是較爲軟性的市場（soft market），則公司對責任保險的依賴度可增加。軟性的市場有幾個特徵，如費率較自由、責任保險資訊較透明、保單條款磋商空間大等。反之，如果當地責任保險市場是較爲硬性的市場（hard market），則公司對責任保險的依賴度可減少。

其次，在法律風險管理政策說明書中，涵蓋法律風險管理組織，且應釐清董事會、風險管理委員會、風險管理部門、法令遵循部門、營運單位、內部稽核與風險長的風險管理相關職責與互動問題。同時，也應載明不同管理層級的核准權限與訂定簽名原則（signature principle）。

此處，試依一家高科技產業，擬具法律風險管理政策說明書[9]，如表5-2。

法律風險管理政策說明書的內容，基本上分爲兩部分：一爲法律風險管理政策的基本陳述；二爲法律風險管理職責。草擬時，也應注意幾個要點：(1)明確宣示公司法律風險管理的目的；(2)既稱爲政策，故宜以原則性語句表示；(3)草擬各法律風險管理職責時，宜注意彈性授權（Williams, Jr & Heins, 1981）。

制定書面的法律風險管理政策說明書，除可完成宣示與溝通目的外，對公司法律風險管理工作的順暢亦提供眾多好處。最重要的，例如：對法律風險管理主管而言，位階明確，與其他部門主管溝通協調，較無障礙。同時，既爲公司政策，法律風險管理工作的一致性，不受法律風險管理主管更換時的影響（Williams, Jr & Heins, 1981）。最後，要留意的是當考慮因素有顯著變動時，法律風險管理政策說明書，宜重新草擬。

---

[9] 法律風險管理主要在提供企業執行法律風險之指引與具體行動用，其名稱由企業依其事業規範、類別、性質、繁重、風險等訂定，可稱爲法律風險管理策略、對策、行動綱領、方略、計畫、執行準則、實施計畫、執行作業。

表 5-2　法律風險管理政策說明書

○○科技公司
法律風險管理政策說明書
二零一六年二月三日

一、法律風險管理政策

　　1. 本公司法律風險管理基本政策除配合公司總體目標外，應以維持公司生存，以合理成本保障公司資產，維護員工與社會大眾安全為最高目標。

　　2. 法律風險控制與法律風險理財並重，並著重有效的法律風險溝通。法律風險控制方面，應重事前的詐欺防範與事後的緊急應變。法律風險理財應權衡國內保險市場，適切規劃責任保險、保證保險及其他必要之保險。

　　3. 公司本年度可承受的法律風險水準，最高以過去三年平均營業額的千分之一為限。公司所有人員均需培養法律風險觀念，執行公司法律風險管理工作。

　　4. 鑑於生物科技的快速變化，本年度法律風險管理上，尤應重視新立法伴隨的法律風險等事宜。

二、法律風險管理組織與職責（內容除風險管理相關職責外，需含括核准授權與簽名原則）

　　1. 董事會
　　2. 法律風險管理委員會
　　3. 法律風險管理部門[10]
　　4. 法令遵循部門
　　5. 執行長
　　6. 內部稽核
　　7. 法律風險長
　　8. 財務長

三、法律風險管理推展作法

　　1.
　　2.
　　3.
　　4.

四、法律風險管理稽核工作

　　1.
　　2.
　　3.

五、獎懲辦法

　　1.
　　2.
　　3.
　　　⋮

---

[10] 法律風險部門之名稱，有稱法務部（處、組）、法務管理處（室、小組）、法令遵循部法保處（中心）、法律管理處（室、組）、法律風險管理中心（處）、法律保護處（中心）、法律風險管理委員會、法務執行組，各企業可依公司規範業務性質，法律事務多寡，人員編制等選擇適當之名稱。

三、　設立法令遵循目標

　　廣義目標的涵義，可包括MGO三個層次，即公司經營宗旨（mission）、一般目標（goals）與特定目標（objectives），這三個層次是環環相扣的。公司經營的宗旨與公司的核心價值有極大關聯，公司的核心價值對ERM的全面流程，均有顯著深遠的影響。例如：法律風險胃納的制定，也受核心價值的影響。在經營宗旨的策略目標下，制定一般目標與特定目標，一般目標即各部門／單位經營目標，各部門／單位特定目標則依經營目標制定。至於報告正確目標與法令遵循目標，則與公司所有管理流程有關。法令遵循目標就是恪守法令規定，防範詐欺，鼓勵揭弊，不鑽法令漏洞。報告正確目標與法令遵循目標均與倫理正直的價值觀有關，也是ERM能成功的軟性要素之一。

四、　公司治理與法律風險衡量

　　自美國安隆醜聞[11]（The Enron Scandal）及世界通訊[12]（WorldCom）等事件爆發以來，公司治理（corporate governance）是否能有效增進股東利益，再度引發爭辯外，風險基礎概念的內稽內控（risk-based internal control and internal audit）已然成形，法律風險管理上，更需公司治理與內稽內控。

　　本章將ERM所謂的內部環境要素，歸納成兩大類，分別說明：一為公司治理與法律風險管理；另一為法律風險胃納、法律風險限額（legal risk limit）或稱法律風險容忍度（legal risk tolerance）、法律風險管理文化與哲學、法律風險與風險倫理及正直的概念。最後，本章也同時說明在ERM架構下，法律風險管理的目標。

（一）公司治理與法律風險管理

【案例10】不法偷埋廢棄物

　　張通每月向黃山承租農地耕作，實際上四處收取廢棄物，利用夜晚開挖，將廢液、銅汙泥傾倒入坑洞中，檢警據報後，會同環保局，現場查扣堆置在農地上284

---

[11] 2001年的安隆風暴是美國華爾街有史以來最大的商業醜聞，損失高達30億美元，也讓當時全球五大會計事務所之一的安達信（Arthur Andersen LLP）被美國證期會吊銷執照。

[12] 世界通訊事件在2002年第三季爆發，同年，美國頒布SOX（Sarbanes-Oxley Act）法案。

桶事業廢棄物，並開挖出掩埋在8公尺深的40桶廢液及大量銅汙泥，多是黑色黏稠液體或pH值13.3的強鹼廢棄物，共達54噸。另之前已將大量銅汙泥回填農地，數量難以估計，液體已流出，並汙染農地，造成環境汙染，當地民眾直覺應已偷埋許久，從路旁可看到280多個大型桶裝物，主管機關爲何均未察覺，公權力何在？而張通膽大包天，嚴重破壞環保，將公司導入法律風險雷雨中，又豈是負責人應有之作爲？也看出企業負責人明顯有缺乏公司治理之觀念。

公司治理與內稽內控，是公司ERM的兩個核心。企業公司面臨的法律風險中，可能導致的董監責任損失就與公司治理過程密切相關。而內稽內控也涉及相當多的法律風險，尤其美國的沙賓奧斯雷法案（Sabanes-Oxley Act）。內稽內控參閱後面章節，至於公司治理，其議題則源自公司結構與公司所有人及管理層間的代理問題（agency problem），這代理過程，公司就會面臨可能的法律風險。根據文獻（Dallas and Patel, 2004）顯示，早在1930年代，代理問題即正式出現在經濟學領域的相關文獻裡，但「公司治理」一詞[13]，在1970年代，才發軔於美國（廖大穎，1999）。亞洲國家則在1997年金融風暴後逐漸重視，倡導企業體要引進公司治理制度。近幾年，公司治理之所以成爲獨立的研究領域，甚或屬於風險研究領域，英國在1990年代初期，公布的「Cadbury」法案[14]，是重要的里程碑（Dallas and Patel, 2004）。

其次，2001年，美國安隆醜聞爆發以來，國際上，也陸續發生與公司治理相關的掏空公司資產[15]醜聞，因此，公司治理再度引發關注，它更是驅動ERM成功的要素之一。目前主要有兩種治理模式（Collier, 2009）：一爲股東價值模式或稱代理模式（shareholder value or agency model）；另一爲利害關係人模式（stakeholder model）。前者較爲普遍，以達成股東利益爲治理的唯一基準，英、美是該模式的

---

[13] 在臺灣，英文「corporate governance」譯爲公司治理，可以說始自2001年6月18日，台積電董事長張忠謀先生，在知識經濟社會推動委員會所主辦的研討會上的建議，之後，行政院金融監督管理委員會統一譯爲公司治理。

[14] 1992年的Cadbury Code之後，英國倫敦證交所，將之前Greenbury與Hampel委員會所提的公司治理報告與Cadbury法案，合併成整合性法案（the combined code）。這項新法案於2000年12月23日生效，要求經理人應建立有效的內控，並報告給股東們，其中所謂內控，具體包括作業與遵循的內控及風險管理，這不同於1999年9月，Turnbull委員會所發行指引中之要求。參閱Miccolis et al. (2001). Enterprise risk management: trends and emerging practices. Florida: The Institute of Internal Auditors Research Foundation. pp. xxiv.

[15] 例如：WorldCom, Tyco and Arthur Andersen 等醜聞事件。

代表；後者範圍極廣，除達成股東利益外，還涉及公司活動需完成社會、環境與經濟利益，此模式以南非為主[16]。本節主要說明，股東價值模式或稱代理模式。

最後，各國對公司治理的法制，也有兩種建制方式（丁文城，2007/01）。當建制不同時，公司也會面對不同的法律風險：一為單軌制；另一為雙軌制。前者由董事會集業務執行與監督於一身，得分設各功能委員會（包括審計委員會等），該建制，以美國為代表；後者則在董事會上，設置監察人會，監察人會不直接管理公司，但有批准董事會重大決議的權力，此種建制，以德國為代表。目前，臺灣的公司治理法制，趨向單軌制。

（二）公司治理的定義與内涵

公司治理之目的在追求企業經營的經濟效益的最大化，兼顧公司股東、債權人之權益與公共利益，且目標明確，要求需遵守法律規範，盡最高社會責任。進而言之，公司治理的精神，就是「為誰而活」，是否為「全體股東利益來治理公司」。目前在國內，比較有代表性的公司治理的定義，當推中華公司治理協會對公司治理所作的定義[17]，該協會將公司治理定義如後：「公司治理是一種指導及管理的機制，並落實公司經營者責任的過程，藉由加強公司績效且兼顧其他利害關係人利益，以保障股東權益」。公司治理的内涵，主要包括兩個面向的平衡，一是確保面（conformance dimension），另一為績效面（performance dimension）（Chartered Institute of Management Accountants, 2004）。

確保面的公司治理係指董事會各委員會與高階管理層透過法令遵循、風險管理與內稽內控，要能確保公司風險的有效管理，並達成公司治理的一致性，同時，在公司治理的一致性基礎上，完成管理責任的目的。績效面的公司治理，重心不在法令遵循與內控，而是在公司價值的創造與資源的有效利用，這涉及公司策略管理層為達成總體經營目標，該如何採取冒險活動，這方面包括公司風險胃納的制定與策略規劃，同時需將風險管理融入所有不同管理層的決策中。最後，影響公司治理成敗的因素，不外是董事會與公司上下管理層是否存在優質的風險管理文化，以及公司是否存在有效的內稽內控機制。茲以圖5-1顯示，公司治理的兩個面向。

---

[16] 南非公司治理的King Report（King Committee on Corporate Governance, 2002）提供整合所有利害關係人的公司治理架構，這包括股東與跟公司活動相關的社會、環境及經濟的利害關係人，這是目前最為廣義的公司治理架構。

[17] 該定義是中華公司治理協會在參照其他國家之規範後，於2002年7月的準則委員會的決議。

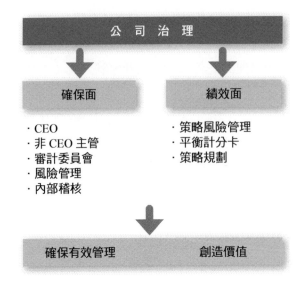

圖 5-4 公司治理的兩個面向

（三）OECD公司治理原則

聯合國經濟合作與發展組織（OECD: organization for economic cooperation and development）下屬的企業顧問群（business sector advisory group），在1990年代末，訂定公司治理的四大指引原則：第一，公平原則：指對公司所有利害關係人，必須同等對待，尤其經營管理層不能有詐欺或內線交易等損及利害關係人的行為；第二，透明化原則：指公司應定期提供重大訊息給所有利害關係人，以便他們可作出明智的決定；第三，管理責任原則：指公司應有一套經營管理控制機制，並且明確課予管理層人員的責任；第四，法律責任原則：指管理層人員均應遵守相關法令規章，增進公司的永續發展。嗣後，OECD於2004年，修正頒布OECD新公司治理的六大原則如下（丁文城，2007/01）：

第一，確保有效率的公司治理基礎（ensuring the basis for an effective corporate governance）原則，該原則是指有效率的公司治理，必須依賴透明且有效率的市場，以及監理、立法、執法間適法的一致性與責任明確的劃分為基礎；

第二，股東權利與主要所有權功能（the rights of shareholders and key ownership functions）原則，該原則係指公司治理應能確保與促進股東權利及所有權功能的實現；

第三，公平對待股東（the equitable treatment of shareholders）原則，該原則主

要確保所有股東，均應得到公平的對待，這不論是少數股東抑或是外國股東。同時，當股東們權利受侵犯時，應獲得同樣機會的救濟；

第四，公司治理中利害關係人的角色（the role of stakeholders in corporate governance）原則，該原則主要強調公司治理應承認，因法律或契約所確立的利害關係人的權利，且鼓勵公司與利害關係人間，能積極合作，包括員工、廠商、客戶、債權人等；

第五，資訊揭露與透明度（disclosure and transparency）原則，該原則是指公司應及時且正確地提供重大訊息給所有利害關係人，以便他們可作出明智的決定；

第六，董事會的責任（the responsibilities of the board）原則，該原則是指公司治理應強化經營者責任，確保董事會能對公司策略與經營，進行有效的監督，同時，對公司與股東負責。

【案例11】監察人未盡法定職責

通明科技公司生產電腦零件，後開發新製程技術，申請專利，產量大增，加上售價較前便宜1/6，市占率逐漸增加，獲利大增，董事長游渝與總經理艾琨因股數不高，均認盈餘分配不多，所有利潤幾乎由其他不管業務之股東分走，頓萌歹念，經與財務長曾煌研究，以虛偽不實之三角貿易方式，先後侵吞公司資金2.6億元，並由3人將分贓款項洗錢至國外，東窗事發後，被檢調查出不法犯罪，經法院從重量刑，繼任董事長賴文在股東會壓力下，全力追查索回有限，法人股東紛紛指責原來監察人不盡責，是一件公司治理最負面之案例。

（四）代理模式／股東價值模式

簡單來說，公司治理是為了確保股東的最佳利益，決定公司該如何經營所採用的機制與程序。要能確保股東的最佳利益，也就是股東價值[18]（shareholder value）極大化，經營上採用的機制與程序，必須透明化外，也需從事價值基礎管理（VBM: value-based management）。

價值基礎管理或稱股東價值分析，它是為達成股東價值極大化，所採用的過程而言。在這過程中，可採用的手段，包括重新設計商品或服務內容，或成本管理，

---

[18] 通常，股東價值就是公司的股價，股東價值極大化與利潤極大化（profit maximization）概念，是可相容的，參閱 Doherty (1985). *Corporate risk management-a financial exposition*. New York: McGraw-Hill.

或改善決策品質，或採用績效衡量制度等方式。股東價值是否達成的衡量方式包括採用股東總報酬法[19]（TSR: total shareholder return）、市價加成法[20]（MVA: market value added）、股東價值加成法[21]（SVA: shareholder value added）與採用經濟價值加成法[22]（EVA: economic value added）達成。

　　公司治理要發揮其效能，需有明確之法律體系以供遵循，我國有關公司治理之法律根源在於《公司法》、《證券交易法》及主管機關發布《公開發行公司獨立董事設置及應遵循事項辦法》、《公開發行公司審計委員會行使職權辦法》、《公開發行公司董事會議事辦法》等，還有證交所、櫃檯買賣中心等發布之有價證券上市審查準則、各公司議事規則、獨立董事職責範疇規則等。現行《公司法》為落實公司治理精神，再增修時規定如下重要內容：一、公司負責人最大忠實義務（第23條）、二、股東會主席違反議事規則宣布散會後之續行會議程序（第182條之1）、三、董事不改選得令改選，期限不改選當然解任（第195之2）、四、解任董事，應經特別決議（第199條）、五、董事會提前改選，補選予以明確化（第201條）、六、董事會得以視訊會議開會（第205條）、七、選任臨時管理人代行董事長（會）職權（第208條）。

【案例12】公司負責人未盡善良管理人責任

　　甲公司因價格壟斷，被美國、歐盟分別裁罰9千萬元及6千萬元，翌年召開股東會時，有股東在會中質問，二筆裁罰款項如何處理？董事長告以：「由去年盈餘支應」，股東再查問：「是否因此股利減少？」在提案中才列出每股股利0.6元，董事長表示：「沒錯」，股東繼續再提問：「如不支應該罰款，每股股利多少？」董事長答稱：「每股可達1.8元」，此時多名股東發難，此項罰款不應由公司盈餘支出，應由董事長負責，董事長抗議：「我又不是律師，也不是學法的，哪會注意到外國反托拉斯法」，股東多人大聲表示：這證明董事長有疏失之過失，依照《公司法》第23條之規定，顯然未盡忠實義務，也未盡善良管理人義務，當然要負責，雙方各執一詞論戰，在場律師見狀不便明言，事後演講時，以此為例，提醒負責人責

---

[19] TSR是指股東紅利與股價增值／股東初始投資的百分比。

[20] MVA是指權益與負債總市值與權益及負債資本的差額。

[21] SVA是公司未來EVA的淨現值，亦即$SVA = \Sigma NPV(EVAt)$。

[22] EVA是扣除資金機會成本後的淨營業利益，亦即$EVA = net\ result - (risk\ capital \times required\ interest\ rate)$。

任重。

　　又《證券交易法》對於上市上櫃公司規定需有獨立董事，以強化公司治理原則，針對上市上櫃的公司治理，臺灣證券交易所與櫃買中心，根據證期會的函示[23]，於2002年制定一套《上市上櫃公司治理實務守則》（2010年再修正）。但與英美等先進國家相比，臺灣公司治理的實務發展，反應仍慢半拍。對上市上櫃公司來說，公司董事會結構及公司股東與管理層間的代理問題，顯得特別重要。換言之，公司治理關注的不只是股東與管理層間的問題，也關注董事會監督結構與管理層間的問題。而其成效與監察人或審計委員會功能是否有效發揮有關，蓋因內部控制、內部稽核恆屬關鍵因素[24]。

　　為提升公司治理之品質，近年來有關鑑識會計之運用廣泛被討論，認為藉法律與會計之專業匯流整合運用，讓企業透過內部控制，發現內部舞弊行為，內部稽核與外部會計師利用鑑識會計的專業，協助企業防範舞弊於未然。

1. 所有權與經營權的區隔

　　股東與管理層間，屬於所有權與經營權區隔以及利益衝突的問題，參閱圖5-5所示：

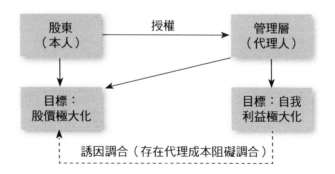

圖 5-5　　所有權與經營權區隔

從圖5-5中，很清楚得知股東被視為本人（principal），公司管理層被視為經營上的代理人（agent）。公司經營管理由擁有所有權的股東授權給專業經理人經營，也因為如此，兩者因目標不同，容易產生利益衝突，蓋因擁有所有權的股東是以公司股價極大化為目標，專業經理人則以自我利益極大化為目標，也因此兩者利益必須調合，尋求均衡點。

其次，兩者利益衝突的過程中，容易發生一些成本，這稱為代理成本（agency costs）。此代理成本可分為三種（Baranoff et al., 2005）：第一種監督成本（monitoring costs）：例如：由股東們共同負擔的會計師財報簽證費，就是其中之一；第二種保證成本（bonding costs）：例如：專業經理人為了保證會追求股東的利益，同意接受股票選擇權[25]（stock option）等非現金，當作其報酬的一部分；第三種調合成本（incentive alignment costs）：例如：專業經理人在經營上，放棄風險太高的投資機會，一來為顧及可能失敗，損及股東利益；二來深恐投資失敗，本身工作可能不保，這種本身利益與股東利益同時顧及的可能花費即為調合成本。

最後，這種因代理可能引發的問題，可以四種方式解決（Baranoff et al., 2005）：第一，專業經理人的薪資報酬之設計要與經營公司的績效掛鉤；換言之，經營公司的績效越佳，薪資報酬就應水漲船高；第二，課予專業經理人因決策錯誤損及股東利益時的法律責任；第三，公布不良專業經理人名單，專業經理人經營績效不彰，同樣損及股東利益，也損及其專業形象；第四，製造專業經理人經營績效不彰時，公司可能被另一家公司購併的氛圍。

2. 董事會監督結構與管理層間的問題

董事會結構與管理層間，關乎監督與管理區隔的問題，要完成此目標，依公司治理的精神，漸漸要求董事會成員最好都是公司管理層外人員所組成。蓋因董事會旨在監督管理層的決策與保障股東利益，獨立董監事也基於此精神而設。另依ERM的主張，更要求獨立董監事最好過半。固然獨立董事需要大股東之支持，但當選後應真正「獨立」執行職務，獨立於大股東，獨立於經營群，全心全意以全體股東之權益執行職務。又董事會通常下設薪酬委員會、審計委員會與提名委員會或其他功能性委員會，其成員的組成與相關責任義務，各國法令規定有所差別，大體而言，董事會成員的責任包括四種：第一，負監督管理層的責任；第二，對公司

---

[25] 股票選擇權是選擇權商品的一種，選擇權是衍生性商品的基本型態之一，詳細內容可參閱後面章節。

忠誠的責任，也就是說，公司利益應置於個人利益之上；第三，揭露重大訊息的責任；第四，遵循法令規章的責任。

（五）實務守則與風險管理

金管會強化公司治理藍圖中，提出公司治理之五大計畫項目為型塑公司治理文化、促進股東行動主義、提升公司董事會職能、揭露公司治理資訊、強化法制作業，同時，要將IR聯繫制度落實，強化少數股東權益保護，達到公司治理係為公司股東治理之目標。

依據臺灣2010年修訂的《上市上櫃公司治理實務守則》的規定，明示公司治理與風險管理的關係，這當然包括與法律風險管理的關係。該守則總共七章，六十項條文。此七章分別是：總則；保障股東權益；強化董事會職能；發揮監察人職能；尊重利害關係人權益；提升資訊透明度；附則。所有章節條文，均攸關ERM的落實，蓋因ERM是全面性的風險管理，必須與所有經營活動融合。這些條文中，明確顯示「風險與保險」相關字樣的總共九條。針對這九條，分別明示其條文中出現和「風險與保險」相關字樣的規定意旨如後：

1. 守則第14與16條規定的意旨是，上市上櫃公司在處理與關係企業的公司治理關係時，應對人員、資產與財務管理的權責，確實辦理風險評估，同時，對與其關係企業往來的主要銀行、客戶及供應商，妥適辦理綜合的風險評估，降低信用風險。

2. 守則第27條規定意旨是，上市上櫃公司董事會得設置審計、提名、薪酬、風險管理或其他各類功能性委員會。

3. 守則第28-1條規定意旨是，上市上櫃公司薪酬政策不應引導董事及經理人為追求報酬，而從事逾越公司風險胃納之行為。

4. 守則第39條規定意旨是，上市上櫃公司得於董事任期內，為其購買責任保險。

5. 守則第40條規定意旨是，董事會成員宜持續參加涵蓋公司治理相關之財務、風險管理、業務、商務、會計或法律等進修課程。

6. 守則第43條規定意旨是，公司應選任適當之監察人，以加強公司風險管理及財務、營運之控制。

7. 守則第45條規定意旨是，監察人應關注公司內部控制制度之執行情形，裨降低公司財務危機及經營風險。

8. 守則第50條規定意旨是，監察人宜持續參加涵蓋公司治理相關之財務、風險管理、業務、商務、會計或法律等進修課程。

（六）公司治理與資訊揭露

臺灣2010年《上市上櫃公司治理實務守則》第六章提升資訊透明度，即屬於資訊揭露的專屬規定，總計五條。顯見資訊揭露是公司治理中，重要的要素。公司治理既然要求透明，資訊的揭露，當然不可或缺，國際公司治理評等也將資訊揭露列為重要的評等項目。其次，文獻也顯示（沈榮芳，2005）資訊揭露程度與公司價值的提升，息息相關，因此，資訊揭露問題極為重要。然而，資訊揭露之目的雖在消除資訊不對稱的問題，但也伴隨相關成本，因此，哪些項目該揭露？同時，每一項目，該揭露至何種程度？可能仍具爭議。

2010年臺灣《上市上櫃公司治理實務守則》就資訊揭露相關部分，有詳細規範摘要說明如後：該守則以提升資訊透明度為資訊揭露的原則（守則第2條），以股東知的權利為資訊揭露的哲學基礎（守則第10條），以落實發言人制度為統一發言的程序（守則第56條）以及應建立資訊的網路申報作業系統與網站的架設（守則第55條與第57條）。

此外，該守則規定公司治理相關架構規則與訊息（守則第59條）、法人說明會訊息（守則第58條）、董事會議決事項（守則第33條）、董監事及大股東持股與質押情形（守則第19、21、41條）與管理階層收購（MBO: management buyout）[26]資訊（守則第12條）等皆應公開揭露。最後，資訊揭露不論是法規要求下的強制揭露，抑或是自願揭露，均應注意品質的可靠性與內容的合理性及正確性。

（七）公司治理評等與風險訊息

根據聯合國經濟合作與發展組織的公司治理指引原則，標準普爾（S&P: Standard & Poor's）發展出分析評估公司治理的架構，該分析架構包括兩大類：一類用於受評公司，一類用於受評公司所在國家的環境。用於受評公司的評等項目總計有四大項，每一大項，再分成三小項。這四大項與每大項的三小項，分別是[27]：

---

[26] 管理階層收購（MBO）是併購實務中，常用的方式之一。它通常是管理階層獲得外界（例如：私募基金）支持後，對方自公開市場收購公司高比例股權，甚至全部股權。由於利弊互見，且確實影響股東權益，因此，守則以利弊中立的態度，要求揭露。

[27] Dallas, G. S. ed. *Governance and risk-An analytical handbook for investors, managers, directors, and stakeholders*. pp. 2-19. New York.: McGraw-Hill.

　　第一大項是，公司所有權結構與外部影響，該項再細分為：1.所有權結構的透明度；2.所有權的集中程度與其影響；3.外部利害關係人的影響力。

　　第二大項是，股東權利與其利害關係人的關係，該項又細分為：1.股東會議與投票程序；2.所有權的權利與被接管的防衛機制；3.與非財務利害關係人的關係。

　　第三大項是，透明度、揭露與稽核，該項再細分為：1.對外揭露的內容；2.對外揭露的時機與獲取；3.稽核過程。

　　最後一項是，董事會結構與其效能，該項又細分為：1.董事會結構與獨立性；2.董事會的角色與其效能；3.董監事與高階主管的酬勞。

　　另一方面，用於受評公司所在國家的環境，也包括四大項，分別是：第一，市場環境：此大項主要指國家主權結構、金融市場的角色、政府或銀行的角色，以及市場實務操作的演變過程；第二，法律環境：此大項主要指國家法律結構與其效力；第三，監理環境：此大項主要指監理規範與其效能；最後，資訊環境：此大項主要指國家會計標準、公布時機、公平性與持續揭露以及稽核專業水準。

（八）法律風險胃納與法律風險限額

　　針對以上，公司治理的評等項目，如何計分，則分為兩種：一為模型化法（modeling approach），一為診斷／互動法（clinical/interactive approach）。簡單說，模型化法是一種量化的方式，診斷／互動法是質化的方式。模型化法可用必要的數據，以及使用問卷調查，收集數據，統計分析公司治理的程度。主要優點就是較具客觀性，亦可提供不同公司治理程度的比較，主要缺點是彈性不足，可能缺乏情境的實際瞭解，容易造成誤導，這主要是因公司治理評等的項目，僅以數據為準，不易窺出真相。其次，診斷／互動法主要是透過深度訪談公司內部主要人員，或檢視各種會議紀錄等方式，獲取實際資訊。主要優點是彈性與深度足，真相較清楚，主要缺點是來自評等人員的主觀風險。最後，這兩種方法，在實施過程中，均必須留意如何賦予每一評等項目的權重。

　　綜合考慮，受評公司所在國家的環境與受評公司本身，兩大評等項目後，每一公司的治理程度可歸類於如圖5-6中的某一類別。

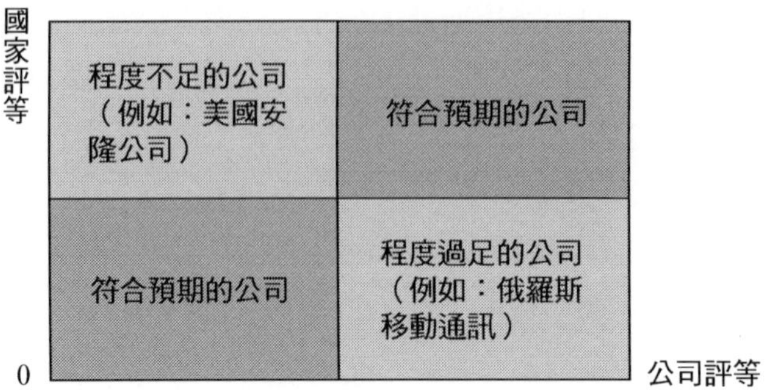

圖 5-6 公司治理程度象限圖

　　圖5-6縱軸代表受評公司所在國家的評等，橫軸代表受評公司本身的評等。一般而言，受評公司所在國家的評等越高，受評公司本身的評等，也會越高；反之，越低。落入這兩象限的公司，可稱為符合預期的公司（expected company）。然而，實際上，會出現受評公司所在國家的評等高，受評公司本身的評等反而低的情形，稱為程度不足的公司（underachiever），例如：美國安隆（Aron）公司。反之，可能出現受評公司所在國家的評等低，受評公司本身的評等反而高的情形，稱為程度過足的公司（overachiever），例如：俄羅斯的移動通訊（MobileTelesystems）公司。再者，公司治理已有國際CG6004的認證。

五、　本章小結

　　法律風險胃納是法律風險管理的核心問題，公司治理、法律風險管理文化與哲學等，均會影響法律風險胃納的決定，法律風險胃納則需配合法令遵循目標。內部環境要素中，員工的正直與倫理觀，更是影響法律風險管理最後的成敗甚鉅。

本章摘要

　　1. 代理成本可分為三種：第一種稱為監督成本；第二種稱為保證成本；最後一種稱為調合成本。

　　2. 法律風險胃納就是在極端情況下，公司願意且能容忍責任損失的程度。

　　3. 法律風險胃納概念式A＝K1×T＋K2×E＋K3×SP。

　　4. 文化改變的六項要訣：(1)對組織現行文化類型，進行全面性的檢視評估；

(2)決定應從何處開始改變，其理由是什麼；(3)描繪出組織未來文化的圖像，並要能確定它是最有利的文化類型；(4)檢視現行文化與描繪未來文化的過程中，均需組織成員的參與，並執行需要的改變；(5)將組織想要的行為模式，融入績效評估與所有管理過程中；(6)文化改變過程中，需持續進行評估，且要能獲得利害關係人的回饋，進行必要的調整。

　　5. 法律風險管理政策說明書除法律環境因素外，尚應考慮三大外部要素：第一，公司經營法律大環境；第二，公司所屬產業的競爭狀況；第三，公司所在地保險市場的狀況。

　　6. 法令遵循目標在恪守法令規定，防範詐欺，鼓勵揭弊，不鑽法令漏洞。

　　7. 公司治理是一種指導及管理的機制，並落實公司經營者責任的過程，藉由加強公司績效且兼顧其他利害關係人利益，以保障股東權益。

思考題

❖ 有句成語，好高騖遠，其涵義與本章有何關聯？不滿意但可接受，其意涵與法律風險胃納，有何相通處？

參考文獻

1. 丁文成（2007/1/15），從公司治理談董監事責任。《風險與保險雜誌》，No.12. pp.19-24，中央再保險公司。

2. 沈榮芳（2005），《資訊揭露透明度對公司價值影響之研究：以台灣上市上櫃公司為例》，中華大學經營管理研究所碩士論文。

3. 孫治本（2001），「風險抉擇與形而上倫理學」，在顧忠華主編《第二現代——風險社會的出路？》，pp.77-97。台北：巨流圖書公司。

4. 宋明哲，《風險管理新論——全方位與整合》，五南圖書，2012年10月6版1刷。

5. 廖大穎（1999），《證券市場與股份制度論》，台北：元照出版社。

6. 汪逸真、絲文銘、鄭昌錞，《財務風險管理》，新陸書局股份有限公司，2013年11月2版。

7. 姚志明，《公司法、證券交易法理論與案例研究》，元照出版，2013年10月初版。

8. 劉連煜，《現代公司法》，新學林出版（股）公司，2008年9月增訂4版。

9. 李智仁、王乃民、康復明、陳銘祥，《企業管理與法律》，元照出版，2014年9月6版1刷。

10. 黃清溪，《公司法爭議問題研析──董事篇》，五南圖書，2015年9月初版1刷。

11. 葉清宗，《貿易融資風險管理暨案例解析》，台灣金融研訓院，2014年9月2版。

12. 施茂林，《工商事業活動與法律風險管理》，五南圖書，2014年11月初版1刷。

13. 施茂林，《法律站在你身邊》，聯經出版，2013年3月初版4刷。

14. Baranoff, E. G. et al. (2005). *Risk assessment*. USA: IIA.

15. Bowen, R. B. (2010). Cultural alignment and risk management: developing the right culture. In: Bloomsbury Information Ltd. *Approaches to enterprise risk management*. pp.51-54. London: Bloomsbury Information Ltd.

16. Chicken, J. C. and Posner, Y. (1998). *The philosophy of risk*. London: Thomas Telford.

17. Collier, P. M. (2009). *Fundamentals of risk management for accountants and managers-Tools and techniques*. Oxford: Butterworth-Heinemann.

18. Chartered Institute of Management Accountants (CIMA), International Federation of Accountants, 2004. *Enterprise governance: getting the balance right*.

19. Dallas, G. S. and Patel, S. A. (2004). Corporate governance as a risk factor. In: Dallas, G.S. ed. *Governance and risk-An analytical handbook for investors, managers, directors, and stakeholders*. pp.2-19. New York.: McGraw-Hill.

20. Doherty (1985). *Corporate risk management-a financial exposition*. New York: McGraw-Hill.

21. Fischhoff. B. et al. (1993). *Acceptable risk*. Cambridge: Cambridge University Press.

22. Maister, D. H. (2001). *Practice what you preach-What managers must do to create a high achievement culture*.

23. Miccolis et al. (2001). *Enterprise risk management: trends and emerging practices*. Florida: The Institute of Internal Auditors Research Foundation. pp.xxiv.

24. Smith, P. (2001). *Cultural theory: An introduction*. Blackwell Publishers Inc.

25. Spencer Pickett, K. H. (2005). *Auditing the risk management process*. New Jersey: John Wiley & Sons, Inc.

26. Williams, Jr. and Heins (1981). *Risk management and insurance*. New York.: McGraw-Hill.

第 **6** 章

法律風險事件的辨識

讀完本章可學到：

1. 認識法律風險事件辨識的架構。
2. 知道有哪些方法可用來辨識法律風險。
3. 正確認知法律規範訊息，才不會產生錯誤之法律風險事件。
4. 瞭解訊息錯誤，也會伴隨而來法律風險。
5. 從發生案例認清法律風險案件之原委及辨識要領。

　　法律風險管理過程需周而復始，有系統地持續性進行，而法律風險來源與事件的辨識（identification）是法律風險管理正式執行過程的開始。本章首先，說明法律風險事件辨識的架構，其次，說明常用的方法。

一、 法律風險事件辨識的架構

（一）法律風險的終極根源

　　天、地與人是所有風險的終極根源。天就是自然宇宙，地就是地球環境，人就是居住於地球與其所構成的社會。就法律風險而言，唯一的終極來源就是人，甚或可獨斷的說，所有的法律風險均是人造成的。法律條文的解讀、契約談判的安排與爭端訴訟的判斷等法律風險來源，均與人們的心理認知（cognition）有關，也因此，威廉斯等（Williams, Jr et al., 1998）所稱的**認知環境**（cognition environment）是法律風險唯一的終極來源。

　　人為最大風險來源，為大家可接受之觀點。對企業而言，企業之經營群、主管與員工在處理公司業務時，亦為法律風險之源頭，分析其法律風險因子如下[1]：

1. 主觀或直覺見解之後遺症。
2. 主辦人之法律疏忽。
3. 法律規範之不明確或未修正。
4. 法律規範解釋或適用之盲點。
5. 契約簽訂之疏漏或錯誤。
6. 契約履行與違約處置之失誤。
7. 處理事務不及配合契約約定之事項。
8. 處理過程雙方意見齟齬爭議。
9. 發生爭端之證據實相。
10. 涉訟時法律處理之失精、失準。
11. 法律從業人員技術性之失誤。
12. 負責人與經營群違規犯罪不法行為。
13. 企業員工不法舞弊勾結行為。
14. 企業內、外部串聯舞弊。

---

[1] 施茂林，〈工商企業活動法律風險管理〉，亞洲大學財經研究所教材，2015年10月。

15.外國法律與修正之疏忽。

（二）法律風險辨識的架構與前置概念

辨識法律風險與法律風險事件，牽涉到法律風險之環境訊息，此法律風險環境訊息之收集、彙整、歸納、解析以及得到具體之資訊，對法律風險之間應有重要之幫助，也是利基，利於後續之法律風險管理之作法，有效控管法律風險管理發生之損害。

又法律風險環境訊息，分成內部法律風險環境訊息及外部法律風險環境訊息[2]。內部法律風險環境訊息，包括：1.企業的戰略目標、公司願景、使命；2.治理結構、組織體；3.業務種類、性質、營運方向、經營型態；4.利潤規劃、盈利模式；5.法律風險管理的目標、使命、價值、職責、相關制度和資源配置情況及管理模組；6.法律風險管理事務；7.法律風險管理專門部門與各業務部門銜接及職能分工；8.利益相關者的法律遵從和激勵約束作法；9.本企業簽訂的重大契約及其管理情況；10.企業業務法律風險評量與預防管理；11.法律風險管理文化之培養與水準；12.公司經營群與管理群法律風險管理認知與強度；13.與法律風險及管理有關之訊息。

外部法律風險環境訊息，是指企業外部與企業法律風險管理相關的政治、經濟、社會、文化、技術、法律等各種相關訊息，包括：1.企業本身行業特性與同業互動競爭狀況；2.與企業有關的國內外政治、經濟、社會、文化、技術以及自然環境等訊息；3.國內外與本企業相關的立法、司法、執法和守法情況及其變動；4.與企業有關的政府部門監督治理之體制、機構、政策以及執行力道；5.本行業在國內外產業鏈與價值鏈之關聯性；6.國內外市場競爭與變動；7.企業外相關企業機構有關契約合同之擬定、修改與履約情形；8.智慧財產權之要求；標準與權利行使之情況；9.連動性企業之法律風險管理狀況與連結；10.外部有關法律風險及管理其他訊息。

1.法律風險辨識的架構

所有風險與時間，可看成是硬幣的兩面。換言之，有未來就有法律風險，同時，法律風險的特性也會隨時間改變。是故，辨識法律風險，需持續，並在公司風

---

[2] 參閱中國國家質量監督檢驗檢疫總局、國家標準化管理委員會，企業法律風險管理指南，2011年12月30日發布。

險管理資訊系統[3]（RMIS: risk management information system）中，含蓋法律風險資訊。不論產業特質爲何，公司內外部法律環境分析是辨識法律風險時，最重要的開始。在此，經由調整套用管理大師波特（Porter, M. E.）環境分析的五力[4]模型（five forces model）概念（Porter, 1980），作爲確立辨識法律風險的觀念架構，閱圖6-1。

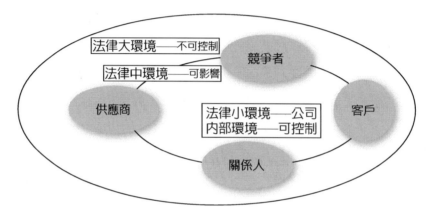

圖 6-1 　法律風險辨識的觀念架構

圖6-1顯示，大、中、小的法律環境。大的法律環境是公司無法掌控的法律環境，例如：國際法的制定、政府政策法律化、國內立法時立法委員的法律風險認知；中的法律環境可以是稍能影響競爭者、客戶、上下游供應商與內外部利害關係人的法律風險認知環境。最後，圖中內層，屬小的法律環境，屬於公司最可控制的法律風險認知環境，這是指公司對法律風險的來源，可以設法控制，這類法律風險因子主要來自資產、產品製程、行銷、財務投資、法務遵循、招募新人、制度辦法、溝通協調與員工行爲等相關法律的認知，均能事先完全掌控。

2. 法律風險辨識的前置概念

辨識法律風險工作開始時，需具備四點前置概念：第一，要瞭解有哪些法律規範、規範內容及違反者之法律風險責任，才容易衡量公司人員或營運或相關事務之

---

[3]　參閱第十二章ERM要素資訊與溝通。
[4]　管理大師波特（Porter, M. E.）的五力，係指新競爭者的威脅、客戶的議價能力、供應商的議價能力、替代商品或服務的威脅與產業競爭程度。

120

法律風險問題；第二，應善用柏拉圖法則[5]（Pareto Principle），或俗稱的80/20法則，柏拉圖法則可應用在許多事務的解釋上，應用在法律風險事件辨識工作上，即是說公司可能面對的法律風險來源，約有80%，來自20%關鍵性常見的法律風險事件（此80/20法則可因企業體、行業別等調整為85/15、75/25等模式）。該法則提醒法律風險管理人員可將重點擺在幾個少數關鍵的法律風險事件上，進而，節省辨識法律風險時，所花的時間成本；第三，應先瞭解同業最佳的法律風險管理實務標竿或作業流程（SOP: standards of operational procedures），依據同業最佳的實務標竿或作業流程，有助於瞭解公司法律風險管理的問題所在，這些問題就是法律風險的來源；第四，應瞭解法律風險來源與法律風險事件的關聯，瞭解兩者間的關聯，是獨立還是相依，有助於對公司衝擊的認識。其次，對「法律風險事件」（legal risk event）的定義要明確，這在辨識法律風險上極為重要，當定義不明確時，會影響後續的評估與管理。

二、　辨識法律風險事件的方法

公司辨識法律風險時，需先對公司現行法律環境情況作詳細的檢視，極為重要。檢視的重點，主要有三（Conrow, 2000）：第一，檢視企業行業、業務最直接關係性之法律規範，有助於辨明其中可能涉及之法律風險；第二，檢視現行經營業務的範圍與項目。這有助於瞭解何種外部法律風險來源與事件，會衝擊所經營的業務與項目。檢視過程中，也需特別留意新的業務，因新業務可能帶來新的法律風險；第三，檢視現行法律風險管理所有流程的純熟度，並與同業實務標竿流程（SOP）比較；第四，檢視現有人員法律風險管理的專業訓練與相關資源是否足夠。第二點與第三點的檢視，有助於瞭解來自內部法律風險來源與事件的衝擊。此處，本節將說明找出法律風險常見的方法。

（一）SWOT分析法

透過風險轉嫁——控制型合約轉嫁法律風險時，需要法律專業團隊經由談判進行合約的簽訂，這過程中可能訂約雙方均面臨各種可能的法律風險，SWOT分析就可透過對公司內部的優勢（strengths）與劣勢（weakness）分析，以及公司外部的

---

[5] 義大利經濟學家維佛多・柏拉圖（Vilfredo Pareto）指出，社會財富約80%，掌握在少數20%人手上，類似概念可用在辨識風險上。

機會（opportunities）與威脅（threats）分析，檢視可能的法律風險。透過此法，可知公司與談判對方相比，優劣勢何在？進而依外部法律環境，擬定談判策略轉嫁與迴避對自己不利的法律風險。

（二）法律政策分析法

法律上廢不廢死刑？稅法上課不課低碳稅？不良食品藥物之法律處罰加不加重？陽光法案是否擴大？溫室效應改善是否強制性？又地下經濟如何管理與課稅[6]？等立法議題，都涉及政府的法律政策[7]。政府會如何制定法律政策（legal policy），企業就可能面臨不同的法律風險。

（三）法律風險分析調查法

法律風險分析調查表（legal risk analysis questionnaire）是一種制式表格（standarization statements），通常可由專業的法律相關機構團體，例如：法律風險管理學會或律師事務所或大學法律系等設計標準表格，用來辨識法律風險來源與事件。這些制式表格適合新公司或初次想要建置法律風險管理機制的老公司使用。這種制式表格的優點是經濟方便且適合管理法律風險初期使用，缺點則是缺乏彈性，無法滿足各別公司的特殊需求。

（四）法律風險列舉法──流程圖分析

談判有談判流程，法律風險控制點有可能引發法律爭端，其法律風險控制流程，或進入司法訴訟時的訴訟流程，均可用流程圖分析法辨識可能的法律風險。流程圖分析法是風險列舉法的一種，另一種的財報分析法較不適合用來辨識法律風

---

[6] 「地下經濟」係指未納入GDP的經濟活動，包含合法和非法的產業。合法部分，包括自營方式之製造業、家庭代工、水電工程維修等、服務類之網路創業、SOHO族設計、日租套房、民宿、美髮、咖啡廳、私人照護、家教等、擺販零售之小吃、茶飲、服飾等以及網拍貨到付款等；非法部分包括色情行業、各類賭博、選舉地下賭盤、販賣毒品等。全球比較成熟的經濟體，地下經濟的規模約為GDP的1成，東歐、印尼、菲律賓等高達20-30%以上，臺灣從2003年至2012年10年間，約占GDP之1/4，2012年約占28.1%，以GDP為臺幣15兆元計算，國內未計入GDP的地下經濟金額高達3-4兆元。對政府而言，地下經濟規模上升或下降攸關經濟發展之實量變動，不能忽略其存在之風險因素（參見何志欽、林惠玲等「臺灣地下經濟之成因研究成果報告」）。再者，拜科技發達及交通便捷，色情應召站透過通訊軟體兜客或規避警方查緝，搭乘高鐵至外地性服務，2016年1月間警方破獲一應召站，經營6年之地下經濟產值達2億多元，不僅考驗警方追查辦案能力，也涉及如何查緝管理與課稅之問題。

[7] 法律政策改變，原來未強制或禁止者，出現新規定，將帶來法律風險責任，其原先不構成犯罪者，增訂刑罰條文，如營業秘密增訂竊取、重製、使用等行為，處以刑責（第13條之1）。

險。

　　流程圖分析法是以談判、訴訟流程，辨識可能的法律風險來源與事件。認識常用的流程符號，是運用流程圖分析法的首步。常用的流程符號與涵義，閱圖6-2：

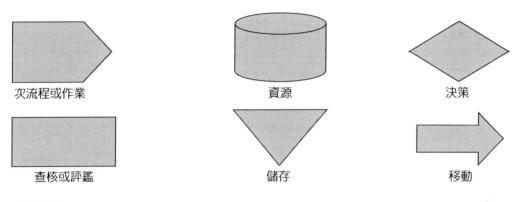

次流程或作業　　　　　　　　資源　　　　　　　　決策

查核或評鑑　　　　　　　　儲存　　　　　　　　移動

圖 6-2　流程符號與涵義

　　繪製流程圖時，頂多繪製二至三個層次即可。其次，流程圖有內外流程圖之分，例如：圖6-3的內部流程、圖6-4的外部流程（external flow）。茲以法律風險控制點，繪製企業內部作業流程如圖6-3。法律風險控制點一般認為有八個（Berthelsen and Kallman, 2005），但整體觀察，此八個控制點更可明瞭其關鍵點：

　　第一個控制點：就是依據法律或契約，檢視該盡或不該盡何種義務時。

　　第二個控制點：就是錯過第一個控制點的控制，產生未盡義務發生時。

　　第三個控制點：就是未盡義務，發生造成第三者損害時。

　　第四個控制點：就是檢視第三者的損害與未盡義務間是否有因果關係時。

　　第五個控制點：就是決定第三者損害的程度時。

　　第六個控制點：就是正式進入法律爭端訴訟時。

　　第七個控制點：就是在爭端訴訟是否適時作出解決方案時。

　　第八個控制點：就是不利訴訟結果如何回應時。

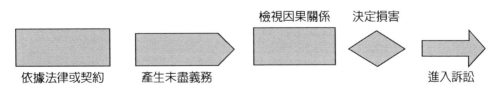

檢視因果關係　　決定損害

依據法律或契約　　產生未盡義務　　　　　　　　　　進入訴訟

圖 6-3　法律風險控制內部流程圖

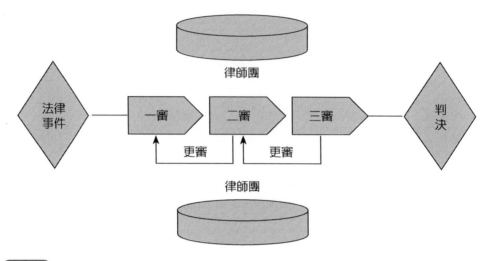

圖 6-4　民事訴訟外部流程圖

最後，運用流程圖分析法辨識法律風險來源與風險事件，至少需留意下列五點：第一，注意流程在組織與運作中，扮演何種角色？第二，注意流程在決策時的變化程度？第三，注意不同流程間的關聯性？第四，找出關鍵流程與所需法律資源，並且描述相關問題。例如：關鍵流程會涉及哪些員工？這些員工法律知識如何？第五，法律作業風險流程，需以標竿作業，作適當的評估。

（五）實地檢視法

俗諺「坐而言，不如起而行」。前項幾種辨識法律風險的方法，大部分可以說是較為靜態，且是紙上談兵（paper work）的「坐而言」階段。要能更完整地辨識法律風險，必須「起而行」，至損害現場查勘，瞭解事故因果，更能釐清損害責任。實地檢視法更有助於瞭解法律風險來源的實情。另外，此法提供了法律風險管理人員與涉案利害關係人間，面對面溝通的機會，此對，法律風險管理工作的順暢與績效的提升大有幫助。

【案例1】勘查見真章

上景化工公司成立已30年，不願改善汙染設施，民眾常向環保局抗議惡臭、汙水排放等問題，環保局雖予查緝取締，仍未見改善，後環保局長搭乘飛機出差，在機上突見上景工廠排放水道與河川的接連處水道處冒出大量彩色泡沫，河水呈現形紅色，想起議員多次質詢汙染情形嚴重不假。3天後，局長親自帶隊實地勘查，檢

視使用原料生產線、加添化學品等，以及汙染防治設備，明顯可瞭解生產過程並無防汙設施，且防治設備老舊，無法符合法定標準，立即找董事長、總經理溝通，要求儘速改善，否則從嚴從重處罰。

（六）其他特殊方法

法律風險辨識上，還可考慮採用其他比較不一樣的方法，來思考與辨識。這些不一樣，可能來自過程不同，可能來自各類可用的訊息，也可能針對特殊的法律風險。這些特殊的方法包括：

第一，案例衡量法：從既往發生而與自己公司規模、模組、業務、管理等相近之案例解析，從中釐清法律風險類型、原因、回應等訊息，辨明自己企業可能之法律風險之源頭、因子與防控作法。

【案例2】避免誇大療效之處罰

市面上有關健康、養生食品五花八門、琳瑯滿目，生意夯紅，消費者常反應效果有限。2015年12月間食品藥物管理署統計，半年來有五種食品，包括葉黃素、酵素、藤黃果、褐藻醣膠、一氧化氮產品，廣告標語常誇大不實，「吸附深層的體內酸毒」、「排除體內多餘脂肪」等，甚且提到醫療效果如「癌症存活率提高」等，均違反《食品衛生管理法廣告》之規定，一年約有一萬多件誇大不實廣大，罰款將近2億元。因此，企業如要行銷健康、養生食品時，由各裁罰之案例，可釐出法律風險類型與因應心法：(1)健康、養生、營養食品都是食品僅能使用中性例句，不能採誇大不實廣告宣傳；(2)沒有療效之食品，不得宣稱有療效、減肥功能，更不能提及抑制癌細胞或提高癌症存活率等；(3)經確認有保健效能，有取得小綠人標章，才能宣稱健康食品，要依衛福部揭示之功能標示；(4)誇大不實廣告行政罰鍰，最高可到500萬元。

第二，法律專家深度訪談法：針對各類法律風險，可深度訪談各領域的法律專家，或舉辦法律座談會，例如：低碳稅法風險可訪談財經法與稅法專家學者等。

第三，觀察各類法治程度排名法：負責檢視法律風險的人員必須善於觀察分析國內外組織或報章雜誌，對國家社會法治排名於公司法律風險的影響。

第四，COCAs 檢視法：它就是從檢視公司各類持有的合約（contracts）、非正式協議（obligatios）、承諾的義務（commitments）與制約（agreements），發現

可能存在的法律風險。

　　第五，腦力激盪法：採腦力激盪法時，負責檢視法律風險的人員可以遴選3-6名點子王，利用腦力激盪與討論方式，尋求可能遭受的法律風險，並排列順序。

　　第六，公共論壇或公聽會法：就公司言，此法可運用在外部化汙染法律風險的辨識上，因外部化汙染法律風險會涉及一般民眾的權益。

三、 法律風險事件的類別與編碼

　　實務上，找出各種法律風險後，法律風險事件需更具體詳細，且容易瞭解，同時，要很清楚的告訴所有人員。法律風險事件的命名，應該統一，且其名稱除了能描述事件外，還應能代表發生點或其他代表性的意涵。例如：證券交割錯誤引發的法律風險事件／表示交易交割不正確的法律風險。或許如此命名已能滿足分析法律風險所需，但有時，可能需進一步命名。根據這些要點，給予每一法律風險事件類別代號並編碼。其次，法律風險事件依需要，選擇分類基礎。通常，還需留意法律風險來源與法律風險事件是否有關，也就是兩者是獨立的，還是相依的關係。

四、 法律風險事件辨識之立基

　　要知悉有無法律風險？要辨識是否有法律風險事件？繫於法律規範有無及法律規範之約制。簡單而言，有法律規範在，就有風險，有法律規範之約制，就會有法律風險事件發生。要確認法律風險事件之存在與責任，必須對法律訊息認知正確，才不致發生錯誤之判斷，以致發生另外一種法律風險責任。

【案例3】法律風險經驗分享

　　天力公司生產冷凍食品，由於公司僱用之司機負責南北運送，近1年來陸續發生五件車禍，公司共支付600多萬元賠償金。董事長林蓓認為司機管理有問題，需要教育，乃由供銷部經理召集12名司機座談，將各車禍之原因、過失責任及賠償金額與司機分享及解說，讓所有司機瞭解肇事之原因、法律賠償責任及改善之道，強力要求司機遵守交通法令，謹慎駕駛，否則如司機有過失，將分級承擔賠償金額，其後經理再三關心及督促，1年內車禍事件減少，僅發生一件小車禍。

（一）企業經營之法律規範

現行法律龐雜，概分為憲法、民商法、民事訴訟法、刑法、刑事訴訟法及行政法六大類，其中行政類又依中央行政部會之執掌，分成一般行政、內政、外交、國防、教育、經濟、法務、經濟、財政、文化、科技、農林漁牧、海巡、退輔、人士、考銓等類別。有關企業工商活動之法律規範，則分布在民刑法、訴訟法、財經法、金融法、科技法、勞工、環保、衛生、兩岸事務法規中，並因不同行業別有其法律規範以供依循。

再依行業觀察法律風險，可謂林林總總，包括：工業機械、工廠產製、食品飲料、農產品、中西藥品、醫療業務、生物科技、化工、科技、電信、能源、半導體、電子製造、電器、鋼鐵、房地產、建築、工程、電器用品、國防、航空、汽車、航運、運輸、貿易、紙類產品、家庭生活用品、通訊媒體、商業、通路、零售、服務等，或多或少均涉及法律風險議題，亦有其不同需管理之法律風險。

企業法律風險從一般性探討，包括法律禁制、法令變動、行政處分、法律解釋、主管機關監理、企業體重組、併購、經營權變動、技術轉移、海外投資、不法責任、智慧財產、租稅稽徵、環保標準、司法作用等風險，而且期間法律關係極為複雜，不謹慎從事，法律風險發生機率甚高，終致原來預期之前景功虧一簣。

工商企業有其業務之不同，亦有其法律規制之差異，惟為使企業經營面臨之法律規範有基本、一般性之認識，以圖6-5列示如下：

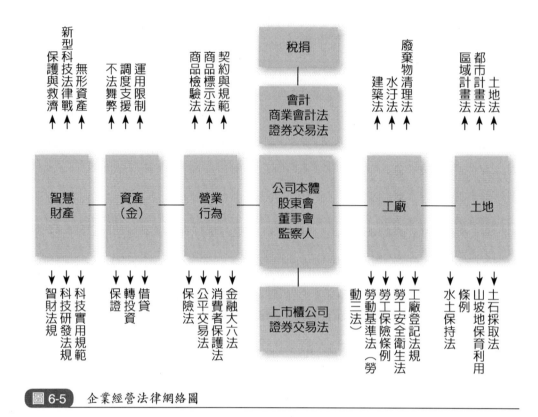

圖 6-5 企業經營法律網絡圖

（二）法律規範風險圖景

現行法律規範眾多，執行之機關亦多，行政司法解釋法令亦不會一致，則其延伸之法律風險可分為：

1. 本國法律風險與外國法律風險[8]。

2. 中央法令之法律風險與地方法令之法律風險。

3. 實體法律風險與程序法律風險。

4. 司法法律風險與行政法法律風險。

5. 現行法令法律風險與法令增修法律風險。

6. 規範法律風險與契約法律風險。

7. 違法法律風險與未違法法律風險。

8. 司法機關適用法律之法律風險與行政機關適用法律之法律風險。

---

[8] 有關外國法律風險，詳參本書第二十五章說明。

9. 解釋法律風險與適用法律風險[9]。

10.執法法律風險與不執法法律風險。

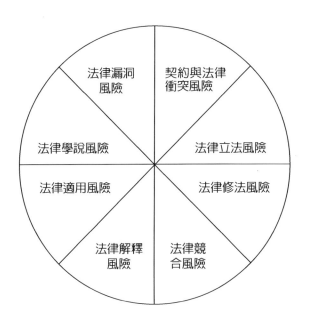

圖 6-6 法律風險類型圖

---

[9] 司法機關對於個案在適用法律時，常出現不同見解，舉行政法院下列三案例供參考：

（一）土地所有權人對於縣政府市地重劃之分配結果不服提出異議，經縣政府予以查處，仍有異議，再經該縣政府調處不成，縣政府乃擬具處理意見，報經內政部裁決，維持縣政府所擬處理意見，縣政府依內政部裁決函通知土地所有權人，土地所有權人提起行政訴訟，究以縣政府或內政部為被告，最高行政法院104年9月第一次庭長法官聯席會議，各有不同看法，後決議採乙說，以縣政府為被告，擬此若所有權人以內政部為被告，即有法律風險。

（二）軍校生入學時，曾由家長與軍校簽訂退學賠償金協議，並經法院公證，約定得為強制執行之執行名義，後軍校生退學，軍校向地方法院民事執行處聲請強制執行，核發債權憑證，嗣軍校再持上開債權憑證，向地方法院行政訴訟庭聲請強制執行，該如何處理？共有四說：1.甲說：逕行駁回強制執行聲請。2.乙說：調閱民事執行卷後處理。3.丙說：無受理權，駁回聲請。4.丁說：行政簽結，將事件移送法務部行政執行署。

（三）甲申請計程車駕駛人執業登記，臺北市政府警察局以甲因吸食安非他命，觸犯《麻醉藥品管理條例》第13條之1第2項第4款之罪，經法院判處有期徒刑3個月確定在案，乃依《道路交通管理處罰條例》第37條第1項規定，不准其申請。涉《道路交通管理處罰條例》第37條規定所稱曾犯毒品危害防制條例之罪，是否包括其所犯麻醉藥品管理條例之罪？共有二說：甲說採肯定說，有最高行政法院100年度判字第1192號判決、100年度判字第1306號判決可參考；乙說則為否定說，有最高行政法院100年度判字第1485號判決可參考。後經101年度高等行政法院法律座談會，採乙說。

【案例4】 地方自治法規

　　臺中市議會於2015年12月23日三讀通過管制生煤及禁用石油焦自治條例，實施後，臺中市使用生煤或石油焦為燃料之公私場所，不再核發新許可證；舊證需配合每年重新檢討空氣品質狀況，並減少生煤使用比例，4年內需減少生煤使用量40%。產業界擔心電費成本增加，受衝擊最大為臺中火力發電廠，可能被迫更換老舊機組，改燃天然氣。

　　企業法律風險類型態樣眾多，從定性、定量角度，列出其關聯圖[10]：

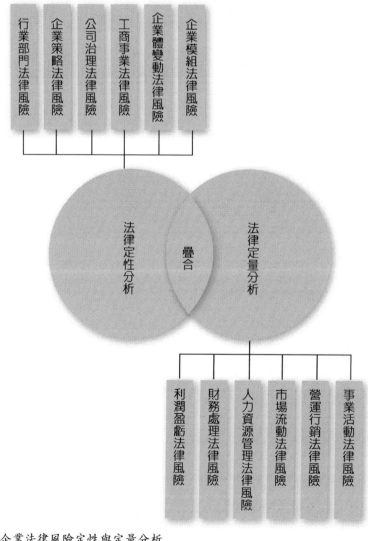

圖 6-7 企業法律風險定性與定量分析

---

[10] 參見中國龍龜法律風險管理論壇主委員等主辦，第二屆中國龍龜法律風險管理論壇暨2014中國上市公司法律風險實證研究成果發布會手冊，頁12、13。

五、　法律訊息認知錯誤之風險

　　法律風險無所不在，任何公私事務均有法律規範約制，而法律條文之規定內容均係抽象、概略式文字，需要有法律解釋發揮其具體法律效果，其解決或解釋錯誤，反而產生法律風險，而對法律訊息之認知有錯誤，亦帶來法律風險。

（一）指紋蓋章玄機多[11]

　　依《民法》第3條規定，文書以簽名為主，得以蓋章替代，次而以指印、十字或其他符號代之[12]。社會上則普通流傳全世界幾乎沒有相同之指紋，因此認為捺按指紋最保險，而簽名不易辨識，社會上流行蓋章最為常態，類似法律訊息之認知有相當誤解，容易產生風險損害。由於簽章指紋在公私部門與家屬個人之法律文書上均需使用，茲為說明其問題所在，一併在此說明。

【案例5】偽造簽名

　　林中平利用友人李民治名義，向裝甲購買鋼筋一批，於貨送至時，林某冒簽李民治收貨，未幾被查到，李民治否認買貨，經送鑑定，發現是林中平筆跡，後來林某以詐欺、偽造文書判罪，李民治無庸負責。

【案例6】表見代理後果

　　楊之清託杜明全到郵局領錢，楊之清趁機盜用杜明全印章去向大來商店賒欠購買一批用品，事後大來商店告杜明全還錢，杜雖表示印章被盜蓋，但沒法證明，法院判決杜明全要負責還錢。

【案例7】捺按指紋風險

　　趙成杰向農民朱四平買坡地，於簽訂契約書時，朱四平只蓋指紋，當時趙某

---

[11] 施茂林，〈簽名蓋章指紋玄機多〉，中華法律風險管理學會網址：http://www.lrm.org.tw/index.php?option=com_content&view=article&id=925:2013-11-14-06-31-41&catid=50:articles&Itemid=90（最後瀏覽日期：2015年12月16日）。

[12] 未簽名蓋印章及捺按指紋，依《民法》第3條之規定，可用符號代替，有一婦女違規闖紅燈被警查獲在告發單上簽畫三個圈圈，事後為警發現其姓名僅二個字，畫三個圈圈代表三個姓名，被法院判刑確定。又有一個婆婆在兒子車禍死亡後，赫然發現兒子已婚，戶籍裡多出媳婦，追問得知兒子登記結婚申請僅畫三個圈圈未簽名，因而認為無效；法官認為結婚申請書以圈圈代替簽名有效，結婚證書由妻代簽名、蓋章，屬於有效，判決媳婦繼承遺產有效。

認土地還不太值錢，朱某又是老實農人，就沒去登記，未料幾年後，經濟復甦，趙某準備蓋房屋，前去查看，發現已蓋上房屋，乃告朱四平，朱之子在外打滾，見識廣、點子多，乃教其父說未按指紋，經送鑑定，因指紋不清無法辨認，又無中間人作證，趙某敗訴，後悔不及。

由以上三例可知：1.僞造簽名容易查知、2.盜用印章，難以證明、3.捺按指印，易於否認脫責，都是法律風險現象，爲辨識其三者之法律正確意涵，現說明一般人對指紋、蓋章之法律認知有如下錯誤，這就是法律風險的實證：

1. 指印：一般人認爲全世界沒有相同指紋，用指紋證明同一人可靠，但其弊端：(1)許多人不知捺按方法，又怕不清楚，反覆壓按，上下抽動，結果指紋模糊不清，看起來只是紅泥或烏黑一團，從何認定是何人指紋？(2)當事人否認爲其指紋，糾紛必多。(3)《票據法》規定，支票、本票不得使用指紋，否則無效。(4)一般人不知《民法》規定，捺指印時，還要有2個證人，所以往往沒找證人證明，發生效力問題。(5)同時，如找的證人又不識字，在捺指印證明時，又要有4個證人，眞是費時費事，中間一堆指紋，還無法分辨何人指印，何苦自找麻煩。

2. 蓋章：由於刻印之人技術不同，不易刻出完全相同之章，也不太容易由別人仿造，其攜帶方便，保管容易，爲一般人所喜愛，這是印章之優點。但有下列各種風險，不得不小心：

(1) 容易蓋不清楚：可能是使用者不小心，也可能印泥不好，也可能印章使用過久，這都會影響印文的清晰度，產生辨識問題。

(2) 容易被人僞刻：雖然刻印人難刻出相同印章，但卻很容易僞刻使用，最後縱然還你清白，已費盡心力。

(3) 交人保管問題多：在日常生活中，我們經常會將印章交予別人，如請人領錢、請人辦過戶，買房屋交印章備用，或外出託人保管。A.萬一受託者擅自用章，發生表見代理問題，仍由本人負責。B.如該人存心不良，盜用印章借錢、領錢、買貨、領貨，到時對方說是授權或有表見代理[13]，就得負責；如對方知道法律規定，再將蓋章之文書交予第三人，很難對抗，更要負責，極爲麻煩。

---

[13] 表見代理係指代理人之代理行爲雖無代理權，但因有使第三人相信有代理權之理由，法律乃規定使本人對第三人負授權人之責任（《民法》第169條）。所謂使第三人信其有代理權，如由自己行爲表示以代理權授予他人〔（將存摺、印章交予他人或知他人表示爲其代理人而不爲反對意思（知悉其弟以其商店xx做生意，不予否認）〕，此表見代理旨在保護交易安全，是以意定代理人才適用。

(4)用畢即予丟掉：有人存心不良，刻一個新章來用，當與你訂一次契約後，即予丟棄，到時否認與你有訂約之事，那你則無從證明對方與你訂約。

(5)擁有多個印章：幾乎每個人都有好幾個印章，又不一定經常使用，遇到少用之印章，蓋在文書時，如何證明係其本人之印章，相當困難。

3. 有關簽名：因係本人親自簽屬，有其優點：

(1)每個人簽自己姓名，都有其習慣、個性、喜愛，不太會有意造假，要鑑定其同一性並不困難。

(2)印章要隨時攜帶，不然要用時要記得帶著，否則不能領錢、不能過戶、無法簽約；簽名就沒有這些困難。同時別人要模仿也不一定相像，送鑑定時，容易發現其中眞偽。

1. 風險對策

由以上說明，指印、簽名、蓋章各有其優點，也有其缺點，依事實困難及需要而言，分析如下：

(1)指紋：最好不要用，如要用指印最好加上簽名，也要記得蓋清楚點，以右邊大拇指由左而右或由右而左方式捺按，不要重複、重疊。如不清楚時，寧可重捺一個，再找2個以上證人，作證是該人所捺指紋。

(2)蓋章：最上策乃要求對方簽名並蓋章，並儘量採「硃蓋墨」方法[14]。印泥方面，選用品質較佳之印泥，不要太濕或太乾，以免影響印文之顯現，一般打印臺不宜使用。又蓋印章時，文件下宜墊二、三張紙質軟硬適中之紙張；不要太用力蓋，以免走樣；切記壓搖重蓋，只蓋1次，不清楚再重蓋。如簽名並蓋章時，用印鑑效果更佳，對方很難耍賴。如對方由別人代蓋章，爲防盜用僞造，宜請該人出具授權對方之親筆簽名之授權書或找證人見證。

(3)簽名：簽名理論上較不易被模仿，但有心人經反覆練習，也能魚目混珠，因此自己簽名時，宜簽平日之方式。對方簽名時，如有意做作或與平日筆跡似有變化，要多加注意，以免其有心搞鬼。簽名時，大多數人簽戶籍資料上之本名，但如果簽筆名、藝名、土名、渾名、別號等而能辨識是何人時，也有效。當然爲免爭議，最好避免。

---

[14] 硃蓋墨之方式係傳統上常用之手法，因在筆墨字跡上加蓋印章，定性強，不易以化學方法等褪去字跡塗改，最具安全性。

（二）精神慰撫金

　　法律上所稱之非財產上損害，通稱精神慰撫金或精神慰藉金，如《民法》第194條規定，不法侵害他人致死者，被害人之父母子女及配偶，雖非財產上之損害，亦得請求賠償相當金額；第195條第1項規定，不法侵害他人之身體、健康、名譽、自由、信用、隱私、貞操或不法侵害其他人格法益而情節重大者，亦得請求賠償相當之金額；第1056條規定夫妻之一方因判決離婚而受有損害者，雖非財產上之損害，亦得請求賠償相當金額；第999條規定，當事人之一方因結婚無效或被撤銷而受有損害者，雖非財產上之損害，亦得請求賠償相當之損害；第979條規定，婚約當事人亦得請求賠償相當金額。又《著作權法》第85條規定，侵害著作人格權者，雖非財產上之損害，被害人亦得請求賠償相當之金額。

　　司法實務上，請求賠償非財產上之損害金額尚不高，如車禍案件請求數10萬元至100萬元；性侵害事件，請求3、50萬元；一般傷害案件，請求10萬元至50萬元之不等；離婚事件，請求30萬元至200萬元，即使法定代理人相當專業，亦不會要求太高。所以，目前訴訟上需求高額賠償之情形不多見。

【案例8】慰撫金請求不困難

　　郭玲之夫職業災害喪失，經向工廠負責人請求賠償不得要領，又無錢請律師，乃四處請教他人，自行書寫訴狀，請求工廠需賠償醫藥費8萬元、4名子女扶養費每名12萬元，喪葬費11萬元，經法院判決應賠償52萬元。事為同村一法學教授聞悉，為之扼腕，為何不會要求精神慰撫金，以4名子女連同郭玲5人，每人請求120萬元，亦得訴請法院在600萬元內審酌適當金額，當然比實際之醫療費及扶養費、喪葬費用高得很多。

【案例9】慰撫金請求之體現

　　70歲之林妙在路旁為卡車撞擊受傷死亡，林妙留有4男4女，經辦完喪事後，由其長子林淵擔任其兄弟姊妹訴訟代理人，向法院請求損害賠償，卡車司機陳海接到起訴書，見林淵等未請求醫藥費、扶養費、喪葬費用，心中略寬，認請求精神慰撫金各為150萬元，根本不可能，也不以為意。訴訟中，林淵等提出各人精神痛苦、心靈受傷、情緒受挫等診斷書、精神官能異常等證據，法院判決陳海應賠償每人130萬元至85萬元不等金額，總計925萬元。陳海方知悉此項金額可能是天價，關鍵在於對方是否會請求。

　　按精神慰藉金既在彌補被害人心靈上之創傷與精神上之痛苦，理論上可從1元至無限之高額，端視被害人精神與心靈之痛苦、創傷爲準，而可從加害人與被害人雙方之身分、經濟能力、財務條件、被害痛苦創傷，可歸責加害程度、侵權行爲人之過失輕重、能注意程度以及各種情形，酌定相當之數額。且所謂「相當」，應以實際加害情形與其財產收入影響是否重大及被害人身分、地位與加害人之經濟情況等關係定之，是計算損害之大小時，應依附賠償權利人感受病苦之諸因素計算之。在訴訟實務上，酌定相當之金額，常以病人或家屬之土地、財產總額、以及加害人之學經歷、房地產與投資總額、當時過失程度爲案情衡量標準。

　　慰藉金之賠償以人格權遭致精神上受有痛苦爲必要，當然原則上採賠償全部損害之原則。由於精神之病苦與心靈之創傷等爲精神情緒面，攸關身心狀況，常因人而異，如其心理傾向、人格特質以及情感承受、情緒反應較爲特殊者，法院會考量提高賠償金額；其如被害人外觀上因送醫造成傷疤將永久存在，無法復原或消除，其痛苦不可言喻；再如被害人爲其配偶，結褵50年，感情深厚，突因車禍死亡遇此事故，痛不欲生；他如誤將攝護腺切除，造成性功能障礙，實爲難以承受之災害。又被害人或家屬非僅言語或書面之陳述，尚可提出具體痛苦、創傷、煎熬、悲慟等證據，如診斷書、行爲舉止異常事證、送醫資料及書面證明時，法院亦會因之判決較高之金額。

　　又醫院或醫師對於精神慰撫金之請求需有法律風險認知，因醫院常認爲造成植物人，賠償金額才高，精神慰撫金之給付不會太多，事實上不能掉以輕心。蓋其金額之高低多寡並不固定，會因個案而有增減。實務上，有請求400萬元、判賠200萬元；請求300萬元、判決150萬元；請求500萬元，判決240萬元或請求350萬元，判決180萬元等情形，細看其請求被大打折扣，但如遇到訴訟高手，本此項請求，較之他項請求項目，反而可爭取更高金額。

　　又契約因不完全給付而有債務不履行情事者，有主張非醫療契約當事人，可依《民法》第227條之1準用同法第195條第2項規定，請求醫院給付精神慰撫金。惟觀測《民法》〈債篇〉經國內學有專精之學者專家經長期研議討論後，始完成修正草案，當時司法院與法務部並無修正意見，並無立法上之疏漏，難以準用法規類推適用之[15]。

---

[15] 王士豪，〈債務不履行之精神慰撫金〉，收錄於中華法律風險管理學會編印《吹動法律風險管理新境》，2015年9月版，頁122-126。

（三）醫療高訴訟率與多重鑑定

由於醫療糾紛案件，經過長期訴訟，帶給醫療人員諸多壓力與夢魘，甚而引起爲醫界內科、外科、婦產科、小兒科、急診醫學科五大皆空之原因，形成「五加皮科當道」，對醫師而言多少會採取防禦性醫療，實非病人之福，亦非全民與社會之福。

曾有研究指出醫師是犯罪率最高、定罪率最高，是全國第一大黑幫，但根據法務部統計資料，從2002年1月1日起至2013年6月30日，醫療糾紛因醫師業務過失致死案件1165件，業務過失傷害案件1397件，合計2562件，起訴件數分別爲125件及88件，共213件，平均每年約起訴20件，平均起訴率8.31%。而醫師業務過失傷害而聲請簡易判決共4件，緩起訴處分4件，不起訴處分之事件共1292件，足見起訴率並不高。再依行政院衛生署（現爲衛生福利部）統計至2011年底，全國醫師40002人、中醫師5570人、牙醫師11992人，共57564人。自2002年至2013年6月底偵結情形，醫師因醫療行爲遭偵辦之件數共2562件，如以1件1人計，占醫師總人數57564人之4.45%，其比例亦比外界認知爲低。

再以臺灣臺中地方法院檢察署統計數據顯示，自2013年以迄2015年8月止，共受理125件醫療糾紛案件，起訴案件僅4件，占5%，其餘均爲不起訴處分。可見醫師縱使在偵查中被告醫療過失，而進入檢察官偵查階段，但提起公訴之比例不高，醫界長期以來，一直認爲因醫療糾紛被提起公訴之人數不低，有其誤解之處，此種法律風險訊息之錯誤，反爲自己帶來無謂之風險困擾。

又醫療訴訟案件常會送至衛生福利部成立之醫事審議委員會、法務部法醫研究所、各大教學醫院、消基會等鑑定，因第一次之鑑定結果不獲檢察官、法官接受或當事人有爭議，乃有再送第二次、第三次鑑定，甚至第七、八次鑑定之情事，有醫界乃因之擔憂多次鑑定風險性更高，惟衡之司法實務，多次鑑定固然會延宕訴訟程序，拖延訴訟時程，然因各次鑑定意見不完全一致，司法機關之採擇有其困難性，重複鑑定維持率只25%，如意見矛盾、尤難決定。其如有鑑定有醫療疏失、有鑑定無醫療疏失，更增加司法機關採證之難度，對醫療人員反而風險降低，甚至各次鑑定結果均認有醫療疏忽，若各次之立據不同或有齟齬，則要論罪判決亦有採擷論駁之難度，是多次鑑定，對醫療人員之法律風險未必增高；相對而言，對病人及家屬之法律風險也非必然降低[16]。

---

[16] 施茂林，《醫病關係與法律風險管理防範》，五南書局，2015年10月初版，頁69-72。

（四）演藝人員所得之課稅風險

有多位演藝人員與模特兒（下稱甲方）收入之繳稅問題，與國稅局之認定不同，常因此提起行政訴訟，分析其差異如下：

1. 甲方主張收入屬於「執行業務所得」，依法可扣除所得45%必要費用，如置裝、美容、美髮等支出；國稅局則認爲收入所得是「薪資所得」，關鍵在於電視臺邀請演出，簽約主體爲經紀公司，則甲方收入屬於公司給付之「薪資」；但簽約者爲甲方本人，則收入屬於「執行業務所得」。

2. 甲方開工作室時，係對外簽約、主持、表演等營業，爲技藝表演業屬於營利事業，只要繳25%的營所稅，且可扣除水電、置裝、美容、美髮、餐飲、工讀等費用，只需繳交17%稅額。若工作室營業項目爲「提供藝人給電視臺或製作公司」，性質偏向「人力派遣業」，則非技藝表演業，需繳實際收入27%。

3. 執行業務所得、技藝表演業能否被接受，與契約內容性質之實質情形爲何？憑證是否齊備、帳證與相關支出是否完整？表演是否合理可信有關。

六、　法律風險案例解析

【案例10】股市名嘴的風險

陳芬看到邱崇隆在電視臺口沫橫飛分析投資心法，神準無比，以每個月8萬元加入「頭等艙會員」，6個月後以50萬元加入成爲「統領會員」，盤中專線與邱特別直接溝通操作，後邱崇隆投顧更遊說她再加碼50萬元，直接升等爲「金牌代操會員」，其後邱崇隆陸續推薦五種股，陳芬全部損龜，慘賠3000萬元，要求邱崇隆與投顧賠償不果，乃至鬧區張掛大幅廣告：「股市名嘴邱崇隆的受害人一起控訴，爭回公道」，邱崇隆則反駁，指陳芬刊登之情節都是虛僞捏造，要求立即拆除該海報，否則將提出刑事告訴，知情者認爲陳芬太相信股市名嘴的話，欠缺風險意識，而邱崇隆也缺乏法律風險觀念，操盤手、股市顧問、第四臺老師，都是高風險職員，容易被金管會取締罰款，也常被告上法院，甚而代操到黑道資金，還被押到山上痛扁一頓，可說法律風險事件頻傳[17]。

---

[17] 股市名嘴在第四臺頻頻吹噓，或誘使觀眾加入其組成之會員或鼓勵會員上下對作等，涉及違反《證券交易法》，亦有詐欺問題。事實上因吹噓而受其鼓動且欠缺思考及盲目行動，致蒙受投機損失，常有所見，足見部分股民缺乏風險意識。

【案例11】口說無憑的風險

俊億機電公司全省有十二個經銷商，其中臺南經銷商利平商店董霖因獲利不高，準備結束經銷，俊德公司通知其速補齊結束前之五張傳票，董霖不予理會，俊德總經理高奇再三電話催促，董霖表示：我沒有意見，要如何配合辦理，你們自己去辦好了，高奇乃轉知營業部處理，營業部乃刻利平商店及董霖印章，加蓋在傳票上，開出發票與董霖，董霖未表示意見予以收執。1年後，稅捐單位查帳時，要董霖補稅，董霖向稅捐單位抗議，上述五張傳票不是伊所開立，經移送地檢署，提起公訴，審理中董霖否認開立，高奇再三辯駁係董霖授權伊處理，刻立印章係依董霖意思，並非偽造，董霖仍堅持未予授權，法官以董霖開立傳票甚為容易，且同意刻用印章乃是大事，董霖如有授權，絕非口頭所說，衡情應有字據可憑[18]，乃各判處5次偽造行為3個月，定應執行刑10月，俊億公司董事長唐俊億聞悉，痛斥其同仁既有同意刻章，為何不拿授權書，如未取得，何以一點風險意識都沒有！

【案例12】未依行為時規範的風險

新北市永和區一觀光夜市，緊鄰隔壁多棟豪華大廈，聲音吵雜[19]，深夜喧譁，附近居民抗議，夜市發展協會向新北市政府提出夜市攤販集中區營業許可申請，未依照《新北市攤販管理辦法》規定，檢附緊鄰設攤路段該側6成以上建築物所有權人同意，及該設攤路段所在地里長召開說明會相關資料，新北市政府經發局就核發營業許可，程序有明顯瑕疵及違法。而且，淨空巷口、住宅區不得作為攤販集中場使用，以永和區人口數計算，頂多只能核發229個攤販執照，但卻核發348個，提起行政訴訟訴請應撤銷夜市攤商營業許可。新北市政府指稱，該夜市發展協會於101年4月提出申請，適用舊的《臺灣省攤販管理規則》，該管理規則並未規範申請書及有關證明文件內容，臺北高等法院認為，《臺灣省攤販管理規則》規範的是零散攤販，《新北市攤販管理辦法》才是規範經常性集合攤販（即夜市）的法律，新北市政府在《新北市攤販管理辦法》新規定施行後，方核准夜市營業許可，程序有明顯瑕疵，判決應撤銷許可，經最高行政法院認同，居民勝訴定讞，約有50年歷史之夜市恐將吹起熄燈號。

---

[18] 契約除要式契約外，大多數並不需要立下書面或字據，只要雙方口頭合意，即成立契約，但口說無憑，不立下書面文字，往往發生許多紛爭，所以實務上常會要求對方簽立書面文書為證。

[19] 有關住家附近聲音吵雜，喧譁吵鬧，製造噪音，影響居住安寧秩序，可依《社會秩序維護法》、《噪音管制法》、《公寓大廈管理條例》等相關規定處理。

【案例13】 生醫科技研究的風險

外科醫師陳聰喜歡研究，某日為病患古風從事胃部手術，切除胃部時，見切除組織有前所未見之病變，乃予留下放入冰凍，1個月後取出研究，經人檢舉，發現未依《人體研究法》所定之程序辦理，被裁處罰鍰在案。按生物科技的興起對法律是重大挑戰，臺灣的《人工生殖法》與其他相關法令已不足應付未來生科大躍進的挑戰。曾有生物科學家想瞭解某民族的基因和血緣關係，以及民族間的關聯，但未徵求該民族同意，結果引發軒然大波。試管嬰兒、複製羊牛、複製食物、複製幹細胞等，當凡事均可複製時，就不是只有科學的問題，其因而伴隨的法律、倫理社會問題更是嚴重。法律該如何立法，才能維持可能大亂的社會秩序與社會倫理，在在均考驗立法者與法學界人士的智慧[20]。

【案例14】 汙點證人的風險

興旺公司董事長蘇旺因炒作股票失利，負債5千萬元，找來財務長魏坤研究如何幫助解決，經研究以五鬼搬運法、巧立名目或墊高買價或壓低出價等手法自公司取走4千萬元，為簽證會計師查覺，拒絕簽證，才東窗事發。蘇旺趕緊找同仁遮飾美化，但偵查中魏坤轉為汙點證人，全盤吐出，蘇旺才醒悟汙點證人之後座力。

【案例15】 五鬼搬運之風險

少數不肖老闆常用三招來個五鬼搬運，搬光公司的錢。第一招就是利用非常規交易，例如：利用建廠房指定特殊建材，把6千萬工程變8千萬，撈得不夠不死心，再用綁標方式以2億發包給關係企業，而特殊建材是這家關係企業的獨占商品，這樣總共可撈1億4千萬。第二招是在海外成立紙上公司撈錢。例如：臺灣的太電案與國寶人壽案，在海外成立紙上公司，如英屬開曼島，然後由這家紙上公司發行公司債或其他金融商品，由臺灣的母公司背書保證，用不同名義購買那些海外公司債或其他金融商品，巧妙的將母公司的錢搬至海外。第三招利用兩岸三地，因政經關係不穩，協調不易得逞。例如：臺灣母公司下單大陸交貨，貨款分兩批，一批香港付款，錢留香港，少數錢匯至母公司，這樣大部分錢又流至海外。

上述三招有時要用人頭，老闆就會找親信或乖乖牌員工充數得逞，根據心理

---

20 參見本書第二十四章生醫科技之法律風險說明。

學的米爾敦實驗，只要下令的人肯負責，即使下令殺人或下令違法犯罪，約有一半的人會聽命行事。所以老闆要找人頭太簡單，也就可能忽視如此作法，萬一東窗事發，這些人可能成為司法保護的汙點證人，在司法保護下，他們均可能全盤托出老闆的犯罪違法內幕，這對老闆個人與公司都是法律風險可能的潛在來源[21]。

七、 本章小結

　　辨識法律風險越完整越佳，法律風險的分析歸類，需清楚明確，有助於進一步的法律風險評估，而且對於法律規範需有真知正解，才能辨析法律風險事件原委。其次，持續注意法律風險的變化，記住未知的法律風險永遠都是存在的。

本章摘要

　　1. 辨識法律風險先要瞭解法律風險內部及外部環境訊息，更需對法律規範有正確認識，不能有錯誤之解讀，才不致因法律訊息認知錯誤，產生另類法律風險。

　　2. 辨識風險的幾個前置概念：第一，應善用柏拉圖法則（Pareto principle），或俗稱的80/20法則；第二，應先瞭解同業最佳的法律風險管理實務標竿或作業流程；第三，應瞭解法律風險來源與法律風險事件的關聯。

　　3. 辨識法律風險的方法：SWOT分析法、法律政策分析法、法律風險分析調查法、法律風險列舉法——流程圖分析、實地檢視法、其他特殊方法。

　　4. 法律規範之訊息需有正確之認知，以免因法律訊息錯誤之研判，帶來真正的法律風險結果與責任。

　　5. 法律風險事件之諸多案例，揭示法律風險實現之原由，與人之因素，從中體會辨識及防範法律風險事件。

思考題

❖ 網路發達，用搜尋引擎，我們可知道全球所有法律風險訊息，所以法律風險辨識絕對能完整無缺，是嗎？

---

[21] 施茂林，《法律做後盾》，聯經出版社，2013年4月10版，頁133-136。

參考文獻

1. 宋明哲，《風險管理新論——全方位與整合》，五南圖書，2012年10月6版1刷。

2. 施茂林，《工商事業活動與法律風險管理》，五南圖書，2014年11月初版1刷。

3. 施茂林，《法律做後盾》，聯經出版社，2013年4月10版。

4. 施茂林，《醫病關係與法律風險管理防範》，五南書局，2015年10月初版。

5. 陳自強，《不完全給付與物之瑕疵》，新學林，2013年12月初版1刷。

6. 趙曾海、黃學誠，《砍掉風險：企業家如何阻止大敗局》，法律出版社，2008年7月初版1刷。

7. 陳聖潔，《企業法律風險管理的創新與實踐》，法律出版社，2012年4月初版1刷。

8. 葉小忠，〈企業法律風險管理發展十大趨勢〉，發表於中國法律諮詢中心、雲南省法學會，中華法律風險管理學會、雲南大學合辦2013年兩岸法律風險管理研討會，2013年9月2日。

9. Berthelsen, R. and Kallman, J. (2005). *Risk Control*. Pennsylvania: IIA.

10. Conrow, E. H. (2000). *Effective risk management: some keys to success*. Virginia: American Institute of Aeronautics and Astronautics, Inc.

11. Porter, M. E. (1980). *Competitive structure*. New York: Free Press.

12. Williams, Jr. C. A. et al. (1998). *Risk management and insurance*. 8th ed. New York: Irwin/McGraw-Hill.

第 1 章

法律風險評估（一）
——質化分析

讀完本章可學到：

1. 認識法律風險的內容。

2. 瞭解各主要責任與法律風險。

3. 知悉無過失責任的趨向。

4. 瞭解法律風險的半定量評估方式。

　　經由前一章的法律風險辨識方法得知，任何法律，人們面臨的法律風險有幾大來源。企業公司經營上，所有相關的法令均有這些來源，例如：《公司法》、《著作權法》、《專利法》、《商標法》、《營業秘密法》、《光碟管理條例》、《商業登記法》、《商業會計法》、《商品檢驗法》、《商品標示法》、農牧管理法規、水土規範法規、《營業稅法》、《公平交易法》、《消費者保護法》、金融法規等與企業公司經營相關的所有法令，其範圍廣、種類多，法律關係複雜。

　　凡違反現行法律規範，就有法律責任，而法律可概分為民事法、刑事法及行政法三大類，違反者，即有民事責任、刑事責任及行政責任三種，分由不同程序，由普通法院或行政法院審理，很多人不瞭解其問題不同，也不知處理程序有異，有關審判過程與證據法則亦各有其特色，許多的工商企業人士，對此不瞭解，往往以「我被罰鍰，怎麼還要判罪？」、「我已被判刑，為何還要賠錢？」、「我已賠錢或判刑了，為何還要吊銷駕照」等來抗辯或表示不服，事實上，都是錯誤的觀念。再者，評量法律風險範圍類別為其重要內涵，但是最重要者，乃在評量確定法律風險責任。

　　由於企業公司經營相關的法令眾多，本章首先依據法律風險三大來源，分別舉例說明分析法律風險。其次，主要以法律風險所導致的民事責任（刑事責任在法律風險管理範圍內有其意義，例如：防制公司犯罪[1]）加以說明。最後，本章以半定量的法律風險點數公式評估法律風險。

一、　法律風險分析

　　法律風險分析，乃在瞭解企業各項業務營運、財務資金、內部管理與各部門經營，互通關聯及作業流程等存在之法律風險，進而進行定性與定質、量化與質化之分析，為法律風險之評價與回應提供基礎，讓企業可能存在之法律風險因子、法律風險事件、影響層面、後果效應與損害種類等更為清晰。

　　對於，法律風險存在之範圍，發生法律風險事件及結果影響評斷時，需注意企業體體質、業務特性、過往經驗，以及專家意見，避免其誇大性與局限性，而在作法上，需考量下列因素：（一）現有法律風險管理體系的完善與執行方式。（二）

---

[1] 公司犯罪係指公司成員為了公司利益，所為應負刑事責任的行為，以及公司應負刑事責任的行為。參閱Clinard, M. B. and Quinney, R. (1973). *Criminal Behavior System: A Typology*. pp.188. New York: Holt, Rinchart & Winston.

企業人員之法律素質。（三）經營層之法律修養強弱。（四）履行與執行法令遵循機制之實況。（五）企業以往發生法律風險事件之次數。（六）現行法律與企業業務之關聯性與變動性。（七）外部監管的完善程度與影響力等。[2]

【案例1】保險詐欺[3]

A保險公司業務員董梅明知78歲獨居老榮民利明已逾投保年齡上限，卻以按月收取9000元利息、1年就能取回本金等說詞，誘騙利明花608萬元買保險，董女雖把利翁列爲受益人，但須等到142歲，方能領到錢；地院依詐欺罪判董女4個月徒刑，得易科罰金，緩刑2年。媒體報導後，對A公司形象大有影響，也使外界對保險公司是否有類似情況甚爲關心，許多保戶也查對其投保是否有效？業務員是否有依期將款項繳交公司？其參加數家保險公司者，並對保險業瞭解比對，而A保險公司有無進行法律風險分析，引起關心者之重視，專家指明A公司需有風險知覺，好好利用此案件檢視現有制度、作法、作業流程等有無瑕疵，將取有效風險對應，仍能亡羊補牢。

【案例2】

國內三大工業用紙P.Q.R公司，在一級工業用紙原紙的供應市場中，市占率高達9成，於2009、2010年間在中游瓦楞紙板市場中，三廠商合計市占率達54.79%，卻同時、同幅調漲工業用紙價格，違反聯合行爲規定，三業者對漲價的時點、幅度均相同，卻無法提出合理解釋，僅辯稱「廢紙成本變貴了才會漲價」，公平會無法接受，認定業者無非是爲了避免價格競爭才會聯合調漲工業用紙價格，聯合謀取不當利潤，公平委員會堅持三廠商不正當競爭行爲，分別裁罰500萬元、300萬元及200萬元。由於廠商之營運有不公平競爭行爲，影響市場交易機能，公平會已逐步調查企業此種不正當競爭行爲採取重罰，已演變成企業在營業中需考量此項法律風險。

【案例3】珊瑚石不得搬運

屏東墾丁國家公園於2015年1月、12月間先後發生大型珊瑚礁石遭運出案件，

---

[2] 參閱中國國家質量監督檢驗檢疫總局等，企業法律風險管理指南，2011年12月30日發布。

[3] 由於法律風險事件非常多樣，部分法律風險事例之內容也常相似雷同，因此本書所述之案例，會有部分似乎相同，但其實爲二個不同案件，但以此更可徵該類業務之企業既有常出現之事件，更需引以爲戒，防範其發生。

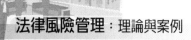
有遊客在屏200縣道發現拖板車載運粗估四顆8噸重的珊瑚礁石離開滿州鄉，廠商強調合法標售，墾丁林管處則表示恆春半島珊瑚礁地質特殊，園內大小工程都明令禁止外運，根據《文化資產保護法》第84條禁止在自然保護區改變或破壞原有自然狀態；第86條規定，發現具自然地景價值者，應即停止工程或開發行為之進行，並報主管機關處理，違反者，涉有第94條第1項之刑事責任及第98條之行政罰責任，是以法律風險不是只有司法風險，其為行政法上之風險，散見在眾多之行政法規內，企業必須充分瞭解，作全面性法律風險評量。

【案例4】個人賣地製造假農民

新北市A農會總幹事B與從事代書之妻C共同對外宣傳買0.1公頃農林土地即可加入農會會員，B會幫忙取得農保資格，遇有意辦保者，C便推薦丈夫名下土地，0.1公頃賣10萬元，再收代書費。前後有73人購買土地，其中37人立即申請農保，其餘36人尚未申請；B並利用總幹事職權，不顧部分理事反對，強勢通過，讓眾人成為會員、取得農保資格，檢察官深入調查發現系爭山坡地陡峭到不可能耕作，亦未種植任何農作物，依詐欺罪起訴總幹事夫婦、農會職員及未認罪假農民等共12人，其中31名假農認罪獲緩起訴，當地人士指出係藉賣地辦農保綁樁，為連任鋪路，而且全臺各地類似公開祕密不少。

（一）法律條文風險分析

【案例5】買地未辦理所有權移轉之風險

倚天科技公司向任彥購買工業用土地後，因任彥突然生病住院，未及辦理過戶，即趕工興建近5000坪之簡易廠房，公司營業興隆，大有利潤。5年後，突有廖崎前來查看廠房，表明條件基地已由其購買，希倚天公司早早搬遷，倚天公司總經理楊智接任2年，聞言大驚，交代總務查證，總務至地政事務所閱覽，發現廖崎確已購地並辦妥所有權移轉登記，趕緊找任彥理論，任彥避不見面，隨後，廖崎委託律師提出民事訴訟，請求倚天拆屋還地，倚天趕緊找來律師陳均研究，陳律師告以：(1)任彥與廖崎間之土地買賣契約有效。(2)廖崎辦妥所有權移轉登記，已取得土地所有權。(3)當初倚天買地後未辦理所有權移轉登記，尚未取得工地所有權。(4)倚天與任彥之買賣只有債權關係，沒有物權效力，無法對抗廖崎。(5)倚天對任彥是有權占有，但對廖崎仍為無權占有。(6)倚天可向任彥依買賣契約關係主張債

務不履行責任，楊智聽後只覺得法律好複雜，本件法律關係更複雜，方覺悟對於法律規範之適用，存有很大的法律風險。

　　法律規範風險大部分是來自法律條文的解釋，其次是法律條文的變更與法律條文規定的缺陷。法律條文解讀的不確定尤其複雜，這涉及不同法系或不同學說與觀點[4]。例如：《保險法》上複保險的條文解釋[5]，複保險的情況是否成立，會影響保險公司的賠款，因此保險公司就會面臨因複保險條文解釋不同所引發的賠款風險。類似這種來自法律條文解讀的風險，比比皆是。

　　又如《證券交易法》第157條之1有關內線規定，學者間有不同見解，在司法實務上亦有不同之認定，細究其構成要件之一「重大影響其股票價格之消息明確」應如何認定，法條並未作具體明確之規範，即依《證券交易法》授權之子法《證券交易法第157條之1第5項及第6項重大消息範圍及公開方式管理辦法》，亦欠明確，對於消息明確仍存有解讀之空間。而從公司併購之實際操作過程，有意向書簽立日[6]、實地勘查日、協議日、董事會決議日、併購契約簽訂日、付款日等不同日期，在具體個案時，均有可能為消息明確之時點，顯見此種具有「滾動訊息」之特性，如於雙方開始接觸、洽商日為始點，顯然過寬，而以無拘束力意向書作為明確化之時點，亦未免言之過早，而經實地勘查查核完成作為認定標準，甚至在雙方交易確定為準，是否即為立法原意，不無推敲餘地[7]，又以協議日、契約簽訂日為準，亦過於嚴格。然2015年前後法院判決之審認因有二件不同重大案例，引起各界重視，其一係以「簽訂無拘束力意向書」（non-binding letter of intent）作為重大消息明確之時點，另一則以「實地查核完成後」作為重大消息明確時點，兩案認定標準顯有不同，前者有罪定讞，後者無罪確定，引發企業界高度關注，工商界大老甚

---

[4] 法律學為社會科學，具有相對性，在法律解釋上，因觀點之不同，而有不同之見解，學理上有甲說、乙說、丙說等不同看法，甚為常見。而在司法實務上，亦因案情不同，承辦法官不同，對同一法條之詮釋，亦常有相異之見解，對當事人而言，所得之解釋見解與我方主張有異，實質上即為法律風險。

[5] 在臺灣人身保險是否適用複保險曾爭議一時，此外，在保險理賠實務上，對複保險的成立要件在保險人與被保險人間也常有爭論。這些都是涉及因不同學說與觀點，所導致不確定的法律風險。

[6] 法院會認定簽立意向書日為內線交易重大消息明確時點，係簽署意向書後，雙方於一定期間內不能另與第三家公司洽談收購事宜，否則違反企業倫理，此規定顯然對雙方具有法律拘束力。

[7] 最高院104年臺上字第78號刑事判決理由：「宜以實地查核進行後，針對併購價格及主要併購契約架構完成，作為重大影響其股票價格之消息已經明確之時點」。

而出面為有罪判決打報不平，指責紅線究在何處？是以司法見解與解釋認定存有法律風險[8]。

有關法律條文的變更，例如：建築契約訂立前後，訂立前沒有相關的某種法律條文規定，但訂立後增加了那種法律條文的規定，此時就會產生成本與責任分攤的風險。最後，法律條文規定的欠缺，沒規定就不算違法？這有時爭議與不確定的法律風險更大。例如：違反公序良俗[9]的契約，法律條文有時不加規定，或海上保險中的默示保證[10]，法律條文也無需規定。

（二）契約安排風險分析

企業公司經營活動會涉及許多契約安排，其中權利義務關係與責任風險的分攤，則會涉及相關的法律規定。例如：公司購買責任保險契約，則該契約的權利義務解釋與規定，就會與《保險法》有關。保險契約通常是定型化契約[11]，這與公司商業行為中常因雙方自由意思表示，完成的契約性質有所不同。這種自由意思表示的契約，常會出現疏漏風險與責任分攤或損益分配的風險[12]。

1. 契約疏漏風險

【案例6】租約內容不完備之後果

獻文塑膠公司生產線外移，廠房閒置，紅桐玩具工廠向其承租廠房3年，從事各類玩具，起初租金均如期給付，第2年後開始拖延，1年後經催促才繳交，經總務前往查看，已半停頓，現場一片凌亂，經與紅桐公司連絡，表示：契約約明3月繳1次，欠繳2次不繳再催不付，方能解約，現只1次拖延，與約定不符，後說好說歹，紅桐滿2年後同意解約，但未將廠內生產機器、半成品，如同廢棄物之器物移走，

---

[8] 股票市場交易，以公平、公開、公正為原則，所有在股票市場買賣股票之投資者，其資訊取得，資源享用基於平等地位，股票市場更應維持「武器對等原則」，給予每個投資者相同的武器，立於同等地位，所有資訊均透明公開，所有投資者均為對等，否則即破壞市場交易的公平性與公正性。而從資訊之取得，一般投資者遠遠比企業經營群，主要幹部及內部人士為弱為慢，甚且無從取得而陷入「資訊盲者」之狀況，若法律不作適當限制，一般投資者注定失敗與失利，產生不公平現象，亦導致社會及一般投資者缺乏信心，終致市場崩潰，是以內線交易之可罰性亦立基於此，並考量市場交易秩序，在解釋及適用上，必須以此作為審酌之重要內容。

[9] 公序良俗是國家社會公認可接受的倫理道德觀，是社會基本價值的表徵，違反者契約無效。

[10] 有適航力、不偏航與合法三大默示保證。

[11] 定型化買方只能有要不要的權利，沒有討論餘地。

[12] 參閱羅昌發等著（1999）。《企業法律風險之管理手冊》。臺北：元照出版。

再多方連絡，強烈告知2個月不搬走，就予丟棄，紅桐直白說：契約又未約定不搬走，同意你們丟掉，獻文董事長聞後不悅，既不滿紅桐如此賴皮，亦責怪同仁當初訂約如此不用心，有關欠租解約何以這麼寬鬆，而且器械又不精製，遺留物必多，何以不言明逾期不搬，就同意我方處理，要求公司嗣後契約不得再有疏漏之情形。

　　所謂疏漏是指該約定的未約定，或對條款文字認知有偏差，或未查明由對方草擬條款的用意，或訂約後延誤履行契約所訂的某種事項而言。這些疏漏可能導致法律風險，造成責任損失。例如：雙方訂約前的口頭約定事項未書面化，可能口頭約定因對方否認形同無效。再如，認知條款文字涵義時，以自我利益觀點解讀，但對方認知與自己不同，或忽視重要文字條款的閱讀，產生齟齬。

　　進而言之，契約漏失錯誤而生之法律風險如下：[13]

(1) 契約之文意與原有約定之穩合度有落差。

(2) 契約條文之文字意涵不明。

(3) 原有約定事項未列入。

(4) 保留有爭議事項之處置方法有瑕疵。

(5) 未預留解釋空間之條款。

(6) 關鍵性事務或文字未明確約定。

(7) 商談時所運用之重要文件未予納入。

(8) 契約價款、付款條件、配合執行事項、保險條款等未明定清楚。

(9) 契約終止、解除、失效條款不明確。

(10) 未予約明不可抗力事由。

2. 立約草率不嚴謹之風險

【案例7】契約內容不完備之效果

　　順發實業公司有臺灣水筆仔鳥圖形商標，造型卡通化外觀亮麗可愛，有佳惠服飾公司洽商授權，評估佳惠產製運動休閒衣物，不影響順發營運，且權利金相當，雙方遂簽訂授權契約書，後有多位客戶來店洽問兒童大衣、斗篷、運動長襪、帽子等何處可購買，順發覺得奇怪，在市場調查後，才知道為佳惠所生產，於是找佳惠

---

[13] 施茂林，〈工商企業活動與法律風險管理防範〉，發表於逢甲大學兩岸四地法律學術研討會，2014年5月15日。

理論，謂：「順發只授權用在運動休閒服，為何用到其他衣服上」，佳惠回應說：「契約明白授權與佳惠公司，並未限定在特定商品上，我們並未違約」，順發調出契約，發現當初是「授權佳惠公司使用商標」，並非「授權佳惠用在某特定商品上」，是自己承辦人員未察覺其間之不同，又未注意順發還有其他商品，吃了一大悶虧。

常見許多企業間訂立之契約，因觀念不正確、處理態度草率、約定事項不嚴謹，出現下列現象：[14]

(1) 在參與及主事者方面：

A. 不重視契約之影響力與重要性。

B. 輕忽處理契約關聯性問題。

C. 參與契約人不專業或不嚴謹。

D. 大宗契約內容未詳細研讀，未能確實瞭解其涵義。

E. 簽約前未完整謹慎研讀契約之文字或內容。

F. 發生爭議之處理與解讀方式未訂明處置方式。

(2) 在履行契約方面：

A. 履行條件寬鬆，無拘束力。

B. 約定之條件不容易履約執行。

C. 執行之方式、過程取決於對方之態度與決定。

D. 履約過程發生相關但未約定之問題。

E. 發生或增加之負擔或費用未商定負擔原則。

F. 出現不公平條款疏失未研討因應方案。

G. 履約困難未考量替代方案。

H. 契約責任約定不明或保留運作空間。

---

[14] 施茂林，〈企業經營與法律風險管理之綜觀與微論〉，收錄於氏主編《工商事業活動與法律風險管理》，五南圖書，2014年11月初版1刷，頁28-30。

3. 責任分攤／損益分配的風險

【案例8】沒開冷氣仍插電的風險

　　曉峰公司值班人員王俊，清晨被異響驚醒，發現辦公廳分離式冷氣室內機噴火，趕緊逃命，當天因風大，延燒隔壁鄰屋二間，要求曉峰公司賠償各為180萬元及240萬元，公司乃要求安裝商、冷氣製造商、排水器製造商，索賠家具與裝潢等損失近500萬元，並負擔鄰屋二間房屋之損害。在法院審理中，經送鑑定結果認為，安裝商不該將冷氣排水器電源直接連接室內機主機板，致電源線因運轉振動，長期摩擦保麗龍板變薄，在半夜離鋒時段遭變高的電壓擊穿起火，應負過失之責，而曉峰公司沒開冷氣時，仍插電，應負1成過失責任，判決賠償9成損害。曉峰公司也根據此判決與遭延燒之鄰屋之屋主討價還價，同意2成損害和解。

　　契約雙方的意思表示，常需經談判完成[15]，談判是就雙方責任分攤來談，最後會影響雙方成本費用的分攤，這就涉及雙方的損益分配。例如：隧道工程承包商與業主訂立承攬契約，這時就會對鑽探時可能產生的損失、費用與責任由誰負責的問題來談，如何將責任風險轉嫁給對方，就由雙方談判力量來對決。這種談判對決結果的不確定性，就稱為責任分攤或損益分配風險。

（三）法律爭端程序風險分析

　　法律風險容易產生爭議糾紛，這時解決的方法，不外控告，走司法訴訟程序，或經由仲裁程序解決。不管何種程序，可能都會面臨法官或仲裁人對事實認定的風險，是否能提出證據的風險？是否證據能說服法官或仲裁人的風險？與是否能在事實中找到最有力的法律支持的風險？例如：司法訴訟程序時，要懂得有一審、二審與三審的程序，每一審都有需繳納的費用，如事先不清楚這些程序與相關要繳的費用，那麼官司到最後可能就會輸掉。（有關法律爭端之解決機制，詳後第十章論述）

　　從案例觀摩，常見對於司法訴訟之風險評估甚弱，甚而未予評估，出現下列情

---

[15] 臺灣談判管理學會主要任務為：一、諮商服務：提供有關解決紛爭、調解衝突、商業談判、達成交易等相關問題之諮詢服務。二、課程進修：開授解決紛爭、調解衝突、商業談判、達成交易等相關進修課程。三、舉辦研討會、座談會：舉辦解決紛爭、調解衝突、商業談判、達成交易等相關研討會、座談會。四、舉行演講：邀請國內外專家學者舉辦演講。五、書籍出版：出版解決紛爭、調解衝突、商業談判、達成交易等相關書籍。六、其他相關事項。

形[16]：

1. 未計算訴訟時間成本。
2. 未處理發生風險責任之排除事項。
3. 風險責任未言明分擔或轉嫁方法。
4. 未務實充分評估解決爭端最有利之途徑。
5. 未評估、預防及解決訴訟風險。
6. 未約定發生糾紛之解決方案。
7. 未商議產生爭議之替代解決方式。
8. 未精算訴訟費用形式開支與實質成本。
9. 有關訴訟管理問題未重視其效應。
10. 未充分舉證所有事證以及相關卷證、旁證。

再者，對於訴訟事件之損害控管，需從下列多面評價與施作[17]：

1. 整體事件之實質面、法律面、社會面等評析。
2. 掌握之證據與勝訴之關聯性。
3. 訴訟方式或非訟處理之實益性。
4. 評析對方強項、弱項與可能之態度。
5. 未來解決之底線與損害控制。
6. 選任訴訟代理人、辯護人之特質與功力。
7. 企業內部評估與律師專業人事初判之比較。
8. 預先評估發展及未來因應。
9. 妥善處理中間過程之變化。
10. 轉變危險因子化為有利情境。
11. 順勢化解危機，逐步達成目標。

二、 責任曝險與法律風險的相關性

　　法律風險常導致民事責任，而責任範圍的大小或時間長短，就稱為責任曝險（liability exposure）。責任曝險會因採用的責任概念不同而有差異，例如：絕對責任概念就會比過失責任的責任曝險為廣，蓋因絕對責任概念下，只要有傷害的事實

---

[16] 施茂林。《法律風險管理》，亞洲大學教材，215年10月。
[17] 作者從事司法偵查、審判工作30多年經驗，從案件中所見之現象，予以彙整供參考。

就可求償，然而過失責任則要舉證對方有過失，對方才可能負賠償責任，因而對加害人而言，過失責任就會比絕對責任的責任曝險範圍為小。

（一）過失侵權責任

責任係指因未履行某項義務或有不法侵權行為而發生的後果，這項義務可能來自法律條文的規定或契約。侵權行為（tort act）係指因故意或過失，不法侵害他人權利的行為，需負損害賠償責任。侵權責任的成立要件，包括：第一，須加害行為；第二，必須行為不法；第三，須行為出於故意或過失。故意係指行為人對於構成犯罪的事實，明知並有意使其發生者。過失係指行為人雖非故意，但按其情節應注意並能注意，而不注意者視為過失；第四，須行為已導致他人蒙受損害。此處所言損害一詞，則包括財產及精神上的損害而言；第五，行為與損害間，需有因果關係。此種因果關係，通說採「相當因果關係」說。此種因果關係的決定，通常以「如非」測驗法（「But For」Test）予以推斷。例如：甲車駕駛人因駕駛不慎，阻礙乙車的通行，而使乙車撞及丙車。此時，甲車雖未接觸丙車，但丙車可主張，甲車有過失責任。其理由即如非甲車有過失，乙、丙兩車不致會發生碰撞。但此種測驗法，應以客觀情事為依據，加以判斷始可；第六，須行為人有責任能力等[18]。

【案例9】一氧化碳中毒死亡之風險責任

炳益公司土地寬廣，在左角落興建一員工宿舍供員工住宿，每月收費便宜，僅收費1200元，其員工林吉挑選附有浴室之臥室，因熱水器裝置臥室旁邊陽臺，1個月後，林吉與女友鄭婷一氧化碳中毒死亡，林吉之父自認倒楣，鄭婷父母心有不甘，提出告訴，追究炳益公司責任，檢察官將決定裝設之總務主任謝堯以過失致死起訴，一審判決指出炳益公司加裝採光罩，將原本的室外空間變更為室內空間，工人曾提醒應改裝有強制排氣的熱水器，謝堯不理會，疏於注意義務，未提供合於安全的居住環境，應負過失責任，判處罪刑在案，鄭婷之父母並提出刑事附帶民事訴訟，經裁定移送民事庭判決炳益公司賠償鄭婷父母。

（二）侵權責任的抗辯

加害人對被害人的請求損害賠償，可以下列兩項理由，提出抗辯：第一，自

---

[18] 《民法》第184條：「因故意或過失，不法侵害人之權利者，負損害賠償責任」其成立要件有七，已成為通說看法，至於其他各別侵權行為，則有不同要件。

甘冒險（assumption of risk）。例如：被害人如有下列兩種情形之一，自不能提出賠償請求：1.明知會有風險存在；2.自己甘願暴露於風險中；第二，與有過失（contributory negligence）。在侵權責任第三個構成要件中，指出加害人的行為必須有故意或過失，然被害人必須能證明始可。但是被害人常常自己亦有過失。換言之，雙方均有過失，此時加害人可以「與有過失」為由，減輕責任。

（三）與有過失抗辯效果的減弱

在與有過失的原則（contributory negligence rule）下，只要加害人（被告）能證明損害的發生，被害（原告）亦有過失，則法院的判決對原告可能不利。換言之，被告可以不負責任，原告無法請求賠償。然而，此種與有過失原則，並非說被告完全沒有過失，因而可以不必負責任，而是說雙方均有過失，雙方均無法從對方獲得任何賠償之意。此種觀念已有若干修正[19]：第一，為最後避免機會原則（last clear chance rule）的採用。在此原則下，有最後機會避免損害的人，應對損害負責。例如：原告把車停在禁止停車處，被告如有最後機會，避免撞及該車，則被告不能以「與有過失」理由，進行抗辯；第二，為比較過失原則（comparative negligence rlue）。在此原則下，原告及被告互相負擔不同的過失程度。例如：原告遭受10萬元的損害。但此損害的發生，原告應負30%的過失責任，而被告應負70%的過失責任。原告可從被告，獲取$100,000×70% = $70,000的賠償。相反的，在與有過失原則下，原告無從獲取任何賠償。由於此兩項修正原則，使得被告以「與有過失」為理由抗辯的效果減弱。

（四）替代責任之立法

替代責任（vicarious liability）係指本人因他人故意或過失，需負民事法律責任，《民法》第224條規定：「債務人之代理人或使用人，關於債之履行有故意或過失時，債務人應與自己之故意或過失負同一責任。但當事人另有訂定者，不在此限。」即為其意旨。例如：醫院僱用之醫師、護理人員從事醫療業務，因醫療疏失造成病患生命、身體或健康之損害，該醫護人員之過失，醫院需負侵權行為之責任。又如醫師在診療時，因受其指導的其他工作人員，發生過失行為，導致病人傷害時，該醫師應負賠償之責。其理由，無非係指工作人員不能善盡職責，乃係醫師

---

[19] Head, G. L. (1986). *Essentials of risk control.* Vol.1. Pennsylvania: IIA

不當指派的結果。是故，該醫師對病人的傷害，應予負責。同樣，汽車所有人有可能對因同意其未滿18歲之兒子駕駛人的過失行為負責。

（五）過失主義與結果主義

　　過失侵權責任觀念，有新的發展，也有重新重視過失侵權責任觀念的呼聲。新的發展方面，例如：「大眾侵權」觀念的產生（Fenske, 1983）。再如，結果主義替代了過失主義。以產品責任為例，嚴格責任（strict liability）（或稱無過失責任），是以產品缺陷，造成損害時，才產生賠償責任。之後，演變成，只要有損害，即產生賠償責任的絕對責任（absolute liability）。此種只要受害人有損害結果的事實，不問加害人是否有過失的觀念，謂為結果主義。

（六）特定責任與結果主義

　　幾個特定責任的法理基礎，已改採結果主義。第一，雇主責任。早期雇主對員工的責任是以「無過失，即無責任」為原則。但自1897年，美國首創勞工補償法（Worker's Compensation）之後，上項原則，即有些改變。在此法律下，員工因工作所致的傷害，不論雇主有無過失，皆應獲得賠償。雇主對於員工安全，需具備某種程度的注意。如有違反，應負賠償之責。這些要點，包括：1.雇主必須提供安全的工作場所；2.雇主必須僱用適任工作的人；3.雇主必須提示危險的警告；4.雇主必須提供適當與安全的工具；5.雇主必須訂立並實施適當的工作規則。雇主如違反上述要點，導致員工蒙受傷害，則雇主自當負損害賠償之責。第二，產品責任。產品責任（product liability）係指廠商對其生產製造或經銷的產品，因有瑕疵，導致消費者，蒙受身體傷害（bodily injury）或財物損失（physical damage）時，依法應負的損害賠償責任。廠商應對產品負責，係基於兩大理由：一為從契約行為觀點言，產品對消費者構成體傷（BI）或財損（PD），係因廠商違反，契約上的保證關係，屬於違約行為，故應負賠償之責；另一為從侵權行為觀點言，又分兩種：一以傳統過失侵權為要件。換言之，廠商對其產品，未能盡到其應有之注意，顯有過失，故應負賠償之責；另一以絕對責任為標準。此觀點，認為廠商之產品，只要對消費者有所損害，即應負絕對之責。第三，專業責任。專業係謂應有專門技術或知識的職業。例如：律師、會計師、醫師、保險代理人、美容師、理髮師，甚至牧師、教師等。專業人員有其標準的職業規範。專業人員由於處置失當及缺乏應有的專門技術或知識，導致人們蒙受損傷，應負的賠償責任，謂為專業

責任（professional liability）。第四，汽車責任。早期的汽車責任保險，適用過失主義。此種過失侵權制度，易產生如下缺點（施文森，1983）：1.過失證明不易；2.訴訟期間過長及費用過鉅；3.賠償金額取決於訴訟技巧的運用。為了克服上述缺失，無過失保險（no-fault insurance）乃應運而生。此種解決汽車責任問題的新保險制度係指汽車駕駛人對於車禍的損失，可直接向自己的保險人求償，而在求償過程中，無須證明何人的過失所引起，故稱為無過失保險。

（七）責任賠償計算基礎

責任損失型態，通常有兩種：一為體傷責任：因過失侵權行為，導致他（她）人身體傷害或死亡的責任；另一為財損責任：因過失侵權行為，導致他（她）人財產毀損的責任。最後，責任賠償計算通常以經濟損失為基礎，但各國或有異。例如：美國的懲罰性賠償（punitive damage）概念，值得留意。懲罰性賠償係指對加害人的故意或基於道義應予以譴責時，為使此種侵權行為不再發生而實施的制裁金。此種金額的計算，與被害人蒙受的經濟損失金額無關。

（八）法律風險間相關性分析

對各類法律風險的評估，則應留意各類法律風險間的相關性。風險間的相關性，則有獨立、相依、互為因果、互相有關但沒因果等幾種現象。前述三大法律風險間均有其相關性，例如：法律條文的解釋就會影響契約安排所涉及權利義務分攤的風險，發生爭端訴訟或仲裁，法官或仲裁人對事實認定時，也就會與法律條文解釋及契約安排風險有關。至於法律風險間的相關性為何，主要可用四種方法，進行分析，那就是失誤樹分析（FTA: fault tree analysis）、事件樹、魚骨分析與貝氏理念網（BBNs: bayesian belief networks）加以判別。

三、 無過失責任

近代科技發達，公路、鐵路、航空、電業、原子與化工等危險事業大增，損害常見。從證據上很難證明有故意或過失，傳統之過失責任主義，難以使被害人得到損害之填補，加上工商業發達，現代人的食衣住行育樂等大事，依賴各行各業供應，各人之健康安全與他人或企業息息相關，是以不少食品都摻雜不良成分，甚至含有致癌物質。過去，某國營事業生產之健素糖，傳出使用飼料做的，社會譁然，

而各種生活用品，因品質不佳，安全不足，造成消費者生命、身體、財產受到侵害。

【案例10】食物中毒之責任

甲向乙早餐店購買三明治、蛋餅等早餐供母親與妻子丁、兒子壬食用，均上吐下瀉，食物中毒，甲乃提供排出之檢體送請衛生單位檢驗，含有變質之細菌所致，甲向乙索賠，乙告以：這些食物都是戊食品行供應，源頭在戊，不應由我賠償，戊則婉拒，謂：買賣關係當事人是乙，不是我，甲乃向消保官投訴，消保官指明，乙、戊均應負責。

【案例11】電視起火之賠償責任

辛飯後觀賞電視，看到劇情正熱鬧時，突然電視機冒火燃燒，將其旁之名貴畫作燒毀，古董傾倒破裂，找到販賣商癸理賠，癸不願意，認為已使用2年，超過保固期，一向好好的，是辛使用不當所致，辛向製造商己求償，己職員至現場查看，找到一張檢驗之合格標籤，主張產品安全合格，拒不賠償，辛遂提出證據，要求癸與己賠償勝訴。

昔日對侵害行為之制裁，以復仇為宗旨，因而損害之發生，若非由於行為人的意思發動所致，則毋庸負擔損害賠償之責任，亦即「無過失即無責任」之原則，此對供應商品者，其賠償責任較為有利。

隨著高科學、高科技發展，社會蓬勃發展，改變生產製造、販賣與消費習性，大量生產、大量銷售、大量消費成為近代消費新時代。當生產製造商夾著龐大與雄厚之人力、物力、資訊力控制消費市場，沒有組織之消費者容易成為弱勢，造成社會結構之矛盾[20]，而且工業快速發展，環保、公害、汙染等問題叢生，以往過失責任已無法規律約制，無過失責任主義乃應運而起。

相對於「過失責任」，又稱為「危險責任」。乃指行為人雖無過失，但因人類共同生活中，各人的行為有致他人遭受損害的危害，此種危險，即應各自負擔之[21]；易言之，行為責任不以故意過失為構成要件，由於須證明行為人之故意過失方能獲得賠償，而證明故意過失是一件極困難的事；加以人類共同生活中，各人行

---

[20] 朱柏松，《消費者保護法論》，翰盧圖書，1998年12月初版，頁2-3。
[21] 孫森焱，《民法債篇總論上冊》，三民書局，2013年7月修訂版，第199頁以下。

為皆有招致他人損害之危險存在，此一損害應以公平妥當之方式予以消化分擔，因此無過失責任主義，對於消費者較有保障。

（一）商品之無過失責任

《消費者保護法》第7條規定：「從事設計、生產、製造商品或提供服務之企業經營者，於提供商品流通進入市場，或提供服務時，應確保該商品或服務，符合當時科技或專業水準可合理期待之安全性」（第1項）。「商品或服務具有危害消費者生命、身體、健康、財產之可能者，應於明顯處為警告標示及緊急處理危險之方法」（第2項）。「企業經營者違反前二項規定，致生損害於消費者或第三人時，應負連帶賠償責任。但企業經營者能證明其無過失者，法院得減輕其賠償責任。」（第3項）性質上屬於侵權行為，而非契約責任，也開啟無過失責任之先河。[22]

【案例12】製造商對商品出借他人之責任風險

華清公司設計及製造高溫消毒容器出售，閩洲公司購買後從事食品消毒，後同廠房內之東豐公司向閩洲借用，員工張誠工作時，高溫消毒器突爆開，高溫氣體直接噴上張誠頭部、胸部，致二度灼傷，張誠乃向華清公司請求賠償，華清以律師函回覆：高溫消毒器係出售閩洲公司使用，並非售予東豐公司，二公司間無任何法律關係，應向閩洲索賠，閩洲公司則回覆說：高溫消毒器之設計製造有瑕疵欠缺安全性，究為使用人使用，並非重點，若商品之欠缺安全性造成他人損害，即需負設計製造廠商之過失責任。華清之說法不合《消保法》第7條之規定，後張誠與東豐公司聲請鄉鎮市調解成立，華清自知理虧同意支付3/4賠償金。

採行「無過失責任」的理由在於：既然是製造者，是危險的源頭，因此獲得利潤，所以發生事故，不論是否有故意過失，都要賠償。外國也有立法的例子，比如英美法制有「嚴格責任」，德國法制則通稱「危險責任」。

再者，無過失責任觀念也逐漸擴及至交通事故法規[23]、核子賠償法等。另外，

---

[22] 《消費者保護法》之責任類型，不是過失責任，也不是中間責任；與所謂的衡平責任也有所不同，為我國所獨創，或可稱為有臺灣特色的企業經營設計、生產、製造商品或提供服務時的「無過失衡平責任」（參照黃承啟，《民法案例研習》，元照出版，2005年7月初版1刷，第103-106頁。）

[23] 汽車責任，早期的汽車責任保險，適用過失主義，此種過失侵權制度，易產生如下缺點（施

有關環境汙染、公害，往往造成無可彌補的損害，比如農作物無法生長、產生有毒物質，變成當地生態浩劫；而礦場也有很多不可預測的因素造成災害，也主張採用無過失責任主義。

　　無過失責任主義是近代民事法律之指導原則，凸顯企業之法律責任加重，注意能力加高，對企業而言，各需有法律風險意識，確保產品和服務的好品質、高安全性，不只是商業道德，也是法律責任，更是一種競爭力。

　　近幾年來，消費者意識逐漸抬頭，對於食衣住行育樂各層面的消費議題，像黑心床墊、過期藥品、電器爆炸等，大眾都感同身受，社會紛紛要求商品和服務的安全性，政府機關應加強執法力道，在法制上要求採無過失責任，強化製造商、供應商之責任。

四、　法律風險圖像的建立與程度評比

（一）法律風險點數公式

　　經過法律風險辨識與分析的過程後，初步先判定所有法律風險的高低，這可以將公司面對的所有法律風險事件，依據半定量的點數多寡，判定其法律風險程度的高低。計算法律風險點數的公式如下：

　　　　法律風險點數＝法律風險事件發生機率點數×責任損失嚴重性點數

上列的點數公式，主要考量法律風險的兩個面向，亦即法律風險事件發生機率與責任損失嚴重性[24]。

（二）法律風險事件發生機率點數

　　法律風險事件發生機率點數，依發生可能性估計分為五項指標，可能性最高者，得分5點，可能性最低者，得分1點。實務上，亦可分為四類（例如：Richard Prouty的歸類，稱為Prouty法），4點最高分，1點最低分。五項指標，分別是：第

文森，1983）：1.過失不易證明。2.訴訟期間過長及費用過鉅。3.賠償金額取決於訴訟技巧的運用，為了克服上述缺失，無過失責任保險（no-fault insurance）乃應運而生，此種解決汽車責任問題的新保險制度，係指汽車駕駛人對於車禍過失，可直接向自己保險人求償，而在求償過程中，無需證明何人的過失所引起，故稱為無過失保險。

[24] 法律風險與其他風險，同樣需思考頻率與幅度面向。

一項，極少發生（rare）／極低：這項指標，法律風險事件發生的可能性，約每10年以上，發生1次者，或機率低於1%；第二項，可能但未曾發生（unlikely）／低度：這項指標，法律風險事件發生的可能性，約每5年，發生1次者，或機率約在1%與4%間；第三項，中度（moderate）：這項指標，法律風險事件發生的可能性，約每3年，發生1次者，或機率約在4%與10%間；第四項，經常發生（likely）／高度：該指標，法律風險事件發生的可能性，約每1年，發生1次者，或機率約在10%與40%間；第五項，幾乎可確定會發生（almost certain）／極高：該指標，法律風險事件每年不只發生1次，或機率約40%以上時，均歸此一級別。

（三）責任損失嚴重性點數

同樣，責任損失嚴重性點數，也有五項指標，以責任損失金額占公司營業收入的某一百分比為指標標準。第一項指標，最嚴重（extreme）：責任損失金額占公司營業收入的10%以上者。第二項指標，很嚴重（very high）：責任損失金額占公司營業收入的7%至10%者。第三項指標，中等（medium）：責任損失金額占公司營業收入的5%至7%者。第四項指標，不嚴重（low）：責任損失金額占公司營業收入的3%至5%者。第五項指標，可不在乎（negligible）：責任損失金額占公司營業收入的3%以下者。

（四）法律風險圖像

根據前述點數公式，假設某公司藉由辨識法律風險各方法，辨識出的十二項主要法律風險如後。法律風險點數列示於表7-1，該表稱為法律風險距陣表（legal risk matrix）。這十二項主要法律風險點數判讀如後。

1. 合同文字疏忽　　　　　　　3點
2. 責任分攤不明確　　　　　　12點
3. 工作環境安全不符合法令標準　12點
4. 產品有效期標識不明　　　　10點
5. 責任法理基礎認知不足　　　15點
6. 證所稅法律不明　　　　　　25點
7. 低炭稅法律不明　　　　　　20點
8. 智慧財產權法認知不夠　　　25點
9. 外國認知不同　　　　　　　25點

10.合同談判的風險　　　　　15點

11.司法訴訟風險　　　　　　20點

12.律師團難有共識　　　　　16點

表7-1　法律風險距陣表

頻率點數+時間點數	責任損失嚴重性點數				
	5	4	3	2	1
5	25	20	15	10	5
4	20	16	12	8	4
3	15	12	9	6	3
2	10	8	6	4	2
1	5	4	3	2	1

從法律風險距陣表中，得知最高的點數為25，最低點數為1。吾人可以1-8點的法律風險事件，為低度法律風險；9-15點的法律風險事件，為中度法律風險；16-25點的法律風險事件，為高度法律風險。高、中、低度法律風險的劃分，沒有鐵則，可依實際需求，作不同的調整。其次，以責任損失嚴重性為橫軸，另一為縱軸，繪製法律風險圖像，如圖7-1。

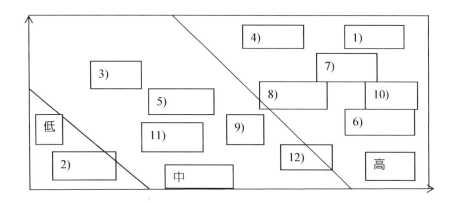

圖7-1　某時間點的法律風險圖像

（五）法律風險程度評比

　　根據該公司的法律風險圖像，雖可進行各法律風險程度的評比，但不容易精確，蓋因依法律風險點數公式，建構的法律風險圖象，所作的排序評比，並不考慮各法律風險間的相關性，因此，可考慮再運用影響距陣（influence matrix），進一步判讀，重新評比排序。

　　最後，觀察法律風險圖像，需留意主事人員與時間因素；換言之，法律風險會隨主事人員之用心度與時間之經過而改變，以致原法律風險圖像，在現在觀察與未來短期以及長期觀察時，各法律風險在圖中的落點，會產生位移現象。

【案例13】企業商譽與法律風險

　　報紙登Y公司跳票40億元關門大吉，因而影響數十家廠商。如非事實就嚴重破壞Y公司商譽，Y公司乃以法律民刑事訴訟程序維護清譽。類似這種破壞企業商譽之事，由於商場競爭激烈，比比皆是。一家公司商譽的累積是極不容易的事，這得靠有良好的公司治理、極優的財務績效、對顧客的誠信、對社會的責任感等各種因素長期累積而成。然而商譽的毀壞，一夕即成。也因此商譽管理已凌駕財務管理，成為企業管理中最重要的一環。所謂商譽又可具體表示為：公司經營成果+願景的期望。其次，商譽風險的高低可如此劃分：如果只是顧客抱怨，商譽風險低；如果已遭地方報紙揭露，商譽風險拉高；再遭全國性報紙揭露，商譽風險又拉高；最糟糕的高度商譽風險是，登上國際媒體，全球皆知。

【案例14】炒股坑殺散戶之賠償

　　張恕透過股市炒手王強與曾慶等人搭上線，合謀炒A公司股價，先後以「588」網站張貼資訊、發行週刊散布A公司假利多消息，舉辦記者會讓不知情的《經濟日報》、《工商時報》記者成為宣傳幫手，順利將A股價從每股39.25元，炒高至238.5元，然後張、王、曾等人，大量出脫自己及人頭帳戶之股票套利，獲利6億多元，大量散戶慘遭套牢，血本無歸，其後被證券櫃買中心查出財務資料與宣稱內容不符，共有964名被害人聯名委託證券投資人及期貨交易人保護中心求償，經一審法院判決張、曾等人連帶賠償9.4億餘元。

五、　本章小結

　　法律風險的質化／定性分析，是量化法律風險的前部曲，公司利用內部模型量化法律風險前，依一定的點數公式，得出的法律風險圖像，除提供法律風險回應的初步基礎外，更有助於法律風險計量的精確性。

本章摘要

　　1. 法律風險包括法律規範風險、契約安排風險與法律爭端程序風險。

　　2. 侵權責任的成立要件，包括：第一，須自己的行為；第二，必須行為不合法；第三，須行為出於故意或過失；第四，須行為已導致他人蒙受損害；第五，行為與損害間，需有因果關係。

　　3. 《消保法》明定從事設計生產、製造、商品及提供服務之企業需負無過失責任，以保障消費者權益。

　　4. 產品責任係指廠商對其生產製造或經銷的產品，因有瑕疵，導致消費者，蒙受身體傷害或財物損失時，依法應負的損害賠償責任。

　　5. 嚴格責任或危險責任，是以產品有缺陷，造成損害時，產生賠償責任。

　　6. 絕對責任只要受害人有損害結果的事實，對廠商而言，法律責任重大。

　　7. 無過失責任是企業最大之法律風險，現已擴及到交通事故、核子賠償、環境汙染等責任。

　　8. 懲罰性賠償係指對加害人的故意或基於道義應予以譴責時，為使此種侵權行為不再發生而實施的制裁金。

　　9. 法律風險點數=法律風險事件發生機率點數×責任損失嚴重性點數。

思考題

❖ 有人說，法律風險的質化評估比量化重要，為何？也有人說，法律風險不量化就無法管理，這又為何？

參考文獻

1. 施文森（1983）。汽車保險的改革。《華僑產物保險雙月刊》，*29*，pp. 22-23。

2. 羅昌發、黃鈺華、蔡佩芳與李世祺（2000）。《企業法律風險之管理手冊》。臺北：元照出版。

3. 黃承啓，《民法專利研習》，元照出版，2005年7月初版1刷。

4. 洪誌宏，《消費者保護法》，五南圖書出版有限公司，2014年8月1版2刷。

5. 詹森林、馮震宇、林明珠。《消費者保護法問答資料》，行政院消費者保護委員會，2005年8月再版。

6. 朱柏松，《消費者保護法論》，翰盧圖書，1998年12月1版。

7. 孫森焱，《民法債篇總論上冊》，三民書局，2013年7月修訂版。

8. 施茂林，《工商事業活動與法律風險管理》，五南圖書，2014年11月初版1刷。

9. 施茂林、劉清泉，《法律精解大辭典》，世一文化，2010年1月初版。

10. 宋明哲，《風險管理新論——全方位與整合》，五南圖書，2012年10月6版1刷。

11. Clinard, M. B. and Quinney, R. (1973). *Criminal Behavior System: A Typology.* pp.188. New York: Holt, Rinchart & Winston.

12. Fenske, D. (1983). Don't think about it late at night. *Best Review*. Aug. 1983.

13. Head, G. L. (1986). Essentials of risk control. Vol. 1. Pennsylvania: IIA.

第 8 章

法律風險評估（二）
——風險計量

讀完本章可學到：

1. 瞭解風險值的概念、種類與用途。

2. 認識法律責任風險計量。

3. 知悉法律風險計量與法律風險成本。

　　法律風險計量同樣可採用源自市場風險的計量尺規——風險值（VaR: value-at-risk）工具。理由是VaR值雖根源自市場風險計量，但經由調整後，許多文獻已顯示，同樣可適用在作業風險與危害風險VaR值的計算上，法律風險歸屬在作業風險，因此法律風險計量只要責任損失數據充分，VaR值是可用於法律風險損失的預估。本章首先介紹源自市場風險的計量尺規——風險值。其次，說明法律風險計量。

一、創新的風險計量工具——VaR

（一）傳統計量尺規與風險值

　　傳統風險計量尺規，常見的包括：發生機率、標準差、變異數、半變異數、波動度[1]（volatility）、β值、變異係數、MPL等。傳統尺規，依需要不同而運用，茲不再贅言。值得留意的是，MPL與VaR的比較，其實，這兩項尺規，可轉換使用，根據文獻（Harrington and Niehaus, 2003）顯示，MPL與VaR 意義相同，只是MPL[2]用在危害風險損失機率分配的情境，而VaR是用在資產價值組合機率分配的情境，且VaR 也關聯到風險的損失面。MPL如圖8-1，VaR如圖8-2。

---

[1] 波動度、標準差等與VaR值計算極相關，樣本波動度的計算，是下式的開根號：[（相對報酬自然對數與平均報酬間之差額的平方根之和）／n－1]

[2] MPL是兩個英文用語的縮寫，一個是「maximum possible loss」；另一個是「maximum probable loss」。縮寫相同，但涵義不同。前者觀察單一曝險體，在公司存續期間，每一事件發生（per occurrence）下，可達的最大損失；後者用來觀察單一曝險體，在每一事件發生下，可能產生的最大損失。前者通常會高於後者。其次，Richard Prouty對MPL的原文定義是「The maximum possible loss is the worst loss that could possibly happen in the lifetime of the business; The maximum probable loss is the worst loss that is likely to happen.」。此外，傳統上，對火災引起的損失幅度估計，Alan Friedlander則依火災防護等級的不同，進一步，採用四種尺規：(1)正常損失預期值（NLE: normal loss expectancy）觀念；(2)可能最大損失（PML: probable maximum loss）觀念；(3)最大可預期損失（MFL: maximum foreseeable loss）觀念;(4)最大可能損失（MPL: maximum possible loss）觀念。Alan Friedlander觀念下的MPL與Richard Prouty觀念下的MPL名詞雖同，但涵義不同。Alan Friedlander認為，MPL係指建物本身自有的防護系統和外在公共消防設施，均無法正常操作而沒有發揮預期功能下的最大損失。此MPL涵義有別於Richard Prouty的觀念。依Alan Friedlander的意見，此四種尺規，就發生機率言，NLE > PML > MFL > MPL。就損失金額言，應是MPL > MFL > PML > NLE。最後，David Cummins與Leonard Freifelder則提出「年度最大可能總損失」（maximum probable yearly aggregate dollar loss: MPY）的觀念，所謂年度最大可能總損失係指在一特定年度中，單一風險單位或多數險單位，可能遭受的最大總損失而言。

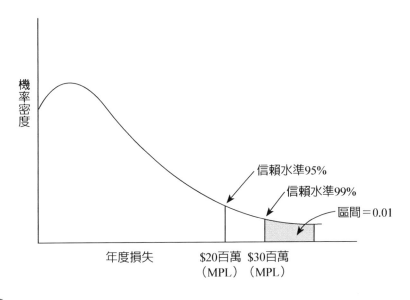

機率密度

信賴水準95%

信賴水準99%

區間＝0.01

年度損失　　　　$20百萬　$30百萬
　　　　　　　（MPL）（MPL）

圖 8-1　MPL

（二）風險值的涵義、建構、用途與限制

1. 風險值的涵義與建構

　　風險值是最新的風險評估工具，出現在1993年。這項工具背後的想法，其實源自1950年代馬可維茲（Markowitz, H.）的投資組合理論。開始時，這項工具是為財務風險中的市場風險而設計的，VaR關心的是價值的損失，而非會計上的盈餘，因此嗣後也應用在其他各類風險的衡量，但細節上與市場風險值的衡量，有差別。

　　其次，所謂**風險值**係指在特定信賴水準下，特定期間內，某一組合最壞情況下的損失。信賴水準／信賴區間是個統計術語，亦即人們對所計量的值有多少把握的精確性，這與機會或可能性的概念有關。就一般企業公司言，信賴水準的選定，可參考金融證券業國際 Basel II 資本規範，訂定99.9%為計算風險值的依據；或參考未來歐盟保險業國際 Solvency II 清償能力規範，訂定99.5%為計算風險值的依據。特定期間指的是某一組合持有的時間，時間越長，風險越難測準，在同一信賴水準下，持有期間與風險高低成正向關係。茲以數學符號，表示風險值如下：

$$\text{Prob} (X_t < -\text{VaR}) = \alpha\%$$

X_t表示隨機變數X於未來 t 天的損益金額，$1 - \alpha\%$表示信賴水準。該公式，意即未

來 t 天，損失金額高於VaR的機率是α%，或意即未來 t 天，有1 − α%的把握，損失金額不會高於VaR。圖8-2則表示市場風險值的分配情形。

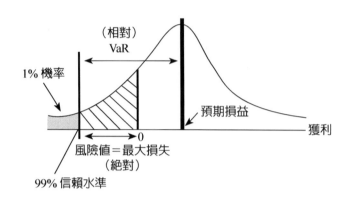

圖 8-2　市場風險值

最後，以圖8-3顯示，建構風險值的步驟。

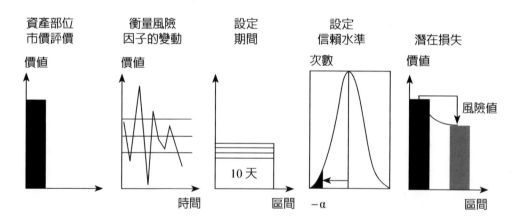

圖 8-3　建構風險值的步驟（經由台灣金融研訓院同意使用）

圖8-3建構過程中，風險因子變動性的衡量，可以標準差或波動度衡量，波動度適用於時間序列資料（例如：股價等），而衡量波動度，ARCH（autoregressive conditional heteroscedasticity）模型與GARCH（generalized autoregressive conditional heteroscedasticity）模型，是常用的模型（Giannopoulos, 2000）。

2. 風險值的用途與限制

創新的風險值概念，至少有兩點特點、七項可能的用途（Dowd, 2004）。首先，第一個特點是，它可提供不同風險部位與不同風險因子，在風險計量上共同一致的基礎。例如：固定收益部位的風險，在風險值一致基礎下，可與其他權益部位的風險，相互比較。第二個迷人之處是，風險值的計算考慮不同風險因子間的相關性與其分散程度，因此，它可提供較爲正確的總風險程度，而且法律風險值也有相同好處。

其次，風險值的用途，至少有七項：第一，公司可利用風險值，設定風險胃納水準；第二，可用來作資本配置的依據；第三，可作爲年度報告中，公司風險揭露與風險報告的基礎；第四，利用風險值的訊息，可用來評估各類投資方案，作爲決策的基礎；第五，利用風險值可用來執行組合方案的避險策略；第六，風險值訊息，可被公司各單位部門，用來作風險與報酬間的決定；第七，以風險值，衡量其他風險，比較基礎較有一致性。

企業法律風險值經計算後，如同前述，可知悉企業各種不同之法律風險，計分爲：微小法律風險、潛在法律風險、高潛法律風險、鄰界法律風險與明顯法律風險、頻爆法律風險等類別之比例[3]，有助於法律風險之評量。

---

[3] 一般而言，企業從事生產，強化行銷，有效營運及拓展業務中，均與法律規範與契約，安排息息相關，加上有外部環境之因素，在互動調整中，無法均如預期目標，其間必有法律問題存在，因之，謂企業不會有法律風險，難矣！

此種分類，不但在整體業務與營運上可適用，即在不同部門亦可應用而瞭解各部門之法律風險。再者，在供應鏈上，供應商履約狀況，如違約情形（未違約、偶違約、異常供應經常違約）、頻率、次數、違約間之期間、客觀環境等，當計算出法律風險值，亦可得知各廠商之法律風險比例，提醒企業做好不同風險對應，或予輔導，或予協助，或加強督考，或更換等。

供應商	法律風險值					
	微小法律風險	潛在法律風險	高潛法律風險	鄰界法律風險	明顯法律風險	頻爆法律風險
甲公司		V				
乙公司			V			
丙公司	V					
丁公司					V	
戊公司			V			
己公司				V		
庚公司				V		
辛公司						V
⋮						
卯公司		V				

最後，風險值雖有其特點與用途，但也有其限制，這些限制至少有四項：第一，在公司破產平均值（ES: expected shortfall）或條件尾端期望值[4]（CTE: conditional tail expectation）衡量方面，VaR並非最佳[5]的風險衡量工具；第二，VaR在滿足一致性風險衡量工具（coherent risk measure）的標準上，也有其限制；第三，風險值有時可能低估風險程度，且不見得有效；第四，塔雷伯（Taleb, 1997）

---

[4] 就保險業言，CTE（65），也就是65百分位的條件尾端期望值，如為正數，代表準備金提存足夠，也就是符合準備金適足性的要求。

[5] 根據文獻（Artzner et al., 1999）顯示，一致性的風險衡量尺規（coherent risk measure）要滿足四項條件：(1)次加性（sub-additivity）；(2)單調性（monotonicity）；(3)齊一性（positive homogeneity）；(4)轉換不變性（translation invariance）。每一條件，均有數學關係，例如：次加性，指的是任何隨機損失X與Y，要符合$\rho(X + Y) \leq \rho(X) + \rho(Y)$。所有風險衡量尺規，以尾端風險值（tail VaR）與王轉換式（Wang transform）符合前四項條件，包括標準差、半標準差與風險值，均不符合，其中風險值尺規，違反前述的次加性，參閱van Lelyveld主編（2006），*Economic capital modelling-concepts, measurement and implementation*一書Annex A。

指出假如投資避險市場中，每人都用風險值避險，可能使得不相關的風險變得相關，不利市場的穩定。雖然風險值有一致性衡量的些許瑕疵，但計算上簡單易懂，本章仍以VaR為基礎說明。

（三）風險值估算方法與種類

1. 風險值估算方法

風險值估算方法，有三種（Jorion, 2001）：

第一，變異數——共變異法（variance-covariance method）：此法也稱Delta-normal法。其主要假設是，資產報酬是常態分配，且主要適用線性損益商品，例如：股票等；對非線性損益商品，例如：選擇權等，誤差大；

第二，歷史模擬法（historical simulation method）：其主要假設，是過去價格變化，會在未來重現，根據歷史資料，模擬重建未來資產損益分配，進而估算VaR。此法對線性損益商品與非線性損益商品，均適用；

第三，蒙地卡羅模擬法（Monte Carlo simulation method）：其主要假設，是價格變化，符合特定隨機程序，利用模擬方式，估算不同情境下的資產損益分配，進而估算VaR。此法對線性損益商品與非線性損益商品，均適用。

2. 風險值種類

風險值可依損失是絕對的，還是相對的，分為絕對風險值與相對風險值。絕對風險值，是以絕對損失金額表示，為圖8-2中，VaR值與零間的距離；相對風險值，是VaR值與期望損失間的距離，也參閱圖8-2市場風險值。

其次，也可依改變何種部位，達成調整VaR的目的作分類，可分為增量風險值（IVaR: incremental VaR）、邊際風險值（ΔVaR: marginal VaR）與成分風險值（CVaR: component VaR）（Jorion, 2001）。**增量風險值**，是指組合中，新部位的增加，所造成組合風險值的改變而言，其數學符號可表示為：$IVaR = VaRp + a - VaRp$，其中，p表示組合（portfolio），a表示新增部位。**邊際風險值**，是指在既定組合的成分下，增加1元的曝險，組合風險值的改變，以數學語言來說，就是組合成分權重的偏微分，以符號表示為：$\Delta VaRi = \alpha \times [cov(Ri, Rp)/\sigma p]$，顯然，邊際風險值與$\beta$值概念，極為相似。

最後，**成分風險值**，是指當組合中，某一給定成分被刪除時，組合風險值的改變，也就是$CVaR = (\Delta VaRi) \times wiW = VaR\beta iwi$。茲將風險值拆解成，如圖8-4。

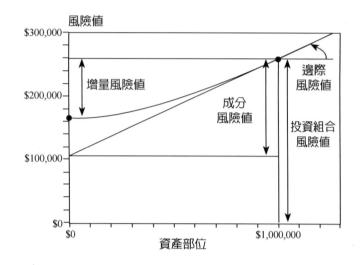

風險值

$300,000

增量風險值

邊際
風險值

$200,000

成分
風險值

投資組合
風險值

$100,000

$0

$0   資產部位 $1,000,000

圖 8-4　風險值拆解（經由台灣金融研訓院同意使用）

二、法律風險計量[6]

　　法律風險要計量，其重要的目的是公司想計提經濟資本／風險資本與做資本配置提高法律風險管理績效，並作為整體風險管理績效衡量指標RAROC的計算基礎之一。因此，本節很簡單的依據VaR值中的最大損失概念，經由損失三角形推估未來非預期的責任損失，此非預期的責任損失就是對法律風險應計提的經濟資本／風險資本。推估過程中儘量簡化，因此很多為能更精準考慮的因素均不加考慮在內，例如：通膨因子、趨勢因子、信賴因子等，只務求對VaR值中最大損失的基本瞭解。

　　法律風險導致的責任損失極不同於財產損失，責任損失金額的最終確定，常在評估風險值時，尚未結案，此稱為長尾風險，有別於短尾的財產損失，也因此，責任損失風險值的推估，需採損失發展三角形法。該法推估的過程如下：

　　第一，將過去責任損失資料，依法律風險事件發生的年度，建構成損失三角形（loss triangle）；

　　第二，求算各期間的損失發展因子（loss development factor）；

　　第三，求算各期至最終結案的損失發展因子；

<hr />

[6]　參閱凌坤寶，產險精算，作者自行出版。

第四，求算各年度最終推估的責任損失金額（可分最大損失推估與平均損失推估兩種）。

例如：某公司依過去責任損失資料，建構成損失三角形，如表8-1。

表 8-1　責任損失三角形

意外年度	經過期間（月數）				
	12	24	36	48	60
1	$1,000	$1,230	$1,204	$1,212	$1,212
2	$1,100	$1,320	$1,412	$1,398	
3	$1,200	$1,488	$1,562		
4	$1,300	$1,756			
5	$1,400				

依表8-1分別計算各期間的損失發展因子，如表8-2所示，以及各期至最終結案（假設平均5年即可結案）的損失發展因子，表8-3所示。最後，採用最壞情況下的損失發展因子與損失發展因子的平均數，分別可計算求得最大責任損失推估值（也就是風險值）與平均損失推估值，參閱表8-4所示。其中，最大責任損失推估值（也就是風險值）與平均損失推估值間的差額，就是針對法律風險的非預期責任損失，也就是公司應計提的經濟資本／風險資本。

表 8-2　損失發展因子

意外年度	經過期間（月數）			
	12-24	24-36	36-48	48-60
1	1.23	0.98	1.01	1.00
2	1.20	1.07	0.97	
3	1.24	1.05		
4	1.35			
平均	1.26	1.03	0.99	1.00
4 年中最大因子	1.35	1.07	1.01	1.00

表 8-3 各期至最終結案的損失發展因子

	各期至最終	最終損失發展因子
最佳估計	12 月至最終	$100 \times 0.99 \times 1.03 \times 1.26 = 1.28$
	24 月至最終	$1.00 \times 0.99 \times 1.03 = 1.02$
	36 月至最終	$1.00 \times 0.99 = 0.99$
	48 月至最終	1.00
最壞情況	12 月至最終	$1.00 \times 1.01 \times 1.07 \times 1.35 = 1.46$
	24 月至最終	$1.00 \times 1.01 \times 1.07 = 1.08$
	36 月至最終	$1.00 \times 1.01 = 1.01$
	48 月至最終	1.00

表 8-4 最大責任損失推估值與平均損失推估值

意外年度	經過期間（月數）					平均損失推估值	最大責任損失推估值
	12	24	36	48	60		
1	$1,000	$1,230	$1,204	$1,212	$1,212	$1,212	$1,212
2	$1,100	$1,320	$1,412	$1,398		$1,398	$1,398
3	$1,200	$1,488	$1,562			$1,546	$1,578
4	$1,300	$1,756				$1,791	$1,896
5	$1,400					$1,792	$2,044
					最終推估值總計	$7,739	$8,128

三、 法律風險值與法律風險成本

　　法律風險值之計算牽涉到諸多條件、因子與數值，要精準計算不是容易的事，但經計算而得其法律風險值時，對於企業體之營運、利潤及成長有相當助益，並可因此得到法律風險成本與法律風險指數，作為法律風險管理機制釐定時重要參數。

　　當然管理法律風險成本[7]少於法律風險實現之損失最為理想，至少二者達於平

---

[7] 企業有關法律之成本，包括蒐集法律資訊、契約、建制法律運用設備、法律風險控管支出、法務管理人事、法律顧問費用等成本，企業若管理法律風險得當，其成本可少於法律風險實現之損失。

衡狀態：

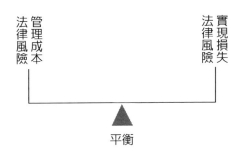

平衡

　　在臺灣尚缺乏有系統性之法律風險實證研究，中國大陸則自2007年開始，先後有北京大學、中山大學、中國人民大學、中國政法大學、中國社會科學院以及中銀律師事務所等多家單位，超過百位專家教授和資深律師參與中國上市公司法律風險實證研究課題組之研究，經過7年期間研討，收集、分析數據超過千萬，完成了對中國上市公司公布過的所有訴訟仲裁及其年報中，所有與法律成本相關事項和數據的全面分析和統計，並在此基礎上提出與逐步完善了企業法律風險精細化管理理論，並於2010年、2012年及2013年發布中國上市公司法律風險實證研究成果。

　　上市公司法律風險實證研究報告分為兩個部分：法律風險成本指數評價和法律風險行為實證研究。前者是在上市公司法律風險成本核算基礎上，對上市公司法律風險管理評價部分；後者是對造成上述法律風險成本的法律風險行為之實證研究，所做的統計和分析（本課題不包含銀行保險業上市公司）。

　　2012年，數據有效的2449家上市公司，2011年和2012年2年年平均淨利潤總和為10630.91億元人民幣（下同），2012年市場整體法律風險成本為956.9747.10億元，市場整體當期法律風險成本指數為9.00，高於2011年的8.85，低於2009年的10.67。按照企業屬性統計結果如下：

表 8-5　屬性不同企業的法律風險成本指數對比

企業屬性	法律風險成本	2年平均淨利潤	法律風險成本指數
集體企業	33819.81	970164.3	3.485988
中央國有企業	2713980	49861749	5.44301
地方國有企業	2442939	32258609	7.572984
市場平均	9569747	1.06E+08	9.001815

企業屬性	法律風險成本	2年平均淨利潤	法律風險成本指數
外資企業	164279.6	1785786	9.199287
民營企業	3411568	19124737	17.83851
公眾企業	686273	1862792	36.8411
其他企業	116887.9	445251.7	26.25209

　　從統計結果來看，集體企業、央企以及地方國企的法律風險成本指數均低於市場平均，外資企業與市場平均比較接近，而民營企業、公眾企業和其他企業的法律風險成本指數明顯高過市場平均，此三類企業合計法律風險成本421.4729億元，2年平均淨利潤合計2143.2780，法律風險成本指數為19.66，顯示對法律風險忽視致使損失了近20%的淨利潤，強化非國有企業的法律風險管理，是重要之課題[8]。

　　又2012年中國上市公司法律風險行為實證研究，共蒐集統計和分析有效的2012年中國上市公司訴訟仲裁1341個，涉案金額為639.4342億元。其中上市公司作為原告511次，涉案金額184.6438億元；作為被告812次，涉案金額450.1522億元；作為其他訴訟參與人10次，涉案金額4.3724億元；不適用8次，涉案金額1.9705億元。有關法律風險識別類型與比率，各為：1.怠於行使權力1.21%、2.對方侵權1.91%、3.對方違法違規2.32%、4.對方違約17.12%、5.己方侵權1.83%、6.己方違法違約2.42%、7.己方違約52.91%、8.其他風險3.31%、9.疏於法律風險防範14.28%、10.行為不當2.69%，足見上市公司自身原因導致訴訟案金額高達75.35%，其中疏於法律風險防範占上市公司自身犯錯的18.961%，明顯占了相當大的比例，是以上市公司的法律風險管理尚需大大改進[9]。

四、 未做好風險評估與計量之案例解析

【案例1】薑母鴨風險

　　寒冷冬天，薑母鴨是很多人的最愛，鍾旭也是愛好者。某日數位同事邀約吃薑母鴨驅寒，享受得不亦樂乎！晚間11時多，駕駛車輛返家，途中經過路檢點被攔

---

[8] 中山大學法學院、中國法律風險管理學會等合辦第三屆中國龍龜法律風險管理論壇暨2013中國上市公司法律風險實證成果發布會手冊，2013年12月，頁12-13。

[9] 同前註頁20、21。

車，警員測試，鍾旭很有自信說：「我只吃薑母鴨！」但測出的酒測值達0.55，仍堅持說：「我只跟朋友聚餐，真的沒喝酒，有喝薑母鴨的湯！」員警告知不管吃麻油雞或薑母鴨只要吐氣超過0.25毫克，就犯公共危險罪，乃移送地檢署偵辦[10]。

【案例2】囤積未必居奇[11]

法律風險值就是可能最糟糕的責任損失情況概念，很多商人總認爲囤積當然居奇，殊不知最糟糕的責任會觸犯刑責，得不償失。臺灣2006年調漲菸品健康捐，某些奸商趁機加價轉賣，這些商人最糟糕的情況可能構成刑事詐欺或侵占。再如SARS期間，口罩大賣嚴重缺貨，這通常會依《刑法》第251條課處刑責，主要原因如囤積造成市場缺貨，那未能居奇而會換吃牢飯。所以經營事業想出奇門遁甲方法賺錢，不能忽略法律風險值，以免弄巧成拙，換來一堆法律責任。

【案例3】進口鱷魚皮包之風險

祥鳳公司於2014年10月，從香港進口四個鱷魚皮包，所使用之鱷魚皮爲經農委會公告屬於「保育類瀕臨絕種」的野生動物，非經中央主管機關同意不得輸入進口，乃祥鳳未經報核，擅自輸入，違反《野生動物保護法》，負責人被一審法院判處6月有期徒刑，鱷魚皮包沒收，專家指出鳥類、哺乳類、爬蟲類、魚類在農業會官網都會列出保護類名單，如蘇達卡象龜、青海吸蜜鸚鵡及產製品如象牙筷子、水牛皮包皮夾、蛇皮皮鞋、豹皮大衣與各種標本等，如非法輸入，均有法律責任，是以想創業、想增加業務時，究竟有何法律禁制？有多少風險必須正面以對，其法律風險值必高。

【案例4】壽險拒絕理賠風險

美商A人壽公司因保户在工地不愼滑倒撞擊左胸意外致死案，認定是疾病致死，並非意外，僅賠壽險，拒賠意外險，被法院判定敗訴。引爆民眾對保險公司拒賠的不滿，金管會深入瞭解該壽險公司理賠爭議相對較多，進入評議中心的案件數也偏高。以2014年而言，其訴訟率萬分之0.1375比業界萬分之0.1220爲高。2015年第二季申訴率各爲萬分之0.0331，經金檢結果，有多項作業缺失，立法委員在立法

[10] 現行《道路交通管理處罰條例》、《刑法》公共危險章，對於吐氣酒精濃度每公升超過0.15毫克未達0.25毫克，裁罰15000到30000元，每公升超過0.25毫克，裁罰22500到90000元，並涉及公共危險罪。

[11] 施茂林，《法律做後盾》，聯經出版社，2013年4月10版，頁130。

院提出質詢，金管會主委於2015年11月18日直接表明：「將從重處罰」，專家表示壽險業以不理賠當成績效極為不當，不僅聲譽受損，客戶裹足不前，亦因未評量此種作法會帶來法律風險責任。

【案例5】掩護仿冒之風險

國際商品名牌Gucci、Tiffany&Co等集團指稱中國仿冒嚴重，自2010年以來在美國法庭，多次指控中國仿冒集團透過中國金融機構轉帳；紐約南區聯邦法院法官蘇利文（Richard Sullivan）於2012年對中國銀行開罰7.5萬美元，規定該行在公開交易資料前，每天須再繳交1萬美元；下令中國銀行繳交帳戶資料，Gucci也要求法院向中國銀行開罰1200萬美元，中國銀行則指相關罰款於法無據，Gucci等指稱：仿冒集團在美國網站販售假貨，並將非法所得轉到中國銀行分行，加上中國銀行多次以銀行保密法為由，僅公開部分交易資料，可能涉及藐視法庭，應負其責任。此案例在銀行為客戶服務時，依其一向重視風險值之作法，必須認真評鑑其法律後果。

【案例6】廢紙再利用風險

詹大昌瀏覽momo購物網站選購一組保溫餐盒，收到商品，業者正達公司隨貨附上一張A4大小的裝箱明細，正面註明本次消費資料，但背面卻印有其他消費者的資料，包括姓名、手機電話等個資，顯示廢紙再利用容易洩漏他人個資，隱私權就被侵害，律師指出廢紙尚有他人姓名、電話等應妥為處理，不該當作一般廢紙任意使用，否則被控告侵害隱私權，自找麻煩，而從風險評量以觀，廢紙再利用或背面紙再使用等，其風險值不低。

【案例7】浮報獲利之風險

日本東芝公司浮報獲利一事，引起國際間之重視，也影響東芝之營運與商譽，2015年度陷入905億日圓的營業損失，旗下各事業部門獲利全面下滑。連長久以來最有價值之核心事業NAND快閃記憶體，亦面臨市場加劇的競爭。同時，日本證券交易監督委員會（SESC）建議重罰70億日圓，打破2008年工業集團IHI公司被裁罰16億日圓之紀錄，顯示不遵循法令規範，必有諸多法律風險責任。

【案例8】短期交易所得之歸入風險

《證交法》157條規定，發行股票公司董事、監察人、經理人或持有公司股份

超過10%的股東，對公司的上市股票，於取得後6個月內再行賣出，或於賣出後6個月內再行買進，因而獲得利益者，公司應請求歸還利益。許多企業人士對此規定相當陌生，忽略歸入權行爲之威力，以近20年來發生之案件6000多件計算，平均1年也100多件。

由於多數人不清楚《證券交易法》157條之規定，因而買賣股票，違反上開規定，致被追償。投保中心統計1994-2013年，有6746件之金額，總計20.8億元。由於不知此規範者而踩紅線者人數甚多，外界乃稱之爲「呆瓜條款」。又發行股票公司董事會或監察人不行使請求權時，股東得以30日限期，請求董事或監察人行使之；逾期不行使，請求之股東得爲公司行使前項請求權，更可暸解此歸入權之行使，如影隨形，對經營者、負責人等有相當大之法律風險問題。

【案例9】汙染環境賠償之風險

台鹼安順廠位於臺南市安南區，日治時期成立，中石化接手後。安順廠運轉數10年來，造成當地嚴重戴奧辛及汞汙染，挖出1萬7000立方公尺受汙染土方，當地居民驗血後驗出了戴奧辛濃度超標的情況，有200多名受害人委請律師組成律師團對經濟部、中石化提告求償3億5000多萬元，因7年來有38人陸續死亡，遺屬承受訴訟，原告人數增加到347人，求償標的包括健檢費、醫療費與精神慰撫金三大項。2015年12月經臺南地方法院判決國家賠償成立，中石化公司與經濟部賠償1億6817萬元給312名受害居民，又居民依身體受害狀況判決36萬5000元至490萬元不等的精神慰撫金。另有18人未繳裁判費、17人未驗出體內有戴奧辛，則被駁回，至於居民原先向臺南市政府求償部分，因市府已出面照護健康，在訴訟中予以撤回。

本案一審判決凸顯出下列課題：(1)公司營利事業不遵循法令，不會因其有公股性質，即有減免民事賠償之藉口；(2)政府機關如不依法認眞執行法律，會有國家賠償責任；(3)政府機關不盡責，加上企業不依法行事，致有民事賠償責任，均需依法負其責任；(4)法官認爲當地確有戴奧辛汙染，有致癌與第二型糖尿病罹患危險，中石化合併台鹼後違反積極義務，未防止附近居民繼續捕食汙染水域內水產，造成戴奧辛不斷積存居民體內；經濟部怠忽職守、未善盡監督中石化責任，對居民健康權受害構成了相當程度的因果關係，對類似案件之認定有參考價值；(5)精神慰撫金之給付標準以皮克值高低計算，法官根據鑑定單位檢測的血液戴奧辛濃度32皮克，每1皮克多賠5000元。獲賠居民體內血液戴奧辛濃度最低爲63.8皮克，最高則達951皮克；罹癌者另外增加給付30萬元、罹患第二型糖尿病者增加給付40

萬元，此方案提供類似案件之處理方向；(6)居民雖有本案判決，但長期以來一身多病，吃了一大堆藥，精神飽受困擾，仍是遲來正義，重要的是政府要負起職責，預防公害發生，督導企業不能違法產生汙染源，更要對汙染場所有效整治。

【案例10】A片有著作權

日本知名A片業者MAX-A，旗下有伊東遙及吉澤明步等女優，於2011年在臺灣主張其A片具原創性[12]與獨特性，在日本享有著作權，應受臺灣《著作權法》保障，但蕃薯藤等12家公司卻盜版牟利。MAX-A乃控訴蕃薯藤等涉犯《著作權法》，也提出附帶民事訴訟，主張200多部A片被侵權，每片500萬元，求償11億500萬元，一審法院合議庭認為，即使《專利法》及《商標法》規定違反公序良俗不受保護，但沒有其他法律公序良俗，作為是否享有著作權要件，因此認定A片有著作權，但因國內A片業者一向認知A片無著作權，不能因法律見解變更，就讓不知情業者受罰，依《刑法》第16條判決無罪且免予賠償，此與最高法院於1999年及2005年兩度認為A片違反公序良俗，不受《著作權法》保護之看法有異。對業界而言，不同見解將有如何適從之困擾，且A片有著作權，營運成本將會增加。

五、 本章小結

公司老闆總想知道，面對法律風險的威脅時，最嚴重的責任損失會是多少？這時法律風險值的計算，就有助於解決這項問題，同時，扣除正常營運資本後，也能瞭解，公司現有的資本，夠不夠因應最糟糕的責任損失，可能帶給公司的衝擊，因此，風險資本或經濟資本模型的應用，相當重要。

本章摘要

1. 風險值係指在特定信賴水準下，特定期間內，某一組合最壞情況下的損失。

2. 風險值的用途：第一，公司可利用風險值，設定風險胃納水準；第二，可

---

[12] 另案A片盜用者堅稱性愛畫面沒原創性，不受《著作權法》保障，但士林地方法院舉《神鵰俠侶》為例，認為每次連續劇重拍，楊過、小龍女和劇組人員都不同，不能因劇情相同即謂各種版本沒原創性，而且法院委託臺灣科技大學專案助理教授協助鑑定，認為影片可代表作者的創作性。

用來作資本配置的依據；第三，可作為年度報告中，公司風險揭露與風險報告的基礎；第四，利用風險值的訊息，可用來評估各類投資方案，作為決策的基礎；第五，利用風險值可用來執行組合方案的避險策略；第六，風險值訊息，可被公司各單位部門，用來作風險與報酬間的決定；第七，以風險值衡量其他風險，比較基礎較有一致性。

3. 風險值估算方法：第一，變異數—共變異法；第二，歷史模擬法；第三，蒙地卡羅模擬法。

4. 增量風險值，是指組合中，新部位的增加，所造成組合風險值的改變而言；邊際風險值，是指在既定組合的成分下，增加1元的曝險，組合風險值的改變；成分風險值，是指當組合中，某一給定成分被刪除時，組合風險值的改變。

5. 法律風險值採用損失發展三角形法推估，其過程如下：

第一，將過去責任損失資料，依法律風險事件發生的年度，建構成損失三角形；

第二，求算各期間的損失發展因子；

第三，求算各期至最終結案的損失發展因子；

第四，求算各年度最終推估的責任損失金額。

6. 從具體案例瞭解法律風險責任輕重與風險計量之重要性，以及法律風險成本高低。

思考題

❖ 法律風險值最嚴重的責任損失，對不同行業的法律風險如何不同？

參考文獻

1. 陳正蒼、林惠玲、陳忠榮、鄭秀玲，《個體經濟》，雙葉書廊，2006年5月初版。
2. 簡資修，《經濟推理與法律》，元照出版，2004年4月初版。
3. 陳連新、周恒志，《財務風險管理工具衡量與未來發展》，雙葉書廊，2010年6月2版1刷。
4. 宋明哲，《風險管理新論——全方位與整合》，五南圖書，2012年10月6版1刷。

5. 施茂林，《法律風險管理跨領域融合新論》，五南圖書，2013年9月初版1刷。

6. 施茂林，《法律做後盾》，聯經出版社，2013年4月10版。

7. 中國中山大學、中華法律風險管理學會，第三屆中國龍龜法律風險管理論壇暨2013中國上市公司法律風險實證研究成果發布會手冊，2013年12月。

8. 凌坤寶，產險精算，作者自行出版。

9. Artzner, P. et al., (1999). Coherent measures of risk. *Mathematical finance*. 9(3). pp. 203-228.

10. Dowd, K. (2004). Value-at-Risk. In: Teugels, J. L. and Sundt, B. ed. *Encyclopedia of actuarial science*. Vol 3. pp.1740-1748. Chichester: John Wiley & Sons Ltd.

11. Giannopoulos, K. (2000). Measuring Volatility. In: Lore, M. and Borodovsky, L. ed. *The professional's handbook of financial risk management*. pp.42-75. Oxford: Butterworth/Heinemann.

12. Harrington, S. E. and Niehaus, G. R. (2003). *Risk management and insurance*. New York: McGraw-Hill.

13. Jorion (2001). *Value at Risk-the new benchmark for managing financial risk*. New York: McGraw-Hill.

14. Taleb, N. (1997). The world according to Nassim Taleb. *Derivatives strategy*. *2*. pp.37-40.

15. van Lelyveld ed. (2006). *Economic capital modelling-concepts, measurement and implementation. Annex A*.

第 **9** 章

法律風險回應（一）
——法律風險控制及法令遵循

讀完本章可學到：

1. 認識法令遵循與法律風險控制。
2. 瞭解法律風險控制的骨牌理論。
3. 認識法律風險控制分類、成本與效益。
4. 瞭解危機管理與作法。

一、 概說

　　企業之法律風險具多樣性、多變性、在作法律風險回應時，各企業需依其企業之屬性、規模、組織運作、營運模式、利潤目標等作出法律風險對策，而由企業與企業間之互動與商業行為，需認知到對方企業之法律風險管理態度與目標，識別企業等履行上之法律風險[1]：1.疏忽未予防範；2.怠於行使權力；3.違反法令規範；4.處理行為失當；5.己方違反契約；6.對方違反契約；7.政府監理管制；8.發生侵權行為。

　　然後識別其可能之風險時，並需辨明其風險效應，方容易掌握實情，做好風險對應：1.情節輕微；2.情節中度；3.情節嚴重；4.可以補救；5.部分挽救；6.不易控管。

　　有關企業法律風險之分類，有不同方式，從其共同性與個別企業性質來區隔，可說明如下：

　　（一）一般性法律風險：1.法律強制之法律風險；2.法令變動之法律風險；3.行政適用之法律風險；4.行政監督之法律風險；5.契約合同之法律風險；6.不法責任之法律風險；7.企業體重組之法律風險；8.智慧財產之法律風險；9.租稅稽徵之法律風險；10.司法解釋之法律風險；11.外國法律風險。

　　（二）行業專屬法律風險：1.食品業之法律風險；2.紡織業之法律風險；3.製造業之法律風險；4.百貨業之法律風險；5.建築業之法律風險；6.房地產業之法律風險；7.營造業之法律風險；8.礦業及土石採取業之法律風險；9.科技業之法律風險；10.通訊傳播之法律風險；11.資訊業之法律風險；12.生醫業之法律風險；13.用水供應及汙染整治業之法律風險；14.技術服務業之法律風險；15.藝術、娛樂及休閒服務業之法律風險；16.教育服務業之法律風險；17.農、林、漁、牧業服務業之法律風險；18.醫療保健及社會服務業之法律風險；19.電力及天然氣供應業之法律風險；20.運輸及倉儲業之法律風險；21.金融及保險業之法律風險；22.批發及零售業之法律風險；23.住宿及餐飲業之法律風險；24.支援服務業之法律風險；25.文創業之法律風險；26.貿易業之法律風險；27.國防事業之法律風險；28.其他事業之法律風險。

　　法律風險經過法律專業人員風險分析評估後，必須做回應，才是法律風險管

---

[1] 參閱中山大學法學院、中華法律風險管理學會主辦第三屆中國龍龜法律風險管理論壇暨2013中國上市公司法律風險實證研究成果發布會手冊，2013年12月，頁16-21。

理。換言之，法律風險評估只是法律風險管理的前置作業而已，整體法律風險管理的循環過程，重點是在如何回應法律風險與管理。法律風險的回應首重法律風險控制（legal risk control），性質上，也就是法令遵循（compliance of law）的貫徹。

法律風險回應策略包括降低風險、規避風險、轉移風險、分散風險、接受風險和其他策略等，亦可將其單獨或組合使用。總之，在於使法律風險之損害性減低到最小，危害性從高降至低。現將其回應考量過程列述如下[2]：

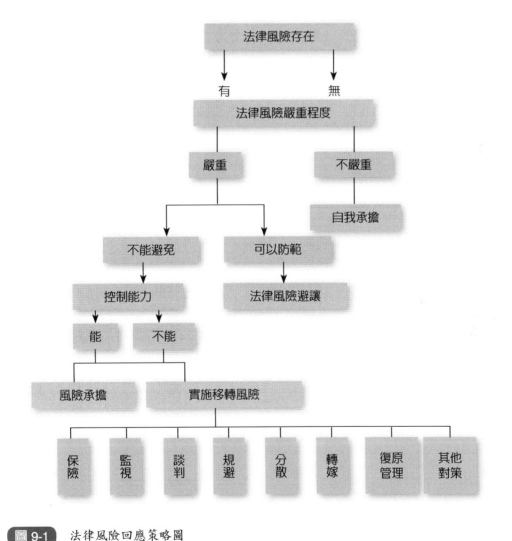

圖 9-1 法律風險回應策略圖

---

[2] 施茂林，〈法律風險管理體用矩陣與連動議題之研究〉，收錄於氏著《法律風險管理跨領域融合新論》，五南圖書，2014年9月初版2刷，頁14。

　　企業之屬性與業務類別有異，有關法律風險管理之模式自有不同。要根據企業制度原則，尋找最合適之法律風險回應策略，基本上需考量下列因素：1.企業組織與運作；2.企業業務屬性；3.生產營運類型；4.員工職責權限；5.資源之配置；6.執行者之特質與力道；7.法律專業能力；8.各單位協調配合；9.獎勵機制；10.企業組織文化與法律風險意識，而且依照企業之不同部門與業務提出其適宜之應對計畫。

　　再以科技業為例，對於法律風險之回應，與其他企業又有所不同，尚需衡量科技、法律、倫理與支助四大面向：

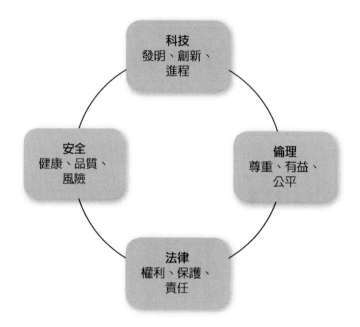

　　又法律風險之出現、機率與頻率，常涉及法律思維而有所調整。以醫療為例，傳統之醫療強調專業性、濟世性、裁量性與自主性，醫病關係信賴度較強，晚近則逐步朝低成本、高效率、利潤化推進，本質上已有變動[3]，其法律上之互動關係也有變動：

---

[3] 當醫療事務推向商品化時，必會強調以客為尊，以病人為主體之方向，要求病人為上，服務第一之趨勢自然產生，法律觀念上，與消費行為接近，乃致有主張適用消費者保護之呼聲，司法實務上亦曾如此判決，是以朝向商品化之醫療模式，陷入法律風險之境。

表 9-1　法律風險高低相關因素示意表

項　　目	變動（由低標至高標）
醫療關係	病人 → 病友
醫療行為性質	醫療行為 → 消費行為
醫療目標	治療疾病 是最高目標 → 治療疾病 是最低要求
病情認知	標準式查詢 → 細微性瞭解
告知	清楚明白 → 保留適度
醫療過程	整合綜合型看病 → 專科專業治療
醫療糾紛機率	小 → 大

二、　法律風險控制／法令遵循

　　法律風險控制是指針對法律風險事件發生的可能性與造成責任損失的嚴重度所採取的任何措施而言，事實上，與法令遵循概念相同。法令遵循是監控法律風險與改善法律風險的循環管理過程，這過程不包括法律風險理財，所以法令遵循與法律風險控制間可交換使用。企業公司的風險管理部門與法令遵循部門就法律風險控制事務，必須協調配合，這有如對危害風險的控制，需風險管理部門與安全部門協調配合一樣。兩者合一，由第一部門主其事，可以事權集中，擴大功效效果。

（一）法令遵循計畫

【案例1】遵循法律行事

　　鄔根於公職退休後，被懋興公司禮聘擔任董事長，期作企業變革改善體質，鄔根深入瞭解公司狀況後，發現公司體制紊亂，權責不清，法令意識薄弱，常有不依法令行事情況，有三件訴訟案件正在進行中，立即找來總經理與其好友法學教授研商，認應制定一套法令典章制度，申明公司營運、財務處理等需遵照現行法律辦事，並訂立獎懲辦法，而且契約需送新聘法務專員審查，重大合約由顧問律師審核，有法律疑義者會請教法務專員提供意見，對於以往喜歡挖角之作法予以調整，注意有無涉及同業之智慧財產權，實施開始，員工相當不習慣，認為鄔根之決定讓

業務推動失去靈活度，但鄔根強力要求，員工逐步改變，法律風險問題減少，與協力廠商之契約糾紛減少，各地經銷商之權利、義務分明，業務員侵占收取貨款消失，工廠被主管機關裁罰事件也減低，公司創辦人自豪用對人。

【案例2】違反法律之後果

耿榮之父耿彬創立銘田工業公司20年，突染病去世，由耿榮接任董事長，年輕識淺，經驗不多。某日接到環保局通知改善水汙染排放之公文，公司副總經理與廠長表示需投入600萬元改善，而工廠獲利不多，不如加強與環保人員溝通，利用夜間排放，耿榮同意，未幾，接獲附近居民抗議，耿榮交代同仁購買禮物去疏通，民眾改向環保局投訴，環保局明察暗訪，取得實證後，先後裁罰100萬元、200萬元、300萬元，第3次並令其停工，公司不願繳款，經移送行政執行署，耿榮被限制出境，耿榮抗議罰鍰又不是他，是銘田公司，執行署回應係依法辦理，同時，環保局又依《行政罰法》第15條第1項規定處以上開罰鍰[4]，耿榮才知道公司不遵循法律，法律責任不輕，擔任董事長得扛法律責任。

誠信是一般法律的基礎，現代的法務功能已隨時空演變，從過去單純的守法、合法，轉變成如何透過法令的管理，事先完成預防違法為目的，從過去顧客自己小心（caveat emptor），轉換成廠商自己小心（caveat venditor），故過去所稱的法務部門，也更名為法令遵循部門，就像人事部，更名為人力資源部。

以法令遵循的自行評估（風險評估）開始，從事教育訓練與宣導（改善法令遵循風險），進行法令遵循監控作業（監控法令遵循風險），定期做管理報告（法令遵循風險報告），最後，擬定法令遵循手冊（辨識法令遵循風險）。法令遵循手冊之內容，至少應包括：1.公司業務所及之法律規範與責任；2.各項業務應採行之法令遵循程序；3.各項業務應遵循之法令規章；4.違反法令規章之處理程序；5.獎懲措施等。

公司要能做到廠商自己小心的法令遵循，必須要有有效的法令遵循計畫。有效的法令遵循計畫，必須是有防禦性與積極性。法令遵循計畫必須知己，也就是要清楚經營上相關的法令與限制。其次要有明確的法令遵循標準，這些標準不只是消極

---

[4] 《行政罰法》第15條第1項：「私法人之董事或其他有代表權之人，因執行其職務或為私法人之利益為行為，致使私法人違反行政法上義務應受處罰者，該行為人如有故意或重大過失時，除法律或自治條例另有規定外，應並受同一規定罰鍰之處罰。」

的防弊懲處而已，而是要搭配呈報系統積極鼓勵、獎勵正當的揭弊。再者需宣導周知與跟人力資源部的密切合作。最後，須有有效的監督與稽核。

　　法令遵循人員應辦理下列事項：1.充分瞭解公司業務與各部門營運上涉及之法律規範；2.清楚知悉公司部門與人員法律風險意識與遵法態度；3.維持清楚適當之法令傳達、諮詢、協調與溝通系統；4.確認各項作業及管理規章均配合相關法規適時更新，使各項營運活動符合法令規定；5.對各單位人員施以適當合宜之法規訓練。其次，法令遵循人員具有相當法律專業，最為重要。

（二）法令遵循與法律風險分配

　　法令遵循計畫旨在預測與評量法律風險之所在，採取回應對策，以防阻法律風險實況，並可改變法律風險分配，就像風險控制的採用可實質改變風險分配一樣，蓋因法令遵循計畫有防範舞弊、鼓勵揭弊的效果。法律風險屬於作業風險之一，因此其統計上的效果，如圖9-2。

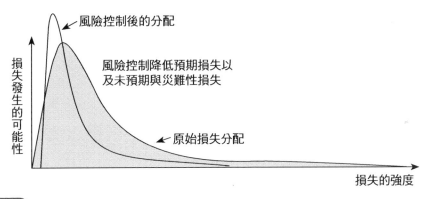

圖 9-2　法令遵循與法律風險分配的改變

三、　法律風險適用的風險控制理論

　　常見的風險控制理論有骨牌理論、能量釋放論、TOR系統理論、一般控制理論與安全系統理論等五種。其中最適用來說明控制法律風險的理論，當推骨牌理論，蓋因前面提及法律風險的終極來源是人的認知環境，要改變人們的法律風險認知也唯有教育訓練一途，而骨牌理論控制意外發生的手段就是強調教育訓練，這完全不同於其他四種風險控制理論。在此，將骨牌理論內容運用調整來說明法律風險

控制理論。

　　骨牌理論（the domino theory）（Head, 1986）主張，意外事故的發生，與人因（human factor）有關係。意外事故的發生，依其因果，由五張骨牌構成。這五張骨牌調整爲：第一張稱爲個人特質個性與社會環境；第二張稱爲個人法律風險認知不足與偏差；第三張稱爲危險的法律作爲；第四張稱爲出現法律風險事件；最後一張稱爲法律責任損失。這五張骨牌如圖9-3。

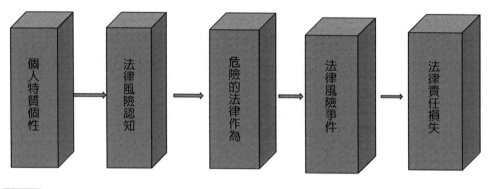

圖 9-3　法律風險的骨牌理論

　　法律風險的骨牌理論特別強調三項重點：第一，每個法律風險事件，始於案主特質個性及不良的社會環境，終於法律責任損失；第二，移走前四張骨牌的任何一張，均可防止法律責任損失的產生；第三，移走第三張骨牌「危險的法律作爲」，是預防法律責任損失產生的最佳方法。對於第三張骨牌，危險的法律作爲需靠法令遵循教育訓練，及有效之監控。

四、　法律風險控制的分類

　　風險控制對策，有不同作法，在學理上，一般分爲五種（Head, 1986）：一爲風險迴避（avoidance）；二爲損失預防（loss prevention）；三爲損失抑制（loss reduction），損失預防與抑制併稱爲損失控制（loss control）；四爲風險隔離（segregation），隔離又分爲分離（separation）與儲備（duplication）；五爲風險轉嫁－控制型（risk transfer-control type）。但對法律風險，可用來控制法律風險。

（一）法律風險的控制點

　　法律風險的存在，最後是否導致可能的財務賠償責任，這其中涉及法律風險控制點（legal risk control points）（Berthelsen and Kallman, 2005），值得法律風險管理人員特別留意。每一控制點就可應用法律風險控制的方法，控制可能導致的財務賠償責任，茲舉八個控制點說明之。

　　第一個控制點：就是依據法律或契約，檢視該盡或不該盡何種義務時。

　　第二個控制點：就是錯過第一個控制點的控制，產生未盡義務發生時。

　　第三個控制點：就是未盡義務發生，造成第三者發生損害時。

　　第四個控制點：就是檢視第三者的損害與未盡義務間是否有因果關係時。

　　第五個控制點：就是對第三者損害賠償可能情形。

　　第六個控制點：就是損害賠償之處理程序方式時。

　　第七個控制點：就是正式進入法律訴訟時。

　　第八個控制點：就是訴訟中最少損害之控制模式（如和解）時。

　　例如：大型停車場提供的停車指標混亂，就容易引起責任糾紛。此時，停車場的法律風險管理人員應採用風險控制中的預防手段，事先檢視各類指標的標示是否清楚，這是停車場該盡的義務，清楚的指標是防範可能法律風險事件的產生。從上列八個控制點中，很清楚可知道只要能在第一個控制點控制住可能存在的法律風險，就無需留意後續的控制點。否則，對後續的控制點均應採取必要的法律風險控制手段。

（二）法律風險迴避

　　法律風險迴避，也可簡稱避險[5]，是著重責任損失發生的零機率，為完成此目的，它通常採取兩種方式（Head, 1986）：第一，根本不從事某種法律風險活動。例如：為避免發生內線交易刑責，就不做內線交易之事；又如山坡地開發無法申請許可開發，就不去開發；再如為了免除跨國的法律風險，公司根本不從事跨國業務；第二，中途放棄或延遲某種法律風險活動。例如：董事長原擬從公司行五鬼搬運之術，挪用公司資金，後有人提醒公司內部有人在蒐證，趕緊終止；又如規劃產製黑心食品賺取暴利，見檢調正在追查另項黑心食品，怕被查辦，予以終止，他如

---

[5] 金融風險管理的避險與此處避險，性質不同，前者主要指英文「hedging or transfer risk」的概念，此處指的是英文「avoidance」的概念。

企業策略上，原欲至伊朗投資設廠，後因兩伊戰爭爆發，臨時中止或延遲該項策略投資設廠計畫，從而避免至伊朗投資設廠相關的法律風險。

另外，避險有其一定的條件和限制。運用上，必須注意下列幾點：第一，當法律風險可能導致的損失頻率和損失幅度極高時，迴避法律風險，可說是適切的；第二，當採取其他種風險管理措施，所花的代價甚高時，可考慮迴避法律風險；第三，某些法律風險是無可避免的。例如：成立公司從開始營運就會面臨法律風險，需要有法律風險管理思維；第四，法律風險一昧地以迴避處理，可能缺乏冒險精神與營運之嘗試作為，對公司言，賺錢機會等於零；第五，法律風險迴避的效應，有其一定範圍。換言之，迴避了某種法律風險，可能需面對另外的法律風險。例如：關係企業中有公司未獲利，為防股東質疑董事長不盡責，產生責任風險，乃將另一家賺錢公司與之相互作財務、會計之分割交換，使該公司帳面漂亮，殊不知如此會計之處裡，有可能帶頭違反《商業會計法》之刑事責任風險。

法律風險迴避之方式很多樣，從風險預防角度、法律文書之公證、認證、運用非訟事件程序、催告、確認……，均能有效避免法律爭執與衝突，避免發生法律風險事件；在法律風險出現時，以法律規定或契約約定去對應，如普通保證人得以行使先訴抗辯權、契約之條件尚未成就、法律規範尚在研修審議、契約之履行涉及第三方而第三方之履行尚未完畢等，再如債權讓與、債務承擔、併購等均不失為對策，還有通知上、下游廠商對於發生之法律風險責任共同承擔或分擔責任，畢竟上、下游廠商對於終端產品或商業行為均為產業鏈之元件，事實上為生命共同體，本有福同享、有禍同當之理念，且上、下游廠商不配合或不願意時，必面臨可能失去訂單之機會，大抵上會有所配合，是以要求上、下游企業分擔，是不失為避險之方法。

（三）責任損失預防與抑制

責任損失預防與抑制併稱為責任損失控制。責任損失控制是風險控制中最重要的措施。不像法律風險迴避，消極地，面對法律風險，它是積極改變法律風險特性，進而直接改變法律風險分配的措施，參閱圖9-2。

責任損失預防和抑制的區分，可見諸於各種分類（Williams, Jr et al., 1981）：第一，依目的分：責任損失控制可分為責任損失預防和責任損失抑制。前者，以降低責任損失頻率為目的。要注意的是，預防只求「降低」並不強調降低至零，故有別於迴避法律風險，例如：該盡或不該盡的義務事先檢視清楚並事先落實改善；後

者，以縮小責任損失幅度爲目的。是故，**責任損失預防與抑制**，在目的上，有別；第二，依責任損失控制措施，實施的時間分：**責任損失控制**可分爲**責任損失發生前**（pre-event）的控制、**責任損失發生時**（event）的控制與**責任損失發生後**（post-event）的控制。責任損失發生前的控制，即爲**責任損失預防**。責任損失發生時和發生後的控制，爲**責任損失抑制**。

綜合責任損失、預防抑制之目的，乃在設法防阻法律風險發生，目標在於降至零，至少也要降低法律風險之損失。

（四）法律風險轉嫁 —— 控制型

法律風險轉嫁的途徑，可分爲二：一爲透過責任保險契約轉嫁；另一爲透過非責任保險契約轉嫁。不管何種途徑，不外牽涉兩位當事人：一爲轉嫁者（transferor）；另一爲承受者（transferee）。透過責任保險契約轉嫁，即爲責任保險理財（參閱第十章），承受者則爲責任保險人。透過非責任保險契約轉嫁，依轉嫁重點的不同，可分爲控制型與理財型兩種（非責任保險契約的理財型轉嫁，參閱第十章）。

法律風險轉嫁 —— 非責任保險契約控制型（non-liability insurance contractual transfer-control type）係指轉嫁者將風險活動的法律責任轉嫁給非責任保險人。該承受者，不但承接了風險活動的法律責任，也承受因而導致的財務賠償責任損失。此種轉嫁契約，轉嫁者並不是企圖從承受者中，獲得賠償責任損失的補償。是故，轉嫁者不具補償契約（indemnity contract）中，受補償者（indemnitee）的角色。明顯地，承受者自非補償者（indemnitor）。前述定義顯示出，幾種特性：第一，此種轉嫁契約的對象，並非責任保險人；第二，此種轉嫁契約的目的，並非尋求財務賠償責任損失的補償，而是尋求願意承接法律責任的承受者。因此，轉嫁的重點係在可能產生的法律責任，而非可能的財務賠償責任損失。

此種契約，具體常見的型態，有下列五種（Head, 1986）：第一種，是買賣契約。例如：爆竹工廠的出讓；第二種，是出租契約（lease arrangement）。透過出租契約的協議，出租者可將某財產的法律責任或財務損失，歸由承租者承受。視協議要旨，它亦可以是理財型；第三種，是分包契約（sub-contract）。透過分包契約，主承包人可將某類工程或計畫，轉給次承包人，該承包人需承受可能的一切責任。例如：某公司行政大樓的承包商，承攬該工程後，藉由分包，將可能產生的交貨遲延或公共意外責任等的風險，轉嫁給分包商即是；第四種，是免責協

議（exculpatory agreements），藉著此種契約，可能承受法律責任的一方，免除了被追訴的風險。例如：醫生對病人執行開刀手術前，往往要求病人簽字同意，如手術不成功非出於疏失，醫生並不負責的契約即是；第五種從法律上規定，可採取下列迴避方法：1.債務承擔：即由第三人同意承擔債務責任（《民法》第300、301條）；2.債權移轉：將債權讓與第三人，第三人享有債權，原債權人脫離債之關係（《民法》第394條）；3.營業合併：營業互相合併，互相承受其資產及負擔（《民法》第306條）；4.保證：由保證人同意代債務人負履行法律責任。

五、 法律風險控制成本與效益

公司法律風險管理，以提升公司價值為目標，因此，法律風險控制涉及的成本與效益，是決策的重點。法律風險控制成本包括：第一，法令遵循人員的薪資；第二，法令遵循訓練講習費；第三，推展法律風險管理制度之經費；第四，協調與改善現有作業與設施等費用；第五，為趕時效，加發給法令遵循人員的加班津貼。另外，法律風險控制效益包括：第一，責任保險費因法令遵循優質可能得以節省的支出（責任保險實務上尚未有此作法）；第二，未來平均責任損失的減少；第三，追溯費率（retrospective rating）帶來的當期責任保費節省數（某些責任保險採用追溯費率計算保費，追溯費率是當期責任損失經驗決定當期責任保險費的方式，與通常以當期責任損失經驗決定下期責任保險費的方式不同）。

六、 法律風險與危機管理[6]

公司法律風險管理人員對危機管理的基本責任是：第一，完成法律風險可能導致危機前，人員及任務的編組；第二，指揮所屬及有關人員執行對危機發生時的所有應變工作。危機管理（crisis management）又稱之為緊急應變計畫（emergency planning）。近年來，不論國內外，不論政府或公司，面臨危機的情況，時有所聞。例如：臺灣某科技公司面臨的美國反托拉斯法的法律危機等。由於危機來臨時幾乎一瞬間，公司平時並無準備，危機來臨時，常措手不及，致使被美國裁處巨額罰款顯現此損失嚴重是可預期的。另一方面，危機也是轉機，危機通常均有事先徵

---

[6] 風險管理是在平時的建置，這也包括危機管理計畫的事先建置，於危機來臨時啟動。

兆。因此，公司平時做好完善的危機管理規劃，將可使責任損失程度降至最低。事實上，做好法律風險預防管理，防範法律風險事件出現，才是企業第一要略；當法律風險事件發生，再好的危機管理，仍會造成公司之損失，不可能毫髮無損。

【案例3】

　　李芷在鈦明電子公司工作，某日下午3點多上廁所出來後，突有組長郭兵在其面前脫下褲子露出下體，李芷驚叫後才離去；又李倩在上樓時，郭兵自後摸其臀部；高儀忙於操作機器時，郭兵自後摸其長髮與頸部，表示頸部好軟好白。經反應給公司，總經理趙倫因郭兵電腦設計力強，對公司業務推動助力不少，乃冷處理，請女經理向三女員工婉勸息事寧人，引起多數女員工不滿，經理賴泉建議明快處理，趙倫只好口頭告誡，其後女員工陸續離去，招收新血不易，董事長特助多方瞭解，才知道女員工因為公司歧視女性，對男性性騷擾女性不以為意，又未訂定性騷擾防治措施教育員工[7]，讓女員工沒有安全感，並在工業園區流傳不要到鈦明上班，董事長陳仁發覺事態嚴重，也未料到未妥善處理法律風險事件，引來其他風險，趕緊依規定採取性別平等相關措施。

（一）危機與危機管理

　　簡言之，**危機**（crisis）就是「危險與轉機」；換言之，就是生死存亡的關頭。生死間，機率可看成各半，處理危機得宜，公司得以存活。否則，可能萬劫不復。危機管理就是針對危機事件的一種管理過程[8]。危機有危機生命週期，可分為五個不同的階段（Fink, 1986）：第一個階段稱為潛伏期（prodromal crisis stage），亦即警告期，這段期間會有某些徵兆出現；第二個階段稱為爆發期（acuate crisis stage），此一時期危機已發生；第三個階段稱為危機處理期；第四個階段為後遺症期（chronic crisis stage）；最後階段稱為解決期（crisis resolution stage）。上述五個階段，只是解說的方便，事實上，每個階段並不一定有時間先

---

[7]　《性別工作平等法》第13條規定，「雇主應防治性騷擾行為之發生。其僱用受僱者三十人以上者，應訂定性騷擾防治措施、申訴及懲戒辦法，並在工作場所公開揭示。雇主於知悉前條性騷擾之情形時，應採取立即有效之糾正及補救措施。第一項性騷擾防治措施、申訴及懲戒辦法之相關準則，由中央主管機關定之。」

[8]　危機涉及到三個面向，即(1)內在與外在；(2)臨時性與常在性；(3)蓄意與非蓄意，經由此面向交叉構成不同之危機狀況，包括：(1)內部突發危機；(2)內部蓄意危機；(3)外部意外危機；(4)外部侵襲危機；(5)內外併發危機；(6)管理衝突危機等。

後之分（如圖9-4）。如果您是一位有先見之明的人，發生警兆即解決了問題，那危機就不至於爆發，而產生後遺症了。

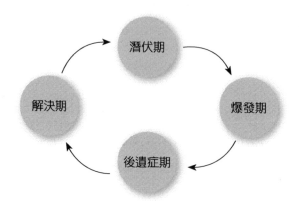

圖 9-4　危機走向圖

最後，**危機管理**可規範為經濟個體如何利用有限資源，運用危機預防、舉措、實施及學習四要素，透過危機的辨認分析及評估，而使危機轉化為轉機的一種管理過程。上述定義，明顯地，也同樣適用在因法律風險可能導致的危機。

（二）危機管理過程

危機管理過程，可以分為五個步驟[9]：第一是危機的辨認。危機發生前的徵兆，常為吾人所忽略。「後見之明」（hindsight）正說明了人們的通病。危機發生是一瞬間，令人難以預料。因此，危機的認定，必須保持警覺，正確判斷各類徵兆。另外，邀集公司各部門的主管，以腦力激盪思考的方式，假設各種可能的危機。用這個方法，吾人可列出一張冗長的清單，然後過濾評比其可能性；第二是危機管理小組的成立，如表9-2。該小組成員的權責要明確，避免混淆；第三是資源的調查。公司內外，各有哪些法律資源可以運用，要加以調查。調查後，發現某些弱點，則需事先補強；第四是危機處理計畫的制定；第五是危機處理的演練與執行。配合危機發生的階段，危機管理的動態模式，如圖9-5。

---

[9]　張加恩（1989）。《風險管理簡論》。臺北：財團法人保險事業發展中心。

表 9-2　CMT小組成員的權責

CMT 組織成員 ××公司的員工部分	
CMT 成員及原有職責	**成為 CMT 成員的職責**
風險管理主管 管理及協調風險管理部門。	CMT 的協調者和管理者 當接到危機通知時，決定受損範圍及評估所需的反應，通常此種評估是詢問當地主管來決定的（例如：商店經理和城市領導），聯絡CMT成員儘快地到達偶發事件現場，在偶發事件現場以廣播通訊與領導聯絡，可以用來評估在CMT成員到達前危機狀況。
索賠經理 向風險管理部門主管提出報告，負責員工補償、汽車、一般責任及財產損失的理賠。	負責督導搶救工作及評估損失的範圍，此評估包括對於受損財產的拍照，對於可以搶救的產品做適當的安排，與搶救人員聯繫，並登錄存貨清單。
損失控制服務經理 向風險管理部門主管提出報告，負責維修火災防護及偵測設備，維護風險管理資訊系統的資料檔案。	詢問地方領導，評估、調查導致危機事件的一連串原因（例如：火災的原因），撰寫可能發生的原因及尋求可以用來減少再度發生相同意外事件對策的書面報告。
安全部經理 向風險管理部門主管提出報告，運用來自損失控制服務部經理的資訊，儘量減少顧客及員工的傷害。	建立防護系統以減少在意外事故現場工作人員的傷害程度，同時協助索賠經理及 CMT 協調者督導的工作。
公共衛生主管（區域性） 公共衛生人員（地方性） 把食品的適當處置及衛生方法提供給商店經理（如維持溫度和避免受鼠咬侵襲及感染的方法）。	與地方衛生安全領導及商店經理評估，決定食品的情形及其對消費人們的適合性。
工程部主管（區域性） 工程人員（地方性） 負責設備的維護，督導新工程及增建物。	督導在意外現場所需工程及修護工作，如有必要，安排殘餘物的處理及投運。
區域性副代表（區域性） 地方經理（地方性） 負責一區域中商店的營運，訂購商品及分配人員給各商店。	督導受毀損的商店員工進行清除工作，並採用適當的方法處理毀損的設備，同時也決定回復設備所需的人力資源水準，如有必要，不需要的人員可以暫時指派至其他地方，或可從其他分店借調其他員工至受損處支援，至受損分店全部恢復為止，向公共媒體發布消息。

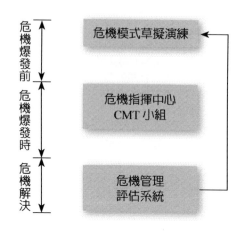

危機爆發前
危機爆發時
危機解決

危機模式草擬演練

危機指揮中心
CMT 小組

危機管理
評估系統

圖 9-5 危機管理的動態模式

　　危機不同，危機管理計畫也不同。它可大別為如下幾類：1.火災和爆炸應變計畫；2.洪水應變計畫；3.颱風應變計畫；4.地震應變計畫；5.有毒物質外洩應變計畫；6.工業意外應變計畫；7.暴動騷擾應變計畫；8.戰爭應變計畫；9.綁架勒索應變計畫；10.法律或作業風險應變計畫；11.其他重大應變計畫等。綜合可歸納為四類：一為與生產科技瑕疵有關的；二為大自然造成的；三為經營環境造成的；四為人為破壞造成的。一般危機管理計畫要點，包括：1.指揮系統和權責的釐清；2.對外發言人的設置；3.危機處理中心的所在地；4.救災計畫；5.送醫計畫；6.受害人家屬之通知程序；7.災後重建要點。法律風險可能導致的危機，可依上述要點根據性質調整。

　　一般而言，法律風險實現，帶來法律責任，將有民事、刑事責任及行政責任者，常進入司法訴訟程序或依訴訟外紛爭解決機制（ADR）處理。有關行政責任部分，依循訴願、行政程序救濟，此即法律風險危機管理，如何做好此階段之危機管理，因個案之事實、證據、性質、企業決策等而有不同思維與作法。從實務上，相同或類似案情發生歧異性之訴訟結果，甚而為相反之結論，可說是法律風險危機管理之方式與功力各有不同所致。

　　在危機管理階段亦可運用預防管理之觀念來處理，尤其在訴訟階段，對於法律訴訟事件，以法律風險預防管理之模式，先行預測訴訟輸贏風險、可能訴訟過程及未來訴訟之結果，根據事實明確度、證據充實度及法律關係確定性等，評估訴訟對自己有利或不利結果，再進而評測訴訟之最大可能性，採取回應對策，是否在法律範圍內採取預防措施？是否法律風險迴避？是否法律風險轉嫁？是否有其他回應作

為？則訴訟結果縱然不利於己，仍可適度降低損害。茲再以民事事件為例，原告在一審聲明願提供假執行，被告若未評估其風險，屆時判決結果，被告應給付原告2億元，原告即聲請假執行，被告所有資金及生產器具被執行，必陷入週轉及生產之困境，嚴重者，案件尚未確定，可能被迫停產關門或無法支應現金而告結束。設若訴訟中已預測訴訟將敗訴，不致倒閉，況且繼續上訴，尚有扳回一城之機會。

七、　廣告風險與法令遵循

　　現代工商社會是宣傳行銷時代，幾乎所有工商事業與活動，均會透過報紙、廣播電子媒體、網路、社群、夾報、書面文宣及信件等方式大肆廣告，強力介紹產品與服務，誘導消費者群注意、認同，進而購買交易及接受服務，其廣告不實、誇張、虛假等均有法律責任。

　　現行法律如《食品衛生法》、《健康食品管理法》、《化妝品管理條例》、《藥事法》、《公平交易法》等，對於各類物品之廣告都有限制規定，如有違反，衛生福利部、公平會等主管機關都會處以罰鍰。

【案例4】

　　前衛生署曾公示電子媒體刊播違規廣告第一名為「震○等大人」增高轉骨湯，罰款金額超過300萬元，名列第二名、第三名的分別是「六D○奏」、藝人代言的「保護牛蒡○○素」、「易○纖」。尚有不少知名品牌化妝品、健康食品、藥物等作不實廣告，法律對之行政罰甚嚴甚重。

【案例5】促銷香菸之處罰

　　進口香菸DONHILL在薄荷晶球六號的香菸包裝上，印上「按碎濾嘴內晶球可改變並加強薄荷口味（crush release）」等字，臺北市衛生局認為有促銷菸品廣告效果，刺激消費者購買意願，依違反《菸害防制法》裁罰500萬元。進口商表示，上述字樣只是產品成分和使用，藉以告訴消費者必要的產品資訊和使用方法，沒有引誘消費者購買的描述性字眼，但提起訴願、行政訴訟被駁回。

【案例6】促銷菸品之責任

　　臺灣菸酒於2013年4、5月間，為促銷尊爵SPACE菸品，通告舉辦員工競賽活

動，以低於市價之批發價格，每條675元及活動期間內收集錫箔紙，提供每張錫箔紙，折抵8元（每條可折抵80元），兌換等值商品等方式，向員工促銷菸品，訂定銷售目標為兩百七十二箱菸品，經臺北市政府衛生局認定違反《菸害防制法》第9條、第26條等規定，加上臺灣菸酒第2次違規，重罰1000萬元。臺灣菸酒不服打行政訴訟抗罰，最高行政法院認定裁罰於法有據，判臺灣菸酒敗訴定讞。

【案例7】不實廣告之裁罰

鮮○鮮加盟總部休閒國○公司，在加盟辦法廣告中宣稱：「淨利率約20-35%」、「預估投資6到15個月後可回本」等，但是卻未清楚交代計算之基礎，且該業績最好直營店的數字，並不能保證每家店都如此，因此，公平會認定不實，處以50萬元之罰鍰。又以另一宋照公司所建豪宅漏水、違建公設、廣告不實，裁罰250萬元[10]。

【案例8】美白針廣告不實

翁忠清在醫美診所網路刊登「美白針」廣告，除美白針成分不明外，所登載：「享受美白針為您帶來的風采，讓邱醫師團隊為您實現吧！」等內容。衛生局認為內容誇大不實，難以證明內容為真實等情事，曾二度發函要求修正網站內容被拒，違反《醫療法》裁罰10萬元，翁忠清提出行政訴訟，辯稱：診所網站本來就會介紹醫療業務內容，衛生局不該限制使用網路權利，已侵害其權益，臺北高等行政法院認定衛生局裁罰有理，判決翁某敗訴確定。

【案例9】建商不實廣告

瑞峰建築公司為促銷北部幸福社區40戶，大肆廣告，吹噓各項設施完善，迨住戶入住後發現大樓沒有做好防水工程，導致一樓、迴車廊道、地下一、二樓的地板、牆面、天花板等石材，都發霉變形，原廣告宣稱公共設施有水晶光廊、空中溫泉池等，比照遠企級的飯店規格，但結果部分未實現，部分違建。建設公司抗辯：提告住戶有些並非原始承購戶，沒有權利提告；而住戶在購屋時，銷售現場都有陳列相關的原始設計圖及建造等，何況契約已明定公共設施是建商無償贈與的，住戶

---

[10] 《公平交易法》第13條規定，事業不得在廣告上，對於與商品相關而足以影響交易、決定事項，為虛偽不實或引人錯誤之表示或表徵，是以有誇大、虛假、錯誤、不實、偽造等情事，均不允許。在實務上，因此被依《公平交易法》第21條裁罰5萬元以上，1500萬元以下罰鍰之案例不少。

無權求償，一審法院認為建商與住戶簽約售屋時，特別明定這些公共設施都是「無償贈與」給住戶，如因法令限制而無法施工，住戶不得提出任何要求。但法院認為，這項約定是建商為規避瑕疵擔保責任而定，對住戶不公平，認定這項條款無效。而且，建商沒有做好防水工程，導致大樓漏水，公共設施影響房價甚鉅，且被認定為違建，建商應負賠償責任，判賠2100萬元。

　　綜合上述案例，很明顯可看出現代商業流行行銷宣傳與廣告，但並非每一行業均可廣告，且內容需真實，不能誇大、虛張及不實，否則《公平交易法》、醫藥法規、《消費者保護法》等都有處罰規定。目前各行政主管機關也會嚴加取締，從重處罰，即便一般交易，經由契約也均有契約責任，對企業而言，廣告時法令之遵循成為必要作法，也是風險控管之良方。

八、　本章小結

　　回應法律風險，管理法律風險，首重上游的法律風險控制，也就是法令遵循。之後，才搭配下游的責任保險等風險理財工具，公司CRO與法令遵循主管也應切記，唯有採此雙元策略，才是建構公司法律風險安全網的必要作為。

本章摘要

　　1. 法律風險控制是指針對法律風險事件發生的可能性與造成責任損失的嚴重度，所採取的任何措施而言。

　　2. 法令遵循從自行評估（風險評估）開始，從事教育訓練與宣導（改善法令遵循風險），進行法令遵循監控作業（監控法令遵循風險），定期做管理報告（法令遵循風險報告），最後，擬定法令遵循手冊（辨識法令遵循風險）。

　　3. 法令遵循手冊，其內容至少應包括：(1)各項業務應採行之法令遵循程序；(2)各項業務應遵循之法令規章；(3)違反法令規章之處理程序。

　　4. 法律風險的五張骨牌：第一張稱為先天遺傳的個性與社會環境；第二張稱為個人法律風險認知不足與偏差；第三張稱為危險的法律作為；第四張稱為法律風險事件；最後一張稱為法律責任損失。

　　5. 法律風險控制的控制點：

第一個控制點：就是依據法律或契約，檢視該盡或不該盡何種義務時。

第二個控制點：就是錯過第一個控制點的控制，產生未盡義務發生時。

第三個控制點：就是未盡義務發生，造成第三者發生損害時。

第四個控制點：就是檢視第三者的損害與未盡義務間是否有因果關係時。

第五個控制點：就是對第三者損害賠償可能情形。

第六個控制點：就是損害賠償之處理程序方式時。

第七個控制點：就是正式進入法律訴訟時。

第八個控制點：就是訴訟中最少損害之控制模式（如和解）時。

6. 法律風險控制在學理上，可分為四種：一為法律風險迴避；二為責任損失預防；三為責任損失抑制，責任損失預防與抑制併稱為責任損失控制；四為法律風險轉嫁——控制型。

7. 法律風險控制成本，包括：第一，法令遵循人員的薪資；第二，法令遵循訓練講習費；第三，為趕時效，加發給法令遵循人員的加班津貼。

8. 法律風險控制效益，包括：第一，責任保險費因法令遵循優質，可能得以節省的支出（責任保險實務上尚未有此作法）；第二，未來平均責任損失的減少；第三，追溯費率帶來的當期責任保費節省數。

9. **危機管理**可規範為經濟個體如何利用有限資源，透過危機的辨認分析及評估，而使危機轉化為轉機的一種管理過程。上述定義，也同樣適用在因法律風險可能導致的危機。

思考題

❖ 法律風險危機均可能因其他風險連帶產生，從Bhopal案例中，你（妳）若是法令遵循主管該如何防範未然？

參考文獻

1. 宋明哲，《風險管理新論——全方位與整合》，五南圖書，2012年10月6版1刷。
2. 施茂林，《法律風險管理跨領域融合新論》，五南圖書，2014年9月初版2刷。
3. 施茂林，《工商事業活動與法律風險管理》，五南圖書，2014年11月初版1刷。

4. 詹中原，《危機管理理論架構》，聯經出版，2004年1月初版。

5. 鄭燦堂，《風險管理理論與實務》，五南圖書，2010年10月3版1刷。

6. 張加恩（1989）。《風險管理簡論》。臺北：財團法人保險事業發展中心。

7. 李小海，《企業法律風險控制》，中國法律圖書，2009年5月自版。

8. 袁廷凱，《企業領導人法律策略》，法律出版社，2011年6月初版1刷。

9. 樓秋琴，《公司企業管理人員刑事法律風險與防範》，法律出版社，2008年3月初版1刷。

10. Berthelsen, R. and Kallman, J. (2005). *Risk Control*. Pennsylvania: IIA.

11. Head, G. L. (1986). *Essentials of risk control*. Vol. 1. Pennsylvania: IIA.

12. Williams, Jr. C. A. et al. (1981). *Principles of risk management and insurance*. New York: McGraw-Hill.

第 10 章

法律風險回應（二）
——責任保險、自我保險
與專屬保險

讀完本章可學到：

1. 認識法律風險理財的涵義與類別。
2. 瞭解責任保險與保證保險的性質與主要險種的內容。
3. 認識美國 LRRA 法案產生的背景與影響。
4. 瞭解自我保險與專屬保險的性質與功能。

　　法律風險回應首重風險控制，之後，才考慮法律風險理財，這兩者是法律風險管理重中之重。法律風險理財主要就是採用責任保險、自我保險與專屬保險機制，回應風險控制後剩餘之風險。

一、　法律風險理財的涵義

　　所有的法律風險控制措施，除規避措施，在特定範圍內有效外，其餘均無法保證責任損失不會發生法律風險管理上，只有法律風險控制，而無法律風險理財，公司仍無法安心，如只有法律風險理財，而無法律風險控制，則理財成本高，雙元的策略，兩者的組合，才能符合管理法律風險的要求，也是目標。

　　法律風險理財是財務管理的一支，所謂法律風險理財，指的是面對法律風險可能導致的責任損失，人們如何籌集彌補責任損失的資金，以及如何使用該資金的一種財務管理過程。具體言之，它係指在責任損失發生前，對資金來源的規劃，而在責任損失發生時或發生後，對資金用途的引導與控制。性質上，下列三點，吾人需留意（Doherty, 1985; Berthelsen et al., 2006）：第一，法律風險理財雖與財務管理相同，追求公司價值極大化，但法律風險理財重點是在責任損失的彌補，與財務管理的重點有別；第二，法律風險理財，以決策的適切化（optimization）替代所謂的最大化（maxmization）；第三，法律風險理財，重風險因子（risk factor）對公司現金流量（cash flow）的影響。第四，保險公司類型多而複雜，需充分瞭解後，將取最合於需求，且賠償快速之保險公司與種類。[1]

二、　法律風險理財的類別

（一）就彌補責任損失的資金來源區分

　　法律風險理財基本上只有兩類：一為法律風險承擔（legal risk retention）；另一為法律風險轉嫁（legal risk transfer）。法律風險承擔係指彌補責任損失的資金，

---

[1] 保險公司有其營業模式與目標，對於理賠之意願與速度各有不同。2015年11月間金管會曾指出有保險公司以儘量不理賠為績效目標，違背公平待客原則。是以在選擇保險種類時，需有充分評估，否則在責任損失之補償，並不能達到。再者，意外事故常位居國人十大死因之一，但投保意外險之客人，申請理賠之件數在2成以下，亦有違法律風險理財之本意。

源自於經濟個體內部者[2]；反之，如源自於經濟個體外部或外力者，謂爲法律**風險轉嫁──理財型**。前者，如自我保險（self-insurance）等；後者，如責任保險等。值得留意的是，有些法律風險理財工具，則是法律風險承擔與轉嫁的混合體，例如：開放式專屬保險（open captive insurance）等。其次，法律**風險轉嫁──理財型**如果進一步以是否轉嫁給保險公司來分，法律**風險轉嫁──理財型**又可分爲**責任保險轉嫁**與**非責任保險轉嫁──理財型兩種**。**非責任保險轉嫁──理財型**係指轉嫁者將法律風險可能導致責任損失的財務負擔，轉嫁給非保險人而言。承受者有補償轉嫁者責任損失的財務負擔之義務，此種契約與責任保險契約同屬補償契約（indemnity contract）。但補償者的身分有別，一爲保險人，另一爲非保險人。就保障安全性言，責任保險契約比非責任保險契約的轉嫁，安全性高。理由有四（Tiller et al., 1988）：第一，保險公司的財力，較爲雄厚；第二，公司形象與理賠聲譽，對保險公司特別重要；第三，保險公司對責任保險契約中，文句性質及正確程度，特別重視；第四，保險公司受到政府監理的程度較強。是以，就契約安全度言，責任保險契約實優於非責任保險契約。非責任保險的風險轉嫁──理財型，較常見的，例如：服務保證書等是。

（二）就責任損失前後區分

法律風險理財可分爲：**責任損失前理財**（pre-liability loss financing）與**責任損失後理財**（post-liability loss financing）。兩者的區分依據三項標準（Doherty, 1985）：第一，彌補責任損失資金的理財規劃，是在責任損失發生前，抑或之後；第二，理財成本的負擔是在責任損失發生前，抑或之後；第三，理財的條件，責任損失發生前可否知道與訂定。最典型的責任損失前理財措施就是責任保險、自我保險與專屬保險（captive insurance）。[3]很明顯地，此三種法律風險理財規劃的時機，均需於責任損失發生前爲之，責任損失發生前，要負擔理財成本，也能事前知道與訂定理財的條件。銀行借款、出售有價證券、發行公司債、運用庫存現金彌補責任損失，則均屬責任損失後理財措施，這些責任損失後理財措施與自我保險，均是屬於法律風險承擔的性質，責任保險則是法律風險轉嫁，專屬保險則依型態而

---

[2]　企業評估法律風險後將取法律承擔策略，常發生評估超過自己承擔之範圍，尤其在司法訴訟中，涉及層面多，訴訟輸贏非己方所能掌握，爲慎重計，需精緻評量與採取具體作法，以策安全。

[3]　參閱本章後述。

異，純專屬保險（pure captive insurance），是法律風險承擔；開放式專屬保險，是法律風險承擔與轉嫁的混合體。

三、 轉嫁法律風險的策略與談判

轉嫁法律風險常需要談判。談判時，轉嫁法律風險的策略，有兩種型態（Tiller et al., 1988）：一為防衛性策略（defensive strategy），此一策略，係指轉嫁者在談判時，應設法避免，成為轉嫁結果的受害者，這是一種消極性的談判策略；另一種策略是侵略性策略〔攻擊型策略（aggressive strategy）〕，它係指轉嫁者在談判時，以經濟實力，迫使承受者，接受責任損失的財務負擔的轉嫁，本質上是屬於積極型態。

法律風險管理上，最好軟硬兼施，採取折衷策略。其次，對談判時，契約的洽訂，法律風險管理人員，應採取如下兩大步驟（Tiller et al., 1988）：第一，應先會瞭解清楚影響法律風險轉嫁的各項因素，這些因素包括：法律風險與責任之狀況為何？1.契約在法律上的有效性如何？2.承受者的賠償能力如何？3.轉嫁法律風險所付的代價，是否合理？第二，瞭解清楚後，法律風險管理人員，在訂約時，應堅守幾個原則，例如：要避免契約文義的含糊不清（詳參本書第二十三章有關簽約之說明）；再如，要求承受者投保責任保險等。

四、 責任保險的涵義與性質

所謂責任保險是指被保險人對於第三人，應負賠償責任；而受賠償請求時，由保險人代被保險人負賠償之責的保險（《保險法》第90條）。責任的法理基礎，則依各法規定，有過失責任、嚴格責任與絕對責任等，而責任保險的承保基礎有事故發生（occurrence）基礎與請求索賠（claims-made）基礎兩種。

責任保險是保險的一種，其大別於人身保險與非責任的其他財產保險，責任保險是第三人保險（the third party insurance），而人身保險與非責任的其他財產保險是第一人保險（the first party insurance），這中間性質不同，雖然投保人購買責任保險，表面上保障了自己，但責任保險實質要保障的是保險契約外的第三者，可以是對象，也可能是廣大可能受害的第三者，故有第三人保險的稱號。然而，人身保險與非責任的其他財產保險，實質是保障被保險人或契約受益人自己，故稱第一人保險。有第一人與第三人，那麼第二人（the second party）就該是保險人。

【案例1】責任保險理賠，業主卸下重擔

　　工讀生王文在加油站爲客人汽車洗車，沒等汽車抵達定位，就在車尾擦拭，未注意洗車機輸送帶縫隙，雙腳踩空陷入，遭滾動軌道夾住，動彈不得，致左膝蓋、右腳掌壓傷，住院治療期間，公司立即指派經理戴周至醫院慰問，致贈賠償金15萬元，王文及父母與該油業公司頗有好感，王文大學老師覺得加油站生意普通，何以願快速賠償，經理回答：「公司董事長的大姊在保險公司上班，推薦董事長要投保責任保險，減輕負擔，一出事，馬上聯繫保險公司理賠！」

【案例2】未參加保險自己負擔風險

　　建教合作學生蔡衡至翻砂工廠實習，在堆送材料時，路面上坡不平，加上材料甚重，一時未站穩，堆車後退，蔡衡擋不住，堆車從身上輾過，造成大腿骨折，大量內出血，住院長達40天，工廠老闆詹賢雖常探視，但不曾談及賠償之事，學校教官鄧駿出面交涉多次，詹賢只答應致贈8萬元慰問金，蔡衡之父乃提起民事訴訟，要求詹賢賠償120萬元，詹賢在等候開庭時，有友人亦出庭，談及始末，友人說：工廠之工安事故很多，爲何不投保責任保險？詹賢回答：有人來拉保，認爲多花錢！就沒參加，現後悔不及了。

五、　主要的責任保險[4]

（一）汽車責任保險

　　汽車責任險是指保險車輛因意外事故，致使他人遭受人身傷亡或財產直接損失時，保險人依照保險合同的規定給予賠償。它對於維護受害者的合法權益，具有重要作用[5]。

1. 保險責任

　　(1) 被保險人或其允許的駕駛人員在使用保險車輛過程中發生意外事故，致使

---

[4] 當前臺灣各保險公司開辦多種類的責任保險，企業與家庭個人可因業務別、工作性質、責任輕重、保險範圍、賠償條件及金額等選擇合適之責任保險，其中需特別注意其除外責任與不保事項。

[5] 《強制汽車責任保險法》於1996年12月27日經總統公布施行，對於汽車交通事故之保險契約、保險範圍、請求程序等均有明確規定，也頒布《強制汽車責任保險給付標準》作爲給付之依據，對於受害人及家屬能迅速獲得基本保障。

第三者遭受人身傷亡或財產直接損毀，依法應當由被保險人承擔的經濟賠償責任，保險人負責賠償。

(2)經保險人事先書面同意，被保險人因上述原因給第三者造成損害而被提起仲裁或者訴訟者，對應由被保險人支付的仲裁或者訴訟費用以及其他費用，保險人負責賠償；賠償的數額在保險單載明的責任限額以外另行計算，最高不超過責任限額的30%。

2. 不保事項

保險車輛造成下列人身傷亡或財產損失，不論在法律上是否應當由被保險人承擔賠償責任，保險人均不負責賠償：

(1) 被保險人及其家庭成員的人身傷亡、所有或代管的財產的損失；

(2) 本車駕駛人員及其家庭成員的人身傷亡、所有或代管的財產的損失；

(3) 本車上其他人員的人身傷亡或財產損失。

此外，下列情事，不論任何原因造成的對第三者的經濟賠償責任，保險人均不負責賠償：

(1) 地震、戰爭、軍事衝突、恐怖活動、暴亂、扣押、罰沒、政府徵用；

(2) 競賽、測試，在營業性維修場所修理、養護期間；

(3) 利用保險車輛從事違法活動；

(4) 駕駛人員飲酒、吸食或注射毒品、被藥物麻醉後使用保險車輛；

(5) 保險車輛肇事逃逸；

下列損失和費用，保險人也不負責賠償：

(1) 保險車輛發生意外事故，致使第三者停業、停駛、停電、停水、停氣、停產、通訊中斷的損失以及其他各種間接損失；

(2) 精神損害賠償；

(3) 因汙染（含放射性汙染）造成的損失；

(4) 第三者財產因市場價格變動造成的貶值、修理後因價值降低引起的損失；

(5) 保險車輛被盜竊、搶劫、搶奪，造成第三者人身傷亡或財產損失；

(6) 被保險人或駕駛人員的故意行為造成的損失。

（二）公共意外責任保險

公共責任保險（public liability insurance），又稱普通責任保險或綜合責任保

險，主要承保被保險人在其經營的地域範圍內從事生產、經營或其他活動時，因發生意外事故而造成他人（第三者）人身傷亡和財產損失，依法應由被保險人承擔的經濟賠償責任。[6]

1. 特點

(1)保險標的無形：該險種的保險標的是被保險人的法律責任，爲無形標的。(2)適用範圍較廣：該險種可適用於工廠、辦公樓、旅館、住宅、商店、醫院、學校、影劇院、展覽館等各種公衆活動的場所。(3)表現形式豐富：主要有普通責任、場所責任、電梯責任、承包人責任等，我國則主要表現爲場所公衆責任。

2. 保險對象

凡依法設立的企事業單位、社會團體、個體工商戶、其他經濟組織及自然人，均可作爲被保險人。

3. 保險責任

在本保險有效期限內，被保險人在本保險單明細表中列明的地點範圍內依法從事生產、經營等活動，以及由於意外事故造成下列損失或費用，依法應由被保險人承擔的民事賠償責任，保險人負責賠償：

(1) 第三者人身傷亡或財產損失；

(2) 事先經保險人書面同意的訴訟費用；

(3) 發生保險責任事故後，被保險人爲縮小或減少對第三者人身傷亡或財產損失的賠償責任所支付必要的、合理的費用。

上述第(1)與第(2)項每次事故賠償總金額，不得超過本保險單明細表中列明的每次事故賠償限額；第(3)項每次事故賠償金額，不得超過本保險單明細表中列明的每次事故賠償限額。

4. 除外責任

(1)被保險人及其代表的故意或重大過失行爲；(2)戰爭、敵對行爲、軍事行爲、武裝衝突、罷工、騷亂、暴動、盜竊、搶劫；(3)政府有關當局的沒收、徵

6　爲確保公共場所使用人，消費者之身體及財物之安全，主管機關訂頒有觀光園區等強制意外保險辦法，臺北市政府頒布《臺北市消費場所限制投保公共意外責任保險實施辦法》。另各縣市政府亦有各類公共意外責任險，又大樓部分亦有《公寓大廈公共意外責任保險投保及火災保險差額補償辦法》可參考。

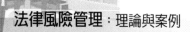

用；(4)核反應、核於輻射和放射性汙染；(5)地震、雷擊、暴雨、洪水、火山爆發、地下火、龍捲風、颱風暴風等自然災害；(6)煙熏、大氣、上地、水汙染及其他汙染；(7)鍋爐爆炸、空中運行物體墜落等。除此之外，被保險人罰款、罰金或懲罰性賠款和被保險人與他人簽訂協議所約定的責任，應由被保險人承擔的法律責任不在此列。

（三）專業責任保險

專業責任保險，是以各種專業技術人員在從事職業技術工作時，因疏忽或過失造成合同對方或他人的人身傷害或財產損失所導致的經濟賠償責任，為承保風險的責任保險。

1. 特點

第一，它屬於技術性較強的工作，導致的責任事故；第二，它不僅與人的因素有關，同時也與知識、技術水準及原材料等的欠缺有關；第三，它限於技術工作者從事本職工作中出現的責任事故。

2. 承保方式

以索賠為基礎的承保方式；以事故發生為基礎的承保方式。

3. 保險費率

從總體而言，制定職業責任保險的費率時，需要著重考慮下列因素：一是投保人的職業種類；二是投保人的工作場所；三是投保人工作單位的性質；四是該筆投保業務的數量；五是被保險人及其雇員的專業技術水準與工作責任心；六是賠償限額、免賠額和其他承保條件；七是被保險人職業責任事故的歷史損失資料，以及同類業務的職業責任事故情況。

4. 保險賠償

在賠償方面，保險人承擔的是賠償金與有關費用兩項，其中保險人對賠償金通常規定一個累計的賠償限額；法律訴訟費用則在賠償金之外另行計算，但如果保險人的賠償金僅為被保險人應付給受害方的總賠償金的一部分，則該項費用應當根據各自所占的比例進行分攤。

5. 主要保險種類

(1) **醫療職業責任保險**也叫醫師失職保險[7]，它承保醫療人員或其前任由於醫療責任事故而致病人死亡或傷殘、病情加劇、痛苦增加等，受害者或其家屬要求賠償且依法應當由醫療方負責的經濟賠償責任。醫療職業責任保險以醫院為投保物件，普遍採用以索賠為基礎的承保方式。

(2) **律師責任保險**承保被保險人或其前任作為一個律師在自己的能力範圍內，於職業服務中發生的一切疏忽行為、錯誤或遺漏過失行為所導致的法律賠償責任，包括一切侮辱、誹謗，以及賠償被保險人在工作中發生的或造成的對第三者的人身傷害或財產損失。律師責任保險的承保基礎可以以事故發生或索賠為依據確定，它通常採用主保單——法律過失責任保險和額外責任保險單——擴展限額相結合的承保辦法。

(3) **會計師責任保險**承保因被保險人或其前任或被保險人對其負有法律責任的那些人，因違反會計業務上應盡的責任及義務，而造成他人遭受損失，依法應負的經濟賠償責任，但不包括身體傷害、死亡及實質財產的損毀[8]。

【案例3】簽證不實之賠償責任

會計師姜勤受託辦理上市經泰公司財務報表之簽證，發現其內資金往來及財務支出帳目有問題，向經泰公司提出質疑，經公司財務處解說後，仍有疑點無法釋明，姜勤因簽證已多年，自認問題尚不嚴重，仍予簽證，後被查出公司董事長馬明背信及侵占6000萬元，投保中心遂依《證券交易法》第20條之1第3項之規定，代股票戶求償6000萬元及利息之損害賠償。姜勤乃在會計師會議中求教於同業討論，多位會計師均認為會計師之法定責任如此重大[9]，需參加責任保險，以減輕心理負

---

[7] 歐美先進國家運用保險手段分散與化解醫院及醫療人員之職業風險，也開展出互助保險與商業保險等多種醫療責任保險，其最大好處乃在消滅醫師心理障礙，避免防禦性醫療出現，不利病人之醫療，目前臺灣醫療責任保險項目為執行醫療業務致病患身體傷亡，予以賠償給付，各保險公司有不同類型，各有其特色，參考施茂林、施亮均，〈醫病關係與法律風險衡量防範〉，收錄於施茂林編著《醫病關係與法律風險管理防範》，五南圖書，2015年10月1初版，頁385-386、446。

[8] 我國《證券交易法》、《商業會計法》、《會計師法》，對於會計師民事賠償責任規定甚為周密，當上市上櫃公司有舞弊不法等情事時，投保中心常會對會計師追償其全額後，數百萬元、數千萬元以迄上億元不等，會計師之簽證責任甚為重大，投保為法律風險轉嫁之良方。

[9] 會計師之法律風險責任很重，在《商業會計法》、《證券交易法》、《會計師法》、《民法》委任等均有規定，包括民事責任、刑事責任及行政責任，參見施茂林於2013年8月23日在臺中市會計師公會年會演講：「會計師業務與法律風險調控」。

擔，與工作壓力。

【案例4】財務報告虛假之風險責任

　　戴天誠會計師為上市甲公司會計年度財務報表簽證，因甲公司董事長賴清全五鬼搬運，掏空公司資產1億元，戴天誠雖懷疑有問題，但廢弛其應盡之義務而予簽證，在偵查中，涉有串證滅證之嫌，被檢察官聲請羈押獲准後，投保公司乃依《證券交易法》第20條之1規定向戴天誠求償，戴在法院極力撇清其如何盡責，如何認真查核，未料賴清全有該不法行為，法院乃認其疏於盡到會計師查核義務，判決需賠償5000萬元，同業聞悉，眾相傳告，共認會計師法律責任如此重大，怎麼執行業務，資深會計師多名認為投保責任保險，是減輕責任之方法。

　　(4) 建築、工程技術人員責任保險承保因建築師、工程技術人員的過失而造成合同對方或他人的財產損失與人身傷害，並由此導致經濟賠償責任的職業技術風險。

【案例5】建築師對建物倒塌之法律責任

　　1999年9月21日臺灣發生規模7.3集集大地震，造成中部187處崩塌，132處土石堆積，臺中縣市災情慘重，臺中縣死亡1194人、重傷378人、房屋全倒18924戶、半倒18780戶，臺中市死亡113人、重傷23人、房屋全倒2803戶、半倒3720戶，其中位於地震帶山崩塌者，為不可抗力，其餘房屋大樓倒塌者，檢察官進行調查、鑑定，有多名建築師被究辦公共危險等罪[10]，後有房屋所有人因建物倒塌，有人為設計、建造、監造疏失等，向設計師之建築師請求與建設公司等負連帶賠償責任，建築師因而被判決賠償或和解，引發建築師界之震撼，認為因應地震責任，建築師要參加責任保險，以減輕責任。

　　(5) 其他險種

　　此外，還有美容師責任保險、保險經紀人和保險代理人責任保險、情報處理者責任保險等多種職業責任保險業務，它們在發達的保險市場上同樣是受到歡迎的險種。

---

[10] 施茂林，《斷層上的烙痕——九二一集集大地震檢察機關職務發動之具體實踐與作為》，臺灣臺中地方法院檢察署，2000年6月1日再版，頁6、98-156。

（四）雇主責任保險

雇主責任險是指被保險人所僱傭的員工在受僱過程中，從事與保險單所載明的與被保險人業務有關的工作而遭受意外或患與業務有關的國家規定的職業性疾病，所致傷、殘或死亡，被保險人根據勞動法及勞動契約應承擔的醫藥費用與經濟賠償責任，包括應支出的訴訟費用，由保險人在規定的賠償限額內負責賠償的一種保險。

1. 保險責任

在保險契約期間內，凡被保險人的雇員，在其僱傭期間因從事保險單所載明的被保險人的工作，而遭受意外事故或患與工作有關的國家規定的職業性疾病，所致傷、殘或死亡，對被保險人因此依法應承擔的下列經濟賠償責任，保險公司依據本保險契約的約定，在約定的賠償限額內予以賠付：(1)死亡賠償金；(2)傷殘賠償金；(3)誤工費用；(4)醫療費用。

經保險公司書面同意的必要的、合理的訴訟費用，保險公司負責在保險單中規定的累計賠償限額內賠償。在本保險期間內，保險公司對本保險單項目下的各項賠償之最高賠償金額之和，不得超過保險單中列明的累計賠償限額。

2. 責任免除

(1)被保險人的雇員由於職業性疾病以外的疾病、傳染病、分娩、流產以及因上述原因接受醫療、診療所致的傷殘或死亡；(2)由於被保險人的雇員自傷、自殺、打架、鬥毆、犯罪及無照駕駛各種機動車輛所致的傷殘或死亡；(3)被保險人的雇員因非職業原因而受酒精或藥劑的影響所導致的傷殘或死亡；(4)被保險人的雇員因工外出期間以及上下班途中遭受意外事故而導致的傷殘或死亡；(5)被保險人直接或指使他人對其雇員故意實施的騷擾、傷害、性侵犯，而直接或間接造成其雇員的傷殘、死亡；(6)任何性質的精神損害賠償、罰款、罰金；(7)被保險人對其承包商所僱傭雇員的責任；(8)在中華人民共和國境外，包括我國香港、澳門和臺灣地區，所發生的被保險人雇員的傷殘或死亡；(9)國務院頒布的《工傷保險條例》所規定的工傷保險診療專案目錄、工傷保險藥品目錄、工傷保險住院服務標準之外的醫藥費用；(10)勞動和社會保障部所頒布的《國家基本醫療保險藥品目錄》規定之外的醫藥費用；(11)假肢、矯形器、假眼、假牙和配置輪椅等輔助器具；(12)住宿費用、陪護人員的誤工費、交通費、生活護理費、喪葬費用、供養親屬撫

恤金、撫養費；(13)戰爭、軍事行動、恐怖活動、罷工、暴動、民眾騷亂或由於核子輻射所致被保險人雇員的傷殘、死亡或疾病；(14)直接或間接因電腦2000年問題造成的損失；(15)其他不屬於保險責任範圍內的損失和費用。

3. 附加險

(1)附加第三者責任保險；(2)附加雇員第三者責任保險；(3)附加醫藥費保險。

（五）產品責任保險

產品責任保險（product liability insurance），是指以產品製造者、銷售者、維修者等的產品責任為承保風險的一種責任保險，而產品責任又以各國的產品責任法律制度為基礎[11]。

所謂產品責任，是指產品在使用過程中因其缺陷而造成用戶、消費者或公眾的人身傷亡或財產損失時，依法應當由產品供給方（包括設計者、製造者、銷售者、修繕者等）承擔的民事損害賠償責任。產品的製造者包括產品生產者、加工者、裝配者；產品修理者指被損壞產品或陳舊產品或有缺陷的產品的修理者；產品銷售者包括批發商、零售商、出口商、進口商等各種商業機構，如批發站、商店、進出口公司等。此外，承運人如果在運輸過程中損壞了產品並因此導致產品責任事故時，亦應當承擔起相應的產品責任。

1. 產品責任保險的保險責任

(1) 被保險人生產、銷售、分配或修理的產品發生事故，造成使用者、消費者或其他任何人的人身傷害或財產損失，依法應由被保險人承擔的損害賠償責任，保險人在保險單規定的賠償限額內予以賠償。

(2) 被保險人為產品責任事故支付的法律費用及其他經保險人事先同意支付的合理費用，保險人也負賠償責任。

2. 產品責任保險的特點

(2)保險標的無形：產品責任保險的保險標的是被保險人的法律責任，為無形標的。

---

[11] 現代企業為因應消費意識抬頭，個人極為重視權益保護，對於產品因安全品質、衛生等產生之責任，常會投保產品責任保險，並標示在產品說明書、保證書及仿單上，消費者可從各該文書瞭解其責任保險類別與最高金額。

(2)採取「索賠發生制」：即只要被保險人在保險期限內向保險公司提出索賠，如果屬於保險事故，保險公司就要承擔賠償責任。

(3)獨立處理理賠：保險公司對索賠處理具有絕對控制權。

(4)與「公眾責任險」的差異：事故須發生在被保險人製造或銷售場所以外，且產品所有權已轉移至使用者或銷售者。

3. 除外責任

(1)不按照被保險產品說明書要求安裝使用，或在非正常狀態下使用造成的責任事故損失。

(2)被保險人故意違法生產、銷售的產品，發生的事故責任損失。

(3)被保險人承擔的違約責任，未在約定範圍內。

以下情形，基本上由其他類保險負責：

(1)被保險產品或商品本身的損失及被保險人因收回有缺陷產品造成的費用及損失，這種損失應由產品保證保險承保。

(2)被保險人根據勞工法或僱傭合同對其雇員及有關人員應承擔的損害賠償責任，這種責任應由勞工保險或雇主責任保險承保。

(3)被保險人所有或照管或控制的財產損失，這種損失應由財產保險承保。

(4)產品或商品仍在製造或銷售場所，其所有權尚未轉移至用戶或消費者之前的責任事故損失，這種損失應由公眾責任保險承保。

（六）環境汙染責任保險

【案例6】土壤汙染之嚴重責任

彰化有多家電鍍業埋沒管線或打入地底偷偷排放廢水，造成農地汙染，環保署自2013年12月起與彰化地院檢察署、警政署保七總隊及彰化縣環保局進行檢警環結盟機制，展開五波大規模查緝，業者採取反制措施，架設監視器監控，深夜派出小蜜蜂巡邏，增加查緝困難度，經專案小組細密蒐證，查獲的廢水依業者產品各有不同，其中氰化物濃度有超標達223倍「放流水標準」，總鉻濃度最高甚至超過灌溉水標準（0.1mg/L）最多達2970倍，檢察官提起公訴，彰化地院歷時2年審理，判處2年至3年2月不等之徒刑，併科近700萬元罰金。又土汙整治求償自2000年公告實施，政府先代為緊急處理遭汙染環境，後續向汙染製造者求償，臺中高等行政法院

也對土壤汙染整治費8000多萬元，判決業界敗訴。

【案例7】

　　彰化縣位於灌溉水源福馬圳上游兩家電鍍廠勝興、聯興企業，長期以暗管排放劇毒廢汙水，嚴重汙染底泥，兩家電鍍廠均領有彰化縣政府核發的「水汙染防治許可證」，依法應定期向縣府申報事業廢水放流水量之檢測，但以暗管接到「福馬圳」，將電鍍廢水直接排入，每月排放1次，每次排放至少1公噸的水量，嚴重汙染水源，影響人體及農民、漁民健康。檢察官不用《水汙染防治法》起訴慣例，改以罪則更重之《刑法》第190條水汙染罪起訴，法院分別判處兩電鍍廠老闆3年2月。

　　環境汙染責任保險是以發生汙染事故對第三者造成的損害，依法應承擔的賠償責任為標的的保險。它是一種特殊的責任保險，排汙單位作為投保人，依據保險合同按一定的費率向保險公司預先交納保險費，就可能發生的環境風險事故在保險公司投保，一旦發生汙染事故，由保險公司負責對汙染受害者進行一定金額的賠償。

　　而環境責任保險又被稱為「綠色保險」，是圍繞環境汙染風險，以被保險人發生汙染水、土地或空氣等汙染事故對第三者造成的損害，依法應承擔的賠償責任為標的的保險，它是整個責任保險制度的一個特殊組成部分，也是一種生態保險。

　　在環境汙染責任保險關係中，保險人承擔了被保險人因意外造成環境汙染的經濟賠償和治理成本，使汙染受害者在被保險人無力賠償的情況下也能及時得到給付。環境責任保險是隨著環境汙染事故和環境侵權行為的頻繁發生，以及公眾環境權利意識的不斷增強，從公眾責任保險第三者責任保險中逐漸獨立出來。一般而言的環境汙染是指環境因物質和能量的介入，而導致其化學、物理、生物或者放射性等特性的改變，從而影響環境功能及資源的有效利用或危害人體健康和人類生活的現象。

1. 環境汙染責任保險的特點

　　包括：(1)承保條件嚴格，承保責任範圍受到限制；(2)個別確定保險費率，具有特定性；(3)環境汙染經常損及多數人，此種責任保險有公共責任險成分；(4)經營風險較大，需要政府支援。

2. 環境汙染責任保險的功能

(1) 分散企業風險

由於環境汙染事故影響範圍廣和損失數額巨大的特點，單一的企業很難承受。通過環境汙染責任保險，可以將單一企業的風險轉移給眾多的投保企業，從而使環境汙染造成的損害由社會承擔，分散了單一企業的經營風險，也能夠使企業可以迅速恢復正常的生產經營活動。

(2) 發揮保險的社會管理功能

保險產品和保險公司的職能之一就包括社會管理功能，這在環境汙染責任保險上體現的尤為突出。保險公司可以利用環境汙染責任保險的費率槓桿機制來促使企業加強環境風險管理，提升環境管理水準，同時也能夠提高企業的環境保護意識。

(3) 保護受害者

目前我國對於環境汙染造成的人身、財產損害的賠償責任，在環境相關法規均有規定[12]，但由於權力機構的複雜性，使得受害人不能在最快的時間得到損失補償，甚至激化社會矛盾，同時也會增加國家財政的負擔。利用環境汙染責任保險來參與環境汙染事故的處理，有利於使受害人及時獲得經濟補償、穩定社會秩序、減輕政府的負擔，還可以促進政府職能的轉變。

（七）D&O責任保險

D&O責任保險就是董事及高級經理人員責任保險，當公司董事及高級管理人員在行使職權時，因過錯導致第三者遭受經濟損失，依法應承擔相應之經濟賠償責任風險，將它轉嫁給保險公司，由保險公司按合同約定來承擔經濟賠償責任。

1. 董監事及高級管理人員責任保險的產生

各國法律都對董事和高級職員的義務做出了明確規定，雖然具體條文會有些許差異，但一般都包括謹慎經營、忠於公司與股東、對雇員負責、向有權知情的人即時如實披露重要資訊等。董事和高級職員在工作中由於自身能力、經驗有限或其他一些客觀原因難免出現過失行為（wrongful act），具體表現為言行誤導、資訊披露失真、對僱傭問題處理有欠公平、經營決策不當等，這些行為無疑會給其所在組

---

[12] 我國《水汙染防治法》、《土壤及地下水汙染整治法》、《海洋汙染防治法》等，均有民事及刑事責任之規定。

織造成經濟上的損害，如導致公司股票市值降低、錯失投資機會、或因傷害協力廠商利益引發針對個人和組織的索賠。在相當長的時間裡，對於最終由誰承擔這樣的索賠爭議很大。根據一般的法律原則，董事和高級職員應負擔損失並無權從所在組織獲得補償，理由是各類組織機構都沒有義務為給其帶來損害的人支付賠償金。隨著經濟環境的發展，董事和高級職員在各類組織尤其是營利性企業中的作用逐漸凸顯，他們的利益也愈發受到重視。一些公司開始通過內部協議建立對董事和高級職員的補償機制，但進入20世紀以後，政府部門對企業經營管理的監督與約束越來越多，協力廠商對董事和高級職員提出民事賠償的法律依據也越來越充分，在企業之外建立一種對董事和高級職員責任的保障機制變得非常迫切，於是D&O保險應運而生。

2. 董監事及高級管理人員責任險的作用

當公司代董事高管承擔對股東或第三者的賠償責任時，D&O保險將公司補償董事高管的責任轉嫁予保險人，避免公司因承擔高昂的賠償責任及法律費用而導致股東利益受損[13]。當法律或者章程不允許公司代董事高管承擔對股東或第三者的賠償責任時，董事高管因個人財力有限，股東或第三者無法獲得充分的賠償；D&O保險的賠償限額極高，往往能為股東或第三者提供充分的賠償。

3. 董監事及高級管理人員責任保險的發展

D&O保險脫胎於美國法律，在美國的發展也最充分。目前全球最大的D&O保險承保人主要是美國的保險公司，如美國ACE保險集團。在美國之外，許多發達國家與地區也都開展了D&O保險業務。經過70年的發展，D&O保險已經成長為一個體系龐雜的險種，其保障範圍不斷擴張，各類補充條款層出不窮，不僅大型工商企業，中小企業與非營利機構也越來越多地為其董事和高級職員購買D&O保險。

D&O保險是一項高風險、高收益的業務。因為市場需求大，保費也相對較高，所以D&O保險往往是保險公司，尤其是一些經驗豐富的大公司的重要利潤來源。

---

[13] 獨立董事有一定法律責任，有學者專家或專業人士，瞭解其責任重大，要擔任為獨立董事前常以有無投保董事責任險為考量基準，以免發生法律風險責任帶來的沉重負擔。

（八）財報責任保險

近年來，大型企業財務舞弊案層出不窮。例如：安隆（Enron）風暴、世界通訊（WorldCom）等。投資大眾對企業財報品質與會計師的獨立性，產生質疑，因而導致股價扭曲，資本分配效率不佳，動搖大眾對企業的信賴基礎。為強化會計師的獨立性及淡化會計師與公開發行公司間的關係，從而產生財務報表責任保險（financial statement liability insurance）。

1. 財務報表責任保險特性

財務報表責任保險是因公開發行公司財務報表不實，導致投資大眾損失的責任，由保險公司負責賠償的一種責任保險。它的特性有五，包括：

(1)它是因財務報表不實，導致投資人的損失，是公開發行公司可能面對的風險；

(2)它有別於D&O責任險與會計師責任險，D&O責任險是在保障D&O本身的利益，會計師責任險是在保障會計師本身的利益，財務報表責任保險是在保障投資大眾的利益；

(3)它能改變傳統會計師簽證制度，傳統上，會計師由公開發行公司聘請，負責財報簽證審計，其獨立性容易遭受質疑，公開發行公司與會計師間，是直接委託的雙方關係，但財報責任險改變了這種直接關係，變成由保險公司聘請會計師，而由會計師負責對公開發行公司簽證審計的三方間接委託審計關係，如此淡化了公開發行公司與會計師間的關係，提升會計師的獨立性。

(4)財報責任險使保險公司可代表股東監督公司經營，公司經營除會計師與D&O可監督公司經營外，保險公司的監督對股東多了一層保障；

(5)財報責任險可導正公開發行公司股價的扭曲與資本分配效率不佳的現象，透過保險公司財報責任險的核保與風險評估，對公開發行公司收取不同保費，完全依保險市場規則運作，那麼低保費高保額的公司由於財報可信度高，將可反映在股價的溢價中；反之，反映的是股價折價，如此，可提升資本分配效率，進一步改善公司財報品質。

2. 財務報表責任保險投保過程

首先，公開發行公司要求投保，保險公司提出保險規劃書，規劃書包括最低與最高保費與相關的承保條件和費率，這些內容與會計師簽註意見，均應載於股票委

託書中。其次，公司股東會要決議通過購買財報責任保險，保險公司與會計師再次審核確認，會計師如出具無保留意見書，則依規劃進行承保，如出具保留意見書，則重新查核修改承保條件，保險事故發生時，保險公司對投資大眾進行賠償。

六、 法律風險與保證保險

　　法律風險中的契約安排風險，需要保證保險（bond）。保證保險是保險人於被保險人因其受雇人之不誠實行為或其債務人之不履行債務所致損失，負賠償之責的保險（《保險法》第95條之1）。嚴格言，它與傳統保險契約不同，保證保險有3位當事人，也就是權利人、被保證人與保證人。例如：員工誠實保證保險，保證人是保險公司，被保證人是員工，權利人（也就是被保險人）是老闆。然而，傳統保險契約只有保險人與要保人2位當事人。保證保險商品繁多，許多商品與工程營造契約保證有關，這包括：營造契約保證保險、投標保證保險、工程履約保證保險、支付款保證保險、保留款保證保險與保固保證保險等。

　　近年來，員工舞弊犯罪經常發生，保險公司推出員工責任保險，其一為員工誠實保證保險，其二為企業犯罪防護險，前者對員工容易有違法違約或不誠實行為所造成之損害，有保險實益。例如：一般公司、金融服務業、傳產業等。以銀行發生不法行為為例，包括內部舞弊、勾結不法、五鬼搬運以及利用人頭帳戶轉帳，常動輒數千萬元，對銀行而言，損失不小。又一般企業之收帳人員、會計人員容易監守自盜，以往採取保證人方式。但員工為覓免保有困難，舞弊金額過高時，也非保證人所能擔負，投保員工誠實保證保險較為便捷，保費也不致過高，後者保險之保額較高，實益性更大。

　　科技進步神速，引導科技業蓬勃發展，營業成本高、金額大、利潤多、不幸發生內部不法舞弊時，影響深遠。再者，科技也便利犯罪，員工以科技方法、技術從事犯罪時，手法新穎，技術高明，舞弊情節重大，造成公司損失嚴重，必須思考投保，以減少員工侵吞財產或詐欺、舞弊等損失。如此可將高風險減低，透過此項保險轉嫁經營風險，在跨國企業上已逐步在運用。

七、 LRRA法案與法律風險理財

　　美國的責任保險市場在1970年代與1980年代均曾發生過危機（金光良美，

1994），尤其在產品責任、專業責任、自治體責任、公司董事經理人責任、環境汙染責任、酒類銷售人責任、托兒所責任、石棉拆除者責任等市場。所謂**責任保險危機**（liability insurance crisis），係指責任保險買不到或條件嚴苛或企業負擔不起。具體言之，即1.保險供給出問題（insurance unavailability），所以企業買不到想要的保險；2.買得到保險，但賠償限額極為有限，承保條件極為嚴苛。此屬適當性（adequacy）問題；3.買得到保險，但保險費負擔能力（affordability）有問題。因此，在1986年，美國通過了責任風險承擔法案（LRRA: liability risk retention act），對法律風險理財市場影響極為深遠。該法案允許，兩個特殊團體成立：一為**風險承擔團體**（RRGs: risk retention groups）與**保險購買團體**（PGs: purchasing groups）。兩個團體均被允許，免除某些法令的要求。例如：證券交易的規定與保險安定基金的規定等。風險承擔團體極類似相互保險或團體專屬保險。該團體可提供責任保險業務予其成員，它也可提供再保險給其他團體。保險購買團體與風險承擔團體，均由遭受類似風險的團體所組成。設立保險購買團體者，可藉團體交涉的力量，獲取優惠的保險費率與條件，這包括風險承擔團體提供的保險。風險承擔團體是特許的公司組織，但保險購買團體，不必要是公司組織。

八、　自我保險基金

　　法律風險可能導致的責任損失，從發生到責任確定賠償結案，通常時間甚長，甚至可達數10年者，這種風險與人身及其他財產風險時間甚短，差別大，尤其在現金流量因時差引發的運用效益會有明顯的不同，故有稱法律責任風險是長尾風險（long-tail risk），相對的人身及其他財產風險稱為短尾風險（short-tail risk）。由於長尾風險有明顯的現金流量運用效益，因此誘發企業對此種風險的理財，在保險危機出現的情況下，更偏好採用自我保險（self-insurance fund）或專屬保險（captive insurance）等風險承擔方式。企業公司內部事先有計畫的提存基金，承擔可能的法律或其他風險，此基金就稱為**自我保險**基金（簡稱自保基金）。公司經由適切性分析（feasibility analysis）與損失的推估，可決定每年提撥額度與基金總額度。適切性分析的步驟包括（Smith and Pearce, 1985）：第一，收集3-5年的相關損失紀錄，並做適當的分類；第二，推估未來年度累積損失的預期值與變異數；第三，預估自保基金的行政管理費；第四，假如，不設自保基金，購買保險的保費負擔有多少；第五，比較計畫期內，每年的自保成本與保險成本；第六，比較自保計

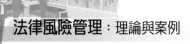

畫與保險計畫的稅後淨現值。

自我保險基金的運作方式，因類似保險，故名之。它與保險的不同是：第一，保險可組合許多風險，但自我保險基金是公司內部的特種基金，規模大的公司集團，風險組合效應，才會明顯；第二，保險在特定期間內，隨時可應付損失的資金需求，但自我保險基金，在累積足額前，有無法應付之虞；第三，保險在一定條件下，才可請求退還部分款項，但自我保險基金是為公司所有，無退還的問題。另外，政府的監理規定、會計處理方式、交易成本、機會成本與基金報酬，均會影響自我保險基金的設立，與對公司價值的貢獻。廣義言，自我保險基金的設立，也是現金管理決策（cash management decision）的一部分。

九、 專屬保險

專屬保險的歷史，至少可追溯至100多年前。今日所稱的，組合專屬保險（Association Captive Insurance）類似西元779年的商業基爾特（Trade Guild）的互保組織（Bawcutt, 1991）。現今專屬保險的型態複雜。有者，含有風險轉嫁與承擔的成分；有者，只有風險承擔的成分。專屬保險型態，是否有風險轉嫁的成分，深深影響賦稅的課徵。

其次，專屬保險最原始的定義，是承保股東們風險的封閉型保險公司（A closely held insurance company whose original purpose is/ was to insure its shareholders' risks）。原文中是「shareholders' 」，而不是「shareholder's」。因此，最原始的定義，係指現今多重母公司的專屬保險（multi-parent captive insurance）而言，性質類似相互保險的特質。下述定義，應可含括各類型的專屬保險：

專屬保險係指為了承保母公司的風險，由一個或一個以上的母公司擁有的保險公司而言。此定義後半部與所有權有關，它可以是一個所有者，也可以是多個。此定義前半部與業務比例有關，來自母公司的業務比例，至少要有50%，才能說該保險公司主要目的是承保母公司的風險，也才能視該保險公司，專屬於母公司。換言之，一家保險公司是否為母公司專屬，不是只依據所有權關係來判斷，也要依據業務比例。

專屬保險的分類基礎，相當多。茲就六種主要的分類基礎，說明如后：

第一，依業務範圍分，專屬保險可分為：1.**純專屬保險**（pure captive insurance）與2.**開放式專屬保險**（open or broad captive insurance），參閱圖10-1與

圖10-2前者，全部業務均來自母公司；後者，至少50%的業務，來自母公司。換言之，開放式專屬保險來自一般社會大眾的業務，最多不能超過50%[14]。此種來自社會大眾的業務，稱之為非相關業務（unrelated business）。

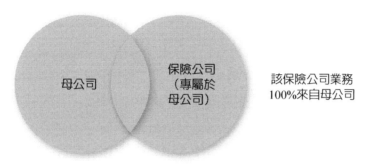

該保險公司業務100%來自母公司

圖 10-1　純專屬保險

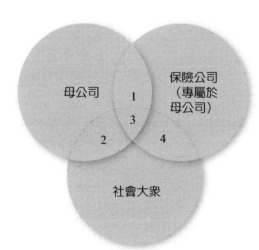

交集1為來自母公司的業務至少為50%，則該保險公司可稱為母公司的專屬保險公司。交集3和4為保險公司的非相關業務。交集2為母公司本業業務。

圖 10-2　開放式專屬保險

　　純專屬保險是風險承擔的性質，開放式專屬保險則是風險承擔與轉嫁的混合。換言之，開放式專屬保險，就母公司立場言，它是風險承擔；就社會大眾言，它是風險轉嫁；

　　第二，依贊助者（sponsors）分，專屬保險可分為：1.純專屬保險（pure captive insurance）；2.組合專屬保險（association captive insurance）；3.團體專

---

[14] 這項比率並未成為稅法認定的標準。

屬保險（group captive insurance）；4.風險承擔或保險購買團體專屬保險（risk retention/purchasing group captive insurance）與5.租借式專屬保險（RAC: rent-a-captive insurance）五種。此分類，值得留意的，有下列幾點：1.此分類下的純專屬保險，僅指單一母公司的純專屬保險（Tiller et al., 1988）。前一分類下的純專屬保險，則擴大含括了多重母公司的純專屬保險（Porat, 1987）；2.組合專屬保險與團體專屬保險類似，主要差異是贊助者的型態不同；3.風險承擔或保險購買團體專屬保險與美國責任風險承擔法案（LRRA: liability risk retention act）有關（參閱本章頁222、第七節）；4.對不想成立或無法成立專屬保險機制的公司或團體言，透過專屬保險公司優先股合約的安排（preference share agreement），也可享有來自專屬保險機制帶來的好處。這種方式，謂之**租借式專屬保險**，參閱圖10-3。

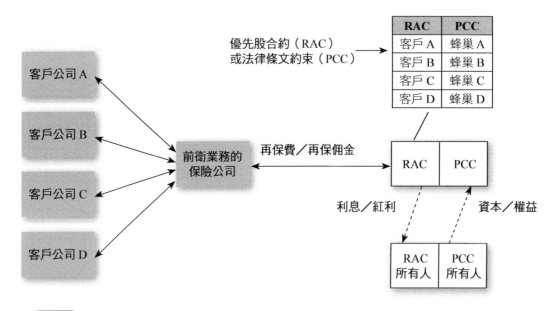

圖10-3　租借式（RAC）與蜂巢式（PCC）專屬保險

　　租借式專屬保險與客戶間，是靠合約約束，效力較弱，另一與租借式專屬保險，極為相近的專屬保險，就是**蜂巢式專屬保險**（PCC: protected cell captive insurance），也參閱圖10-3，這PCC也是出租使用，不同的是PCC與客戶間，是以法律條文約束，因而效力強；

　　第三，依規模大小分，專屬保險可分為：1.空殼（或紙上）的專屬保險（paper

or toy captive insurance；2.小規模專屬保險（small scale captive insurance）與3.規模完整的專屬保險（full scale captive insurance）。空殼的專屬保險可以是，只為了避稅或資金調度方便而設，並非真正為了管理風險。它可以委由律師或會計師事務所或其他管理顧問公司負責，母公司並不派員經營管理。小規模與規模完整的專屬保險是真正為了管理風險，其差異只在母公司企圖心的強度與專屬保險公司發展階段的不同；

第四，依所有人的多寡分，專屬保險可分為：1.單一母公司專屬保險（single-parent captive insurance）與2.多重母公司專屬保險（multi-parent captive insurance）。原始的專屬保險以後者為主；

第五，依角色功能分，專屬保險可分為：1.以直接簽單為主的專屬保險（direct-writing captive insurance）與2.以再保為主的專屬保險（reinsurance captive insurance）。後者與所謂的前衛業務（fronting business）有關；

第六，依所在國境內外分，專屬保險可分為：1.與母公司同一國境的境內專屬保險（domestic or onshore captive insurance）以及2.與母公司不同國境的境外專屬保險（offshore captive insurance）。

最後，專屬保險面對未來賦稅與風險基礎資本制度（RBC: risk-based capital system）的威脅，慎選專屬保險的類型是設立前，要仔細思考的課題。

十、 案例分析

【案例8】長榮集團專屬保險

臺灣長榮集團包含的事業複雜，有海運、空運、旅館業、航太等工業。顯然無可避免的會涉及各式各樣的法律風險，而其可能導致的責任也是百百種。因此，在1992年長榮率先以利潤中心的概念成立專屬保險公司於海外的所謂避稅天堂。這家專屬保險公司不是真正的一般商業保險公司。學理上，它又可同時扮演保險人或再保險人的角色，尤其在安排前衛業務（fronting business）時，再保險人的角色更加凸顯。當然，成立這家專屬保險公司對長榮集團在面臨眾多可能的責任損失理財方面，會有好處。至少責任保險費會便宜許多，責任保險費中的附加保費無需繳交給一般商業保險公司。其次，不用看商業保險公司的臉色，而且跨國資金安排上有了這家海外自己的專屬保險公司，能方便許多。

【案例9】勞工責任保險實益

　　凱欣營造公司承包二件公共工程，施工中技術工人陸續離職，延攬困難常常缺工，董事長柯賓甚爲苦惱，有一天遇見謀昌營造公司董事長汪利談起雇工不易之事，汪利表示沒有這個困擾，柯賓頻頻吐苦水，汪利乃告之實情：半年前你們公司工人摔傷，給予賠償不高，又無保險，覺得沒有保障，像我們公司就投有較高保險，工人穩定，最近就有你們公司5位工人來公司工作，柯賓回應說：這不是會增加營運成本，沒出事不是白花的，汪利提出其保險理念，建議投責任保險，其保費合理，出事公司責任壓力減輕，工人也會覺得公司有誠意，願意照顧工人，萬一出事故理賠迅速，工人也不會一直找公司麻煩，柯賓聽後發現忽略風險問題與保險之實益，需重新評估保險事宜，減輕公司負擔。

【案例10】閃過火災保險的苦惱

　　世偉文化事業公司出版各類圖書，業績良好，董事長鍾天見其旁空地興建廠房，據查是沈明要開塑膠工廠（獨資），放置許多易燃原料與半成品，副總經理建議鍾天投火災保險，鍾天見保費不低，認爲不必要。後來塑膠工廠半夜突然起火，延燒世偉廠房及庫存圖書，損失高達6800萬元，鍾天遂委託律師向沈明提起民事損害賠償8500萬元，經法院判決沈明需賠償6000萬元，奈何沈明工廠已付之一炬，又無財產，索賠無門，鍾天悶悶不樂，其妻乃開導他不聽職員建議，又何必苦惱，這是命呀！

【案例11】睿智決定投地震險

　　偉仁實業公司生產電子零件，銷售海內外，董事長何清出國拜訪外國客戶時，遇當地發生大地震，客戶廠房一半以上倒塌，損失慘重，連帶應付貨款也無法支應，何清經多日思考後，決定投保地震險，其主管認爲企業界很少有人投保，建議不必多付此筆保險費，何清堅持要保險，2年後臺灣大地震，其廠房幾乎全倒，保險公司理賠9000萬元，何清認老技術已落後，趁機停產，以9000萬元加上另籌資金投資新電子產品，經3年努力，業績長紅，友人肯定何清有眼光，何清表示幸好伊有風險之認識，才會去投地震險，讓他有另起爐灶機會。

【案件12】投保中心之求償風險

　　政府爲保障證券投資人及期貨交易人之權益，成立保護機構財團法人證券投資

人及期貨交易人保護中心（簡稱投保中心），專門處理上市上櫃公司之董事、監察人執行業務，有重大損害公司之行為或違反法令或章程之重大事項提起訴訟，請求損害賠償。自投保中心成立12年以來，專打團體訴訟求償，共受理1.1萬件，47件由法院判賠146億元，人數逾3.8萬人，協助投資人求償187件，和解金29億元，強制執行3.1億元。2012年日本爾必達TDR和解金達3.8億元，其成效良好。因之，對於上市上櫃公司，投保中心之團體訴訟，成為法律風險之源頭；更進一步而言，上市上櫃及公開發行公司若對《證券交易法》、《期貨交易法》等不予重視，將有法律風險之到來。

　　檢視投保中心在進行追償之訴訟中，採取下列策略，尋求最大追償效果：1.預測成案性，採取有效策略；2.創造有利條件，爭取勝訴；3.促導公司和解之意願提升，營造和解環境；4.依訴訟程序激發公司和解意願，儘早和解；5.掌握時機和解，減少訴訟時間之負擔；6.收集有利之證據，推翻對手事證，爭取勝訴。

　　對於企業而言，由投保中心之訴訟作法、勝訴之機率等觀察，要有確實之法律風險評析：

　　1. 企業務必認清，《證券交易法》、《期貨交易法》等之民事責任重大，不能忽略而未予重視。

　　2. 投保中心追訴能力與毅力堅強，鍥而不捨索賠，後座力強大。

　　3. 董監事需體悟法律責任森嚴，一經追償，噩夢到來。

　　4. 董監事投保責任保險為必要之路，獨立董事更需考量投保為接任之必要條件。

　　5. 會計師民事分擔重責，加強簽核功能，成為唯一之路。

　　6. 索賠金額一般龐大，而達成和解較低，在訴訟中宜掌握時機，與投保中心和解，減少賠償。

　　7. 對投資人有保障，當投保中心實績越高，企業主冒險之情況會降低，利於大眾投資人。

　　8. 企業評量投保中心對本案之態度與處理之策略，評估風險機率高低，採取必要避險作為。

【案例13】Bhopal的損害訴訟危機

　　美國聯合碳化公司（Union Carbide）投資的印度子公司為製造殺蟲劑的公司，位於印度Bhopal近郊。在1984年12月3日發生爆炸，25噸有毒瓦斯外洩，造成約有

2600人死亡，傷20萬人。印度與美國司法環境制度不同，印度不適用嚴格責任，訴訟費用高，賠償金額低，訴訟期長，因此印度眾多受害人轉向美國法院提起約150億美元的損害訴訟求償，美國聯合碳化公司頓時陷入龐大金額的訴訟危機。當時該公司總資產只有103億美元，所投保的責任保險額度也不過2億美元，眼看官司一打，公司非跨不可。然而，該公司向美國聯邦地方法院申請同意以印度為裁判管轄權，美國聯邦地方法院嗣後則判決印度才是審理該案最方便的法庭地，因此扭轉了美國聯合碳化公司高額賠償可能破產的局面。

十一、 本章小結

　　法律風險理財主要除了靠責任保險，就是靠RRGs、PGs、自我保險與專屬保險。近年來，由於財務工程學（financial engineering）的興起，各種創新的風險理財商品層出不窮，很多商品也脫離傳統保險的性質，這使法律風險理財更得心應手，但也須留意這些創新商品可能隱藏極大風險。

本章摘要

　　1. 法律**風險理財**，指的是面對法律風險可能導致的責任損失，人們如何籌集彌補責任損失的資金，以及如何使用該資金的一種財務管理過程。

　　2. 法律風險理財基本上只有兩類：一為法律風險承擔；另一為法律風險轉嫁。法律**風險承擔**係指彌補責任損失的資金，源自於經濟個體內部者；反之，如源自於經濟個體外部或外力者，稱為法律**風險轉嫁**——理財型。

　　3. **轉嫁**法律風險常需要談判，談判時，轉嫁法律風險的策略，有兩種型態：一為防衛性策略；另一種策略是侵略性策略。

　　4. 責任保險是被保險人對於第三人，應負賠償責任，而受賠償請求時，由保險人代被保險人負賠償之責的保險。

　　5. 保證保險是保險人於被保險人因其受雇人之不誠實行為或其債務人之不履行債務所致損失，負賠償之責的保險。

　　6. **責任保險危機**即(1)保險供給出問題；(2)買得到保險，但賠償限額極為有限，承保條件極為嚴苛，此屬適當性問題；(3)買得到保險，但保險費負擔能力有問題。

7. 責任風險承擔法案允許，兩個特殊團體成立：為**風險承擔團體**與**保險購買團體**。

8. 企業公司內部事先有計畫的提存基金，承擔可能的法律或其他風險，此基金就稱為**自我保險基金**。

9. **專屬保險**係指為了承保母公司的風險，由一個或一個以上的母公司擁有的保險公司而言。

思考題

❖ 想一想，責任保險為何在現代法治社會中那麼重要？

❖ 想一想，法律風險為何更需要其他非保險的法律風險理財措施？

參考文獻

1. 宋明哲，《風險管理新論──全方位與整合》，五南圖書，2012年10月6版1刷。
2. 施茂林，《醫病關係與法律風險管理防範》，五南書局，2015年10月初版。
3. 金光良美（1987）。《美國的保險危機》。臺北：保險事業發展中心譯。
4. 陳麗潔，《企業法律風險管理的創新與實踐》，法律出版社，2012年4月初版1刷。
5. 胡杰武、萬里霜，《企業風險管理》，清華大學出版社，2009年版。
6. Bawcutt, P. A. (1991). *Captive insurance companies-establishment, operation and management.* Cambridge: Woodhead-Faulkner.
7. Berthelsen, R. G. et al. (2006). *Risk financing.* Pennsylvania: IIA.
8. Doherty, N. A. (1985). *Corporate risk management-a financial exposition.* New York: McGraw-Hill Book Company.
9. Porat, M. M. (1987). Captive insurance industry cycles and the future. *CPCU Journal.* March, 1987. pp. 39-45.
10. Ray, C. (2010). *Extreme risk management-revolutionary approaches to evaluating and measuring risk.* New York: McGraw-Hill.
11. Smith, J. B. and Pearce, A. M. (1985). *Practical self-insurance-an executive guide to self-insurance for business.* San Francisco: Risk Management Press.
12. Tiller, M.W. et al. (1988). *Essentials of risk financing.* Vol.1. Pennsylvania: IIA.

第 **11** 章

法律風險回應（三）
——決策

讀完本章可學到：

1. 瞭解決策工具在法律風險回應中的應用。

2. 認識保險規劃原則與決定法律風險承擔水準的經驗法則。

3. 清楚瞭解ADR制度之運作與實效性，以利法律風險回應之決策。

4. 認清民刑事訴訟程序之基本觀念與應訟要領。

法律風險回應裡的決策，包括吸納、和解、協議、爭端解決模式以及訴訟等[1]，現主要就提告或爭端訴訟的成本效益分析，以及責任保險與履約保證保險的規劃問題。本章介紹常用的決策工具，如何應用在法律風險管理的決策中。再說明訴訟與訴訟外多元性紛爭解決機制，章末則解析司法訴訟之風險回應。

一、決策樹分析

法律風險管理決策可採用決策樹分析，分析相關的決策議題。決策樹（Decision Trees）是最古老的決策工具之一，基本上，它以期望值最大化為決策標準，是依時間順序，作思考邏輯的決策分析。決策樹有三種類型（Smith and Thwaites, 2008）：一為常態形狀樹（normal form tree）；二為因果樹（causal tree）；三為動態規劃樹（dynamic programming tree）。此處，說明常見的動態規劃樹，動態規劃樹由四方形的決策結點（decision node）與圓形的機會結點（chance node）繪製而成，由於其形如樹，故稱為決策樹。

對於法律風險，首重在預防其發生，貴在不出現法律風險事件，是以預防管理實為法律風險回應之先決目標，所謂料敵在先即為此理。若欠缺預防管理或管理失敗，將有法律風險實現之可能，此時，法律風險之決策，即將進入第二層次管理階段，必須做出最好之回應決策。

設想法律風險管理人員，正考慮，要不要提出訴訟，而猶豫不決；如提告，需花費起訴費用2萬元，同時，法律風險管理人員分析，可能發生的結果[2]，有三種：第一，是勝訴；第二，是勝訴但自己也有責任，那麼遭受的責任損失，只有50萬元；第三，是敗訴，那麼遭受的責任損失，就會是全部120萬元。相反的，如果不提告，可以考慮與對方和解，發生的結果只有兩種：第一，就是和解沒和解金；第二，是和解但要花90萬元和解金。其次，法律風險管理人員還要評估，每種結果可能發生的機率，這時法律風險管理人員可畫出簡單的決策樹，如圖11-1。

---

[1] 在法律風險回應中，有許多法律規定之可運用，如重整、債務清理、破產等制度。
[2] 分析過程金額的大小是任意設定，讀者只須瞭解過程方式即可。

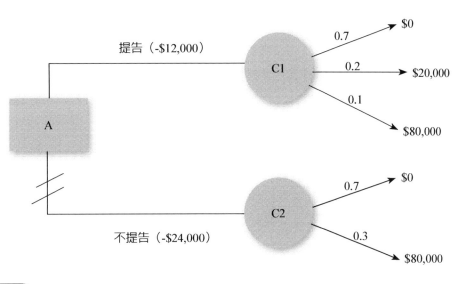

圖 11-1　決策樹

　　根據圖11-1分別計算，每種結果期望值的大小，並以反推（rollback）方式，決定最佳結果。在機會結點C1的期望值總計是負12,000，在機會結點 C2的期望值總計是負24,000。因此，法律風險管理人員的決策，是提告訴訟。

二、成本效益[3]分析

　　假設某公司決定要提告並進行法律訴訟程序，評估需時5年才能結束，起訴費用，是$55,000，以後每年支付律師費用$5,000，提告如勝訴，以後每年可減少責任損失成本$20,000。茲運用成本效益分析（CBA: cost-benefit analysis）（Downing, 1984; Fone and Young, 2000），以無風險年利率5%計算淨現值，如表11-1。

---

[3] 成本與效益含括哪些項目，每一國家法律訴訟規定的費用不盡相同，此處讀者瞭解其過程方式即可。

表 11-1	無風險年利率5%					

年度底	起訴費用	效益	律師費用	成本與效益間的差額	折現因子	淨現值
0	55,000			(55,000)	1.00	(55,000)
1			5,000	(5,000)	0.95	(4,750)
2		20,000	5,000	15,000	0.91	13,650
3		20,000	5,000	15,000	0.86	12,900
4		20,000	5,000	15,000	0.82	12,300
5		20,000	5,000	15,000	0.78	11,700

依表11-1分析結果，提告如勝訴（如不考慮勝訴後獲取的賠款與其他因素），但因淨現值總計為負值，不鼓勵提告。反之，淨現值總計為正值，可考慮提告。

三、 保險與風險承擔

保險與風險承擔的決策，自然包括法律風險理財中的責任保險與履約保證保險的規劃，以及法律風險承擔水準如何決定之問題。由於以下內容均可適用在法律風險理財中，故無特別說明，則與一般保險與風險承擔的決策方式相同[4]。

（一）所有保險理財決策的基本考量

所有保險賠款，均可提供損失後再投資的資金來源。同時，保險亦有穩定公司未來收益來源的功效，是故，保險的購買，是重要的理財決策之一[5]。購買保險旨在轉嫁風險，公司在決定購買保險與否間，需考慮三個基本因素：第一個因素，是保險費率，此點，需依費率結構項目，分別考慮。首先，需考慮純保費部分，公司規模夠大，例如：跨國公司，損失資料夠充分，計得的損失期望值，如果低於純保費，此時，可傾向不買保險。其次，需考慮附加保費中，各個費用項目，例如：損

---

[4] 風險承擔係在合於規範下所採風險回應對策，若以非法、違法或不合法方式，自非回應風險之作法。2015年12月初桃園發生一環保公司在2年內，以合法掩護非法，將上千噸有毒化學液劑倒入下水道，自以為是對應方式，經警方查出該廠有毒廢藥液帳與申報不符，短少約1000噸，依《廢棄物清理法》移送檢察官偵辦。

[5] 目前一般人理財觀念已逐步擴大，投資型保單逐漸增加，保費在100萬元以下者，比重提高，已非富人之專利。

失控制服務品質與行銷人員佣金的合理性等，其實附加保費，才是購買保險的實質代價。換言之，不買保險，實質的節省，才是來自附加保費。蓋因，純保費部分，不會因不買保險，獲得節省。第二個因素，是公司對風險的承受力，風險承受力涉及公司財力，公司如果傾向不買保險，那麼，自我承擔風險的能力有多強，以及自我承擔的花費需多大，均需思考。第三個因素，是機會成本。

　　任何犯罪行為，帶來後續之連鎖反應，也必因此產生諸多成本之問題，包括犯罪者之代價、被害人所受損害、偵查費用、政府防治犯罪之經費、民眾防範犯罪受害成本、社會不安連動之成本等。當犯罪行為越大，越嚴重時，社會各項成本越高，是以防制犯罪之發生，必能減少社會與被害人之損害，而加重犯罪者之成本，亦可適度壓制犯罪者之犯罪行為。此在企業犯罪時，必須考量其對企業成本之增加與利潤之減少，蓋企業負責人、經營群、管理幹部等有不法犯罪行為時，常是蓄意、故意及有意為之[6]，通常在犯罪行為前即會有盤算與計畫，其結果會有何刑事處罰，均在相關刑事法律中明白規定，並不難瞭解，由此刑事責任之規範，進而去衡量上述成本問題，相當容易。固然，刑事處罰相關問題不易用民事損害賠償之模式去評量，但亦可藉其思路探析其大數方向，且在決策上更無困難，可依承受力、價值性、損害力等決斷。

（二）所有保險規劃的基本準則

1. 彈性運用準則

　　規劃所有保險，需瞭解所有保險市場，有時，市場疲軟，這時可深度運用保險；有時，市場艱困，此時無需太依賴保險，每個險種市場的疲軟或艱困，會因時而異。是故，風險控制，及另類風險理財，應適時與保險，彈性搭配。以公司風險成本預算圖來看，每年在一定的預算下，依市場環境的改變，需適度調整保險，風險控制與另類風險理財間的預算分配，見圖11-2。

---

[6] 我國刑事處罰，原則上以故意行為為主。過失行為之處罰，以有特別規定者為限（《刑法》第12條）。

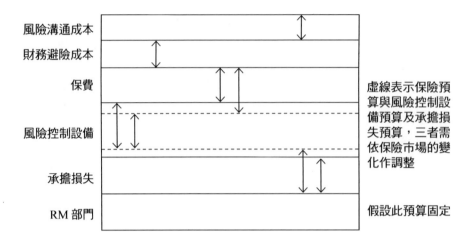

風險溝通成本

財務避險成本

保費

風險控制設備

承擔損失

RM 部門

虛線表示保險預算與風險控制設備預算及承擔損失預算，三者需依保險市場的變化作調整

假設此預算固定

圖 11-2　風險預算分配

2. 分層負責準則

在彌補損失資金來源方面，保險與另類風險理財（例如：專屬保險），應分層負責。在風險值位於低層者，發生機會較高，一般由另類風險理財負責；在風險值較高的一層，發生機會較低，保險與衍生品，通常負責該層，見圖11-3。

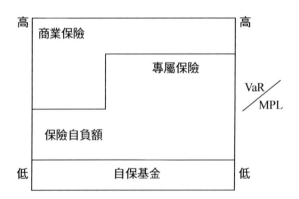

高　商業保險　高

專屬保險

VaR／MPL

保險自負額

低　自保基金　低

圖 11-3　風險理財分層負責

3. 適切險種準則

在一定的監理水準下，各保險公司推出的各類險種間，有共通部分，聚焦在差異部分的比較分析，且能滿足公司需求條件的保單，即為適切的保單。比較各類險種時，也需留意比較基礎的一致性，比較的項目包括費率、承保條件範圍與理賠計

算基礎。

4. 保險需求分層準則

　　公司保險的需求層次，可依法令與契約的要求，作如下的劃分：第一個層次，是非買不可（should have）的層次，此種需求，通常係基於法令的強制性產生，例如：勞保等。另外，此種需求也可能與契約的強制要求有關，例如：以財產為抵押向銀行借款，銀行會要求抵押人投保火險等；第二個層次，是必須買的（must have）層次，此種需求，通常基於公司的合理分析，認為必須買而產生的；第三個層次，是也許需要買的（may want to have）層次，此種需求，可能基於人情關係而來的，買或不買，均無妨。其次，需買多少保險金額，理論上，依相關風險值高低而定。

5. 信譽良好準則

　　保險是最高誠信（utmost good faith）的事業，選擇良好信譽的保險公司或保險輔助人是極其重要的。選擇保險公司，應考慮三個要素：第一，保險公司的財務安全性。蓋因，保險公司的財務結構是否健全，影響著對保戶的清償能力；第二，保險公司的售後服務，保險公司的售後服務品質，關係各項保險權益；第三，保險公司的信用。

6. 保單條款準則

　　1983年101風險管理準則的技巧準則部分是針對商業財產保險單條款，在可磋商的情況下，公司在條款安排上，該留意的原則。至於人身保險多為制式條款的個人保險（personal line insurance）[7]，通常無磋商空間。這些準則中與責任保險有關的包括：第一，保單條款中有關記名被保人、通知和註銷條款、投保區域的規定等，應求取一致（Insurance policy provisions should be uniform as to named insured, notice and cancellation clauses, territory, etc.）；第二，所有保單中的「通知」條款，應被修訂成通知特定單位或個人的通知條款（The "notice" provision in all insurance policies should be modified to mean notice to a specific individual.）；第三，年度累積式基本保單的期間，應與超額保單期間一致（Primary policies with annual aggregates should have policy periods which coincide with excess policies.）；第四，公司的汽車

---

[7] 個人保險，是商業保險（commercial line insurance）的相對名詞，前者是指個人投保的保單，例如：個人終身險或住宅火險等；後者是團體投保的保單，例如：團體保險或商業火險等。

保險方案中，應加入「駕駛他車」的保障條款（Add "drive other car" protection to your corporate automobile insurance.）；第五，應該認識清楚「請求索賠」責任保單和「代被保人賠償」責任保單的涵義和其間的區別（Know the implications of and difference between "claims made" and "pay on behalf of" liability contracts.）；第六，透過契約而承受的風險，不一定需由契約責任保險來承保（Risks accepted under contracts are not necessarily cover under contractual liability coverage.）；第七，應將員工，納入責任保險的被保人中，並採用較為廣義彈性的用語，以避免並防範懷有惡意的他人（Add employees as insureds to liability contracts. Use discretionary language to avoid defending hostile persons.）。

（三）損失後理財決策

損失後理財，是風險承擔的特質，其交易成本、時效性與自主性均應妥善考慮。每一理財措施應以加權平均資金成本的高低為決策標準。現金除外，所有的損失後理財均有交易成本，例如：證券出售，有證券交易費。再如：公司債發行，會有發行、承銷、法律與會計費用。現金與出售有價證券較有自主權，因而時效性高。增資與借款需動用外部資金，自主性弱，因而時效性低。最後，採用不同的損失後理財，對公司價值，亦會有不同的影響（Doherty, 1985）。

（四）決定法律風險承擔水準的經驗法則

經驗法則（rules of thumbs）在風險管理上，有時極為管用，蓋因，不是所有風險均能客觀計量，進而以較科學的方式回應風險。決定法律風險承擔水準，可參考下列各種經驗法則：

第一，運用資本法，以當期運用資本（流動資產－流動負債）的1%至5%為承擔水準的合理範圍；

第二，盈餘／收益法，以當期盈餘和前5年稅前平均收益總計的1%為承擔水準；

第三，股東權益法，以最近1年股東權益的0.1%為承擔水準；

第四，銷貨額法，以當期銷貨額的1%為承擔水準；

第五，每股收益法，以每股收益的10%為承擔水準；

第六，資產負債表法（Dwonczyk et al., 1989），從資產負債表中，決定承擔水準，其過程如下：

符號「A1」表示「運用資本＝（流動資產－流動負債）」。

符號「A2」表示「現金＝（銀行存款＋庫存現金）」。

符號「B1」表示「淨值＝（股本權益＋各項準備）」。

符號「B2」表示「有形資產＝（總資產－無形資產）」。

符號「B3」表示「銷貨毛額」。

符號「C1」表示「未來1年預計收益」。

符號「C2」表示「前3年收益，經通貨膨脹調整後的平均值」。

依經驗法則，$F1 = A1 \times 3\%$；$F2 = A2 \times 25\%$；$F3 = B1 \times 2\%$；$F4 = B2 \times 2\%$；$F5 = B3 \times 1.25\%$；$F6 = C1 \times 5\%$；$F7 = C2 \times 5\%$。

平均值為$\Sigma Fi / 7 = AVE$；標準差為$\sqrt{\Sigma(Fi - AVE)^2/7} = SD$。

承擔水準則設定為$AVE - (SD / 2)$。

最後，上述計算結果是就公司所有風險加以考慮的。如單獨考慮法律風險承擔水準，則可依法律風險占公司所有風險的比例乘以上述計算結果來決定。

四、　多元訟訴之法律風險回應決策

當前社會相當多元，解決法律爭議之模式亦多元多樣，傳統上常以到法院訴訟作為解決法律爭議之標準方式，已逐漸在調整變動中，多元訴訟機制應運而生，在於避免將法律糾紛之解決單純寄予某一種程序，當其多軌解決方式可為民眾提供多種選擇之可能性，並顯現每一種方式之特定價值，分列如經濟、便捷、符合情理、迅速等，為當事人提供選擇機會，現已逐步被運用。

「替代訴訟解決糾紛之機制」（alternative dispute resolution, ADR），乃指替代訴訟模式而使發生法律糾紛的當事人，達成爭端解決的程式與技術之方法或手段。此有稱為訴訟外的糾紛處理機制或多元性訴訟紛爭解決機制，其能快速發展並為人民所接納，主要是人民對司法缺乏信賴感、司法處理程序緩慢、司法官之態度不夠親民、司法裁決結果不如訴訟當事人及國民之法律感情[8]。

傳統上，人民提起民刑及行政訴訟，認為國家分官分職，以法院為人民解決法律爭議。本質上，人民係居於被動之地位，但基於國家主權原理及《憲法》對人民

---

[8] 發生法律爭議之當事人，循由多元訴訟的方式較有效率、耗費時間較短，且經由專業性之人員進行協處，對自己的權益較有信心得到保障。同時，對個人或企業而言，有相當多之隱私與營業祕密，不致像訴訟公開審理曝光或外洩。

基本權利之保障，人民既爲私法上之權利主體，於程序上亦應居於主體地位，俾其享有程序處分權及程序選擇權，於無礙公益之一定範圍內，得以合意選擇循訴訟或其他法定之非訴訟程序處理爭議[9]，是以ADR制度是人民程序選擇權之行使表徵。

　　ADR機制主要有協談、調處、調解、商務仲裁等，但法律上尙有協議、和解、調處、調協、協商、協調、協處[10]、裁決、評議[11]、破產、公司重整、公司清算、債務協商等[12]。又在民事訴訟程序中，有關合意管轄、合意停止訴訟、自訴、證據契約、示範契約[13]等均含有和解之性質。刑事訴訟程序中，撤回告訴、自訴，爲緩起訴處分，緩刑而向被害人道歉之悔過書，向被害人支付相當賠償，協商程序之向被害人道歉、支付相當數額賠償金等均有和解成分；行政訴訟中之自認合意停止訴訟等亦有和解性質。另行政機關亦會創造和解契機[14]，從法律風險回應觀之，均爲解決法律糾紛之選項[15]。

---

[9] 參閱大法官釋字第591號解釋。

[10] 2012年8月9日，第八次江陳會簽署的「海峽兩岸投資保障和促進協議」增加「協商」、「協調」、「協處」，增加解決機制之新方式。

[11] 現行法上之評議，《教師法》第29條至第32條教師申訴或再申訴之評議；金融《消費者保護法》第13條至第30條由爭議處理機構成立並經法院核可之評議。

[12] 蔡文斌，〈從法律風險控管論多元化糾紛解決機制〉，收錄於《工商事業活動與法律風險管理》，五南圖書，2014年11月初版1刷，頁497-525。

[13] 沈冠伶，《訴訟權保障與裁判外紛爭處理》，元照出版，2006年4月初版1刷，頁157以下。

[14] 財政部爲讓稅務機關與納稅義務人有稅務和解的機會，頒布稅捐稽徵機關稅務案件作業要點，便利稅務機關與納稅義務人面洽、商談、面商，可適時達成納稅義務人接受之繳納稅捐之方案。

[15] ADR機制，主要在促進及引導爭端之當事人朝一定條件與內容進行磋商協調，達成合意以解決爭端。本質上，不論其使用之協商名稱爲和解、調解、協處、仲裁、協商等，均具有和解之性質，也因雙方接受和解內容，才容易成爲解決糾紛之目標。

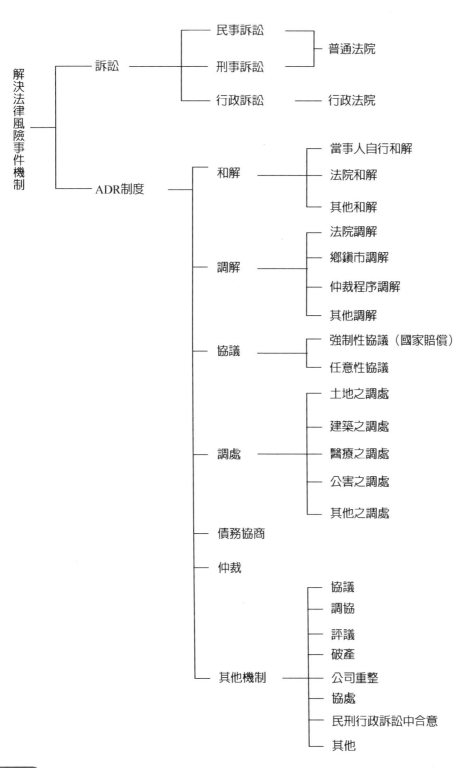

圖 11-4 解決法律事件機制

（一）和解

所謂和解，係指當事人約定，互相讓步，以當事人之合意，自行解決糾紛，以終止爭執或防止爭執發生的方法（《民法》第736條）。當事人發生法律爭議時，不論什麼時候都可以進行和解，起訴前、起訴後，只要雙方願意，即使訴訟正在進行仍可以和解。

和解因雙方達成協議的時間、方式不同，分為「訴訟外的和解」（《民事訴訟法》第377條）和「訴訟上的和解」（《民事訴訟法》第377條）二大類。前者之和解當事人應依和解契約內容履約，但如果任一方不依約履行，則爭議再起，必須再次和解、調解或進法院訴訟，確定債權債務關係後，才能強制執行；後者之和解，在法官面前進行和解，並由書記官做成和解筆錄，效力與確定判決相同（《民事訴訟法》第380條第1項），當對方於他方不履行和解條件時，可到執行法院請求法院強制執行[16]。

又現行法有關和解之規定，尚有1.《勞資爭議處理法》第36條：「勞資爭議當事人於仲裁程序進行中和解，應將和解書報仲裁委員會及主管機關備查，仲裁程序即告終結；其和解與依本法成立之調解有同一效力。」2.《破產法》第27條至第40條鎖定法院之和解制度。3.《仲裁法》第44條：「仲裁事件，於仲裁判斷前，得為和解。和解成立者，由仲裁人作成和解書。前項和解，與仲裁判斷有同一效力。但須聲請法院為執行裁定後，方得為強制執行。」4.《行政程序法》第136條：「行政機關對於行政處分所依據之事實或法律關係，經依職權調查仍不能確定者，為有效達成行政目的，並解決爭執，得與人民和解，締結行政契約，以代替行政處分。」5.《行政訴訟法》第219條至第228條所定行政訴訟之和解。

【案例1】和解

強欣建設公司興建幸福大樓中，鄰房單寧抗議其三樓透天厝多處牆壁、地板龜裂，水管破裂滲水，多次向強欣理論不果，單寧遂發出存證信函稱：如不妥善解決，將向臺北市政府都發局投訴，要求市府勒令停工[17]。強欣董事長蕭鵬趕緊與單

---

[16] 在法院達成和解，有執行名義，對當事人雙方便利有實益，但要注意和解成立後，若仍有爭議有無必要再相互退讓而達成新和解契約，務必慎重考量，蓋此時，新和解契約會改變法院和解契約之內容，是否仍有執行名義，常起爭執，必衍生法律風險。

[17] 臺北市政府為處理建築施工損鄰爭議，發布《臺北市建築施工損鄰事件爭議處理規則》，由臺北市建築爭議事件評審委員會處理，其第4條第1項第2款規定：「認定係屬施工損害，且有危害受損房屋公共安全之虞者……勒令停工」。

寧商量，多名主管認索賠500萬元過高，但2名副總經理評估萬一停工，影響不小，蕭鵬認同後，要求副總負責協調，經3次協調，由強欣負責修補復原，支付100萬元慰問金，圓滿解決，未影響工程進行。

【案例2】使用商標之和解

富邦銀行在瑞興銀行原稱於2009年改名為大台北銀行後，提起中文商標訴訟，主訴「台北富邦」銀行中文商標，已有「台北」二字，易與「大台北銀行」中文商標，產生混淆，經智慧財產法院認同，中文商標三審定讞，大台北銀行敗訴。大台北銀行隨後被迫更名為瑞興銀行，至2014年，富邦銀行再以瑞興銀行的英文商標「BANK OF TAIPEI」，也有「台北」。認為與其合併的台北銀行「Taipei」名稱類似，但瑞興銀行認為，富銀現行英文商標是「Taipei Fubon Commercial」，雙方商標名稱，有其差異度，智慧財產法院一審判決瑞興銀行敗訴，二審法官勸導雙方和解，簽署和解條件，基於保密原則，不對外公布。

【案例3】和解結束合併衍生訴訟

佳世達於2005年6月宣布併購德國西門子手機部門，成為全球第四大手機廠牌，2006年9月佳世達宣布停止投資德國子公司，累計虧損總金額達350億元。2007年3月佳世達針對西門子手機部門資產價值，向西門子提出國際仲裁，佳世達的德國子公司OHG破產保護人於2007年9月提告，求償220億元，其後佳世達與明基品牌及代工分割，保留代工並更名為佳世達，品牌獨立成為明基電通公司，至2011年11月，佳世達與OHG清算管理人達成協議，雙方撤回訴訟，所有佳世達因合併衍生之訴訟結束。

【案例4】涉外民事爭議之和解

合億機械公司製造機械、車床、工作母機，出口至歐美等國，車床以23萬美元在美國售賣，買主史密斯公司買受後，主張機件構造有瑕疵，操作不順，向德州經銷商索賠80萬元，德州經銷商知悉使用者之律師提告，宣告結束營業，進口商未出庭，法庭缺席判決賠償50萬元，在判決前，亦結束營業，轉向合億公司求償，主訴詐欺、違反合約、不實陳述、取得不公平利益等，索賠165萬美元，外加律師費、訴訟費等，合億公司乃委託臺灣律師事務所代理訴訟，美方合作律師報價50萬美元，第一階段瞭解案情報價26000美元，原來原告因次貸風暴積欠銀行貨款被查

封，乃與原告律師協議分成，合億公司以歐洲品質，臺灣產品價格銷售至美國，又無人受傷，乃據理力爭，並告知原告官司贏了，也難跨國執行，雙方和解為宜，後經再三協商，達成和解，支付5萬美元，原告不得向美國進口商控訴及索賠，並採取風險對策：(1)公司減資，減少資本額；(2)商標專利移轉第三方；(3)工廠生產與行銷服務分離獨立；(4)設立境外公司在境外交易。

（二）調解

調解係指當事人雙方之紛爭，由調解委員或調解人從中調停，雙方自願同意特定條件達成的解決紛爭機制，因屬雙方當事人同意，符合當事人意思自主原則。法律爭議當事人常各有堅持，不容易私下和解，經由客觀第三人居間協調，雙方較願退讓達成共識，解決紛爭。

現行法律之調解制度採多元制，計有1.民事訴訟程序之調解（《民事訴訟法》第403條至第426條）；2.家事事件之調解（《家事事件處理法》第23條至第36條）；3.鄉鎮市調解（《鄉鎮市調解條例》第1條）；4.政府採購履約爭議之調解（《政府採購法》第85條之1至之4）；5.著作權爭議之調解（《著作權法》第82條第1項）；6.消費爭議之調解（《消費者保護法》第45條之2、3）；7.性騷擾事件之調解（《性騷擾防治法》第16條）；8.電路布局權爭端之調解（《積體電路電路布局保護法》第36條第1項）；9.三七五減租條例之調解（《耕地三七五減租條例》第26條）；10.勞資爭議調解（《勞資爭議處理法》第6條）；11.仲裁程序中之調解（《仲裁法》第45條）等。

【案例5】鄉鎮市調解

安立汽車公司總經理宋翊向董事長林侑報告，客戶吳翰購車後，認為引擎有雜音、排氣不順，要求退費20萬元，弄得很僵，向鄉鎮調解委員會提出調解，請示是否出席，林侑覺得很奇怪：這種商事糾紛，鄉鎮調解怎麼受理？宋翊就將鄉鎮調解條例相關規定說明後，林侑好奇決定參與瞭解。調解當天，調解委員張欣是地方熱心公益名人，一再苦口婆心勸導雙方，現場氣氛良好，沒有火爆氣氛，最後以延長保固期間2年，加贈椅套一組圓滿和解。林侑感覺良好，常向企業界朋友推介如有法律糾紛，尋求鄉鎮調解是很好的方式[18]。

---

[18] 為減輕訟源，政府在鄉、鎮、市（區）公所內設置調解委員會，免費為民眾調解關於民事及刑事上告訴乃論之糾紛事件，調解一經成立，經送管轄法院核定後，其效力等同法院判決。

【案例6】消費爭議之調解

　　信盈寢具公司出售床墊、床組與孟理後，4個月後，孟理向公司理論，指責公司所言不實，原先吹噓床鋪符合人體工學，床墊貼近人體，容易入睡，有個好眠，4個月下來事實不然，而且骨科醫師診斷脊柱側彎，要求退貨賠償。信盈以已超過鑑賞期拒絕，孟理遂向市政府消費官投訴，指明花費20萬元並無功效，健康還受損，信盈堅決否認，消保官勸導如果訴訟，既花費律師費，官司不一定會贏，對公司聲譽不好，信盈評估結果，願意和解，同意更換床墊，補償2萬元了事。

【案例7】工程履約之調解

　　怡祥營造公司承包縣政府橋梁工程，因連續颱風，河水暴漲湍急，乃向縣政府報停工，縣政府不同意，怡祥利用加強擋土牆搶工，效果不佳，多次重做，期間設計建築師建議變更工法，怡祥根據建築師指示施工，多支付400萬款項，怡祥要求追加工程，縣政府不准，並以逾期完工扣款，怡祥遂向採購申訴審議委員會申請調解，經2次協調，縣政府同意不扣款，追加工程款210萬元。

（三）協議

　　協議事實上是和解，分成二類：

1. 強制性協議

　　國家賠償，依按我國《國家賠償法》第10條，該條條文規定國家賠償需先行協

若一造當事人不履行，他造當事人可向法院聲請強制執行。可以杜絕爭端，避免訟累，節省司法資源，更是敦睦鄉里，建立祥和社會的優良制度。依據內政部統計，自2011年至2014年調解成效良好：

項目別	調解結案件數								
	總計	調解成立		民事事件	調解成立		刑事事件	調解成立	
	件	件	%	件	件	%	件	件	%
100年	137,979	107,410	77.8	50,564	35,715	70.6	87,415	71,695	82.0
101年	139,622	108,884	78.0	50,205	35,118	69.9	89,417	73,766	82.5
102年	138,785	108,060	77.9	50,371	35,657	70.8	88,414	72,403	81.9
103年	140,235	108,202	77.2	48,766	34,379	70.5	91,469	73,823	80.7

議，由受害人與賠償義務機關協議。

2. 任意性協議

現行法有關任意性協議之規定甚多，如(1)《民法》第824條第1項，共有物分割，依共有人協議之方法行之；(2)《大量解僱勞工保護法》第7條，經協商委員會協商達成協議；(3)《公害糾紛處理法》第38條，在裁決程序中成立之協議；(4)《政府採購法》第85條之1，機關與廠商因履約爭議得進行協議；(5)《民事訴訟法》第376條之1，保全證據期日就訴訟標的、事項成立協議等。

【案例8】協議

智同公司向玉南農產公司購進合法進口之大陸黑瓜子5千公斤，在運往工廠加工途中，為警察局懷疑為走私品予以查扣，經提出合法進口文件及發票證明為合法購得，仍移送偵辦，海關指示警察局將黑瓜子移送農委會處理，竟予以銷毀，後不起訴處分確定後，申請發還無果，損失21萬2千元，智同公司申請國家賠償，關務局與智同公司達協議後，賠償17萬1千元。

【案例9】國家賠償之協議

立玲工業公司職員賴曄騎乘機車載運價值20萬元電子零件，送予客戶穩風公司，途中因管線挖埋，回填不足，產生坑洞，賴曄經過重心不穩倒地受傷，電子零件擠壓變形損壞，立玲公司與賴曄遂向管理機關縣政府提出國家賠償請求，進入協議程序，由交通警察現場圖、相片顯示，事證明確，經2次協商，縣政府答允賠償賴曄2萬8千元，賠償立玲公司12萬元。

（四）調處

現行法有關調處之規定，計有：

1. 《土地法》第34條之1第6項：「依法得分割之公有土地或建築改良物，共有人不能自行協議分割者，任何共有人得申請該管直轄市、縣（市）政府地政機關調處。」

2. 《建築法》第44、45條規定，畸零地基地所有權人與鄰接土地所有權人於不能達成協議時，得申請調處。

3. 《公害糾紛處理法》第14條規定：公害糾紛之一造當事人，得向公害糾紛

之原因或損害發生地之直轄市調處委員會申請調處。

4.《耕地三七五減租條例》第26條：「出租人與承租人間因耕地租佃發生爭議時，應由當地鄉（鎮、市、區）公所耕地租佃委員會調解；調解不成立者，應由直轄市或縣（市）政府耕地租佃委員會調處；不服調處者，由直轄市或縣（市）政府耕地租佃委員會移送該管司法機關，司法機關應即迅予處理，並免收裁判費用。」

5.《醫療法》第99條第1項第3款：由直轄市、縣（市）衛生主管機關醫事審議委員會之醫療爭議調處。

6.《民用航空法》第47條第1項：「乘客於運送中或於運送完成後，與航空器運送人發生糾紛者，民航局應協助調處之。」

7.《證券投資人及期貨交易人保護法》第22條規定：對於有價證券之募集、發行、買賣或期貨交易等所生民事爭議，得向保護機構申請調處。

8.《金融消費者保護法》第22條規定：金融消費爭議事件，金融消費者申請評議後，爭議處理機構得試行調處；當事人任一方不同意調處或經調處不成立者，爭議處理機構應續行評議。

【案例10】不動產糾紛調處

彰雲化工廠向杜健租用土地建造廠房，興建將完成時，杜健發現租金較他人便宜，表示所建廠房與原來約定面積及高度不合，每月要提高租金5萬元，不然就解約，彰雲總經理陳清提出契約堅指原約定範圍內，不同意，雙方多次協調無效，彰雲化工廠乃向縣政府不動產糾紛調處委員會申請調處[19]，雙方均到場解說，委員會指定3名委員試行協議，終於達成協議，杜健同意化工廠續建，於正式生產後，每月提高租金1.6萬元。董事長顧欽認為當初律師評估訴訟要花1年6個月時間，杜健如聲請假處分，將延宕工期，對此調處結果，甚為滿意。

【案例11】醫療爭議調處

雅儒牙科醫院醫師蘇儀為病患高晏治療拔牙，高晏因疼痛難忍，不太確定是上顎第5、6、7顆何牙腫痛，蘇儀檢查結果三顆均腫脹發炎，再度向高晏確認為第5顆，即予拔牙，高晏仍疼痛不已，蘇儀發現拔錯牙齒，高晏之妻阮琳向衛生局申

---

[19] 內政部依《土地法》第34條之2規定，頒布《直轄市縣（市）不動產糾紛調處委員會設置及調處辦法》，辦理第2條所列不動產糾紛之調處，減少當事人訴訟之負擔。

訴，移送調處，雙方經再三協商，雅儒牙科醫院院長周芳同意免費植牙，疼痛牙齒部分負責治療裝假牙，而高晏不得向外宣揚醫院處理不當之事。

（五）債務協商

《消費者債務清理條例》第151條第1項：「債務人對於金融機構負債務者，在聲請更生或清算前，應向最大債權金融機構請求協商債務清償方案，或向其住、居所地之法院或鄉、鎮、市、區調解委員會聲請債務清理之調解。」又債務人請求協商或聲請調解後，任一債權金融機構對債務人聲請強制執行，或不同意延緩強制執行程序，視為協商或調解不成立（第6項）。協商或調解成立者，債務人不得聲請更生或清算。但因不可歸責於己之事由，致履行有困難者，不在此限（第7項）。

（六）仲裁

仲裁係指雙方或多方當事人間之爭議經由司法訴訟以外之程序，由仲裁人決定解決方案之合意程序，是仲裁糾紛之當事人在自願基礎上達成協議，將糾紛提交非司法機構的第三者審理，符合意見自治原則、效益原則及公平原則，兼具有契約性、自治性、民間性、專業性、快速性、經濟性及準司法性[20]，此仲裁制度在國際商務爭議中廣泛地運用，且仲裁有一審結案、快速解決爭議的特性，合乎雙方的需求。

依《仲裁法》第1條第2項規定，仲裁以依法得和解者為限，如民商事事件、告訴乃論之刑事案件都可以仲裁方式解決爭議。仲裁係由具有一定專業水準和能力的專家，擔任對當事人之間的糾紛進行裁決，具有公正性的重要保障。又仲裁中的諸多具體程序都是由當事人協商確定與選擇，與訴訟相比，相當靈活，更具有彈性。

仲裁為一裁終局制，一經仲裁庭作出即發生法律效力，該仲裁判斷和法院的確定判決有相同的效力，亦即聲請法院裁定後，即可強制執行。

【案例12】仲裁

旭任工程公司承標湘中公營事業工程，簽約時，旭任董事長巫豪指示副總經理翁凱爭取仲裁條款，湘中承辦人員請求上級後，同意訂立仲裁條款。施工中因設計圖樣有爭議，結構上有承受力問題，湘中也不敢強力要求施工，經建築師、結構師

---

[20] 吳光明，《商事爭議之仲裁》，五南圖書，2002年10月初版2刷，頁3、35、36。

重新檢討修補完成，其間1個月建築師指示也要施作，旭任以安全為由不敢續工，後工程延後45日，湘中驗收後，主張工程逾期依約要求違約金，旭任不服，提付仲裁，旭任向仲裁人充分講解設計修改期間，繼續施工可能發生工安事件，且設計問題係伊發現，修正後並可省下來維護，對業主有益。仲裁人綜合雙方所述，裁定延誤完工並非旭任責任，不能扣除違約金。事後同業檢討，認為仲裁人於仲裁時比較會體察實際狀況與業界困擾，是工程營造業未來工程爭議之好對策。

又除《仲裁法》規定之仲裁程序、仲裁判斷等外，現行法律有許多特種仲裁：1.政府採購仲裁（《政府採購法》第85條之1）；2.勞資爭議仲裁（《勞資爭議處理法》第25條）；3.貿易仲裁（《貿易法》第26條）；4.證券仲裁（《證券交易法》第166條）；5.期貨仲裁（《期貨交易法》第109條）。

【案例13】

劉姵在宇勝公司擔任業務部幹部，經常於夜間加班，宇勝公司依業績與獲利情形每3個月酌發加班費，金額在應付加班費之1/4至2/3不等。劉姵準備離職，向公司要求補足金額，宇勝不肯，發生勞資爭議，經調解未果，乃申請仲裁，經仲裁委員會，作成判斷：宇勝公司應補足加班費，其計算扣除劉姵已補休或未事先請假未來上班時數。

五、 民刑事訴訟風險對策[21]

法律風險之回應，最上策為前述ADR制度之運用，其次採取司法訴訟程序。古人有言：「訟者，凶也。」固然，以此提醒不宜也不要提起民刑事訴訟，但可能法律責任風險出現，已非當事人雙方所能以私人或經由第三人所能協調，不得已只得藉法院公平審判，以解決法律爭端。

在民刑事訴訟過程中，涉及諸多法律上之專業，一般人未必瞭解即使聘請律師擔任辯護人或訴訟代理人，亦要懂得選任合適之律師，共同討論訴訟策略，採取有利我方之攻防。而在訴訟進行中，對於律師之表現與反應，諸如訴訟方向、程序玄機、攻防焦點、法庭語言、審理態度、裁決暗示及整體氛圍等，亦需有所瞭解，作

---

[21] 施茂林，《犯罪被害人保護——救濟與訴訟篇》，法務部，2006年5月，頁103-111。

必要之訴訟因應。

又在訴訟中，對於對方之訴訟策略，亦需充分瞭解與掌握，辨明其訴訟種類與原由、觀測訴訟目的、主張之事實實相、呈現之證據力、律師專業能力、攻防之力道、說明法庭之情形等，知己知彼，方能作最適切之回應，否則一步錯可能全盤輸。

為便於企業與個人瞭解民刑事訴訟之風險對策，說明基本上之風險認識如下：

（一）辨明權利之救濟

吾人權利受害或與他人發生糾紛或對行政機關之行政處分有所不服時，自應依法主張權利或尋求救濟之道，其方法不外係：1.民刑事訴訟；2.訴願、行政訴訟。前者係由普通法院管轄，後者由行政法院處理，兩者受理機關不同，處理之程序亦有異。

（二）起訴前須知事項

不論民刑事訴訟，在起訴或告訴之前，應先注意下列各點：

1. 首先應瞭解訴訟一定勞神費時，還要花費相當費用（如律師酬勞、訴訟費用、擔保金、自己出題費用等），如非必要，最好不要打官司，宜先設法與對方協商、相互讓步，做一圓滿之解決。

2. 如認有訴訟之必要，應分辨清楚事件之性質，是民事糾紛或是刑事糾紛？如意在使自己之私權得到保障，例如：請求回復原狀或金錢之損害賠償等，乃提起民事訴訟；如對方之行為已觸犯刑法之犯罪規定，而起訴之目的在於請求法院懲罰對方之犯罪行為，乃提起刑事訴訟。

3. 部分民事事件在起訴之前，可能要先經調解、調處（如婚姻、三七五減租、《民事訴訟法》第403條之事件等），否則違背程序，法院是會駁回的。

4. 因他人犯罪而受害時，(1)得向司法警察、檢察官提出告訴；(2)向法院提起自訴（但少年刑事案件不得提起自訴）。又非被害人之第三人，則得向警察機關、地檢署告發。不論告訴、告發，得以按鈴申告之方式為之，但應注意據實申告，否則犯誣告罪名。

5. 臺灣地區之地方法院固然很多，但每一法院或地檢署有其管轄區域，若非其管轄區域，不得受理審判，因之應先查清被告住所地再向地方法院或地檢署起訴或告訴，此稱之「以原就被」原則。至於其他管轄之情形，《民刑訴訟法》均有詳

細規定。

6. 告訴或起訴時，向法院購買司法狀紙，於填妥後遞狀，民事訴訟並須先繳納訴訟費用，原則上每百元收1元。至於刑事案件，則不收訴訟費用。

（三）體認證據之重要性

不論民刑事訴訟，其輸贏取決於證據之有無，俗云：「打官司告證據」，即為此道理。故訴訟之前，應掌握有關之文書、物證，及查知目擊證人、親自經歷之證人等，隨時提出以供調查審認。必要時，應聲請勘驗現場或鑑定，亦得聲請保全證據。

（四）充分掌握狀況

出庭應訊或履勘現場時，應集中心神、平心靜氣，充分注意對造或對造律師之主張、陳述，瞭解其重點，立即提出反駁或抗辯，以免誤假為真，切忌心浮氣躁，徒以情緒話語，與對方當庭發生衝突，則不僅於事無補，反為對方所乘。

（五）遵照庭期親自出庭

訴訟進行中，應遵照檢察官或法官傳票或當庭指定之期日到庭應訊，否則在民事事件，可能發生視為合意停止訴訟、一造辯論之結果。而在刑事案件：1.若為被告，構成拘提之原因；2.如為告訴乃論時，自訴人不到庭，視同撤回自訴；3.若為輕微案件，地方法院法官可逕行判決。二審法庭則不論情節輕重要件均可逕行判決，同時，若一方不到庭請求、主張、辯白、反駁時，容易使對方易於主張或攻擊、防衛，如此承辦之檢察官或法官較易接受其主張或抗辯，自然對不出庭之一方不利。

（六）應答簡明扼要

訴訟中有所陳述、說明、答辯時，盡量簡單明瞭、清楚，不必作冗長而不必要之陳述，亦不必提及無關之話題或枝節，使承辦之檢察官或法官極易掌握情況，瞭解真相。

（七）請教行家，訴訟輔導

當前社會司法黃牛猖獗，有問題時應向律師或懂得法律之可靠親友請教，不要

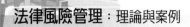

輕易誤信他人之「獻計」、「遊說」，致被詐騙錢財。另外如家境貧困，無資力聘請律師時，可請求律師公會指派律師平民法律扶助。現各法院為推廣法律常識，便於民眾洽辦、請教法律問題，均設有訴訟輔導處，可隨時洽商請益，並可請輔導處人員代為撰寫書狀。另外，也可洽免費訴訟服務。另外對於無資力之人，可向當地法律扶助基金會各地分會請求法律扶助，包括法律諮詢、法律文件撰擬、訴訟代理辯護等。

（八）儘量和解了事

訴訟進行中，若有機會和解，不要輕易放棄，以減少訴累及不傷和氣。同時，也可以請求庭上勸諭對方和解。若在刑事案件，被告如能與被害人或家屬和解，經告訴人於地方法院審理前對告訴乃論之罪撤回告訴，就不必受刑事處罰，不然法院在用法、量刑上也會給予寬典。

（九）坦白認錯，從寬發落

刑事案件之被告，要有認錯、悔悟之勇氣，如能坦承犯行，表明不再犯，並提出平日生活正常，曾受獎勵及獲選為好人好事等證明文件以供參考，法院當會審酌《刑法》第57條之規定，從輕發落、判處緩刑或得易科罰金，甚而免刑。另檢察官也可運用職權予以不起訴處分。當前許多被告一味否認，拒不吐實或再三狡賴、圖賴刑責，反而會因「犯後毫無悔意」而被從重量刑。

（十）注意法定期限，免生失權效果

訴訟程序有關之期限相當重要，應注意遵守，否則產生不利之法律效果。例如：對民事裁定、判決不服時，要在5日及10日內提起抗告、上訴。另外，對於民刑事確定判決提起再審時，應有期間之限制。

（十一）謹慎處理保全程序

【案例14】保全程序

甲半導體公司技術部門員工乙、丙、丁3人離職，總經理戊據報3人在離職前，有不尋常動作，經常影印公司文件、圖樣，藉研發之名向同仁瞭解他部門技術，也下載公司圖檔，戊發覺不妙，立即聘請律師提出刑事告訴，偵查乙、丙、丁積極與

香港啓佑公司接洽、跳槽該公司服務，戊指示法務人員研究，由律師聲請法院定暫時狀態之假處分，法院裁定准許，禁止乙、丙、丁在所簽競業禁止期間至國內外公司擔任與原職務相關工作，不得發表使用及洩漏原職務知悉之技術與書表圖檔等營業祕密，有效防制員工投奔敵營，保護公司營業機密不致外洩。

【案例15】假扣押之威力

北部一樂園因發生塵爆事件，有92位死傷者的家屬委託市政府，對樂園及相關負責人執行假扣押，目前查扣資產一共21億元，法律人士指出經假扣押後，上述資金、財產、股票等均不得處分，對財務調度之影響深遠，如個人或企業籌款能力有限，必陷入周轉之困境。

保全程序指債權人得對債務人之財產或金錢請求以外之請求，聲請假扣押或假處分（《民事訴訟法》第522、532條）[22]，一經法院裁定准許，立即可向法院民事執行處聲請強制執行，包括查封、禁止為一定行為。債務人對此程序需謹慎以對，採取風險回應對策，實際上要評估其影響力，籌集資金應急；又債權人為防債務脫產，可循保全程序處理，以確保強制執行。另在法院判決時，如准予假執行，被告更應提高警覺，否則一經執行，會發生不可逆之效果。

六、　本章小結

法律風險管理決策仍可採用一般決策常用的決策樹或成本效益分析等各類決策工具，並考慮法律情境進行必要的決策。至於責任保險相關的保險規劃原則與其他保險規劃雷同，法律風險承擔水準的決定也可依經驗法則的一定比率決定。再者，解決法律風險事件，儘量不採用訴訟方式，在風險對應決策上，採ADR機制為上。

---

[22] 按法律名詞常用假字，如假扣押、假處分、假執行、公司假決議及假釋等並非是假動作，而是真正的司法或法律上之作用，其意思是「暫時」的保全程序等。

本章摘要

1. 決策樹是最古老的決策工具之一，基本上，它以期望值最大化為決策標準，是依時間順序，作思考邏輯的決策分析。

2. 決定購買保險與否間，需考慮三個基本因素：第一個因素，是保險費率；第二個因素，是公司對風險的承受力；第三個因素，是機會成本。

3. 所有保險規劃的基本準則：彈性運用準則；分層負責準則；適切險種準則；保險需求分層準則；信譽良好準則；保單條款準則。

4. 法律風險案例的發生，常循訴訟及ADR機制解決糾紛，由ADR操作模式瞭解其實效性，利於法律風險回應之決策。

5. 採取民刑事訴訟決策時，需要瞭解訴訟基本觀念、程序遵守及訴訟效力。

思考題

❖ 使用決策樹，分析更換裁判管轄權的決策。

❖ 購買責任保險需考慮幾種因素，注意其內容。

❖ ADR機制如何運用，最為便捷且有實益性。

參考文獻

1. 宋明哲，《風險管理新論——全方位與整合》，五南圖書，2012年10月6版1刷。

2. 范愉，《多元化糾紛解決機制》，廈門大學出版社，2005年12月2版。

3. 施茂林，《法律風險管理跨領域融合新論》，五南圖書，2014年9月初版2刷。

4. 林俊益，《仲裁法之實用權益》，永然文化出版，2001年9月初版。

5. 蔡文斌，《行政訴訟先行程序研究》，中國政法大學出版社，2001年10月初版。

6. 楊偉東，《行政爭端解決體系化之構思》，台灣行政法學會東亞行政法學術研討會論文集（2008），台灣行政法學，2009年7月初版。

7. 黃錦堂，《行政契約法主要適用問題之研究》，台灣行政法學會學術研討會論文集（2001），台灣行政法學會，2002年6月初版。

8. 施茂林，《法律做後盾》，聯經出版社，2013年4月10版。

9. Doherty, N. A. (1985). *Corporate risk management-a financial exposition.* New York:

McGraw-Hill Book Company.

10. Downing, P. B. (1984). *Environmental economics and policy*. Boston/Toronto: Little, Brown and Company.

11. Fone, M. and Young, P. C. (2000). *Public sector risk management*. Oxford: Butterworth/Heinemann.

12. Smith, J. Q. and Thwaites, P. (2008). Decision trees. In: Melnick, E. L. and Everitt, B. S. ed. *Encyclopedia of quantitative risk analysis and assessment*. Vol. 2. pp. 462-470.

第 **12** 章

法律風險管理與
控制活動、資訊及溝通

讀完本章可學到：

1. 認識管理控制要素與法律風險管理間的關係。

2. 瞭解法律資訊與溝通的重要性。

3. 明瞭法律風險管理與防範體系及文化建置方法。

4. 從具體案例認知法律風險管理實踐之效益。

　　本章說明，法律風險管理與ERM 兩項要素的關聯，即控制活動（control activities）與資訊及溝通（information and communication）。法律風險管理要達成目標的設定，最重要的必須透過一套管理控制（management control）機制，影響所屬員工，進而完成法令遵循與提升公司價值的目標。其次，整體法律風險管理過程中，從內部法律環境考量開始，法律風險資訊的正確與有效溝通，也是完成法律風險管理目標的重要條件。

　　爲處理法律風險，做好控管法律風險管理工作，首先應對企業本身之法律意識有所瞭解，依據多年之觀察以及發生事例之綜合評斷，有下列法律風險知覺與辨識之問題[1]：

1. 企業經營與決策層欠缺法律遵循觀念。

2. 決策過程不重視法律成分與影響。

3. 經營團隊法律意識之淡薄或漠視。

4. 企業體形成脫法、避法文化。

5. 對於法律規範疏忽、排斥或不採用。

6. 未建立法令遵循制度與法律風險管理機制。

7. 無適當之人員處理法律相關事項。

8. 忽略法律顧問諮詢與服務之實益。

9. 不重視智慧財產權及其相關合約之處理。

10. 處理智慧財產權之授權方式、範圍及相關事項不精準。

11. 生產、技術移轉、供應、行銷、服務等合約之處理不夠嚴謹。

12. 擔保權益、補償、賠償、仲裁管轄權之事項未妥善處理。

13. 高科技業界未充分重視法律保護措施，以維其核心權益。

14. 不重視將來可能發生潛在之損害賠償及訴訟案件。

15. 未適時深入參與訴訟過程及其變化。

16. 無評估法令修訂之觀念與因應[2]。

---

[1] 施茂林，法律風險管理教材，逢甲大學經營管理學院，2015年11月17日。

[2] 由於專業廢水排放重金屬汙染灌溉用水，造成農地汙染，而且長期引灌而累積在土壤內，久而久之經由農作物吸收，再經人類食用累積在人體，對國民健康造成危害。環保署於2015年12月8日自2016年起，針對農地曾遭受重金屬汙染的桃園、臺中及彰化等三縣市，首度劃設並實施水汙染總量管制區，中壢工業區、大里工業區等地，共69家業者將受到管制，緩衝期爲2年，需改善排水合於標準，2年後未達標準將開罰；違規遭罰3次以上，繞流偷排、嚴重汙染水體等重大違規，將撤銷排放許可，並不得再申請；需遷廠至區外，是以各企業已瞭解水汙染管制越來越嚴格，有無認知法令將從嚴限制，作好評估因應之方法，將是其一大考驗。

再就企業變革為例，企業變革包括[3]：

1. 股東大幅度變動。

2. 經營群之變動。

3. 公司合併與購併。

4. 事業體組織之調整。

5. 經營事業整體創新。

6. 生產線之開辦、關閉。

7. 營業財產之轉移、售讓。

8. 重點事業移動海外。

9. 投資與創新事業。

10.垂直或水平整合。

其中涉有相當龐大複雜之法律規範，更有諸多法律風險議題，企業是否有法律風險意識，均有疑義：

1. 主體性之變動關係。

2. 經營群改組之法律問題。

3. 購併權益關係。

4. 主要事業轉讓之法律問題。

5. 勞資權益。

6. 契約履行。

7. 利潤分配。

8. 股東權利。

9. 特別股與公司債之處置。

10.稅捐之處理。

一、　管理控制

（一）管理控制的涵義

ERM要素所稱的控制活動，就是管理控制。這個概念，有廣狹義之分，廣義

---

[3] 施茂林，〈企業經營與法律風險治理〉，逢甲大學經營管理學院高階經理班演講，2016年1月9日。

的**管理控制**，就法律風險管理而言，是指為影響所屬員工及相關人員，完成法令遵循與提升公司價值的目標，所採取的任何管理措施與活動而言（Doff, 2007），此種觀點的管理控制，參閱圖12-1。

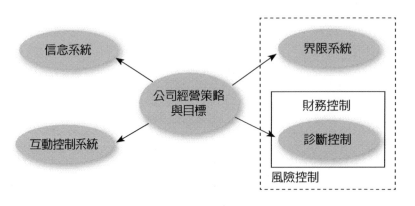

圖 12-1 管理控制四大要素

在此調整杜扶（Doff, 2007）的管理控制概念圖，就法律風險管理作說明。首先，圖12-1左上方的信念系統（belief systems），代表公司的核心價值，應呈現在公司的宗旨與目標（MGO）上，且應進一步，展現在公司治理、法律風險管理哲學、法律風險胃納的制定與人事規範上，型塑或牽制，所有員工的法律風險態度與法律風險行為，從而完成公司經營策略與目標。其次，圖左下方的互動控制系統（interactive controls），主要針對公司策略上，可能存在不確定性，所採用控制方式，例如：公司為擴大規模，擬購併別家公司，為完成該策略，購併過程中，隨時留意控制與被購公司互動過程中，可能存在的法律風險與其他風險，例如：智慧財產權之種類、件數與價值、公司各種負債之實情、員工年資、勞退休等。圖右上方的界限系統（boundary systems），是指在公司的策略目標下，法律風險胃納的極限或行為規範辦法，依據該極限，某些法律風險或行為要排除、某些法律風險或行為可接受；換言之，界限系統是法律風險回應中的法律風險控制措施（也就是法令遵循管理）。最後，圖右下方的診斷控制（diagnostic controls），是採用績效評估指標或其他監督方式，診斷法律風險管理的實施績效，這涉及法令遵循管理，也與各類法律風險理財措施有關。

其次，管理控制，也可採狹義的觀點。狹義的管理控制，就是圖12-1右半部中的界限系統與診斷控制，具體的包括法律風險控制與財務控制；進一步，具體的手

段，包括法律風險管理年度預算、關鍵指標（例如：法律KRI等）、績效指標、法律風險限額（legal risk limit）、內部控制等。這些手段，可透過法律資訊的收集、累積、解讀與報告完成。這種法律資訊的收集、累積、解讀與報告的過程，可展現在管理控制的循環（management control cycle）中。

管理控制循環（management control cycle），是由四項步驟構成（Doff, 2007）；也就是從設定最低門檻的法律風險管理目標開始（setting objectives），歷經績效的衡量（performance measurement）、績效的評估（performance evaluation）與利用激勵揭弊手段（taking measures），完成目標。隨著法律環境的改變，又從調整目標開始，循環不息。該循環，見圖12-2。

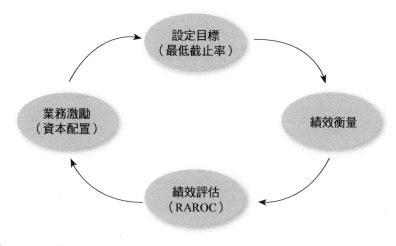

圖 12-2 管理控制循環圖

（二）內部控制

內部控制與內部稽核，是一體的兩面，也是與法律風險管理的管理控制要素有關。根據英國管理會計人員學會（CIMA: chartered institute of management accountants）的定義（CIMA, 2005），**內部控制**是指公司管理層為協助確保目標的達成，所採取的所有政策與程序，這些政策與程序，盡可能以實際可行方式，有效率與有次序地，執行控制資產的安全，報表的完整、及時與可靠、詐欺與失誤的偵測等。公司內部控制機制，由控制環境（control environment）與控制程序（control procedures）構成。控制程序的制定，則仰賴控制環境的優劣，控制環境則包括：正直與倫理的價值觀（integrity and ethical values）、管理哲學與經營

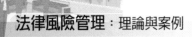

風格（management's philosophy and operating style）、組織結構（organizational structure）、權責分攤與授權（assignment of authority and responsibility）、人力資源政策與實務（human resource policies and practices），與員工的能力（competence of personnel）等（IIA: The Institute of Internal Auditors, Inc, 2008）。

（三）管理控制的組織與文書

法律風險管理在管理控制上，亦需依賴公司所建置的風險管理組織與公司法令遵循部門的密切協調，行政溝通時則需法律風險報告文書，與法律風險管理年度績效報告。再者，在法律風險管理過程中，詳實記錄實施及改進作法等，有益於推展相關工作，此等文書紀錄，也要作有效管理。

1. 公司風險管理組織架構

獨立設置的風險管理部門，過去，通常隸屬於財務系統，由公司最高財務負責人，也就是CFO兼管或指揮，現在由於公司治理與ERM的要求，獨立的風險管理部門，由CRO掌管，其位階也提升，直屬董事會，其組織，可參考圖12-3。

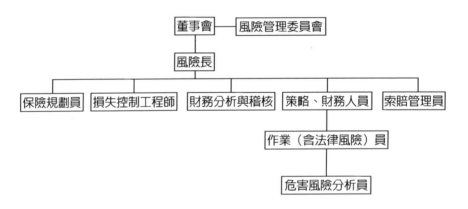

圖 12-3　風險管理部門組織

2. 法律風險管理部門——法令遵循部門職責

法律風險管理部門，需有相當獨立性，負責法律風險控制與管理事務，其名稱如同前述可稱為法令遵循部門，亦依公司組織需要曾為法律事務部門、法務管理部門、法律事務規劃部門或法務部門。至於其組織名稱，可命名為部、處、組、小組、專案處等，其主管可斟酌名為法律風險長、法務長、部處長、組長、總督導、

總監等，惟需賦予一定之職權、職能與職責，以利於領導。

　　法令遵循部通常與風險管理部分開獨立設置，法令遵循部負責法律風險控制與管理，風險管理部則負責與法律風險相關的責任保險與保證保險的規劃安排，但兩者間雖各為獨立部門，就法律風險管理事務則需緊密結合。具體而言，法令遵循人員應辦理下列事項：第一、維持清楚適當之法令傳達、諮詢、協調與溝通系統；第二、確認各項作業及管理規章均配合相關法規適時更新，使各項營運活動符合法令規定；第三、對各單位人員施以適當合宜的法規訓練。最後，法令遵循人員應具有法律專業知能，才容易勝任[4]。

3. 法律風險報告文書

　　公司法律風險管理機制，應文書化，以協助管控與溝通，這些文書除包括法律風險管理政策說明書（policy statement）（參閱第五章）、法律風險管理手冊（risk management manual）（包含法令遵循手冊）、責任與履約保險單登記簿（insurance policy register）、法律風險偶發事件報告（Incident Reports）、年度法律風險管理績效報告、法律風險預算書（risk budget）以及法律風險溝通紀錄等。

二、　資訊與溝通

（一）法律風險資訊與RMIS

　　法律風險管理的本質，也可說成是資訊的管理。資訊的管理，不是僅消極的收集、儲存資訊，也是為了完成法律風險管理或營運的需要，對資訊的積極運用與分析[5]。因此，公司除了要有良好且安全的資訊系統外，也需更重視，建置極優也極安全的**風險管理資訊系統**（RMIS: risk management information system），這當然包括法律風險資訊。

　　其次，風險管理資訊系統在架構上，應涵蓋應用面、資料面與技術面三部分。

---

[4]　法律風險源於有法律規定，從事法令遵循業務，當然需要有相當之法律專業才能瞭解法規禁制與責任所在。有企業以為有專人負責或研習部分法律課程或有相當經驗者即可擔任，但隔行如隔山，彼等對法律規範，尚一知半解或錯誤解讀，容易造成公司更多不利影響。因此，已有專責部門，自需有法律專業知能，亦可收綜合、融合之功能。

[5]　以購買房屋為例，積極搜尋購屋糾紛，方能遠離風險，確保權益。從2002年以來，市面上之購屋糾紛為：(1)房屋漏水；(2)施工瑕疵；(3)隱瞞重要資訊；(4)契約審閱權爭執；(5)房屋有租賃問題；(6)增建改建問題等，則可防止糾紛，且資訊明確，採取對策，減少爭端。

應用面應提供風險管理所需相關功能。資料面應定義應用系統所需資料及存取介面，並考慮資料庫的建置與資料的完整性與精確性，這主要包括：法律資訊、風險管理成本資訊、損失數據資訊、財務記錄資訊、保險記錄資訊等。技術面應定義系統運作之軟硬體環境，並注意系統安全性[6]，這安全性方面應注意系統及模型的安全，系統備份、回復與緊急應變，以及新技術的開發。最後，風險管理資訊系統功能應能提供目前與未來的需求，且宜考量不同風險報告揭露之頻率、對象與格式。

（二）溝通

ERM要素，所指的溝通，即為風險溝通（risk communication），這會涉及ERM 過程的所有環節。風險溝通有保護溝通、危機溝通與共識溝通。

保護溝通是就風險相關訊息在利害關係人間有目的的流通過程。所謂有目的是在改變利害關係人的風險態度與認知，俾保護其安全。例如：香菸盒上的警語與圖片等，就是保護溝通方式的一種。就法律風險管理言，就是將法令風險訊息清楚的傳達，完成保護所有利害關係人的權利義務。

法律風險管理關聯到企業與利益關係人，為能順利推動，在每一實施階段應進行溝通，使彼等充分認知到法律風險之危害與對企業帶來的影響，也瞭解企業做法律風險之決策立據與具象作法，進而能配合執行，使企業法律風險管理有效推展[7]。

由於企業各層級之員工與利益關係人各有考量、認知、價值及個人利益，要進行溝通，有時是件困難之工作，這需仰賴1.法律風險管理機制是客觀、公正及有意義的決定；2.員工能認知到法律風險發生對企業及個人之不利影響；3.企業施行之法律風險管理作法，是有實際利益，對個人與企業有正面貢獻；4.法律風險管理部門與各部門協商溝通順暢，合作無間；5.領導幹部與負責人以身作則，共同投入管理工作；6.定期檢驗法律風險回應對策之成效，以確保持續之進展。

其次，**危機溝通**，與對外發言人，息息相關，它主要適用於危機期間，其重點是聚焦在，因法律風險事件發生，引發公司重大危機，如高雄大氣爆、六輕大火、

---

[6] 企業界常因國際金融情勢及股匯市變化多端，風險甚大，有關金融投資之風險必須重視安全性，其衡量之重點可從金融波動變化趨勢、投資外幣地位強弱、所屬國政治安全性與金融穩定度、潛在之問題、獲利能力、外幣流通性等偵測。

[7] 法律風險溝通工作，居法律風險管理之樞紐地位，不僅要上令下行，還要下情上達，使風險對策與作法上下傳達順暢，形成共識，否則溝通不良，各有不同訴求、認知、價值，容易各吹一把號，必使管理措施之功能大打折扣。

八仙樂園塵爆等。在危機期間，如何對所有利害關係人，進行溝通，化危機為轉機。根據文獻顯示，危機溝通時，要留意如下幾項原則[8]：第一，誠實原則，對於法律風險事件要深入瞭解，設法貼切事實真相，面對媒體與外界誠實以對；第二，越是重大法律風險事件，越是社會矚目，關注、壓力如潮水般湧至，不能畏懼、推諉或閃避，應勇敢面對，作必要回應與解說；第三，危機管理小組應積極，高階主管應保持警覺；第四，要成立危機新聞中心；第五，所有對外發言口徑要一致；第六，危機發生時，儘速召開記者會，公開、坦誠與準確地告訴大眾實情；第七，與所有利害關係人，進行直接溝通。至於對外發言人，面對媒體時也要遵守幾項規則：第一，從利害關係人的利益出發，而非公司利益；第二，盡可能使用人性化的語氣與措詞；第三，別與媒體記者爭辯，保持冷靜；第四，回答問題時，直接了當，別拐彎抹角；第五，說實話，即使後果不堪想像；第六，表情態度、肢體動作要沉著冷靜，不宜有嘻皮笑臉[9]，尤其有傷亡時，更需有關懷、哀傷之表現。

　　最後，關於共識溝通，其目的是，促成多數人對風險議題與行動，形成共識，降低風險，例如：對是否廢除興建焚化爐，舉辦的公聽會即為溝通共識方式的一種；再如，政黨法是否制定，需有充分溝通，達成共識；又如企業貪汙之處罰刑度如何最適當，亦可經由溝通，形成共識。

三、法律風險管理具體作法[10]

（一）法律風險管理關鍵因素

　　有法律規範就有風險，有法律風險就有法律風險責任，對企業而言，管理法律風險，設法防止其發生，進而作好法律風險危機管理，然後實施法律風險復原管理，實乃企業安全之方向，其中涉及數個層面之考量[11]，分析如下：

---

[8] Lerbinger, O. (1997). *The crisis manager: facing risk and responsibility*. Mahwah, NJ: Lawrence Erlbaum Associates.

[9] 在某次遊樂園意外事件中，總經理出面發言時，原本表情哀戚，肅穆面對媒體，基本上相當得體，但其臉孔有笑紋，結束電子媒體訪問後，被捕捉到其嘴角笑紋，經再三重播，被認為欠缺同情心，令總經理始料未及。

[10] 法律風險管理除依ERM八大要素建置與管理外，亦可依公司需求與情況，另訂管理法律風險的具體作法。

[11] 作者經多年長期從實際案例之探究發現，法律風險管理成功與否之關鍵，牽涉人的因素、機制運作、風險文化及獎懲、稽核等因素。

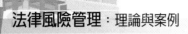

1. 人的因素方面

人是法律風險源，而要管理好法律風險，亦仰賴人去執行：

(1) 負責人

是否有法律風險意識？能否看出法律風險威脅之視野？有無管理法律風險格局？是否將管理法律風險納入經營之重要元素？可否有效督導法律風險管理之實踐，均是關係法律風險管理能否發揮其效能之關鍵。

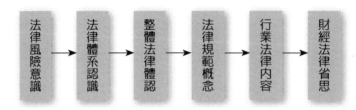

圖 12-4 公司負責人法律風險體認歷程

(2) 經營層

是否洞悉法律風險之破壞力？有無衡量法律風險在經營成效之比重？有無將管理法律風險採行為管理公司之利器？是否發揮管理之效果？均會影響法律風險管理之運行。

(3) 主要幹部

是否認同法律風險管理之效用？能否具備法律風險管理觀念？是否遵循公司管理機制、督導員工踐行？能否使管理機制達到預定目標，亦均牽涉公司法律風險管理之成效。

(4) 員工

是否有法律風險認知、是否瞭解法律風險管理之實益？能否依公司制頒之法律風險管理制度實踐？是否確實施作達到目的效果，均會關聯到法律風險管理之成效。

2. 機制方面

企業對此需充分評量：

(1)法律風險管理制度是否考量公司業務特性、工作性質、發展策略、人力組

織、現況等制定。

(2)專責單位與人員之設置，是否依據公司規模、人力、營運狀況、利潤以及現有問題、改進方向等衡量，而予設立。

(3)專責單位與鄰界業務單位及其他單位間業務之聯繫方式？專責單位對法律風險管理業務之主導性強弱爲何？各單位對專責單位之配合方法爲何？有無獎懲措施？

(4)規劃整體性之計畫、作業流程、工作守則等，有無提出預定目標、施作原則、具體步驟、作業程序、獎懲內容、經費支應等。

(5)管理法律風險之內容、作法是否符合公司整體性、系統性、明確性原則，能否有效在企業體、營運策略、管理作法上發揮穿透力效果。

3. 組織文化方面

法律風險管理要在企業深耕立基，要得到全體人員之接受認同，逐步建立共同信念，有齊一之理念，願爲此遵循實作，則上下一心、眾志成城。組織文化確實涵容法律風險管理之訊息，相信必能降低法律風險之損害。

4. 稽查考核方面

法律風險管理尙屬新的思維與作法，需逐步、逐漸方式執行。期間需要強力溝通、化解歧見。在作法上亦需修正及督促，因稽查考核爲重點工作，需予建置推行。

5. 評鑑回應方面

企業經營環境經常變動，企業本身也有變化，連帶地企業法律風險也會受到影響。因此，企業風險管理需有評鑑、檢討作法，檢視公司目標、執行程度、展現實效、情境變動等，作出必要性調整之回應。

（二）法律風險管理階段

法律風險管理之模組與方法有不同之處理對策，而配合法律風險管理之階段，可從預防與安全管理、危機管理以及復原管理切入予以說明[12]：

---

[12] 施茂林，〈解讀醫療與法律暨風險管理之象限〉，收錄於氏編著《醫病關係與法律風險管理防範》，五南圖書，2015年11月初版1刷，頁30-31。

1. 法律風險的預防與安全管理階段

　　—預測

　　—評量（斷）

　　—評估、回應

　　—鑑測、確定

　　—決策

　　—措施

　　—執行

　　—防阻

　　—迴避

　　—轉嫁

【案例1】法律風險預防策略

　　玉山仲介公司仲介人員吳玲口才好，嘴巴甜，深得客戶喜愛。有屋主翁麗在其鼓吹下，將二棟房屋交其出租，起初出租與租金給付清楚，2年後，一棟房屋之租賃良好，另一棟僅偶爾給予租金，翁麗查問時，告知地點較偏僻，住戶租賃後常一、二個月就搬走，翁麗信以為真，後來前一棟出售，另棟仍閒置，5年後帶人查看閒置房屋準備出租，突見屋內傢俱齊全，布置完備，翁女以為走錯房屋，再查對無誤，才察覺是吳玲自己偷偷複製鑰匙入住5年之久，報警究辦竊佔罪，同業聞悉直呼：太離譜了，有謂：玉山仲介公司組織散漫，人員素質不高，又不訓練，怪不得出事，玉山同仁則說：「吳玲本身觀念偏差，心術不正，憑著口才慫恿客戶，公司也知道就是不去防範，怪不得出事，讓我們臉上無光！」顯現玉山企業無法律風險意識，疏於法律風險管理。

【案例2】法律風險預防管理

　　快安醫院院長邱毓上任後，以其在原來服務醫院為戒，3年內醫療糾紛案件12件，判決醫師有醫療過失之案件有5件，醫院也連帶需要負賠償責任，金額高達140萬元、220萬元、650萬元、1200萬元及1650萬元不等，遂邀請醫院主管及律師商量，如何預防醫療糾紛及醫療過失情事發生，擬定具體管理策略，如構築醫療人員生命共同意識，掌握病人與家屬之特性與要求，培養良好論述能力，以同理心充

分溝通、眞誠、親善關懷、視病如親、建立良好醫病關係等[13]，其後醫療關係有改善，互動良好，醫療衝突與糾紛之案件大幅減少，已發揮預防成效。

【案例3】預防檢驗標準修改之風險

元通農產公司自東南亞進口茶葉6萬公斤，銷售1萬公斤後，因進口茶葉有農藥重金屬成分問題，農業和衛生主管機關認定與現行檢驗標準不合，超過法定要求標準，要求元通公司不得販售，元通公司向主管機關抗議：現行檢驗標準新修正之規格，是在進口茶葉後1年才修改，而本件茶葉經修正前之檢驗標準化驗合格，不能禁止販售，多名業界均發聲支持元通作法。主管機關則以事關國人健康不願退讓，元通總經理陳通感嘆剛創業即受重挫，專家則認爲元通缺乏風險意識，以其銷售能力，何必一次進口6萬公斤？何況茶葉會因時間走味受潮，品質欠佳，又未料及政府行政法令之修訂變動，以致蒙受風險損失。

2.法律風險危機管理歷程

　　—確認

　　—回應

　　—控制

　　—降損

【案例4】法律風險危機管理

A銀行客戶B信任行員C，乃將存摺、印章交由C保管，代辦收支事宜，起初C均依照B指示辦理，後見B粗心大意，竟起異心，趁機盜領C之存款，每次均以銀行電話回報辦理情形，並均在存摺上登錄蓋章，於B來銀行時出示給B核對。8月後，B之子D到銀行辦事，適其母交代轉帳，C不在，行員E告以存款不足才查出C盜領420萬元，要求A、C連帶賠償，A銀行經理F怕影響升遷，自行出庭，抗辯係C個人盜領與A無關，C之律師主張需負表見代理責任[14]，F續抗辯B、C間係私人委託關係，A無需負責，法院審理結果判決A銀行敗訴，依表見代理賠償420萬元及法定利

---

[13] 施茂林、施亮均，〈醫病關係與法律風險衡量防範〉，收錄於施茂林編著《醫病關係與法律風險管理防範》，五南圖書，2015年10月初版1刷。

[14] 《民法》第169條規定：「由自己之行爲表示以代理權授與他人，或知他人表示爲其代理人而不爲反對之表示者，對於第三人應負授權人之責任。但第三人明知其無代理權或可得而知者，不在此限。」

息，總行接到報告後，指責F危機管理失誤，爲何未評估訴訟風險，未察覺行員與客戶間之不當付託行爲，更未做好員工法律風險教育，經人評會通過，改調爲非主管職務。

3. 法律風險復原管理作法

　　—監督
　　—檢討
　　—防斷、阻絕
　　—重建復原
　　—新對策

【案例5】法律復原管理

　　理仲科技公司認爲敏丞公司竊取營業祕密，乃提起民事訴訟，請求敏丞公司賠償損害500萬元，法院認爲理仲公司並未採取適當具體之保密措施，以確保其所有機密科技與資訊，而且在討論區公開供員工討論下載，不符營業祕密保護要件，判決駁回。董事長郭禮發現事態嚴重，指示副總經理檢視所有營業祕密有無依《營業祕密法》之規範處理[15]，採取具體保護措施，要求員工照辦，後有佳騏公司盜用理仲營業祕密，提起訴訟即獲得賠償180萬元賠償判決，總經理施文彬及同仁對照二案差距，體悟法律風險管理疏忽不得，幸好有做復原管理工作，印證：「前事不忘，後事之師」。

　　爲利於瞭解及操作，將法律風險與管理防範，以圖12-5說明之[16]：

---

[15] 《營業祕密法》第2條：「本法所稱營業祕密，係指方法、技術、製程、配方、程式、設計或其他可用於生產、銷售或經營之資訊，而符合下列要件者：
一、非一般涉及該類資訊之人所知者。
二、因其祕密性而具有實際或潛在之經濟價值者。
三、所有人已採取合理之保密措施者。」

[16] 施茂林，〈企業經營與法律風險管理之綜觀與微觀〉，收錄於氏主編《工商事業活動與法律風險管理》，五南圖書，2014年11月初版1刷，頁47。

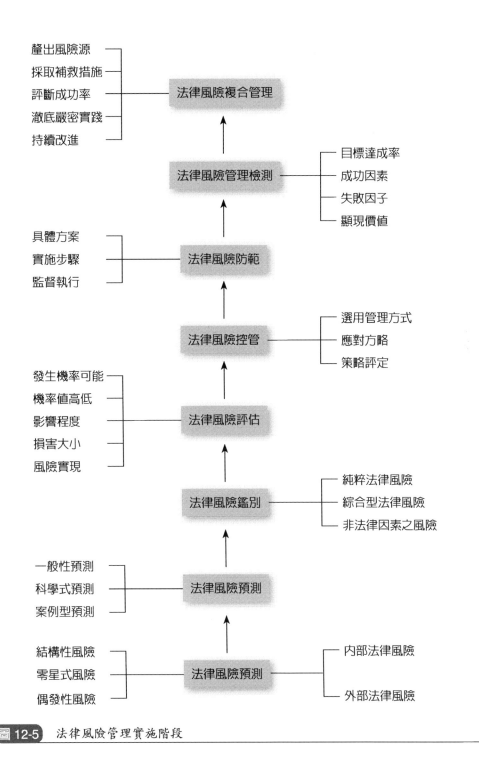

籮出風險源
採取補救措施
評斷成功率　　　——　法律風險複合管理
澈底嚴密實踐
持續改進

法律風險管理檢測　——　目標達成率
　　　　　　　　　　　　成功因素
　　　　　　　　　　　　失敗因子
　　　　　　　　　　　　顯現價值

具體方案
實施步驟　　——　法律風險防範
監督執行

法律風險控管　——　選用管理方式
　　　　　　　　　　應對方略
　　　　　　　　　　策略評定

發生機率可能
機率值高低
影響程度　　——　法律風險評估
損害大小
風險實現

法律風險鑑別　——　純粹法律風險
　　　　　　　　　　綜合型法律風險
　　　　　　　　　　非法律因素之風險

一般性預測
科學式預測　　——　法律風險預測
案例型預測

結構性風險
零星式風險　　——　法律風險預測　——　內部法律風險
偶發性風險　　　　　　　　　　　　　　外部法律風險

圖 12-5　法律風險管理實施階段

273

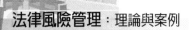

企業法律風險管理分工與合作，說明如下[17]：

員工	關聯部門	法律部門	經營層	律師顧問
法律知識	法律風險溝通	法律專業	法律運用思維	法律諮詢
運用技術	業務風險協調	法律相關題材	法律策略	法律服務
法律文化	控管工作配合	法律風險預測	優質法律文化	法律預防
法律風險預測	內部控制分工	基本法律管理	公司治理	法律風險管控
法律初級識別	相關活動支援	紛爭初步處理	社會責任	紛爭解決
法律風險管理執行	發揮稽管效能	與律師無縫接軌	系統係風險體系	訴訟攻防

四、 建置法律風險管理與防範制度[18]

　　法律風險，為個人、企業或政府機關在法律事務上面臨之風險。從既往發生之事例，企業從事工商經濟活動或法律行為，其負責人、經營群或營運上違反法律，以及因法律有關之不確定因素或不可預測之疏漏等以致引發生命、身體或財產之損失（害），此種法律風險帶給企業之影響力極為深遠，包括規劃建立法律風險管理機制、訂立完備法律風險管理計畫與手冊、成立專責部門控管法律風險以及型塑優質法律風險管理文化。

　　隨著時代進步，科技發達，經濟活動頻繁，加上社會政治之變遷，法律風險日益增多，法律風險事件也相對增加，任何企業已無法迴避法律風險之存在，更不能坐視法律風險責任之到來，必須正視法律風險元素，檢視遵守法律規範之預防損失之相關法律問題，履行義務與合約之法律強度等，做好法律風險管理工作。

（一）規劃及建立管理法律風險機制

【案例6】法制建設基礎

　　正庭實業公司營運已40年歷史，原為5人之小公司，逐步擴大為15人、30人公司，現已有三大廠房、員工400人，業務蒸蒸日上，但常有法律事件發生，部分事件經雙方一再磋商，私下和解；有則雙方鬧得不歡而散，不再業務往來；有則收到

---

[17] 施茂林，同前註16書，頁9。
[18] 施茂林，同前註16書，頁54以下。

對方郵局存證信函，透過律師去解決；有則被控告詐欺、背信等。另有民事訴訟官司，因侵權行為遭索賠或債務不履行損害賠償，經理找來企業顧問公司診斷，指明是公司欠缺法制基礎[19]。董事長張興心知肚明，因為一路走來，以業務為重，本著「有事再說」觀念處理糾紛，而且沒有法律顧問，常以對方提供契約修改，或約定不明確，對自己不利，員工又不懂法律，常常吃悶虧，可以說公司上下缺乏法律風險意識。

【案例7】蒟蒻摻工業純鹼30多年

　　福天素食公司為簡省成本，將非食品級之純鹼加入生產過程，製成蒟蒻條，供應關係企業餐廳、養生素食會館或以外燴的方式製作成宴席使用，其總經理辯稱：以前鹼粉沒有分工業和食品級，30多年來也是將蒟蒻粉和鹼粉加在一起吃，叫貨時是說「鹼粉拿一包來」，直到衛生局前來稽查，才知道有分類，但衛生局封存之純鹼外袋上，明確註明：「非食品級，僅限工業用」，原料商也指證：曾告知純鹼為工業用，不能用於食品中，衛生局認為已違反《食品安全衛生管理法》，可處7年以下徒刑，移送地檢署偵辦。本案顯示福天無良不守法達30多年，毫無法律風險觀念。

　　企業為合理有效控制企業所面臨之法律風險，必須有戰略目標，以建立企業風險管理體系，藉由一系列制度、機制、作業流程、實施步驟、構築系統之機體運作、全面動員、有對策之管理、提供法律風險控管能力、降低風險機率，提高管理成效。

　　又企業管理法律風險時，需思考訂立明確之目標：

---

[19] 企業法律風險是否出現，常與其法制之建置與否有關，有則根本認為法律不重要，不必有法務工作與人員；有則認為企業之規模或業務與法律較無關聯，不必建置；有則知悉法律相當重要，惟基於成本考量未予建置，因此常在發生相當麻煩之法律風險事件時，才急於建立法制工作，聘用法律專業人員。

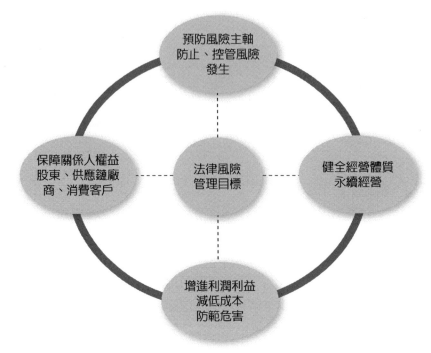

圖 12-6 法律風險管理目標

　　企業要建制法律風險管理制度，需要考量之因素很多，例如：1.法律審查；2.接納能力；3.資源分配；4.識別能力；5.預測能力；6.控管可行性；7.監控機制；8.執行力道。而在選擇法律風險對應之模組上，有下列選項提供抉擇：1.接受風險方式；2.迴避風險方式；3.轉移風險方式；4.降低風險方式；5.控制風險方式；6.綜合組合方案，以及7.其他方案等。

　　在法律風險管理制度建立上，需有整體性之考量。在主體體系上有法律風險管理組織，能連貫性、系統化將法律風險管理能量充分發揮。其組織體系如圖12-7，各企業可依其需要予以調整。

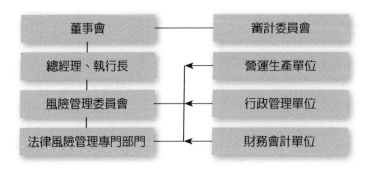

圖 12-7 法律風險管理組織圖

　　法律風險管理專門部門爲管理體系之靈魂單位，攸關管理法律風險之成敗，必須有專責之人員、層級不能過低，各企業依企業之規模、發展、成長能量、營業性質、行業法律關聯度、法令約制及法律風險管理對企業之貢獻度等設置，可分爲一級單位或二級層次，其名稱依企業之需要與喜愛而定。依前述所列或爲法律風險管理處，或爲法務管理處，或爲法律風險部，或爲法律風險組或法律處、法律組等。

　　法律風險管理部門之工作性質、目標、職掌及權責等必須明列，以利其溝通、綜合與協調，其最重要的是能衡量法律風險，計算出風險調整報酬率，加強與生產、設計、營業、銷售等部門合作與聯繫，將法律風險管理觀念納入在企業文化或經營理念中，進而如同中樞神經貫穿企業，成爲營運之成分，減少法律風險發生，提振營運績效。

　　要使法律風險管理工作落實，發揮成效，高層之重視，最爲重要。企業負責人及總經理本身需有法律風險信念，願意且有心提示、督促所屬員工遵循辦理，千萬不能將此部門及員工視爲組織體可有可無之單位，不予重視，甚至武斷謂：「有沒有法律風險，我說了才算數。」各級主管與重要幹部之配合與協助，關係機制運行之順暢與效果，必須體認其實益性，認眞執行配合。

　　有關法律風險管理專責單位之名稱，因各企業之規模、行業別、業務屬性及營運狀況不同而設定，如同前述法律風險長、法律風險經理、法律風險總監或法律風險執行長或法務長等，可依其業務性質考量兼辦，亦可由風險長、風控長、法令遵循長等兼任，如不宜兼任，可考量此二類型主管一爲正級、一爲副級主管，以收協調統整功效。

（二）訂定完備法律風險管理計畫及手冊[20]

　　在訂定法律風險管理計畫與手冊時，可考量其施作之流程：

[20] 施茂林，同前註16，頁58-59。

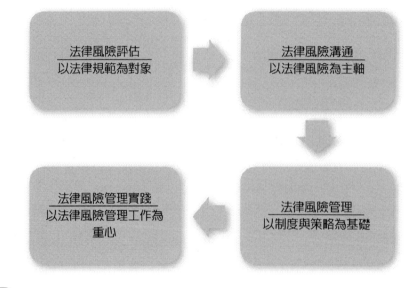

圖 12-8　法律風險管理流程圖

　　另外，也需要評估法律風險之主要來源，以利採取風險回應對策：

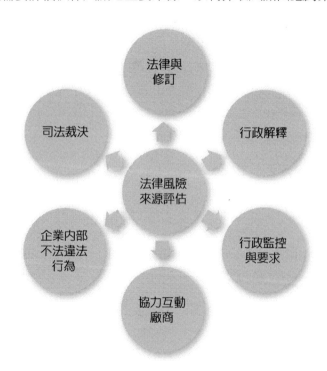

圖 12-9　法律風險來源之評估

　　法律風險管理計畫或手冊係供企業員工遵循及推動參與，企業必須使其明確、具體、可行及完備。首先研析各類法律風險、評量法律風險圖像，依風險因子種類、頻率編定法律風險類別區劃參考表、風險評量基準表，提出法律風險防範對策，訂定單位法律風險管理避讓方法與控制目標，由相關單位負責執行。同時定期檢討法律風險管理成效，擇定重要業務進行對策之驗證，必要時修正因應對策。

　　法律風險管理計畫、政策白皮書需衡量企業內部組織、業務類別、分工職掌、銜接配合、各部門風險機率、操作要項、技術規範等釐定供公司團隊參考。而在手冊方面，應考量各部門業務項目之特性、各單位業務特質、工作類別、科室配合、危機事項等分門別類，研擬可行方式，制定具體防範作法、狀況發生時之應變作為，以及各單位之相互支援協助之措施。同時定期檢討法律風險管理成效，對於疏漏部分提出修正，並對重要業務進行驗證，適時修正因應對策，發揮與時俱進功效。

　　企業制定的各類風險管理計畫、白皮書及手冊，旨在增進同仁法律風險意識，並非只在完備具機制與手冊之文書。因此各部門主管需以身作則，帶領同仁有防範意識，公司董事長、經營層更應本其職責推動、協調、管控及督導，使法律風險管理理念落實在業務推展與工作中。

（三）專責部門有效控管法律風險

　　企業活動與經營管理涉及法律面既廣且深，一般所說之法律多少與企業營運有關，更涉及各主管機關頒布之法規、自治條例、行政規則、作業規範、辦事細則、處理須知，甚至命令、解釋等，如未遵行或未查知而違法，均涉及法律風險問題，即使企業與其他權利主體間之買賣、租賃、合作、勞務、委任……行為，均涉有法律事項，其中契約之簽訂、內涵、履行、擔保等，亦均有法律風險成分，無從迴避。

　　企業設立法律風險管理部門主司管理法律風險事業，當然要對本身企業之法律風險議題充分瞭解，評斷其法律風險之類型，提出法律風險訊息[21]：

---

[21] 同前註13，頁382。

法律風險
預測
・對現有或潛在之法律風險進行識別、鑑析、分類、歸整等專注性處理，並預測發生率、後果影響等，實質探測出法律風險之可能性與機率。

法律風險
解析
・深度解析法律風險圖像所呈現企業面臨之危機、衝擊、影響層面、損害程度，並從定性、定量鑑析預估法律風險管理方向與做法。

法律風險
評量
・就企業行業、業務、專業能力、服務品質、科別醫療危險性、行政管理及後勤支援等，瞭解法律風險之因子、成分、發生率，彙整出法律風險盤整清單。

法律風險
鑑評
・從管理效能考量法律風險之預防成本、危機成本與錯誤成本，以最經濟有效果之方法，整併法律風險等級與後續效應，評定具體管理措施。

法律風險
對策
・根據法律風險評價，鑑定法律風險強弱，採取法律風險控制對策、移轉風險、防阻損害，提出可行方案，務實執行，並設置稽核機制追蹤督導。

圖 12-10 法律風險評定程序

　　法律風險管理之實用性高、實益性大，對企業而言，設立專責部門成為必要之組織單位，使法律風險得以有效降低。是以，法律風險管理部門必須體認自己之存在價值，相信必能激勵自己，團結用心，做好法律風險管理工作[22]。在作法上除訂立完備之法律風險管理政策、計畫、白皮書及手冊外，需協助各部門管理法律風險，控管法律風險損害，進而督促各部門用心推行，改正缺失，發揮其設立目標之功用。

---

[22] 法律風險管理部門功能多，包括：(1)修訂典章制度；(2)研修內部規範；(3)審查修訂契約與法律文書；(4)協助企業各部門法律事務；(5)從事法律諮商與輔導工作；(6)參加外部談判與協調；(7)參與和解、調解及協助法律糾紛；(8)擔任訴訟代理人；(9)企業法律顧問；(10)提供法律意見，協助釐定公司策略。

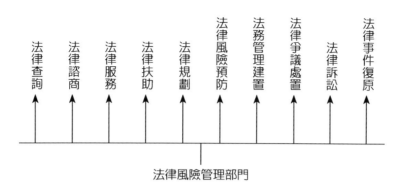

圖 12-11　法律風險管理部門功能圖

又企業界流行聘請法律顧問，包括法學專家、教授與律師，大部分在公司訴訟時，借重專家，顯然未發揮此機制之功效。是以，法律風險管理部門需負責將之活化、活用、機靈協助及引導改善法律風險問題，多方借重其專業能力，從法律諮商輔導、預防性法律扶助、契約審查擬定以至訴訟，均商請其參與協助，充分體現其功能。

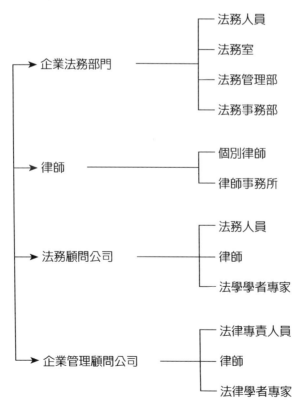

圖 12-12　法律風險管理執行系統

關於法律風險管理過程，牽涉到企業內部所有人員與部門，也涉及內部與外部系統，以圖12-3、12-4表示之。

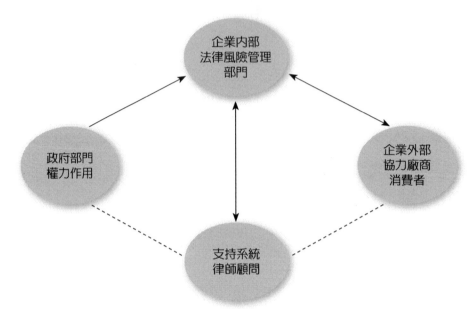

圖 12-13 法律風險管理過程互動角色

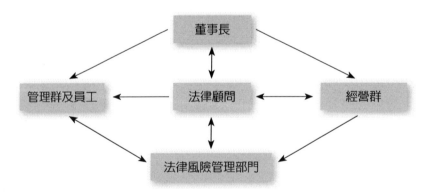

圖 12-14 法律風險管理部門互動

（四）型塑優質之法律風險管理文化

現代企業重視企業文化，凸顯企業特性與其他企業之差異性特色，也在滿足員工需求；其次是自我實險，滿足社會親和力需求。當組織文化深入員工心中，不用懲罰、也不必講究有形獎賞，員工也容易安於其位、樂於工作。所謂生命共同體之

意識逐漸產生，同仁之間共同感、向心力因而建立，形成企業無形資產。

　　每一企業有其不同之歷史、發展、規範與特性，組織型態亦不同，組織文化有差距，要建立企業法律風險文化，必有相當時間磨合期，中間經歷抗拒、衝撞、排阻等歷程，領導者需有其高明策略，並有堅定意志，透過教育、訓練、會議等認同之文化價值實踐、發揮標準效果，也運用社會化模式，促進同仁逐漸認同企業風險文化，眞實瞭解風險文化之效益，願意配合推動，在全體同仁齊心下，法律風險管理文化能深入人心，必可培養深度化與優質之法律風險管理文化。

【案例8】法律風險文化

　　鼎昌公司從事設計、規劃、文宣等業務，業績良好，董事長高儒有感於員工不拘小節，個人主義強烈，而且文創設計等點子常與他人發生雷同情形，乃擬定智慧財產權管理方案，要求員工遵守防範。惟員工並不重視，公司組織文化中培養不出法律風險習性，常將他人之文案、圖像等調整修改，2年內先後被控告民事事件5件、刑事案件3件，內容都是抄襲、仿作、竄改，涉及違反《著作權法》、《專利法》、《商標法》，光律師費用所費不貲，高儒痛定思痛，決定親自上陣，並聘請律師與智財權教授講解智慧財產權法律知識，凝聚不能侵權之共同信念。

　　爲培養法律風險管理之組織文化，可朝下列方式進行：

1. 加強員工法律風險觀念

　　企業爲使員工有正確法律風險觀念，需定期或不定期透過教育訓練、組織學習、引進學者專家，實施教育訓練，培養法律風險管理技術，提升法律風險管理意識。

2. 持續強化員工法律風險意識

　　各企業依業務之需求程度，擬定一套詳實計畫方案，分期按表操作。其中，以對企業本身事業最有關之法律問題列爲首要重點，大力教育同仁有正確之法律風險信念爲最上策。若員工將之成爲工作習性，自然可減少違規、違法之情事發生。

3. 多方宣導法律風險管理之效益

　　管理好法律風險，對企業營運與發展有極正面之意義，也足以提升業務實績。因此，企業應從成本效益多方解析，並由法律風險實現之禍害解析其不良影響，由

反差凸顯法律風險管理之效能。

4. 解析具體事例深化員工觀念

目前法律事例甚多，在宣講與溝通時，以自身企業之事例解說，最能使員工得到深刻印象，提高警覺，而以其他企業之事例，亦足以收警惕效果。

5. 經營層高度重視及參與

法律風險文化要優質化，不能只靠員工去執行，更重要者在於企業上層之重視及強力介入參與，其對法律風險管理工作的態度、管理理念及承諾，啓發員工向心力，而重要幹部願意投入，督導執行，也是關鍵因素，當然領導階層守法、遵法之外在行爲，更是優質文化之催促力道。

（五）確實在工商事業活動過程積極實踐

在法治社會，企業若期望透過政商勾結、人際關係、甚至暴利掠取方式謀取利益，縱使一時奏效，但常常適得其反，觸犯法律及犯罪，陷入法律泥沼之中。對照觀念正確之負責人需體認企業之盈餘獲利，要依賴營運賺取利潤，以及內部有效控制減免風險，防範法律責任風險出現，才是企業生存與發展之不二法門。

【案例9】法律風險之控制調整

王富在高雄山區經營土產飲食店，價錢公道，客人川流不息。2016年春節前寒流來襲，杜元上門吃火鍋，見牆壁上貼有香肉火鍋，問：「你還在賣香肉？」王富答說：「我的狗是自己在山上養的，又不是偷來，有什麼問題！」杜元小聲說：「前幾天才聽人說，宰殺、販賣狗貓屠體會被罰5至25萬元，現在高雄通過法案，烹殺貓狗要處罰15000至75000元，你不要害了你的客人被罰錢。」王富大驚說：「好險！前幾天有個朋友帶來一位記者的客人，一直問我是否有賣狗肉，還好，朋友打斷話題，不然被登報，麻煩大了。」、「我一碗才賣80元，罰個10萬元要賣1250碗呀！」趕緊撕下有香肉的價目表，扯下香肉霓虹燈，改賣兔肉火鍋、藥燉兔湯，生意更好，2個月後王富打電話給杜元：「好久不見，快來啦，現在生意不錯，我要好好請你喝幾杯！」[23]

---

[23] 爲尊重動物生命及保護動物，特制頒《動物保護法》，將動物界定爲犬貓及其他人爲飼養、管領之脊椎動物，明定對動物不得任意宰殺，其爲宰殺犬、貓及販賣其屠體可處15萬元以上，25萬元以下罰鍰（第12條第5項第1款、第27條第7款）。至於吃食犬貓肉未在內。高雄市

【案例10】法律風險實現之效應

　　民間暴力討債時有耳聞，但極少人知道政府也有催討債務部門，即行政執行署。從成立以來，已催收公法債權逾5千億元。在全臺灣欠稅上億元，許多人有錢繳但不繳，小心行政執行署找上你（妳）。臺北迪化街有位股市大亨欠稅1,000多萬元，怎麼催都不理。有天行政執行署知其在證券公司貴賓室炒股票，於是準備好法院拘票前去拘提，大亨怕被關，於是開票繳清。行政執行署對類似這些人，可採取限制出境，還可限制人身自由、拘提、管收與查封財產等措施執行討債，雖不可能暴力討債，但欠債還債，天經地義，連公法債權也無法耍賴[24]。

　　法律風險管理人員在公司要展現其生存利基，減少公司機會成本之損失，必須對於自身權責、專業能力、同仁需求等有充分之認知，至少要做好下列評量工作與展現服務能量，發揮管理之效益：

1. 公司負責人與經營群重視與要求之程度為何？
2. 各部門業務有何法律風險事項？
3. 各部門同仁有何法律諮詢之需求？
4. 與外部客戶交涉往來有何法律風險課題？
5. 外部客戶常出現之法律風險事項為何？
6. 如何協助使各部門與同仁順利處理法律風險問題？
7. 發生法律風險事件如何因應？
8. 如何協助各部門有效控管法律風險事件？

　　再者，法律控管力攸關企業營運之正常化與獲利，茲將控管力與衝擊力效應，以圖12-15說明之[25]：

　　政府制定動物保護條例對吃食者，處以1萬5千元至7萬5千元罰鍰。又勞工若在工作場所或宿舍殺、吃或買賣犬貓，雇主也要受到連坐，最高重罰10萬元。

[24] 施茂林，《法律當後盾》，聯經出版，2013年4月初版10刷，頁149-151。

[25] 同前註16，頁50。

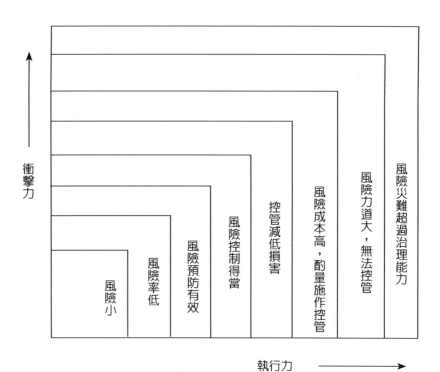

縱軸：衝擊力

橫軸：執行力

（由左至右）風險小　風險率低　風險預防有效　風險控制得當　控管減低損害　風險成本高，酌量施作控管　風險力道大，無法控管　風險災難超過治理能力

圖 12-15　法律控管力與衝擊力效應

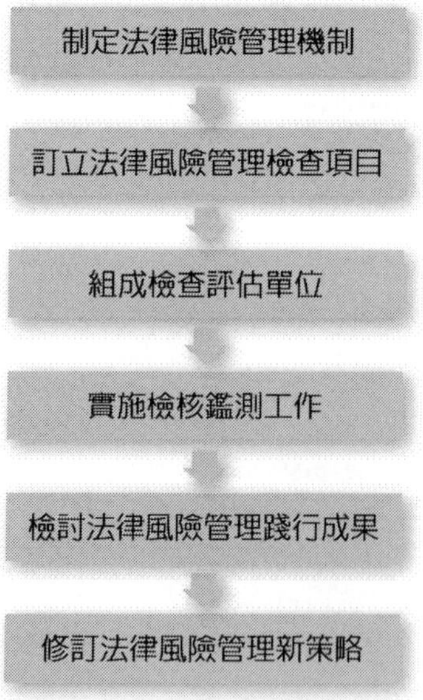

制定法律風險管理機制

↓

訂立法律風險管理檢查項目

↓

組成檢查評估單位

↓

實施檢核鑑測工作

↓

檢討法律風險管理踐行成果

↓

修訂法律風險管理新策略

圖 12-16　法律風險管理工作落實圖

　　企業要將法律風險管理落實，最重要在於養成員工常態化習性。在工作中融入法律風險管理觀念，謹慎推廣工作與業務，而且經常性、日常化去實踐，逐步成爲工作之重要內涵。如此能轉爲工作習性，自然能將法律預防管理之作爲在工作中發揚，進而可預防法律風險之實現。

　　又企業經營群必須正視風險管理定律（the rules of management）。申言之，運用並發揮此定律四大原則：其一，不要冒企業無法承擔之法律風險；其二，考慮法律風險實現之可能性；其三，不要因小失大，儘量評量法律風險之程度，設法做好最佳的法律風險管理工作；其四，不能忽略稽核之重要性。

【案例11】法律風險管理稽核

　　吉星營造公司擅長山坡地整治與水土保持工作，在業界有相當口碑，惟發生數宗施工中水土、岩層滑落事件，董事長顏璋再三要求現場同仁需有風險之高度警覺性，並依照公司所定之現場作業與風險控管手冊執行，並指定工地主任及工務經理督導考核。某日工程中，土石滑落，掩埋4名員工，分別受到輕重傷及1名窒息死亡，公司費盡九牛二虎之力方與家屬達成民事賠償和解，顏璋深入瞭解發現工地主任因與工人熟稔，不便要求員工依SOP工作，而工務經理雖發現員工未戴安全帽，欠缺風險意識，事先未做好勘測，及控土過程未採取距離防範等，有標準流程也形同具文。

五、　本章小結

　　管理控制與溝通，看似兩項獨立的要素，其實兩者間，還是有連動關係。溝通良好，有助於管理控制法律風險管理績效。事實上，要達成法律風險管理的良好績效，非有良好且有效的溝通策略不可。

本章摘要

　　1. 就法律風險管理而言，**管理控制**是指爲影響所屬人員，完成法令遵循與提升公司價值的目標，所採取的任何管理措施與活動而言。

　　2. **內部控制**是指公司管理層爲協助確保目標的達成，所採取的所有政策與程序。

3. 法令遵循人員應辦理下列事項：第一，維持清楚適當之法令傳達、諮詢、協調與溝通系統；第二，確認各項作業及管理規章均配合相關法規適時更新，使各項營運活動符合法令規定；第三，對各單位人員施以適當合宜的法規訓練。

4. 法律風險管理應文書化，這些文書包括法律風險管理政策說明書、法律風險管理手冊（包含法令遵循手冊）、責任與履約保險單登記簿、法律風險偶發事件報告、年度法律風險管理績效報告、法律風險預算書等。

5. 風險管理資訊系統在架構上，應涵蓋應用面、資料面與技術面三部分。

6. 風險溝通有保護溝通、危機溝通與共識溝通。

7. 建制法律風險管理制度之方法為：(1)規劃及建立管理法律風險機制；(2)訂定完備之法律風險管理計畫及手冊；(3)專責部門有效控管法律風險；(4)型塑優質之法律風險管理文化；(5)切實在工商事業活動中積極實踐。

8. 從具體案件說明法律風險管理步驟、效能及法律風險文化之培養與實踐。

思考題

❖ 人是最難管理的，法律風險是永不磨滅的，你（妳）認為在管理法律風險上，要如何做好控制與溝通的工作？

參考文獻

1. 宋明哲，《風險管理新論──全方位與整合》，五南圖書，2012年10月6版1刷。
2. 施茂林，《法律風險管理跨領域融合新論》，五南圖書，2014年9月初版2刷。
3. 施茂林，《工商事業活動與法律風險管理》，五南圖書，2014年11月初版1刷。
4. 施茂林，《醫病關係與法律風險管理防範》，五南圖書，2015年10月初版1刷。
5. 施茂林，《法律做後盾》，聯經出版社，2013年4月初版10刷。
6. 朱延智，《企業危機管理》，五南圖書，2012年3月4版1刷。
7. 陳錦村，《風險管理概要個案與實務》，新陸書局，2004年9月再版。
8. 陳端、周林毅，《風險評估與決策管理》，五南圖書，2007年3月初版1刷。
9. 唐淑美，《法律風險管理》，華藝數位公司，2011年7月2版。
10. 唐青林、項光權，《企業家刑事法律風險防範》，北京大學出版社，2008年11月初版。

11. 陳麗潔，《企業法律風險管理的創新與實踐》，法律出版社，2012年4月初版1刷。

12. Chartered Institute of Management Accountants (CIMA). (2005). *CIMA official terminology: 2005 edition.* Oxford: Elsevier.

13. Doff, R. (2007). *Risk management for insurers-risk control, economic capital and Solvency II.* London: Risk Books.

14. Lerbinger, O. (1997). *The crisis manager-facing risk and responsibility.* Published by Lawrence Erlbaum Associates, Inc.

15. The Institute of Internal Auditors, Inc. (IIA). (2008). T*he definition of internal auditing, 2008.* The international standards for the professional practice of internal auditing.

第 13 章

法律風險管理
績效評估與監督

讀完本章可學到：

1. 瞭解法律風險管理績效評估的必要性與衡量指標有哪些？

2. 瞭解公司審計委員會與內外部稽核的功能。

3. 從具體事例瞭解法律風險管理上實效。

法律風險管理目標是法令遵循，終極則在提升公司價值，因此法律風險管理的績效評估除檢視是否完成法令遵循目標外，就是透過法律風險管理來增加公司價值。此外，法律風險管理的監督還需來自公司內外部的稽核（external and internal auditing），始可克竟其功。

一、 法律風險管理績效評估[1]

法律風險管理績效評估主要在於評斷：（一）法律風險管理之必要性；（二）投入成本之回報率；（三）法律風險發生之損失（害）[2]；（四）企業成效之關鍵；（五）營運利潤之提升以及（六）公司價值之增進等。

（一）績效評估的必要性

法律風險管理績效評估的必要性，主要來自於評估的目的，首先第一個目的，是為了控制績效（control performance），這是評估工作上，最積極的目的。其次，評估工作第二個積極目的，要能兼顧與因應未來內外部法律環境的變局（adapt to change），再者，檢討法律風險管理在企業組織上之穿透力與營運上之影響，其理由主要有四（Head, 1988）：第一，公司面臨的法律風險是多層的；第二，有關法令規定，可能已變動；第三，公司可用的資源，可能已產生變化；第四，法律風險管理的成本和效益，亦可能產生變化。基於以上四種理由，定期評估法律風險管理績效，進而調整既定的決策，以適應新的法律環境，是相當重要且必要的。

---

[1] 實踐法律風險管理之支柱，基本上可分成：第一，法律風險衡量；第二，法律風險管理機制；第三，法律風險管理文化；第四，法律風險管理績效制度。

[2] 法律風險出現，伴隨法律責任而來，常連動到金錢之損失，如賠償被害人損害、債務不履行賠償以及行政機關裁處罰鍰，如本書提及中石化公司安順廠為例：(1)共有2千多位居民受害，但提起訴訟法院判決1億6千8百多萬元之居民，僅有3百多位，其餘居民提起損害賠償，其數額更高達數倍；(2)舉證責任原不利於受害居民，但司法實務上對公害訴訟罹病與汙染間的因果關係認定，已有調整越來越有利受害民眾，則賠償之成立與金額必大到不易預測；(3)由於安順廠有戴奧辛、汞及五氯酚等不同汙染、面積達37公頃，中石化6年前啟動整治計畫；其經費提撥30億元預算能否成立完成，有待觀察；(4)臺南市政府認為中石化整治進度延誤，已多次裁罰，未來若未能如期儘速完成，裁罰金額必高。

【案例1】

　　樂安綜合醫院為產婦游姿鳳接生，查問其血型，游告以不知，經抽血檢驗為O，嬰兒驗血為A，詢問其夫蔡豪平血型為O，引起蔡懷疑，認為嬰兒非其血統，夫妻因而起衝突。游女之父游雲騰認為從小女兒血型即為A，為何會成O型，經陪同驗血，確認為A型，乃向樂安綜合醫院理論，要求精神慰撫金之賠償，院長羅吉立即調查，發現醫檢師在檢驗單上誤記為O型，而後予以改正為A型，助理輸入時，將誤登為O型之資料輸入電腦，以致發生嚴重錯誤，趕緊邀來蔡家、游家人當面解釋，再三道歉，蔡、游兩家才冰釋誤會。羅吉旋即令副院長訂出SOP標準流程，並改進電腦作業程序，初時，尚稱順遂，未料4個月後，病患多人抗議：(1)藥包寫錯姓名，給藥錯誤；(2)病房打點滴弄錯病人；(3)病房2位病人，將二份藥物給同一病人服用；(4)病情資料輸入跳至他病人之病歷表。羅吉績效評估，信心大挫，痛定思痛，重新檢視問題所在，更新作業流程，加強教育，全力要求員工發揮視病如親之精神，責成另一副院長減少門診，加強力道督管，1年後，大有改善。

（二）評估之思考面

　　法律風險之控管，需兼顧：1.風險機率；2.風險成本；3.風險週期；4.管理技術；5.利潤所得；6.實益價值[3]。要管理法律風險，需考量法律風險之損失嚴重程度以及可能處理的方式：

---

[3] 施茂林，法律風險管理新趨勢教材，亞洲大學，2013年10月，頁33。

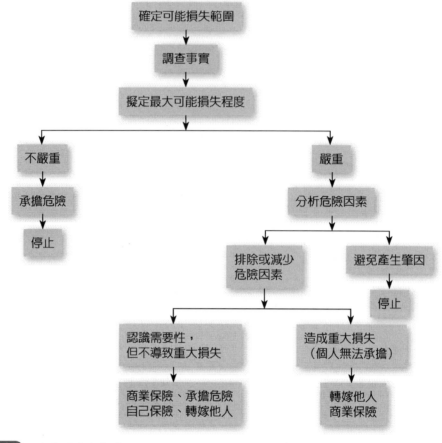

圖13-1 法律風險分析流程

　　關於法律風險值攸關法律風險發生機率，需謹慎評量。首先，計算法律風險點數→（法律風險事件發生可能性之點數＋距離受到衝擊時間點數）×法律風險事件嚴重程度點數；其次探討法律風險期望值，包括頻率、概率、損失，瞭解其結構性概率，及實際數值，進而評量法律風險發生可能性與實現機率。

　　又法律風險要控管防範，需衡量法律風險成本、管理事項及價值效益：

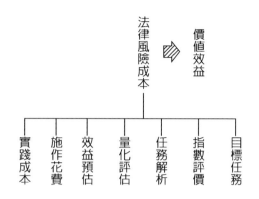

圖 13-2　法律風險成本分析

　　為瞭解法律風險控管之實效，可從風險避免與風險實現兩視角，深入衡量其呈現之過程與結果：

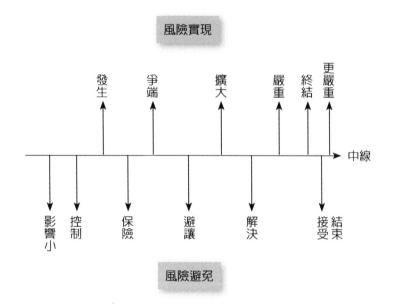

圖 13-3　法律風險控管反映圖

　　當績效評量後，應有回應機制。就法律風險管理之實施、執行，檢測其共有之瑕疵、缺點與問題，提出調整改進之措施，並重新探究其關鍵因素，切中要點評量[4]，例如：

---

[4] 施茂林、施亮均，〈醫病關係與法律風險衡量防範〉，收錄於氏編著《醫病關係與法律風險

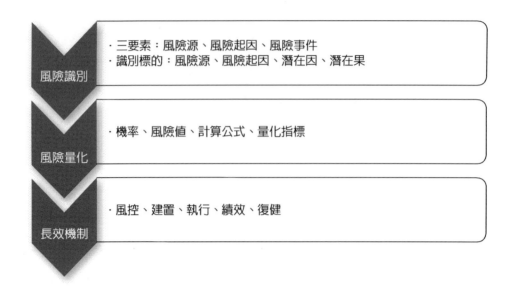

風險識別	·三要素：風險源、風險起因、風險事件 ·識別標的：風險源、風險起因、潛在因、潛在果
風險量化	·機率、風險值、計算公式、量化指標
長效機制	·風控、建置、執行、績效、復健

（三）評估的依據與標準

1. 評估的依據

法律風險管理績效評估，必須依據公司法令遵循標準與法律風險管理政策。根據績效評估的結果，回饋到來年法律風險管理目標與政策的擬定。

2. 評估的標準

績效評估，最積極的意義是在控制績效，爲完成該目的，需一套標竿。首先，建立評估標準，針對法律風險管理的特性，評估標準有二（Head, 1988）：一爲**行動標準**（activity standards），例如：法令KPI 指標，每個月規定召開1次法令遵循監控會報，詳細閱讀與檢視相關責任保險單的每一條款等；另一爲**結果標準**（result standards），例如：公司遭裁罰次數由年平均5次降爲2次，責任損失金額今年應縮小爲50萬。訂立這些標準時，應考慮（Head, 1988）：(1)法令監理環境；(2)同一產業的環境；(3)公司整體目標；(4)法令遵循人員與員工態度等因素，始可制定出一套良好的評估標準。良好的評估標準，則應具備下列幾點特性（Head, 1988）：(1)客觀性（objective）；(2)彈性（flexibility）；(3)經濟效益性（economical）；(4)能顯示異常性（highlight significant exceptions）；(5)能引導改善行動（pointing to correction action）。

管理防範》，五南書局，2015年10月初版2刷，頁382。

3. 修正與調整差異

有了評估標準，需修正與調整實際績效與評估標準間的差異。要完成此一步驟，首先，應注意以下四點（Head, 1988）：(1)實際績效本身，應能客觀地測度；(2)測度出來的實際績效，要能被人所接受；(3)衡量的尺度標準，需具代表性；(4)差異程度應具顯著性。其次，才進行差異程度的調整，一般調整差異的步驟是（Head, 1988）：(1)先正確地辨認發生差異的原因；(2)瞭解差異原因的根源；(3)與法令遵循人員進行討論；(4)執行適切的調整計畫；(5)繼續評估回復標準，所需採取的調整行動。

（四）法律風險管理績效衡量指標

法律風險管理績效衡量指標，需質化與量化指標並重。量化指標可採裁罰金額，違法、犯法的賠償責任損失金額以公司各類報酬率的影響程度來觀察；質化指標則重法律風險管理文化與法律風險控制（也就是法令遵循管理）。法律風險管理文化效標可參閱第五章，法律風險控制效標分別為：1.公司對法律風險曝險額與其種類的辨認程度為何？2.公司對法律風險稽核與監控的情形為何？3.公司對法律風險管理的程度與管理法律風險是否均有明確書面化的限額與標準？4.公司法律風險管理過程是否有預算等管理控制工具？5.公司法律風險管理學習與訓練過程是否有明確的制度與改善措施？

（五）監督稽考

企業應經常注意內外部法律風險環境的變化，及時監督和檢查法律風險管理流程的運行狀況，並適時調整管理之內容與步驟，能有效根據發現的問題對法律風險管理工作進行持續改進，確保法律風險管理與計畫之實現，提升公司營運之成效，否則，只有法律風險管理制度而未能有效執行，形同空談。

為檢查及監督法律風險管理計畫之實踐，需注意下列事項[5]：

1. 內部法律風險環境之變化：如公司業務之調整、營運項目之改變、人員之變動等涉及法律風險成分之增減；又如公司組織體改變、經營層變動、主要幹部去留等，亦均關係法律風險之變化。

---

[5] 參閱中國大陸2011年12月30日發布企業法律風險管理指南（Guidelines on enterprise legal risk management）。

2. 外部法律風險環境之變化：包括法律法規之修正頒定、法令解釋之改變、政經之變動、主管機關執法力道、業務往來企業之變化、營運行銷環境之變化、司法審判之變革等。

3. 法令遵循之鑑測：法律風險源於法律規範，需檢視企業對法令遵循機制與運作之執行面，瞭解其執行進度、遵循程度，評定內部法律風險之變化。

4. 法律事件之檢視監測：解析法律事件之內涵、背景及因果關聯，辨識其間變動意涵，吸收經驗，調整作法。

5. 法律風險管理偏差之鑑別：法律風險管理計畫均係先行預測，經實施後方能鑑測出實際效果；在監督時，需正確檢定出偏差情形，以利改進。

6. 績效評估之提出：經相當時間之實現，法律風險管理之成效已能實現其概括，再根據其缺失與問題，調整作法，提出評估資料，作為持續管理之依循。

二、 審計委員會與內外部稽核

在公司治理的概念下，法律風險管理也需由董事會設置的審計委員會，獨立監督法律風險管理過程。其次，藉助外部稽核人員負責提供稽核報告給公司股東。最後，內部稽核人員的監督更是重要的一環。根據IIA 對內部稽核的新定義（Pickett, 2005）：內部稽核是一種獨立的、具備客觀的與諮詢的活動，這些活動旨在增進組織價值與改善組織的營運。它藉由系統化與組織化的方法，協助組織評估與改善風險管理、控制與治理過程的效能，以達成組織目標（Internal auditing is an independent, objective assurance and consulting activity designed to add value and improve an organization's operations. It helps an organization accomplish its objectives by bringing a systematic, disciplined approach to evaluate and improve the effectiveness of risk management, control, and governance processes.）。從該定義中，有兩點值得留意：第一，內部稽核作業，必須具備獨立性、客觀性與諮詢性；第二，內部稽核的對象，是風險管理、控制與治理的過程，也就是所有ERM要素，這當然包括法律風險管理過程。IIA對內部稽核的新定義，有別於傳統只著重內部控制過程的稽核。

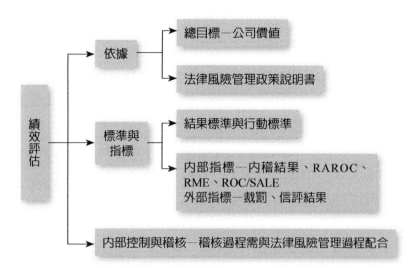

圖 13-4　績效評估示意圖[6]

三、　績效評估與監督之案例解說

【案例2】成功的實踐者

　　信立光電公司3年內，8次被國內及美國、德國、日本等控訴侵害智慧財產權，部分敗訴，判決賠償金額甚高，部分則與對方公司和解，金額亦大，前後賠償金額高達12億元，僅有少部分勝訴。董事長黃鈺仁、總經理劉炳全認為光電業相互控訴之情形甚多，且信立亦常對國內外公司進行訴訟，乃未將其納入公司改進之要項。6月間股東會召開時，多位股東砲聲隆隆，指責公司何以不改進，導致股利被賠償吃掉，如不改善，將提告董事長不盡責賠償。黃鈺仁乃與劉炳全召集主管開會，研商改進對策，蔡明宗副總建議邀請法律顧問針對現有問題，澈底檢討，提出具體改進作法，黃鈺仁責成蔡明宗負責督辦，蔡明宗乃商請智財權教授2名、顧問律師2名與訴訟律師及工程、製造部門主管等研商，提出對應方案[7]，由法務長歐哲負責草擬，經3個月縝密商議定稿，其重點：

---

[6] 施茂林，〈工商事業經營法律風險衡量〉，臺大商學館演講，2015年8月15日。

[7] 企業之業務類別多，營運項目廣，資材類型雜，現場工作不同，法律專業人員不易瞭解其詳情，有時毫釐之差，影響甚鉅，要訂立法律風險管理制度宜加入各企業不同專業人士共同研商，最重要者，乃在使訂立計畫與作業規範者完全瞭解其實況，以求周密。

1. 建立全面性法律管理機制，由副總經理擔任風控長，同時處理風險管理與法律風險管理事務，由法務長及工程部協理分別擔任執行長、副執行長，督導各部門執行法律風險管理工作。

2. 規劃整體性之法律風險管理實施計畫，由法務長負責督導法務管理處同仁擬具，包括各部門依法律風險程度制定管理工作。

3. 從現有八個案例解析，針對三個部門技術與製程參考、仿造部分，要求改善，不能有抄襲、仿冒之行為，有關之製程與技術需重新調整。

4. 檢視公司所有生產部分，發現有與其他公司之製程、技術、控制等相近之處，需瞭解有無侵權之可能，重新改造，不能有侵害智財權之情形。

5. 聘用同業公司之離職員工，應注意有無使用原來公司技術、營業祕密之行為；如有相近者，需立即調整更改。

6. 培養公司法律風險管理文化，定期與不定期對員工實施研習訓練，加強員工法律風險管理意識，逐步養成文化習性，減少法律風險事件。

7. 訂立督考及稽核機制，將員工推動法律風險管理之成效，納入重點獎懲與獎金範圍。

董事長在實施計畫定稿後，分別與總經理在各種會議及員工集會中，強力宣導及要求，經半年後，檢視其成效，發現除製造二部門曾為趕貨，借重同業公司之專利技術外，其餘未察覺有仿冒侵權之事，且僅有一家公司向法院提起民事賠償事件，主張信立有一項零件之製程與其公司技術相近，涉有抄襲之事，已委請律師處理，其餘之法律風險事件與侵害智財權無關，董事長對此結果相當滿意。再經1年後檢視，也只發生2件請求損害賠償600萬元及140萬元事件，較之以往，風險大大降低，顯現績效相當良好。外界原先認為信立公司雖是大企業，仍有專利海盜之問題，已經去除，對公司信譽與價值大大提升。

【案例3】有效的法律風險控管

御風輪業公司以分期付款附帶條件買賣方式販售機車，董事長錢維接獲員工報告3年來客戶常繳交幾期貨款後去向不明，催討不易，呆帳比例不低。某日，機車製造廠業務員來收貨款，得悉實情後，告以：你們同行賣得比你多，呆帳並不多，你們公司要有好對策。錢維遂親自查訪、市調，於2016年1月開始採取最簡便之法

律風險管理對策[8]：

1. 客戶購買機車時，明確告知法律關係爲附條件買賣，價金全部付完，才取得機車所有權，在此之前，爲公司所有，不得有買賣等行爲，並給予一張簡單說明書。

2. 如客戶同意，找其家人擔任保證人。

3. 要客戶留下老家住址、電話，有狀況就以明信片寄去老家，或去電其父母及家人會幫忙催促。

4. 分期款未繳時，去電了其父母及家人，表面是請代爲轉達，實質上發揮家人共同催討效果。

5. 通知本人若不再繳分期款，將報警收回機車，如藏匿或拒不交出，將控告侵占罪。

6. 公司職員對於有問題或異常之客戶，打電話聯繫，做溫馨關懷。

7. 責成經理督導員工遵辦，並依績效發予獎金。

新辦法推廣後，員工認眞配合，檢視其成效，客戶不繳、拒繳分期款之情形較之前大量減少，攜車逃跑不明也降低，成爲呆帳之比例不到原來之10%，專家指出御風公司執行法律風險管理徹底，成效佳。

【案例4】法律風險管理執行不利

第十六信用合作社有四個分社，用戶數達數10萬人之多。合作社基於管理及利用之需要，自15年前開始利用電腦將客戶之個資建立系統性檔案，對業務之推展大有助益。惟有許多客戶來電、來信或親自來合作社抗議，爲何他們的個資全部外洩，造成相當大的困擾[9]。合作社雖一再否認，質疑有何證據認定他們合作社外洩個資，客戶舉出不少事證說明，法務人員與持有個資者互動，推知係合作社洩漏，客戶表示再不改善將轉至其他銀行，合作社董事長歐昇、總經理丁文覺得要改善，

---

[8] 附條件買賣制度爲《動產擔保交易法》所規定，其用途甚廣，實益亦大，對企業推動業務助益良多。目前機車、汽車、機器等常以此作爲行銷之利器，在我國整體放款中有5%爲動產擔保，其中擔保品有95%爲汽車，機車部分則從2015年12月17日修正《動產擔保交易法施行細則》第2條，將輕型、重型機車納入動產擔保，與汽車及大型重機均可在監理站設定動產擔保。

[9] 當前許多家庭與個人常接到各種不同之推銷廣告、文宣，造成不必要之困擾。許多人均懷疑何以其個資會外洩，爲何企業在要求留下個資時，信誓旦旦表示必嚴守祕密，不致外洩。但實情並非如此，是以個人留個資時，要有預防風險意識，考量有無必要留下以及如何防範對方洩漏，以保護權益。

否則在銀行如此競爭之情況下，將有不利效應。

總經理丁文經歐昇指示研辦後，召集主管與幹部研議，一直得不到具體要領，丁文遂委請本信律師事務所提供法律諮詢意見。本信事務所在3位律師集思廣益下，提出十六信個資保護法律風險管理辦法，明列專責部門、督導主管、法律風險控管措施、安全維護方案、風險評鑑等內容，丁文看後覺得甚為具體，要求各部門、各分社依該辦法實施，防止客戶個資外洩。

辦法實施後4個月，雖有客戶或民眾前來理論個資外洩之事，但經比對調查，係新辦法實施前所外洩，客戶也能接受，董事長在工作會報中，還特別褒獎同仁守分守法。

經過半年後，陸續有將近20位客戶抗議，他們個資外洩，造成生活、心理、社會互動上之困擾，指責十六信何以如此不負責任。當地報紙也大幅報導，引起客戶關心，董事長相當生氣，指責總經理為何績效如此不彰，造成合作社信譽受損，總經理對此事需負責，總經理趕緊深入調查，得知：

1. 個資保護小組推動不盡責，未協助督導同仁切實遵循上開辦法保管個資。

2. 儲蓄部部分員工欠缺法律風險意識，對不明人士查問直接告知客戶個人資料。

3. 上述辦法對於資料安全管理機制有缺失，導致不相干之同仁得以接觸個資，加上彼等認為非其業務上所得悉，隨意告知他人。

4. 員工檢閱個人資料檔案之安全管制不足，輕易可查知客戶之資料，又不易稽核。

5. 資安部門之人員都是委外辦理，約制力低，安全警覺性不足。

6. 確有不肖人員偷取個資販售獲利。

總經理立即召集合作社主管與核心幹部檢討，根據上述缺失，提出改善方向與做法，並強力要求主官負起教育、研訓、風險盤點、督導、考核責任，否則將由主管負連坐責任，並降職調整工作。

【案例5】法律風險管理文化不足

閎唐土地開發公司經過3年努力，大多數地主同意參加自辦市地重劃[10]，在溝

---

[10] 市地重劃有公辦市地重劃與自辦市地重劃，前者由縣市政府負責辦理，後者常由開發單位邀集大多數地主依據《平均地權條例》等法令辦理。但重劃單位並無公權力，常常發生糾紛，對地主、分配戶與重劃單位以及縣市主管機關均有不同風險存在。

通協調過程，察覺地主多、意見多、歧見更多，可能會有爭議，乃委請傑林法律事務所提供法律意見書，傑林4位律師分從《民法》、《土地法》、《都畫法》、《市地重劃實施辦法》等提出法律風險諮商意見書，閔唐認為部分內容尚有不足，將雙方研議予以補全，傑林主持律師阮雲特別告訴董事長蔡閔需注意下列之法律問題：

1. 地主同意書之內容需完備，由本人簽章，有代理人需提出委任書。
2. 地主年邁體衰，意識不清，注意其配偶、子女之狀況，確認地主本意。
3. 地主分配之方式、比例、位置、計算標準等均需讓地主清楚。
4. 土地上地主原有建物、工作物應有處理辦法。
5. 重劃會之組織、組成、會議及運作，公開透明。
6. 市地重劃之經費籌資、負擔、支應等遵循法令。
7. 召開土地重劃會之程序與決議需符合法定程序，對於不同意之意見需注意處置。
8. 不配合或有異議地主之協調及未能協調之處理。
9. 對於分配土地與位置之爭議與訴訟之預防。
10. 地主有爭執之解決與調處程序，需符合法令規定。
11. 有耕地出租者之協助與調整作法。
12. 需市府核備之事項需依法令辦理。
13. 市府主管機關對於重劃程序、會議、分配方式、經費等之批核內容與回應。
14. 需指定負責任高階主管全程注意所有法律事項、程序與爭議之處置，督促同仁遵辦。
15. 處理機制與程序，以程序為先，步步為營，友善溝通為原則。

土地重劃工程開工後，地主爭議不斷，衍生諸多法律爭執，閔唐公司董事長向傑林查問何以如此，阮雲指派2名律師全面檢視，發現閔唐員工法律知識有限，欠缺法律風險意識，又不依傑林提供之意見書辦理，也未採取補救措施，導致調處2件、民事訴訟事件16件、刑事偽造文書案件5件、詐欺案件4件，訴訟案件也未委任律師辦理，以致多件在一審敗訴，阮雲將實情告知蔡閔，蔡閔才體悟問題多多，公司法務管理很弱。

【案例6】應付了事之法律風險回應

萬鴻化工公司於生產過程，會排放汙染空氣之汙染物質，為節省經費，未遵照《空氣汙染防制法》第20條所定之排放標準，常產生惡臭、揮發性有毒氣體，引發居民不滿，向環保局投訴。環保局則先勸導改善，萬鴻陽奉陰違，環保局開始裁罰，從10萬起跳，15萬、20萬、50萬元不等，已累積數百萬元。董事長萬明責怪總經理鄔廷未妥善處理，鄔廷回答將採取改善措施，經與環保專家、法律顧問人員與公司主管多次會商，訂定法律風險守則：

1. 改善設備：購入先進防空氣汙染設備，符合法定排放標準。

2. 調整原料：尋找較不會排放氣體之新材料，減少排放汙染物。

3. 訓練人員：訓練員工熟悉操作，減少汙染物，隨時注意異常現象，採取改善作為。

4. 迅速警示：發現可能超越或超過法定排放標準，迅速回報，針對問題設法改善。

5. 督導稽核：由協理督導，總經理指定一副總經理稽核。

6. 呈報主管：將各類改善、調整等措施，先報主管機關備查。

董事長對此回應對策相當滿意，認為可解決被指責為空氣汙染元凶之事。8個月後，萬明在會議場合，碰到環保局林局長，林局長直白問道：上次你說公司要改善空氣汙染問題，為何還常看到局裡要裁罰的公文呢？萬明回答：沒有呀！是局長誤將其他公司看成我們公司吧！局長說：我印象深刻，不會弄錯。董事長尷尬不已。回公司後找來親信瞭解，才知道又被裁處三張罰單，只是未上報董事長而已。董事長遂親自查問並實地勘查，發現係採購他人淘汰的二手防汙設備，效果有限，而原會產生汙染之原料、配合料雖均改用稍微減低之物件，但加上排出汙染氣體改善有限，加上公司人員在總經理指示下不得上報及告訴不相關之人，裁罰之事也隱諱不言，真正原因是董事長股數不多，總經理才是大股東，不願花錢在改善設備上，認為有做做樣子給環保局看就可搪塞，殊不知紙包不住火，民眾再三檢舉，環保局仍繼續裁罰，萬明感嘆具體可行方案居然因人為因素成為具文，當即下令確實改善。算算裁罰款項幾乎與更換設備相近，真是何苦來哉！

四、　本章小結

　　從董事會的審計委員會至公司內部的稽核系統，均是在監督法律風險管理績效，而法律風險管理的績效評估，則需各種量化與質化指標，以資配合。如此，公司即使遭受重大法律風險事件的威脅，固然公司股價與收益，會下跌或虧損，但存活機會，會比法律風險管理差的公司為高，這就是建置法律風險管理所獲得的價值，也是法令遵循主管最重要的使命。

本章摘要

　　1. 法律風險管理績效評估的必要性，主要來自於評估的目的：第一個目的，是為了控制績效。其次，要能兼顧與因應未來內外部法律環境的變局。

　　2. 法律風險管理的評估標準有二：一為**行動標準**；另一為**結果標準**。

　　3. 法律風險管理績效衡量指標，需質化與量化指標並重。

　　4. 內部稽核是一種獨立的、具備客觀的與諮詢的活動，這些活動旨在增進組織價值與改善組織的營運。它藉由系統化與組織化的方法，協助組織評估與改善風險管理、控制與治理過程的效能，以達成組織目標。

　　5. 從法律風險事例，瞭解法律風險管理績效評估與監督之重要性。

> **思考題**
>
> ❖ 從美國安隆（Enron）風暴，想想安隆法律風險管理績效未能達標的原因。

參考文獻

1. 宋明哲，《風險管理新論——全方位與整合》，五南圖書，2012年10月6版1刷。
2. 宋明哲，《公共風險管理——ERM架構》，台灣金融研訓院，2015年2月初版。
3. 施茂林，《法律風險管理跨領域融合新論》，五南圖書，2014年9月初版2刷。
4. 施茂林，《工商事業活動與法律風險管理》，五南圖書，2014年11月初版1刷。
5. 施茂林，《法律站在你身邊》，聯經出版，2013年3月初版4刷。
6. 包慶華，《企業生產管理法律風險與防範策略》，法律出版社，2009年1月初版1

刷。

7. 趙曾海、黃學誠，《砍掉風險：企業家如何阻止大敗局》，法律出版社，2008年7月初版1刷。

8. Head, G. L. (1988). *Essentials of risk financing.* Vol. 2. Pennsylvania: IIA.

9. Pickett, K. H. S. (2005). *Auditing the risk management process.* New Jersey: John Wiley & Sons, Inc.

第四篇

分論（二）
——家庭個人篇

本篇以三章分別說明家庭與個人日常生活社群互動網絡與參加保險的法律風險管理。

第 14 章

個人與家庭法律
風險管理

讀完本章可學到：

1. 認識個人與家庭生活的法律環境。
2. 認識個人與家庭生活可能面對的法律風險。
3. 認識投資理財之法律風險。
4. 清楚辨明父母管教子女之法律風險責任。
5. 明瞭個人權益受害之法律風險訊息與處理要領。

一、 個人與家庭生活與法律息息相關

單身個人與家庭生活，除面對各類財務與危險風險外[1]，也面臨法律風險，由於不像企業公司有專門的法律部門或專屬法律人員負責法律風險管理，因此個人與家庭本身更需瞭解法律風險管理。

（一）個人與家庭生活的法律環境

一個國家的法律總會直接或間接影響個人與家庭生活，對個人與家庭生活影響較直接的包括《民法》、《票據法》、《刑法》、《著作權法》、《土地法》、《所得稅法》、《稅捐稽徵法》、《戶籍法》、《電子簽章法》、《就業服務法》、《消費者保護法》、《家庭暴力防治法》、《公寓大廈管理條例》與《個人資料保護法》等。這些直接影響生活的相關法律與條例，均潛藏眾多法律風險[2]。

（二）個人與家庭生活的法律風險

對個人與家庭的法律風險，與企業公司相同，其原因有多端，主要來源：第一，對法律條文規定的認知不足或不正確的解讀法律意識或未遵法行事。例如：社會流行的同居不婚現象，其實法律風險大。隨口聊機密，法律風險也高，不想結婚想冷凍卵子備用，如無配偶也未必如願；再如父母以為有管教權，對不聽話兒子處罰爬行百公尺，可能要面對上親子課程；又如駕駛機車、汽車未遵守交通法令撞擊他人傷亡，必須賠償[3]。第二，來自契約安排的疏忽。例如：買賣不動產，疏忽安排履約保證條款，就會存在可能的法律風險；又如借予他人居住房屋，要對方繳稅金，可能成為租賃。第三，來自爭端訴訟程序。發生法律訴訟爭端時，有理沒證據，就很難走遍天下，訴訟程序過程中疏忽收集證據，即會面臨敗訴之法律風險。

---

[1] 一般家庭對於風險危機未必有警覺性，以洗澡安全為例，常有一氧化碳中毒事件，消防單位曾對一家現場查看其熱水器安裝、瓦斯使用、環境通風等20項，竟有16項不及格，提醒民眾不能忽略自身及家庭之風險事項。

[2] 施茂林，〈法律風險管理體用矩陣與連動議題之研究〉，收錄於氏著《法律風險管理跨領域融合新論》，五南書局，2013年9月初版1刷，頁11。

[3] 車禍造成他人傷亡，判決賠償事例甚多，如工人酒醉撞癱人，法院判決賠償2726萬元。又如醫院及其傳播室主任撞傷路人癱瘓成殘，判賠1952萬元。超速撞死育有4子女之死者，判賠1550萬元。闖紅燈撞及行人臥病2年死亡，判賠1450萬元等。

【案例1】未盡人夫之老來悽慘運

　　62歲之方俊卿年老貧病交加，安置在安養機構，無力負擔每月2萬多元養護費用，遂向法院提起給付扶養費訴訟，要求其妻林欣及兒女負擔養護費用。法院審理中，林欣與子女、林欣妹妹等到庭指認方俊卿婚後遊手好閒、外遇離家，沒有責任感，從未照顧家庭，並曾對林欣及兒女家暴。法官綜合各項事證認為，方林2人雖保有夫妻關係，但方俊卿從未盡過人夫、人父之責，子女成長過程、教育照顧及教養費用等，均告缺席，且方某亦未依《民法》第1118條之1規定，免除妻和兒女之扶養義務，判決不需幫忙負擔安養費。

【案例2】父母受氣，將子女趕出門

　　柯琴鳴離婚後，搬回娘家與母親同住，一再對母親忤逆不順，友人勸其要孝順父母，不然母親會要她搬出。她認為依法有權住在遺產房屋內，其母飽受其氣，忍無可忍，要求柯女搬出，柯女不理，乃向法院提起遷讓房屋訴訟。法院審理中，柯女抗辯：房屋為父親所留遺產，父親病死前有口頭遺囑，吩咐讓她居住，兄弟姊妹也沒意見，她有居住權，法官調查結果，認為柯女提不出遺產之證據。柯母有土地、建物所有權狀，可推定是房屋所有權人，而柯女早已成年，民法規定父母在子女成年後就無繼續保護教養之權利義務，可請求由家分離。母親之前會提供房子給女兒居住，僅係基於親情，柯母可隨時要求返還，乃判決不孝柯女需搬離家門，柯女後悔未聽好友勸告。

【案例3】欠小錢被法拍風險

　　黃櫻雪與前夫離婚後，為替前夫償還積欠的交通罰鍰及稅金，抵押車子向銀行貸款16萬8000元，每月償還6000元。後來因腫瘤住院開刀，前夫表示願意負責剩餘貸款，但食言不按期還款，導致違約，連同利息共欠債22萬元。銀行申請法拍500萬元之房屋，法院認為不符合比例原則，要求雙方協商，銀行不接受，從法院執行處通知其搬離房屋，才知以211萬元拍賣，扣除貸款利息，尚餘190萬元，款尚未收到，社會局以黃女出售房屋有收入，取消低收入戶補助，造成3名子女、老母親投宿無門。此案例提醒大家：(1)向銀行借款，需按期繳付本利，避免違約；(2)如未按期支付，應與銀行好好溝通，尋求雙方接受方案；(3)不能心存僥倖，誤認只欠小款，銀行不會拍賣；(4)進入強制執行程序，與銀行多方溝通，儘量不要拍賣；(5)向法院要求提高拍賣底價。

（三）個人與家庭法律風險管理

管理個人與家庭的法律風險，同樣要連動思考法律風險控制與法律風險理財，才配稱為法律風險管理，這從前面所提的法律風險管理定義中，即可得知。

1. 法律風險控制

【案例4】下載影片與人分享之風險責任

19歲王欽迷上霹靂布袋戲，廢寢忘食，希望有同好與他分享，將租來的「霹靂神州」一百一十級DVD剪接上傳供網友下載，1年多內被下載107萬次，Im.tv部落格、土豆網及YouTube等影音網站。警方估計侵權金額高達1億2千萬元，霹靂公司表示類似網路免費下載的侵權行為，對公司已造成損失。王文欽得知涉及侵害著作權犯罪及需賠償霹靂損失時，後悔不及，其父母強調他只是想跟霹靂迷分享，無心觸法，求對方網開一面。

個人與家庭的法律風險控制，同樣追求法律風險事件發生機率降低，與事後自我保護尋求財物損失的縮小。法律風險控制的具體作為如下：

第一、充實相關法律的專業知識：降低法律認知的不足，提升法律條文的精確解讀。例如：居住在社區管理大廈，不交管理費的法律風險，就需靠熟悉《公寓大廈管理條例》，以降低法律風險。

第二、重視履約管理：安排任何契約，除需充分避免疏漏外，務必在成本許可範圍內，實施履約保證管理，以降低法律風險。

第三、紛爭解決：發生爭端訴訟時，懂得自我保護，縮小損失。首重收集證據，並以書面配合當場說理說服法官，或委託適當的法律專業人員，其實最好的風險管理，是運用訴訟外紛爭解決機制（ADR制度）處理。

2. 法律風險理財 ── 責任保險與其他風險理財

【案例5】輕易受騙之吸金

擁有雙重國籍男子黃西，標榜為健康產業，在臺招募業務員，對外販售公司債券，分為「短期回存型債券」、「土地擔保信託債券」等。每一投資單位為1萬元或10萬元，年利率約8%至8.8%，投資週期為4到5年不等；到期後不拿回本金，除了利率升為12%，立即給20%利息，業務員每拉1人，即有17%佣金。7年間違法賣

債券吸金逾1650萬美元（約臺幣5億餘元）。本例顯示一般人欠缺風險意識，未能辨析風險訊息，輕易入彀受害。

【案例6】印章存摺之銀行員風險

廖女以100元向黃姓婦人購買網路卡，以電話告知李姓行員匯款，不料李從廖的帳戶匯出100萬元進入黃婦的銀行帳戶，廖婦發現有異，聲請取得地方法院的支付命令強制執行，不料黃婦已花掉部分，最後只取回61萬餘元，還損失近39萬元，請求銀行賠償39萬元。李姓行員則說，廖女都將存摺交給她保管，她是確認匯款金額為100萬元才匯出，況且該帳戶進出頻繁，每筆動輒數10萬元，未曾有過100元或者數百元的交易。法官根據雙方對話錄音，確認是行員聽錯，不過廖女將帳戶存摺交給行員保管，還屢次以電話指示代辦匯款事宜，也要負責5成的過失，因此判銀行及行員共同擔負一半的損失。此例提醒存款戶將存摺與印章交與行員保管存有相當高的風險。

　　個人與家庭的法律風險理財，首需考慮相關的責任保險與履約保證保險，其次，才考慮自我的財務準備。就個人與家庭而言，不像企業公司有專門的法務部門或專屬法務人員負責法律爭端與訴訟。因此，法律相關的賠償責任，能事先安排責任風險可省事許多。汽車責任保險、個人責任保險、火災法律責任保險與意外責任保險等四種責任保險，應是個人與家庭生活中可考慮的責任保險。如果有房東身分也應考慮相關的責任保險，最後，房屋出售買賣時，別忽略考慮履約保證保險。

（四）常見保證書與切結書之風險認知

　　日常生活中，會碰到許多需簽同意書或切結書或保證書的情事。常見的是病人進手術房前，醫生常要求其家屬簽手術同意書，醫生是想藉此控制不必要的法律風險與防止家屬不繳費。然而這種同意書法律效果有限，手術失敗如是醫生有疏忽，家屬還是可控告醫生；還有夫妻間、公務機關要求簽立切結書之情形。

【案例7】切結書真有大功能嗎

　　常見夫妻吵架鬧上法庭，妻要求先生寫一張切結書，保證今後絕不再打太太，但先生心想：「每次和太太吵架，總是控制不住就出手打她，若簽了這張切結書，豈不是作繭自縛」，於是在法庭上遲遲不敢簽，太太看先生不願簽立，火氣更大，

乃在法庭上指責先生，先生見狀更是不願簽署，雙方鬧得很僵，其實雙方都有誤解。

之前，食用黑心油鬧得沸沸揚揚，引起大波瀾，造成社會大震盪。有一家食用油公司曾簽立切結書類，保證無黑心油之事，以取信社會，很多人也因此相信，後來發現它是大咖黑心油，大眾相當不滿，認為不是簽了切結書嗎？為何還弄黑心油？有人才醒悟切結書簽歸簽、寫歸寫，好像沒什麼作用。

又很多政府機關也常要求當事人在申辦案件時，簽發保證書或切結書，對於所申辦之事，具名：「如有不實，願負法律責任」、「如有虛偽，願負一切法律上責任」、「如有虛假，願受法律最嚴厲處分」，試問違法本來就有民事、刑事或行政責任，而且法律上對於違約之處罰或責任，均有明文規範，並依違犯情節輕重處罰，不會因情輕或不重而受到所謂最嚴厲處分，可見這種官樣文章，實效不如想像大。

由上可知，不論切結書、保證書或同意書都存在法律風險，所寫保證並「不掛保證」，切結並非有實效，要防止淪為「空」、「無用」的文書，要加上制裁或處罰條款[4]，例如：

1. 本人答應如利用在職務上創作之美工設計圖另行投稿，願賠付公司100萬元。

2. 本人切結如不依申請事項履約，願賠按契約標的，支付3倍違約金。

3. 本人承諾不會再辱罵○○○，如不遵守承諾，每罵一句，願賠償5萬元。

4. 立切結書人所繳各項申請文件、資料屬實。如虛偽不實，無條件繳回已領之補助金。

5. 本人保證確實於施工作業時遵照施工汙染防治計畫執行，並遵照規定做好勞工安全衛生工作，如有違反，願賠付300萬元。

此類保證書等，約定好實際之制裁或處罰條款相當明確，要執行並不困難。立約人如違反或不遵守時，會考慮其結果，可激起其風險意識，不違反為上策，而且如存心違反承諾，要追償或追究時，較為容易，立書人也比較無話說。

事實上，社會上常見的切結書，種類繁多，並不限切結書或保證書名義。其他如承諾書、同意書、覺書、備忘錄等，只要是在認諾、承諾、約定於違反某條款、

---

[4] 施茂林，〈工商事業與法律風險〉，2015年10月22日育達科技大學演講。

某事項、某事物等或提醒，督促其不能反悔，違約時，就是有切結書的性質，仍訂明制裁處罰條款為要。

（五）生活法律風險

在個人日常生活與家庭生活中，有許多法律風險事項，不小心可能涉及法律責任。又常會使用他人名義設立帳戶投資等，後來發生周轉或責任問題，必發生許多法律事件。例如：買人頭戶來僱用外勞、借人頭辦帳戶詐股票、開設公司等法律問題多多。

【案例8】出賣人頭帳戶之下場

孫姓婦人把她一雙兒女，以及兒女的先生、太太和男女朋友，加上她自己，總共九個帳戶，以每個帳戶3,000元賣給他人，收入2.7萬元。後來，害得兒女變成被告，被判詐騙集團之幫助犯。

【案例9】路邊發傳單被撞與有過失

任克斯是馬路工作族，每日辛苦在路邊發傳單賺取微薄工資。某日在新莊思源、長青路口，沿車發廣告，看到號誌紅轉綠，從快車道跑回路邊途中，遭砂石車撞倒，造成左腳骨折、皮膚壞死，乃向肇事司機與雇主求償150萬元。司機及雇主主張任克斯不該在快車道穿梭，本身有不對之處。法官認為，任某未遵守行人應走人行道之規定，也有過失，砂石車的責任4成，任克斯可求償金額扣減後，再扣除已領得的保險金，判處司機及雇主須給付25萬元賠償金。

【案例10】垂釣者挨罰上鉤

國際商港為管制區，禁止釣魚，但臺中港區防波堤及碼頭上常有釣客闖入。依2012年3月修正《商港法》規定，裁處重罰，從600元累進裁處到第5次至第10次3000元，第11次以上處3000元外，並沒收釣具。自2013年迄至2015年10月已裁罰1453件，共4373人。

【案例11】偷裝GPS之風險責任

郭雪懷疑丈夫李水有小三，花費60萬元請微信社抓姦，微信社阮平在李水的車子底盤裝上GPS，剛拍到李水與小三熱吻相片，不幸李水車子送修，修車廠修車

時，技工赫見底盤有一黑黑的東西，仔細一瞧發現是GPS發射器，丈夫心存有異返家，故意告訴郭雪有此怪事，郭雪趕緊通知徵信社阮平，趕緊自首，檢查官將阮平與郭雪共同違反《刑法》第315條意圖營利供給設備、便利他人窺視罪提起公訴。

再如常收到別人寄來存證信函，有人不理他、有人很重視，正本之道，要瞭解其功能：第一，通知對方；第二，要求辦理或履約一定的義務；第三，在引蛇出洞[5]；第四，催告內容包括事實和說明；第五，留下作爲證據。當瞭解其原由後，視對方用意來答覆。最高明的方式，乃回函簡明扼要，如：「信中所言各點，難以認同」、「所述各節與事實有出入」、「來信所指，並非實情」等。

現在資訊相當透明，個人資料容易外洩，爲人查得知悉。首先要對所有身分證件妥善保管，不要輕易給人個人資訊；再者，上網閱覽、搜尋等，也要留意個人資訊被裁留、收集及運用。凡信封或文件上留有個資時，先用碎紙機處理，不要完整丟棄。又必須留下個資時，可記上外人不知道訊息，並留存紀錄，未來便於查證。

二、 投資理財保險與法律風險規劃

在當前新經濟活動與類型繁多時代，投資理財之管道相當多元，常見之合夥、隱名合夥、參加公司組織擔任股東、合作社社員，均爲很多人考量之選項；又投資基金、股票、房地產、新興衍生性金融商品，亦各有喜愛之投資客。另公債、公司債等亦有投資客，從以往投資與獲利、受損之狀況觀察，各種投資類型與標的，分別有不同之風險問題。如何作好風險迴避，爲投資客必須重視之課題，尤其法律風險部分，更不能忽視，務必作好法律風險評量、作好預防對策，至少減少損害。

（一）投資藝術品古董、提高風險意識[6]

【案例12】真假玉雕之謎

有位殷實企業家多年前購入玉雕藝術品，有人鑑賞其價格逐日翻升，已翻10來

---

[5] 一般人接到郵局存證信函，常會依對方信中所示問題或爭點，詳加駁斥或解說，唯恐說的不清楚，當再收到來信時，見其內容更加離譜或似是而非，更加詳盡解說，完全未料到是對方設下之陷阱，目的在引蛇出洞，在回函中擷取所要之內容，甚至以其自述作爲重要證據。

[6] 施茂林，〈投資藝術古董提高風險意識〉，中華法律風險管理學會，2014年4月。

倍。12年後，原出賣之古董商登門造訪再三致歉，謂該玉雕爲贋品，願加計銀行利息買回，企業家信以爲眞。某日赴友人家作客，瞥見該玉雕，查問得悉其友人以4倍價格買入，古董商轉手間，淨賺500萬元，企業家予以理論，古董商竟謂再度鑑價確爲眞品，不好意思退回，乃賣與其友人。雙方鬧得不歡而散，企業家告誡子女，古董虛虛實實，風險大，不要再花錢買賣。

【案例13】買賣後再花錢買證書

石雕大師經15年之苦心經營，廣建人脈，作品逐漸爲社會接受，價格也逐年翻升，原來買主均成投資客，獲利從5至20倍。石雕大師警覺年老體衰，雕刻吃力，作品不多，縱使市場價格高飛，自己所得有限，其弟子大感不平，對外宣稱仿冒作品太多，如要鑑定眞僞，每件3～5萬元，由大師蓋章驗證，終而有數百萬元收入，但原親自向大師購得之收藏家不快，若不送鑑形同僞品，大爲不甘。

在多元化的社會，投資理財的管道相當多樣，其中投資藝術品與古董者，有相當比例，如果是高檔作品或稀少、經典藝術或具有獨特創造性，其價格高昂，價值非凡，對於有意進軍此窄門的人，需有高度風險意識。

從過往發生案例來看，不論藝術品或古董常有仿品、僞品。有則以科技方式重製冒充；有則未經作者授權擅自翻製，如木雕、銅雕或金屬商品；有則從創作者處竊取、詐騙；有則從收藏家盜竊，不一而足，常爲購買者或收藏者帶來諸多法律上之困擾。

在法律方面，應注意下列風險事項：

1. 如以金錢買賣，適用買賣法律關係。

2. 注意藝術品權利來源，是否爲盜贓物品，以免惹上贓物官司。

3. 注意是否爲眞品，以免買到冒仿品，發生諸多爭議，甚而延伸法律問題。

4. 注意藝術品本身有無瑕疵，有瑕疵立即依《民法》第354條至第361條之規定處理。

5. 在拍賣場和購買時，特別留意有無缺點、瑕疵，如經法院拍賣時，《強制執行法》第69條之規定，無瑕疵擔保請求權；換言之，如買受後，發現有瑕疵，無法請求法院負責。

6. 請賣主出具保證書、切結書，註明違約處罰條款，以加強法律之擔保功能。

20多年來國人經濟狀況增強，消費能力大大提高，有部分人士開始涉獵古董，陸續購入收藏，甚且在國際拍賣市場揚名。以近幾年蘇富比等大拍賣場之買主而言，中國大陸、日本及臺灣商人紛紛投入其內，而投資購買古董，學問很大，要有風險意識，宜注意下列各點：

1. 明瞭投資的大原則：真、精、稀、全。「真」求其爲真品；「精」則要求古董之品質，務精務美；「稀」爲稀有性、稀少性，越稀有之物，越有價值；「全」則爲完整、完全，不要有缺陷、破損。

2. 投資者本身要有收藏嗜好，不要盲從，人云亦云。應多加接觸、研究、比對、鑑賞，有深入認識才好著手購買。

3. 培養鑑定能力，可多參觀故宮博物館、有收藏之文物館，時時體會，並向骨董前輩與同好請益，參加鑑賞研究可縮短入門時間。

4. 大陸流出之古董，有不少贗品，若無法鑑定判明是否爲真品，不宜購買，而且在中國大陸買賣古董，應注意大陸頒發之文物保護法令，其刑責處罰甚重，千萬小心。

5. 《文化資產保存法》對於古物有詳細保護之規定，如有違反將構成犯罪（第63至第75條、94條）。

（二）投資特殊型商品之法律風險

【案例14】不要輕易被吸金

A、B等人爲國際知名足球隊「西班牙人隊」獨家贊助廠商，並取得主球場冠名權爲號召吸金，向會員保證，投資5萬美元，每月獲利逾6%，換算年息達72%以上，若招攬新投資客，並能額外獲得下線股利分紅20%，另以免費搭頭等艙赴西班牙看球賽，誘使會員找下線投資，其誘使700多人參加，違法吸金19億元。

【案例15】令人驚訝之吸金功力

C自稱心靈導師，向廣大民眾吹噓其功力，共有7300多人加入，不法吸金300多億元，檢調據報在其家屋搜出，160多公斤黃金，現金多到不清楚，沒有4億多元。

【案例16】學歷高仍被騙吸金

E、T等人投資澳門銀河娛樂渡假城賭廳，入會等級分爲白金級100萬元、黃金級200萬元及鑽石級400萬元，每月可領取1%至1.5%紅利，透過傳銷招攬了400位投資人，又以舉辦說明會方式，吸引白領階級投資黃金現貨，只要每投資150萬元，就送1公斤金條作擔保品，每月可領取本金1.25%利息，期滿還保證原價購回，前後吸金數億元，被害人大半爲企業主或貴婦。

【案例17】地下投資公司

猶記得80-90年代，臺灣地下投資公司不法吸金風行，鴻○集團吸金961億多元，被害人16萬多人。龍○集團吸金480億元、匯○利集團吸金65億多元、環○集團吸金119億多元、鉅○集團吸金800多億元、鼎○集團吸金42億元，令社會大眾大爲震撼，何以不法集團如此囂張？又何以能快速順利吸到鉅資？被害人何以如此輕信？各主管機關又何以察覺？

【案例18】輕而易舉吸金

近幾年來，利用各種手法不法吸金之情形仍多，旺○企業吸金20億元、生前規劃公司吸金77億元、優○網吸金500萬美元、老○牛肉麵吸金1億多元、交易網吸金100多億元、眞○美吸金19億元、紅○天吸金6億元。又假藉公司生產透明顯示器即將上市，吸金16億元。另以投資中國洗腎醫療業務，2年保證紅利48%，詐得30億元。又有律師打著團購網名義，與立法院長等名人合影，共詐得19億元。有以美國掛牌公司爲招牌，成員開名車炫富，吸金近140億元。似此吸金之手法相當常見，何以未能藉前期吸金慘痛經驗提高警覺，令人不解？

從吸金數高達數億元、數10億元或數百億元之處理觀之，竟然將4、5億現金放在大樓內，有則在錢堆上放上床墊睡覺、有則現金多到數不清、有則現金成堆，鈔票當花束，名車如林；也有的表示有多少現款並不清楚。另有的稱：錢多到沒地方放，令人啼笑皆非。而吸金集團之人竟又說：錢怎麼這麼好賺、或錢一直進來到不知如何結束、或不知道要怎麼花；甚而直白道：給錢的人想錢想到沒腦筋，這些人怎麼沒想過如此給錢，居然不必保證。有民眾也質疑：爲何這麼容易騙錢，高水準的人不一定有風險概念，平常精明得很，何以如此輕信吸金集團。凡此均顯示社會大眾對不法吸金之吸力很強，對不法吸金無免疫力，對不法吸金欠缺風險警覺性。

再進一步觀測各該曝光之不法吸金案，可看出：1.吸金之對象並非一般民眾，常為企業家、醫師、教授、藝人或貴婦等。2.藉某種可快速獲利或新興產學或新科技為名，吸引投資者興趣，再誘導加入。3.打著國外企業招牌、外國轉投資公司，或投資海外礦場、賭場、渡假中心、海外商場、基金，或有前景未上市股東，或打著名人投資旗號吸引一般人入彀。4.常以會員制、加盟式、互助會等型態擴大其吸金規模，讓投資者認為這麼多成功或傑出人士參加，不會有詐騙之事。5.以獲取高利潤、高紅利、高利息、高價差或高回饋方式，誘使投資者入彀。6.一般人對於認識之人想要借錢，必多方考慮，未必肯出借。而不法集團吸金時，常為第一次或偶然或傳聞式接觸，對集團之負責人、經營群、主要主管等並不認識，何以會輕易相信，而且堅信不疑，令人費解？7.投資人被騙之原因，主要是「貪」，縱使高水準、高教育分子、高所得之精英仍無法避免，不少人趨之若鶩。8.詐騙集團常以單線式、同一手法吸金，並非常常更換招式，而且商品未必有何特殊性，僅以類似系統化之商品，如生前契約、骨灰罐、心靈輔導、老鼠會、加盟店即可得到多數人接受，此可看出社會許多人之風險意識薄弱，敏銳度不足[7]。

投資以謀利為一般人投資之信念，但投資之對象及方式如為不法吸金集團，根本是自尋死路，血本無歸。因之，投資人投資理財必須有風險觀念，具有風險管理能力。舉例而言，凡投資之對象、主持人及操作者，必心存疑慮，不宜輕信。又以各種名目噱頭、誇大說詞等，必有不實。其吹噓能力超強，超能力、特異技能或多層身分，也常為虛假。曾有僅高中學歷，竟分飾教授、美國雙博士、股票高手、駐美武官等，騙倒一堆相當程度之投資力；再者，當前投資管道多元，但鮮有高利潤者，若辯稱有厚利可圖，高出行情數倍，亦屬虛假。抱持冷靜、細心分析，簡單識破其詐騙伎倆。最重要者，勿心存貪念。所以投資理財第一風險原則即為戒貪，不貪、不存貪心，必能發出防身護光罩。

---

[7] 作者為研究吸金之型態，蒐集相當數量之司法案例、媒體報導，從中解析受害人受害原因、背景、心理特質、參加動機、目的，體會布局、宣導、行銷、勸誘、吸納等情資手法，發現詐騙手法未必高明，集團要角學歷不一定高，而受害人常是高水準之知識分子，歸咎原因，其實是心存貪念，想一夜致富為多，而且風險意識普遍弱。

（三）技巧性買賣股票

【案例19】自己下單製造交易活絡之風險

　　戴東2012年結束土木結構技師事務所工作後，以買賣股票為業。因前採取逢低承接方式，誤觸諸多地雷股，留存許多下市下櫃股票。於是開始接觸大量股票書籍《新股市絕學反向思考》、《新股市絕學主力在說話》及《SMART智富月刊》等書籍內容，改追進強勢股藉以獲利，採用巨量鎖漲停手法，先選小型強勢股。平時成交張數僅數百張，但被告卻用數千張，有時更高達個股資本額的60%至70%左右漲停價格買進。製造出該檔股票交易活絡假象，讓投資人紛紛追單買進，然後開盤後立即取消未成交的委託餘量，並同時補上之前取消的漲停委託買單排在投資人之後，就這樣再買進數日後再分別賣出獲利。夫妻2年內用九個帳戶炒作三十檔個股，共獲利627萬元。臺北地院以夫妻分別因違反《證券交易法》第171條第1項第1款之操縱證券交易價格罪，處有期徒刑1年10個月及1年2個月，緩刑2年，但需提供公益義務勞役60小時及40小時，並沒收不法所得627萬元。

　　投資股票有投機型與投資型二大類，其以投資相當長期間為目標。一般而言，較缺乏法律責任風險。但以投機方式投資，需注意《證券交易法》之限制，包括內線交易與炒作股票等。此項違法行為，刑事責任甚重，不能故意忽視其法律風險。

　　上述戴東案件，相當特別，與一般人之認知落差很大，俗語：聰明反被聰明誤。股票老手想出對應之手法，以為必能大有斬獲，未料帶來刑責之後遺症。再者，本案手法相當常見，竟成立犯罪，提醒投資者不要誤會，有本事可突破法律障礙。再者，採用開盤鎖漲停價炒作小型股，然後再出場獲利，經判決有罪，未來恐將成為相關案例的處理之參據。有意仿作者，需有警覺性，專業投資人之聰明炒作也將被迫劃下休止符。

三、　父母管教子女與法律責任之風險控管

【案例20】兒子賺3萬，父母賠340萬

　　少年萬儒暑期應徵到明鈺企業工讀，瞭解該公司為詐騙集團，受不了誘惑，同意加入當車手。由詐騙集團先打電話與被害人童琪，指稱其帳戶被人盜用，要求她

將帳戶的錢轉出，並交付給檢察官監管。童琪不疑有他，提領340萬元交予萬儒與集團另一男子，分得3萬元。少年法庭裁定萬儒必須接受感化教育，民事部分判決父母未盡督導責任，判決需與萬儒連帶賠償340萬元，未幾，童琪聲請假執行全部金額340萬元[8]。

分析臺灣近10年來的少年兒童犯罪，其再犯比率不低，犯罪類型趨於暴力化與多樣化，傳統上認為與家庭貧窮、破碎或單親家庭有關。然據統計顯示，目前問題少年，以來自雙親健在，父母感情尚能和睦以及小康的家庭為多，但其中以管教不當，如縱容、放任、姑息、疏於管教等，占高比例。父母的管教如何求其適當，如何發揮家庭應有之教育功能，成為一般父母所應警惕與注意的重要事情[9]。

在中國社會的傳統觀念裡，善盡照顧教養子女是父母的天職，「望子成龍，望女成鳳」是一般人努力的目標。可是尚有部分父母不能善盡職責，因管教不當，致發生虐待或子女犯罪違規事件[10]。因之，使父母知悉管教子女的法律責任，知所警惕，確實負擔責任，並設法降低子女不法行為發生之風險機率。

（一）管教與保護的權利與義務

父母對子女的權利、義務關係，通稱為「親權」，也有稱為「監護權」[11]。親權，是父母基於為人父母的地位，對其子女的一種「權利」。本質上，含括父母對未成年子女的職分與義務，具有權利、義務綜合性。其內容包括提供生活條件的養育、子女的家庭教育、身心人格成長、倫理道德的培養等，使子女有安定、安全的生長環境。換個角度觀察，親權不只是權利，更具有強烈的義務成分，所以親權行使的前提，應以未成年子女的福祉為重心，而行使的範圍更應以子女利益為優先[12]。

---

[8] 目前詐騙集團無所不用其極，也誘使年輕識淺的未成年參加詐騙行列，以致需依《民法》第187條規定負損害賠償責任。如郭姓少年由詐騙集團之稅捐處公函，向被害人騙走146萬元；李姓少女為詐騙集團工作，以電話詐騙被害人取走184萬元，劉姓少年配合其工讀之地下期貨公司安排被害人投資1800萬元，分別被判決彼父母需連帶賠償146萬元、184萬元及1800萬元。為人父母不得忽略其法定代理人責任，應隨時注意小孩言行，以免淪為詐騙集團成員，屆時需要連帶賠償。

[9] 楊士隆，《犯罪心理學》，五南圖書，2006年9月初版1刷，頁432。

[10] 張華葆，《少年犯罪心理學》，三民書局，1999年2月4版，頁305-306。

[11] 我國民法並無親權之法定用語，亦缺乏規範親權之專章與專節，致各家所見不一，有謂親權相當於監護權，有指《民法》第1084條至第1090條之父母子女權利義務關係。

[12] 戴炎輝、戴東雄、戴瑀如，《親屬法》，三民書局，2007年9月修訂版，頁401。

　　親權的行使在消極方面而言，指對子女的管教、監護，須在合理正當的範圍，並不得逾越必要的程度；就積極方面，須排出他人危害，解除子女的困苦與危險，以達成照顧、保護、管教、養育、監督等功能。我國近年越來越重視未成年人的保護，除《少年事件處理法》外，先後制頒《幼兒教育及照顧法》、《兒童及少年福利與權益保障法》、《兒童及少年性交易防制條例》等，對於父母行使親權的內容也有所規範。

　　親權的具體內容，不僅規定於《民法》〈親屬篇〉，並散見於《民法》其他規定內，為使一般人有整體觀念，通盤介紹如下[13]：

1. 人身監護權

　　(1)住所：未成年之子女，以父母之住所為住所。必要時，父母得指定子女的居住處所，以便行使親權。

　　(2)保護管教權：父母對於未成年子女，有保護、教養權利。如生病送醫救治、給予安全環境、提供生活條件等，使子女的心智、精神、性向、言行、成長等順利進行，使之成熟。

　　(3)懲戒權：父母在必要範圍內得懲戒其子女，如不聽話，得予教訓、告誡、體罰，但仍須以子女的性別、年齡、健康、性格、所犯過錯的輕重及態度等，決定適當的懲戒方法。

　　(4)排除妨礙：排除他人妨礙其行使親權，例如：對於和誘、略誘未成年子女脫離家庭，或侵害子女權益等情形，父母可以行使子女交付請求權。

2. 財產監護權

　　(1)父母對未成年子女的一般財產，有管理、使用、收益、處分權。未成年人的財產除與自己年齡、身分、日常生活所必需的相當處分行為外，應得父母的同意。

　　(2)未成年子女的特有財產（指因繼承、贈與或無償取得的財產），父母的處理權限如下：

　　A. 管理權：如房屋的利用、維修、換裝、改良或向占有人催討反還等。

　　B. 使用權：如房屋的居住、土地的耕種、音響的收聽等。

　　C. 收益權：指財產所生利益的營收，如出租他人收取房租、果樹所生的果實

---

[13] 高鳳仙，《親屬法理論與實務》，五南書局，2006年9月6版1刷，頁334、347。

等。

D. 處分權：包括「事實處分」，指將財產作變更用途等事實上的處置，如拆毀房屋、丟棄物品等；及「法律行為處分」，指將財產處分，贈與他人。

依《民法》第1088條的規定，處分限於為子女的利益，否則不得為之。

3. 綜合性監護權[14]

(1) 代理權：如法定代理權。

(2) 允許權：如未成年子女所為法律行為的允許。

(3) 同意權：如未成年子女的婚約、結婚、兩願離婚及訂立、變更、廢止夫妻財產契約、被收養等，須經父母同意。

(4) 撤銷權：未成年子女未經父母同意之婚姻，父母得撤銷之。

4. 特別保護義務[15]

父母、養父母及監護人對於兒童負有積極保護義務責任，《兒童及少年福利與權益保障法》第43條至第51條有極為詳細之規定，包括：母親懷孕期間應禁止吸菸等妨礙胎兒發育、不得讓兒童及需特別看顧之少年獨處、禁止兒童及少年吸菸飲酒、禁止危害兒童及少年身心、禁止危險工作、禁止危險駕車。父母在內的任何人，對於兒童不得有虐待、利用子女、誘騙性交、拍攝色情影片等行為。父母對18歲以下的子女需妥為照顧，使其身心健全發展，不致發生其子女淪為性交易的對象，否則未滿18歲的子女被查獲淪入色情場所，從事性交易時，依《兒童及少年性交易防制條例》規定，將被送往緊急安置中心、短期收容中心或中途學校，其親權形同被剝奪。

父母對於子女之身心健康應妥為照顧，有接受治療之必要，如感冒、牙痛、皮膚病等應即就醫。子女實施手術時，瞭解手術原因、成功率或可能發生的併發症及危險。未成年子女罹患精神病或疑似罹患精神病時，其父母應協助就醫。如經專科醫師診斷係屬嚴重病人時，應置保護人。其父母為當然保護人，且不得隨意辭卸其職務。

---

[14] 施茂林，《父母法律手冊》，法務部保護司，2007年9月修訂版，第7頁。
[15] 陳棋炎、黃宗樂、郭振恭，《民法親屬新論》，三民書局，2006年2月修訂5版2刷。

（二）父母疏於管教之法律風險責任

　　現行法規對於父母疏忽或怠惰管教其子女處罰規定甚爲詳盡，包括民事賠償責任、刑事犯罪責任與行政處罰責任。爲人父母不能忽略，可以說：教養子女，父母因法律責任多，要有法律風險責任認知[16]。

1. 民事責任

(1) 停止親權

【案例21】終止子女財產管理權

　　甲因子乙揮霍無度，夫婦2人按年贈與孫子丙200萬元、股票、公寓作爲未來教育及創業之用。後甲夫婦先後過世，丙之財產由乙管理，隨意支用、出售二間公寓。乙之姊丁阻止無效，且就讀高中之丙勸告乙，竟予毆打，丁見乙非爲子女利益處分財產，遂向法院訴請宣告終止乙之管理權利。

　　父母（養父母）對子女如未盡到教養、照顧、保護、監督等責任，依法將會因程度而有不同的制裁，其中親權的停止，爲對父母最大的處罰。而且現有法律對停止親權有不同的規範，適用上因各情形而有所不同，原則上仍適用《民法》的一般規定。父母之一方對子女之權利濫用時，法院得宣告停止親權的全部或一部。構成濫用親權的情形舉例如下：

　　A. 不供給日常生活所需的費用，使之生活無著。

　　B. 遺棄子女，不讓其返家（可能構成遺棄罪）。

　　C. 懲戒子女過當，如教訓子女而將其打成重傷，或將其關於房間不給吃飯或罰泡冷水。

　　D. 利用子女從事犯罪行爲。

　　E. 教導子女不正當觀念，使子女誤信只要有利益，就不必以正當方式取得。

　　F. 不讓屆齡子女接受正常教育。

　　另外，《兒童及少年福利與權益保障法》、《兒童及少年性交易防制條例》也有暫時性收容安養致停止行使親權、宣告停止親權、監護權或終止收養關係等規定。

---

[16] 施茂林，《法律簡單講》，聯經出版，2012年10月初版4刷，頁189-190

(2) 損害賠償責任

【案例22】父母為兒子車禍需賠償2100萬元

　　A疼愛17歲之兒子B，購買機車供其上學騎用。某日超速撞擊由巷口走出之老人C倒地，送醫急救成為植物人，C之子女見A無解決之意，訴諸法院，判決A需賠償C醫藥費、看護費、交通費、精神慰撫金等項，合計2100萬元。A在法庭抗議車禍不是他造成的，為何要負責，判決書上說明A依《民法》第187條需負賠償責任。

　　未成年子女故意或過失，不法侵害他人之權利，法律上稱為「侵權行為」，其父母依《民法》第187條之規定要負賠償責任。如要免責，要證明父母監督並未鬆懈（監督沒有疏忽）或雖加以相當的監督仍不免發生損害，相當困難。由此更是足以說明少年不法行為，不論責任之歸屬，其效果均會由其父母承受，父母不能不有此風險之體認。[17]賠償之標準，如侵害他人生命，須賠償喪葬費用、扶養費用及精神慰撫金等；如傷害他人身體健康，則要賠償該人喪失或減少勞動能力，或增加生活上的需要（交通費用、醫療費用、住院費用等）及精神慰撫金等；再者損害、掠取被害人財物，須回復原狀或損害賠償。有關女子因妨害風化致其貞操權受侵害，可要求賠償。又因性犯罪被姦淫受孕生子的婦女，對於其懷孕所生子女的生產、醫藥費用等損害得要求賠償，並得請求認領。被強姦致生育而支出的扶養費用，得要求賠償。受害女子在精神上受有痛苦者，得請求相當金額的慰撫金。

2. 刑事責任——犯罪的刑責

(1) 利用子女犯罪

【案例23】利用子女運毒品

　　方森嗜毒如命，缺錢購買，藥頭黃彰唆使方森當其下腳販賣賺錢，有人提醒方森自己已被警方注意，方森遂叫其13歲之兒子方仲幫忙送K他命毒品與客戶。某日方仲送至客戶家不在，只好帶去學校被老師察覺報警處理，法庭上方森辯解：方仲說要賺工讀金，才同意他代送，法官以方仲未滿14歲，方森成立間接正犯，惡性重

---

[17] 施茂林、程又強，《日本飆車行為防制對策考察報告》，法務部，1998年6月，頁114。

大，從重判刑10年。

1. 子女年滿14歲者父母與滿14歲的有犯罪責任能力子女共同犯罪，成立共同正犯或教唆罪或幫助犯。法院於量刑時，會考慮為人父母者未能以身作則，而從重處罰。

2. 子女未滿14歲者父母利用未滿14歲無犯罪責任能力的子女去犯罪，將成為間接正犯，依子女所犯的罪處罰。常見的情形有利用12歲子女去偷水果、金錢而犯竊盜罪；利用8歲子女撿拾路人遺落的錢包而犯侵占罪；叫10歲女兒在他人空白支票上填載發票年月日，是犯偽造有價證券罪。

(2) 庇護縱容犯罪

如藏匿或隱蔽犯罪之子女、湮滅證據罪、收藏隱蔽被誘人罪、和誘、略誘或加重略誘罪、收受子女之贓物罪以及利用、強迫子女賣淫、拍攝影片等。

(3) 父母疏忽管教的過失罪

【案例24】幼子玩火，父母犯失火罪

杜雄6歲之子杜健對火好奇，常在家點火玩物，甚為興奮好玩。某日杜雄夫妻一同外出辦事，返家屋內已大火，延燒鄰屋八棟。檢察官調查杜雄未找人照顧，打火機隨意放在茶几上，未予收好，致杜健點火燒紙釀成災禍，經法院依過失火災罪判刑，民事賠償八棟房屋損害。

1. 過失致死或傷害：部分父母因溺愛子女，同意未滿18歲的子女駕駛機車致肇事端，家長因有應防止危險發生的義務，須負過失致死或過失傷害罪責。

2. 失火罪：子女玩火將他人屋燒毀，則父母須負失火罪責。

3. 行政責任──違規的處罰

(1) 吊扣駕駛執照

家長允許無駕照的子女駕駛其汽車或機車，不僅對子女身體、生命有不虞的損害，且對第三人生命、身體更構成不測的危險，可吊扣其汽車牌照3個月。

(2) 未適當保護子女之處罰

　　《兒童及少年福利與權益保障法》對於子女未適當保護時，有諸多處罰其父母、養父母之規定。由主管機關裁處罰鍰，公布父母姓名，並命接受8小時至50小時之親職教育輔導；不接受輔導或拒不完成時數者，裁處罰鍰。又《兒童及少年性交易防制條例》對於父母有強迫、容留、協助子女爲性交易等犯罪行爲而經判決確定者，主管機關應公布其姓名、相片，並對其實施輔導教育。若不接受或時數不足時，得處6000元至3萬元之罰鍰。

(3) 忽視教養的處罰

　　父母忽視教養，致子女有犯罪行爲或有虞犯行爲，而受保護處分或刑之宣告，少年法庭得裁定命其父母接受8小時以上，50小時以下親職教育輔導。拒不接受前項親職教育輔導或時數不足時，處新臺幣3000元以上，1萬元以下罰鍰；經再通知仍不接受者，得按次連續處罰至其接受爲止，並得裁定公告父母之姓名。又父母忽視教養，致子女犯罪，情況嚴重者，少年法庭得裁定公布其姓名。

(4) 因子女妨害安寧風俗的處罰

【案例25】少年飆車罰父母

　　少年陳鋒喜歡刺激，找來同好飆車，父母均不予管教，造成地方深夜喧譁不安，民眾一再反應，警局組成專案處理，先蒐集情資、分析飆車路段、呼朋引伴方式、行經路段、帶頭者等，採行取締方案，連續三週逮獲飆車少年多人。檢察官指示警局祭出《社會秩序維護法》，處罰其父母，而爲發揮預防管理效果，乃通知少年家長，再不管教必予重罰。後來涉案少年父母在警方協助下，約制少年，飆車歪風適時減少。

　　《社會秩序維護法》所規定的違法行爲，包括妨害安寧秩序、妨害善良風俗、妨害公務、妨害他人身體財產等。

　　又未滿18歲的子女，若因父母疏於管教，致有違反《社會秩序維護法》的行爲者，警察機關按該子女違反行爲，處罰其父母（處以罰鍰或申誡）。最常見的例子如下：A.子女無正當理由攜帶刀械、危險物品或製造販賣易爆物品；B.子女吸食、施打煙毒或麻醉藥品以外的迷幻物品；C.子女在他人房屋焚火或滋擾住戶、公司行號；D.子女搭霸王車，看霸王電影；E.子女在公共場所酗酒鬧事，不聽制止；F.深

夜遊蕩，行跡可疑；G.故意窺視他人浴室、廁所或任意裸體調戲異性；H.無正當理由跟蹤他人，經勸阻不聽等。

(5) 未送子女接受國民教育的處罰

　　未入學的適齡國民，學校應報請地方強迫入學委員會派員作家庭訪問，勸告入學，其家長經勸告後仍不送入學者，強迫入學委員會應予書面警告並限期入學，由鄉（鎮、市、區）公所處100元以下罰鍰並限期入學；如未遵期入學，得繼續處罰至入學為止。

（三）父母對子女犯罪之風險對策[18]

　　父母對於未成年之子女犯罪，常不能接受，亦不知如何處理，即使求教於人，也幫不上忙。如有心人士存心招搖撞騙，身心更是受害。當父母碰到子女犯罪時，除應正面看待、積極處理外，必須瞭解如何作此訴訟風險之管理，而且父母對於犯錯之子女更需要真誠關心、投入及投資，有效輔導、改正子女不良行為，使其不再誤入歧途[19]。

1. 案發時之處理要領

【案例26】犯罪強辯，反判更重刑責

　　少年王童認識少女陳珊後，發生性關係（犯與幼女性交罪）。因無錢花用，唆使陳珊擔任伴遊小姐與男客發生關係（犯引誘性交罪），所得收入供2人花用。事為陳女父母聞悉，向警局報案，王童一再辯解稱是陳珊自願發生性關係及接客，其父王通更指陳女早熟，據聞曾賣淫，伊子為被害人。少年法庭見王通不會管教，又再三袒護王童，遂裁定檢察官提起公訴，被判處徒刑。王童老師曾勸王通不要否認，犯錯就悔悟，可能只以保護事件處理就好，王通後悔不已。

　　子女因案被移送少年法庭處理，大多為警察機關查獲移送（其他尚包括被害人告訴、其他人告發及檢察官或其他法院移送等情形），此時父母應注意事項如下：

　　(1)接到警察局查獲的消息或通知時，立即趕到警察局或派出所查看，瞭解情

---

[18] 施茂林、陳嘉銘、陳汝慧、賈樂安，《對於少年犯罪應有之認識》，臺灣雲林地方法院，1986年1月，頁89-95。

[19] 許春金，《犯罪學》，三民書局，2000年8月修訂3版，頁488、720-721。

形。

(2) 子女如未到案，應偕同子女到警局應訊說明。

(3) 對於子女確有違法行為時，應勸導子女誠實坦白供述案情，表示悔悟。

(4) 對於被害人，應負起監督不周、管教不嚴的責任，儘速與被害人和解，請求被害人原諒及不予追究或撤回告訴。

(5) 如所犯情節較警察查辦案件輕微，或子女並未犯罪時，父母應多方瞭解實情，蒐集有利證據，以免子女受有冤屈。

(6) 警察移送少年法庭後，少年法庭處理情形如下：

A. 收容：到少年觀護所會面安慰。

B. 責付：辦理責付手續，將子女帶回監督管教。

C. 飭回：將子女帶回嚴加管教。

2. 開庭前應行注意事項

【案例27】袒護子女犯罪

少年楊華嗜打電動玩具，缺錢花用。某日，趁屋主全家外出之際潛入行竊，正翻箱倒櫃時，警報器聲響，鄰居林山前來查看逮獲。少年法庭調查時，楊父楊山在法庭外責怪證人林山多事，又向屋主表示沒偷到東西，有什麼好告，屋主不願應答，楊山咆哮不已。在法院內又指責屋主沒關好門窗，楊華才會去偷，法官見狀搖頭。

(1) 督促陪同少年到庭說明，接受應訊。否則無正當理由不到者，少年法庭發出同行書（即成年犯的拘票）可以強制到庭。如行蹤不明時，將被協尋（通緝）。

(2) 應設法瞭解案發情形，如竊盜、傷害、毀損、車禍事件，其造成對方受損害者，應儘速與被害人成立和解，賠償對方損失，取得諒解，使對方不再追究，供法庭參考。

(3) 瞭解實情，為子女蒐集證物，尋找有利證人。

(4) 觀護人（分成調查官與保護官）進行個案調查時，誠實報告，並協助觀護人作好調查報告，使承辦法官瞭解，為有利於其子女處遇。

(5) 準備有利子女的事證，如平日言行良好、受他人牽累、願嚴加管教，使少年法庭認為所犯情節不重，且已知悔改，從輕發落。

3. 開庭時應注意事項[20]

【案例28】父母表明願管教，從輕處罰

少年吳慎與鄰居鄭剛發生口角，鄭剛向人訴說吳慎有缺德之事，吳慎因而懷恨在心，向好友蔡達、鄭楊訴苦，3人起意要給予教訓。某日在鄰宅旁等候，俟其走出30公尺外，蜂擁而上，持鐵條擊打鄭剛多處受有重大傷害。吳慎之父吳強聞悉心知不妙，趕緊探視，表明負責到底，觀護人前來查訪時，自責管教不力，未來將搬回老家，送入私校住宿過團體生活。鄭剛父母也願和解，吳慎並向鄭家道歉，法官也認為少年有傷害行為但沒有殺人犯意，也從輕裁定保護管束。

(1)陪同子女到庭，在場旁聽，加以陳述意見。

(2)如子女在外求學或工作，無法與子女聯繫準時出庭，應報庭說明，以免被通緝或協尋。

(3)勸導子女勇於認錯悔悟，並表示日後必嚴加管教，請求從輕發落。

(4)子女如無違法行為，應從旁協助子女說明、主張、舉證，以使真相大白。

(5)與對方和解，取得諒解，使對方不再追究，並請求法庭從輕發落。

(6)提出鄰里有關子女素行證明，或學校老師評語、成績單、證明資料文件等，供承辦法官有利處置。

(7)為少年選輔佐人，請求法官准許子女之老師在場旁聽，及予父母、現在保護少年之人陳述意見機會。

(8)子女被羈押時，可請求交保、責付或限制居住。

(9)不服保護處分裁定時，可採取抗告，重新審理、上訴、再審等救濟程序。

4. 執行保護管束時應注意的問題

【案例29】少年悔悟提早結束保護管束

少年鍾榮、林行喜好呼朋引伴，藉人多壯大聲勢，加入不良組織飛鷹幫。某日在公園旁與人衝突，立即呼叫幫友前來助陣群毆，警察趕到制止。少年法庭裁定保護管束，鍾、林2人父母惶惶不安，請教律師如何管教其2人，觀護人乃囑其配合管教，不要再縱容，少年也回歸正常。1年後，觀護人報請法官免除其執行。

---

[20] 施茂林，同註14，頁64-65。

(1)加強親子關係，改善親子間之溝通與互動，發揮家庭功能，讓子女能接受父母與家庭，提升向上向善心念[21]。

(2)瞭解子女應遵守的事項並督促其遵守，一般在少年報到時觀護人會告知，也可請教觀護人。

(3)瞭解法令規定，輔導子女改過。

執行保護管束超過6個月，卓有成效，觀護人可以聲請免除執行；如有2次以上不遵守經勸導不聽時，法院可裁定留置5日以下觀察；情節重大者，可撤銷保護管束，改送輔育院感化教育。

(4)配合觀護人使子女切實自新[22]

A.向觀護人詳為報告子女的一切狀況。

B.觀護人做家庭訪問時應全力合作配合。

C.主動與觀護人共同研究處理就業、就學等問題。

D.主動與觀護人聯繫，如子女行為乖張、不服管教、結交不良朋友或家庭地址遷移、子女職業及住所變更。

E.積極參加親職教育，增進與少年溝通的能力與信心。

四、 權利受害與風險回應[23]

【案例30】經由海關查扣仿冒品

大不同科技公司發現其筆電零件訂單減少，經多方探聽，查得同業天可公司仿冒其專利低價銷售，乃著手密查。得悉天可公司有一批價值800萬元零件正通關中，不採法律顧問聲請假扣押意見，直接向國貿局、海關投訴，天可公司之零件因而未能出口。

【案例31】拆除違建，簡單可行

旅居美國之趙林返國探親，友人告知其土地被童雄竊占建房舍營業。趙林遂

---

[21] 蔡德輝、楊士隆，《少年犯罪——理論與實務》，五南圖書，2006年10月4版3刷，頁168、167。

[22] 白倩如、李卿慈、曾華源，《復原力任務中心社會工作——理論與技術》，洪葉文化，2014年9月初版1刷，頁212-216。

[23] 施茂林，《e世代常用六法智庫》，大偉書局，2007年12月修訂5版，頁1849-1857。

委請律師以無權占有起訴童雄拆屋還地，童雄在法庭提出諸多事由阻撓，官司3年尚未定讞。後向縣政府檢舉童雄所建均為違建，3個月後全部拆光，連律師也感意外。

【案例32】接受停工指示，免除災禍

吳通住在山坡地，其上方土地大肆開挖，恐有土石流，經再三與其地主黃明溝通，不得要領，乃向縣政府提出檢舉，請求取締濫墾行為。縣政府派員查勘，告以未申請水土保持任意開挖，有刑事行政責任，若未停工，將移送法辦，行政重罰。黃明見機不妙，立即停工，3日後發生二次大風雨，幸已停工，否則土石必滑動毀其房舍，直呼「好加在」。

（一）權利受害，風險回應

當權利受到侵害時，法律必有保護與救濟之規範，也賦予救濟管道，一般循司法途徑。

（二）司法救濟途徑

依權利受害之內容，有下列三種方式：

1. 民事訴訟程序

依民事訴訟法規，分成起訴、簡易程序、小額訴訟程序、訴訟救助、證據保全、聲請法院依督促程序發支付命令、聲請假扣押、聲請假處分、聲請公示催告、除權判決、聲請調解。

2. 刑事訴訟程序

依刑事訴訴法規，可提出告訴、告發、提起自訴、反訴及對少年犯罪之提出告訴或報告等。

3. 行政救濟程序

被害人因他人加害受有損害，如他人闖紅燈被撞、土地被占用蓋違建等，得向主管機關舉報，使其受罰。又人民因中央或地方機關之違法行政處分致權利或利益受有損害，得提起行政訴訟。

（三）多管道司法救濟

前述民事、刑事、行政訴訟救濟管道，不是只能提一種，可依照事件之性質，提出一種、二種、三種救濟途徑並行。例如：機車闖紅燈撞傷行人，被害人可提出民事訴訟請求賠償，也可告訴機車騎士過失傷害，同時可向交通警察檢舉其闖紅燈予以裁罰。

（四）非司法救濟之行政處理管道[24]

司法訴訟一般均須經相當之時間，費事費時，當事人常感無奈，又須繳納裁判費用[25]，實不如循非司法訴訟救濟管道處理，仍可得到救濟之實質結果。簡單而言，運用現有法律規範請求行政主管機關行使其公權力，解決問題。

1. 違反《社會秩序維護法》行為之告發或查報，因他人違規行為而受害之被害人，得向警察機關舉報，由警察機關裁決或移送法院簡易法庭裁處，依其情節分處拘留、罰鍰、申誡及沒入、勒令歇業、停止營業處分。違規行為常見者有：(1)無故攜帶凶器；(2)營工商業不遵守法令；(3)哄抬物價出售；(4)建物有傾圮之虞不予修復、拆毀者；(5)任意張貼廣告；(6)公眾場所聚眾喧譁者；(7)公共場所酗酒、睡臥、狂歌、怪叫者；(8)騷擾住戶、商店者；(9)婚喪儀仗未報告，妨害交通者；(10)任意設攤者；(11)遊蕩無賴，行跡不檢者；(12)類似賭博行為；(13)調戲婦女；(14)任意裸體或為放蕩姿勢者；(15)虐待動物；(16)任意排放汙水；(17)加暴行於人未成傷；(18)強人會面或跟隨他人者；(19)深夜大聲吵鬧；(20)深夜開放收音機；(21)妨害他人安息者等。

2. 違章建築之檢舉，自己之土地為他人搭蓋違章建築時，可提出檢舉，由拆除隊予以拆除，不一定要向法院訴訟，既方便又快速解決問題。

3. 妨害名譽之行政救濟途徑

(1) 要求相當之回復措施。

---

[24] 個人權益受到侵害時，一般會尋求私下和解方式，有則採用ADR，以訴訟解決更是常見。惟藉行政處理模式解決問題者，較為少見。而法律賦予各行政主管機關強而有力之行政權力，基於為民謀福利，本即應處理人民之困擾，惟限於人力、物力，事實上不易瞭解人民之需求。故由受害人發動，促導與要求行政主管機關盡責，尤其運用行政權力執行取締、查緝、裁罰、拆除、投入等權限，必能達到受害人之目的。

[25] 民事訴訟事件須繳納訴訟費用，有原告在車禍、傷害、醫療過失、妨害名譽賠償及債務不履行賠償時獅子大開口，索賠天價，如判決賠償不高，常得不償失。如馬琴遭丈夫毆打，請求賠償及撫養費840萬元，繳了8萬多元訴訟費，法院判決12萬元。又李瑛控訴曾惠怒罵三字經，索賠14萬元，法院判賠1萬元，比所繳裁判費還少。

　　A. 要求新聞媒體更正或登載辯駁書。

　　B. 要求電臺、有線電視更正或給予相當之答辯機會。

　　(2)申請行政機關為適當行政處分

　　A. 對出版品、有線電視節目警告、禁止出售、散布、進口、扣押、沒入、撤銷登記、罰鍰、停播等之處分。

　　B. 新聞媒體電臺等不更正時之警告、罰鍰、停播、吊銷執照處分。

　　(3)請求評議

　　4. 侵害智慧財產權輸出入行為之救濟辦法

　　(1)侵害著作權、製版權物品之查扣。

　　(2)促請加強執行商標出口監視系統之運作。

　　(3)促請加強執行電腦出口管制規定。

　　(4)產地標示不實進口貨品之退運等。

　　(5)依《貿易法》採取下列處置：

　　A. 暫停輸出入貨品。

　　B. 停止輸出入貨品。

　　C. 撤銷進出口商登記。

　　D. 取回凍結配額。

　　5. 運用主管機關取締及處罰權限之辦法

　　行政法規賦予主管機關強大之行政權力，若未行使，受害人得參考下列方式，要求行政主管機關行使其職權，達到被害人訴求之目標，而且鍥而不舍追蹤，務必達到目的：

　　(1)有害健康之食品、藥物等之封存。

　　(2)命停止開發、改善、鑑定原因或停工。

　　(3)申請聽證。

　　(4)命令停業。

　　(5)公寓大廈住戶、管理人違法事實之處理。

　　(6)不公平競爭之調查處理。

　　(7)公害糾紛之處理。

　　(8)防止公司商號名稱專用權之侵害。

　　(9)命電腦處理個人資料業者改正。

　　(10)強制拆除危險建築物。

(11)命停止、停業、歇業等。

(12)其他相關措施。

6. 行政申訴或陳請程序

當前政府重視民意，要求各機關必須探求民瘼，解決民眾困難與問題，可採下列方式為之：

(1) 申請。

(2) 申訴。

(3) 陳情。

(4) 建言。

(5) 首長信箱。

(6) 微信、Line、臉書。

(7) 面見首長。

(8) 請願。

7. 運用ADR制度解決

多元紛爭解決機制（ADR）已逐漸成熟，效果也日益顯著，被害人可依據自己之需求與便利，採用合適之管道[26]（詳見本書第十一章）。

(1) 具有執行名義效力之程序

A. 商務仲裁之判斷、和解。

B. 證券交易之仲裁。

C. 期貨交易之仲裁。

D. 國外貿易之仲裁。

E. 勞資爭議之調解、仲裁。

F. 耕地租佃之調解、調處。

G. 公害糾紛之調處、再調處、裁判。

H. 鄉鎮市調解。

I. 消費爭議之調處。

J. 國家賠償之協議。

K. 金融消費爭議之評議。

---

[26] 沈冠伶，《訴訟權保障與裁判外紛爭處理》，元照出版，2006年4月初版1刷，序言。范愉，《多元化糾紛解決機制》，廈門大學出版社，2005年12月初版1刷，頁37-44。

L. 證券期貨有價證券募集發行買賣爭議之調處。

M. 其他相關程序。

(2)具有一般和解效力之救濟程序

A. 著作權爭議之調解。

B. 積體電路布局權爭議之調解。

C. 消費者保護申訴之處理。

D. 勞工有關福利、保障、安全事項申訴之處理。

E. 水權爭議之評議。

F. 共同海損之調處。

G. 醫療糾紛之調處。

H. 其他相關程序。

五、 從風險控管談法定寬典之運用[27]

【案例33】從輕緩起訴處分

　　林山缺錢買手機，在街上觀察，見陳妙忙著打手機聊天，立即上前搶走陳女皮包，得款4600元、名錶一只、禮券12000元，經警方調出錄音帶破獲。林山後悔不已，向陳女跪地求饒，其父代還陳女之物，檢察官以林山一向有正當工作，尚無前科，一時思慮欠周犯罪，乃從輕緩起訴處分。

【案例34】緩刑處分

　　公司經理甲與業務員乙共謀侵占公司款項，由甲告知乙收取某些款項，會配合遮飾，前後共侵吞120萬元。經檢察官提起公訴後，甲百般否認，法院認為甲不知悔悟，又是起意侵占，判處甲徒刑1年2月，乙偵審中坦承犯行，態度良好，有期徒刑10月，緩刑3年。

【案例35】自白犯罪，從輕緩刑

　　上市公司董事長丙、丁內線交易，經提起公訴後，丙以其只賺得28萬元，該內線有關議案僅參加1次，於法庭上再三辯稱不知情，因對公司業績有信心，乃下單

---

[27] 施茂林，《犯罪被害人保護──救濟與訴訟篇》，法務部，2006年5月，頁103-111。

買入。丁評量其爲行銷部經理，常去公司，賺有95萬元，於調查站自白犯情，檢察官偵查中繳出95萬元。法院量處丙有期徒刑3年2月，丁則判刑1年10月，公益金100萬元，緩刑4年。

　　許多人犯罪以後，爲圖卸免刑責，往往再三矯飾或否認，結果法官以「犯罪後一再否認犯行，欠缺悔意」爲由，從重量刑，致適得其反。事實上，法律亦如同俗語所說「人非聖賢，孰能無過」、「有過能改，善莫大焉」獎勵改過自新。因之，現行刑事法規中，對於從善向上之犯罪者，開啟如下寬典的大門，如能善加運用，等同在做損害控管。

（一）從輕處罰

　　《刑法》第57條規定，法官科刑時，應注意犯罪動機、目的、手段、犯人生活狀況、品行、所生危害，以及犯罪後態度等十大要事。所以被告可利用這十項審酌標準，提供有利事證，或若能坦白認錯，與被害人和解，法官均能從輕處罰。

（二）酌減刑責

　　《刑法》第59條規定，犯罪之情狀可憫恕者，法官得酌量減輕其刑。所謂「情狀可憫恕」者，係指所犯「情輕法重」縱使宣告法定最低度之刑，仍嫌過苛者而言。實務上對於拾得空白支票後，填寫票面記載事項持往銀行兌現，因法定之刑最輕爲3年以上，法官認情輕法重，酌情減輕，爲1年6月；又如因死者一再無理欺負，忍無可忍，一時衝動，持刀刺殺不幸死亡，最輕爲10年以上徒刑，法官仍酌情判處7年。

（三）自首

　　所謂自首，就是指犯人自己在犯罪尚未被發覺之前，向有偵查權的公務員，如檢察官、警察，陳述犯罪事實，並表示接受裁判的意思。自首的方式，可以口頭或書面，自行前往或託人代爲自首，得減免其刑。《刑法》第62條及刑事特別法均有規定。

（四）自白

　　現行刑事法律對於犯罪後自白，有許多減輕其刑之規定。如《貪污治罪條例》

第8條、《槍砲彈藥刀械管制條例》第18條、《毒品危害防制條例》第17條第2項、《組織犯罪防制條例》第8條、《洗錢防制法》第11條、《證券交易法》第171條、《銀行法》第125條之4、《金融控股公司法》第57條之2、《票券金融管理法》第58條之2、《農業金融法》第41條、《證券投資信託及顧問法》第109條。又有類似自白減輕之規定，如《毒品危害防制條例》第17條第1項規定，供出毒品來源因而查獲其他正犯或共犯者，減免其刑；《證人保護法》第14條，另有汙點證人之減免其刑。

（五）檢察官職權不起訴處分

檢察官對於最重本刑爲3年以下徒刑之罪或竊盜等非重大犯罪之案件（《刑事訴訟法》第376條），參酌《刑法》第57條所列事項，認爲以不起訴爲適當者，得爲不起訴之處分（《刑事訴訟法》第253條）。被告可以提出請求，由檢察官爲有利處分。

（六）檢察官緩起訴處分

被告所犯爲死刑、無期徒刑或最輕本刑3年以上有期徒刑以外之罪，檢察官參酌《刑法》第57條所列事項及公共利益之維護，認以緩起訴爲適當者，得定1年以上3年以下之緩起訴期間爲緩起訴處分（《刑事訴訟法》第253條之1）。

檢察官爲緩起訴處分者，得命被告於一定期間內遵守或履行下列各款事項：

1. 向被害人道歉。
2. 立悔過書。
3. 向被害人支付相當數額之財產或非財產上之損害賠償。
4. 向公庫或指定之公益團體、地方自治團體支付一定之金額。
5. 向指定之公益團體、地方自治團體或社區，提供40小時以上240小時以下之義務勞務。
6. 完成戒癮治療、精神治療、心理輔導等。
7. 保護被害人安全之必要命令。
8. 預防再犯所爲之必要命令。

（七）聲請簡易判決

第一審法院依偵查中之自白或現存證據，足以認定被告犯罪，不必經審判程

序，即判處拘役或罰金，刑度顯然很輕。被告可以請求檢察官聲請簡易判決，也可以經認罪協商。

（八）易科罰金及易服社會勞動

犯罪最重本刑為5年以下有期徒刑之刑之罪，而受6月以下有期徒刑或拘役之宣告，因身體、教育、職業或家庭之關係，執行顯有困難者，得以1000元以上3000元以下折算一日易科罰金。得易科罰金而未聲請者，得以提供社會勞動6小時折算一日，易服社會勞動，均不必到監所坐牢。一般易科罰金可參考下列說明（《刑法》第41條）：

1. 因身體之執行困難者，如精神失常，懷孕三個月以上，又如末期癌症，需要長期洗腎；他如嚴重慢性病，不適在監執行之愛滋病等。

2. 因教育之執行困難者，如尚在高中、高職、大專就讀中。

3. 因職業之執行困難者，大半指因坐牢對職業造成重大影響者，或資格不易回復，如為公務員、身負作決策之主管、擔任規劃中之工程師等。

4. 因家庭之執行困難者，如負擔家計，照顧年老或生病親人等。

（九）免刑判決

被告犯罪已經證明者，應諭知科刑之判決。但免除其刑者，應諭知免刑之判決。依《刑法》第61條規定，為前項免刑判決前，並得斟酌情形經告訴人或自訴人同意，命被告為下列各款事項：（《刑事訴訟法》第299條第2項）

1. 向被害人道歉。

2. 立悔過書。

3. 向被害人支付相當數額之慰撫金。

（十）少年犯之從輕發落

少年犯之可塑性尚高，本宜教不宜罰原則，《少年事件處理法》有一套周詳之保護規定，如：

1. 所犯情節較輕者，儘量不送檢察官偵查起訴，而依少年保護事件處理。

2. 少年法庭調查結果，無保護處分之必要或以不付審理為適當者，為不付審理之裁定。

3. 調查結果，依情節輕重，為訓誡（假日生活輔導）、交付保護管束、交付

福利或教養機構輔導或感化教育之處分。

　　4. 法院認爲少年所犯最重本刑爲10年以下有期徒刑之罪，因情節輕微，顯可憫恕者，得免除其刑，交付保護管束、安置輔導或感化教育。（《少年事件處理法》第74條）

（十一）緩刑

1. 成年犯部分

　　受2年以下有期徒刑、拘役或罰金之宣告，未曾犯罪或5年內未再犯者，認爲以暫不執行爲適當者，得宣告2年以上5年以下之緩刑。

2. 少年犯部分

　　依《少年事件處理法》第79條之規定，少年犯受3年以下有期的徒刑、拘役或罰金之宣告，得宣告緩刑。

（十二）假釋

1. 成年犯部分

　　受徒刑之執行而有悛悔實據者，無期徒刑15年、累犯逾20年，有期徒刑逾二分之一、累犯逾三分之二後，由監獄長官報請法務部，得許假釋出獄。

2. 少年犯部分

　　少年受徒刑執行後，其假釋較寬，無期徒刑逾7年後，有期徒刑逾三分之一後，得予假釋。

（十三）縮短刑期

　　受刑人在監獄執行時，依其表現分第四、三、二、一級累進處遇，累進至第三級以上之有期徒刑受刑人，每月成績總分在十分以上者，第三級受刑人，每執行一個月縮短刑期二日、第二級受刑人縮短刑期四日、第一級受刑人縮短刑期六日，經縮短應執行之刑期者，其累進處遇及假釋，應依其縮短後之刑期計算。

六、　本章小結

　　面對法律多如牛毛的年代，個人與家庭法律風險管理，更是現代生活必備的知

識。本章特別就投資理財之法律意識、保險與理賠風險認識、父母管教子女法律風險責任以及個人權益受損之風險回應，提出詳細解說，除能自保，也能使自我專業加值。

本章摘要

1. 個人與家庭可能遭受的法律風險來自：第一、對法律條文規定的認知不足或存在不正確的解讀；第二、來自契約安排的疏忽；第三、來自爭端訴訟程序。

2. 個人與家庭法律風險控制的具體作為，包括：第一、充實相關法律的專業知識；第二、重視履約管理；第三、發生爭端訴訟時，懂得自我保護，縮小損失。

3. 個人與家庭的法律風險理財，首需考慮一般性投資理財風險、責任保險與履約保證保險之風險辨識，俾能進一步考慮自我的財務準備。

4. 父母與子女間之權利義務，法律有周密規範，怠忽管教有法律責任風險，父母應習而知之。若子女涉及刑事法令時，也應知悉處理方法，降低風險損害。

5. 個人權益受到侵害時，除提出訴訟救濟外，另外有諸多訴訟外之救濟管道可運用，亦可達到救濟效果。

6. 訴訟有一些訣竅不能忽略，致發生風險效果，有關犯罪之人，能勇於面對、坦白認錯，法律有諸多從寬處分之規範。

思考題

❖ 當媒體報導非法吸金時，看到吸金者說：「沒想到錢這麼好賺」，為何有這麼多人沒有風險意識？

參考文獻

1. 施茂林，《法律做後盾》，聯經出版，2013年。
2. 施茂林，《收容少年犯罪成因》，法務部，1996年10月。

3. 白倩如、李仰慈、曾華源，《復原力任務中心社會工作——理論與技術》，洪葉文化，2014年9月初版1刷，頁212-216。

4. 施茂林，〈保險契約之種類、內容及法律之限制〉，收錄於氏著《e世代常用六法智庫》，大偉書局，2007年12月修訂5版，頁2316-2229。

5. 施茂林，〈理財法律風險〉，中華法律風險管理學會，2014年10月。

6. 施茂林，《e世代常用六法智庫》，大偉書局，2007年12月修訂5版，頁1849-1857。

7. 施茂林，《父母法律手冊》，法務部，2006年，頁4-19。

8. 施茂林，〈父母怠於監督未成年子女之責任〉，《靜宜大學季刊》，1990年4月。

9. 施茂林、陳嘉銘、陳汝梵、賈樂安，《對於少年犯罪應有之認識》，臺灣雲林地方法院，1986年1月，頁89-95。

10. 施茂林，《犯罪被害人保護——救濟與訴訟篇》，法務部，2006年5月，頁103-111。

11. 施茂林，〈犯罪後法定寬典〉，臺灣桃園地方法院檢察署，1997年12月，頁20-24。

12. 陳棋炎、黃宗樂、郭振恭，《民法親屬新論》，三民書局，2006年2月修訂5版2刷。

13. 戴炎輝、戴東雄、戴瑀如，《親屬法》，三民書局，2007年9月修訂版。

14. 高鳳仙，《親屬法——理論與實務》，五南書局，2006年9月6版1刷。

15. 吳光明，《商事爭議之仲裁》，五南書局，1999年8月。

16. 楊士隆，《犯罪心理學》，五南書局，2006年9月初版1刷。

17. 蔡德輝、楊士隆，《少年犯罪——理論與實務》，五南圖書，2006年10月4版3刷。

18. 許春金，《犯罪學》，三民書局，2000年8月修訂3版。

19. 周愫嫻，《少年犯罪》，五南圖書，2004年6月初版1刷。

第 **15** 章

社群互動網路與
法律風險管理

讀完本章可學到：

1. 認知人際互動所生之法律風險與責任。

2. 瞭解網路世界與法律風險之關聯性。

3. 認識網路犯罪之類型與處罰。

4. 清楚隱私權保護與侵害者之責任。

5. 培養被害防範意識，保護自我安全。

一、 人際互動與法律風險檢測

在社會社群與人群互動中發生法律風險之原因多端，其中與法律規範及契約約定無關，而係在人與人、人與公司、公司與公司或其他業務，關係或互動中產生，其原因相當複雜。有的係長期互動中突然而來，有的係多年累積而成，有的係一方有意促導所致，其中，有些人際或互動中之法律風險，出乎預期或始料未及。但綜觀互動之過程，往往有其一定之脈絡或軌跡可尋，不能過於忽略其風險發生之可能性。

（一）鄰居社區互動

【案例1】狗尿尿將人打成重傷

李棋帶領四隻狗外出遛達，經過曹社機車行前，狗對著立形招牌尿尿，曹社認為之前有過相同情形，多次勸阻無效，衝出來對李棋罵：「我是做生意的，你每天帶狗來我店門口尿，擺明是欺負我，真的是吃人夠夠。」李棋不滿即往曹社右腳跟踩下去，辱罵三字經並嗆聲：「狗不能尿尿喔」，接著揮拳毆打曹社的眼睛。左眼視神經病變，視力減損到0-0.5，幾近失明，經勞保局判定構成殘障等級的失能狀態。曹父當時出來勸架，要兒子趕快回店內，沒料到也遭殃，左手指被李棋打到骨折變形。曹社父子提出告訴，李棋表示願賠償4萬元。法官認為，李棋毫無悔意，態度惡劣，判決應該賠償曹姓父子醫療費、勞動力減損及精神慰撫金近680萬元。刑事部分，地院依致人重傷罪判刑3年6月[1]，鄰居直呼：「為一泡狗尿尿，弄得兩敗俱傷，真不值得！」

【案例2】寄血腥警告相片成恐嚇罪

呂哲為停車問題，與鄰居梁欣時起爭執。有次雙方又發生口角及肢體衝突，呂哲甚為不滿，遂將四張血淋淋的凶殺照片，頭部沒有眼、嘴之電影海報及下載網路鬼魂相片寄與梁欣，信中表示再欺負我，就是寫照。梁欣家人接信後，心神不靈，報警究辦，呂哲辯說：「這些一看都知道是相片，梁欣心中有鬼，才會怕怕的，我

---

[1] 重傷罪，依《刑法》第10條第4項之規定，需毀敗或嚴重減損視能、聽能、語能、味能、嗅能、生殖機能、一肢以上機能以及其他於身體或健康重大不治或難治之傷害，否則如未到毀敗或嚴重減損程度，不論傷勢多重、住院多久、修養多長、容貌多不美觀，也只是普通傷害。

沒有恐嚇意思，只是要他不要再欺負我。」檢察官認爲呂哲有恫嚇意圖、恫嚇行爲，使梁欣與家人害怕，以恐嚇罪起訴，經法官判處徒刑5月確定[2]。

（二）與異性朋友互動

【案例3】畫蛤蟆取笑人

王峰逛街巧遇一美女廖惠，上前搭訕，廖女先則稍微回應，後則不太理睬，王峰激起鬥志，書寫一紙條：青春，美好的青春，正在尋覓人生良伴，妳如天邊彩虹，正是我青春的蝴蝶，很高興做個朋友。並載明姓名、電話、網址，塞入廖女皮包內。廖女返家與死黨分享，共同認爲好笑，廖女乃放到臉書，下面畫蛤蟆，傳爲笑料。王峰不滿，以該字條爲其著作，向檢察官告訴侵害著作權及侮辱罪。廖女反控王峰性騷擾，雙方陷入訴訟戰，友人勸導不成，感觸一時興起，法律風險萌生。

【案例4】散發同學裸照

林憲邀約女同學小美至宿舍聊天，小美酒後嗜睡，林憲趁機上下其手，強拍裸照，小美央求其返還底片，林憲仍不放過，將其裸照散發與同學觀賞，還譏笑其身材不佳，致小美不敢出門，連續做惡夢，憂鬱成疾，法院以其惡性重大，判處1年6月確定。

【案例5】逼女友寫字條

蘇芹與陳燕交往後同居，相處不睦，常因小事爭吵不休。陳女每看到蘇男不滿意之處，就嘮叨不停，蘇芹百般容忍，已到快精神崩潰。某次陳女不停碎碎唸，蘇芹大怒，拉住陳燕右手，要其寫下：「我一直嘮叨不對，以後會改正，若還碎碎唸，要賠償1000萬元。」以此字據，作爲護身符，後雙方衝突加大，陳女控告蘇芹強制罪。檢察官指出人與人相處需相互尊重，不能強迫他人從事非其願意做的事，蘇芹逼陳女之行爲，成立《刑法》第304條強制罪。

【案例6】逼少女拍裸照被人肉搜索

35歲未婚男子徐偉經由交友軟體認識13歲少女楊菱，以少女耍他爲由，威脅少

---

[2]　《刑法》上有關恐嚇罪，規定在第151條、第305條、第346條，所論之恐嚇需使被恐嚇對象產生畏懼、害怕，才會成立犯罪。

女自拍胸部及下體照傳與徐男，並說「與我做愛，我才會相信你」。楊菱不肯，徐偉大怒撂下狠話「本地很小，別以爲逮不到」，要她出門小心一點。少女被嚇到向同學求助，同學哥哥將對話全轉貼臉書社群，請網友評理，網友一片撻伐，發動人肉搜索，查出徐偉所爲，嚇得拍影片上網道歉。

【案例7】爲貼圖勒死同居人

　　古益仁認識斯慧美後，同居共同生活，偶因細故爭執。後斯女對古某不夠體貼，搬離古處仍有往來。某日，兩人相約旅館會面，性關係後，古男檢查斯女手機，出現有「KISS」圖樣訊息，是男客以LINE通訊軟體傳給斯女，古乃再三質問，斯女表示男客開玩笑之動作，未能消除疑慮。古男更加妒火中燒，竟翻身壓在斯女背上，以衣服纏繞斯慧美窒息死亡，經法院判處15年徒刑。

【案例8】同意室友乘機姦淫女友

　　蘇清全之室友程泉瀾見蘇男之女友柯秀芬面容姣好、身材豐碩，垂涎不已。後見蘇清全有多名女友，乃慫恿蘇某交換性伴侶。蘇某因柯女纏住，甚爲苦惱，同意程某要求，趁柯女酒醉熟睡時，召來程某入房性侵。柯秀芬醒來痛不欲生，在LINE對話中透露：「與其要我這樣骯髒的活著，我寧願死」。2個月後，羞憤自殺死亡。地院依乘機性交致人自殺罪，分別判處蘇、程有期徒刑7年、12年。

　　由上述各事例，可以瞭解異性間，包括夫妻，均應恪守民主法治基本素養，尊重原則，在法律規範中來往互動。如逾越法律界限，必有法律責任，尤其年輕人血氣方剛，更需戒愼，以眞心眞意贏取對方喜歡與信賴。再者，接到不明異性之來電、簡訊、E-mail等，要有風險概念。如一高二女生臉書被騷擾，接到陌生男子訊息願花大錢買初夜，乃運用封鎖並報警，經由IP查出其人法辦，如缺乏危機意識，可能失財、失身。曾有一男生分飾二角，一爲8億元富豪、一爲仲介，交互運用，釣出垂涎同事予以性侵。又現在手機使用甚爲普遍，臉書、Line等互動頻繁，其上所留之訊息圖樣，容易成爲男女雙方爭執或衝突之導火線，需有風險意識。

（三）公寓大廈住戶之互動

【案例9】樓梯擺鞋致住戶跌倒受傷

余皓住在四樓公寓，家裡人多，室內空間不足，乃將鞋櫃放在家門口，並將拖鞋、皮鞋、球鞋等擺放樓梯間，五樓房客李俊下樓時，採到余男女兒高跟鞋，滑倒滾下樓梯，頭部血流，右腿骨折，經治療4個月治癒，訴請余皓賠償120萬元。余某抗辯樓梯空間還夠，是自己走路不小心，可以從搬入已1年，李俊全家出入無礙，即可得知伊無責任。法院審理結果，認定樓梯擺放鞋類，空間只剩35公分，一般人要通過有困難，判決有過失，需賠償46萬元，余男痛罵女兒穿什麼高跟鞋，害我要賠這麼多錢！[3]

【案例10】餵養蟒蛇會被裁罰

邱宏喜歡飼養寵物，起初養寵物狗、貓，後在房屋前社區之草地放置流動性狗舍，居民已表不歡迎。未料，後養大型狗，見到住戶則狂吠，小孩驚嚇，社區管理員勸阻不聽。3個月後，突購入蟒蛇養在地下室車道，小孩見狀退避三舍，管委會乃報警處理，警員前來勸導不理，乃依《社會秩序維護法》第70條第1項第1、2款之規定，裁處8000元罰鍰，並告知再不移走，將報治安法庭裁處3日以下拘留。有住戶批評管委會為何不依《公寓大廈管理條例》第16條第4項、第5項之規定，予以制止，不遵從時，並請縣市工務局依第47條第1項第2款規定，處以3千元到1萬5千元之罰鍰，其不改善者，連續處罰。

【案例11】二手菸飄入樓上住戶，要賠償

郭昱垣住在幸福大樓六樓，樓下陳東昇自搬來後，常在廁所、後陽臺、室內抽菸，導致尼古丁、一氧化碳及焦油等有害物質，經由廁所公共管道等途徑侵入家中，經多次透過管委會協調，未見改善。且因吸二手菸造成咳嗽、打噴嚏、呼吸困難、神經系統及心臟循環不適，菸味附著衣物、毛髮，經購買四臺空氣清淨機使用，不堪其擾，乃報警處理無效果，遂提民事訴訟。一審法院調查屬實，認定住戶居住環境品質及健康權益較住戶抽菸自由重要，判決郭女勝訴，陳家不能將家中菸

---

[3] 《公寓大廈管理條例》第16條第2項規定，樓梯間為逃生公共空間，原本就不得堆置障礙物或擺放物品，不少住戶將鞋櫃、鞋子、雜物等堆放門外，違規使用成常態。緊急逃生時，擺放物品常成為逃生絆腳石，違反者，可處以4萬元至20萬元罰鍰。

味飄到郭昱垣住家，須賠郭女購買空氣清淨機的費用和5萬元慰撫金。

由上述二案例，已可顯示在社區或公寓大廈之間，常有守法精神不足或道德倫理缺乏者，不顧及其他住戶權益與觀感，造成居住環境品質惡化。現行法律上有諸多規範可處理，其中《社會秩序維護法》、《公寓大廈管理條例》，可說是「居住保護憲法」，可善加運用。凡影響或破壞社區或居住環境安全、品質、和諧、衛生者，都可由該法中找出處理之依據。當然公寓大廈訂好自治公約或規約，讓大家願意遵循，是相當好的方式。

（四）言語溝通之互動

社會社交與人際關係，常有言語衝突事件，伴隨而來成立妨害名譽之風險責任，也可能引發其他意外惡果。

【案例12】罵人的法律代價

1. 奧客用餐後，不滿老闆將300元甩在其頭部羞辱，提起公訴。
2. 對人比中指，意在侮辱對方人格，被起訴。
3. 辱罵對方：長得很菲傭，對方回罵：「母狗」、「潑婦」，雙雙被訴。
4. 以「你比○○還奸」，判處罰金800元。
5. 罵人「賺吃查某」，判處罰金500元。
6. 罵取締科員是「潘金蓮的潘」，判拘役30日。
7. 罵同業「瘋狗母」、「X你娘」，判拘役40日。
8. 當眾指責店員：「學佛學到哪裡去，比○○人還不如」，判處徒刑2月。
9. 在臉書罵丈夫「像個鱉三」、「死媽寶」，判處拘役40日，得易科4萬元罰金[4]。
10. 對鄰居罵5次：「吃屎也不知臭」，判處拘役100日，賠20萬元。
11. 稱人無勃燻，影射性功能障礙，公然侮辱，判處拘役。

---

[4] 有案例顯示，告訴人指被罵媽寶很丟臉，因「媽寶的社會評價是非常丟臉、輕蔑之語，被罵媽寶讓我感到很屈辱」，承審法官卻指因文化差異，媽寶有不同意涵。就我國社會價值觀而言，成年人聽從父母建議，接受父母資助或共同生活，實屬常見。是以媽寶尚無過度侮辱人家，尚不足以貶損名譽、人格及社會評價，因此判決被告無罪。固然每一個案案情未必相同，但媽寶如此解釋，未必符合社會通念，亦可微調法院之見解，對當事人而言，亦有法律風險之問題。

12. 公然指先生不是男人，判賠10萬元。

13. 罵情人「比養狗還不如」，判賠18萬元。

14. 比中指罵人破猫（破麻）（妓女之意）、八婆，各判賠6萬元及7千元。

15. 譏笑他人唱歌：五音不全，判賠8萬元。

16. 經理罵部屬頭腦裝屎、沒有用，判賠5萬元。

17. 罵人有特殊性關係，判賠100萬元。

18. 罵人頭殼裝屎，判賠5萬元。

19. 罵人婊子，判賠6萬元。

20. 罵人米蟲、智障，被判賠6千元、5萬元。

【案例13】罵王八蛋和解破局

　　吳靚妮向蔡敏菊借125萬元，屢催不還，蔡女遂向檢察官告訴吳女詐欺。檢察官苦口婆心，勸導雙方和解，經初步同意以7成償還後，檢察官囑雙方在庭外商量付款方式。吳、蔡商討中，吳女謂：「妳很無聊，為何要告我詐欺，真是王八蛋！」蔡女大怒，拒絕和解，檢察官以詐欺事證明確，連同蔡女追加告訴之侮辱，一併提起公訴。經法院判決罪刑確定在案。吳女之婆婆不諒解，指吳女幹嘛罵王八蛋破局，真是自找麻煩。

　　又社會人際互動間，以口頭或電話言語交流時，尚有可能成立恐嚇罪，如：「你給我小心，注意你的狗腿！」、「你再囂張，我給你拳頭吃！」、「不識相，你兒子出門就回不了家！」、「神氣什麼，我家的刀比你們利！」、「下次給你子彈吃」等。如涉及錢財，有可能犯恐嚇取財罪。另外以行動恫嚇，如同【案例14】，亦為恐嚇罪。

【案例14】店門口切西瓜恐嚇

　　嚴崧與阮寧有3600元金錢糾紛，阮寧拒不償還，並四處指責嚴崧。嚴男甚為不快，乃攜帶西瓜及刀子，前往阮寧商店前，在門口之桌上慢慢切西瓜，動作誇大，還舉刀指向店內。阮妻甚為害怕，趕緊報警處理。在法院審理中，嚴男辯稱：我只是帶西瓜去請阮寧父親吃，沒有什麼惡意。法官認定若想吃水果，或攜帶水果拜訪阮寧，先在家中切好即可，何須專程跑到阮寧店門口切西瓜？又舉刀指向店內，明顯是在恫嚇阮家，乃依恐嚇罪判處拘役55日。

二、 網路世界與法律風險

（一）部落客評論之法律風險

【案例15】隨意批判餐飲之風險

　　彭婷見近年來流行在網路上以報導方式，發表對餐飲食品之評價及看法甚感興趣，也在部落格內撰寫網誌，針對小吃、美食、餐點、咖啡館、生活雜談等發表文章。有次到雅馨西餐廳用餐，因服務員態度不佳、牛排太老、附餐不夠可口，乃在網誌上發表言論，指稱該店西餐不好吃，牛排像塑膠、店內又有蟑螂，相當不衛生，門口亂停車，水準不夠，大家不要受騙。生意因此大受影響，雅馨老闆相當不滿，兵分二路提告。民事部分，要求賠償30萬元，刑事部分涉及妨害名譽，後經判處賠償26萬元，有期徒刑2月。

【案例16】上網批評醫師騙人

　　湯瑩滿臉雀斑，皮膚粗糙，影響容貌，經由媒體廣告找上倫敦醫美診所治療，經醫師周妍以雷射、除斑等方式美白。3天後臉部紅腫變形，更加難看，湯瑩大怒上網留言，指稱：只懂一點，就出來誤人坑錢，真是大騙子。周妍乃委託律師發出律師函，要求登報道歉，否則將要求湯女賠償名譽損失300萬元。湯女之父母甚為緊張，求教認識律師，建議好好談，和解為上，湯女不要，經其父母出面與周女律師達成協議，湯女在網誌上道歉，給予5萬元賠償，周妍繼續為其治療美白致雙方接受程度。

　　在網路上發表消費之心得，本為個人主觀意見，但因會描述消費對象與場所之特性與事實面，往往會將負面之事實予以敘述。個人也會加上價值判斷與評價，如「名實不副」、「廣告內容都是作秀手法」、「環境髒亂不要消費」、「烹煮技術很差，不值得消費」、「牛肉斤兩不足存心偷料」、「簡直是黑店」、「靠老闆娘花枝招展攬客，實在太誇張」等，很容易涉及妨害名譽罪的侮辱或誹謗罪。喜歡在網路上發表坆感言者，要小心。從法律風險預防角度，不妨拍照存證，在敘述時以客觀公正立場論述，所提評價要基於善意。如果出於善意建議，店家不僅不會提告，還要感謝再三。再者，在網路上評論各類消費品或服務時，也應有此風險知覺。

（二）網路法律風險辨識

【案例17】臉書自爆個人行蹤

　　雄獅幫堂主向宏積欠楊文債款，屢催不還，一直躲避。日前與友人吃火鍋時，楊文得悉大為光火，夥同10名小弟到店內尋仇；向宏見大批小弟前來尋仇，嚇得直呼：「你怎麼知道我在這裡？」楊文和小弟將向宏打成重傷。事後向宏追查，原來是同行小弟打卡，剛好楊文與小弟是臉書使用族群，以致行蹤暴露種下禍因，真是一般人所無法預料之風險[5]。

【案例18】臉書提議不消費之風險

　　沈如在臉書上向盧汶購買面膜、精華液，價值1300多元，匯款3天後收到貨品，使用後效果不如預期，要求退貨，對方未回覆，不滿之餘，在臉書粉絲團留言：「不好用，售後服務差，大家不要買」等訊息，引起網友討論。部分使用過的網友也回應品質不佳，盧女不堪受辱，乃將畫面截取，到警察局告沈如誹謗，律師建議留言須真實，不是惡意評論攻訐，未必成立誹謗。

　　免費的網路工具已成為人與人、企業與企業、人與企業、團體間連結與聯絡之管道，以年輕人最常用之Ustream、FireChat、Hackfoldr、CNN iReport、FlyingV等發揮最快速之溝通、互動效果，而批踢踢PTT的影響力更為可觀[6]，網路之運用無遠弗屆，也展現特殊現象，1.什麼都有（應有盡有）；2.什麼都賣；3.什麼都不奇怪。連帶經由搜尋、解析等功能，可以洞悉使用者資訊，包括其網路活動與習性、購物型態與傾向、財務狀況及經濟能力，以及身心狀態、健康情形，甚至政治觀點、取向等，並因此運用在商業活動，足以凝聚人潮與錢潮，帶來可觀之商業利基。

---

[5]　從社會發生事例觀察，以手機、網路、臉書、微信、Line等方式呈現自己之行蹤，而被運用去檢視其人之工作、習性、動態等，已屢見不鮮，其被當作跡證使用，更使當事人無所遁形。

[6]　批踢踢PTT從1995年起步，會員超過150萬人，每天生產逾4萬篇文章，內容無所不包、無所不談，充分顯現多樣化、一般化之聲音反應。因其對社會訊息反應最快速，爆料揭弊反應不公不義事件，扮演訊息提供角色。常成為新聞媒體找題材、民意代表找資訊資料、政府機關找尋民意管道，以及檢調辦案之案源，而且容易匯聚多數人之意見，有時比臉書之效應更大，一呼百應，眾志成城，被喻為最會說真話之地下社會聲音。

臉書之功能越來越大[7]，網路與每個人關係越來越密切，影響力也越來越廣[8]：

1. 虛擬世界與真實社會連通，改變傳統社群關係，逐漸地讓每個人擁有實體世界與虛擬世界並存。

2. 個人資料大放送，自己出賣自己的資訊。

3. 個人資訊形同被控制，經由使用如同長期被追蹤；刪掉之資料，事實上均存在。

4. 開展沒有隱私的世界，形成個人公開表演場所、使用者喜於表現，在比較受歡迎程度，也在強調個人之影響力。

5. 個人會被剝奪線上私人個資之控制能力，社群媒體掌握使用者動靜與證據，新個資法規不易規範隱私之保護。

6. 社會訊息多元化與零碎化，網路服務越多、交出隱私越多。

7. 商業利益如金礦，網路可以彙整客戶群，透過解析之數據，招攬客戶，其廣告利益大，有如金礦。

8. 運用人肉搜索讓個人無所遁形，迫使個人成弱勢者、被害者。

9. 法律意識混淆，沒有人在意保護自己，隱私只是舶來品。

在各類社交之網路新紀元的時代，出現眾多法律問題：

1. 肖像權保護：自己PO，自己願意公開，是否等同放棄肖像權保護？而經轉載轉傳，關係複雜化，法律上之問題相對增加。

2. 隱私之洩漏：隱私全都暴露，形同自己被偷心、偷言、偷行為，不必維基解密即成透明人，無所遮掩。當版面圖景越改版，越無隱私，如被侵害，發生不知如何救濟之困境。

3. 訊息不當揭露：自己上傳照片與動態，第一時間主動傳至友人頁面，對方被迫偷窺朋友近況，連同自己訊息超過預期之洩露，如有爭議，保護問題必然出現。

4. 證據資訊：自己之所有言行資訊PO出去，等於留下證據，如許多案件就是

---

[7] 現今流行之臉書（Facebook）締造美國網路業紀錄，成為全球最大社群網路，創社群網路上市傳奇。目前擁有10億以上會員，世界前五大國人口。臉書創辦人祖克柏（Mark Zuckerberg）之目的，在解放世界解決人類心中最原始感受——寂寞，將內心想法與他人分享，為解決寂寞之良藥，而任何人有機會發聲，人人可坦然對他人及政府說出真誠的話語。此種理解生命與他人觀點，人人有機會發表意見，增進開放性社會文化，建立社交圖譜（social graph），讓資訊重新分配，平等改變社會，建構新的政府與人民的公共聯絡關係。

[8] 施茂林，〈網路人生的晴空天地與思路〉，2013年6月4日發表於世界臨濮堂總會青年論壇。

由Line、簡訊、微信查得犯罪證據；或是違反公司之內部規定，也可能發生未料到的證據運用，對個人權益帶來不利，如被不法利用，將會發生法律之連鎖效應[9]。

5. 兒童、少年權益：涉及蒐集少年、兒童用戶資料之權限為何？父母對少年、兒童之決定權範圍為何？兒童及少年自主權如何行使，以及使用兒童及少年個資之保護安裝惡意程式，點送訊息內容之網址，容易受騙，個資也隨之外洩。

6. 詐騙管道：所有電信詐騙案件，以Line詐騙比例逐步提高，連同簡訊詐騙，民眾被騙高達5億多元，因歹徒安裝惡意程式，點送訊息內容之網址，容易受騙，個資也隨之外洩。

7. 收集用戶之責任：使用者資訊可否收集，攸關用戶權益，亦涉及隱私權。又將用戶資料分類，以及運用、販售、轉讓等，是否構成侵權行為，均值得探討，且現行《個人資料保護法》是否完備，亦待檢視修正。

【案例19】好貴的麵包

竹科一博士主管，上網買「好吃到流淚」的99元法式吐司，被歹徒得悉個資，以電話謂其不慎設定為分期付款，須往銀行取消；再指其操作帳戶違反程序，將有金管會人員協助處理。嗣有自稱金管會人員聯繫，得知其有鉅款，指示要先付150萬元，又令其提出200萬元，4天後又叫其提領200萬元，其詐騙1200萬元，直至已無存款，始知受騙，可說是史上1200萬元最貴麵包。

【案例20】政府揭露個資

《政府資訊公開法》規定訴願決定書應公開，侵害民眾個人隱私的資訊則不得公開，但政府機關未注意何部分會涉及隱私。《蘋果日報》於2014年11月調查行政院下屬的十二部會，發現衛生福利部、教育部、法務部、文化部、科技部、交通部及經濟部七部會，公布訴願人全名與訴願詳情。記者以傳染病、性騷擾等各類敏感字眼查詢各機關訴願書，發現衛福部開放查詢的2004年到2014年11月的訴願書中，可查詢到性騷擾被害人、精神病患、傳染病疑似病例全名及一名提訴願的空姐全名、地址與電話。有訴願者表示訴願未平反，反被公布個資。一律師訴願謂：主張

---

[9] 科技進步增加生活上之安全與便利，有時會帶來未料到之風險。以行車記錄器為例，不僅錄到外面場景，連車內對話也錄音。湯男帶小三出遊，在車上之鹹濕對話及行房回憶談話也錄到，其妻得悉大怒，向法院訴請離婚獲准，判決賠償100萬元。又有一竊嫌平日喜歡在FB上PO照，炫耀自己某次4天偷3次，將偷來音響PO上網，網友提供警方比對，竊嫌啞口無言。

律師應可自費參加司法官訓練所課程，結果遭駁。此訴願紀錄還一直掛上網，「像不斷提醒自己當年做蠢事。」

由於網路、臉書等使用者，大都僅重視使用之便利性，對於個人權益問題鮮少顧及[10]。是以，下列法律問題逐漸浮現[11]：

1. 一時PO網，是否代表願完全洩露隱私之真意？
2. 一時PO網，是否表示願長期甚至永久揭露？
3. 甘願交出隱私，是否代表願成透明人？
4. 臉書等如何防範：不願揭露之隱私部分？
5. 臉書等上個人之資訊與相片，是否代表他人可以運用？
6. 臉書等如何有效保障隱私權？
7. 臉書等如何與各國法律規範配合？
8. 臉書等帶來商業利益，是否需回饋？
9. 臉書等如何警示用戶隱私揭露之效果？

（三）網路犯罪

【案例21】安裝監控軟體構成犯罪

黎清與女同學朱珊往來，進展緩慢，懷疑朱珊劈腿，暗中在朱女筆電安裝監控軟體，透過傳送來之螢幕截圖，驚見朱女，坐在書桌前，脫掉外衣及內衣露兩點和電腦另一端的不明者舉止親密、互動曖昧，進行「網交」。黎清大怒，找朱珊理論，朱女否認，黎清堅持有其事，朱珊要黎清拿出證據，黎清遂拿出1萬多張螢幕截圖，朱女始知自己上網逛臉書、傳Line、開視訊全被掌握，花容失色，精神陷入不安狀態。朱女父母要朱女向檢察官提出告訴，以妨害祕密罪及變更電磁記錄罪提起公訴。

---

[10] 網路服務越來越廣、越多、越多元，設計者可能只重視其多元多樣功能，對於社會事務、人情世故未必充分瞭解，有時引發未曾預期之風險回應。再者，上網購物極為方便，販售業者為提升服務功能，研究許多鄰接性服務，如燈塔服務，當用戶點選廣告商頁面，完成交易，即顯現動態牆，讓用戶瞭解其過程，此用意良好，但帶來後遺症。如購物非給伴侶，而係其他女友，必引發伴侶之不滿。又如購物只送子女之一，可能引發其他子女不滿。再如購物給父母，其妻兒認為不受重視，亦有可能引發家庭危機。

[11] 施茂林，〈網路人生與法律發展之影響〉，湖北財經學院，2015年5月12日。

【案例22】惡意攻擊癱瘓他人之責任

　　涂瑋因代打而為英雄聯盟（LOL）代理商台傑娛樂公司封鎖帳號，心生不滿，在網路上買了可發動DDoS攻擊的軟體，癱瘓LOL伺服器頻寬，並嗆：「不是你1個月要給我幾十萬元的顧問費，就可以解決。」台傑因涂某攻擊等致流失15萬人玩家，損失營收500萬元，並增添2500萬元之網路設備，法院依妨害電腦使用罪判處徒刑10月。

【案例23】擅自開啟他人電腦構成犯罪

　　沈瓊察覺先生林哲最近行蹤怪異，常在電腦前忙碌，利用林哲上班時，嘗試數個可能使用之密碼，打開其日記，幾乎暈倒，裡面都是林哲與小三性愛日記，還有小三出具承諾書：「願意和林某固定的每星期一、星期四下午5點30分，在自家和林某見面，自願無償性交配關係，絕不得推辭。」乃向警局提告，林哲惱羞成怒，反控沈瓊侵入電腦罪，還在法院外大打出手。

【案例24】臉書上開玩笑風險大

　　嚴駿在臉書PO：「我是回教○○組織國聖戰士，我來出任務的」，還回覆網友：「我真的是喔，沒騙人」。有網友用中文留言「阿拉哈庫巴」（阿拉伯語：讚頌真主的意思），也有網友以英文告知「來廣東，我會告訴你怎麼去新疆」。引起網友驚慌報警處理，嚴某應訊表示：「是好玩，開玩笑的！」檢察官認為已觸犯恐嚇公眾罪。類似情形，如先後有人PO文「要放火燒毀妳總統府大樓」、「想在高捷來一下（學鄭捷）」、「亂指左營區的管線也起火」，都是玩笑開過火。

【案例25】Line上傳A片之效應

　　某機關為宣導政令，傳達長官指示與同仁公務聯繫，特設置「四大公文宣導（公布）」的LINE群組，共有223人加入，效果良好。某日劉儒收到友人傳來4對男女進行性交、猥褻之A片，乃傳到LINE群組供同仁分享，眾人看到後訊息大爆量。首長看到後震怒，指示「依《刑法》第235條散布猥褻影像移送法辦」，劉儒大慌，再三解釋是不小心傳錯，立即上LINE群組認錯道歉；首長改依違反內規，記過處分。辦公室同仁才瞭解上傳A片構成犯罪，嗣後要小心不要發生風險事件。

　　時下使用電腦人數越來越多，藉網路傳達訊息、聯繫、交友、交易等越來越普

遍，可說現實社會的事，網路上都可見到。同樣的，社會的犯罪行為也出現在網路
世界[12]。

1. 竊盜

年輕人在網路上玩各類電玩遊戲，常以天幣代替，或以積分計算。有人就以各
種手法乾坤大挪移，將在網路上有價值的計算成果偷偷挪為自己所擁有，就會涉及
竊盜罪。

2. 詐欺

利用網路平臺詐欺方式越來越多樣化，手法也越來越複雜，技術也越精良。大
致上有類似電話詐騙類型，假交易真詐騙、假貨品詐取財物、網路上不法吸金、偽
品盜刷、詐收貨款、預付訂金詐騙等。

又根據信用卡處理中心於2014年11月統計資料顯示，由於網路、手機購物的便
利性逐年提高，只需卡號即可在手機、網路上購物，致近年來「網路盜刷實體偽
卡」，成為詐欺之主要來源。統計網路詐欺從2010年0.7億元（半數為網路盜刷）
至2014年底達至4.62億元（4億為網路盜刷），5年間暴增10倍。

3. 妨害名譽

利用網路PTT、BBS、討論區、臉書等，以貶低他人人格、社會評價之言語、
文字、圖畫等嘲弄取笑特定對象，如罵笨豬、死不要臉、下流、豬哥等涉及公然侮
辱。而編造某人拋棄女友、常作弊、曾偷過東西等內容，涉嫌誹謗罪。

4. 偽造文書

偽造文書很容易構成，如甲在網路上冒用乙的姓名去舉發丙考試作弊。又如使
用丁的名字去批評戊有何不軌行為，都會成立偽造文書罪。

5. 妨害風化罪

有人在網路上看到色情影片，露三點清涼圖片，就攝影或下載或傳送與友人觀
賞，這種行為就構成散布猥褻物品罪。有人甚至在網路上販賣，會成立販賣罪。

曾有學生在網路看到網交資訊，覺得好玩，就上網散發徵女性伴侶訊息去釣
人，這違反《兒童及少年性交易防制條例》之罪。

---

[12] 施茂林，〈認識青少年常見之犯罪行為〉，收錄於亞洲大學財經法律系編著《生活法律風險
管理（二）》，2015年11月初版，頁16-28。

6. 違反著作權法犯罪

著作是指文學、科學、藝術或其他領域範圍的創作，包括語文、音樂、戲劇、舞蹈、美術、攝影、視聽、電腦程式等類，完成創作的人就享有著作權，可以印刷、重製、錄影、錄音、出版、公開傳輸、播放、上映、演出發表、展示及改寫等，如有擅自從事這些行為，就可能構成著作權犯罪。

在參考別人的著作、借重他人創意、使用他人程式，就要小心，必須先查明是否有著作權，引用他人的著作，需要註記出處，不能當文抄公。同時，網路上的圖片、照相、資料等，不一定是已授權使用，有人擅自將他人著作PO上網，造成引用者被控犯罪。在此一併提醒，燒錄拷貝音樂歌曲影片、CD是侵害著作權的，如銷售或出租，刑責更重。

不過《著作權法》對於著作權之權利，有一些限制規定。例如：屬於合理利用，基於教育研究目的、家庭個人利用、官方著作等可以使用他人著作，不構成著作權侵害。

7. 妨害電腦使用罪

電腦已成為現代人來往、通信、聯繫與溝通的工具，也是個人藏放自己私密訊息、書信的好地方，為保護電腦使用的安全，維護個人生活利益，2003年6月《刑法》增訂妨害電腦使用乙章：

(1) 入侵電腦或設備罪

無故輸入他人帳號密碼、破解使用電腦之保護措施或利用電腦系統之漏洞，而侵入他人之電腦或其相關設備者，構成本罪。有人以此炫耀其功力，不知已構成犯罪。

(2) 侵害電磁紀錄罪

指無故取得、刪除或變更他人電腦或其相關設備之電磁紀錄，致生損害於公眾或他人之行為。如使用電腦病毒讓人電腦中毒、在他人電腦中植入木馬程式等。

(3) 干擾電腦或設備罪

指無故以電腦程式或其他電磁方式干擾他人電腦或其相關設備，致生損害於公眾或他人之行為。例如：駭客分散式阻斷攻擊（DDoS）或封包洪流（ping flood）癱瘓網路攻擊手法等。

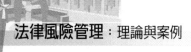

(4) 製作犯罪使用程式罪

行為人不論出於直接或間接故意，製作專供犯破壞電腦安全罪之電腦程式，而供自己或他人犯罪者，論以本罪。如電腦病毒（梅莉莎、I love You等）、木馬程式（Back Office等）、電腦蠕蟲程式（Code Red等）等，惡意之電腦程式。

(5) 利用電腦設備詐欺罪

以不正方法將虛偽資料或不正指令輸入電腦或其相關設備，製作財產權之得喪、變更紀錄，而取得他人財產，成立本罪。如利用網路銀行，以此方式，五鬼搬運取款。

三、 隱私權與風險對話

（一）隱私權簡說

隱私權係指個人享有不受侵擾、干預私人生活之權利，亦即個人生活私密領域享有自主權，且免於被他人侵擾，包括個人思想自由、身體自主、個人獨處、自我資訊控制，免於被監視自由以及居住安寧自由等。

【案例26】臥室偷拍從重處罰

甲女與乙女為閨中密友，後甲結識丙男，來往頻繁，乙甚為不悅。經由他人口中得知甲常至丙處，乃囑託微信業潛入丙家，在臥室安裝錄音、錄影設備，錄得甲、丙發生多次性關係，甚而有不堪入目之鏡頭，遂向乙恫嚇將公諸於世，乙不理。甲乃投交雜誌社大幅報導、圖文並茂，檢察官受理後，認為臥室乃社會公認最隱私之處所，並為隱私權最具體之表徵，乃提起公訴，法官以其情節重大，從重量刑。

【案例27】隨意武斷女病患性生活

方怡因下體不適，常疼痛而到醫院檢查。但院方未予告知，也未獲其同意，檢查其下體時竟讓4名男性實習醫師在現場觀摩查看，讓她深感受辱及不安。主治醫師並查問其職業，方怡甚為不滿，不願回答，醫師向實習醫師說：「像這樣的病症，病人不說，你們也可以看出來」、「以後出現這種症狀，表示性生活很頻繁，不必問患者，仍可判斷是從事什麼行業」。方怡聞後大怒，指出自己在企業上班，

你們這種論斷，是什麼意思！立即找院長理論。

【案例28】散布裸照被判罪又要賠償

　　好康論壇設有「夫妻」、「聯誼」等討論群組，讓會員張貼文章、圖片，設定開放給他人付費瀏覽。羅雄因不甘女友分手，上該論壇，以「A（前女友）裸體自拍美乳」、「A車震、乳交」、「A美尻大放送」等聳動標題，張貼前女友裸照及兩人嘿咻照七十二張，供會員付費觀看，有會員再將照片分享到其他網站。前女友經人告知才知此事，憤而提告，法院認為羅男惡行，已經造成前女友心理創傷，除依散布猥褻影像罪判刑6月外，再判須賠前女友60萬元。

　　由於隱私權被侵害之情形，經常可見，任何人均不能忽視隱私權保護之重要，需具備風險意識。例如：在旅館投宿注意有無偷拍設備；女性在車站、百貨公司、道路等，注意有無被偷拍；在多數人出入之電梯，注意有無不雅之動作；在住家則注意有無他人窺視，洗澡時注意有無他人偷窺拍照；對於自己之清涼照有無妥為存放，其存放在網站，注意加密防火措施；又個人相關書信、資訊要謹慎保管等。

　　目前有部分男女交往期間，因兩情相悅，交往火熱，拍攝諸多清涼、裸體、暴露私密處以及嘿咻照片或影片，全無風險意識，殊不知各該相片將可能成為隱私權破壞之凶手。如同上例，一時興起拍照，豈會料到分手後上網公開讓人瀏覽。亦曾有一女子晚上返家，在汽車燈光照射下，沿途亮晶晶反射亮光，一看全是分手前與男友親密性交圖片或私密照片，遭男友沿途張貼一公里，讓該女子羞憤自盡未成。

　　再者，個人身心狀況與健康程度並不願讓人知悉，此亦為隱私權之重要部分。在《個人資料保護法》中，所稱醫療資料，應指所有因醫療行為而涉及個人資料部分，包括在就診場所人身及書面病歷資料，含各項檢查及檢驗報告，醫師及醫療人員應注意病人隱私權之保護。是以，醫療人員應謹慎門戶，視診療動作有所配合，以防止隱私外洩之情事。又女性病人有解衣檢視聽診、內診等診療行為時，需隔離不相干人員，並拉閉布簾或遮蔽裝置，不能全無遮飾，令病人曝光。醫護人員若將病人隱私當成茶餘飯後的話題，將嚴重侵害病人隱私；或交由新聞媒體發布，亦將涉及侵害病人之隱私。其如製作衛教影集等，應注意保障病人權益及隱私，除非經其本人充分瞭解意涵，且得其同意外，不能公布病人姓名、相片。亦不能由其中之

描繪、敘述或影像，得悉其為何病人；亦不得隨意公開討論病人之病情[13]。

（二）新科技與隱私權保護

科技日益進步，增進交通便捷，促進生活上便利，也常使家庭與個人生活與科技應用息息相關，連帶對個人與生活有所影響，舉例如下：

1. 監視器

為防阻犯罪行為，利於調查，在路口廣設監視器，甚而出現巷口之一根電線桿上裝設10來支監視器之場景，讓經過者之言行無所遁形、在監視器下完整被掌握個人行動訊息。有人指臺灣幾乎是無隱私之國度，道出此項科技侵害隱私權、肖像權。

2. 衛星視圖

Google為服務使用者，提供交通訊息、地圖、衛星相片以及街景圖等，均有可能將無關者之隱私暴露。尤其街景視圖供使用者搜尋、查閱及選取目的地之街景實況與景物，因未詳實去除人像、車牌，常將路人之人像、動作及車牌呈現，讓人一目瞭然。

3. 空拍機

無人駕駛航空器又稱無人機，經使用在空中拍攝上，效果不錯。原先僅有玩家才使用，現喜愛者逐漸增加，引發各方關注。除注意其安全外，也開始注意隱私權問題，尤其無人空拍機體型小、重量輕，容易操作，又以拍攝人景、街景、物景為主，必會將無關者之人像攝取在圖片中，個人肖像與隱私顯然受到侵害。

上述科技應用均會使影中人之肖像權、隱私權受到侵害，其為故意者，可能涉及刑法妨害名譽罪。在民事法上，涉及《民法》第18條、第195條之規定，有民事賠償責任。《個人資料保護法》第29條對於不法收集、處理、利用或其他侵害當事人權利者，需負損害賠償責任。

---

[13] 施茂林，《醫病關係與法律風險管理防範》，五南圖書，2015年10月初版1刷，頁498-503。

（三）網路與手機隱私

【案例29】偷看女同學相簿

　　A女在學校電腦教室裡，未經好友同意，擅自以好友先前告知的網路相簿密碼進入網站觀看相簿，看到好友自拍的裸照，便邀當時同在電腦教室的同學一起觀看，並導致裸照外流散布，該女同學因羞愧而休學。法官認為A女未經當事人同意，打開對方網路相簿上的裸露照片，使得同學圍觀，造成當事人名譽受損，精神上受到相當大的痛苦，判決需予賠償。

【案例30】同學打架忙著拍照上網

　　學生甲因不滿髮型被以戲謔口吻嘲弄，和學生乙起口角衝突，彼此辱罵對方，進而互把對方桌子推翻。學生甲衝上前和對方扭打，將對方過肩摔，揮拳狂毆，輔導課老師前來勸阻，兩人仍不斷互毆。而四周同學非但不排解勸架，反而一再鼓譟，拍下影片30秒立即放上網路。專家對此搖頭，直斥十分不可取，而且已有多起校園霸凌影片在網路瘋傳，涉及侵害肖像權、隱私權、人格權等以及妨害名譽等法律責任。

【案例31】在網誌惡意辱罵成立誹謗罪

　　徐惠見男友王良有意疏遠，懷疑其同學巫慧追求王良，致王良移情別戀，乃上網至巫女網誌嗆聲，還1人分飾74角，2小時內留下「騷貨」、「賤人」、「破麻」、「淫蕩」、「淫賤」、「你乾脆去演A片好了」、「超賤的，那天她在路邊還給人XX」、「看到太多人說你幹原來我不是第一個」、「騷貨不要以為事情只有你知道」，以不同的語氣，還互相唱和，營造不同人留言的假象，造成同伴以異樣眼光看待，巫慧報警揪出為徐女所為，法院認定成立誹謗罪，判處罪刑役確定。

　　由於科技之進步，傳統上人與人之聯繫互動及交流之習性已大大改變。例如：Google通訊方式、iPhone網路使用、臉書、Sony之PS3、社交網路LinkedIn、人肉搜索、憤怒鳥、社交型即時搜尋引擎等，迥異以往之溝通方法，也產生諸多社會與法律問題，其中涉及個人隱私權之議題更值得重視。

　　目前有部分人喜歡窺視他人言行隱私，利用新科技進行監視與監控，其間有男女朋友、有夫妻間、有企業員工間、有鄰居間、有監控陌生人者，不一而足。而監

控手法最常見的是KeyLogger可側錄鍵盤、KidLogger可記錄使用者在網路上搜尋或側錄鍵盤所輸入的資訊、瀏覽、剪貼簿裡複製的內容以及螢幕畫面擷取、透過麥克風進行錄音，或USB隨身碟使用紀錄，讓被監視人幾乎成為透明人。

又有人以iKey Monitor等App，遠端監控被害人電腦或以SPYERA App，號稱橫跨Android、iOS、Windows Phone、黑莓機等平臺監控手機，監控範圍除常見通訊軟體，包括iMessage、WeChat、Viber、黑莓機的BBM、Skype、Line、Whats App、臉書等，可說完全掌握被害人之行動。

再者，智慧型手機用戶下載免費之應用軟體，其中常藏有玄機。例如：用戶下載免費手電筒App，以供夜間照明及演唱會等活動時營造手機燈海效果，但其中藏有趁機竊取使用者資料之功能，甚而會刪除手機內USB儲存內容。因此，下載軟體時，需充分瞭解其性質、功能，以保護自己個資與隱私。

又現在駭客已經不盛行大張旗鼓的入侵方式，改由進階持續性滲透攻擊（advanced persistent threat, APT）。長時間潛伏、滲透入電腦，在企業不知不覺間竊取公司重要製程、專利與設計因素。例如：Sony影業遭駭，約有100TB的資料遭到外洩，損失高達1億美元。

監控儀器與軟體日新月異，致在網路上，個人隱私容易被看光光，形成無隱私之情形。個人為保障自己隱私，要有風險知覺，安裝反間諜或反監控設備與軟體，而且電腦設定密碼，越有個性越難被破解。同時，不使用電腦時，養成好習慣，隨時隨手關機，不給人方便與機會，所設定之密碼經常更新，防止被破解。

臺灣目前使用手機或平板之人數已超過1500萬人，平均每人每日使用之頻率極高，而手機中毒之情形亦時有所聞。專家指出分解病毒種類，行動支付、私自扣款、隱私竊取的病毒數量約占病毒總數90%以上，手機使用人如何保護個資相當重要，避免隱私外洩。因此，要有風險意識，包括設定密碼鎖，隨時更新，並安裝防毒軟體，不去連結不明之電腦或軟體程式，App應從官方市集下載，不要在社交網路等提供個資與他人，作好資安保護工作。

四、 培養預防觀念防範受害

每天翻開報紙都會看到很多社會犯罪案件，日常生活也常聽到他人受害的故事。例如：在路上遇到飛車搶劫、女性受陌生人性騷擾、家中遭小偷侵入、錢被詐騙集團騙走、看人打架反而被打……，這些犯罪行為，導致被害人受害，因此，防

範被害以保護自己是現代人應有的認知。

很多人認為別人犯罪，而成為被害人的人是運氣不好。其實，這是可以預防或避免的。不幸遇到歹徒侵害，不管是搶奪、強盜、恐嚇、綁架、性侵或妨害自由，必須冷靜，審酌當時環境與狀況，採取對自己有力的對策，保命是第一要務。與歹徒虛與委蛇，研判歹徒的目的、將採取的行動，再設法降低爭執、緩和氣氛，化解當下的危機，尋求下一步的應變對策，然後，趁機脫離現場或借用外力脫困。

犯罪學上有許多理論，例如：社會控制理論、日常生活理論、個人生活方式暴露理論、個人被害因素理論、破窗理論等[14]，其實可運用到預防犯罪領域上。在此提供重要論述，闡釋、建立被害防範意識之道[15]：

（一）加強現場監控力

分析犯罪事件的發生，在時空環境上需要三要素緊密結合，學理上稱為「日常生活理論」[16]：

1. 有強烈動機的加害人：例如：吸毒犯、沒錢生活的青年、性衝動少年。

2. 有適合的被害「標的物」：像有人帶名牌皮包在街上行走、高級轎車停在路旁。

3. 當時環境缺乏監控力：如屋主不在、父母不在家、當場沒有保全、警察不在場。這就是日常生活理論強調的內容。

一般人在外面活動時，如晨間慢跑、晚間散步、假日運動，儘量少帶有價值的東西上路；又常有學生打球，把手機、背包放在一邊，沒多久就被人乘隙偷走；又如婦女、同學夜間下班、下課，經過暗巷，路上行人少，務必左右察看，把皮包斜背在胸前，行走方向儘量和車輛反向行進，以免被搶、被侵害。

現在，騎自行車是時尚運動，但是變速車與越野車價格不菲，有小偷用一根髮夾就可以解鎖，在家時儘量把自行車停在室內；外出時，盡可能放在自己視野所及的地方，一定要加鎖，最好鎖在欄杆、電線桿上；也不妨漆上容易辨識的記號或顏色，讓小偷興趣缺缺，減少犯罪誘因。

---

[14] 參閱許春金，《犯罪學》，三民書局，2000年8月3版。蔡德輝、楊士隆，《犯罪學》，五南圖書，2006年11月4版。

[15] 施茂林，〈培養青少年防範被害意識〉，收錄於亞洲大學財法系《生活法律風險（二）》，2015年，頁10-14。

[16] 張平吾，《被害者學》，中央警察大學，1996年7月，頁121-137。

　　工讀生晚上值班要特別注意，深夜顧客稀少，忽然有一名衣衫不整、東張西望的中年男子進門。此時店員就該想猜想這名男子也許經濟狀況不好，甫喝完酒不過癮，手中又沒錢，剛好只有他一個人顧店，就該提高警覺，手裡故意拿長條狀工具，出聲招呼，就近監看，表現出足以操控現場的模樣，男子可能會知難而退，否則一個不留意，對方就可能要搶酒、要錢了。

（二）提高犯罪成本[17]

　　根據多年辦案的實務經驗，任何犯罪者在犯案之前，通常會考慮下手的方便性、得手的容易度、所得的報酬高低、犯後被逮捕查獲的危險性，以及量刑的輕重。所以只要針對這幾個重點，加重犯罪的困難度、減少犯罪所得、增加被逮的危險性，大體上可適度減少犯案機會。

　　因之，讓環境不利於犯罪，罪犯不方便下手，例如：晚上停車時，加兩個特大號的枴杖鎖，又有暗鎖，再用鐵鍊把輪胎和大樹綁在一起，小偷看了也懶得偷。再如，設法強化自我保護措施，例如：購買汽機車防盜措施、離開汽機車時必定熄火、飼養看門狗、長期外出時託人照料顧家、參與跆拳道訓練……，提升對抗歹徒的本錢。

（三）避免成為霸凌對象

　　媒體指出，教育部2010年5月針對全國的國中生進行「校園生活問卷調查」，結果超過3%的學生表示當學期曾被同學毆打，按比例推估有3萬名以上被害學生；教育部另一項調查也顯示，有1成的國高中職生曾用肢體或言語方式霸凌同學。兒童聯盟也在2013年3月公布，指出不少國小學生遭霸凌，9成5同學遭同儕關係霸凌、言語攻擊或孤立。所以要避免成為霸凌對象，是第一要務。

　　霸凌危險因子很多，其中之一是體型：在校園暴力事件中，體型高大健壯者，較少受害；而體型弱小或常單獨一人，常被作弄取笑，成為霸凌勒索的好對象。

　　第二是消費習性：熱情多禮、「阿沙力」、慷慨大方、甚至揮霍無度，容易給人多金、好說話、可期待向他拿到錢等印象，固然這種學生容易交朋友，但無形中讓自己暴露在危險境遇中。

---

[17] 施茂林，〈從風險預測談犯罪相關理論應用驗證——以預防被害與自我保護為題〉，收錄於《法律風險管理》，華藝數位公司，2011年7月2版，頁49-50。

　　第三是不當接觸：同學間正常互動，不至於發生霸凌事件，但接觸到犯罪習性、犯罪傾向等人，在特定時空出現，就容易有被害的危險，跟這樣的人往來，會誘發被害的方便性。

　　又學校平日也要注意同學的言行表現，有的同學不會考慮別人想法，我行我素，喜歡表現自我風格，對人不友善，較可能會欺凌人；自我要求不高，定性不夠，不尊重他人，心中無客觀的價值觀，也缺乏高自制力，以及對自己信心不足，無人生目標等特質的人，往往不會顧及社會制約力量，也容易出現欺負同學的霸凌行為。

　　在校園霸凌事件中，有的學生會一再被害，成為重複被害人，老師與家長應瞭解原因，是否因為個性衝動、表達能力又不佳，所以成為同學作弄對象，這時就要告誡他們減少與其他同學接近或衝突；常被勒索錢財的同學，則提醒家長不要給太多零用錢；弱智但發育較成熟的女生，容易被性騷擾，師長應協調同學結伴同行，減少危險情境。

（四）冷靜沉穩面對危機

　　1973年的瑞典首都斯德哥爾摩，有2名搶匪搶銀行，挾持了4名男女，長達6天的期間，雙方互動過程竟產生認同與情感轉移現象，被挾持的人質認為受到搶匪的保護，才沒受到警察傷害，其中1名女性還對男搶匪產生好感，這種情形在犯罪學上稱為「斯德哥爾摩症候群」。

　　1980年，有6名伊朗綁匪入侵伊朗駐英國倫敦大使館，挾持26名使館人員當人質，英國派出反恐特種部隊（SAS）攻擊。在6天的對峙談判，1名人質遭槍殺身亡，屍體被丟在街道上；事後查證，原來是被槍殺的人質，曾在館內與綁匪爭吵不休，甚至肢體挑釁，經過數小時不斷的對立、騷擾，惹火了暴徒，才會被殺害。犯罪學家稱之為「倫敦症候群」。

　　如果不幸受外力侵害時，在不得已的情況下應先求自保，多運用「斯德哥爾摩症候群」的觀念，儘量不要有「倫敦症候群」的反應，讓自己在危險情境中保持安全無恙。

　　歹徒犯罪注重快速得手，所以受害者冷靜應變，拖延時間，降低衝突，是關鍵性心法。曾有少女被色狼跟蹤追上，因為地點很偏僻，大喊求救也沒用，於是她一直向歹徒拜託說：「我父親生病，急著要帶他看醫生，讓我回家吧。」看色狼不肯，少女又說：「這裡有人會經過，如果被人發現在這裡發生關係，以後沒臉見人

了！」色狼同意她的提議，到附近的空屋，熟悉地形的少女才找機會逃跑。

相反的，與歹徒對峙，企圖壓制對方，可能惹禍上身。曾有情侶晚上在公園談心時，2名歹徒上前恐嚇，男生不怕死地和歹徒起激烈衝突，歹徒出手搶走女生皮包時，他也上前追趕，還撿石頭丟歹徒，歹徒反而回頭撿起鐵條把男生的右腿打斷、全身傷痕累累。

（五）防制暴力對策

第一招衡量情況：先衡量對方人數、體型及地點，找出對自己有利的因素。

第二招自我保護：先保護自己不受傷害，其次才是保全錢財。

第三招妥善應付：找藉口婉言拖延，尋求脫身機會。

第四招乘機脫逃：找機會跑掉或躲進人群，找附近成年人求救或報警。

第五招事後反擊：牢記加害人姓名、身高、體型、髮型、特徵、發生時間、地點及過程，並詳細告知父母、師長，讓他們來處理。

五、 本章小結

在現代社會中，社群人際往來密切，互動極為頻繁，需要彼此平和、安全與信賴，法律規範成為維繫準繩。違反者，不論是人與人、社區與社區、家庭與家庭，甚至在網路世界上都有不同之法律責任，也藉此彰顯隱私權與個人權益保護之重要。同時，如何建立被害防範意識、防範受害，是保身立命之關鍵。

本章摘要

1. 在社會、在社區、在人際間之往來，常有衝突齟齬產生，如與鄰居相處、與異性朋友互動、與大樓住戶來往以及言語溝通上，均涉及民刑事責任，平日需有所瞭解，預防法律風險到來。

2. 網路世界形形色色，已接近實體社會之狀態，諸多網路上之行為已涉及法律上之禁制，也出現許多網路犯罪案件，對使用者需要有法律風險認知。而臉書之影響力日益擴大，出現眾多法律問題，導致權益無形中受到侵害，均需有法律風險觀念，以免受害而不知。

3. 隱私權使個人享有不受侵擾、干預私人生活與空間之權利，在互動活絡的

社會中，隱私權容易受到影響，個資也輕易洩露，均值得每個人重視，更不能忽略網路上隱私權之保護。

　　4. 社會犯罪事件常導致被害人身心、財物損害，有人以為受害是衰，是運氣不好，事實上有其預防之道：(1)加強現場監制力；(2)提高犯罪成本；(3)避免成為霸凌對象；(4)冷靜沉穩面對危機；(5)防制暴力對策，以建立防範被害意識，強化自我安全之保障。

思考題

❖ 網路上虛擬世界，在看不到對方的情境下權利受到侵犯，該如何主張權利？又犯罪人常隨機下手，一般人要如何預防，以免成為代罪羔羊？

參考文獻

1. 許春金，《犯罪學》，三民書局，2000年8月3版。
2. 蔡德輝、楊士隆，《少年犯罪——理論與實務》，五南圖書，2006年10月4版3刷。
3. 許福生，《刑事政策學》，自版，2005年3月版。
4. 王玉民，《社會的犯罪與司法問題分析》，洪葉文化，1997年9月版。
5. 張平吾，《被害者學》，中央警察大學，1996年7月。
6. 陳慈幸，《組織犯罪學與被害者學》，洪葉文化，1997年9月版。
7. 林東茂，《刑法綜覽》，一品出版，2007年9月5版。
8. 林鈺雄，《新刑法總論》，自版，2006年9月。
9. 張麗卿，《新刑法探索》，元照出版，2012年10月4版1刷。
10. 唐淑美，《法律風險管理》，亞洲大學，2011年7月2版。
11. 施茂林，《法律站在你身邊》，聯經出版，2013年3月初版4刷。
12. 施茂林，《法律簡單講》，聯經出版，2012年10月初版4刷。
13. 施茂林，〈科技發展與法律議題〉，逢甲大學科技管理研究所，2015年3月。
14. 施茂林，〈網路人生的晴空天地與思路〉，臨濮堂總會青年論壇，2013年6月4日。
15. 施茂林，〈認識青少年與被害防範意識〉，中正高中青年月刊，2013年6月。
16. 施茂林，《生活法律風險管理（二）》，亞洲大學財經法律系，2015年11月初版。

第 **16** 章*

投保與理賠之法律風險衡量

讀完本章可學到：

1. 認識保險契約之概念與危險之種類。

2. 體認參加保險與免責條款之法律風險。

3. 瞭解投保時風險事項與評斷。

4. 清楚保險事故發生時之風險處理要領。

---

* 本章爲配合國內保險實務習慣用語英文"Rist"譯成「危險」。

　　現代社會參加保險已成為生活之一部分，大多數人已逐漸接受保險觀念，或多或少也會依個人之需求、能力與生涯規劃等參加各類保險契約。而企業、非營利事業組織及政府部門亦依其組織目標、任務、業務性質、工作需要等考量投保類型。但大抵上，以家庭、個人為保險大宗，亦為多數人所關注，本章特別將投保與理賠列在家庭個人篇予以說明。

一、 保險契約簡說

【案例1】要有保險利益才能投保

　　甲經營公司陸續向乙借用2000萬元應急，後甲生病身體狀況不佳，乙屢催討，再三延遲，覺得不妙，經保險經紀人之介紹，遂為甲投保人壽保險6百萬元，5個月後甲去世。保險公司拒絕理賠，原因是債務人為甲之公司非甲，而且該項債務之真實性可疑，後雙方訴諸法院，各持己見，經法官勸諭達成和解。專家指出為防道德危險，要保人對保險標的要有保險利益，以免保險反致被保險人之生命、身體及財產陷於不測之危險。

　　《保險法》第1條規定，保險係指當事人約定，一方交付保險費於他方；他方對於因不可預料，或不可抗力之事故所致之損害，負擔賠償財物之行為；亦即保險，係保障不可預料（如火災、竊盜）或非人力所能抗拒（如死亡、生病）之事故，而且要保人對保險標的要有保險利益存在[1]。

【案例2】意外猝死不理賠

　　蔡坤投人壽保險，其子蔡郎報名蔡坤參加2日北北基遊覽，第一日行程完畢，眾皆盡興，當晚投宿旅館，深夜蔡坤之妻發現其夫有異，經送醫急救不治死亡。保險公司接到申請後，派員調查，告知係仲夏冷氣強，內外溫度差距大，致意外猝死，並非病故。而保險契約係對病死理賠，意外不在內，不願理賠，蔡坤家人不解。

　　保險所保者，為「危險」並非指已發生之災害，意指非想像中遙遠之危險，而

---

[1] 劉宗榮，《新保險法》，翰盧圖書、三民書局，2011年9月2版，頁106-107。

是指在客觀上爲不可預料或不可抗力之事故。危險之發生，須有可能性，而且發生也須不確定，屬偶然性之危險。又危險之發生，不能出於故意，以免因保險而帶來危險。例如：爲取得鉅額保險金而故意放火燃燒房屋；爲索賠而自殺，否則不能要求賠償。再者，保險出於詐欺，不但不是保險原意，更是犯罪行爲[2]。

（一）危險之種類

【案例3】意外滑倒受傷應賠意外險

　　朋仁公司董事長杜銘至海外出差，分別向4家保險公司投保各爲1千萬元意外險。俟出差時，在浴缸泡澡，跨出浴缸時不愼滑倒，打破玻璃漱口杯，遭玻璃碎片刺傷右眼；受傷隔天即搭機回國到長庚醫院就醫，施行右眼玻璃體切除手術，右眼矯正視力在0.01以下，幾乎失明，因而向4家保險公司申請殘廢保險金2800萬元。一審審理時，保險公司指出案發的花園酒店設有醫務室，但杜銘都沒有求醫紀錄；且僅剩左眼，但右眼受傷後卻忍耐到第二天才回臺求醫，相當異常。而且6年前向多家保險公司投保8千萬元，獲理賠3千萬元，情節類似，質疑非意外，拒絕理賠。地院以杜男未能舉證，判杜男敗訴。高院法官認爲杜男在酒店打破玻璃杯，受傷後曾到香港3家醫院求醫，旅行社也證稱：杜男出國前有向多家公司投保的習慣，金額常超過4千萬元，並非這次出差前才投保。合議庭也認定杜男應不至於爲錢，而甘願活在黑暗中，綜合認定應屬意外，改判杜銘勝訴。

　　保險之種類，分爲下列三種：

　　1. 人身危險：人身危險包括死亡、殘廢、傷害、重大燒燙、疾病、老年、失業等。故人身保險即承保人身危險，人身保險包括人壽保險、健康保險、傷害保險及年金保險等類。

　　2. 財產危險：即財產遭受毀損滅失之危險。陸上財產遭受到毀損滅失之原因，有火災、雷擊、洪水等；可分爲火災保險、海上保險、陸空保險、責任保險、

---

[2] 保險詐欺案件，陸續發生，保險公會對此甚爲重視。財政部於2003年成立財團法人保險犯罪防治中心，對保額500萬元以上保單及複險建立相互通報機制，也曾聯繫檢察機關予以嚴辦。從以往案例可看出，詐欺手法縝密，屬智慧型犯罪。有件縱火詐領案件，投保金額高達4億3千多萬元，得手理賠達1億5千4百萬元。2010年間有一婦女爲詐領保險金，先後謀害親生父母、丈夫及婆婆，手法凶殘，駭人聽聞。另有以詐欺手法向被害人詐保，更有保險經紀人公司以優惠存款、基金等不實銷售話術銷售保險，詐騙1億多元，有58人受騙。

保證保險等。

3. 法律責任之保險：指依法律規定，應對第三他人負民事損害賠償責任之危險，此雖非直接財產損失，但於責任確定時，即應給付賠償金，其危險性相當重，所以得予保險。又民事賠償責任，包括過失責任、無過失責任，至於公法上之責任與刑事責任並不在內[3]。

二、 保險與賠付之法律風險剖繪

（一）參加保險之風險識別

1. 瞭解投保契約之內容與實益

　　填寫要保書時，確實瞭解所欲投保保險之名稱、內容，是否與招攬人所說一致，其保障內容、財產保險範圍及除外情形、賠償金額、限制，又是否有滿期金（因為不是所有保險皆有滿期金）、普通身故保障多少、意外身故保障多少、保單紅利如何計算及保險始期等問題（如疾病醫療保險理賠，一般須自契約生效日起30日以後開始，視各個保險契約條款之規定而定）。當然投保要交保費，保險金額高，保費亦高，因此投保時，須根據個人經濟情況與實際需要，決定投保保險的種類與內容，以避免浪費及所投保者不適合自己。

2. 投保種類宜作危險管理

　　個人或企業如何投保，並非純依喜愛而定，宜本危險管理之理念，對危險性質詳予分析，針對自己之情況、個人需要、財務狀況、家庭負擔、財產坐落、鄰居環境等作危險之衡量，再作適當之危險承受規劃，構築成一安全之保險組合。

　　當然投保之壽險公司也需重視其風評信用、服務態度及理賠心態、作法等，蓋因消費者買保險，最在意者[4]，乃在保險公司要能理賠，否則何必花錢投保又受氣。對此消費者可注意金管會公布之資料與訊息，瞭解何保險公司之保險理賠糾紛最多，拒絕理賠情形最常見，理賠爭議比例最高，又有無依金管會要求建立消費者

---

[3] 葉啟洲，《保險法實例研習》，元照出版，2013年7月3版1刷，頁309-310。

[4] 壽險公司與消費者發生理賠爭議，部分與客戶違反告知或陳述虛偽等有關，但有壽險公司竟以儘量不理賠作為績效指標，顯然違背公平待客原則，消費者在購買前需做好風險評量。如壽險公司拒絕理賠不當或不法時，循《金融消費者保護法》規定救濟，金管會亦應予嚴懲，如處以高額罰鍰或撤換負責人。

保護SOP機制，作為選擇購買保險之參考[5]。

(1) 在人身保險方面

A. 保險之需要宜由保障生命之壽險、意外險，進而保障身體之醫療險，再至保障生活之年金險。

B. 有公、勞、農、漁保、軍人保險，不一定要參加人壽公司之壽險，但適合投意外險。

C. 財產多（非現金多），為免以後子女無力繳納遺產稅，可考慮投高額之人壽險，至少未來可以理賠金繳付遺產稅。

D. 財力相當，又感於公、勞、農、漁保等之醫療給付不足，住院之待遇不好，可考慮參加民間醫療保險來填補。

(2) 在財產保險方面

A. 依自己個人財產、生財器具、營利之財產，而分別訂其保險種類。

B. 房屋除投保火險外，宜附加地震險，以保障臺灣地區多地震之風險。

C. 在汽車保險部分，第三人責任險宜高，以防發生意外時減輕自己負擔；其次為竊盜險，再考慮有無必要附加綜合損失險。

(3) 在旅遊平安保險方面

旅行平安保險屬傷害保險，不包括疾病導致，當然以附加條款加購突發疾病等醫療保險，則意外與疾病所致病亡均在保險之列。有經驗之行家，強調要注意：A.是否包括傷害與醫療險；B.保額是否充足；C.保障範圍是否完整；D.有無涵蓋海外緊急救援服務。

3. 審慎決定保險種類與保額[6]

保險固然能有相當程度之保障，但投保之種類與保額，關係個人之需要與能力，千萬不要為了人情而投保，使保險成為「人情保單」，將喪失投保之意義。因此投保前宜考慮：(1)子女在學期間之學費多少；(2)醫療費用可能支出若干；(3)生活費用之數額；(4)退休後之養老金是否足夠；(5)萬一收入中斷，有無其他來源生活；(6)目前財產多少；(7)遺產稅額知多少；(8)因工作緣故，是否購買較高額之傷

---

[5] 王唯，《保險法理論精析與實務運作》，雙葉書廊，2008年5月初版1刷，頁6。

[6] 保險契約均依標的價值，可分成定值或不定值保險契約、不足額與超額保險、個體與集體保險等類。要保人可依風險評估與自身條件決定其種類與金額，參見王唯，同前註5，頁45-48。

害保險；(9)終身醫療險越早投資，保費越低[7]，建立風險防護網。

其次，再依需要作下列之考慮：

(1) 新婚族投保，可考量加強醫療殘扶保障、子女教育基金及未來退休保障規劃，同時，也可考量參加婦嬰險，防範新生兒有重大疾病。

(2) 新鮮人或收入不高者，可考慮參加產險健康險，不必綁住壽險主約，一年一保，依人生不同階段調整保險內涵。

(3) 為籌集子女教育費，可考慮投保養老保險或教育年金保險。

(4) 為籌備善後資金，投保定期保險、終身保險或養老附加醫療特約保險，較有保障。目前有許多老人將長照、壽險、年金，建構成完整之老年保障。

(5) 為防水火無情，可考量將重大燒燙傷保險納入保險規劃內。

(6) 為準備退休後生活的資金，可規劃養老保險或年金保險。

(7) 為籌集遺孀生活費，可參加年金保險、養老保險或家庭綜合保險。

(8) 為積聚遺族生活費或遺產稅，投保定期保險、養老保險、終身保險等。

(9) 現行保單常有綜合型、包括型、複合型保險，可依需要作選擇；部分婦嬰險、傷害險等，可在主約內納入。

又購買保險後，可能需錢應急，以保單貸款也是一良策，保戶可檢視保單洽詢保險公司有關貸款之內容，如有優惠方案，利息稍低，對保戶壓力較小。一般貸款金額約保單價值之6到8成，但要瞭解，若保單借款而未還清者，當受益人或保戶申請理賠、解約、給付各項保險金時，會扣除應付利息、未還清的欠款後，才會給付餘額。

4. 注意各保險契約之各種限制[8]

【案例4】隱匿病情後果影響大

丙參加友人聚會提及人無百日好，需要有保險，覺得其妻丁常咳嗽查不出毛病，有保險之必要，商量後參加人壽保險。2年後丁因肺腺癌死亡，保險公司以丙、丁隱藏病情未誠實告知實情，拒絕理賠。在法庭上，丙提出當時3次檢查報告

---

[7] 國人罹患癌症率升高，只靠健保難以協助癌症病人撐過疾病治療，參加醫療險為必要考量，越年輕保費越低，但要注意並非所有重大傷病都理賠，仍依保單之內容而定，凡保單列入之特定重大疾病才理賠。

[8] 施茂林，《保險契約之種類內容及法律之限制》，收錄於氏主編《e世代常用六法智庫》，世一文化，2007年12月修訂5版，頁2327。

並未提及有癌症、腫瘤之檢驗結果，咳嗽又是人人常見毛病，以此指責丁隱藏並非事實。法院綜合調查證據結果，認爲保險公司主張無理由，判決須予理賠。

目前各保險公司之保險契約，雖然部分相同，但對於投保條件、賠償限制，例如：是否需要身體檢查、財產總值是否需先鑑定、年歲最高之限制等，均有不同之約定。所以參加保險時，應先釐清，以免發生保險事故時，發生爭執，導致增加索賠之困難。

(1) 據實告知與違反之嚴重後果

保險具有僥倖性，需基於最大善意與誠信締約、履約。保險公司於接受保險申請時，一向要求要保人詳細提供資料評估其條件，藉以控制並確定其應承擔的危險，要保人或被保險人自須誠實以告。即使在人身保險，保險人要求被保險人到其指定之醫院體檢，要保人也不因此免除此項義務[9]，否則要保人或被保險人對於保險人書面之詢問，故意隱匿，或因過失遺漏或爲不實之說明時：

A. 此不實說明或隱匿已達保險公司拒保程度，保險公司得解除契約。

B. 保險公司於保險事故發生後，亦得行使解除權。

(2) 危險增加之通知與未通知之結果

保險公司會在契約上約明要保人對此增加之危險，於知悉後應即通知保險公司知悉。例如：房屋旁新開一間礦油行或加油站；又投保後，改在礦坑內工作，處理如下：

A. 危險的增加，由於要保人或被保險人之行爲引起，應事先通知保險人。例如：員工賣衣服之商店，改開礦油行，則在改變用途之前應先通知保險公司同意，重新核算保費或雙方同意終止契約。

B. 危險的增加，非因要保人或被保險人之行爲引起者，應在知悉危險增加後10天內通知保險公司，經通知後，保險公司可終止契約或提議另訂保險費。要保人或被保險人對於危險之增加非因要保人或被保險人行爲所致者，而未於10日內通知保險公司，對於保險公司所受之損失，應負賠償責任[10]。

---

[9] 劉宗榮，同前註1，頁175。

[10] 當危險減少時，依《保險法》第59條第4項之規定，被保險人得請求保險人重新核定保費，此被保險人一般爲要保人，有認爲應將其主體改爲要保人爲當（參見王唯，同前註5，頁189。）

另外，購買保險時，要注意保險契約內之限制約定，有時以特約、特別條款、注意各款等形式出現。對其中之約定有充分瞭解，在執行過程避免有所違背。例如：殘廢給付之認定標準，又如下例之醫院類別。

【案例5】醫院不包括診所

韓慶國有感其妻遲華玉家族多人罹患癌症，乃向K保險公司購買終身壽險，附加防癌終身險、平安保險等附約，約定在醫院治療癌症之醫療費用，K保險公司應予理賠。2年後遲華玉先後因胃癌、肝癌在臺北X教學醫院、Y綜合醫院、乙診所接受手術及化療，花費不少醫藥費用，經向K保險公司申請癌症門診醫療保險金，K保險公司只給付X、Y醫院部分醫療費用，乙診所部分不給付。經多次理論，K保險公司表示保單條款中約定在「醫院」治療者才給付，診所不在內，韓慶國向保險局申訴，K保險公司堅持要保書已明載排除診所，並無給付責任。

5. 注意除外責任條款[11]

保險原在彌補不可預測風險之損失，但等保險事故發生向保險公司請領保險金額時，保險公司竟以「所發生之災害原因，在保單內已列在除外責任之原因」，而拒絕給付，訴訟結果亦敗訴，使部分保險人氣憤難平，其實這是投保人對於保單未加詳閱，而未發現有此除外條款所致。

一般而言，保險單上所列之除外責任條款如下：

(1) 財產保險部分

例如：颱風、水災、戰爭等造成之財產損失。

(2) 人壽保險部分

例如：自殺、故意殺害、戰爭、核子汙染造成之死亡。

(3) 旅遊平安保險

例如：自殺、戰爭、核子汙染及從事潛水、滑水、滑雪、駕駛滑翔機、賽馬、汽車等活動，或競賽造成之傷害、殘廢。

(4) 意外保險部分

意外險與職業類別有關，其保險依職業等級一至六級計費，等級越高，保費越

---

[11] 施茂林，同前註8，頁2318。

貴。部分行業如礦工、爆破炸藥、潛水、化工製造、特技演員、武裝彈藥、核廢料處理人員、舞女、討債公司工作人員等，保險公司通常不接受投保，如隱匿職業發生意外，保險公司也會拒賠。

6. 須遵期繳費

【案情6】繳保費寬限30日死亡

要保人戊為其父已投保人壽險，簽約後其父已認為身強力壯，不願參加，戊之姊妹勸説，己仍不聽，並向保險代理人庚表示不參加保險，庚不置可否，轉告戊。戊乃對第二期季款遲疑，在通知繳款後第20日己突病重死亡，保險公司以己表明不參加，戊又未在通知繳款日內繳清，不必賠償。戊不服，向法院提起訴訟主張催繳通知書到達之翌日起30日內為寬限期間，在寬限期間內發生保險事故時，保險公司仍必須理賠，僅是扣除所欠繳之保險費而已。審理中，法官質疑保險慣例是否如戊之主張，保險公司不正面回應，後雙方私下和解。

參加保險的人應該如期繳交保險費，使契約有效，如經過應繳日仍未繳費，依規定要保人（及保戶）可享有一定之寬限期間（一般為30日），在這段時間內，保險契約仍然是有效，此時若不幸發生保險事故，保戶仍可向保險公司申請理賠，保險公司確認保險事故已發生時，亦應理賠保險金。

7. 注意撤回保險契約之限制

要保人繳納相當於第一期保險費時，保險公司招攬人應提供契約條款交由要保人閱覽，要保得於繳納保險費後10日內撤回要保之意思表示，保險公司應無息退還所繳保費，保險契約亦自始無效。

（二）免責條款與事由之風險辨識

1. 人壽保險

【案例7】非自殺保險公司應給付

江華之子江謙不事生產，又投資期貨交易，負債累累，債主催索甚急，江謙躲避不見，乃找上江華不答允，債主限10日內解決，否則自負後果。江華心煩，上山散心，數日後被發現死在溪谷，江華之妻子申請理賠，保險公司研判江華當日衣著

華麗，不似登山，且專走偏僻山路，當時無力還債，心情惡劣，致投崖自盡，頭部有重擊外傷可證明。江華家人反駁江華心性樂觀，當日有約友人一同上山登遊，絕無輕生之念，經法醫檢驗，頭部係外力重擊，無法證明係自己撞傷，法院乃以保險公司無法證明江華自殺，判決應給付保險金額400萬元。

有關人壽保險要注意下列規定：

1. 由第三人訂立之死亡保險契約，未經被保險人書面承認，並約定保險金額，其契約無效。（《保險法》第105條）

2. 被保險人年齡不實，而其真實年齡已超過保險公司所定之保險年齡限度者，其契約無效。

3. 被保險人如故意自殺，保險公司不必賠償，不過要將保險之責任準備金返還與受益人或繼承人。保險契約規定被保險人故意自殺，保險人仍應給付保險金額之條款時，該條款於訂約後2年才發生效力。

4. 受益人故意致被保險人於死（如將其殺死）或雖未致死者，依《保險法》第121條之規定，受益人無請求保險金額之權利，喪失其受益權。

【案例8】自殺或非自殺關係理賠

林賢單身住在租賃公寓裡，被發現死亡時，頭部戴一頂花色女用浴帽，再用七條圍巾緊繞頭臉，最內層圍巾在兩眼及鼻子剪出三處洞；身體則用十五條圍巾纏繞，下體及大腿另用五條圍巾纏繞。另用一條細棉線纏繞頸部，且與右手連結，用右手輕拉，可控制頸部細綿棉鬆緊度。其家屬乃申請理賠壽險300萬元，保險公司認為林賢自願從事窒息式性活動，故意自陷死亡危險中，屬「類似自殺」行為，與故意自殺行為無異，依法不負保險給付責任。法院判決林賢用圍巾纏繞頭部時，尚剪三個洞，預留呼吸；纏繞頸部的棉線，另一頭繞在右手，可以手控制鬆緊，避免頸部過度壓迫致死，足認林賢當時無意自殺，屬於意外造成窒息死亡，保險公司應理賠300萬元。

2. 健康保險

保險人的責任，其主要者為當保險事故發生時，負給付保險金額之義務，但下列情形保險公司可以免責：

(1) 保險契約訂立，被保險人已在疾病或妊娠情況中者，保險人對該項疾病或

分娩，不負給付保險金額之責任。

(2) 被保險人故意自殺或墮胎所致疾病、殘廢、流產或死亡，保險人亦不負給付保險金額之義務。

3. 傷害保險

【案例9】意外或故意切割關係大

工人沈志強3個月內參加三家保險公司傷害保險，約明四肢受傷，賠償300萬元。第五個月沈志強工作時為機器切斷尾指，經向三家保險公司提出理賠被拒，在調處中，保險公司主張沈從未參加保險，卻同時投保三家公司，金額又高，而且沈經驗豐富，技術高明，不可能疏失造成切傷，再以當時操作方式切到不會是尾指。沈志強則強調因機器職業災害甚多，一旦發生，企業主及勞保給付有限，投保前又有1人發生職業傷害，乃決定投保，保險公司當時派人調查過，也問過公司，充分瞭解投保情形，現在如此主張，令人心寒。

(1) 被保險人故意自殺或因犯罪行為所致傷害、殘廢或死亡，保險人不負給付保險金額之責任。

(2) 受益人故意傷害被保險人者，無請求保險金額之權益。

4. 火災保險

不在保險範圍之事項[12]：

(1) 戰爭。

(2) 敵人入侵。

(3) 內亂。

(4) 爆炸：爆炸本身所發生的損失，不在火災保險承保的危險之內。但與火有牽連關係時，如因起火燃燒而爆炸損壞，或因爆炸而起火燃燒焚毀，仍在火災保險所承保之危險。

(5) 珠寶、手飾、古董、畫作、雕塑等藝術品及有價證券。

(6) 其他如火災發生時遇竊盜所發生的損失、地震、風災等，均不屬火災保險

---

[12] 一般人關注的問題，如屋內家庭電器用品、家具在保險之列，又自家火災，引發鄰居體傷、死亡、或財物損失，住宅火險同時提供第三人責任險保障，會理賠。又閃電雷擊航空器墜落、意外事故所致煙燻等危險事故所生損失，也在保障範圍內。

所承保之危險。

5. 旅遊保險

【案例10】自甘冒險行為不在理賠之列

魏綸參加東南亞旅遊團，行前投旅遊平安險。第三日在海邊遊玩時，經不起團員慫恿，報名滑翔翼飛行活動。12分後下降，下降不幸偏差，撞及碼頭護欄，左下腿粉碎性骨折，右大腿亦骨折。返國後請求理賠被拒，向法院提出民事訴訟亦敗訴，原因是旅遊險書面契約中明確約明：自行參加滑翔翼飛行等冒險活動，不在理賠範圍之內，魏綸事後常以此告誡親友務必先知悉負責條款。

旅遊保險之類別甚多，但下列情形會列在不予理賠之範圍：
(1) 政治因素。
(2) 貴重財物。
(3) 自甘冒險之運動、休閒活動等[13]。
(4) 自殺。

6. 責任保險

目前不在汽車第三人責任險承保項目者，大約為下列情形：
(1) 未經被保險人許可所生之毀損、滅失責任。
(2) 無照駕駛，或越級駕駛、或受酒精、藥劑影響的人駕駛被保險汽車，而發生之任何毀損、滅失或賠償責任。
(3) 被保險汽車因毀損或滅失所致之附帶損失、貶值或不能使用之損失。
(4) 被保險汽車因老舊、或冰凍受損，或非因意外事件所致機件齮裂或損壞。
(5) 未經保險公司同意，被保險人自願承擔的賠償責任。
(6) 被保險人對其家屬、受雇人、駕駛人、或乘坐上下被保險汽車的人，因體傷或死亡所生之賠償責任。
(7) 被保險人對其租用或代人保管或管理之財物，因遭受損害所發生之賠償責任。

---

[13] 參加旅行社等辦理之旅遊活動時，常有不列入團費之活動，需旅客自行負擔，並在行程須知中說明其事，原因多項，其一即因此類冒險活動、運動，會發生不可預期之意外事故，也不在理賠範圍內，有意願參加者，需自我評估風險出現之法律問題。

(8) 被保險之汽車被沒收、沒入充公所生之毀損或滅失。

三、 投保時風險事項評斷[14]

（一）保險公司業務代表從中有不法行為之法律效果

【案例11】展業侵占保險費

教授甲一家五口請乙保險公司經紀人羅姓女業務員規劃保單，羅姓女業務替甲家五口提供保險諮詢和銷售，隔年起甲妻為家人繳了4041萬元保險費。因保費不少，甲妻擔心出差池，常打電話或直接臨櫃詢問乙公司人壽保單狀況。但前年間發現業務員未按時繳款，尚有1002萬元未轉與保險公司，經甲妻提告後，乙公司恢復填補保險費，承諾不影響保護利益，羅女被判處2年徒刑，緩刑5年。

1. 保險公司業務代表從中有不法行為之法律效果

目前部分保險糾紛，與保險公司業務代表之不當心態與做法有關。例如：收取保費不交與公司，故意不告知保險契約之特別限制、條款，或明知保戶不明瞭未據實說明之嚴重後果等，致使保險事故，一旦發生，索賠無著。事實上，保險代理人係根據代理契約或授權書，向保險公司收取費用，並代理經營業務的人。依《民法》第103條之規定，其行為之效力歸屬於保險公司，縱使代理人在業務範圍內所做的違法行為或詐欺行為，雖未經保險公司指示，也有發生拘束保險公司之效力；代理人在業務範圍內所得知有關訂約的重要事項，雖未轉告保險公司，也視為保險公司業已知悉，仍應予負責[15]。因此：

(1) 業務代表，業務員侵吞要保人所繳之保費，也視同要保人已經繳交，保險公司不能主張不負責。

(2) 業務代表未經保險公司而發給保險單，也屬有效。

(3) 業務代表知道保險事故已經發生，或明知被保險人曾經患有某種疾病，而未告知保險公司，仍視為保險公司已知悉，此時，保險公司只能自責其對於業務代

---

[14] 施茂林，同前註8，頁2328。

[15] 保險契約關係要保人、保險人與受益人權益，《保險法》規定以保障彼等權益為重點，中央主管機關對於各類保險契約之條款均從嚴審核，督導保險公司負起保險契約之責任。遇有契約之解釋與爭議時，參照《保險法》第54條之規定，以作有利於被保險人之解釋為原則。

表之選任及監督有疏忽，仍應給付保險金之責任。

（二）已付保費而尚未發予保險單之效力問題

保險契約須作成保險單，但保險契約的效力並非在作成保險單以後才發生，否則如堅持保險單未作成，保險契約尚不生效力，不但與保險在分攤危險、消化損失的本質違背，更有害交易之安全和靈活。因此，應認為取得保險單為要保人或被保險人之權益，而非契約之生效條件，所以要保人在保險人簽發保險單或暫保單前，先交付保險費，而發生應予賠償或給付之保險事故時，保險公司應負保險責任，但實際上，保險契約常訂有以取得正式保險單為其生效的條件，需特別注意。

（三）訂約後之主體與利益歸屬不能變更[16]

保險契約須有保險利益存在，保險公司願意保險亦因要保人對於保險標的有利害關係存在，此雙方相互信賴之關係，自不容其任意變更。因之，訂約後，契約之主體及利益之歸屬不能隨意變更，若未經保險公司之同意，保險公司不必負責，此在財產保險或第三人責任險上，需特別注意。亦即移轉財產或汽車與第三人時，應告知保險公司，商得其同意以免索賠無著。

又被保險人死亡，或保險標的物所有權移轉時，除保險契約另有訂定外，仍為繼承人或受讓人的利益而存在（《保險法》第18條）。但保險公司往往要求要保人須取得同意。

（四）複保險之限制

如一房屋投保數個火災保險，目的在增強安全保障，預防保險人中有一破產或不能履行其義務時，要保人仍可向其他保險人求償，所以《保險法》特別允許複保險[17]。但為防有惡意之情形，特別限制要通知各保險人，如故意不通知或其目的在圖得不法利益時，所訂立之數個保險契約，各保險公司均可主張契約無效，免付保險責任。如保險契約中訂定復保險不須另通知其他保險人時，約定亦無效，要保人

---

[16] 社會上常見借用他人名義購買汽車或登記父母、配偶或子女等名義，而事實上由本人駕駛使用，當發生保險事故時，因保險契約常見是汽車名義人，此時，理賠容易發生爭議，在投保時，務必注意保險契約之條款或約明保險公司同意由他人使用駕駛。

[17] 複保險與美國保險法之保險競合並非同義，在國內保險實務上因受美國保險實務之影響，保單設計上有類似條款，法院常參考學者見解，使用保險競合概念處理類似案例。參見葉啓洲，同前註2，頁270-271。

仍應通知其他保險人。

關於複保險之效力爲：

1. 未超過保險價額者，如100萬元之房屋，各投保五個10萬元火災保險，應屬於數個一部保險契約之並存，在效力上並無問題。

2. 已超過保險價額者：如100萬元之房屋，各投保三個50萬元之火災保險，準此，被保險人有重複領取保險金，其爲善意，則契約爲有效。各保險人對於保險標的之全部價值，僅就其所保金額負比例分擔之責。

（五）主張顯失公平規定

依《保險法》第54條之1規定，保險契約有下列情形，顯失公平者，該部分之約定無效，被保險人可主張此有利情形：

1. 免除或減輕保險人依本法應負之義務者。
2. 使要保人、受益人或被保險人拋棄或限制其依本法所享之權利者。
3. 加重要保人或被保險人之義務者。
4. 其他於要保人、受益人或被保險人有重大不利益者。

（六）投保後發現有疾病之風險處理

【案例12】血壓高未必引發中風

周超近來常有頭暈現象，自行測量不當，致血壓在校準值上下。某日因同事突心肌梗塞死亡，適有保險代理人前來拉保，乃投保人壽保險，未料十月小中風，請求醫療給付，保險公司以周超「已在生病中」，未告知血壓值，有意隱藏，拒絕理賠。周超表示當時曾告以身體偶有頭暈之事，代理人稱此小事，已盡告知義務。經送金融消費評議中心評議，依醫師意見，認血壓有高有低，頭暈爲中風之危險因子，但未必然就會引發中風，周超投保時，並非「明知」本身有中風之可能，乃決議保險公司應給付醫療保險金。

要保人投保後，因體檢、看病或檢驗等，而發現其已有疾病之情況，須提高警覺，避免保險公司主張「已在疾病中」、「有意隱瞞」、「不誠實告知」。因之，在投保時，務必向業務員等詳細問明保險公司之要求，提供配合之事項或文件或說明，何者爲除外不保事項，以免事後有理賠不清問題。又團體健康保險，保險公司

通常不會要求必須健康告知，保險公司不能隨意指被保險人蓄意隱瞞病情。

投保後發現自己有病，心中已有相當負擔，也不必擔心保險契約之效力問題，因事後察覺並非事前知悉，談不上「明知」而有隱藏之事，乃致「帶病投保」，似此主觀上尚不知悉，其保險契約應認為有效[18]。此時先行收集投保前、發現時之相同證據，如檢驗報告、體檢結果、診斷書等。

又保險公司對於被保險人於投保時，未發現之疾病，不能算入「已在疾病中」，此種縱然為實質上帶病投保，保險公司仍要負責。例如：投保前已有癌症，因非一天、二天發生，被保險人若非「明知」投保前已經罹癌，不能對此投保前既存狀況不予理賠。但為防止保險公司以各種理由搪塞，最好研究當時之身體狀況與本次疾病之發生有相當因果關係，否則保險公司仍需負責。

四、 保險事故發生之風險處理

（一）備齊理賠文件

保險事故發生時，可向保險公司申請理賠，保險公司受理後會依據保險事故類別、保險契約之約定處理。有些保險公司為從嚴、從實審核，申請理賠時，須評量保險公司想瞭解事項、事故原因、事故發生之可能原由等，需先有所準備。對於可能懷疑是項有所解說，並準備各項文件，如死亡證明書、房地產證件、報案紀錄、火災原因文件等，以供保險公司處理。又在申請時，確認各項費用名目，善加利用保單10天黃金期，有問題洽保險公司，不要未弄清楚狀況即出手申請，也要注意有無與告知義務不合之處，當然也要注意保險契約之約定，不列入保險之項目，以免自己提出之事由，不在理賠範圍。

【案例13】自爆颱風樹倒壓壞汽車

老師郭蘭汽車停放路邊，為傾倒之路樹壓壞，經申請理賠不予賠償。郭老師提出鄰居情形相同，為何賠償。保險公司指郭老師書表上載明：「本人轎車為颱風侵襲傾斜倒立之路樹壓到凹損等」自承是颱風原因，而颱風為不可抗力所致，不在理賠範圍，而鄰居投保他公司，申請事由只寫：「本人車子停在路旁，路樹突倒下壓壞」並提出相片為證，並未提及颱風所致，郭老師聞後自認倒楣。

---

[18] 劉宗源，同前註1，頁523-524。

（二）提出理賠申請

目前國內各保險公司賠與不賠之間，往往因認知不同而產生糾紛，理賠與否，關鍵在於有無證據，是否合於契約之約定。因之，客戶在爭取理賠時，對此應有充分之認識，保戶更應取得充分之證據，據理力爭。因之，雙方應先溝通暸解爭議關鍵。再者保戶與保險公司對於理賠之准否，均應以書面約定或條款爲依據，絕不可自由心證或預設立場，雙方秉誠信之原則，據約處理，必能減少糾紛。

【案例14】疾病不賠，死於意外要賠

邱祥投保A公司人壽意外險，後在工地工作時，和同事各持5公斤重的木料和10公斤重的電風扇要上樓，他因踩空樓梯往前趴倒，胸膛撞擊電風扇後座，造成休克死亡，申請理賠不同意，認爲係與心臟疾病有關，非屬意外。法官調查後，認爲依保險法第131條，「意外傷害」未排除因身體內在因素與外在事故，相互造成的傷殘或死亡事故，當有多數原因造成傷亡時，應側重「主力近因原則」，亦即最先發生者應列爲事故主因，邱男事先跌倒才引發後續連鎖效應。由於最先發生的跌倒事故，確屬意外，因此認定死於意外而非疾病，判決A公司應賠付200萬元。

（三）注意保險公司之參預權[19]

【案例15】未通知保險公司自行和解之後果

傅雄投保責任險，某日在高速公路發生連環車禍，傅雄汽車被許金撞及，傅雄撞及前車。在警局訊問後，經員警調解立和解書，3人均同意相互不索賠，書明拋棄對他車之索賠。傅雄向保險公司請求理賠修車費用，保險公司主張契約條文定明車禍發生時，需通知保險公司到場處理，且不得拋棄對肇事人車之損害賠償責任，拒絕理賠致傅雄無語以對。

（四）拋棄對加害人賠償請求權之後果甚為嚴重

很多人於保險標的遭到侵害後，逕行與加害人和解，甚至拋棄對其賠償請求權，未料以後無法得到賠償，這是因爲被害人於受害時，原可請求加害人負侵權行爲賠償責任，如房屋被燒、人被撞傷等，但又因被害人（要保人）於保險事故發生

---

19 施茂林，同前註8，頁2319。

時，就同一標的不得受雙重補償。因此，要保人在得到保險金賠償後，如對加害之第三人有損害賠償請求權時，此請求權即移轉與保險人，這叫做保險人之代位權，所以被害人將此請求權拋棄，保險人就難以向加害人請求賠償。

申言之：

1. 保險人的代位權，乃源自於保險人對於第三人之請求權，如果損害發生前，未經保險人的許可，被保險人不得拋棄對加害之第三人所享有的損害賠償請求權，否則，保險人賠償後，沒有代位權，保險人即得免除對於被保險人的賠償義務。

2. 在責任保險方面，保險人更可約定被保險人對於第三人之責任所為的承諾、和解或賠償，未經其參預的，不受拘束。

由上可知，發生保險事故時，應先通知保險公司，千萬不可先與加害人和解，甚至拋棄賠償請求權。

（五）領取保險金不影響向加害人請求損害賠償之權利

由於保險制度，旨在保護被保險人，非在減輕損害事故加害人之責任，因此保險給付請求權之發生，係以定有支付保險費之保險契約為基礎。與因侵權行為所生之損害賠償請求權，並非出於同一原因，因之，侵權行為所生之損害賠償請求權，不因向保險公司請求給付保險金額而喪失[20]。

由上說明可得知如車禍被撞傷時，所支出之醫療費用，雖由勞工保險、漁民保險及農民保險支出，受害人未曾支出，仍可向肇事者請求該醫藥費用，不過實務上請求者不多。

（六）善用有利被保險人解釋原則

《保險法》第54條第2項明定：保險契約之解釋，應探求契約當事人之真意，不得拘泥於所用之文字；如有疑義，以作為有利於被保險人解釋為原則，又保險主管機關為維護要保人之利益，常訂有示範條款供保險人設計保險契約條款之用。又《消費者保護法》第11條第2項亦規定：「為有利於消費者之解釋」，明顯揭示疑義利益歸諸被保險人原則[21]。

---

[20] 參照最高法院68年臺上字第42號判例意旨。

[21] 林勳發、林澤東、劉興善、梁宇嫌，《商事法要論》，今日出版社，2009年3月6版，頁544。

【案例16】捷運殺人不是恐怖事件

2014年5月21日發生鄭捷殺人案後，健保署支出129萬9253元保險給付給28名死傷者，事後依《全民健康保險法》，代位向承保北捷責任險的A產險公司申請同額理賠；A產險公司僅願理賠死者潘女等4人400萬元「乘客死亡給付」，拒絕賠償其他費用。A產險公司主張，鄭捷的「無差別殺人」行為，是以暴力意識型態或類似意圖來使民眾恐懼，與合約中所載「911恐怖主義」理賠例外條款相符，可見此案並非一般公共安全事故，不應由保險公司負責理賠。原來北捷公司2014年4月29日向A產險公司投保「旅客運送責任險」，雙方在合約外，另訂「911恐怖主義除外附加條款」，第1條約定：「對於直接或間接因恐怖主義介入之損失，不負賠償之責」。第2條定義「恐怖主義」為「任何個人或團體，運用武力、暴力、恐嚇、威脅或破壞等行為以遂行其政治、宗教、信仰之目的，或致使民眾或特定群眾處於恐懼狀態」，地院認為，合約中所載「恐怖主義」，目的必須是致使民眾處於恐懼，而鄭捷殺人目的僅為宣洩壓力，並非造成民眾恐慌，與該條文不符，判決A產險公司應賠129萬元。

國內保險公司之規模雖不如國外為大，但較之要保人、被保險人，明顯居經濟強者之地位。有關保險契約又保險公司所擬，要保人難有力量抗衡而予修正其契約內容。因之，要保人、被保險人對於契約內容有爭執疑義時，可引用本原則對抗，但其屬事實不明之爭議，與此原則無涉[22]。

五、 本章小結

公司企業或個人家庭參加保險時，應衡量風險類別，依風險管理精神，擇定合適之保險種類，並充分注意契約之除外條款與免責事由，於保險事故發生時，審慎提出理賠，爭取最大保險給付。

本章摘要

1. 保險旨在保障不可預測或非人力所能抗拒之事故，要保人對保險標的要有

---

[22] 葉啟洲，同前註3，頁48。

保險利益存在。

2. 保險所指之危險有人身、財產及法律責任等危險，各企業或個人參加保險時，應本危險管理原則，選擇安全合適之保險組合，審慎決定保險種類與保險金額，注意各保險契約之限制，瞭解除外責任條款，並需遵期繳費，亦需注意撤回保險契約之限制。

3. 各種保險契約均有其免責條款，於訂約時，需充分瞭解其除外責任、免責條款，以防不理賠之範圍過大，失去投保之意義。

4. 從保險實務解析，保險事故發生時之爭議，常與投保時未作好風險事項評量有關。因此，要保人要防免保險公司業務代表有不法行為，注意訂約後主體與利益歸屬不能變更，有關複保險有其限制，對於顯失公平之規定應有效運用。

5. 當保險事故發生時，應備齊理賠文件證據，向保險公司提出理賠申請。有爭議時，據理力爭，且要注意保險公司之參預權，千萬不要拋棄對加害人之賠償請求權。有效運用疑義利益歸諸被保險人原則，於領取保險金後，仍得向加害人請求損害賠償。

思考題

❖ 有人說：投保容易，要保險金難，其原因何在？是否保險公司邀保時，有所遮飾或保戶太大意？

參考文獻

1. 王唯，《保險法理論精析與實務運作》，雙葉書廊，2008年5月初版1刷。
2. 葉啓洲，《保險法實例研習》，元照出版，2013年7月3版1刷。
3. 劉宗榮，《新保險法》，翰蘆圖書，2011年9月2版。
4. 江朝國，《保險法基礎理論》，瑞興圖書，2003年9月初版。
5. 柯澤東、劉宇賢、劉興善、林勳發，《商事法精論》，今日出版，2014年初版。
6. 施文森，《保險法總論》，著者發行，1990年9月初版。
7. 施茂林、劉清景，《e世代常用六法智庫》，世一文化，2007年12月修訂5版。
8. 施茂林、劉清景，《法律精解大辭典》，世一文化，2010年1月初版。

第五篇

分論（三）
——政府與公務員及法規管理篇

本篇分四章論述，先闡發政府機關推動公務之法律風險管理，再闡述政府法規管理之改造工作，其次說明公務員執行公務之法律風險衡量與調控，包括：（一）法律認知錯誤與貪瀆犯罪避讓及（二）圖利興利辨識與檢驗標準，俾使政府部門與公務員執行公務涉及法律風險之圖像鮮明。

第 **17** 章

政府機關推展公務之
法律風險管理

讀完本章可學到：

1. 認識公務員執行公務之態度與面臨之法律風險檢測機制。

2. 資訊揭露義務與資訊保密義務之法律風險爲何？

2. 現有法制存有哪些問題？建設新法制工程指導思維爲何？

3. 瞭解政府資訊數據之風險迷思。

4. 錯誤法令意識有何法律風險？如何導正從嚴規範、援例辦理，形成合法觀念？

5. 司法改革之實效爲何？司法爲民之眞正意義是什麼？柔性司法如何著力？

6. 國家責任之內涵爲何？國家賠償責任之類型與常見事例爲何？

一、 政府機關處理公務之法律風險檢測

（一）公權力之執行力道與方式

近幾年來，當社會發生大事件時，如公安、食安、治安危害案件等，政府首長及主管機關之風險回應有一定模式：1.首長信誓旦旦從速嚴辦，從重處罰；2.主管機關必依法究辦，給予人民信心；3.法律規範有不足，將從速修法；4.人員不足，將擴大編制，充實人力；5.經費不足，從寬編列支應。檢視如此回應是否對該事件之解決有所改善，眾所周知，但是當下次社會大事再度發生時，仍依此模式處理，結果解決效果仍是有限，周而復始，仍然如此值得省思，風險管理能力何在[1]。

【案例1】公權力在哪裡

屏東檢警於2015年11月11日破獲養豬業者喪盡天良以回收廚餘掩護，從高雄大賣場收購逾期肉品、蔬果後，再清洗包裝非法轉賣給小吃店等餐飲業者。該業主2年前曾被點名，其友人好言相勸：「不要賺額外的錢」，滿口答應，實際仍持續運作，業者被查獲時，竟稱：沒有公開賣，有人會上門買。消費者聞訊，大罵：無良無品商人，沒有天良。而出售之大賣場表示：已刻意在豬肉等過期食品淋上烤雞剩下的烏黑雞汁，讓過期回收品染色和添味，避免業者拿回餐飲市場使用，沒想到防不勝防，業者仍清洗再賣。但消費者指摘：「沒有善盡責任」、「主管機關公權力在哪裡」[2]。

又公務員執行公務之態度關係到執行力道與法律貫徹，當前公務員勇於任事，戮力公務者占絕大多數。但從民怨內涵觀察，有部分公務員常存有消極、不為之心態，對於需造福民眾，開創福祉有時不夠積極。當民眾有所申請時，欠缺為民服務之信念，引發諸多不滿，對所屬機關帶來負面之影響，也會帶來法律風險問題。再者對於該決、該斷者未必肯果斷處置，必引起民眾不滿，致起訴訟。有時，明言或暗示循由法院訴訟解決，更增加訟累。

---

[1] 公務機關之反覆作法令人省思：(1)政府之風險管理何以如此弱化；(2)如此制式之風險回應，如何能解決問題？(3)周而復始運用，是否別無其他風險對策？(4)類同法律管理，無法有效處理重大事件；(5)核心問題，是否更帶來法律風險？

[2] 法律之制頒，貴在能行，若不積極執行，澈底貫徹，有法等於沒法。臺灣黑心食品案件如此之多，公權力施展程度，為關鍵因素。主管機關應有其積極作為，勇於任事，才能有效改善。

臺灣某市政府2012年至2014年間，市府與人民興訟案件共1801件，其中，交通局840件最多，法制局328件居次，第三名則是建設局173件，都發局、勞工局和環保局則都超過50件。議員指出花錢請律師費用驚人，公務員自己出庭，忙著準備資料，必影響工作效能，市長也認為其曾調查，市府與各業者或承包商打官司，敗訴率超過8成；公務員碰到爭議案件，若不訴訟，怕被質疑圖利，顯然缺乏主動積極勇於負責之心態。當外界提出檢討時，不易解釋清楚，其間又涉及行政上有無責任之問題，是以訴訟解決與民眾之爭端，既不能解決問題，反留下被質疑之風險[3]。

人民有知的權利，已普通成為民眾之觀念，對公務員必造成壓力，蓋知悉之事項與範圍越多，公務員在執行職務時，必須考量民眾知悉所引發之效應，此必成為風險事項，公務員需正面看待，自己在觀念在執行公務上有所調整因應。

早期公務員在公務機關或執行公務場所很少公示其職稱與姓名，民眾不易得知其真實姓名，也不容易對其個人有攻訐責難，對公務員而言，其風險相對為少。但近年來，在公務機關已將公務員之職務、姓名，甚至職責公告或放置名牌，在執行公務時，佩戴名牌、臂章等，大方顯示執行者職位與姓名，讓民眾知悉係何人和職位在執行公務，可增進彼此互動，提升機關公信力；對機關而言，正是風險預防之好方式。

（二）未實心任事執行公務之風險

各公務機關執行公務時，需接受民意代表機關質詢監督，其首長與處理公務的公務員當須依照《公務員服務法》之規定，謹慎勤勉、忠心努力、實心任事，否則必有一定之法律風險責任。而且現行法規對於公務之執行，也有多管道之調查、監督機制，對公務員與公務機關來說，均是法律風險實測管道，不能不體察，防範違法失職之行為發生。

從《憲法》、《監察法》、《刑事訴訟法》等規定，公務員執行公務時，有下列多層次之節制，督促公務員、公務機關依法執行公務，以民為主，全力為民謀求公益福利，此類調查、調卷、扣有證據詢問、偵查等，即為公務處理之法律風險所在：

---

[3] 有企圖心之政府機關首長無不希望所屬公務員本負責態度，積極為民謀福利。近年來，部分首長已察覺公務員不積極、不負責，常藉圖利理由不為民服務，造成民眾反彈，有識首長常邀請法律學者專家演講：不要藉圖利關起興利大門等類內容，導正公務員心態。

1. 彈劾

公務員有違法失職時，行使彈劾權。

(1) 總統、副總統部分

A. 監察院對總統、副總統提出彈劾案時，依《憲法》第30條及《憲法增修條文》第15條第5項之規定辦理（《監察法》第5條）。

B. 立法院提出總統、副總統彈劾時，聲請司法院大法官審理（《中華民國憲法增修條文》第2條第10項）

(2) 公務人員部分

監察委員對於公務人員認爲有違法或失職之行爲者，經2人以上之提議向監察院提彈劾案。通過後，移送司法院公務員懲戒委員會審理（《監察法》第6條）。

【案例2】虐死受刑人之彈劾

臺北監獄受刑人甲罹患「情感性精神病」，臺中監獄培德醫院收治後移返北監執行，第三天病情發作時，令舍房雜役用活動式及固定式手銬、腳鐐，綁在離地僅30公分的走廊欄杆，以腳鐐連結環繞背部，又用非法定戒具的全罩式安全帽戴在頭上，在嘴裡塞入壓舌板，用毛毯置於前胸固定位置，長達5小時致甲動彈不得，情緒激動頭臉漲紅，卻因全罩式安全帽妨害呼吸，造成姿勢性窒息死亡。監察院調查後，認定典獄長等人未依法執行職務，不當使用戒具高達49次，有重大違失予以彈劾，移送司法院公懲會懲戒。

【案例3】兼任獨立董事之懲戒

A爲某國立大學企業管理系專任教授，於101年1月23日起至103年3月12日止兼任該校主任祕書行政職務期間，於101年1月23日至102年5月19日及自102年6月28日至103年3月12日止，擔任中華映管股份有限公司獨立董事，違反《教育人員任用條例》第34條、《公務員服務法》第13條之規定。經監察院送請公務員懲戒委員會審議，議決：「申誡」。

【案例4】駐外人員之懲戒

B爲外交部外國代表處代表及顧問期間，未依規定據實填報「請領眷屬補助費情形調查表」，溢領配偶眷屬補助費44個月計20,790美元（約新臺幣623,700

元）；又到任時以交際費購買4盒貴重珍珠項鍊（贈送對象已報部），於贈出前為備用禮品，未依規定交由駐處總務人員列冊控管，私自放置其辦公室及職務宿舍，致引發疑義損及我政府及外交人員形象。另以公務手機密集與祕書通話，通聯次數達229通，部分通話時間於深夜11、12時左右，已逾越一般正常外交工作聯繫關係；又前往日本單獨會見祕書，行為有失謹慎，致遭非議，影響我國外交人員形象；有違《公務員服務法》第5條、第7條所定，公務員應誠實、謹慎，執行職務，應力求切實之旨。經監察院移請公務員懲戒委員會審議：「休職，期間1年」。

【案例5】假借權力索取股票等懲戒

C任台糖運務處與物流暨油品處之副處長及處長、主管及監督儲運管理及物流事業，為受有奉給之公營事業機關服務人員。假借權力及機會，將就讀研究所之次子安插至合作開發廠商之公司任職，長期月領4萬元薪資。又利用合作廠商受制於B有主管、監督及查核權力之機會，由合作廠商負責人之妻100張股票無償過戶與B。另要求招待讓其長子出國前往歐洲，並由合作廠商提供手機，負擔電話費，有違《公務員服務法》第5條及第6條規定，公務員應清廉、謹慎，不得有貪婪，足以損失名譽之行為及不得假借權力，以圖本身或他人利益之旨。經監察院移請公務員懲戒委員會審議，議決「撤銷並停止任用2年」。

又送請公務員懲戒委員會審議者，除監察院提出彈劾外，尚有由公務員主管機關移送審議者。篩選二案例一併供參考。

【案例6】收受賄賂之懲戒

甲為療養院營養師，亦為公共工程委員會網站提供之評選委員，長期提供中小學中央餐廚採購案之評選委員，應依據法令，本於專業及良知，公正執行職務，不為及不受任何請託或關說，亦不得有《採購人員倫理準則》第7條規定之行為。竟基於評選之職務上行為，先後多次收受供應商之賄款5000元、10萬元不等，經衛生局移送公務員懲戒委員會，議決撤職並停止任用1年。

【案例7】酒後駕車之懲戒

乙為地院司法事務官，午後飲用紅酒後，仍騎乘機車行經高雄市在楠梓區左楠路與後昌路口時，不慎擦撞同向由丙所駕駛普通重型機車倒地，致丙因而受有傷害。經抽血檢驗後，驗得其血液中酒精濃度達314 mg/dl（換算吐氣所含酒精濃度

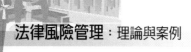

達每公升1.57毫克），案由司法院送請公務員懲戒委員會，議決降二級改敍。

2. 糾舉

監察委員對於公務人員認為有違法或失職之行為，應先予停職或其他急速處分時，得以書面糾舉，經其他監察委員3人以上之審查及決定，由監察院送交被糾舉人員之主管長官或其上級長官。其違法行為涉及刑事或軍法者，應逕送各該管司法或軍法機關依法辦理。

被糾舉人員之主管長官或其上級長官接到糾舉書後，除關於刑事或軍法部分另候各該機關依法辦理外，至遲應於1個月內依《公務員懲戒法》之規定，予以處理，並得先予停職或為其他急速處分。其主管長官或其上級長官對於糾舉案，不處理或處理後監察委員2人以上認為不當時，得改提彈劾案。如被糾舉人員因改被彈劾而受懲戒時，其主管長官或其上級長官應負失職責任。

3. 糾正

監察院於調查行政院及其所屬各級機關之工作及設施後，經各有關委員會之審查及決議，得由監察院提出糾正案，移送行政院或有關部會，促其注意改善。行政院或有關部會接到糾正案後，應即為適當之改善與處置，並應以書面答覆監察院，如逾2個月仍未將改善與處置之事實答覆監察院時，監察院得質問之。

【案例8】食安不安之糾正

沸沸揚揚一時，造成社會大惶恐的正義、頂新企業自越南進口飼料油混充食用油乙案，監察院於2015年11月5日通過糾正案，指名衛生福利部食藥署於黑心油事件爆發期間，未確實依據越南官方證明文件為違規之進口牛油予以預防性下架，虛耗時日進行無謂的查證，無故稽延處置時效長達18天。食藥署以「恐涉國家賠償」的非專業理由，對違規食品之證明文件認證基準，以及採取下架措施之抉擇不一，有失執法客觀公正，斲傷公信力。有關邊境查驗把關鬆散，過度仰賴進口業者自主管理，欠缺配套內控簽證勾稽機制，未能確實究明輸入文件真偽，均有疏漏，且未即時公布食用油品相關資訊，有違《消保法》應作為之相關義務，次長許○○身為業管主管，應對此案負起主要責任。

【案例9】海研號沉沒之糾正

政府投入15億元訂購海研五號，成軍2年即在澎湖龍門外海發生船難，造成2

人死亡、多人受傷之重大意外。監察院調查科技部所屬國家實驗研究院海洋中心，在簽訂海研五號委託操作契約後，未依規定立即要求裕品公司確實執行及維持ISM（安全管理章程）證書之有效性，且在契約訂定近8個月後發文財團法人中國驗船中心申請ISM豁免，導致該船取得豁免證書後，無國際公約強制規範。裕品公司並未落實安全管理與訓練，無法建立安全管理制度，因人為操作缺失而沉沒，科技部顯有監督不力責任。又交通部長達25年怠於修正《船舶法》及《客船管理規則》，後未及時制定海洋研究船相關管理規章，導致海研五號雖符合有關客船之定義，但卻以貨船名義及標準執行各項任務，致此類研究船之身分混沌不明，名不副實，交通部亦有疏失，乃於2015年11月對科技部、交通部提出糾正。

【案例10】縣府因公務員違法兼職被糾正

離島一縣政府所屬員工甲任職期間，違法商業登記為福氣大餅鋪商號負責人；鄉公所圖書館管理員乙任職期間，違法商業登記為中藥房商號負責人；村幹事丙任職期間，違法商業登記為漢堡店商號負責人。縣府知悉後未予停職，移送懲戒，且僅對甲申誡1次，准其退休。另有31名臨時人員、技工、契約駕駛、工友兼營商業，均因契約未明定不得兼職而無法加以議處，事後也未積極查處違失，經監察院決議糾正縣府。

4. 審計

依《監察法》第1條及《審計法》第1條之規定，監察院對於政府及所屬機關財務行使會計權，其職權包括監督預算之執行、核定收支命令、審核財務收支、稽察財務、財政上不法或不忠職務行為、考核財務效能、核定財務責任及審定決算。

審計單位行使審計權時，進行抽查、查閱檢查、調閱、稽查等程序，各機關應予配合，各級主管人員不得隱匿拒答，並應為詳實答覆後，提供必要財務文件，必要時得請求司法或警察機關協助。

當前審計機關對於各機關財務之審計，甚為詳盡深入，經常將機關不法，或不忠於職務之行為發掘查出，對於財政支出、支應有所不當或公務政策失當或經費運用失準等亦均會核實提出，檢調及民意代表常由之查出施政失當與犯罪不法跡證，其有財務上應負損害賠償者，亦予揭示指明，要求公務機關追繳、求償[4]。

---

[4] 近幾年來審計部依《審計法》行使審計權甚為用心，也對許多機關提出審計意見，指出經費之運用、支出、公務推動財務上不法情事等之違法疏失之處，對於導正公務機關之公務推動

5. 偵查

依《刑事訴訟法》第228條第1項之規定，檢察官知有犯罪嫌疑，應即啓動偵查，爲協助檢察官偵查犯罪，調查員、警察等司法警察官應受檢察官指揮偵辦。現由各類公務員貪瀆案件之統計資料觀之，公務員涉案被偵辦及提起公訴之案件相當多，對公務員而言，不能不愼！

又行政院爲鼓勵檢舉、獎勵保護檢舉貪污瀆職人員，由法務部訂頒《獎勵保護檢舉貪污瀆職辦法》，除一般公務員職務上之貪汙行爲外，將公務員假藉職務上權力、機會或方法之犯罪，列爲貪汙瀆職之類型。又爲獎勵有效檢舉，擴大檢舉獎金之給與範圍，對於檢舉事實與判決書所載之事實雖有不同，惟對案件查獲有直接重要幫助者，亦應基於鼓勵性質酌給獎金。同時檢舉貪汙瀆職案件之方式，書面或言詞均無不同，其以言詞爲之者，無限於急迫情形之必要，可謂大開檢舉之門。公務員若心存不軌或僥倖，其法律風險可能到來[5]。

二、 法令錯誤知覺與風險辨識

政府機關掌握法令研修與訂頒，本來最能拿捏，最易調節，使法令寬嚴適中，利於執行，但實際上之效果，並非如此，以致法律風險實現，公務員竟自覺委屈，檢視其原因，與政府機關存在諸多錯誤知覺有關。

（一）從嚴規範之法律迷思

時下有部分公務員認爲法令規定越嚴格，越容易執行，有則以爲規定越嚴越詳盡，人民可以輕易明白規定而知其要件，比較不會作無理或逾越規範之要求，也比較會依法遵循；有則以爲如此較能保護自己。但由實際案例觀察，似乎不是如此，反而可能法規越嚴、越不鬆綁，越容易自砸陣腳，終致自陷法律泥沼中[6]。

所謂從嚴規範，即公務員處理公務之思維習慣將任何事項規定趨向嚴謹觀念，

態度與模式、糾正財務之不當支應、法律之研修調整等，有相當助益。

[5] 檢調機關偵辦貪瀆案件，其由檢調同仁發掘及自動檢舉之案件固有一定成數，惟實務上，經由檢舉之比例更高，甚且有將貪瀆之證據、相片、圖檔等蒐集齊備送交偵辦者，對案情深入追查之助益甚大。

[6] 從嚴規範，使規定嚴到毫無彈性，只會讓工作不易處理得很圓融，規定越嚴「石頭」就越大；規定得合法寬嚴，「石頭」越小，甚至沒有「石頭」。因爲公務員本來就應有權限的，所以「石頭」越大形同砸自己腳砸得越痛。因而在服務民眾過程中要寬嚴適中，依法有據，如此處理起來反而會順暢，既合法又利民。

包括：1.制定或修正法規、法令、命令時，對當事人之要求，申辦之程序與條件，違規違法之要件，處罰之類別與重度等均採嚴格之標準；2.執行公務時，對於公務相關法令規定，不以法律之基本精神、立法目的與法律原定之標準要求，反而以嚴格之態度審認裁決，甚而超越法規目的、自行增加規範外條件或以自我意思解釋法規，形同法上有法、規中有規、令裡有令等奇特現象；3.為便於公務員執行之參據，本從嚴思路，訂出法規外之執法標準，以為公務員能容易執法，或防止公務員搞鬼上下其手；4.在處理違法、違章、違規時，趨向嚴峻作法，未核實衡酌違反之義務行為應受責難程度、行為人之態度、主觀意思、事後態度、所生影響、所得利益及受罰者之資力（《行政罰法》第18條第1項），而從重裁罪，致失其平。

【案例11】水土保持嚴格規範

《水土保持法》公布實施後，有一農業局之承辦人員被檢舉圖利某農民，原因是承辦公務員未依水土保持規範駁回農民之申請案，而從寬核准，公務員在偵查庭中再三表示水土保持規範太嚴格，對山坡地農民之水土保持有關之申請案件極為不利，也會影響農民生計，才從實去審核。事後有參酌與研擬水土保持規範之法律專家表示，當初研訂水土保持規範時，已指明規定過於嚴格，未來實際執行之公務員很容易動輒得咎，未料負責草擬之中央承辦人員表示嚴格規定可防止民意代表關說，也可讓農民不會做太多要求，法律農家當時警告如此嚴格，有無可能嚴正執行？是否能應付得了民意代表壓力？是否因超嚴不適當而與通融？如未依法從事，將被指摘圖利，則基層人員反受其害？最後農林專家極力贊成而予通過，並可見從嚴規範思維存在之一般。

【案例12】從嚴訂定水汙染裁罰模式

某縣市環保局承辦公務員負責查緝水汙染事件，其間曾查獲一工廠第4次偷偷排放稀釋廢水，乃簽報裁處罰鍰6萬元在案，經人向檢察官提出檢舉：未遵照該縣府所訂之裁罰標準裁罰12萬元，涉有圖利罪責。偵查中，該公務員抗辯依照《水汙染防治法》第20條、第48條之規定，得以處3萬元以上30萬元以下之罰鍰，審酌各種情況裁罰6萬元，係在法定範圍內，並未違法。檢察官仍提示：你們環保局已依第48條第1項頒布裁罰標準，第1次裁罰3萬元、第2次裁罰5萬元、第3次裁罰8萬元、第4次裁罰12萬元……，為何違規第4次只裁罰6萬元，公務員一時詞窮，試問《水汙染防治法》賦予主管機關3萬元至30萬元裁罰之裁量權，地方主管機關原得

依違反情節酌情裁罰，竟畫蛇添足，形同自找麻煩，深究之，亦從嚴規範思維所致。

【案例13】將會稿公文從嚴簽死

有一縣市水利課承辦人員會簽其他單位送來之山坡地開發案，耳聞申請人背後有利益團體及民代撐腰，乃將之簽死，指明不合《水利法》某向項規定，認為未來可證明與我無關，整個案子蓋有十個章。然而問題出在水利課那三個章，就是課長、專員及承辦人員不同意，申請人找到首長陳情，找來課長及承辦人溝通，同意再會稿，更改為「沒有意見」或「同意」等字，如此開發案順利過關。此申請公司的業務副總經理因負責辦理申請這個案件，常被老闆責罵該案拖延這麼久才通過，指責辦事不力，該名副總經理事後非常火大，檢討結果就是水利課的這三個章刁難所致，乃向地檢署舉發3個人偽造文書罪，檢察官問其犯罪事實？他說：「承辦人前後簽了兩個意見，第一個意見如果不可以，第二個意見合法；那第一個意見就是偽造文書；如第二個意見不可以，第一個意見可以，那第二個就是偽造文書，反正一定有一個偽造文書，檢察官要辦哪一個都贊同」。可見水利課人員為何第一次簽名不合法令以防關說壓力，顯然是從嚴規範心態。

【案例14】嚴格規範銀行廳舍之門面

某一銀行分行購買辦公廳舍，結果東窗事發一干人犯多名，從總經理到經理、副理、總務承辦人員及1位民代皆涉案，因該大樓為民代所有，偵查起訴結果一審判決圖利罪。據該總行規定：「凡總行及分行購買辦公廳舍，一律面向之馬路寬為15公尺，本身面寬30公尺」，但經實地查勘該馬路寬為14公尺，辦公廳舍面寬為29公尺，而該等人從總經理以下均知道此項規定，既知如此規定卻又同意購買，明顯圖利原出售人。回頭思考，怎麼會訂出這種（規定）！其總行實因怕分行在購買辦公廳舍時會失當，所以訂得很嚴，沒有彈性。事實上其本意所屬分行應為交通便利、順暢，門面有相當氣勢，方便客戶進出。那何以當初不以抽象式描述總行要求為準，實亦從嚴規範想法所致。

【案例15】從嚴規定施工期限

某人辦理營繕工程，堅決將工期400天打九折為360天要求包商如期完工，違約金故意自千分之三提高至千分之九，以防包商施工延誤工期。結果承包之營造廠

不理會此工期，仍依其方式慢慢施作，致延遲至500天方完工，承辦人員因受包商求情及多方壓力，竟隨便簽報延誤工作天數，減低扣減違約金，被檢舉圖利包商與偽造文書。此亦承辦人員從嚴規範之想法作祟，原以為從嚴要求，包商搞不了鬼，未料反而拖累自己。

從上述案例，顯然若法規訂定嚴格，必須有能力承擔執行之壓力，否則寧可就立法原意作原則性之規定，以保留執法彈性。若訂定過細，卻無力貫徹，則從嚴規範只是作繭自縛。如前案廳舍面寬、面臨道路寬度作出規定，或有其必要理由，但大可就其理由為抽象式描述規定，以保留執行時不失原意之彈性[7]。

（二）援例辦理之法律風險

從司法實際事例與發生之公務事例中，有相當多之公務機關在處理公務，執行法律時，不去認真瞭解法令規範之涵義與目的，秉公適切執行公務。反而常是循以往公務之舊例、常例、或舊規、慣例執法，主觀上想法認為蕭規曹隨如此處理，可彰顯本人大公無私，沒有刁難，循前輩腳步向前走，不會有錯誤，殊不知常帶來無限困擾，甚且有重大法律風險責任。

【案例16】營養午餐抽取便當費

臺中市、新北市、桃園市等地先後發生多件校園便當風波案，部分學校向承包中午便當之廠商收取一定成數之款項，涉及貪瀆引發社會關注。不知從何時開始每個便當抽取1至2元費用，或一定比例款項，何以要收取，找不到根據，很多校長在庭上答辯：「這是依例辦理，這個例不是我開的，以前我在A學校，今天我才到B學校，B學校從創校以來就是如此辦理，幾十年來都一樣，我沒有貪汙的意思」，聽起來很有道理，頭痛的不是校長而是檢察官，到底是要從最開始的校長辦到現任的呢？還是只辦現任的？校長們又辯解：「這些錢我也沒有納入私囊，都用在作為來賓參訪視導招待費用、同事之間聚餐費用、辦公廳舍修繕費用等」，所以名稱是『行政補助費』」，然而經詢教育局、教育廳均無此名目之規定，教育部更是不管此類事情；法律沒有規定可以抽取？因此，部分校長被法院判決有罪在案，分析其

---

[7] 公務員常認為法律寬鬆不好執行，大多主張法令規定越嚴越好，當執法時稍微放鬆，圖利之說如影隨形。因此，法令鬆綁讓公務員執行公務時，係在法令範圍內適足以使公務員免於圖利之困擾，此在觀念上不能不予辨明。

歷程與原因，是校長們認為援例辦理，沒有法律問題，乃致未注意其法律責任之風險。

【案例17】將研究成果交福利社印售

臺灣省政府曾有一旅遊單位，委託學術團體從事森林旅遊生態調查研究，經專家提點很有參考價值，首長乃將報告出版成書，交由其職工福利社印製出售，果然大為暢銷，然後將盈餘逢年過節分配給員工，每人均數千元紅利，經人檢舉向上級主管機關舉發首長涉嫌貪瀆，該首長據理力爭：「我們單位類似出書例子很多、也很久，只是照樣處理，哪有貪汙的意思」。此案例透露照例辦事，不代表是合於法律規範。

【案例18】援例將產品交友好廠商販售

某機關公務員剛調升為總務主任後，業務單位轉來機關研發之軟體產品，請總務主任委託廠商製成CD、VCR等商品，乃交由友好之廠商代為販售。有人提醒主任，此事於法有問題，總務主任答稱：「沒有問題啦！已經問過主任祕書，他原擔任總務科長，拍胸膛保障沒有問題」，就如法泡製依舊例辦理。不幸後來被起訴，而且其本身修學法律，仍舊陷於「援例辦理，不致有問題」之迷思中。

【案例19】沿例由社團支付公務員出國旅費

公務機關經費有限，為表彰獎賞認真之同仁出國旅遊，乃由該機關業務有關之民間社團提供獎金贊助。首長當初有所疑慮，認為該社團成員複雜，部分會員會向同仁關說施壓，有的承包機關勞務或物品，但其部屬舉出多年來機關之作法，均如此辦理，乃予同意。經人檢舉其違反《公務員服務法》第6條、第21條之規定，適逢該系統調動，首長非但未升官，反而中箭下馬，凸顯公務部門存在之多年慣例或作法，並非沒有法律問題。

上開事例，鮮明指出公務機關為施政或執行公務或處理業務之需要與便利，常有諸多常例舊規、舊例甚而慣例，其同仁與首長一向奉行無礙，很少去探究其適法性等。具體事例發生，方察覺其間存有法律「大」問題，如果舊例是「陋規」，其不合法性之程度更強。因此，不管沿用多久，只要違反現在之法律就是違法。若習

慣將前例作爲處理公務之依據者，應重新思考其適法性後始可沿用[8]。

（三）形式合法，實質不合法之法律風險

公務員在處理公務時，因種種原因，常常認爲法律既如此規定，不能不遵循，而又因執行之便或壓力，常需有所退讓修正，導致「外觀合法」、「形式遵法」、「程序從法」等現象，但從實質上之探究，未必與法律目的符合，形成「形式合法，事實上不合法」之窘境。

【案例20】形式上找來三家廠商競標之後果

有某學校採購案，校長承認這件案子是他直接處理的，因總務主任參加受訓，檢察官問他爲什麼沒有按照規定辦理。他答：「我有啊！依規定要有三家廠商比價，這裡有張三、李四、王五三家廠商」，再問：「這三家怎麼來的？」他答：「那還不簡單，我認識張家，再由他找到李家、王家啦！」，這三家廠商競標，形式合法，然而思考採購法令爲何規定有三家以上，就是要達到公開競標的目的，以避免黑箱作業，這根本是形式上有三家，實質上僅有一家，未達公開競標之目的，是圖利特定廠商。如果再問：爲何三家廠商筆跡一樣，校長推託：年紀大了，看不清楚等；復查三家寄出之郵局竟亦是同一郵局，連郵件掛號編號亦是連續號碼，更證明採購不合法定程序。所以是形式合法、實質仍然違法，在法律上仍會構成圖利、僞造文書等刑責。

【案例21】張貼招標公告及撕下附卷

某公務機關經人檢舉某一採購營繕案件，經查問承辦人爲何未依令辦理公告？他稱：「有啊！我於某日上午9時張貼於布告欄，怕人家質疑我沒有張貼，並拍照存證，然後於10時許就撕下公告拿回來當附件附在卷宗內，有照片又有各項附件，合乎規定阿！」又是一件形式合法，實質哪有合法？哪有9點公告張貼拍照後取回裝訂存卷，完完全全是實質違法情事，明顯扭曲廠商得以公平參與競標之原意。

---

[8] 司法案例在法庭上，提出援例辦理，無法作爲卸責之藉口。此種似是而非之觀點不爲法庭所接受，其因而經有罪判決定讞者，不在少數。是以，各機關應檢視有無舊例、舊規、慣例存在，與當前之法令規定關係爲何？有無法令上之合法依歸。否則，憑藉機關內有所謂例規之特殊文化，可能成爲「法律風險因子」，當蕭規曹隨，依樣畫葫蘆時，法律風險將實現。

【案例22】重案登記為民事糾紛

　　派出所員警某甲受理被害人乙聲稱被綁票之案件，甲心想登載綁票案件太過嚴重，於是受理案件登記之時僅予以載明「財務糾紛」字眼，認為其僅民事財務糾紛案件，不涉刑事問題，這就是俗稱「大案化小案」之情形。雖乙不斷爭執係「刑事擄人勒贖」而非「民事財務糾紛」案件，員警甲只將該案函送地檢署（有犯罪嫌疑則以移送方式為之），在其認知係已有處理，也在公務登記上有記載乙報案之事，外觀上已盡其職責，至於案由只供參考，是便宜行事，沒有法律問題，顯然是追求形式合法，而不從實質上去探究是否適法？有無偽造之情事？

【案例23】形式上開會5分鐘

　　某鄉長主持鄉都市計畫變更案，經委員同意後通過，經媒體報導後，多數鄉民認為該變更案有內情不公，經鄉民代表大會中提出質詢，鄉長信誓旦旦，辯稱：依法行事，但鄉代窮追猛打，質疑：此變更案範圍不小，異議民眾20多件，為何會議討論時間僅5分鐘，扣除主席致詞、工作人員朗讀、承辦人員說明，根本未曾討論，完全由鄉長主導，令鄉長招架不住。似此利用合議會議方式，遂行其目的，實屬形式合法，實質違法之模式。

　　類似形式合法，實質違法之公務行為，容易為公務員所運用，也常在事件披露後，引起大錯誤。事實上，法律係在貫徹法律之實質目的，而非求形式上之符合，是以公務機關應有健康觀念，充分體會法律風險之所在，不能追求形式上之合法，而不顧實質合法問題，反而惹火上身，相當不值得[9]。

三、　資訊揭露與法律風險

（一）資訊不揭露之法律風險

　　2014年底至2015年間，臺北市新市長上任後，公布美和市、大巨蛋、文創園區等五大案之相關資訊後，許多民眾才瞭解各大採購之實情，群情譁然，引發社會

---

[9] 脫法行為雖非直接違反法律強制或禁止規定，而用間接迂迴曲折之方法，達到其所欲，發生而為法律所禁止之事項，部分公務員在運用法律上，有以此手法幫助當事人，亦儼然是實質上違法，當公務員以此模式辯解時，常被法院批駁而未能達到其目的。

大震撼，紛紛指摘何以有如此外界不知悉之條件與內容，當初何以不公開？是否含有隱情或有不可告人之祕密？推其原因，實與未公開訊息有關，似此資訊不揭露，反適得其反，從法律風險管理視角觀之，並非上策[10]。

在諸多工商企業之商務、採購等活動中，為保護雙方權益與營業上之祕密，常訂有保密條款，更在契約中約明，此種模式也引用至政府採購或與民間訂立之契約上。一般認為明定保密條款，雙方負有保密義務，所約定之內容不會外洩，避免困擾，但紙包不住火，公共事務如何能隱密不讓外界瞭解。因此，政府機關以保密條款作為護身符，反成為風險源頭，此在觀念上不能不辨。

政府機關施政旨在福國利民，服務人民，增進公共利益，創造福祉，本即應公開揭示，廣為民眾所周知，除有少數特殊法令限制外，並無祕密不可言。政府機關有好福利、好計畫、好政策時，立即公開宣布，廣為民知，必得國人認同與感謝，民眾之信賴方能提高，如心存資訊不公開觀念，無異大開民主事例[11]。

對於政府之資訊除與民間訂立契約外，最多者乃為行政資訊，包括行政機關於職權範圍內做成或取得而存在於文書、圖畫、照片、磁碟、磁帶、光碟片、微縮片、積體電路晶片等媒介物及其他得以讀、看、聽或以技術、輔助方法理解之任何紀錄內之訊息（《政府資訊公開法》第3條）。《政府資訊公開法》第二章對於人民權益攸關之施政、措施或其他有關之政府資訊，規定須主動公開；並應適時為之（第6條）。第8條並規定：主動公開方式：1.刊載於政府機關公報或其他出版品；2.利用電信網路傳送或其他方式供公眾線上查詢；3.提供公開閱覽、抄錄、影印、錄音或攝影；4.舉行記者會、說明會；5.其他足以使公眾得知之方式。例如：張貼於公告欄。足見公務員不擬公開行政資訊，顯與法律要求不合。

我國國民及設立國內之法人、團體，均得請求政府機關提供政府資訊，行政機關核准提供行政資訊之請求時，得按資訊所在媒介物之型態給予申請人重製或重製品或供申請人閱覽、抄錄或攝影；行政機關對於應主動公開之行政資訊未予公開或對人民請求提供之行政資訊未為提供，如人民認為其權益受有損害者，得依《訴願法》提起訴願或《依行政訴訟法》提起該當類型之行政訴訟，以資救濟。此外，相

---

[10] 社會上對於資訊不願公開之情形相當多，社會福利事業、宗教團體、民間社團也會保持其財務之祕密，不願公諸於世，容易被質疑不願接受檢驗，可能有弊端。民國104年間宗教團體財務運用不透明，引起一連串回響。反之，若平日即適度公開，社會大眾有所瞭解，關心人士也可從網路、書面資料查悉，必可減少風險效應。

[11] 施茂林，《法律簡單講──從法律書學不到的制勝法則》，臺北聯經，2012年10月，頁246。

關公務人員違反法令規定時，應依各該相關規定負其法律責任。

又《行政程序法》第46條亦明定，當事人或行為人或利害關係人得向行政機關申請閱覽、抄寫、複印或攝影有關資料或卷宗，行政機關除該條文第2項之原因情形，不得拒絕。

綜此，陽光透明對企業之經營是激勵員工奮進之良方[12]，更是政府施政目標。公務機關在處理公務時所有之資訊，有公開之義務，公務員如認為公開帶來困擾，增加執行上之障礙，顯然是錯誤之觀念，亦缺乏法律風險意識。一旦風險暴露，對公務員本身與公務機關帶來更多之法律困擾。

（二）資訊不得揭露之法律風險責任

政府資訊公開為現代民主法治之重要內容，有些資訊則不宜公開。《政府資訊公開法》第18條第1項就明列九項不得公開之政府資訊，如核定為國家機密法令應祕密或限制禁止公開者；有礙偵查、追訴、執行或公正裁判者；機關內部擬稿準備作業；實施監督取得之對象資料；考試檢定資料；侵害個人隱私、職業祕密者；營業祕密；文化資產保護特別管理等。

又公務員在執行職務時，有相當多之公務上祕密，並不能公開，如予洩露時，觸犯刑責。

【案例24】洩露底價

公務員甲負責採購發包事務，其好友乙受友人丙之託，向其查問承包之可能性，進而要求給予協助。甲乃暗示有意願競標廠商甚多，乙乃請甲幫忙告知底價以利招標，甲以手指表示價格，丙營造廠據此填載金額得標。案發後，被訴洩密罪與圖利罪。

【案例25】洩露戶籍資料

辦案人員丁基於職權得以調取戶籍紀錄，有親戚戊因己積欠其款項，藏匿不明，戊乃請丁查閱己之住居所及家人資料，然後向己之子庚、辛再三催債。庚、辛

---

[12] 企業之營運透明，財務公開，讓公司員工得以從公司網站、內部文件得知公司實際訊息。一則可供員工奮進與認真工作之動力；二則可提醒經營者及管理層警惕，不進則退，需有辦法領導全體員工向前開創績效；三則連結公司之升遷與獎金機制，激發員工更願意投入工作；四則培養優質之組織文化，發揮公開透明之實效性。

告以找其父解決，戊找角頭出面催索。庚、辛不堪其擾，多方查證得悉係丁洩露戶籍資料，控告丁洩密罪。

【案例26】將辦案情資外洩

檢察官偵辦一科技公司負責人涉嫌結合公司炒作數家公司股票，搜索時，在關係人查得一辦案機關之保密系統列印出機密文件及檢調辦案作為之A4手寫紙張，深入調查，發現有一主辦公務員2次將保密系統查到之個資、匯款等情資交給金主運用，檢察官以洩密國防罪以外之機密罪起訴。

（三）洩密罪

《公務員服務法》第4條規定：公務員有保守祕密之義務，稍有不慎，就有可能構成洩密罪。洩密一般可分為[13]：1.洩漏國防祕密；2.洩漏國防以外公務祕密；3.洩漏職務上知悉他人工商祕密等；4.妨害郵件祕密；5.洩漏業務上得知之他人祕密；6.洩漏其他應保密之祕密。一般而言，公務員因公務需要，接觸到上述祕密，以國防祕密而言，如鄉公所人員應軍方要求、遷移某個電塔，洽台電將之從雷達站營區移走，電達站營區因此發現原來在電塔旁邊有雷達站、有飛彈營，是因為職務而得悉國防祕密，只要洩漏，會構成洩密罪。

又國防以外的公務祕密，如果是故意洩漏，構成犯罪，縱使不小心之過失，雖然罪不重仍然成立。如將祕密公文放在辦公桌上，被記者看到報導出去，就是過失洩密。由此可瞭解公務機密之保密，務必小心，以免犯罪。

對於公務機密，常有以公函文書上有無標示機密等級者，方構成洩密罪。但是從司法實務來看不完全依此原則，而是依其性質該不該保密來決定。如果該保密就

---

[13] 國防機密，指國家總體戰所有之一切祕密，包括文書、圖書、消息及物品等。文書如國家動員計畫、各種作戰計畫；圖書如軍用地圖，作戰部署圖；消息如部隊動態；物品如飛機、戰艦、槍砲、武器、彈藥及各項器材等。

公務機密，指國防以外之祕密，其範圍甚廣，包括內政、外交、財經、交通、司法及其他政務之機密，舉例如下：

(1)人事祕密：如甄選、升遷、考績、考核資料祕密。

(2)財稅祕密：如納稅義務之財產、所得、營業祕密。

(3)檢舉祕密：如人民對貪汙舞弊、違法違規之檢舉資料。

(4)底價祕密：營繕採購之底價及投標廠商之標價。

(5)文書祕密：如尚未核定或不得公開之簽呈、函稿、祕密會議紀錄等。

又工商祕密：指關於工業或商業事務之祕密，例如：申請專利時所提出之專利技術、製作說明；又如藥品之使用原料或配方、商業上之企劃案等。

是祕密，與其分類並無必然關聯。不要以為文件上面沒有蓋上機密等級，就認為沒有關係，就隨便擺著，如果被他人得知就構成洩密[14]。

【案例27】警察之洩密態樣

以警察職務為例，下列行為都是有可能構成洩密等罪名：

（一）代查前科資料或販賣資料

（二）代查車籍資料或販賣資料

（三）代查出入境資料或販賣資料

（四）交付各作業系統上之資料

（五）洩漏職務上掌管之文書內容或消息

（六）通風報信使友人得以避免被查緝或調查

國家機密與上述國防祕密、公務祕密為不同之概念。所謂國家機密，依《國家機密保護法》第2條之規定，係指為確保國家安全或利益，而有保密之必要，對政府機關持有或保管之資訊，經依本法核定機密等級者。第4條則規定國家機密之等級核為絕對機密、極機密、機密三種，凡洩漏或交付國家機密者，處1年以上，7年以下徒刑，過失犯亦處罰（第32條）。第33條至第38條對刺探、交付、毀棄、損壞、隱匿、遺失或擅自攜離出境者，均構成犯罪。

為保障人民祕密通訊自由及隱私權不受非法侵害，確保國家安全，維護社會秩序，除有必要外，不得通訊監察。檢警調辦案時，在合於法定要件下，須申請法官核發通訊監察書，進行通訊監察。如公務員或曾任公務員之人因職務上知悉或持有監察通訊所得應祕密之資料而無故洩漏、交付者，成立犯罪（《通訊保障及監察法》第27條）。其非公務員而因職務或業務知悉或持有監察通訊所得應祕密之資料予以洩密、交付者，構成犯罪（《通訊保障及監察法》第28條）。又明知為違法監察通訊所得之資料，無故洩密、交付者，處3年以下徒刑；意圖營利而犯前項之罪

---

[14] 公務員對於下列情形常認為非屬公務祕密之文書：

（一）未完成之簽稿，不認為係祕密文書。

（二）未加蓋機密等級之文書，不認為係祕密文書。

（三）未指定經辦密件之人員，不負保密責任。

（四）本身公務無祕密業務，不負保密責任。

（五）將承辦所得之公務保密事項提供與特定人士，無刑責問題。

（六）附在文稿之公司行號文件，不是祕密文書。

（七）代為查核內部不得外洩之消息或資料，係行政責任問題。

者，處6個月以上，5年以下有期徒刑（《通訊保障及監察法》第25條）。

（四）數據指標與大數據應用之風險迷思

政府為求施政績效，本目標管理，常用關鍵績效指標（Key Performance Indicator）衡量一個機關之工作績效，並將KPI值公告。尤其自2009年起，行政院要求主管機關以KPI之數字表達有何成果，供社會清楚檢視具體成效。

中央各部會為展現其施政績效，全力投入KPI之相關事務，表面上KPI都達標，但社會頗不以為然。有媒體深入調查，發現只學企業皮毛，內容荒腔走調，公務員忙著應付，預算亂花，施政與民意落差加大。民間痛斥些微小施政或地方事務也列入績效，可謂自曝其短，反而帶來施政無感之風險暴露。

各種統計數據或數據指標圖可表達該資訊之代表意涵，但未必能呈現全貌。政府在施作與公布前應有風險意識，更需注意其真實性。若統計資料不實，統計成果失真或數據予以竄改，有偽造文書之法律風險責任。

又政府各機關正積極規劃建置財政、健康、經濟等雲端服務網，將各有關之重要資料庫整合，未來從大數據（big data）分析相關數據，作為國家政策擬定及計畫之用。也可透過資料開放、資訊分享、巨量分析等技術，打造智慧預警機制，提升加值運用數據價值，對查緝違法、違規、違章之行為更加容易達成。但因涉及諸多個資，需注意個人隱私權之保護，依照《個人資料保護法》等法令執行，同時，也需認知到運用大數據資料所分析之數據情資，是否屬直接證據，仍有待釐清，公務機關如以此作為行政處分之證據，須有風險認識。

又資訊科技越來越發達，大數據時代已來臨，政府各機關對於資訊運用，大數據之解析與活用，成為推動公權力之好幫手，也是利器。而且各部會，須相互支援、資訊提供與勾稽查核，使民眾關心之問題得以解決。其中運用大數據，針對問題，做好關鍵性事項解析、鑑測，得出風險訊息，便於提出預警、防控。例如：國人最重視之食品安全議題，應結合衛生福利部、農委會、環保署、財政部、經濟部、教育部、法務部等相關登錄系統。以食品安全衛生管理為中心，跨部會整合，找出關鍵問題及危險因子，提早做好因應與管理工作。反之，有完整資訊不用，又不運用大數據科技，則問題發生，必被社會指責，政府公權力何在？這成為風險之源頭。

四、 友善之柔性司法乃增強公信力之法門

（一）司法改革

1999年7月6日至8日全國司法改革會議隆重召開，分成司法院定位、落實人民訴訟權之保障、研採人民參與司法審判制度、改革民事訴訟制度、落實合議制度、改革刑事訴訟制度、改造刑事法庭席位、強化檢察體系及提升偵防能力、改革法官與檢察官人事、探討法官與檢察官評鑑監督與淘汰、改革律師制度等十二項議題、五十四個子題及三個臨時提案，由審、檢、辯、學、社會賢達、民意及行政機關代表共同討論，據主辦單位表示：「獲致多項結論，為我國司法的現代化與法學的發展，奠定一個指標」[15]。

轉眼間，15年時間已經過去，全國司法改革會議成效如何？各界有不同之看法，許多意見領袖、社會菁英與民間，並未給予高度評價，顯見研討結論與踐行存有諸多盲點，整體司法形象仍未攀升。而司法改造之目的，原在增強民眾司法信賴度，提升司法公信力。現今法務部與司法院一直認真在從事各項改造工作，仍未見大成效。從另一角度觀察，上述有關司法制度、審判機關、訴訟程序、人事變革等項，是否為人民所要的司法革新重點，不能無疑。

每當檢警調等偵辦重大刑案、貪汙瀆職、掏空舞弊、財經金融等案件時，大規模動員數10人甚至200-300百人，大動作搜索、拘捕、蒐證、傳訊，經新聞媒體大篇幅報導，引起社會震撼；在偵審各類犯情嚴重、惡性狠毒、金額龐大、被害人數眾多刑案時，引發多數人之關注。而在處理性侵害案件時，對於狼師獸心、惡父亂倫、凶殘性侵時，更引起共憤，無不期待司法重判重罰，展現嚴正態度、重懲決心，以報償公義價值，呈現司法公正不阿、嚴刑重罰目的。事實上，此類案件已辦的相當多，可以看出司法人員強烈表達司法剛性面之企圖心，而且偵審作為也極為剛強雷厲，但經年累月辛勤結果，何以仍得不到全民之擁戴？若不找出病灶，再辦更多、更重大案件仍會徒勞無功，需有另類思維扭轉不利局面[16]。

---

[15] 司法院編印，《全國司法改革會議實錄上輯》，1999年11月出版，頁2。

[16] 從檢察機關辦理諸多重大貪瀆、毒品、財經、採購等案件，常呈現下列客觀情況：(1)大團隊辦案；(2)大規模行動；(3)大執法行為；(4)大陣仗行事；(5)大搜索；(6)大洩密；(7)大起訴；(8)大求刑，展現檢方摘奸發伏之霹靂行動，其成效優良得到社會肯定不在少數，但有少部分被外界解讀為有目的性的行動。其中涉有特定立場，有的想出風頭、有的爭相出頭，甚至係為搶升遷而辦案。亦常有辦案人員表示辦案不在定罪，而在用程序教訓當事人，令人無限聯想，提出無數質疑，引來無謂批評，更得到無情否定。

「偵查不公開」是眾所周知之偵查規則，其目的在防止「人民公審」、「媒體公審」、減損無罪推定原則之保護功能，也在保障相關人員之隱私、名譽乃至身家性命，也確保檢察機關之資訊優勢，利於偵查之進行[17]。但事實上「偵查大公開」也是很多人認知之現象，甚至是「八卦」、「爆料」源頭。「隱私大放送」起源，也是電視新聞之主力[18]。若不改善此種現象，則辦再多重大刑案，只會讓相關當事人更加忿怒難忍，影響所及，對司法傷害更深。職是偵查不公開原則之貫徹，正是偵查階段防範民眾不確信風險之重點根源。

又司法官職司平亭曲直，定息止紛，貫徹公義價值，自我要求高，社會期待更高，須公正、謹慎、正直、廉潔執行職務，不得有不合職業性質之言語行為，此在檢察官原則、法官原則均有相同之倫理規範。惟從司法人員被懲戒案例觀之，有辦案疏忽、辦案濫權、辦案延誤、拒不辦案、公私不分、竄改文書、贈禮請託、收受賄賂及違法瀆職等情事[19]，嚴重損及司法形象。從風險管理觀測，當前屬行司法改革，對於司法官之約制，當為重點事務。否則，出現司法官不當違法等行為，等同司法風險暴露，妨害司法公信力至鉅。

（二）與司法作用有關之案例

司法作用在定息止紛、平亭曲直、伸張人權、維護公益，民眾對於檢察官或法官之裁決原應予尊重與肯定，但社會上常對司法案件有不同聲音。尤其，社會重大、全民關注之案件出現與民眾認知天壤差別的看法時，無情之批評與指責如同潮水一波波而來[20]。有識者基於法律基本精義，常有迎擊之解析以明法意。

面對社會無情之否定，司法需堅持法律立場，但過程、程序、所持理由與結果

---

[17] 林山田，《刑事程序法》，五南圖書，2004年9月5版1刷，頁524-525。朱石炎，《刑事訴訟法新論》，三民書局，2010年1月修訂2版2刷，頁245、246。林永謀，《刑事訴訟法釋論（中）》，冠順印刷公司，2007年2月初版1刷，頁320、321。台北律師公會，《法律倫理》，2011年5月初版1刷，頁187、189。

[18] 林鈺雄，《刑事訴訟法下冊》，元照出版，2007年9月5版1刷，頁14、15。司法院司法行政廳，《司法院八十九年度邀請各界參與司法改革座談會所提建言暨處理意見彙編》，司法院秘書處，2001年7月版，，頁17、120、121、131、133、136、191、353、391。

[19] 司法官訓練所，《司法倫理資料彙編》，1989年8月，頁39-62。

[20] 外界不滿司法處遇結果，常見有不同之批評，如「冷血司法，已走到人民對立面」、「官司燒香拜佛，判刑要碰運氣」、「司法若不法，食安豈能安」、「恐龍法官該抵制，恐怖法官該聲討」、「看到判決快吐血」、「判無罪把黑說成白」、「黑心有理、無罪」、「法官竟可如此自由心證」、「司法已死」、「切割審理，見樹不見林」、「黑心商是否有罪，看哪個法官審理」等。

不盡妥善周延者，也不能一昧本位，不予檢視，反而應研究其原因與問題。就外界誤會或司法處置有可議之處，作出風險回應對策，以免再重蹈覆轍，應建立民眾之信賴。

【案例28】備受關注之司法奇特案例

——臺南市方小弟遭無業男利刃割喉，凶嫌落網時說：「殺1、2人不會判死刑」，之後地方法院正如被告預言，逃過死劫。

——男子於超商對一消費之女客擁抱5秒鐘，法院判決認為係國際禮儀。

——5歲女童為一陌生男女抱往偏僻處姦淫，法院認為非強制性交，因女童未表示反對，同意性關係。

——購買贓車供路上行駛用，被告否認知情購買贓車，法院判決無罪，指其若知贓車，豈敢開在路上？

——被告心神障礙，在歷次審查中均未查覺，判決確定服刑時，立即發現為精神病患。

——社會關注某政要涉嫌貪瀆案，異於同類型案件，辦案速度快速，未釐清爭點，立即以查無實據簽結。

【案例29】傳票屢次弄錯對象

60歲的臺北市民甲，半年來收到地檢署4次傳票，首次出庭時檢察官就發現傳錯人，未料仍因「同名之累」陸續被傳3次，還從「關係人」淪為「被告」，經致電檢察署，第4次收到掛號傳票，非常不滿。半年來因烏龍傳票，生活變得很緊張，害怕被拘提而成為通緝犯，鄰居看到他不斷收到傳票，懷疑是否做「虧心事」，讓他困擾不已。

【案例30】吃一輩子才危害健康之判定風險

木秀公司向伊朗進口4千500公斤的玫瑰花，其中920公斤已流向一般通路、1020公斤出貨給下游廠商，偽稱係德國進口。經檢驗含有PTD殺蟲劑，檢察官偵查中，送衛福部食藥署檢驗後鑑定，需每天食用問題玫瑰0.26公斤重，且「吃一輩子」才會危害健康，檢方乃認定不構成違反《食安法》中的導致人體重大危害且情節重大的犯罪構成要件，因此不起訴。民眾痛批：「飲品裡加點尿或屎，也是可以接受的？反正喝不死人！」、「要政府把關，就像叫病人跟閻羅王拿藥單一樣，自

己命自己顧吧！」消費者團體批《食安法》中只要有危害人體之虞，就構成裁罰條件，不應只把農藥毒性降低就認定影響小，這對社會和消費者衝擊影響不小，「這項不起訴的判定非常有問題」。

【案例31】判決塑化劑微小賠償

2013年間塑化劑風暴重創臺灣食品形象，也引發國人食品安全大恐慌。消基會代561位消費者向塑毒源頭昱伸與賓漢兩廠商及下游統一等37家業者求償24億多元。地院判決統一、百晟等十八家業者賠償200多名消費者120萬7868元，獲賠率只有萬分之五。有位爸爸買悦氏飲料給兒子喝，提出一張發票求償400萬元，判決賠償9元，引起多數人不滿與不解，法官則認為依衛福部國民健康署「食品中塑化劑汙染衛教手冊」，塑化劑DEHP、DINP會在短時間內經人體代謝排出，對健康不會造成損害，無法證明消費者健康受到損害，且大多數廠商並不知情，誤用含塑化劑的起雲劑，應無可罰之惡性，與昱伸、賓漢負連帶責任並不適當，求償民眾直覺：簡直是在鼓勵黑心廠商。外界認為重重舉起，輕輕放下，對於所有塑化劑受害者是一種汙辱。

【案例32】從輕判決漂白劑浸泡豆芽菜之批判

黃女為求豆芽菜之賣相及保鮮，自1994年起接手父親工廠後，使用浸泡過低亞硫酸鈉（即工業用漂白劑）的豆芽菜。其方法為在15公噸的水加入1公斤的低亞硫酸鈉浸泡豆芽菜，浸泡後撈起，銷售到傳統市場及小吃攤商，每天出貨480公斤。法院只認定2013年6月21日至12月17日及2014年3月1日至4月16日2次行為，依《食品安全衛生管理法》分別判處7月、4月徒刑定讞。消費者對於每天出售480公斤漂白豆芽菜如此輕判，不痛不癢，司法不應該有多套標準。

上述之食安司法案件，只是發生案例之部分事例。其實食安問題一直是社會關注之議題，而以廢棄物加工成食用食物，更迭發生。1979年中部賣低價米糠油給臺中惠明盲校，有2000多位民眾受害；1986年代末，不肖業者將養豬餿水提煉成食用物，供應食品業與餐飲業；2005年滷蛋醬油，使用含有苯甲酸之不明黑水；2009年連鎖速食店將壞油重複使用，致酸價濃度超標10多倍；2013年發生大統長基添加銅葉綠素等事件。各事件是否得到法律制裁，民眾甚為關心，也是對司法是否信賴之關鍵指標。

（三）人民的司法

司法在定息止爭、保障人權，係為人民而存在，司法為民並非一句口號。檢視與觀察當前司法為民之相關政策、措施及作為，可從下列視角深入探討：

一是否為一般人民心中之司法？

一是否符合法律精神的司法？

一是否實踐公義的司法？

一是否僅為權威式的司法？

一是否為不可知、不可測的司法？

一是否為司法人員的司法？

一是否為顧及多元性之社會階層權益之司法？

一是否為解決社會問題的司法或延伸開創社會問題的司法[21]？

又人民心目中的司法為何圖像，根據多年之體驗[22]，大致如下：

一是公義發揮的機關。

一是社會生活的司法。

一是可預測、可預期的司法。

一是可親近的司法。

一是保障自我權益的司法。

一是普羅大眾的司法。

由上對比鑑別，吾人必須反思：

一不能只問人民懂不懂司法。

一重要的是，司法懂不懂人民。

一認清司法因多數人需要而存在，是友善的司法。

一實現司法在解決訴訟糾紛，是有能力、有智慧的司法。

一司法更應正視多數人之共同期待與意志。

是以，司法界對於司法作用之結果，是否符合民眾法律感情、是否相等於國民法律意識[23]，須由上述探索，做好風險評估、測定與預防調控工作，減少負面之觀

---

[21] 蘇俊雄，《法治政治》，正中書局，1991年5月初版4刷，頁221-226。楊力，《社會學視野下的法律秩序》，山東人民出版社，2006年1月初版，頁254-256。

[22] 施茂林，《法律在你身邊──法律風險防身術》，聯經出版社，2012年12月初版2刷，頁240。瞿同祖，《中國法律與中國社會》，里仁書局，1990年10月初版5刷，頁1-2。

[23] 法院依據調查所得之事證而予以判決，非該案當事人難以憑表面之觀察或意象，能臆測其實

感。

（四）柔性司法是提升司法信賴之進路

社會存有調和個人自由與社群凝聚力、調停內在秩序與解決秩序危機之機能，法律在與社會互動調節中有其貢獻，司法對於正義之實現與正義在分配關係最為重大，經由司法有效、妥適適用，才能把握法律實質內涵，實現法律完善性與完備理性[24]。從司法陽剛性實踐，不一定能達到預期目標，反不如從柔性司法著眼，以貼近大眾看法。蓋從二者機理表現觀之，剛性司法具有下列特性：1.公權力；2.強制性；3.權威性；4.陽剛性；5.自主性。而柔性司法則有如下特質：1.非典型之權力作用成分；2.弱性或無形強制力；3.建立信賴、互利、基礎之平等性；4.容納關懷與利他之容他性；5.發揮人性溫暖之柔軟性。

司法要成為一般人的司法，必須朝：1.人性化；2.平民化（底層化）；3.平等化；4.多數化；5.生活化；6.福利化發展，柔性司法足以彰顯其功能。當司法人員有柔性司法之涵養，必：1.有利他觀；2.有柔軟心；3.有包容念；4.有關懷情；5.有圓滿願，努力實現司法價值[25]。

傳統司法作用，為典型公權力之實踐，是有強烈陽剛性與威猛性，與人民間存有一定距離與隔閡，要拉近司法與人民之感情，當以人之因素為重心。從軟體著手，落實司法為民理念，建立友善司法環境，司法人員更應有民本思想，本包容、尊重、同理心處理司法案件，過程平和快速，結果合於期待性，降減司法之嚴峻性，增強人民認同感，充分體現國民法律意識，其總體綱領，乃在建構柔性司法工程。

又法院基於調查之事證，依法律公平獨立審判，原不必受民意、民粹影響，

情，是以僅依片斷資訊或報章媒體報導內容，論斷判決之是非曲直，未必正確，惟社會有言：是非自有公斷。類似與5歲女童發生關係，判決認定未違反女童意願。又如在超商強吻陌生女子5秒不構成猥褻，屬國際禮儀。再如購買贓車代步用，判決不犯贓物罪，原因是如知贓車不敢開在路上，現公然在馬路行駛，足認不知為贓車。他如押匯案竟審理多年，讓被告流浪法庭25年等，顯然不能為民眾所接受。外界乃謂法院不食人間煙火，社會常識不夠，個人主觀意見強烈，敏銳度不足。對部分承辦法官，認為係恐龍法官、奶嘴法官、娃娃法官，傷害司法形象甚鉅。

[24] Roberto Mangaberira Unger著、王佳煌譯，《現代社會的法律》（Law in society : Toward a criticism of social），商業周刊出版公司，2000年1月初版，頁263、264。魏宏，《法律的社會學分析》，山東人民出版社，2003年10月初版，頁264、265。

[25] 施茂林，《透過法律社會觀檢驗柔性司法之底蘊立基》，發表於玄奘大學2010年12月16日司法保護及社區關懷中心2010年度成果發表會。

但民意所向常與國民法律感情或法律意識有關，如何既合於法律本旨又契合國民法律感情，實賴審判者之智慧。而法律有其立法目的及法律要件，並非當然與人民所認知之規範或處罰相當。法院在解釋及適用法律時，須依法律真意精義審判，方為法治國之表徵。職是司法機關平日應有風險意識，對於個案審判可能造成之齟齬衝突，應有預防及應變之能力。對於通案性之適用條理與方式，多加宣導，使社會廣泛瞭解，減少誤會[26]。

司法之圖騰以天平為代表，其兩端代表訴訟當事人權益需公正平衡。在人權保障上，須兼顧被告（受刑人）與被害人之人權，以柔性司法作為實踐法治精義。而且弱勢族群容易被忽略，更應構築關懷照護與輔導機制，實施修復式正義政策，強化司法保護成效，推動矯治現代化，構築社會安全網，展現司法有血有肉、有人性重人道，富溫暖的特質，厚植司法底蘊利基，增強司法生命力，以發揮司法最大效益。是故柔性司法是未來進路[27]，從法律風險管理觀點，也是防範司法負面形象風險之重要方法[28]。

五、 國家責任之法律風險

（一）國家責任概說

民主法治國家對於政府執行職務，施行權力作用，對於人民之自由權利或財產上有所侵害時，基於法治與責任政治原則，應依法予以保障與補救，此種國家責任制度（Liability of the State）已越來越成熟，法制也越來越完備，對人民權益之保障也相對周全。

---

[26] 一般人並未研習法律，對於法律之感覺，常以直覺或常識判斷，未必合於法律規範。又對於法律條文之解讀，亦未考量法律目的，而從其認知解釋。例如：《刑事訴訟法》第163條第2項規定：「法院為發見真實，得依職權調查證據」，則在檢察官舉證不充分時，何以不依職權調查，找出不利被告之證據，予以繩之以法。尤其是社會矚目之重大案件，法院堅持無罪確定法則時，容易飽受社會大眾質疑，殊不知此「得依職權調查」在實務上，並非指被告不利之情形，反而是限於「以利於被告事項」。最高法院101年度第2次刑事庭會議決議「刑事訴訟法第163條第2項但書所指法院應依職權調查之『公平正義之維護』事項，依目的性限縮之解釋，應以利益被告之事項為限，否則即與檢察官應負實質舉證責任之規定及無罪推定原則相牴觸，無異回復糾問制度，而悖離整體法律秩序理念。」此見解明顯與一般人之認知有誤，法院及司法院宜多加宣導。

[27] 施茂林，《法律站在你身邊——法律風險防身術》，臺北聯經，2013年3月。〈

[28] 施茂林，〈柔性司法工程之構建開展與發展軌向〉，收錄於吳尚儒、張智聖、魏馬哲主編《法學發展新趨勢——司法、財經、科技新議題》，亞洲大學財經法律學系，2015年5月初版1刷，頁4-53。

公務員在執行公權力時，有爲適法行爲、有爲違法行爲，國家給予救濟之方式有所不同，其因適法行爲發生之損失所爲之塡補，稱爲行政損失補償[29]；反之，係因違法侵權行爲所發生之塡補，稱爲行政上之損害補償。換言之，行政上的賠償與補償係指對於行政機關的違法或適法行政行爲所致之損害或損失，人民在非可歸責於己的情形下，得向國家請求賠償或補償的制度，兩者合稱爲行政上之損害救濟，屬行政救濟制度的一環。一般而言，行政上之國家責任或損害救濟制度，包含行政上損害賠償及行政上損失補償制度。

公務員代表國家行使權力，其職務上之行爲如違法失職，致人民權益遭受損害，與一般侵權行爲在本質上尙無不同；但此種侵權行爲因代表國家之統治權主體行使公權力，與一般侵權行爲之特性有所不同，是否由國家負賠償責任，頗有探究之餘地。

在19世紀以前君主專制時期，君主享有絕對主體，人民與國家基於不平等地位，國家在公法關係有絕對權力，不受任何人或法律之約制，否認有國家賠償責任。迨20世紀，絕對主權觀念動搖，基於法治原則、人權保障及行政救濟機制等，逐漸接受「相對國家責任言論」。當公務員有故意或過失時，國家須負損害賠償責任。其後，國家與人民間之權力服從關係日漸鬆動，加上社會保險思維、無過失責任主義及行政危險責任理論興起，承認國家完全責任，認爲政府機關與公務員代表國家行使公權力，其不法侵權行爲，無論是否出於國家意旨，應視爲國家的行爲，對人民權益造成之損害，國家應負擔賠償責任[30]。

（二）國家賠償責任

我國《國家賠法》於1979年7月2日公布，於1981年7月1日施行，有關國家賠償責任之發生原因有四：

1. 公務員違法行為所生之賠償責任

本法第2條第2項規定：「公務員於執行職務行使公權力時，因故意或過失不

---

[29] 我國承認國家賠償責任，《憲法》第24條對公務人員及國家所負損害賠償責任原則上的規定，除《國家賠償法》外，尚有其他法律有行政損害賠償，包括《民法》第28、186、188條、《土地法》第68、71條、《核子賠償法》第11、17條、《警察職權行使法》第30條、《警械使用條例》第10條、《海岸巡防機關器械使用條例》第15條、《羈押法》第30條、《通訊保障及監察法》第22條、《鐵路法》第12條等。

[30] 林鍋堯，《國家責任體系概述——行政法要義》，元照出版，2006年9月3版1刷，頁573-575。

法侵害人民自由或權利者，國家應負損害賠償責任。公務員怠於執行職務，致人民自由或權利遭受損害者亦同。」所執行職務，包括積極執行與消極怠惰執行兩種情形。

又所謂「公權力」，一般採廣義說，涵蓋國家或其他公法人之作用中，除私經濟作用及營造物之設置或管理以外之權力作用，也包括非權力作用，如行政處分及給付行政等公法行為。有關不法侵害，則包括故意或過失在內。

【案例33】戰車碾死之國家賠償

戰車營士兵甲於2012年12月17日，隨隊到新竹坑子口靶場參加「戰車連帶排戰鬥射擊」演練，結果因連上長官未依規定請示上級就逕行下令戰車移動，導致其與二兵黃員等5人遭戰車碾壓，黃員當場死亡，甲住院4個月，還多次到醫院進行清創、植皮手術及復健，至今仍無法久站、久走及正常上下樓，日前向海軍司令部請求國賠954萬元，臺北地院昨判准其中649萬餘元。

【案例34】洩密之國家賠償

某市政府受理幸福油料公司申請在安吉路設置加油站土地許可證，都發局官員竟將資料提供給對手加油站，並幫對方申請成功，安吉路反被以須補資料為由駁回。安吉路加油站提出洩密告訴，依洩漏工商祕密罪判刑6月定讞。國家賠償部分，最高法院計算同路段另兩家加油站每月平均營業額後，判決市府須賠償該公司8年多來營業損失，合計共約2271萬餘元，且須累計至市府核准安吉路申設加油站為止。

【案例35】國家賠償事例

下列案例係以前所發生之事例[31]：

1. 警察巡邏車追逐騎機車之嫌疑人，撞傷路人急救不治死亡。
2. 警車追緝可疑計程車，飛越分隔島，撞毀被害人自用客車。
3. 警局扣押贓車，交付私人保管，後遭失竊。
4. 垃圾車撞擊機車，致騎士受傷。

---

[31] 本案例所述之有關人之國家賠償之事例，均係從法務部編印《國家賠償法實施概況與檢討》（一）至（十二）、臺灣省法規委員會編印國家賠償實務以及最近幾年發生之案例以及本人蒐集而來之案例予以整理所得，可看出發生國家賠償之原因，足供公務員行使公權力之借鏡，避免發生國家賠償之風險責任。

5. 學校進行實驗，疏於安全措施，致學生嚴重灼傷。

6. 監理所違法吊扣大客車牌照70日，致減少薪津收入而有損失。

7. 縣府開闢道路，未經同意與徵收，進行占地發包施工。

8. 執行拆除違建，損壞其旁房屋。

9. 被告因案執行，服刑超過15個月，侵害其自由。

10. 警局將違規之人裁處拘留7日，未看守，又未察覺發病，翌日凌晨即告死亡。

11. 進口蠶豆藉詞陸貨查扣，延遲3月始放行，損失倉租。

12. 農委會將警局誤為走私之合法進口之黑瓜子銷毀。

13. 未確定是否違規，處分吊扣大客車牌照3個月，造成營業損失。

14. 緝私艦誤認漁船走私規避檢查，予以追緝，發生碰撞。

15. 旅客出境檢查時，西裝上衣遭X光檢查儀器輸送帶接頭鉚釘勾損。

16. 地政測量人員測量時，不慎失火燒山，毀損鄰地林木。

17. 地政測量人員尋找三角點標石，引火燃燒野草，延燒被害人林木。

18. 市公所職員遺失被害人所有權狀等證件，逾1個月始補發權狀，致承租人無法交屋，損失房租等。

19. 手拉車放於慢車道，影響交通，致機車撞擊倒地受傷死亡。

20. 鄉公所開闢排水溝，疏未測量，占用私有土地。

21. 輔導長駕車搭載屆退士兵辦理退伍手續，撞傷科技公司董事，判賠2214萬元。

22. 空軍士兵冤死案，一審法院判賠家屬5955萬元，前國防部長1/3責任，判賠1474萬元。

23. 市府任地主封路半年，害住戶無法進出貨，一審判決賠償266萬元。

24. 大學生過馬路，紅綠燈同時亮，致被大客車撞死，判賠261萬元。

2. 公共設施之設置或管理有疏失所生之賠償責任

本法第3條第1項規定：「公有公共設施因設置或管理有欠缺，致人民生命、身體或財產受損害者，國家應負賠償責任。」所謂「公有公共設施」，係指事實上提供公眾使用之公共設施而言，包括辦公廳會、道路、橋梁、公園、運動場所等；所謂設置或管理有欠缺，指規劃、設計、設置、安放、管理有瑕疵或不良，包括設計錯誤、材料低劣、施工不良、保管不周或未予更換、未予修繕或未注意維護等。

【案例36】公共設施之國家賠償[32]

1. 高中舉行新生訓練，禮堂倒塌，造成受訓學生26人喪生，90多人輕重傷。

2. 運動大會牌樓未予固定，致倒塌壓傷被害人。

3. 游泳池未經驗收即開放使用，學生游泳上岸休息，爲其旁電纜線殛斃。

4. 校園內設置觀賞用之雕塑模型倒塌，壓死學童。

5. 水門開放通行，未將鐵門上栓固定，遭風吹急速合閉，致被害人被撞傷。

6. 垃圾場汙水汙染稻田，致稻作枯死。

7. 垃圾場起火燃燒，波及鄰地甘蔗園，燒毀甘蔗。

8. 屠宰場旁排水溝崩塌，致宰殺豬隻之汙水流入魚池，致魚類死亡1600公斤。

9. 跨海大橋改建路堤，設計不當，拱橋海床淤積，致漁船撞擊傾覆。

10. 公有市場鐵門窗掉落擊中擺放水果攤之被害人受傷。

11. 產業道路施工嚴重瑕疵，完工後崩潰，巨石、泥土壓毀豬舍及豬隻。

12. 颱風沖毀路橋，以鐵絲阻斷通行，因居民賞月，破壞拒馬鐵絲，致機車掉落河中受傷。

13. 駕車行經山路，爲邊坡落石擊傷，不治死亡。

14. 地下涵管破損，路面下陷成洞，被害人爲汽車軋壓破損處之石頭彈起擊傷。

15. 公路旁堆放沙石，未立警示標誌，被害人騎機車撞擊沙堆跌斃。

16. 道路施工未放安全警告標誌，致汽車跌落施工排水道受傷。

17. 人行道之大王椰突倒塌，擊中被害人頭部死亡。

18. 人行道前鐵欄杆倒下，壓及路過被害人右腿骨折。

19. 路面凹凸不平，被害人駕駛機車摔成重傷。

20. 道路設置警告標誌不清，致被害人逆向行車與迎面而來汽車相撞身亡。

21. 駕車行經山路，遭落石擊中車頂，致同車乘客受傷死亡。

22. 被害人騎機車摔落橋下死亡。

---

[32] 公共設施設置或管理欠缺致生國家賠償責任之事例，亦係從前註書籍及司法判決分析而來，由於事例甚多，從中可瞭解各類型公共設施之國家賠償情形，有助於設計及管理單位作好預防管理。

3. 偵審人員之損害賠償責任

本法第13條規定：「有審判或追訴職務之公務員，因執行職務侵害人民自由或權利，就其參與審判或追訴案件犯職務上之罪，經判決有罪確定者，適用本法規定」，此司法人員包括檢察官、法官及行政法院法官，而執行審判職務則包括審理民事、刑事、行政訴訟案件及非訟事件。又本條規定須經判決有罪確定，適用上狹窄。

4. 委任行政所生之損害賠償責任

本法第4條規定：「受委託行使公權力之團體，其執行職務之人於行使公權力時，視同委託機關之公務員。受委託行使公權力之個人，於執行職務行使公權力時亦同。」本條專門就「委託行政」關係規定，實質上與公務員行使公權力之情形相同，所需具備之要件亦相同。如未受委託，或雖受委託而非為行使公權力者，則不適用之。

【案例37】國家賠償之協議

漁會受縣政府委託維護漁港水域安全，應清除港內足以影響漁船駛靠安全之雜物或相關物品，竟怠於執行職務而未清理水底暗伏之廢船，致被害人漁船出港時，為廢船觸撞一大洞，經協議達成賠償17萬4824元。

（三）防範國家賠償之風險知覺

政府機關及公務員行使公權力或公有公共設施之設置管理欠缺造成人民損害，國家需負賠償責任。因此，在執行公務時，須有法律風險之知覺。

1. 國家賠償之件數金額仍高

全國政府機關國家賠償事件辦理情形：

項 目 別	新 收 件 數		賠　償　件　數				賠 償 總 金 額	
		中 央 機 關	總 計	中 央 機 關	第2條成立者 依國家賠償法	第3條成立者 依國家賠償法		中 央 機 關
	件	件	件	件	件	件	新臺幣萬元	新臺幣萬元
99年	2,469	646	331	48	88	243	64,755	8,285
100年	1,719	639	280	77	68	212	45,980	18,812
101年	2,220	643	292	32	81	211	21,022	6,022
102年	1,951	601	259	23	35	224	12,605	5,548
103年	2,176	676	252	27	41	211	14,722	5,017

　　從上述統計資料，請求國家賠償之件數與金額，雖有下降之現象，但其總金額仍高，表示公務員執行公務仍有故意或疏失違法之情形，亦彰顯政府應加強公務員之法律風險意識，減少國家賠償事件。

2. 公務員採最廣義見解

　　《國家賠償法》對公務員採最廣義見解，凡「依法令從事於公務之人員」均適用，其範圍甚廣，與《刑法》之規定相同。

3. 執行職務包括怠於執行職務

　　《國家賠償法》為使公務員勇於任事，負責盡職，特別明定「怠於執行職務」，也有國家賠償責任。因此，執行職務，包括積極執行與消極怠於執行兩種情形在內。公務員不能存有「不做不錯」、「少做少錯」之心理，至於執行職務之界定，有實質說與形式說二種，一般偏向在外觀上已足認係在執行職務即可，不必探究實質上之情形，因此公務員需有此方面認識。

4. 公權力範圍廣

　　行使公權力係指公務員基於國家機關之地位，行使統治權作用之行為，包括運用命令及強制手段，干預人民自由及權利之行為，以及提供、服務、救濟等方法增進公共及社會成員之利益已達成國家任務之行為[33]。因此公務員應體認公權力，非

---

[33] 最高法院80年臺上525號判決。

指最強制性之權力作用行為而已。

5. 公共設施範圍大

公有公共設施不以「公有」為限，凡借、租、徵收（用）等事實上供公眾使用[34]、利用者均在內。因此，各級政府、地方自治團體應經常檢視、盤查、調查、稽核各類公共設施，發現有瑕疵、脫落、老朽、破舊等情形即應予修繕補全，以防國家賠償責任發生。

6. 求償權風險高

各賠償義務機關賠償後，依法對公務員有故意或重大過失或損害原因，應有應負責任之人行使求償權。經統計103年賠償義務機關行使求償者計18件（中央機關3件），求償獲賠件數57件（含舊受案件），總金額為新臺幣437萬元（中央機關4.5萬元）。

項 目 別	行使求償權件數	中央機關	求償獲賠情形	
			件數	金額
	件	件	件	新臺幣萬元
99年	128	21	62	1,101
100年	59	13	51	1,514
101年	65	13	52	2,993
102年	34	4	71	1,980
103年	18	3	57	437

是以公務員於執行公務時，不論行使公權力或經管公共設施，均應提高警覺，善盡職責，不要有故意或重大過失之情事，否則有被求償之風險。

---

[34] 《國家賠償法》第3條第1項法律用語稱之為公有公共設施，不能以所有權為限，應以事實上供公眾使用、利用、通行、運動等為準，不論其是否為政府所有或借貸、租賃、徵收、交易，未經所有權人提供而提供公共使用或所有權人同意而由政府機關管理等，均包括在內。

【案例38】臺北名人巷土地未辦繼承登記

　　歹徒持移民加拿大長子的偽造身分證等文件，成功申辦新戶籍謄本、印鑑證明等文件，再辦理單獨繼承登記，一路成功騙過北市松山、新北市新店戶政事務所、臺北國稅局和北市大安地政事務所等機關，再將土地賣給民眾等11人。法院原判決地主繼承人敗訴，但高等法院更二審認為，地主子女眾多，並非長子1人，且詐騙集團持有的繼承登記文件所附之戶籍謄本有明顯瑕疵，大安地政事務所未向核發原來文件的戶政機關查證，違反《土地法》第68條規定，有明顯過失，逆轉改判大安地政事務所應國賠4億4900多萬元，另加上95年提告後迄今的利息，地主子女可獲得國賠6億5000多萬元。法界表示，此國賠案將來若判決確定，且查出公務員有故意或重大過失責任，政府機關有權向相關公務員求償。

7. 勇於協議，避免被害人訟累

　　103年全國政府機關新收請求國家賠償件數計2,176件，經協議成立賠償181件（中央機關11件）與訴訟判決賠償71件（中央機關16件），兩者合計獲賠償252件（中央機關27件），其中判決賠償之件數仍不在少數，代表政府機關對於國家賠償事件仍有不願承認其賠償事由存在，致被害人只得訴請法院判決。因此請求之機關應面對事實，勇於負責，能協議就協議，不該諉之於法院，藉判決解決問題。避免讓被害人免於訴訟之拖累，也不必擔負被判敗訴之風險，增加人民之責難。

8. 公務機關與公共設施設計管理單位做好預防管理

　　從國家賠償協議成立及法院判決賠償之事例，提醒公務員及設計管理公共設施之單位應瞭解賠償類型原因，最易發生之事由，一般人容易忽略之處等[35]。對法律風險做好預測、辨識、評量、鑑測、評定等工作，策定風險管理策略，進而實施控制、迴避、防範措施，防止國家賠償責任之發生。

---

[35] 《國家賠償法》公布後，對於公權力之行使與公共設施發生國家賠償責任之類型、原因、型態等，曾依類提出可能情形（參照施茂林、劉清景著，《國家賠償法實用》；施茂林著，《公有公共設施與國家賠償責任之研究例示》之各種類型），由已發生之案例加以對照，其相同、相近類型甚多，各公務機關與受理單位可多參考。

（四）行政損失補償

【案例39】徵收土地他用，判決縣府賠償

　　縣府1998年文小用地徵地計畫興建營北國小，受少子化影響，預定地不必使用，乃未興建。其後，教育部在南投地區興建特教學校，縣長同意變成文教用地，改由教育部管理。2012年動工，隔年招生，招收小學、國中到高職學生，10多名地主不服，改爲「文特」用地，與土地徵收目的，經提起訴願被駁回，乃提出訴訟。法官認爲縣府應先解編發還土地，有新需求再重新徵收，判決縣府敗訴。但因土地已興建特教學校，校舍不能拆除，縣府應賠償地主損失3億元。

　　行政上損失補償，係指行政機關行使職權所作適法行政行爲，致使人民權益受到損失，由受害人向國家請求救濟，從而由國家對其所受損失予以補償；或由主管機關主動本於職權或由第三人對其提供補償。是以，此損失補償與行政上損害賠償之概念不同，有關其原因、條件、範圍、性質顯然有差異。

　　行政法上損失補償，係行政機關行政行爲，而非公務人員的私人行爲；且須爲依法行使職權之適法行爲，並非違法行爲。揆其本旨乃因國家的行政行爲，使並無義務的特定人，所遭受的特別犧牲，本於所有權之保障，依據自然法公平正義的觀念爲基礎，對於特定人所受之特別犧牲，由全體分擔給予補償的理論，明顯是「調節損害的補償制度」。我國現行法制上對於行政上損失補償措施，並無一般性統一規定，散見於各種行政法規中。如《戒嚴法》第11條第10款、《礦業法》第66條、《電信法》第36條、《野生動物保護法》第11條第1項、第12條第4項、《水利法》第31條等，其他如《公路法》、《軍事徵用法》、《電信法》、《形事補償法》，亦得請求國家補償。

　　土地法規中有關土地徵收之補償規定，最爲常見，《土地法》第208條、第209條徵收私人土地後應給予補償地價、補償費（土地改良物及農作改良物之補償）及遷移費。第216條並規定，對於徵收之土地，因其使用影響於接連土地，致不能爲從來之利用，或減低其從來利用之效能時，該接連土地所有權人，得要求須用土地人爲相當補償。

　　行政上之補償，係人民在不可歸責於其本人之情形下，遭致損失，國家應負補償之責任，則承辦之公務員應體諒人民之無奈，國家有責任，依法盡速給予補償，

不應任由受害人陳情投訴，乃不願或遲延補償。固然受害人因請求損失補償而發生爭議時，得採行政爭訟途徑解決，依訴願、行政訴訟之程序，尋求行政救濟，但受害人既因行政行為受到特別異常之犧牲，應依法快速補償，使符公義原則。

行政上損失補償原則以金錢支付，有關補償之程度，雖有主張並非完全之補償，但承辦之公務員，應審酌此項具體侵害之目的與公益性、侵權行為之態樣、四周環境相關人之權益衡平等，做合理之補償。

由於行政補償之基礎行為，必造成受害人之損失，公務員在決定前與實施時，應有法律風險知覺、評量受害人可能受害之程度、補償之經費、相關人得利情形等，選擇損失最小、最少之方式與措施，減少受害人之損失。

六、 本章小結

政府機關執行公權力，涉及層面廣，法令賦予行政機關職權，也負有義務與責任。對於怠於執行職務違法失職者，法律有相當多檢驗機制。有關資訊內容無需揭露部分則應保密，如有違反規範，應揭露而不公開，不應揭露而洩密，均有一定之法律風險。再者，法制齊備，法規周密，公務員不能有違法行使公權力等行為，以免發生國家賠償責任之風險。又行政上之適法行為致人民權益受損，應予補償。司法應實踐司法為民理念，強化柔性司法特質，避免司法裁判違背國民法律感情，帶來司法信賴之風險效應。

本章摘要

1. 解析政府機關執行公務之問題與缺失，說明對於違法失職之法律責任與處置之風險。

2. 從公務員執法之表徵，常出現從嚴規範、援例辦理以及形式合法、實質違法等現象，解析各該作法，均伴隨刑事責任。而公務員又習以為如此作法，正是保護自我之良策，當風險發生，方省悟均屬錯誤之觀念。是以，政府機關從法律風險管理之角度，應改正此種觀念，重建正確法律風險認識。

3. 政府施政，推動政務，涉及之法律風險議題甚多，包括政府資訊揭露、新法制工程建置、錯誤法律思維之調整、友善司法環境之建構以及國家責任等。

4. 政府資訊依法應予公開，若不公開或以保密條款限制公開，當揭露時，法律風險必定出現。又需保密之事項違反而予公開，則有洩密之責任風險，需認清資

訊之特性，採取不同風險管理措施。

5. 司法改革之進行已20多年，成效不如預期，顯見司改之重心環繞在司法院定位、審判、訴訟程序、人事變革、司法環境等，並非人民所期待，應重新調整，發揮以民為本之信心，體現司法為民精神，建立友善司法環境，且不僅在體現剛性司法之功能，更應發揮柔性司法特質，化解人民對司法信賴低落之風險危機。

6. 國家責任制度已成熟，有關行政上之損失補償與行政上損害賠償均應實踐，對於《國家賠償法》之規範應儘量從容處理，公務員也需有遵法、守法與執法思維，避免國家賠償責任發生，也防免出現被求償之風險機率。

思考題

❖ 有句話說：公門好修行，公務員如何在法令規範內為民服務？又公務員擔心被認為圖利他人，有何方式得以作好預防管理以保身立命？

參考文獻

1. 翁岳生，《行政法》，元照出版，3版1刷。
2. 許慶雄，《憲法入門II政府體制篇》，元旦出版，1998年2月。
3. 葛克昌，《國家學與國家法》，月旦出版，1996年4月初版。
4. 廖福特，《國際人權法——議題分析與國內實踐》，元照出版，2005年4月初版。
5. 李銘義、于蕙清、吳大平、吳明孝、林信雄，《憲法與人權》，新學林出版（股）公司，2011年9月2版1刷。
6. 法務部法律事務司，《國家賠償法實施概況與檢討（一）至（十二）》，法務部，1983年12月至1994年12月。
7. 臺灣省法規委員會，《國家賠償實務》，1987年8月。
8. 施茂林，《公有公共設施與國家賠償責任之研究》，大偉書局，1982年6月
9. 施茂林、劉清景，《國家賠償法實用》，大偉書局，1981年7月。
10. 施茂林，〈更生保護組織之定位與未來發展〉，中華法律風險管理學會，2015年8月。
11. 施茂林，〈台灣司法軟性改造工程之實踐與展望〉，公丕祥主編，《海峽兩岸金融法制建設問題研究》，法律出版社，第11-35頁。
12. 施茂林，〈柔性司法工程之建構開展與發展軌向〉，吳尚儒、張智聖、魏馬哲主

編，《法學發展新趨勢——司法、財經、新科技議題》，頁1-60，亞洲大學，2015年5月。

13. 宋明哲，《公共風險管理——ERM架構》，台灣金融研究院，2015年2月初版。

14. 施茂林，〈台灣司法福利的現況及展望——以司法保護與預防司法為主軸〉，台灣司法福利化的現況及展望：學術與實務/法律與社工的論壇，亞洲、中正大學、台灣社會福利學者，2009年11月19日。

15. 邱榮舉，〈論台灣戒嚴時期政治案件〉，收錄於財團法人戒嚴時期不當叛亂暨匪諜審判案件補償基金會出版《戒嚴時期政治案件之法律與歷史探討》，2001年5月20日初版，頁140-142。

16. 羊憶蓉，〈從社會秩序到社會正義：法律如何作用〉，發表於殷海光基金會主辦自由平等社會正義學術研討會，1999年9月16日、17日。

17. 施茂林，演講題材：公務執行與刑法關聯性、台灣司法面面觀、司法為民與柔性司法、現代人應有的法律風險意識、台灣政風體制與運作、正視法律風險，體現法律價值、大專校園法治教育推動與實踐——司法改革之願景與實踐、國家賠償案例檢討、公共設施與損害賠償。

第 **18** 章

法規管理與法律風險評斷

讀完本章可學到：

1. 瞭解法律與時俱進之思維與控管之重要性。

2. 認識現有法制存有哪些問題？建設新法制工程指導思維為何？

3. 體會目前政府機關法規管理思維有何盲點。

4. 探討法規鬆綁減少法律風險之原由。如何推動法令鬆綁？

5. 認知法律執行力道之強弱與連動之法律風險。

一、 從預防管理視角談與時俱進研修法律

（一）社經脈動與網路社會之法律思維

政府應在劇變、快速、複雜之社會變動中，為公共利益與民眾福祉，需有能力克服困難，解決社會問題，其思維當從預防管理視角提出解決對策。在法律研修方面，亦應從法律預測、評量、測定，釐訂法律風險對策，修訂社會需要之法律，以因應社經政治發展之趨勢。

【案例1】性侵害事件不得PO網

網路無遠弗屆，訊息傳遞快速，造成個人隱私外洩。楊智見魏媖被性侵之案例有可讀性，將其個資PO上網，後在媒體上傳播，導致被害人無法承受壓力尋短獲救。因《性侵害犯罪防治法》第13條明定：媒體不得報導性侵害被害人身分[1]。

【案例2】網購之詐欺犯罪

網路運用在社群、訊息傳遞、電子商務等日益頻繁，網購也成為趨勢，其中涉及詐欺買賣、商品瑕疵等情形日益嚴重。以中國為例，中國全國人大常委會於2015年11月3日公布《中華人民共和國消費者權益保護法》實施情況報告，指出大陸假貨侵權問題嚴重，在過去1年半的執法情況中發現，大陸網路購物產品逾4成為假貨或品質不佳的次貨，真貨或品質良好產品比率不到59%，這些訊息足以提醒網路買賣喜愛者要有風險防範意識，以免受騙。

【案例3】犯罪新手法之回應

香港富商A被綁架後，綁匪不曾以電話聯絡家屬，而是利用任何人都會使用的G-mail信箱寄送勒贖郵件，前後共寄了七封電子郵件與家屬談判，除前兩封郵件被誤認為垃圾郵件遭刪除外，其餘五封郵件，分別提及贖款金額、交付時間與方式，並夾送家屬要求A正在看報紙之影印檔。警察從IP鎖定綁匪所在地點，發現IP顯示寄件傳送點在國外，經再入調查得悉綁匪以VPN跳板程式寄件，警察無法查出實際位置，面對運用G-mail信箱、VPN跳板程式，使警方辦案面臨新挑戰，自需提升其

---

[1] 《性侵害防治法》為遏阻網路傳播性侵資訊，避免被害人二度、三度傷害，明定「任何人」不得以媒體或其他方法，公開或揭露被害人姓名或其他可識別身分的資訊，可處以行政罰。

辦案專業知能、設備與技巧，當然在法律上亦需配合作必要調整。

　　當前網路時代，透過網路社交聯繫、業務聯絡、公務處理、訊息傳達等極爲普通，也延伸諸多法律問題，如網拍、著作權、隱私、個資保護等事項，更帶來網路霸凌、隱私侵犯、安寧騷擾、交易糾紛、侵權爭議等不法犯罪之事件，而且網路改變人民生活，任何人將面對虛擬世界與實體社會並存之數據革命，雲端越發達，個人隱私威脅越大，網路通訊安全之保護越來越重要。面對新科技之衝擊與新數位時代革命，政府應未雨綢繆，研訂電子通訊傳播法、電子商務管理法或網路管理法等[2]，明定使用人平等使用之權利、周密保障個人通訊自由、安全與隱私、規範通訊電信業者、電子商務業者與網路通訊使用者之權利義務，連結該法與民事法律、《個資法》接軌，對於所生爭議提出解決機制，並要求通訊傳播服務業、網路管理業需注意防止不法侵權行爲與糾紛之發生，對於侵權行爲應予移除、封鎖，凡違法不法之行爲規定其法律責任。

　　數位時代已來臨，行動通訊工具高度發達，其重要內涵如行動產品、社群媒體、雲端化、大數據及網路，大大改變一般人之生活，也牽動工商百業，刺激傳統金融產業，「數位」觀念將深入工商事業與活動中。不論數位科技、數位媒體、數位通話、數位金融等均將改變原有之作業與習性，必將涉及使用者之個資、隱私保護問題，滑世代之用戶也會省悟保護個人權益之不足。是以，從風險管理視角、數位載體與活動相關之法律需作更動，《個人資訊保護法》也需修正，一則讓新的金融服務活絡順暢，再者保障用戶權益，以因應數位時代之創新需求。又數位金融便利性提高，用戶使用便捷，風險極高，但時勢所趨，是未來必行之路。例如：無實體紙鈔方面，丹麥在2016年進入無現金交易社會，中國大陸擁有現金最多的機構不是銀行，而是阿里巴巴。「網路眾籌」蓬勃發展，P2P（個人網路借貸已有四千多家）業務興盛，民眾把自己信用貼在網上，即能借到資金，改變舊有看法，也因其隱形、不透明，出現詐欺倒閉之情事，均需本法律風險管理原則做好控管。

　　近來各式各樣電子商務模式與行動通訊裝置蓬勃發達，有關網路平臺之商品、勞務交易日益活絡，交易量與金額呈現高速成長，其涉及之交易安全、品質保證與

---

[2]　行政院於2014年10月29日爲打造臺灣成爲網路公司樞紐，型塑臺灣數位生活型態的未來願景，促進電子商務環境的安全與安心，宣布今年爲法律調適元年，以型塑臺灣數位生活型態的未來願景並優化電子商務環境，執行法規除雷工作，包括法律鬆綁、接軌國際、搶網路先機及開放第三方支付。

服務品質逐步受到重視，法律爭議事件也漸增多。又涉及境內、境外交易，法律關係複雜，需有一整體之法律計畫予以規劃研修。而且網路交易延伸之課稅問題，攸關國家稅收與企業間競爭之公平性，亦需就現行稅法作必要之調整修法。

（二）法律發展新課題

近二十年來，社會變化多端，政治發展多變，經濟成長快速，科技發達昌盛，連動法律之回應調整，其中工商活動蓬勃發展，新興經濟活動興起，新型金融商品變化多端，併購、合併盛行，成為企業經營必要模式。而智慧財產權保護日益重視，權利分類細緻化，權利保護極大化，損害賠償擴大化，對法律衝擊大且深遠，很明顯地法律難以回應這多變、多端、多層之變化與發展，極需迎頭趕上。對社經科技發展帶來之新事業、新活動、新模式、新型態，儘速研修法律，以適應其發展需要與趨勢。

人類科技發展快速，從第一次工業革命運用水與蒸汽動力產生機械化及工作化、第二次運用電力開創大規模生產、第三次利用電子資訊科技開創自動化生產，隨著實體、數位、電腦化之極速發展，專家預測將醞釀第四次工業革命。未來生命、聯繫及工作方式將出現重大變革，虛擬實體將緊密結合，對法律之挑戰更高、更大，在法制上需有調整因應。

無形資產係指不具實物外觀與形體存在之營業用資產，與傳統上有形存在之土地、機器、廠房等有形資產不同，其企業價值越來越高，除法定之專利、商標、著作、營業祕密外，非法定之收益性無形資產越來越多，如數位資訊、組織文化、品牌形象、技術祕訣、通路利益等。未來在財務、稅務、併購、股價、融資、資產流動等及企業總值上占有重要地位，為交易上安全、保護相關人權益，宜本前瞻性思維，研究立法予以規範[3]。

有關無體財產在當今工商企業營運過程占有關鍵性地位，其價值也日漸增高。企業界在併購、會計財務、公司總資產上亦常列為重要項目。為使企業靈活籌資，增強集資效益，亦需秉持財經發展脈動，研擬無體財產擔保法，有助業者爭取銀行貸款、金援、創投，以適應社會發展。

新近以比特幣當綁架贖金事例觀之，比特幣尚缺乏規範，也是警方第一次面臨之犯罪手法，在調查上出現相當難度。由於不需向任何政府或金融機構登記，在

---

[3] 施茂林，《法律站在你身邊》，聯經出版，2013年3月初版4刷，頁210-215。

國外容易兌現，犯罪者以之作爲進行犯罪交易贖金可在全世界任意交易平臺領取，難以追查，加上匿名交易，不易查出收款人身分。[4]似此新幣制涉及之問題甚多，包括消費者保護市場機制等，政府有無必要立法規範，也是一大考驗，而且在未修法之前，對於其性質、地位宜在法規中予以釐清。目前此虛擬貨幣已淪爲販毒、走私、綁架、洗錢等交易工具，亦需列入管制。

又環保問題日益嚴重，如何維護地球永續生存與發展，有關環境保護之各種法規，必須與時俱進研修，以適應環境之變化。從京都議定書簽訂以來，世界各國無不重視環保問題，尤其暖化現象越來越嚴重。2015年11月聯合國氣候變化大會（COP21）在法國巴黎舉行，得到世界主要國家認同，有190國代表群聚一堂，眾多國家元首均親自與會，達成控制及降低氣溫之共識[5]，德國（Germanwatch）與歐洲氣候變遷行動聯盟（CAN-Europe）公布「氣候變遷表現指標」。臺灣較去年進步兩名，但在全球58國評比中仍排名倒數第十，其中以「二氧化碳排放量與目標的比較」表現最差，雖比去年進步一名，但全球倒數第四；「國家氣候變遷政策」倒數第五，「再生能源占總能源比率」倒數第七，退後一名，值得臺灣警惕。《再生能源發展條例》於2009年通過至今，並未徹底執行，而溫室氣體減重管理已公布5年後正式上路，應積極執行，有關氣候變遷與改善之國內法律亦應作全面性、整體性之檢討與研修。又未來有許多國家必要求臺灣符合低碳標準，包括碳足跡，企業應有風險認知，而跨國企業及品牌大廠，也會要求臺灣合作，供應廠商符合低碳標準[6]，若爲烏賊企業，恐接不到訂單。因此，臺灣企業需轉向追求低碳綠能模式，增強競爭力。

從司法案例顯示，要杜絕貪瀆、財經企業犯罪以及黑幫不法案件，最直接有效之方式，即追查、扣押財產不法所得，使犯罪者、黑心企業所得之黑心錢及不法利

---

[4] 比特幣（Bitcoin）在2009年誕生，係網路世界之虛擬貨幣，利用點對點技術（peer-to-peer），透過網路，而不必透過銀行，直接從某人的電子錢包傳送給另一人，使用者可在比特幣交易平臺用現金購買，亦可自己用挖礦機（軟體）挖取（電腦運算）。歐洲法院認爲比特幣等數位貨幣應被視同一般貨幣，就像被使用爲法幣的「貨幣、紙鈔和硬幣」相關交易，都免於課徵增值稅，由於比特幣操作方便，追查上相當困難。

[5] 地球是全球公民所共有，彼此福禍相依，從工業革命迄今100-200年間造成工業環境危害，汙染人類生活與生存空間，全球平均溫度昇高2℃，遠遠超過既往3000-4000年時間。在享受工商發展成果，更需盡維護環境之責任。目前全球高度重視氣候變化之整體性問題，仍需各主要大國有共識，對排碳、綠能等議題作出具體策略，並且要注意低度開發地區之問題，合理給予資源共享利益，同心齊力，做好地球永續生存之工作。

[6] 爲因應全球氣候變化，限制溫室氣體，有關要求汙染者接受或購買排碳數之聲音與研究，已逐漸被接受，期以碳數數目配額交易達到低碳目標。

得，血本無歸，為達至此目的，現行《刑法》沒收、追繳，追繳時規定需全盤檢討研修[7]，防制脫產情事；又在行政機關執行行政罰時，依照《行政罰》第18條、第20條之規定，追繳不法利益所得，不僅符合法律經濟學理，人民正義理念，亦契合法理。惟違法行政義務之行為態樣極為複雜，現行《食品衛生管理法》、《水汙染防治法》、《空氣汙染防制法》、《廢棄物清理法》等均有規定[8]，但其他行政法並無完整規範，為使行政公務員敢於依法追繳，應通盤檢討、研修基本規範及在各行政法上完備規範。

二、 從風險調控建構新法制建設工程

（一）法制回顧

1991年5月1日宣告終止動員戡亂時期，使動員戡亂法制成為歷史陳跡，一切回歸憲政之正常體制，將「正常化之法制建設」列為急迫之重點工作之一，秉持前瞻性、位階性、常態性三大原則，全面檢討以「動員戡亂時期」、「非常時期」或「戰時」等為適用要件之法規，有效率開展各項法制建設工程，對臺灣民主化與法治化之推動，貢獻宏偉。

臺灣地區先後開放報禁，辦理普選，替代國會代表，容許政黨自由競爭，積極進行修憲、規劃總統、省長直選，並公布國統綱領、承認兩岸分治事實、展開和平接觸，以及加強社會文化建設，適時調整中央政府組織，適度解除基本人權之限制，使政府體質及功能與時俱進、人權自由之保障更加充分，並使政黨政治邁向合理化與法制化。尤其民主轉型後之未來新局面，更應審視臺灣當前處境、社經發展新脈動、人民需求與福祉及未來發展等，建立嚴正公平之健全法制，落實民主憲政根基，隱固國家生命共同體之發展[9]。

---

[7] 對於黑心廠商之犯罪所得，《刑法》已修正，增列沒收專條，將沒收範圍擴大，第2條規定，沒收不法所得，不必等判決確定嬴即可適用。第38條之1將沒收對象擴大，除犯罪個人外，一般公司或將犯罪所得已脫產至第三人、法人或基金會亦可沒收。第38條之2明定犯罪所得由法官估算；第40條規定，縱然沒有主刑，個人已死亡或已逼近追訴期間，仍能單獨宣告沒收，自2016年7月1日實施。

[8] 李惠宗，〈追繳不法利得作為主要行政罰的法理基礎〉，發表於2015年10月22日臺中市政府法制局、臺灣法學研究交流會等共同合辦第一屆大臺中法制論壇。

[9] 蘇永欽，〈法治革新的策略與執行——上游立法的良窳直接影響下游司法的質量與負荷〉，收錄於氏著《司法改革的再改革》，月旦出版，1988年10月初版1刷，頁441頁。
張文貞，〈面對全球化——台灣行政法發展的契機與挑戰〉，收錄於翁岳生教授祝壽論文編

　　檢視現有法制，有諸多問題存在，舉其要點為：1.法令規範與社會需要脫節；2.法律體系紊亂導致各機關與人民不易適從；3.迷信刑罰萬能造成行政怠惰；4.行政機關執法不力，致法令威信低落；5.積非成是，形成「不法→執行效果不佳→修法→不守法→未有效執行→再修法」之惡性循環。

　　刑法萬能之觀念普遍為國人所接受與誤用，致對於違反行政或經濟法令之行為，動則應科以刑罰，致使原屬單純行政罰之違規行為，轉化為犯罪行為，明顯違反刑事制裁之一體性與公平性，亦不具刑罰非難性，更與刑罰謙抑思維相背，造成特別刑法肥大症之畸形現象[10]。

　　行政機關因迷信刑罰之功能與威力，對其原來之權利放棄不用，形同自廢武功，而且本可主動依職權裁罰，今不予執行，依賴檢察官與法官偵查、審判，則司法機關偵審時，基於調查必要尚要求行政公務員到庭作證，反致當事人不滿，甚而對其有不禮貌之言行，本來有權施威反與當事人形同平起平坐，當被交互詰問時，內心更為不甘，這又何苦來哉，也顯現行政公務員欠缺風險知覺，自找麻煩。

（二）當代法制建設之具體實踐作為

　　現行法制有諸多問題，加上社會快速變遷與文化失調，造成民主與法治如何配合，經濟發展如何，環境保護如何兼顧，社會如何與文化調和等新興問題，均須完備之法制予以規劃統合，使我國能跨越轉型期，邁向新世紀。首應有憲法之高度思維，對於憲法基本原則之貫徹，需與行政法做必要適當之連結，再透過司法審查機制，使法制齊備。

1. 全面整理現行法規

　　現行法規中，有不合時代脈動或不便民之法規甚多，自應積極整理，凡應以法律規定之事項、執行窒礙難行者、與社會需要脫節者、內容未盡周延妥適者、規範矛盾、未能充分配合者等，均應適時修正、合併或廢止等，並應將相互重疊、競合或具相容性之法規一併檢討，設法予以精簡，減少法規數量，便於實施推行[11]。

　　輯委員會編著《當代公法新論》，元照出版，2002年7月初版1刷，頁25、26。

[10] 多年來在多次協調會議中，常有機關強調法律不彰，非其機關不努力，而在行政機關無司法權，堅決主張行政罰改為刑事罰，乃又抱怨常被司法機關以證人傳訊，感受當事人不友善之態度。有學者乃指摘行政罰已賦予重罰之權限，為何不積極執行，且行政罰種類多，可合併採行，多軌施予壓力並可聯合其他機關協助，竟捨之不用。事實上，司法機關對於刑罰非難性與可責性不高之行政刑罰案件，少有如同刑法規範之重刑，以致其功效不彰。

[11] 施茂林，〈省縣及直轄市自治法施行後應有之法制思維與作法〉，內政部主辦地方自治研習

2. 通盤檢討現有法律體系

　　法治為現代化社會極為重要之條件，法制則為法律現代化之具體圖像。現有法律體系疊床架屋，造成紊亂無所適從之情況，並形成特別法中尚有特別法之現象，使適用法律成一門大學問，自令一般人視法律為畏途，如此畸形問題，亦加以整理，建構一體例完整、系統明確之現代化法律體系[12]。

　　行政機關為達成一定之行政目標，增進公共利益，維持社會秩序或特定法益等，乃在行政法規當中，規定受規範之人，負有一定的作為或不作為義務，法律應調整行政制裁政策強化此種義務之履行。而行政機關或立法者，迷信「刑罰萬能」，常選擇刑罰為制裁手段，致刑度過度膨脹。對於構成要件亦十分寬鬆甚或界定不清，應將行政法規中有關刑罰規定儘量除罪化，建立同一性之價值判斷體系，並審酌刑事政策，規範目的與財經必要因素，應儘量縮小行政刑罰之範圍。

3. 規劃前瞻性之法制

　　科技之進步與經濟發達，使都市機能鈍化、交通惡化、環境品質降低，並造成部分人精神生活空虛，形成汙染、吸毒、犯罪等社會新興問題，均應設法解決，訂出明確之決策，完成前瞻性之法制規劃，將政策具體落實為法規，以供配合執行。又隱私權與資訊資料之保護、以及加入WTO國際組織後之調適事項，亦應將解決方法法制化。有關前瞻性法律之制定、修正應充分注意全球化發展趨向，兼顧在地化之社經政治需求，審慎參酌民主、法治、公義、安全等四大指導原則之內涵予以規範，並掌握參考國外法律資訊、立法例，俾法律吻合時代潮流[13]。

　　在20世紀之前，基本人權多以政治自由為主，但在本世紀中葉以後，人權觀念已發展至第四代人權，其範圍已擴及至社會經濟範疇，有關社會權之觀念，甚囂塵

　　會專題演講，1995年1月24日。

[12] 本人長期編纂六法全書、實用法典等，常發現同一法律在立法院同一會期中修正2或3次，甚而有同一法條在同一會期內調整內容，凸顯主管機關未通盤考量社經發展與脈動趨勢。再查閱其立法修正理由，與法律不易執行、人民不守法有關，似此喜以規範細緻化、標準化及加重處罰為要，而不嚴正執法，無異緣木求魚，有識之士洞悉並以之責難，將成為難以自圓其說之風險因子。

[13] 近來地球村、國際化之觀念日益被重視與肯認，而且法律制度與文化也逐漸容納。臺灣法制原襲自歐陸法系，但隨著與美國關係之親近，有越來越多之法律均參仿美國法典，即使程式法亦逐步接受其精神與作法。其實海洋法系也吸取諸多大陸法系之觀念，面對全球化之趨勢，吾人在研擬法律時，應有異質融合理念，深刻體會法律具有整合社會規範之功能，且前瞻性思考為法律進步之原動力。作者常受邀演講，遇到相關議題時，經常提出法與時轉則治，及法律應體察民眾法意識，使法律契合社會脈動，培育國民共同法意識與優質之法律文化。

上，其範圍包括環境權、工作權、教育學習權、勞工基本權、集體交涉權、分享社會共同創造文明權、發展權等皆與國民社會、經濟生活息息相關，現已逐漸成為人權保障之具體指標[14]，其具體內容上也逐漸醞釀、調整與成熟中。未來規劃新法制時，對於社會權之採擇，當盱衡社會需要、經濟發展、民意取向等因素詳加考慮，使法制建設更具前瞻性。

4. 重視與吸納民意，培養人民守法精神

　　法律與每一國民之日常生活事物與權利義務習習相關，政府自應強化法治教育，推廣法律知識宣導，讓每一國民認識法律，瞭解法律與其權益之利害關係，理解法律之禁制與處罰。首先法律於研修制定之前，重視民意取向，自報章雜誌、一般電臺等大眾媒體獲知民眾之需求，必要時，舉行民意調查，凝聚公民公意。同時，應多舉辦討論會、公聽會、座談會、聽證會等，廣徵各界意見，使民眾得以充分發揮意見，溝通彼此觀念，形成合於國民需要及可接受之法律內涵。如此真誠之態度與作法，必可消除歧見，喚起民眾守法之意願。

　　同時，權利保護之規範已越來越周全，民眾未必瞭解，致人民無法體會法律之親近性，感受不到法律在保護好人，如不幸受害，也不知法律有保護之規定可救濟。例如：對犯罪被害人而言，當法律風險事件發生時，可能帶來生命、身體、財產等損害，較民法侵權行為法則得對加害人請求賠償，另得依《犯罪被害人保護法》之規定，申請補償，其金額因對象而有不同。凡死亡者，得請求醫療費、喪葬費、扶養費及精神慰藉金，最高不得超越40萬元、30萬元、100萬元及40萬元；受重傷者，得請求醫療費、喪失或減少勞動能力或增加生活上支出及慰撫金各40萬元、100萬元及40萬元；性侵害行為被害人得請求受傷醫療費、喪失或減少勞動能力或增加生活上支出及慰撫金各40萬元、100萬元及40萬元。

　　目前法制不彰，實與文化及教育有關，由於舊有道德觀念式微，新的道德文化標準未能確立，致社會部分人之價值觀混淆，功利主義盛行，忽視全體之紀律，造成違法、犯罪、玩法、弄法之現象層出不窮。政府從教育扎根、文化奠基，使國民自幼稚園起，逐漸涵容守法精神，並應通過各種有效宣導途徑，加強宣揚法律之精神與功能，使國人認識法典之謹密、律令之森嚴，培養其體認「捨法律即失分寸，越規章則無所恃」之認知。務求時時從法、事事合法，並以守法為榮，違法為恥，

---

[14] 蔡百銓，《邁向人權國家人權學18講》，前衛出版社，2007年12月初版1刷，頁序、105、136、257、172。

達到行己有恥，動靜皆宜之目標[15]。

又政府應培養民眾具備有基本之民主法治素養，例如：尊重他人、容忍差異、理性溝通、遵守規範、依法救濟等，俾在多元社會中，有寬容、包容氣度，尤其是政黨與政治人物，更需有政治寬容胸襟，樹立寬容的政治體制，以實踐真正之民主法治體制，相信必能使社會更祥和安定[16]。

5. 培養法制人才，加強法治觀念

目前各機關之法制人才不足，一般公務員之法制觀念亦甚淡薄，以致對法規之位階、依法行政之內涵、程序正義之遵守等均欠缺正確認識，其研修制頒之法規難免矛盾衝突，架構紊亂以及不夠周延完備，而且未能依法嚴格執行，遇到抗爭、不從，未能澈底推行，有時反以修改法令，降低標準以對，導致法效不彰、人民不願守法。因此應積極培養法制人才，加強辦理各機關各層及公務員之法制專精講習，經常宣導法制觀念，培養其正確之法律素養，提高工作效能與法律之品質，強化法律體系、架構、編列、法律用語之認知，逐漸開創「法律精緻化」之趨勢。

6. 加強各機關執法效果

法律執法不力之原因，在部分機關缺乏嚴正之觀念與決心，改進之道，應建立各公務員具有「執法從嚴」之理念。凡法律所禁制、處罰之事項，均需公平澈底之執行。例如：違規行業影響公共安全、違章建築破壞都市景觀、濫墾濫蓋濫葬、盜採砂石破壞水土之維護、超速闖紅燈等妨害交通之往來安全，應從嚴取締處罰，且標準一致，避免執法不一，激起民憤，甚而造成守法者吃虧，大膽者、敢抗拒者得利之不正常結果。同時，法律兼負維護社會秩序與保護個人權利之雙層功能，兩者要保持平衡，不能為維護秩序而過分強調「實質正義」，應重視「程序正義」，遵守法治公正序式，保障個別平等，彰顯公義價值，尤其司法人員偵查、審判案件，必須獨立、公正、嚴明，使民眾不至心生僥倖，法律得以順利實施，真正邁向法治社會。

---

[15] 施茂林，《最新常用六法全書》，大偉書局，1995年10月增訂版，序言；施茂林，《教育人員應有之民主法治思維》，發表於教育部、內政部、救國團主辦高中職校長法治研習會，1995年7月。

[16] 李鴻禧，〈淺談價值相對主義與政治的寬容──民主主義思想之原點〉，收錄於氏著《憲法與人權學術論文集》，1995年9月初版，頁175、198。

（三）當代法制建設工程之指導原則與思維

　　民主法治觀念，發軔於歐西，自美國光榮革命以降，民權思想澎湃，個人自由主義風行歐洲，即自美國獨立，法國革命繼起，民主之豐，法治之制，於為屹立不搖，先後建立「憲法至上」、「法律平等」、「罪刑法定」、「無罪推定」、「私法自治」、「依法行政」等基本原則。泊至清中葉，海禁大開，歐風東進，歐美法律逐漸輸入國內，乃倡民主法治觀念，經多年來之移植、觀察、消化與調整，西洋法律觀念影響臺灣各項立法甚深。要重新規劃後90年代法制，自應擇其重要原則予以採擇與融合運用。

　　自政府宣告解嚴後，舊有威權體制日漸解體，近年來，要求黨政分離、政治權力再分配、文官中立、行政透明化、行政層級合理化、軍隊國家化、司法獨立、媒體資訊自由等呼聲日盛。另經濟快速成長所帶來之消費膨脹、環境汙染、社會福利分配、勞資利益等社經衝突與日俱增，凡此亟賴民主政治之運作、多元化觀念之調和、多重價值之統合、多層利益之整合，使對立競爭圓滿妥協、化解糾紛，並要建立公平、合理為人人樂於遵守之法律制度，減少不必要之抗爭與衝突。

　　當前國際社會中，對於民主化之健全程度，係以憲法之實踐情形為具體指標，而自憲法學之理論延伸而來之重要精神，計有「民主原則」、「法治原則」、「民生原則」等。未來法制建設藍圖，應在維持國家安全之前提下，審酌先進之法治思想，以憲法為基礎，參酌憲法之基本精神，以追求民眾福祉的目的，並以實踐「理性的民主」、「澈底的法治」、「均富的民主」、「前瞻的安全」為內涵[17]，同時，因應國家社會發展之需要，適時研修增訂福國利民之法律，以因應未來國家建設與需要[18]。

1. 理性民主原則

　　近代民主政治興起，人民權利意識普遍覺醒，演變至今，民主觀念深入民心，已成普遍多數人之共同信念。自應審視民主之基本理念與內涵，一切民意以「人民總意志」為依歸，遵循民主程序，重視民主實踐，確實保障個人自由與權利，而且揚棄民粹主義，實踐國民主權精神，推動多黨政治機制，推行國家決策公開及言論

---

[17] 施茂林，〈後戡亂時期法制建設〉，法務部，1994年5月。
[18] 蔡百銓，《邁向人權國家人權學18講》，前衛出版社，2007年12月初版1刷，頁序、105、136、257、172。

自由、實質平等制度[19]，並以法治為基礎，建立符合國情民意之「理性的民主」法制。

(1) 保障基本人權

(2) 深化公民社會權益保障

(3) 維護地球與環境之生存發展

(4) 充實直接民權

(5) 健全政黨政治[20]

(6) 強化地方自治

(7) 暢通資訊管道

(8) 推動陽光法案

(9) 落實團體自主自治

2. 徹底法治原則

法治原則旨在強調國家權力之行使，以不非法侵害人權為界線，進而保障民主政治活潑生動之發展，提供自由、平等、進步、幸福之社會生活環境。此值社會、政治、經濟轉型期間，為使政治民主化、自由化，參酌社會法治國之精神，與時俱進，尤其需要建立法治制度、宏揚法治觀念。

(1) 嚴守法律位階

(2) 貫徹依法行政

(3) 體現公平正義價值

(4) 加強司法改革

(5) 落實柔性司法之法制

(6) 翻修違反居住所得分配正義法律

(7) 定明規範成立與處罰要件

(8) 遵守程序正義

---

[19] 江宜樺，《自由民主的理路》，聯經出版社，2001年9月初版，頁354-358。法治斌、董保城，《憲法新論》，元照出版，2004年10月2版1刷，頁11、22、31。

[20] 政黨政治之要義在於政黨間之良性競爭，發展機會平等，而不在政黨黨員人數之多寡、財力雄厚與否，因此政黨機會平等不單是客觀之法規範之內涵，亦是政黨公法上之權力，使憲法保護之價值更為明顯。為貫徹此精神，除政黨法外，其他法律如《選舉罷免法等》也要重視此原則，而且要建立完善之憲法法院制度，以憲法訴訟方式，保障人民之基本權利。參見李惠宗，〈從政黨平等原則論單一選舉兩票制〉，收錄於法治斌教授紀念論文集《法制與現代行政法學》，元照出版，2004年5月初版1刷，頁190、210、211。陳慈陽，《憲法學》，元照出版，2005年11月2版1刷，頁288。

(9) 加強權利救濟

3. 均富民生原則

經濟之高度成長與發展，可帶來穩定之民生化與政治之自由化，其間並有實證上之關聯性。我國《憲法》基於養民、衛生之理念，一項重視民生主義，實施平均地權、節制資本，致力教育文化之普及與社會安全，其基本精神在求全民之均富。晚近福利國家之觀念廣為民主國家接受，人民要求國家給付福利與服務之品質與日俱增，各國亦極端重視人民福祉、公共服務與民生福利。今後，應再提升人民生活水準，保護弱勢族群生存，促進整體經濟之發展，確保社會安全，以實現《憲法》基本國策所定之目標，建設自由安全之社會。

(1) 保障生存權益
(2) 強化社會福利
(3) 加強弱勢照護
(4) 促進和諧平等
(5) 推展合理自由經濟
(6) 適度經濟統合
(7) 強化公司治理機制
(8) 健全金融法制
(9) 推動社會企業、公益企業法制
(10)健全社會安全照護法制

4. 前瞻安全原則

60多年來，經我國上下通力合作，共赴事功，經濟繁榮、社會富庶、國力日漸充沛、國本漸趨穩固，開創令人自豪稱羨之臺灣奇蹟。惟因國內外形勢變異神速、社會風氣漸有轉變，造成意識多層化、思想多元化、文化多樣化，社會已形成不同之價值判斷標準，瀰漫忽視群體，崇尚功利，自私自利之氣息，加以經濟發展，工商科技發達，各種社會經濟、勞工、環境汙染等抗爭衝突，紛至沓來。因部分人缺乏冷靜、客觀、理性之態度，增加脫序、違規、玩法等現象，嚴重斲害公權力與公信力之建立，並影響民主政治之正常發展。故在此社會重大遞嬗、兩岸關係進行交流調整及國際社會影響力量日漸增加之際，法律制度自應隨國際發展趨勢、國家社會發展情勢與事實之需要，研修訂頒完整之法律。

(1) 強化社會安全與質量提升

(2) 調整私權發展與內涵

(3) 適應社經民生需要

(4) 強化科技通訊發展之法律回應

(5) 迅速回應網路世代變動

(6) 鼓勵外資投資，增強全球競爭力[21]

(7) 因應國際情勢與多邊合作趨向

(8) 維護國家安全

三、 法令鬆綁與風險迴避

（一）法律嚴密之風險評量

【案例4】法令嚴苛之風險管理

某貨品進口主管之機關接二連三發生集體貪瀆案件，而且涉案公務員有如五月端午節之整串肉粽，不僅上司震怒，首長顏面無光，整個系統蒙上陰影，更引起社會大眾之關注。觀察各案起訴情節大同小異，大致是對進口貨物之法令要求嚴格，動輒與法規不合，廠商乃設法疏通打通關節，投各層級公務員所好，給予相當好處。有識之士，直接向其中央主管部會指明是法令嚴格，不合實際所致，應趕緊鬆綁法令，就不至讓進口貨卡在一些非重要之法令限制內，進口商無需打通關節，也不至讓承辦人員陷於收賄或圖利之地雷區內。

【案例5】未開放菸禁之風險評量

早期監所常有管理員因收受受刑人或被告家屬賄賂，被判處罪刑在案，尤其是管理員為人犯攜帶香菸之事例不在少數。解析其原因係因當時監所禁止人犯吸菸，有菸癮之人犯乃設法買通管理員攜帶香菸入監所，解決菸癮之痛楚。後來《監獄行刑法》鬆綁，在《監獄行刑法》第47條規定，受刑人年滿18歲者，得許於指定時間、處所吸菸，此後管理員為人犯私自帶菸進監所之情形大幅減少。

---

[21] 世界經濟論壇（WEF）2015年9月30日公布最新全球競爭力報告，臺灣排名十五較去年下降，退步最多項目為「法規鼓勵外人直接投資程度」，一下掉三十四名來到第五十；「科學家及工程師充足度」、「企業掌握國際配銷通路」各跌十四名、十名，均與國家及企業競爭力有關。

【案例6】癌症防治立法之風險問題

有專家因研究癌症，深入探討癌症成因、診療、防治等問題，發現政府主管機關並未有系統，且有秩序研究及防治政策，影響醫療保健與國民健康。某日查閱醫療法令時，發現早在2003年5月21日已公布施行《癌症防治法》，對癌症之防治研究預防作法、診斷治療、安寧照護等有明確規範，設有中央癌症防治會報、癌症防治政策委員會主其事，並非政府不予重視。乃在某次研討會中向衛生署某主管提出質疑，請教相關具體措施，該主管空言以對，該學者嚴加指摘，並痛陳癌症防治重在明確政策、具體作法、有效實施，訂立法律又未能有效踐行，真是自找麻煩。事實上，此種政策層面，是否有必要立法，大有推究餘地。

從上述論述，很明顯地透露政府機關與公務員普通存有擴大法規範圍與增強法規約制等思維。若確實嚴格執法、公正執法，當可達到原來設定之目標，但若不予執行，執法不公，力道不強時，各該森嚴之法規，帶來諸多之法律風險，小則有行政責任，中則有民事責任，甚而有圖利罪之成立之可能，根本可謂自挖坑洞、自我圍困，一旦被究辦，既然自我規定，有苦難言，也得不到奧援[22]。

連帶地有謂強制性法律規範，人民無權處置，但從依法行政原則之精義，並非如此，正則應是法規未規範者即為人民自由空間，可自由自在行事，反而需要管制時，需有充分理由，符合必要性，才能有限制，以免傷及人民之基本權益。

由此引申，法律該寬鬆，而不寬鬆，權力作用需約制而不約制，對人民之風險加大，對政府亦未必有利。若公務員不認真執法，將有懈怠之責任風險；若積極執法，亦可能涉及侵害人民基本權益，伴隨法律風險而來。

（二）政府機關法規管理思維

一般公務員常會本於從嚴規範之觀念，對於人民各種行政事務採取嚴峻之規定，即本身執法之方式與程序，亦習以嚴格思維規範，深入探討，其原因約為[23]：

---

[22] 在司法案例中，涉及國家圖利罪之公務員在法令明確下無法反駁，曾痛斥：這麼嚴格的法律，是前面公務員訂下來的，很難做到，存心是整人，因此我為便民只好從寬處理云云，道出法令過苛、過嚴，等於埋下地雷，增加法律風險之發生率。

[23] 政府機關法規管理趨向從多、從寬、從重現象，並非一朝一夕所生，係長期以來，逐步累積而成，明顯是從防弊觀點，防制人民不守法，也避免公務員圖利興弊，較少從興利之健康思維思考，以致造成諸多奇特性法制現象，也成為公務員違規違法之危險源頭。

1. 不從嚴規定，人民不會守法

此種看法顯然係基於人民沒有守法意願，也不會守法觀點，衡之實情，顯係偏差態度。蓋法治社會日益深化，法治觀念漸植人心，法治習性逐日增長，仍停滯於5、60年代思維，必有礙社會之發展，也增加公務機關執法困擾。

2. 大有為政府，應多做法規管理

為強力發揮公權力作用，實施有效能之行政作為，法規管理需周密完備，避免法律漏洞，防杜人民錯誤，玩法弄法。惟明末大儒曾指出：法越密未必可行，何況當代政府職能已揚棄萬能政府之觀念，當公權力越大，事事干預，處處強勢管制容易使自由市場機能失衡，也增加企業之成本，對整體社會與經濟之發展無益，反而受到損害。

3. 法規不嚴謹，政府職能不彰

現代工商企業興隆，社會複雜，以寬鬆法律治理國家社會必導致公權力不彰，政府職能萎縮，反而應法令森嚴多加管制，擴大政府職權、職能，一則可增加人力，擴大經費；二則管制嚴，利基足，治理容易。因此，法律不能鬆綁，但實際面，並非如此。

4. 增強權限，強化法網密度

部分公務員未體會法治不彰，非在職權不夠，或法令不備，反而認為政府權限不足，需增權、擴權，充足公權力，並增加法律森嚴面，增列刑事處分，如環境、安全、通訊法等。但此種刑罰萬能觀念並不正確，也破壞刑罰價值體系，而且權力越大，責任相對越重，執法不利，反彈力道更強，甚而質疑該機關系統存在價值。

5. 法規完備，是進步之靈藥

當法規越完備齊全，代表政府之管理範圍加大，力道加強，有利工商企業發展，經濟越蓬勃，社會越進步。是以，「管的多」、「管的足」、「管的全」，自然比「不管」、「少管」、「重點管」為佳。

（三）法規鬆綁之思維與作法

從多、從密、從嚴原則研修法律，不僅容易侵害人民權益，對公務員服務民眾成為枷鎖，形同困民、刁民，因此則放寬法令規制，增加執法空間，為當前重要改

進作法，也讓公務員得以嚴正執法，體現公義價值[24]。

1. 減少強制性法規之數量

俗云：法令多如牛毛，道出現行法令過多，有無必要，大有探討之餘地。從圖利案例解析，圖利乃在因違背法令，若法令無規範，即不涉圖利問題，當法規作出不必要、不合時之規範時，對人民之管制加強，對公務員處理公務，成為風險源頭。在民主化、法治化越來越強之今日，人民崇法意願增強，保守與落伍之管制性與強制性思維，需予調整，減少強制性之法規，使人民、公務員、社會均蒙其利。

以目前法規之類別，可分法律、條約國家協定、授權簽訂之協議、行政法規、行政規則、行政裁量基準、行政解釋函令、行政指導公函、地方自治法規、法定獨立團體之規章等，應依照《中央法規標準法》、《地方制度法》之規定，予以分類規劃，考量法規整體體例，重視社會脈動，以必要性為主，重建法規體系，其餘採替代方案解決。

2. 以政府與人民認同之最大公約數規範

政府負責施政福國利民，保安衛國，法規旨在達成其目的。對人民而言，不喜受到太多約制，希望政府之管理旨在促成公共利益，滿足眾人之需求，法規之範圍亦儘量寬鬆，二者之間有相當對立性與衝突性，應尋求兩者平衡點。在必要性、公益性、整體性等基礎上以最大認同公約數制頒法規，強化公權力之執行力，並增進法律效能降低對工商事業活動之影響性。

3. 以基本型政府職能型態制定修改法規

萬能政府已非全民所期待，無能政府亦為全民所厭惡，小而精美功能之政府為全民所接受，法規之類型、數量與內容亦以此為基準，減少影響財經與社會發展之法規，降低影響企業發展之法規，縮緊侵害基本人權之法規內容，建構符合公權力推展且能保障人民權益之法規體系。

4. 限縮管制目的之法律

法規之目的在保國安民，增進民眾福祉，法律之制頒當以公共利益為主軸，以

---

[24] 法令不在多，貴在精；法令不在全，重在執行。所謂「立法嚴，執法密」不如「立法寬，執法嚴」，蓋因法出必行，令出必遵，則必要之法令均能嚴格執行，法律之目的與價值即得以實現，故鬆綁法規，不應擔心法治必不彰，法規必不行，只要嚴正執行，法律踐行，培養人民崇法、信法、守法信念，促導企業推行遵法機制，法律得以順利推行，不必擔心法令不多或不嚴。

必要之管制為上，如公共利益、民眾福祉、市場競爭、交易秩序、人權保障、權益維護、影響公平性、行政監理、企業督導、司法審判等，其他與公共利益及管制強度較無直接關聯者，無需以法規型式處理，而從政策實施、行政計畫、行政指導、執法要領、作業準則等方式操作實踐，達到政府施政目的。

四、 法律執行力道與法律風險

法律賦予政府機關強而有力之公權力，使公務員依據法律嚴正執行，展現公權力氣勢，而為民謀福祉，但是公務員是否認真執行常引起社會大眾之指摘。例如：年年發生之缺水問題、一再發生之黑心食品、每年夏天登革熱之循環出現、重大環保事件等，都代表公權力不彰、施政無能，引發民眾之高度不滿。有識之士直指有法不用、有法不行，置法令威嚴於不顧。

（一）行政刑罰事件之法律風險實現

【案例7】排放強酸判決之回應

一家全球半導體封裝測試龍頭企業於2013年10月排放逾5千噸致癌強酸廢水，汙染河川。一審判決廠長等人1年多刑期給予緩刑，二審大逆轉全判無罪，原一審罰金300萬元也免罰，引起檢察官、環保團體與當地居民大反彈。網友諷刺，臺灣真是資方天堂，農民痛批：真過分，沒天理等。

【案例8】從輕處罰排放汙染物之效應

2007年5月高雄一化工廠外包廠商將廢溶液傾倒入旗山溪，導致大高屏地區民眾飲水發生問題，10萬戶停水6天；2001年8月一電鍍廠將有毒鎳鋅廢水排放排水溝，汙染河川；2004年9月又有企業傾倒重金屬強酸液至高雄之溪水，類似結果引發社會撻伐。黑心食品一再發生、廢水排放沒事，這是什麼法治國家，群起質疑，誰高高舉起，輕輕放下。消費者團體指責企業無良，政府無能；環保團體批評：判決太傾向財團，經檢視法院判決團有其理由與依據，也涉及檢方舉證責任是否完備？事證是否充足？但學者與社會不能接受，連帶影響司法機關公信力建立之危機。

　　行政刑罰案件經行政主管機關移送檢察官提起公訴之案件中，有全部判決無罪者、有部分判決無罪者，檢視其原因均與證據之收集大有關聯：1.是否有盡其職責調查？2.有無掌握工廠處理之實況？3.是否察覺工廠私自偷偷排放之情事？4.平日有無抽樣、採證、化驗與建檔？5.有無建置長期性之警示機制？6.是否曾予糾正、督導與裁罰？7.執行過程有無發現法令不備之處？8.有無作必要且易於執行之修法？9.修法後執行力道是否足夠等。凡此均為執行公務之風險因子，主管機關不能忽視，需有風險治理措施。

　　又環保、食安等案件之證據不易收集，要證明其因果關係，尤非易事，否則如證據不足，像塑化劑請求賠償22億元，竟僅判決賠償120萬元，令人難以接受。因此主管機關平日應盡監督控管責任，密集設置監測點，實施定期與不定期監測，對於事證之採集、保存、規整需有系統性、有效性之作法，以便未來不論是供行政裁罰或刑罰判決時，均得作為裁罰與論罪科刑之重要證據。千萬不能不作完整之採證程序，僅於犯罪事件發生時，提出一時性、暫時性、單點式之證據，此有如環保案件僅單單提出一條死點為證，導致不能被採信。再者從既有案例釐出法院所要之證據，包括平日排放情形、異常狀況、汙染資訊、土壤採樣化檢結果、水體檢驗數據等，長期性紀錄、汙染程度變化資料，建置完整周全資料庫檔，否則資訊不全、數據失真、採證有限、罪證不足，法院無法從單一薄弱證據論罪，判決無罪連動司法機關被指責怪罪。事實上，必然會反推檢驗過程，圖窮匕見，行政主管機關仍難逃被檢驗之局面，甚而被指摘為被告無罪之幫凶。是以行政機關需具備法律風險意識，執法力道要強、程序要健全、追緝力要持續，使違規不法者接受法律制裁。

　　政府對環境汙染與食品安全之風險控制，當以透過立法落實公權力之嚴正執行，目前此二類法規架構已粗備，所缺者是公權力之有效執行[25]，其中除形式上依法執行外，更需有執行之專業知能、專業技巧，達到法定目標。同時全面性檢視現有環保與食安法律，是否有規範不足？是否有缺漏？法定標準是否合理？取締方式是否齊備？管制監理是否周全？對工廠業界管理是否完備？安全之風險管理機制與

---

[25] 《食品安全衛生管理法》為管理食品衛生安全及品質，維護國民健康，授予主管機關管理食品及食品業者諸多權力，實施檢驗、查核、管制工作，進入場所抽驗檢核，要求提供扣留來源、品保、販售等資料，封存有問題之食品、添加物、器具等，限令消毒改製或採行適當措施，封存及停止販賣，命業者回收、銷毀、退運、沒入銷毀、限期回收改正，命業者歇業、停業、廢止登錄、終止廢止委託或認證以及禁止輸入，並依法裁處罰鍰等，其權力寬廣、多樣、多層、多軌，並可交叉運作。但實際上主管機關有無強力執法、有效執行，大眾質疑。是以，執法消極、怠慢、推遲等，必引來強力抨擊，對主管機關帶來風險危機。

要求是否完整？法定職權是否充分？職權是否能發揮？查核取締管制是否足夠？罰則是否能有效發揮其效果？凡此詳實檢核，作整體性、完備性之修法，以利執行。又透過財政稅收之手段，以達到環境汙染之風險控管，如抽取低碳稅、加重汙染規費等，均為可考量之對策[26]。

（二）公權力運作與風險危機

從下列各面向分解，更可瞭解公權力運用之無力實現，導致民眾對政府欠缺信賴，出現政府效能之風險危機[27]：

1. 從法令規範以觀：如法令賦予水利人員警察權、規定林務人員巡山與檢查制度、明定食品主管人員稽查權限，竟未能有效實施，造成違法、不法事實經常發生，讓民眾懷疑有法不用，法律形同具文，何以約制到的都是普通百姓？

2. 從成本效益以觀：如鄉鎮之養殖補助，是否有效運用；河堤、海堤工程是否施作牢固；高屏溪大規模整治，水質汙染是否改善？國土保育經費龐大，有無發揮效用？水災特別經費有無切中要害，展現效能。

3. 從公信力以觀：一段時間即出現飆車、環保汙染，取締是否發揮其效果；關係民生之食品衛生，查緝力道是否有效踐行；色情查緝，有無展現其績效？年節交通調節管制，是否有效率？又如所得稅之課徵，是否以領薪資之族群為主，何以高收入者得以順利逃稅，均涉及政府公信力與民眾之信賴度。

（三）嚴正執法，提升公信力

民主法治越來越昌明，民眾之法律意識也逐漸加強，對於法律之公平性要求更高，實質公益更期待得以實踐。因此，政府機關對於法律需有澈底、嚴正執行之決心，具體而言：

1. 主政者有高度執法信念，強力要求貫徹。

2. 嚴格執行法律規定，建立公信力。

3. 依法行政，全力為民服務。

---

[26] 宋明哲，《公共風險管理——EMR架構》，台灣金融研訓院，2015年2月初版，頁353。

[27] 1995年作者在法務部服務時，為撰寫戰後戰亂時期法制建設白皮書，曾深入探究法律推動情形、法規執行障礙、法制研修問題等，發現公權力之執行出現諸多無力感。不論從法令規範、成本效益與公信力建立解析，存有諸多狀況。現20年已過，再檢視公權力之推展成效，部分問題仍在，嚴正執法之力度亦有不足，顯示政府機關對於法律執行之風險意識有待加強。

4. 培育公務員執法膽識與持續力，強力要求實踐。

5. 結合相關機關發動職權，達成法定任務。

6. 與檢警調機關配合，糾舉不法。

又公務員在執行公務時，需具備下列信念：

1. 執行之公平性：有利當事人原則。

2. 執行之合理性：比例原則。

3. 執行之一致性：平等原則與禁止差別待遇原則。

4. 執行之妥適性：依法行政及合於授權之裁量原則。

五、　本章小結

　　法律在解決社會問題，須有與時俱進之前瞻思維，適應社經政治發展趨勢。在法制建設工程，需有戰略之指導思維，調整舊有不良之法令規範，建立前瞻性之法制體系。並需檢討原有錯誤法律觀念，鬆綁法令，有效降低法律束縛，讓公務員勇於任事，有效降低風險實現。

本章摘要

　　1. 世界多變，社會複雜，法律之制定研修須立即回應社會需要，並本預防管理之原則，以與時俱進觀念，研修不合時宜之法律。

　　2. 網絡無遠弗屆，公私部門及人民處理事務，均由網路平臺達其目的，法律需配合網路社會修正，並因應新興事務、調整法律規範。

　　3. 檢討現有法制與社會規範，體系紊亂，迷信刑罰萬能，加上執法不利，應通盤檢討，規整現有法規，重視民意，規劃前瞻性之完備法律。本當理性的民主、澈底的法治、均富的民主、前瞻的安全四大指導原則，建構完善之民主人權法制體系，培養法制人才，教育人民守法，加強各機關執法力道。

　　4. 當前部分機關之法規管理思維，誤認大有為政府應增強權限，強化法網密度，多做法規管理，乃進步之靈藥，以致法律層層節制，規範森嚴，公務員執法常涉有違背法令之圖利問題，無異自找麻煩。正本之道，應重新思考法令之鬆綁，減少強制性法規，以基本型政府職能制頒法規，限制目的性之管制法律，讓公務員得以放心為民服務，減少觸法之法律風險實現。

5. 諸多重大違法、違規事件，代表執法不嚴、公權力不彰。行政刑罰案件，常因證據問題判決無罪。行政機關應勇於任事，實踐公權力，有效執法，達到法定任務，建立公信力。

思考題

❖ 常聽見：法令如牛毛、有人又說：健康的牛多毛，那國家要如何研修，才能契合社會需求？解決人民問題？

參考文獻

1. 林錫堯，《行政法要義》，元照出版，2006年9月3版1刷。
2. 吳庚，《行政法之理論與實用》，三民書局，2000年6月5日。
3. 葛克昌，《國家學與國家法》，月旦出版，1996年4月初版。
4. 陳櫻琴、王忠一，《環境法律》，五南書局，2007年11月2版。
5. 李惠宗，《中華民國憲法概要》，元照出版，2013年2月10版1刷。
6. 李銘義、于蕙清、吳大平、吳明孝、林信雄，《憲法與人權》，新學林出版，2011年9月2版1刷。
7. 吳尚昆，《網路生活與法律》，三民書局股份有限公司，2005年1月初版1刷。
8. 宋明哲，《公共風險管理——ERM架構》，臺灣金融研訓院，2015年2月初版。
9. 施茂林，〈後90年代台灣法制建設工程——描繪孫中山先生法制思想之體現〉，收錄在蔣先進、馮鏡華主編《孫中山法治思想研究（二）》，廣東人民出版社。
10. 施茂林，〈從戡亂時期法制建設〉，法務部，1994年5月。
11. 施茂林，〈台灣法制建設工程之回顧與展望〉，2015兩岸民商財經法制學術研討會，亞洲大學、台灣法研會、中國海研會等，2015年6月9日。
12. 施茂林，演講題材：民主法治之內涵與培養要領、民主法治修養、臺灣的法制建設與趨向、健全法制基礎、實踐實質正義法規影響評估、臺灣社會發展與財經法律趨勢、明天過後法律思維、全球化與法律發展趨勢、臺灣司法面面觀、臺灣立法程序與法務部角色剖繪、現代人應有的法律風險。

第 19 章

公務員執行公務之法律風險衡量（一）——法律錯誤認知與貪瀆犯罪避讓

讀完本書可學到：

1. 公務員之錯誤認知要如何改正？
2. 認識法紀淡薄之風險與培養正確理念？
3. 公務員如何正確明瞭法律眞意，以免法律風險實現？
4. 現行貪瀆犯罪之類型與解析。
5. 從諸多個案去探討公務員何以忽視肅貪法令？

　　「廉潔」、「便民」與「效能」是全民對公務員要求之目標，也是政府施政的重點與方向。多年來，政府爲提升國家競爭力，以及提高人民生活品質，遂將加強肅貪工作[1]、從嚴追訴黑金案件以及要求公務員依法嚴正執法，開創公共福祉列爲施政重點。相對也給予公務員執行公務之壓力與責任，如公務員缺乏法律風險意識，違犯法律規範，將可能涉及司法肅貪與行政肅貪問題[2]。

　　分析公務員貪瀆犯罪之原因，爲心存僥倖、誤觸法網、生活不檢、環境因素以及利令智昏、存心舞弊等，其中部分與法律觀念不正確或對於法律規範缺乏眞正瞭解，甚而誤解有關。有則辯稱：不知法令[3]。是以，從預防管理切入、評量、鑑測公務員執行職務可能涉及之犯罪問題，有助於建立公務員正確法規觀念，減少法律責任風險實現[4]。

一、　公務員錯誤認知與法律風險辨識

　　一般公務員於執行職務時，均有依法行政之觀念。有關准駁裁決等行政作爲前，會詳細思考行政法令之規範與禁制，但進一步對於該項公務之決定是否合於刑事職務處罰之規範，則較少注意，甚而忽略刑事處罰問題，以致經常憑其個人主觀認知或直覺判斷，而陷入刑法規範之泥淖中，致涉及犯罪問題。

---

[1] 自2009年7月8日採國際透明組織倡議之「國家廉政體系」概念，以多元策略整合國家各部門的力量提升廉政，推出「國家廉政建設行動方案」，截至2014年12月止，列管貪瀆案件計2,354件、7,072人；同期間貪瀆列管案件經法院裁判確定，移送檢察機關執行有罪人數爲2,131人，定罪率73.5%；同期間起訴案件不法利益金額約爲新臺幣43.3億元。參照法務部2014年統計年報網址：http://www.rjsd.moj.gov.tw/rjsdweb/book/Book_Detail.aspx?book_id=122。

[2] 當前政府肅貪工作，對公務員而言就是法律風險，而「肅貪」大別爲二：一爲「司法肅貪」，另一則爲「行政肅貪」。前者涉及犯罪行爲，後者係違反行政上之義務，公務員職掌執行特定國家事務應有一定之義務，需有效、正確、公正執行公務，勇於任事，應絕對保守之機密，未得長官許可，不得任意發表有關職務之談話。同時，應按時服勤務之義務，不得就主管事件，有所關說或請託，不得利用職務上之機會與他請託人訂立互利契約或利用其職務上之地位對屬下關說、請託或受贈財物，以及不得就職掌事項要求、期約或收受賄賂等義務，亦不得動用公務或支用公款，此在《公務員服務法》第2、4、6、15-19條各均予明定。如有違反，就有行政責任，屬行政肅貪範疇。

[3] 有人以爲自己對《刑法》處罰之規定並不清楚，應當可以免罪，其實這是錯誤觀念。依《刑法》第16條之規定，任何人不能因不知法律，即可不負刑責。

[4] 作者長期以來對於肅貪法令相當關注，也花費時間蒐羅資料研究，並撰寫各類文章，參與論壇、研討會與研究會，受邀專題演講。本章內容大多取材於上述文章、論文及演講題材，加以彙整歸納，爲省篇幅，不列述各內容之個別參考資料，可參酌本章參考文獻所列文獻。

（一）嚴重自我不察之法律風險

　　從實務層面予以觀察，諸多案件之觸蹈法網有時候讓公務員本身都自覺訝異，甚至有「早知如此、何必當初」的遺憾。因此，首先提到，第一種情形係「不法之不知」的情況：此即所謂「主觀上若知之、客觀上即不爲」（知即不爲）的情形；部分公務員有時會存在一些錯誤觀念，下意識間毫無認知現行法對其執行公務之相關行爲所給予的評價爲何？以致觸犯刑事責任。

　　爲說明此種自我不察之風險實現，特以公務員收受賄賂罪之案例明晰之。

【案例1】[5]吃一餐飯的悽慘代價

　　公務員甲在縣政府農林單位服務，某日因地目變更案由地政科專員帶隊至現場會勘，會勘後一同餐敘，席間參與會勘公務員因工作職務不同，而分別受領廠商不等之答謝禮（現金），甲聲稱不收答謝禮，但仍會配合照辦。經檢察官起訴後，一審法院判處甲10年徒刑，甲已拒絕收受紅包，很多人質疑何以仍被判罪，理由在於：因該次餐敘費用共2300元係由廠商支付，屬賄賂罪之不正利益，而會勘同意地目變更，於法不合，所以係屬違背職務收受不正利益。

【案例2】機關內部的貪瀆文化

　　一工程單位，有大半的公務員因某賄賂案被起訴。在該案之工程施工進行期間，每逢星期例假日，不同系統的同事相偕輪流至該營造廠處接受招待，視交情不同而分爲數種等級程度的招待（EX：吃飯、喝咖啡、唱歌、地下酒家跳舞、看鋼管秀、性招待等）。被起訴的數名被告當中，其被訴事實還必須依據接受招待的等級不同來分表製作。表面上，被訴的公務員僅接受飲宴歡樂招待，並未另外收受紅包，但如同前例，我國賄賂罪，包括賄賂與不正利益二種，上述飲宴招待即爲不正利益。同時，該案中，某公務員乙向營造廠聲稱，到工地看施工情形沒有交通工具很不方便，要求廠商提供新車當交通工具。在事情爆開之後，發現該新車平日皆由乙使用，乙僅至工地2次，汽車實際上由乙及家人使用，前後2年半之久。乙辯稱該

5　本書諸多與公務員貪瀆有關之案例，係作者演講之內容部分經法務部檢察司節錄在「公務員執行公務應注意法律問題與案例」http://www.yzu.edu.tw/admin/bo/files/%E5%85%AC%E5%8B%99%E5%93%A1%E5%9F%B7%E8%A1%8C%E5%85%AC%E5%8B%99%E6%87%89%E6%B3%A8%E6%84%8F%E4%B9%8B%E6%B3%95%E5%BE%8B%E5%95%8F%E9%A1%8C%E8%88%87%E6%A1%88%E4%BE%8B-201204.pdf，最後瀏覽日期：2016年4月30日。

車僅作為其至工地「代步」之用，然調查局人員卻於營造廠公司帳冊內查出，該車歷來的開銷（EX：汽油費、保養費等）皆由公司負責。客觀評斷，乙收受「汽油費用」之現金，即屬收受賄賂。

【案例3】致送茶葉感謝之法律風險

丁、戊兩人是鄰居，平素不睦。某日丁向警察局派出所報案，稱其被人暗中打傷，懷疑是樓上住戶戊所為，經檢察官提起公訴在案。戊被起訴後，極度不甘，於是寫了一封檢舉信給檢察官，檢舉派出所，因為當時他在派出所作筆錄時，被害人丁的父親提了2斤茶葉來感謝。這在一般民眾認為是一番好意，是人情世故，但嚴格地解析，第一，如果員警是違背其職務來幫忙被害人丁並且收下茶葉，可能構成違背職務的收受賄賂罪；第二，如果員警係職務上依法作為而收下茶葉，有可能構成不違背職務的收受賄賂罪；第三，如不構成收賄罪，仍有可能有行政責任。

這些案例從表面事實以觀，並不重大，各個涉嫌犯罪行為人也可能在主觀上都不曉得其行為涉及賄賂之罪責，也有可能不明白其嚴重性，如果知道事態如此嚴重，相信行為人應就不會想如此作為。

再者，部分公務員想法單純，對法律議題不深度思考，有時有錯誤之認知，例如：

1. 存好心，做好事，不會有問題

【案例4】未依法令處理

對於地震引發之半倒房屋竟核給全倒標準補助。又如無照違規駕駛，在駕駛芳芳要求下，開立其他條款之罰單，從輕處罰，均被依圖利罪、偽造文書究辦。

2. 便宜行事是發揮為民服務精神

【案例5】擅自更改之風險

稅務員於納稅義務人拿稅單前來訊問時，發現稅單有誤，未依程序報核，私自予以更改，以免納稅義務人困擾。又違章戶經人檢舉違章建築，拆除大隊僅小部分意思意思，對於建物形式上拆除，主體未予拆除，方便違章戶未來繼續修繕使用。

3. 公家有益，本身無所得，是好的表現

【案例6】違法核照之犯罪

　　某縣政府都發局長違法發給商場執照，啟動商機，帶動地方繁榮。又迴避法令限制，同意土地開發，連動附近繁榮，有益地方發展，是好的作為。

　　事實上，各該案例，涉有偽造文書、圖利等犯行，而涉案之公務員明顯欠缺法律風險意識。

（二）自以為是之法律風險[6]

　　在法治國原則之依法行政原則前提下，所有國家或地方機關的行政作為都必須依據法律始得為之（法律保留原則）。因此，倘若公務員本身對法令的認知及運用不夠精準，而對法令之解釋與適用界線模稜兩可，則對人民權利及利益之保護的威脅性必然存在。但事實上公務員也常忽略法律規範，而自以為正確在處理公務。

【案例7】隨意撕毀公文之法律風險

　　行政主管為其公事常外洩而苦惱，且三令五申要求，外洩仍有所聞，經暗中觀察，不得其解。某日，突想到其中可能性，乃把辦公室工友找來，向渠等聲稱往後下班時間所收紙類垃圾皆不必勞駕處理，全部送到伊辦公室來，經其找來親信加以檢視所有紙類垃圾，終於發現同仁將未完稿的文件或應保密之公文隨意撕毀、丟棄，以致消息易為人得悉。原因是公務員常主觀上自以為是而未深入思考，乃隨意棄置文件，但因有過失情形，仍會涉及過失洩密罪。

---

[6] 除本文所列案例外，尚有下列常見自以為是之行為：
　1.將尚未送首長核稿之中間文稿予以撕毀，認為無關緊要。
　2.將文書以碎紙機碎掉不附卷歸檔，方便檔案室同仁作業。
　3.要當事人取回其申請辦理之文件，即可省事。
　4.校對人員對前來查詢當事人之公文直接予以改正，便利當事人。
　5.校長、總務將學生拾得物送與育幼院，發揮最大效用。
　6.要不遵守規矩學生不必上課發給畢業證書，便於管理學校。
　7.老師查扣小說送同學獎勵，物盡其用。
　8.為當事人雙方調停成立，一方未說漏掉一段內容，即予增列。
　9.採購比價，囑中意廠商取來二張陪標，認已依程序辦理。

【案例8】已屬公文之文書不能隨意棄置

科員張信公文擬稿之後，經其股長蓋章之後，因專員有不同意見而退件與張信清稿。張信依命重行擬稿，經高層批示之後也順利交繕。此時，原來第一次所擬之稿（僅經股長蓋章而被專員退件者）應該如何處理？一般來說，可能習慣性地往垃圾桶丟擲，原因為該初稿形同廢紙，但深入思考該科員，「有沒有權力」作此一丟擲公文的行為？這涉及妨害公務的問題[7]。

【案例9】迴避批示而批依法處理之風險

公務處理普遍存在一個現象，為省麻煩，多數公務員多批「依規定辦理」、「如符合規定，照辦」等字眼。某公務主管在公文僅蓋其印章，留一個空白處而不批任何裁示字眼，例如：「準」、「可」等，以為我未批示，就不會有責任，但已簽字劃行，即完成公文程序。縱然未批任何裁示「准」、「可」、「如擬」等字眼，仍然一樣有法律效果[8]。

【案例10】未將尾卷文書歸檔之責任

公務員甲處理某案件，在該案件告一個了斷之後，所有的資料歸檔完畢，突然又來一件密件公文，甲認為嗣後的來文與原案全卷之間並不具備關聯性，乃隨意放在桌上，為記者X看見而報導，來函機關追究責任，依過失洩密罪法辦。。

（三）法紀觀念淡薄

公務員處理公務，須依法行政，不得率性、隨意，主觀執行公務，本來對職務法令應相當瞭解，依據法律目的與精神貫徹規定。但以實務操作觀之，常有不解、誤解、逾越法令或脫法行為，而與職務法令無直接關聯之身分法令、法紀法令、刑罰法令等，則更為陌生，甚而忽略。當違紀、違法行為出現時，已無從挽救。

現舉出常見之行為，提醒公務員務必有此法律風險知覺，避免有各該行為，觸犯法律責任。

---

[7] 《刑法》第138條就妨害公務規定，行為人毀棄或損壞公務員職務上掌管之文書或物品等行為，可處5年以下有期徒刑。

[8] 曾有一縣市首長對於一開發案，批示：原則同意，仍被訴圖利罪，理由係其明知開發案違背法令，批示原則同意已屬核准，首長則抗辯：有原則即有例外，我本意是合於法令即准許，如不合法令表示未准許，檢察官認為係卸責之藉口。

1. 法律意識薄弱

【案例11】輕忽法律之風險行為

由於公務員法律意識淡薄，對於刑罰法令陌生或忽略，以致發生下列事例：

1. 核准業者申請案例，收招待券，如高爾夫球、旅館、溫泉、餐券等。
2. 主管人員廉價買監管之上市公司股票。
3. 承辦員將活動之物品送與友人
4. 監工人員將工地石材、砂石搬回，供自己建造房屋用。
5. 公務員週六駕駛公務車至EMBA班上課。
6. 出差1天，報領3天差旅費。
7. 書記將空白之二頁紙、便條紙取回，供子女計算用。
8. 公餘兼辦代書業務，而應用公家資訊與資源。
9. 以公有筆、紙，供私人用途。
10. 老師對違規學生罵豬、令排隊門口罰站。

以上事例，在當事人以為只是小事一件，旁人也會如此看法。然而，涉有收受賄賂、侵占、詐欺、圖利、公然侮辱等罪名。

2. 自認小事而實有大責任

【案例12】未辨明法律意涵之風險行為

下列事例，在公務處理過程出現：

1. 幫友人代查前科、戶籍資料。
2. 為方便好友，少估計應納費用。
3. 用扣案物傳真機、電腦設備供公務使用。
4. 園藝所將花苗隨意送予好友販售。
5. 受民代要求，將人犯放回，查扣物發還。
6. 當事人已和解，乃撕毀筆錄，使當事人滿意。
7. 對於當事人申請事實，發予不實證明。
8. 警員將被告涉案事實從輕記載，如綁架記為財務糾紛爭吵。
9. 警員在移送書記載被告涉案之罪名較輕法條。

10. 清潔隊員朋分商店所送按月致送之額外清潔費。

11. 校長指示由福利社發福利金犒賞員工。

12. 校長指示由家長會支付植栽費用。

上述案例涉嫌偽造文書、圖例、妨害名譽、洩密、侵占等行為。

3. 不知嚴重性

【案例13】不知行為嚴重性之風險事例

綜合發生案例，舉出不知行為嚴重性之案例如下：

1. 建管人員方便建商核照案，7折購買該建案房屋。

2. 榮家主任感謝同仁宴請，指示報加班費支應。

3. 環保稽查人員介紹姪兒至其督管之化工廠任職，而減少開列罰單。

4. 都發局主祕將形象商店交其子委辦規劃。

5. 虛報親友為檢舉人，申領檢舉獎金。

6. 假單據報領鐘點費、材料費、交通費等。

7. 投資管區電玩業、情色業分紅得利。

8. 消防檢查未收紅包，接受飲宴招待。

9. 工程違約而徇私不予扣款或處罰。

10. 暗示當事人致送飲料、茶葉供辦公室使用。

11. 藉公務之便，帶親友推銷保險或商品。

12. 員工分批接受招待。

13. 公務員娶媳婦由營造商付酒宴費用。

（四）僥倖之便宜行事與法律風險

有公務員不願事情繁雜，乃予減化，喜用「便宜行事」觀念執行職務，若從客觀角度來看，在情理、社交禮儀上甚或在價值上可以被接納，在法律問題探討上可能被稱為「欠缺實質違法性」者。但實際上，便宜行事會被認為係違背法令執行公務，有時會有刑事責任，亦會有行政責任之問題。

【案例14】挪用扣案機具之法律問題

某河川管理局人員甲，專責取締河川砂石盜採業務，覺得使用推土機將相當方便。某日，某包商乙在某河川上游相隔一段距離不遠整治河川，因爲整治進度太遲緩，而上級長官於近日將蒞臨視察，眼看時日將近而完工實屬不能。甲遂告知乙，稱其同仁在下游2公里處查扣非法盜採砂石業者丙之先進新型機械，指使包商乙便宜行事將查扣機械先行挪用應急。本例經被檢舉，甲把他人（丙）的物品同意給第三人乙使用，甲主觀上也是好意爲公事著想，但是實際上，甲之挪用行爲涉及法律責任，至少有行政責任風險。

【案例15】自以為高明之法律風險

高等法院審理一宗水土保持刑事案件，農業局科長A接到法院來電稱，本件在移送書上載明附件相片九張，爲何實際上卷宗所附相片卻只有六張？科長A遂緊急拼湊補上三張相片，法官一眼看出A所補三張相片，並非同一臺相機所拍攝，經查，係承辦人B疏忽把部分相片遺失，A乃指示承辦人儘速至現場補拍，被告辯護人乃指摘A與B涉嫌《刑法》第165條規定，湮滅他人刑事被告案件之證據者構成犯罪行爲，A、B頻頻喊冤，表明絕未藏匿或湮滅相片證據。事爲其長官聞悉後，以此告誡同仁「欲蓋彌彰反於事無補」、「事情處理錯誤，不要再弄巧成拙反而被科處刑罰（刑事責任）」。就以本例來說，倘若一發現相片張數短少，就自行行政處分，可能僅係口頭訓誡等，何必再另外拼湊三張出來，被懷疑涉嫌湮滅證據罪，自找麻煩。

【案例16】移用扣案器材之法律責任

警員查獲供犯罪行爲人所使用之物（電腦零件），比公家的器材先進。某員警C查扣某批犯罪所用電子器材，向同仁D聲稱，單位本欲採購相同器材零件的費用可以省下，直接拿來裝上使用，乍看之下，似乎僅是被告之物拿來應急的便宜行事行爲，並且員警C主觀上係一心爲公，但是實際上，員警C之挪用行爲所牽涉之法律問題還是存在。

由上可知，便宜行事若是對法律之不知或誤解，應予導正；若出於僥倖，則需更正自己錯誤觀念，以免事發後才知道「代誌大條」，後悔不及。

（五）重情理輕法律之風險辨識

公務員在執行公務過程，發現違法、不法之情節非常輕微，而涉及之民刑與行政責任又相當嚴厲、重大，明顯是「情輕法重」，似此「小事情」卻有「大法律責任」令人非常同情，公務員有可能心軟而重情重理，法外方便或從寬解套、從鬆核准、從輕發落或衡酌允准等，即會涉及違犯法律，本身帶來嚴重之法律責任。

【案例17】代查前科之罪名

辦案單位甲即將屆齡退休，某日值班，好友乙來訪，向甲聲稱，近日其女兒丙新認識男友丁，其見丁言行不滿意，乃向甲求援是否能私下調查丁男是否有前科等不良紀錄，甲二話不說立即進入電腦查詢系統查閱並列印丁男相關資料。試問甲此一非出於公務目的之查閱行為，除了係情理之常屬日行一善之外，涉嫌《刑法》第132條洩漏國防以外之祕密罪。

【案例18】從輕裁罰之法律風險

高速公路某限速的路段，員警戊將超速行駛之駕駛己攔車下來開單，己以與戊同鄉為說詞猛套交情，員警戊礙於情面遂以「穿拖鞋開車」為由開單而將己放行。己故態復萌依然一路超速，在離不遠的3公里之後路段又被員警庚攔車，己如法炮製向員警庚聲稱「我剛剛也是超速，但是員警戊放我一馬……幫忙一下！」，員警戊之公務登載不實行為於是被揭發，同時，還涉及圖利罪嫌。

從後面兩個例子來看，員警在公務文書登載等行為上，是否屬於違法行為，抑或僅僅係基於「情」跟「理」的考量所為的表現，值得思考。從法律嚴肅性來看，此公務行為，在情理上或許可以理解，但是在法律上卻難以容許[9]。

（六）灰色地帶經費與法律問題

目前部分機關在處理公務上，並非全部由法令予以定明，尤其經費或費用類，因非原有預算項目、會計科目或公務經費，而又因事實之需要或行之多年，乃有公

---

[9] 常言：公門好修行，公務員在執行職務時，難免碰見情輕法重、理高法低等問題，嚴格執法有其事實困難度，如僅偷摘三枝波斯菊、盜取五個回收水果紙箱、竊地建物一家五口住6坪小違建等。此時公務員如心軟而置法律規範不顧，或者從寬解套，從輕發落或衡情允許，將涉及違犯法律。

務經費外之收入款項，一般以之充當公關、補助、補貼或行政管理、公務相關活動運用，是否合於會計法令，或合於捐助人之原意或公益或公共目的支用，不能無疑。嚴重者被依刑事犯法辦，中者行政處罰，有的遭受外界指責攻擊。是以，此部分經費、收入或費用，有其法律風險存在，負責之公務員或主管首長不能忽略其適法性，要評量其法律風險[10]。依蒐集所得之灰色地帶經費或物件，存在不少政府機關，茲舉出下列情形供參考：

【案例19】灰色經費之法律風險

一般機關常有下列灰色經費，大都認為沒有問題，但嚴格檢視，仍有其法律責任之問題。

1. 破案獎金、加菜金
2. 警友會提供公關費、經費
3. 民眾提供設備、車輛
4. 民眾捐款充當辦案或辦公經費
5. 年終摸彩品
6. 捐款

【案例20】依實務所見，各機關會有下列非經常性收入

1. 他機關補助
2. 各類敦親睦鄰經費
3. 機關廢紙、舊物件等變賣收入
4. 廠商回饋之款項物品

【案例21】校園灰色經費之法律風險

校園中常有下列灰色經費，也是涉及諸多法律議題，不能忽略其責任[11]：

1. 課後輔導費用
2. 教材處理費

---

[10] 此類灰色性經費需評量其適法性：(1)此類款項之性質為何？(2)法令上評價為何？(3)支用之法定程度為何？(4)是否符合此類費用之原來目的？(5)運用之用途、目的，是否經得起考驗等。

[11] 校園內有部分公款性質之經費，常由學校校長依例支應，但又無明確之法令規範，一向靈活支用，而缺乏嚴謹之支用作業程序，存有相當風險性。依多年實務經驗，有負責之同仁或首長不小心而被法辦、追訴。

3. 受託辦活動結餘款
4. 補習藝文、游泳收入款
5. 家長會之經費
6. 校友會之經費
7. 福利社之款項

二、 公務員肅貪法律之風險自覺

（一）公務員要知法，保護自己

　　公務員平時忙於公務，可能不會去注意貪瀆法律之規範，有時還不太清楚何種行為可能構成犯罪，例如：商家、醫院、工廠為感謝清潔隊平時的辛勞，逢年過節就包個紅包答謝，清潔隊員認為理所當然，認為沒什麼嘛！你送我、我就收，但這不僅是行政肅貪的問題，還牽扯到司法肅貪，有可能會構成收受賄賂罪，也就是俗稱的「紅包」；又如某位公立醫院的婦產科醫師為婦人接生後，喜獲麟兒的家人為了答謝醫生送了紅包，醫生也許不知道收了紅包以後事情會很麻煩，等出了事情還認為這是產婦家人為了答謝醫生送的，怎麼會屬於貪瀆呢？其實這是對法律欠缺暸解所致。

　　從司法機關偵查、審判之案件觀察，公務員觸犯貪瀆犯罪中，有明知故犯者、有對刑事法令不理解或誤認者，而公務員明知法律的規定還要違反，怪不了誰；但從另一方面分析，明知故犯者當中，有人也不太暸解他們的所作所為到底違法程度為何？刑事法規之目的何在？也有的知道法律要規範，但不知道嚴重性，凡此均是公務員除了清楚職務法令、認真執行公務外，更要暸解貪瀆刑事法令之規定。若不去認識，也不去理解，法律風險當然就會實現。

（二）公務員貪瀆責任

　　有關公務員貪汙瀆職之處罰，主要規定在《刑法》第四章瀆職罪及貪汙治罪條例內，部分則規定於特別法內，如《洗錢防制法》、《懲治走私條例》內，為明晰貪瀆犯罪之整體性與概括性之內容，只就《刑法》、《貪汙治罪條例》等有關之罪名，簡要說明如下[12]：

---

[12] 施茂林，《刑法》，考試院保訓會，1995年5月，頁22。

1. 本身犯貪瀆罪方面

(1) 向公家機關貪取財務利益者

A. 竊取或侵占公有、公共器材、財物者。

B. 建築或經辦公用工程或購辦公用器材、物品，而浮報價格、數量、收取回扣或其他舞弊情形者。

C. 擅提、截留公款者。

D. 利用職務上之機會，詐取財物者。

E. 募集款項或徵收土地、財物；從中舞弊者。

F. 對主管或非主管監督之事物圖利者。

(2) 向人民取得不法財務利益者

A. 借勢或借端勒索、勒徵、強占或強募者[13]。

B. 對於職務上或違背職務之行為，要求期約或收受賄賂或不正利益者。

C. 利用職務上之機會，詐取財物者。

D. 募集款項或徵收土地、財物，從中舞弊者。

2. 因他人犯貪汙罪而觸犯貪汙罪方面

(1) 直屬長官對於所屬人員，明知貪汙有據，而予以庇護或不為舉發者。

(2) 公務員機關主管對於受其委託承辦公務之人員，明知貪汙有據，而予以庇護或不為舉發者。

(3) 辦理會計、審計人員及政風人員因執行職務，對於貪汙有據之人員，不為舉發者。

3. 特別法之規定

《妨害兵役治罪條例》第18條至第20條、《懲治走私條例》第7、9、10條、《組織犯罪條例》第9條、《洗錢防制法》第11條、《毒品危害防治條例》第15

---

[13] 《貪汙治罪條例》第4條第1項第2款規定：「藉勢或藉端勒索、勒徵、強占或強募財物者」以往鮮少適用，司法實務上也少有案例，但近10年以來，追訴此犯罪行為，逐漸出現，對公務員而言，也是法律風險。所謂「藉勢或藉端勒索」；係指凡有為自己或第三人不法所有之意圖，而憑藉其權威、勢力或假借事由，施行恫嚇，使人發生恐懼而交付財物者而言。「勒徵」，係指以恐嚇方法，使人害怕而徵募財物。「強占財物」，指排除他人占有狀態而占領其物，加以使用、收益、處分等。「強募」，則指以強暴、脅迫方法募取他人財物，包括動產或不動產。

條、《槍砲彈藥刀械管制條例》第6條、《電腦處理個人資料保護法》第35條、《檔案法》第23、24條、《藥事法》第89條、《國有財產法》第71條、《證人保護法》第16條等。

（三）侵害機關相關財產權之刑事責任

依司法實務案例分析，侵害機關財產之情形為數不少，茲說明如下：

【案例22】不法運用公有財產之風險

1. 經管財物者之不法行為

   (1)不按正常收支程序運用款項。

   (2)超越支出權限範圍挪用款項。

   (3)私自取用款項花用。

   (4)以少報多支出款項。

   (5)違法貸款。

   (6)以高價購入，損及國庫。

   (7)以低價賤賣，損及國庫。

   (8)擅自將財物移作私用、占為己有。

   (10)占用宿舍而拒不搬遷。

   (11)代扣稅款私自挪用。

2. 其他不法方式取得財物

   (1)借端、借勢勒贖、強占、強募財物。

   (2)違背法令徵收稅捐、公債。

   (3)擅提、截留公款。

   (4)抑留職務上款項，物品不發或剋扣。

   (5)募集款項或徵用土地、財物，從中舞弊。

3. 刑事責任

   又侵占機關財物時，可能涉及下列罪名：

   (1)竊盜罪

   (2)侵占罪

   (3)詐欺罪

   (4)背信罪

(5)偽造文書罪

（四）從預測風險談公務員容易觸犯之貪汙罪

1. 侵占罪與竊盜罪

【案例23】以公家信件寫情書之風險

有位年輕人想追女朋友，那女孩告知：你在公司上班沒前途，若在公家機關上班，還可以考慮往來。後來這名年輕人果真在公家機關上班，之後勤於寫信給這位女孩，寫得讓這位女孩很煩。有一天，她就檢附一疊信封、信紙到地檢署按鈴申告，告發檢舉他侵占公物，開庭後年輕人無法否認，因為寫情書又不屬於公務，但此事於情於理實在不算嚴重，不過卻是一項嚴肅的法律課題。

【案例24】移用公家不用沙發之風險

記得有位退休的校長被人檢舉侵占，偵查中校長辯答：家中的確是有套沙發，檢察官問：請問這套沙發是誰的？答：我還要回去查一查，一查之下發現沙發背面還有省立○○高中財產字樣。檢察官詢問校長卸任已3年，而沙發尚未交還，要如何解釋沒有侵占之意，答：我已記不清，能否請教當年學校總務，這套沙發是如何從校長公館弄到我家來的。總務來了以後答道：校長當初曾辦理借用手續，還立了字據並在上頭批示：可。檢察官乃去函學校，有否催討而校長不還之情事，學校答覆未曾催討，檢察官乃認為其無不法所有意圖，以不起訴處分。

侵占公共財物涉及侵占與竊盜問題，有人認為公務員不致當小偷，其實兩者僅一線之隔。如將保管的公物拿回家私用屬侵占，非其本身保管的公物拿回家即可能是竊盜，所以將公務拿回去要考慮到手續是否完備，切勿因小失大，吃上官司。

公務員之侵占罪基本上規定在《刑法》第336條與《貪汙治罪條例》第1項，及第6條第1項第3款。所謂侵占罪，指公務員意圖為自己或第三人不法之所有，將持有之物據為己有，是行為之客體，須為公務上所持有之物，即基於公務上之原因而持有之物，如出納人員所經管之款項、總務人員保管之電腦。侵占行為，指易持有為所有之行為，即將他人之物變易為其所有，如新聞人員將保管之相機帶回家據為己有。本節為即成犯，只要易持有為所有時，即構成犯罪，縱然之後將侵占之物品

返還，乃成立侵占罪。

又《貪汙治罪條例》第4條第1項第1款，明定侵占公共工程或公有器材、財物罪為重大貪汙行為。凡公務員將保管（持有）之物，變成己有，是侵占，其刑責甚重。所謂「公用」，只要供公務使用即屬之，並不以公有為限。例如：政府徵收私人車輛、向私人借用之電腦；又「公有」指公家所有之財產，包括購入、他人之贈送或互換之物。「器材」，指器具材料，如：文具、桌椅；「財物」，指財產物品，包括動產與不動產。

另本條例第6條第1項第3款規定處罰：「竊取或侵占職務上之非公用私有器材、財物者」。例如：學校老師代收之家長費、代辦費，又如公務員執行職務所扣查之證物。

【案例25】挪移使用公家財物之風險

公務員執行職務時如有下列行為，應加防範，以免觸犯侵占罪責：

1. 將扣查之器具設備或物品隱匿而予販售。
2. 查扣時將現場之現金、珠寶、貴重物品侵吞己有。
3. 將查扣車輛物品留供己用或公務使用。
4. 將查扣車輛物品借他人使用。
5. 將自己牌照改掛查扣車輛使用。

2. 詐欺罪

詐欺罪，指犯罪行為人向被害人使用詐術，使對方陷於錯誤，以致交付財物而言。在公務處理中。簡單說，就是領取時「名實不一致」、「名實不相符」、「甲名義報乙款項」，就可能涉及詐欺[14]。

【案例26】名實不一之法律風險

司法實務上案例，下列行為涉及詐欺罪名：

1. 以假單據憑證冒領財務款項。
2. 虛報房屋津貼。
3. 虛報加班費、出差費、工資、材料費。

---

[14] 《貪汙治罪條例》第5條第1項第2款所稱利用職務上之機會詐取財物，需公務員有利用職務上機會施詐，若非藉職務之機會詐欺，而係源於公務員身分而詐欺，不成立本罪，涉有《刑法》第339條之詐欺罪，如貪汙以不實名目詐領國民旅遊補助款。

4. 誤發而溢領之款項。

5. 稅務人員藉口可減免稅捐，詐取現款。

6. 收發人員收到同事匯票，私刻印章領款取用。

7. 村里幹事持不實收據收取稅款。

8. 對非經辦之業務，僞稱係其經辦，向人詐取財物。

　　一般人犯錯都會承認，只有詐欺犯罪，在中國人的觀念裡認爲騙人最丟臉，但詐欺罪在公務員身上很容易成立，被追究詐欺責任。如林務人員奉命巡山，僱用工人栽培，請領工資時，工人明明只做3天，卻報領了5天的工資，其餘2天的工資被林務人員拿走，就會構成詐欺。因此，公務人員平日申請出差、加班、津貼、食物配給、福利等費用時要小心。

3. 賄賂罪之解析

(1) 要件

　　賄賂罪，係指公務員接受不法報酬之犯罪，依《刑法》及《貪汙治罪條例》之規定，公務員之收賄，不問是否對於職務上之行爲或違背職務之行爲要求、期約或收受，均成立犯罪，其構成要件爲：

　　A. 須爲職務上或違背職務之行爲

　　所謂職務上之行爲，係指依據法規、行政規章或服務規程所規定之屬於公務員職權範圍內所應爲或得爲之行爲。換言之，即行爲人在其職務範圍內之「行爲」或「不行爲」。若爲職務外之私人行爲，與本罪無涉。

　　職務上行爲可分爲違背職務之行爲與不違背職務之行爲二種，前者指違背職務上應盡之義務，包括不應爲而爲、應爲而不爲、超越權限或超越裁量範圍之違背義務之行爲。後者係指不違背職務上所應盡之義務，意指公務員原應處理之事務。

　　B. 須與不法報酬有對價關係

　　所謂不法報酬，包括賄賂及不正利益二種：

　　a. 賄賂：凡金錢或能用金錢計算之財物，皆屬之，如現金、禮券、衣服、電器用品、手飾、布料等。

　　b. 不正利益：凡賄賂以外，足以供人需求或滿足人之欲望之一切有形或無形之

利益，皆包括在內，如免除債務、設定債權、介紹職業[15]、晉升官階、給予投機之機會、性愛享樂、招待飲食、遊樂、演藝皆是。「不法報酬」須與公務員職務行為具有對價關係者，方能構成受賄罪。對價關係指行為人要求、期約或收受之賄賂或其他不正利益與其職務行為之間存有對等關係或等價關係之必要關聯性，亦即兩者間有相對給付，否則若無相對給付之必要關聯關係，不構成受賄罪。

C. 行為人具有收賄之主觀不法要件

行為人主觀上必須有收賄之故意，又此收賄之故意，包括直接故意或間接故意在內。若基於其他意思收取不法報酬，如利用職務機會詐取財物，或藉勢勒索則構成其他罪名，不構成收賄罪。

公務員收賄，有何法律責任，約略言之：

a. 對於違背職務之行為，要求、期約或收受賄賂或其他不正利益者，為違背職務收賄罪。

b. 對於職務上之行為，要求、期約或收受賄賂或其他不正利益者，為不違背職務收賄罪。

c. 公務員收取之賄賂或不正利益，與職務無關聯，意無對價關係，不構成受賄罪，視其具體事實而定。有時成立詐欺、恐嚇或侵占罪[16]，如為餽贈乃有《公務員服務法》之規範，如有不當，應受行政處罰。

(2) 賄賂行為階段

賄賂行為階段分為要求、期約、收受三種：

A. 要求：即向對方表示要給付賄賂、利益。

B. 期約：即雙方合意，約定時間以交付賄賂、利益。

C. 收受：指他人給付而接受。

由於三個階段都成立犯罪，若要求而尚未得對方同意，論以要求賄賂罪；若期約而尚未交付，則以期約賄賂論罪。所以，貪汙不以實際上已得到利益或賄賂為準[17]。

---

[15] 有一案例是公務員專責執行取締工廠違法處理廢棄物業務，某化工廠負責人乙向甲訴苦景氣不佳生意難為，並請甲高抬貴手，甲乃謂可以幫忙，希望乙同意其子到工廠上班。過些時日，甲被檢舉其兒子丙在乙之工廠上班工作，經再查，乙化工廠果然先前時日罰單確係經常被開立告發，而經乙介紹給丙新工作之後，乙化工廠後來都未再被取締，公務員甲乃被追究收受不正利益。

[16] 最高法院22年上字第3981號、29年上字第3426號判例。

[17] 最高法院27年上字第448號、46年臺上第812號、62年重上第879號判例。

(3) 案例

　　從司法實務上，常見之賄賂罪，舉例如下：

【案例27】暗示給錢之犯罪

　　甲2012年間擔任國稅局綜合規劃科審查員時，審查盛利汽車材料公司2010年度營所稅覆核時，將其行業別從「金屬製造業」改為「汽車零件製造業」，稅額增加約千萬元，協助報帳的記帳士事務所林姓負責人，向甲探詢要補多少稅才能結案，甲在計算機上按出「200」數字，林男誤以為應補稅額200萬元，甲見林男未有動作，乃暗示「表示一下」，林才恍然大悟，願支付40萬元現金，但甲嫌少，回說「那天不是按給你看了？」林覺得金額太高，甲自行砍價「不然少一點，120萬元！」翌日再登門拿走餘款80萬元，經檢察官依收賄罪提起公訴。

【案例28】職務收賄之案例

1. 承辦公務員將偷渡客、大陸妹等戶籍遷至友人處內得款花用。
2. 勞工局公務員將逃逸勞工等戶籍遷至親友家得利。
3. 免費或以與租金不相當之對價居（借）住當事人房屋。
4. 由申請人提供電話或手機使用。
5. 由申請人提供伙食。
6. 接受訴訟當事人提供飲宴。
7. 接受訴訟當事人提供性招待。
8. 由色情業者提供旗下女子免費性招待。
9. 至不法電玩業免費打電玩。
10. 指示當事人提供茶葉飲料等以表謝意。
11. 與當事人之家人、配偶或女友發生性關係。
12. 指示當事人利用年節致送紅包

　　上訴各種類型的涉嫌犯罪事實態樣，未必皆被認定為係必然成立犯罪，因為每一個個案在被質疑是否構成犯罪的過程中，牽涉諸多價值判斷及法律評價等因素存在，應依個案事實與證據認定之[18]。

---

[18] 公務員在處理公務時，常會涉及當事人好意送禮之情形，如僅小禮物在禮尚往來之社會，一概拒絕，不通人情，目前政風單位訂有與職務對價之禮物價值標準，以免公務員動輒得咎。

4. 收取回扣與浮報舞弊之處罰

《貪汙治罪條例》第4條第3款對於「建築或經辦公用工程或購辦公用器材、物品，浮報價額、數量、收取回扣或有其他舞弊情事者」從重處罰。關於建築、經辦、購辦之內涵，解釋如下：「建築」指建造構築，如縣政府興建機關辦公大樓；「經辦」指經手採辦，如總務人員辦理上述大樓工程發包事務；「購辦」指購買採辦，如總務購買桌、椅、電腦。

其次，本罪之行為態樣說明如下：

(1) 浮報價格或數量：將實際之價格或數量，故意提高或以少報多。如市價僅2萬元，報支5萬元；實際購入八張沙發，報為十張。

(2) 收取回扣：將應付之建築工料費或於購辦物品之原應支付價款內與對方約定打折扣後付款，以扣取一部分之費用或價款流為私有，有先扣或後退兩種方式。例如：實價200萬元，收益回扣為20萬元。

(3) 其他之舞弊：指其他不依法令辦理事務之行為，如下述案例。

【案例28】

1. 辦理工程人員與包商勾結，不依照當地物價切實審核造價，從中圖利。
2. 明知包商偷工減料，仍予隱瞞，圖得不法利益。
3. 興建工程浮報造價。
4. 採購時以贗品冒充真品，以劣品冒充上品。

5. 廢弛職務釀成災害罪

《刑法》第130條規定：「公務員廢弛職務釀成災害者，處3年以上10年以下有期徒刑。」旨在對於有防災義務之特定公務人員，怠忽職責，科以特別之責任。本罪犯罪主體為特定公務員，對於某項災害有預防、遏止職務之公務，廢弛其職

再者，「人情法制」解釋，在實務上有其相容之處。如不違背正常禮儀、社交習慣者，也與職務之執行無對價關係，不致認為是賄賂，屬於人情上的餽贈。在日本有判例，學生致送一點意思給老師，認為這不是賄賂，而是人情上、禮節上的問題，進而言之：

（一）賄賂是指公務員基於其職務，因經辦特定的、具體的公務而收受他人給付的不法報酬而言。

（二）「餽贈」是公務員收受之報酬與特定公務無關，又無不法性而言，如親戚年節之禮物、親友生日之賀禮。

（三）餽贈仍有《公務員服務法》之規範，如有不當，應交行政上之處分，但當事人如假借年節、生日名義送禮，而實為行賄或基於某項特定職務關係予以接受，仍具賄賂性質。

務，不爲預防或遏止，亦即不盡職責，未從事有效之行爲。例如：防治洪水之公務員不盡其職務，致堤防潰堤，引發水災，而災害不限水災，包括土石流、火災、爆炸、重大車禍、傳染病等[19]。

為便於瞭解本罪之成立可能性，舉下例以說明之：

【案例30】廢弛職務之罪名

下列係發生之具體事例：

1. 抽水人員平日怠於檢修、維護抽水設備，颱風來襲致使抽水設備無法運轉，洪水長驅直入淹沒大量民宅。

2. 拘留室人員放任人犯在其內炊煮，發生火災。

3. 堤防管理人員不予檢視維護，任由堤防破損致使遇洪水潰堤，造成災害。

4. 水庫管理人員未事先宣導廣播通知，隨意開啓匣門，致使大水淹死河中烤肉人員。

5. SARS防疫期間醫院人員未做防疫措施，致使疫情擴散，發生多人死亡。

6. 湮滅證據罪

這個罪名似乎與公務員很遙遠，但關係他人刑事案件之證據，也可能在公務員保管的案卷中，也有可能成立本罪。

【案例31】擅自抽取案卷公文之法律風險

法院因某案件向某縣政府調閱卷宗，當事人發現有問題，報告庭上：「騎縫章不對，新蓋的騎縫章在此，資料有被抽換過……」於是法官就傳喚縣府的承辦人員，要他順便將整個卷宗帶來，承辦人員還辯稱整個卷宗都在一起……但當事人不接受，揚言要告公務員，公務員才改口說：那幾頁與當事人根本沒關係，所以你們問我還有沒有別的，才說沒有。因此只有把有關的部分送來法院，當事人才沒有意見。

湮滅刑事證據罪比較少見，但有時候也要注意，尤其有蓋騎縫章之處，不要隨意抽換，甚至於加諸任何意見，以免被懷疑。

---

[19] 林東茂，〈廢弛職務致釀成災害罪〉，《法學叢刊》，第54卷第3期，2014年7月，第14、15頁。

7. 偽造文書罪

　　公務員處理公務，經常需透過文書處理程序。法律上所稱之「文書」，乃所有意思表示之紀錄證明，舉凡文字、圖畫或符號之意思表達等皆屬之，其係表現足以證明法律上之權利、義務關係或事實，或足以產生法律上之權利、義務關係或事實之意思表示，其所關係者係社會公共之信用。另《刑法》上之偽造文書罪，以偽造之文書有足以損害於公眾或他人之危險即成立，並不以實際發生損害之事實為必要。

(1) 事例

【案例32】偽造文書事例

　　公務員有下列行為，有可能觸犯偽造文書、圖利等罪名：

1. 在公文書內登載所見所聞或與事實不同之內容。
2. 同一事實先後之公文書出現不同內容。
3. 填發不實文件予當事人。
4. 應當事人要求在文件上為不實證明查註而予證明。
5. 以不實理由或內容發通知，要求民眾到處所調查裁罰。
6. 未前往現場查看而在文書上填載經實地勘查者。
7. 未實地調查而記載調查事實與結果。
8. 未依公文作業流程發文、更正。
9. 調查出涉案人違法或違規，竟未為違法、違規之記載。
10.查得當事人違法、犯法或犯罪事實，而不予取締或裁罰。

(2) 偽造文書類型

　　公務員執行職務時，可能涉及之偽造文書，除下列常見四種罪名外，可能還有偽造特種文書罪、偽造公印、印文罪等。

　　A. 偽造、變造公文書罪

　　《刑法》第211條規定：「偽造、變造公文書，足以生損害於公眾或他人者，處1年以上，7年以下有期徒刑。」[20]

---

[20] 《刑法》第211條之偽造、變造公文書罪：

　　1.行為客體：限公文書，必須公務員本其職務所製作之文書，如與職務無關，縱為公務員所製作，亦非公文書。又文書，一般係指以文字、符號為一定之意思表示，具有可視性、可讀

B. 公務員登載不實罪

《刑法》第213條規定：「公務員明知爲不實之事項，而登載於職務上所掌之公文書，足以生損害於公眾或他人者，處1年以上7年以下有期徒刑。」稱公務員登載不實罪[21]。

C. 行使僞造文書罪

依《刑法》第216條規定：「公務員如僞造文書，或登載不實後，逕以行使，則以行使罪處斷。所謂行使，乃依文書之用法，以之充作眞正文書而加已使用之意。」

D. 連動其他職務犯罪

公務員瀆職犯罪，一般來講都會和僞造文書連帶起來，就像電視廣告詞：肝和胃有連帶關係，大致上有圖利就會僞造文書，詐欺也會僞造文書；當你違背職務時也會僞造文書。有位測量工曾經承辦過地政測量的案子，屌兒啷噹咬著檳榔站在一旁，不注意法官指示測量內容，等過了3個月測量圖還沒送來，書記官就去催，又過了5個月送來一張不是當事人要的，而是這位測量工自己發明測量圖，因無法交差，隨意交一張測量圖，連他自己根本也不知道有可能會觸犯僞造文書罪。

性、存續性，且內容係法律上有關係之事項。《刑法》第220條，則擴大到依習慣或特約，足以表示其用意之證明者，亦以文書論，如電表上之封印、汽車之引擎號碼。另錄音、錄影或電磁紀錄，藉機器或電腦之處理所顯示之聲音或符號，足以表示其用意之證明者，亦以文書論。

2.行爲態樣：包括僞造及變造二種。

(1)僞造：指無製作權人，擅自製作其內容，亦即製作名義上爲假冒或虛捏，且文書內容亦爲虛僞不實。如有權製作之人，製作內容不實之文書，爲虛僞不實之問題。

(2)變造：指無更改或改造權限之人，擅自更易文書之內容，亦即就他人原有製作之眞正文書加以竄改、更改或改造。如果所塗改部分，對內容之眞正沒有影響或變動，如改正錯別字，不算是變造。

3.行爲之結果：僞造或變造公文書之結果，必須足生損害於公眾或他人。所謂足生損害，指對公眾或他人有發生損害之處，亦即法律上保護之利益可能受到侵害，但不以確實受到實害爲必要。

[21] 公務員登載不實罪簡而言之：

1.明知，指直接之故意，不包括未必故意。

2.不實事項，指其事項不實，其究爲全部不實或一部不實，均在內。

3.職務上所掌之公文書，指公務員在其職務範圍內有權掌管或製作之公文書，不限自己保管執掌爲限。如公立醫院醫師出具不實之驗斷書、警察人員出具不實之警察紀錄證明書。

4.登載，指登載記載，如工程人員在驗收文件上記載不實之工程進度。

8. 毀損隱匿文書物品罪

【案例33】收受後要求取回之風險

鎮公所職員邱隆全收到包商申請展延工程之申請書，看到其內容指責同事王振行百般刁難，施工不順，要求再寬限3個月，邱某覺得不便得罪同事，又不好簽辦，乃通知包商私下取回，以為神不知、鬼不覺，後因工程延宕，鄉長準備重罰，包商故意提及曾申請展延，公所未曾反對，哪來延遲完工，鄉長要承辦員報告並無其事，包商乃以曾於何日遞文，有簽收單為憑，如要罰錢，將檢舉公所人員隱匿公文，鄉長綜合情狀，不敢施壓處罰，包商私下自得說：「是《刑法》第138條救了我們公司！」

【案例34】將公文撕毀之處罰

縣政府社會局科員張正秉辦事草率，承辦一火花節活動後1個月，將所有公文書、圖檔及相片等整理完畢呈報後，歸檔入庫。10天後，有參與單位來文，表達謝意，並敘明補助款10萬元均已依規定支應，張正秉收後，認其內容無關痛癢，懶得再簽報，遂私下撕掉，被與其有嫌隙之同事洪君祺看到，偷偷拾取後提出檢舉，被提起公訴，原來看好的前程因而受阻。

(1) 妨害職務上掌管之文書物品罪

《刑法》第138條規定：「毀棄、損壞或隱匿公務員職務上掌管或委託第三人掌管之文書、圖畫、物品，或致令不堪使用者，處5年以下有期徒刑。」其構成要件分析如下：

A. 有毀棄、損壞或隱匿或致令不堪使用之行為：所謂「毀棄」係指損壞、拋棄，使物體不存在，致該物能否有同格式存在，在所不問；「損壞」指損壞、破壞致喪失效用。至其為文書之全部或一部，則不在所問；又「隱匿」指隱密藏匿，使不易發見。

B. 所毀棄等標的物顯為公務員職務上掌管或委託第三人掌管之文書、圖書、物品：前者指該文書由公務員本於職務上之關係所掌管者而言，如書記官製作而未送達之傳票、法院交由執達員執行查封之封條，尚未實施封禁之執行中，員警依規定製作之訊問筆錄等。至其所有權為何人，不在所問；又公務員委託第三人掌管之文書，係指該文書由公務員基於職責上之關係委託第三人代為掌管者而言。

又本條犯罪的主體，並未限定，一般人犯之均可成立本罪，即掌管該文書物品之公務人員，當然成立本罪。如員警因與受訊問人交情良好，乃將警訊筆錄撕毀，使船過水無痕、不留證據，即有可能構成本罪。但掌管之人係公務員時，若有假借職務上之權利、機會或方法而犯之，則有《刑法》第134條適用。

(2) 損毀文書罪

《刑法》第352條規定：「毀棄、損壞他人之文書或致令不堪用，足以生損害於公眾或他人者，處3年以下有期徒刑、拘役或500元以下罰金。」此文書指以文字或符號表示一定意思而製作之物，解釋上不包括《刑法》第220條所指之準文書在內；又文書有公文書、私文書之別，公務員亦有損毀文書罪之可能。

9. 包庇貪汙罪

所謂包庇，只包攬庇護，而積極對他人之犯罪行為予以包庇掩護，現行《刑法》與《貪汙治罪條例》有關包庇罪，基本上可分為三類型：

(1) 一直屬長官明知部屬貪汙有據者，予以庇護或不予舉發。

(2) 專業公務員，如政風等。

(3) 補充型包庇：如包庇色情、煙毒、賭博罪。

所謂包庇，指包攬庇護，而積極對他人之犯罪以包庇掩護；不為舉發，指知悉他人貪汙有據而消極不為舉發，如應移送偵辦而故意不予移送。

【案例35】批示免送法辦之風險責任

某公墓管理員收了很多喪家的管理費沒有繳出來，被查到侵占管理費用，因為鄉長是選出來的，所以有很多的選舉壓力，最後，鄉長批示：「念其情節不大，免送法辦。」這鄉長後來被判1年2個月徒刑，因為他包庇公墓管理員。

【案例36】包庇貪汙之重責

某鄉長、村長、村幹事分別負責受理九二一震災戶住屋毀損全、半倒補助金與租金補貼及判定審查等業務，明知內政部訂頒認定標準之內容，詎基於共同圖利災民之犯意，由村幹事連續對於住戶多人不符合上開半倒規定之建築物開立不實之九二一震災住屋勘察表，並於部分之勘查表上檢附不實之災屋勘查照片，逕予認定彼等住戶申報之災損房屋均符合上開半倒之規定標準，而由村長在村幹事所做成上開不實之勘查表上蓋上核可章後，再由村幹事據以送交與鄉公所民政課承辦人做書

面審查圖，使住戶等多人得到慰問金及租金補助等，鄉長明知村長、村幹事之行為已觸犯貪汙罪，竟不願舉發，在相關公文批示：於人情考量，不必移送，以至被追訴包庇貪汙罪。

（五）定罪率偏低與風險考量

多年以來，貪瀆之定罪率偏低，一直受到各界詬病。以法院審理《貪汙治罪條例》確定案件90年至95年6月，平均定罪率為46.67%，而89年7月至97年4月，判決有罪確定為58.2%。圖利定罪率91年為50.9%、92年為21.7%、94年為20.7%、95年為34.9%、96年為40.8%、97年1-4月為30.9%。又自國家廉政建設行動方案實施以來，貪汙審計案件100年定罪率為75.1%、101年為74.1%、102年為72.7%、103年為70.3%[22]。對公務員而言，被究辦貪汙、圖利之法律風險機率甚高。

依司法院提出定罪率低之原因，認為檢察官蒐證不齊全，所提證據不足，法院採嚴謹證據法則，法務部則主張蒐證不易，偵查欠縝密，蒐證不完備，不瞭解機關作業情形，顯見院檢雙方認知有差異，並從法制面說明刑責過重，行政裁量空間難以判斷，法律見解寬嚴不一等[23]，足見檢察官蒐證、採證與提證，為關鍵因素，應痛下針砭，重視詳細周密蒐證、採證，充分提出確實證據，不應輕率起訴，致讓涉案公務員陷入長期訴訟泥沼之中。

又公務員須有法律風險意識，平時對貪瀆法令須清楚瞭解，於執行公務時，務必依法行政，萬一違法時，更要提高警覺，與律師充分詳實探究，評量法律風險機率，根據檢調懷疑之爭點提出事證與法令，詳加解釋印證，做有利之辯護，不能掉以輕心，自信問心無愧輕率應訊，而疏於風險衡量，致被認定是事證明確，以至進入法庭，經歷冗長之訴訟程序。

又圖利罪修正時，將違背法令之意涵明確化，但在具體事件中，常成為是否成立犯罪之關鍵重點，原因為檢察官與法官對於行政機關之法令並不熟悉，行政機關又常修正，非檢察官或法官所瞭解。又法令限公務執行職務之具體規範要求，或包括一般性之倫理規範，超越法令規範之濫用權限之裁量權，是否違背法令？違背契約條款是否違背法令？均予以釐清[24]，也是法律風險所在。因此，公務員涉及圖利

---

[22] 監察院，貪瀆案件定罪案之探討專案調查研究報告，監察院2010年5月初版，頁4、5，法務部，法務部103年統計年報（網址：http://www.rjsd.moj.gov.tw/rjsdweb/book/Book_Detail.aspx？book_id=122）。

[23] 同上註，監察院研究報告，頁6-13。

[24] 江惠民，〈讀公務員圖利罪之實務運用〉，《檢察新論》，第5期，臺灣高等法院檢察署，2009年1月，頁176-179。

時，務必小心以對。上述問題需正視，詳細解釋提出明確論據，說明未構成貪汙犯罪，維護自我權益。

三、　本章小結

　　從諸多司法案例，可以看出有部分公務員欠缺法律風險意識，忽略刑事處罰規範，如誤解法律，自以為是，不知嚴重性，以至陷入犯罪泥淖。本章特從現行貪汙犯罪處罰之類型與罪名加以解析，使公務員貪汙犯罪之圖像明確，以風險預防角度，避免觸法。

本章摘要

　　1. 公務員對行政規範較有概念，對於涉及貪瀆之不法並不清楚，致發生刑罰責任之法律風險，也無從因不知法律而得以不罰。

　　2. 從嚴重之自我不察、便宜行事、自以為是、法紀觀念淡薄、不知嚴重不法等現象，說明公務員執法時之錯誤認知，觀念需予調整，建立正確法律信念。

　　3. 公務員對於貪瀆刑事法律不如本身職務法令熟練，乃從職務上可能涉及之貪瀆犯罪如賄賂、侵占、詐欺、回扣、廢弛職務、包庇、偽造文書等予以解析，並以案例說明常見之行為，使其圖像明確。

> **思考題**
>
> ❖ 報章雜誌常見公務員涉及貪汙犯罪被究辦，你認為是公務員不知法令或存心犯罪或心存僥倖？

參考文獻

1. 甘添貴，《體系刑法各論第二卷》，瑞興圖書，2004年2月修訂再版。
2. 張麗卿，《新刑法探索》，元照出版，2012年4月4版1刷。
3. 盧映潔，《刑法分則新論》，新學林出版，2012年2月4版2刷。

4. 陳煥生、劉秉鈞，《刑法分則實用》，三民書局，2006年8月初版。

5. 司法院，《新修正刑法論文集》，司法院，2006年12月初版。

6. 翁岳生，《行政法》，元照出版，2006年10月。

7. 張家洋，《行政法》，三民書局，2002年2月。

8. 宋明哲，《公共風險管理——ERM架構》，台灣金融研訓院，2015年2月初版。

9. 施茂林，《刑法》，國家文官培訓所，2000年7月。

10. 施茂林，《刑法瀆職罪與貪污治罪條例》，臺北地檢署，2004年5月。

11. 施茂林，《貪瀆犯罪之研析》，法務部，2001年6月。

12. 施茂林，〈處理公務常面臨之刑法問題〉，《內政部警政署日新季刊》，第二期，2004年1月。

13. 施茂林，〈公務職務規範與直覺判斷之迷思與辯證〉，《內政部警政署日新季刊》，第二期，2004年1月。

14. 施茂林，《法律做後盾》，聯經出版社，2013年4月10版。

15. 施茂林，〈後90年代台灣法治建設工程——描繪孫中山先生法治思想之體現〉，在蔣先進、馮鏡華主編《孫中山法治思想研究（二）》，廣東人民出版社。

16. 施茂林，《偵辦貪瀆案件之集點與盲點》，法務部，1995年9月。

17. 施茂林，演講題材：從案例談公務員貪瀆責任、公務員法律責任與自我保護、公務員應有法律知識、偵查實務經驗談、反貪腐思維與實踐策略、預測貪腐危險因子與防制作為、瞭解法律規範、快樂為民服務、控管法律風險、優質處裡公務策略、行政首長應有之法律視野、公務系統隱藏危險因子與防治對策、公務員貪瀆犯罪類型與構成要件解碼、常見公務員貪瀆行為之原因與對策。

第20章

公務員執行公務之法律風險衡量（二）——圖利與興利辨識與檢驗標準

讀完本章可學到：

1. 瞭解爲民服務與便民之意旨。

2. 爲民服務是否會成立圖利罪？其間如何分辨？

3. 興利如何界定？公務員應如何興利？

4. 瞭解公務員要以何種標準衡量外界之檢驗？

5. 認知檢調辦案成效之檢驗風險。

一、 為民服務之興利與圖利之法律風險辯正

（一）為民服務觀念

為民服務是大有為政府一再推動的目標，對公務員而言，為民服務過程要注意如何依法保護自己，避免保陷入圖利泥淖。當然要有正確之服務信念，包括「服務的態度」及「服務的技巧」[1]：

1.服務之態度

如何服務才能獲得民眾信服、肯定相當重要，也是一門學問，要靠公務員自己去體會。

【案例1】服務態度失平之風險

某位稅務員在調查某醫師之所得稅時，常至醫院正門站崗，致患者有所顧忌，醫師不滿意其核定結果，乃向其溝通，希望能改變調查方式少核一點稅款，但此位稅務員一向是奉公守法，無法達到醫師之要求，導致雙方溝通有差距，其服務態度越來越僵化。醫師一氣之下就去控告稅務員涉嫌「圖利罪」，醫師控說其「每天收入應該是多少，應繳的稅應比稅務員核的還多，稅務員明顯圖利我，我來自首」，並提出病歷資料一大箱作證據，估算應要繳更多的稅款，所以要告稅務員「圖利罪」。此案例溝通過程中很明顯的是服務態度不良，引起此醫師不滿而告稅務員。

【案例2】服務臺晚娘之風險評量

有人到地檢署告某公立機關服務臺小姐在25分鐘前公然侮辱，而這機關就在法院附近，原來服務臺小姐與他理論，她越來越凶，最後她拋下一句話說：「你這個人怎麼這麼無聊」，這句話顯然貶低人格，所以要控告她，後來這案子也起訴了。那個人在法庭上講：「判多少刑期，我沒有意見，就是不撤回告訴，該機關也派人來向我和解，我也不答應，我一定要給她一點教訓」。

---

[1] 為民服務為政府多年來一再要求公務員執行公務之重點，許多機關首長與公務員常認為服務重在形式上、客觀上、接待上，而由態度、技巧上講究，但服務態度與技巧本與法令規定連通，其服務內容更需遵循法令規範，以免涉及法律風險責任。

2. 服務的技巧：包括應有的服務觀念及法律界限

【案例3】未依法服務民眾之風險

　　有位交通警察攔下一位沒有駕照的女工林月美，準備要開罰單時，就苦苦哀求說，只是一名女工尚未考上駕照，希望不要開罰單。而這位交警頗堅定知道不開罰單不行，就告訴她：「你如果能找到一個叫林月美的駕照，就放你一馬」，她回去向其妹妹告知此事，經妹妹想到同學亦有一位叫林美月者有駕照，乃拿去給交警看後即改為「未帶駕照」之罰單。但不幸有人提出檢舉本案，經偵查後，以偽造文書及圖利罪，提起公訴。

　　由上可知服務心態不正確，態度、技巧不佳，其威力不低。因此，為民服務態度要好，觀念要正確、健康，但更要注意其合法性，避免違法、觸法。

（二）圖利與便民之辨正

　　便民服務已成公僕工作之重要信條，而圖利罪被訴又常有所聞，以至許多公務員對便民與圖利難以分辨，又因不深入瞭解其內涵，往往有錯誤之觀念，以為執行公務不容易拿捏，只要稍有不慎就極可能觸法，造成處事不積極、遇事不果斷。其實，公務員圖利罪必須犯罪行為人及其圖利行為與所執行之職務發生關聯，始能成立。

1. 法律之修正

　　政府為使公務員勇於任事，積極為民服務，提升行政效率，於2002年11月7日對圖利罪作如下重大修正[2]：

　　(1) 增加「明知」為主觀要件。

　　(2) 限制法令之內容：違背法令。

---

[2] 圖利罪修正結果，使圖利罪之構成要件更為嚴謹明確，公務員執行職務時易有遵循之依據，但仍應注意：
　一、公務員之行為，使國庫或公眾獲得利益時，並不構成圖利罪。若圖利國庫行為致人民權利受損，不成立圖利國庫罪，仍有可能觸犯偽造文書等或有國家賠償責任。
　二、修正後之圖利罪係採結果犯，無處罰未遂犯之規定。但該圖利行為如已涉及偽造文書等罪或有其他行政責任，仍應依相關規定究辦處罰，並非毫無法律責任。
　三、公務員之違法失職行為，如不構成圖利罪，而符合收受賄賂、竊取或侵占公用財物、詐欺時，仍應依各該罪處罰。

(3) 加列「圖自己或其他私人不法利益」。

(4) 修正為「結果犯」，因而獲得利益。

(5) 刪除「未遂犯」之處罰。

2. 明知違背法令之涵義

　　圖利罪疑違背法令，而所謂違背法令抽象不確定之概念，2009年4月22日再修正其意涵，明定：「違背法律、法律授權之法規命令、職權命令、自治條例、自治規則、委辦規則或其他對多數不特定人民就一般事項所做對外發生法律效果之規定」適用上較為明確；又所謂「明知」係公務員有圖私人不法利益，而違反法令之直接故意而言。如因疏失違反法令或誤解法令，則與「明知」之要件不符，不構成圖利罪。公務員因個案而行使裁量權時，應在法令規範範圍內選擇適當的處分，不得有逾越或濫用裁量權之情形。否則行使裁量權時，明知逾越法令授權之範圍而仍越權裁量，實務上仍認符合圖利罪之「違背法令」要件[3]。

3. 圖利行為之類型

　　有關公務員圖利罪，若以其犯罪行為區分，可分為「對於主管或監督之事務，直接、間接圖自己或其他私人不法利益者」及「對非主管或監督之事務而利用職權、機會或身分圖自己或其他私人不法利益者」二種類型，茲分別說明如下：

(1) 對於主管或監督之事務，直接、間接圖利者

A. 主管或監督

　　所謂「主管事務」，就事務之處理而言，係指依法令職務上對該事物有主持、參與或執行之權責者而言，一般承辦人員均屬之。例如：建管人員，負責審核核發建築、使用執照；測量人員負責測量事務；交通警察人員，負責對違法者取締及開立罰單；稅捐稽徵人員，負責稽查公司行號稅務等。

　　所謂「監督事務」，係指雖非直接或執行其事務，但對掌管該事物之公務員，有監督權。例如：各承辦人員之股長、課長、科長、局處長等。

---

[3] 公務員依法令之授權，固有裁量之權限，然其權限之行使並非完全自由，無所限制，除需遵照法令規定，必須就事物本身依公平、客觀原則並考量裁量目的予以決定。如公務員對具有裁量性質之職務上行為，在其權限裁量作成決定之過程中，濫用或超越其裁量權，甚而顧及相對人或自己之利益，將事務本身以外因素作為裁量之依據，以至影響裁量決定之公平性與正確性，此種明顯違背執行職務之際所應遵守之義務，可能構成圖利罪責。

B. 圖利之方法：可分為直接圖利與間接圖利兩種[4]。

(2) 對於非主管或監督之事務而利用職權、機會或身分圖利者

A. 所謂「職權」，係指公務員所掌之權力而言，亦即因職務上關係而賦予公務員便於處理事務而具有之權力。例如：維護治安或協助調查犯罪，為警察職權。而所謂「職務」，係國家分配於公務員所掌的任務，通常執行於該職務者，即得本於該職權行使公權力。

B. 所謂「身分」，指基於職權或職務關係所取得一種法律地位與社會地位，身分即由職權而生之法律資格。一般而言，既利用其身分即容易利用職權達到其目的，二者幾乎可認為是一體兩面。

C. 所謂「機會」，指一切與職權或職務有關之現成之事機、機緣而言，如警員受友人之託，利用機會取出查扣之機車。

（三）圖利與便民之區別

圖利與便民都是給予人民利益或好處，但圖利之行政行為並不合法，而便民卻是合法給予人民利益，兩者並非不能區分。

1. 現行法對公務員圖利罪之構成要件，簡而言之為

(1) 須有圖利之直接故意

(2) 須為自己或他人圖取利益

---

[4] 所謂「直接圖利」指行為人所為之行為，直接使自己或第三人等獲得利益。例如：公務車司機私自載運客貨圖利；出納將公款以私人名義存入銀行，期得不法利息；或受農林廳委託辦理漁民貸款業務之漁會承辦人，私自借名濫貸圖利；工程承辦人員以偽造文書之方法，預支包商工程款等均是。又「間接圖利」則指行為人以迂迴之方式，使自己或第三人等獲得利益。換言之，行為人之圖利行為與其圖得之不法利益之間，並不存在直接關係之圖利方法。例如：公務員由其親友出面經營與其職務有關之商業，而間接取得不法利益為其適例。茲為便於瞭解，將便民、圖利、行政疏失三種行為，以圖表分析如下：

	執行法令	公務員主觀意思	行為結果	行為之責任
處理公務行為	依據法令	無使自己或其他私人圖得不法利益之意思	使自己或其他人得到之利益為合法利益	便民
	違背命令	故意使自己或其他私人圖得不法利益之意思	使自己或其他私人獲得不法利益	犯圖利罪
		過失使自己或其他私人圖得不法利益之意思	使自己或其他私人圖得不法利益	不成立圖利罪（會有行政責任）

(3) 須有圖利之行為

(4) 所圖取者須為不法之利益

2. 便民之內涵可由下列四點要件來認識

(1) 無為自己或他人圖取不法利益之故意

(2) 本於其職務在法令許可之範圍內為之

(3) 在手續或程序上給予他人方便

(4) 他人所獲得者，並非不法利益

由此可知，公務員處理公務時，如存不良意圖，在決定或執行某行政事務時，將法令擺一邊，而依己意故意迴護當事人，使他人得利，顯然是圖利。又便民就是依法行政，一切的行政事務之處理與決定，都是依照法令規定來做，其結果雖然給予人民利益與好處，因為是法令許可的要求，無圖利可言。

就社會經驗法則來說，圖利可說是作出不合於法令規定的非善意行為。而便民應可解釋為公務員於執行職務中，在法令容許範圍內所為利民的善意行為。亦即在主觀上無獲取不法利益之意圖，其所取得者為合法利益，兩者截然不同，並不難辨明。

（四）圖利之事例

【案例4】圖利各種類型事例

從司法實務之案例觀之，圖利犯罪最常見之方式如下：

1. 對於不合規定之申請案，違法准許。

2. 未依規定而違法補助。

3. 未依規定減免相關費用、稅捐。

4. 高估或虛估補償費用。

5. 未依規定作業，違法減少裁罰數額。

6. 以不實之鑑價報告為鑑價標準，俾便超額貸款。

7. 同情當事人，同意以同名同姓之人頂替避免受罰。

8. 填發告發單等，登記情節較輕之事實以減少罰款。

9. 抽取告發單等文書，使免受罰。

10. 交通違規，以較輕之規範處罰。

11. 曲解法令，予以迴護周全，給予不法利益。

12. 違法行使行政裁量權。

【案例5】採購之法律風險

從採購、營繕之內涵觀之，其可能涉及之圖利弊端，列述如下：

1. 採購事務可能發生之弊端

    (1) 虛構項目

    (2) 浮列單價、數量

    (3) 指定廠牌

    (4) 虛偽比價

    (5) 分批（次）採購

    (6) 迴避登報公告

    (7) 檢驗（驗收）不實

    (8) 閒置呆料

2. 營繕工程可能發生之圖利等弊端

    (1) 規劃設計：不實設計、高估單價、虛列數量、蓄意綁標

    (2) 訂定底價：訪價不實、未曾訪價、高列底價、洩漏底價

    (3) 招標事務：刁難廠商、形式合法、虛偽比價、協助圍標、輕易廢標

    (4) 工程施工：隱蔽部分偷工、未按圖施工、施用不良材料、監工不確實、自行變更設計、擅自同意展期

    (5) 驗收請款：高估施工、虛估進度、驗收草率、掩護驗收、刁難索賄、使用假單據

    (6) 違約處理：未依約沒收、未依實際扣款、未予罰款、擅自發還保證金等

二、 興利與圖利差別與法律風險評量

許多政府機關首長一心為人民利益著想，規劃諸多利民政策、執行利民公務，贏得人民肯定。但如打著興利之名，實質上為圖利，不僅被唾棄，反換來刑責之災。

【案例6】讓利小圈圈之風險

鄉長倡言其一心爲公，所有經費之支出，均以人民最大利益考量。有一鄉代質疑其興建某段排水溝，花費1200萬元，用意何在？鄉長信誓旦旦表示，那裡無水溝，容易成災影響居民人身財產安全。另一鄉代明白指責該處方圓1.5公里只有三戶住家，分別爲其姨丈、同學及樁腳，引起鄉民譁然，原來是假興利，眞圖利。

【案例7】假興利真圖利

觀光單位編列預算修繕某處老房屋，縣政府編列經費將老厝旁之道路擴大鋪設柏油，林務單位在其四周種植林木，環境煥然一新，當地居民相當高興。後有民代接獲檢舉，方知係一有力人士之故居，要求各機關配合辦理，引發一陣責罵，也是以興利之名，行圖利特定人之實。

1. 興利之正解

圖私人之利已成眾方指責之焦點，而興大眾之利爲社會肯定之德政。是以，施政應捨圖利。而就興利思維，凡興利必非私人得利、非少數人獲利、非特定人圖利，應爲大眾利益、多數人利益，其核心思維爲公共利益，以公眾爲念[5]。

爲利於瞭解圖利之概念，可從下列各點，觀察其最容易被懷疑有無圖利之問題：

(1) 越具體之公務，越容易，如核准其特定開發。

(2) 越特定對象，越容易，如補助款之發放。

(3) 越短期利益，越容易，如展覽、博會、晚會之舉辦。

(4) 越小利益，越容易，如核准少數人，而他人未同意者。

又興利既在謀多數人、大眾之利益，則興利之思維應評量其公務之規劃與推展，是否具有下列特性[6]：

(1) 公利性

---

[5] 社會上對於圖利與便民問題，相當關注，但便民常是一般性之公務服務，對於創造多數人公共利益以及多數人福祉之興利議題較少注重。而公務員又常以是否會構成圖利罪思考，以至在執行職務時，有形或無形中採「防禦性」、「消極性」行政作爲，是以提倡興利觀念，相當重要。

[6] 作者受邀專題演講時，談及興利之法令界線，常引起與會首長及高階主管之回應，表達爲增進公共利益與民眾福祉，要求同仁勇於興利，常有同仁提出圖利之問題，即2014年11月29日六都選舉完後，亦有縣市長反應部分同仁保守心態，對興利之作爲不足。本人爲此曾專題演講多場，提出興利與圖利之分辨以及評斷之參考作法。

(2)長期性

(3)前瞻性

(4)系統性

(5)開創性

　　再者，要注意是否經得起檢驗。凡評估得爲社會大眾所接受，自應積極辦理。例如：開闢馬路，便利交通；興建大橋，利於出入；建造公共建築物，供大眾使用；辦理照護方案，多數老人得到照顧等。

　　從民眾之反映，部分公務員興利之公務觀，如本於職權得以決定與核准，竟一再向上級機關請示，上級機關很不以爲然。函復請本於職權委爲處理，乃又請示，上級復明示依職權辦理，如此一來一往，3個月已去，令申請人氣憤難忍，其實是怠忽職責，此其一。又民眾常反映公務員中有許多「國文老師」，明明法令規定明確，竟看字讀字，違反原來立法原意或說文解字，依主觀意見解讀，形同刁難，有申請人揣摩是否別有「暗示」，影響清廉形象，此其二。部分公務員處理公務不甘不願，不能（願）一次核准，即使答覆也不能或不會一次說清，令人懷疑並無便民之心，甚而被懷疑有所暗示，害人又累及機關，此其三。而有公務員辦事不利落，拖延時限，遲遲不處理、不決斷，究係畏事不負責，或是技術性牽制杯葛或心術奇怪等，諸多疑竇，顯然欠缺興利服務之心，此其四。最令人不解者，乃法律規定外另加附款，似此法律所無或要件所無，竟法外加以規範，更屬有意爲之，謂其有興利之心，無人能信。

2. 風險衡量

　　再從風險衡量視角以觀，缺乏興利服務觀念，會出現下列風險[7]：

　　(1)經常要交待、寫報告：當事人不滿意或有委屈，必會投訴、陳情或檢舉，承辦人必須回應。投訴越多，報告也多；認眞思考，當初承辦時，好好處理，多予服務，何必如此，甚至還有被記過處分之危險。

　　(2)時常接受調查、約談：常見申請人因公務員不願依法行事，形同刁難，乃向上級機關、政風單位或監察院舉報陳情，各該系統爲瞭解實情，常約談或調查，造成承辦人之困擾。

---

[7] 公務員缺乏興利之觀念，又畏於圖利之重責，以致處理公務常畏懼、擔憂、圖利問題，作法保守，執行遲緩或藉詞推辭，造成民眾不滿，引發民怨。本文所提各風險行爲，係從報章雜誌、民意論壇、民眾投訴、公務機關輿情分析以及主管機關具體事例予以解析。

(3) 檢察與司法警察機關偵查：部分當事人不滿公務員不願發揮興利之精神，乃檢舉事證向檢查或司法警察機關告發或告訴，造成公務員惶恐戒慎，深怕構成犯罪，從部分案例，公務員經停職判刑。

(4) 國家賠償後被求償：曾有一公務員土地登記事項發現錯誤，致國家賠償1億7千多萬元，公務員依該機關所定內規，被求償5千萬元，類似此案已發生多件，是以公務員不願興利造福當事人，若成立國家賠償，對承辦公務員求償，壓力更大。

三、 法律風險實現之衡量基準

（一）考量社會檢驗之風險

《公務員服務法》對於公務員之品操、風紀及執行公務等有詳細之約制規範，違反者，涉有民事責任或刑事責任或行政責任，有時尚會同時帶來二或三種法律責任。因此，公務員處理公務之法律風險，即會有此三類法律風險責任。對公務員而言，需有所認知，以免法律風險責任出現[8]。

從法律風險衡量視角觀之，公務員除熟悉職務本身之法令規範，俾能順利推動公務外，對於與個人身分、職務要求、職責等法令，也須隨時瞭解，避免法律風險到來。本文為使公務員清楚意識到衡量與評估之方法，明白司法肅貪與行政肅貪執行上之成案標準，乃舉既有發生之事例提出檢驗標準[9]，使其圖像簡明易懂。

---

[8] 江惠民，〈讀公務員圖利罪之實務運用〉，《檢察新論》，第5期，臺灣高等法院檢察署，2009年1月，頁176-179。

[9] 施茂林，《法律做後盾》，聯經，2013年4月初版10刷，頁217-219。

公務員貪瀆案件，常見所犯貪瀆行為與洩密罪相當關聯，例如：採購事件。

(1)鄉公所鄉長等明知災害拆除工程，應以公開招標不得以指定特定之三家廠商比價方式辦理，竟不以拆除單價500元／平方公尺之指定價格辦理，改以「立方公尺」為計價單位，而浮報單價價額700至1300元／立方公尺經費，計1353萬元編列預算書，並罔顧同仁會簽應依採購法規定辦理公開招標、及未經上級核准等反對辦理招標，仍批示以比價方式辦理招標，而指定三家廠商比價，由其中一營造廠以1458元／平方公尺得標（高出1.8倍），圖利約800萬元不法利益。

(2)機關採購運動休閒服，承辦人員因同仁請託，洩漏預估底價予廠商，囑其取具三張不同廠商估價單供其辦理形式上比價手續，後由該廠商以最低價獲得該筆生意，而獲得超過市價15萬元之不法利益。

(3)縣政府一局處購買器材，廠商為能得標，乃與認識之承辦人員及組長商量，設法從中幫忙提高評分之分數，承辦人員與組長乃利用其他同仁上廁所或喝水之空檔，迅速以竄改或代填方式，偽造該代表之給分，致該公司評分最高，順利得標。某機關技士明知承攬該工程之包商對工程擋土牆基座、駁崁寬度、混凝土天然級配料、水泥用量等項，均偷工減料未依合約施工圖施工，竟未盡監工之責任，並製作不實之排水管等結算明細表，以圖利包商。

　　又檢調單位常接到檢舉信函，以及各單位移送之案件，對於每一個案，必先從中找出可能違法之脈絡，挑出具有合理懷疑之處，深入偵查。而何者讓人產生合理的懷疑呢？從本章舉出之事例，可以窺得堂奧，有部分公務員自以為聰明，認為自己有獨到見解，而所有包裝遮飾，但事實上常被破解，例如諉稱：經歷不夠，才弄錯云云，但司法機關以「承辦該工作已有相當時間，卻仍為不合理或違背常情之作業方式」、「所為難以置信」或「親自經歷，處理其事，實情為何，最為瞭解，竟然所認定與實情不同，推諉是不小心弄錯，顯然不實。」[10]

（二）檢驗基準之風險衡量

1. 是否符合必要性原則

　　此在採購事務上最容易出現被質疑之處，例如：綁標、機器閒置不用。

【案例8】綁規格之法律風險

　　設計人員循營造廠與磁磚公司之請託，本來磁磚大小以30×30m為常規，卻將招標條件之規定改為30.5×30.5m，而全國只有一家廠商有此磁磚，當然被疑有綁規格之事。因磁磚係一般運材，規格又無特殊需求，規定為30.5×30.5型式，明顯不合必要性原則。

【案例9】購進儀器未用之風險

　　一公營公用事業，多年前為擴大產能，提高產量，方便用戶使用，乃規劃新工廠，增添新機器，採購後未能配合原有生產線，經多次試車，僅有部分機件拆下重新組合方能與原有設備接合，其他4億元昂貴之機器棄置不用。事後謠言四起，指其中內外互相應合，乃買此不合實際之機器，經詳細查核，發現確實無購置之必要，負責之主管隨即被調職，移送法辦。

2. 是否符合一致性原則

　　如監工標準、補助數額、超快審核。

---

[10] 從許多貪汙案件中觀察，涉案當事人常以經驗不足，致未察覺或當時忙碌，疏於注意或害怕被認為熟悉業務、答辯語焉不明等，法院基於長年辦案經驗以及各該案件之事實、背景資訊，常能大力駁斥當事人所辯不足採信。是以應訊時，對於訴訟風險不能不予衡量。

【案例10】違反辦事效率方式之風險

　　地政事務所之承辦人審核某件土地登記案極為迅速，政風單位接獲檢舉，向其查閱，承辦人辯稱：我審核土地登記案，一向就很快，本件2天，是很合理的。但政風人員調閱其近半年之審查案，竟無2天處理完畢，且最快也要4天，有時拖延7天。似此不符其辦事時程，違背一致性，其說詞難以令人置信。

【案例11】大小眼補助之風險

　　一視障團體向某市府申請身心障礙文藝表演活動補助，市府同意補助15萬元，視障團體大為不滿，原因是活動相當大型，費用龐大，市府補助類似活動相當大方，因此提出3年來市府對身心障礙與非身心障礙團體之補助款項，以及身心障礙團體間之補助分析統計表，指摘他團體最少也有30萬元，簡直是大小眼看待。祕書長指示承辦單位重新衡酌實情，改為補助50萬元，正是運用「一致性原則」好例證。

【案例12】未公平驗收之風險

　　營造廠承包一快速公路之某路段，依圖施工完竣，申請主辦單位驗收，百般刁難，不予驗收。董事長多次溝通無效，乃向其認識之上級首長投訴，長官指派主管人員實地勘查，發現該路段施工品質符合圖樣，再依董事長所指隔鄰已完成之前後兩路段相對照，品質更好，董事長當場痛斥：「我們施工品質比隔壁兩路段好，如果他們驗收可以通過，我們的為何不能通過；如果我們工程品質不好，同樣的，隔壁的更差，也應該不能驗收合格！」工程單位主管一看不妙，答應重新勘查辦理，當天下午即告以驗收合格。

3. 是否符合合理性原則

　　如分段發包、浮列金額、超額貸款、價格過高等。

【案例13】切割標案之風險

　　鎮公所某水溝發包案，鎮長為避免公開上網程序，指示承辦科員研究採取變通方式，乃將1500萬元工程，切割成16段，每段不超過100萬元，最終由其認識三營造廠承作。俟完工後，水溝竟然兩邊高、中間低，形同長條蓄水地，明眼人一看此種切割發包，根本有問題，明顯不符合「合理性原則」。

【案例14】曲予周全之風險

鄉長為執行公務預算，在結束前3個月，交代承辦科長緊急將一小型部落之水溝打掉重建，事後被檢舉圖利判罪。鄉長抗議：「我有效執行預算，而且照顧鄉民，讓民眾免於淹水是我的責任！」法官在判決書上指明該施作水溝2年前剛完工，排水順暢，無再重建之必要，而且該鄉申請興建水溝並急迫者有11件，執行預算也不應以該處為施工對象。原來該部落住有某民代之岳父，鄉民才恍然大悟。

4. 是否符合公平性原則

如少數廠商得標，裁罰標準不一等。

【案例15】迴護女婿標案之風險

某機關之主任祕書負責文宣之設計印製，發送全國張貼推廣。因其女婿開設媒體行銷公司，認為機不可失，著手將招標之條件，型式及時程巧妙安排，經公告後，僅有三家廠商前來應徵，主祕再技巧性暗示，而由其女婿標得3800萬元標案，試問其結果不公不平，何能杜悠悠之口？

【案例16】對象集中得標之風險

一山地鄉鄉長經激烈競爭，方贏得鄉長寶座，對於支持者銘感於心，乃將工程儘量交由死忠之夥伴施作。經人檢舉後，檢調將其上任以來4年之工程詳細分析統計，有96%之工程由三家廠商得標，再深入查究，此三家廠商負責人分別為其大椿腳、妻舅、麻吉之同學，很顯然違背公平性，雖然鄉長口才辨給，再三美言卸責，但辦案人員要求其解釋何以只有三家得標，從而無詞以對，一審判決重罪。

5. 是否符合生活經驗原則

如一般人是否容易貸款、長期占用不催不索賠等。

【案例17】違背機關處置常規

某項外國重大設備採購案，經承辦單位完成作業後，送請上級批核，副首長認為其價格過高，應再協調降低，退回重新辦理後再送閱時，發現價格非但未降低，反而調升近1成，理由冠冕堂皇，副首長仍不認同，再退回詳予評估溝通，半個月後再送核，價格不動，所持理由更多，副首長心知肚明，未再表示意見，5分鐘後簽章送出。後來檢調單位從公文中查出端倪，而且以該機關性質特殊，服從性較

強，竟然與副首長唱反調，經查得相關事證後，提起公訴。

【案例18】輕易成為呆帳之風險

公營銀行授信貸款一企業1億5千萬元後，繳納半年利息後，即不再繳納，很快成為呆帳。檢調辦他案時，查得此貸款有蹊蹺？蓋一般人之生活經驗中，要貸款並不容易，此1.5億貸款何以能在20日內辦成，經深入調查，發現擔保品不足，5P原則不實在，負責人與放款人員有特殊交情，查催繳息不積極，在在凸顯貸款確有情弊。

6. 是否符合合理說明原則

如價格離譜、品質惡劣、外觀奇差、使用不便，即使承辦人員提出百般理由，能否自圓其說，都有困難。

【案例19】熟悉公務而為相反處理之風險

一申請山坡地建造案件，檢察官以圖利罪提起公訴，涉案公務員提出辯解，主張仍經驗不夠，法令不熟，當時係無意中弄錯，並非有意違背山坡地管制法令予以通融云云。公訴檢察官當庭反駁，指承辦公務員在建管單位服務14年，經驗豐富，法令熟稔，三度輪辦山坡地建造審核工作，安有經驗不足或法令不熟之事。何況本件核准案，被告到過現場勘查，瞭解實情，所為審核意見違背其熟悉之作業方式與程序，足以證明是有心圖利，乃被判決罪刑。

【案例20】藏放鐵櫃多年現款之真實性

公務員辦35萬元災害補助款業務，內有12萬元因災民遷往他處，聯繫不上，已有立足處，預料不會再來申辦，乃偽簽災民簽名冒領，後災民得悉後向其申領，不予理會。檢察官受理告訴後，承辦員辯解：未侵占補助款，可能掉落在鐵櫃內裡夾層，請履勘現場，果發現12萬元在內夾層下方，災民根本不相信，指已3年了，又常使用鐵櫃，哪有可能沒發現，檢察官也告知扣得之信封有多道擠壓刮痕，係強行塞入，並非放置下層，不是不小心「滑落」，你的說詞一般人也不會接受，承辦人聽後無語。

（三）檢調辦案成效之檢驗風險

歷年來，政府一再昭示偵辦貪瀆之決心，絕不寬貸。然社會從辦案成效一直質

疑其決心之程度，也對檢調辦案之能力有所誤解。是以，辦案系統對於偵辦之技術與績效，需有風險評量之體認。首先，要瞭解形成貪瀆之成因、類型，採取有效偵查策略，對具體案件需充分蒐證，詳密析證，提出確實事證，說服法官接受，以免被認定成立犯罪。

又貪瀆案件之特性，檢調不能不查明，否則難以對症下藥。分析貪瀆行為之特性：1.隱密性高；2.避諱性大；3.智慧性強；4.狡猾性大；5.計畫性多；6.被告人迴護性多；7.交互影響性高；8.擴散性廣。

社會對貪瀆行為相當不能諒解，一有公務員貪瀆案件爆發，媒體大肆報導，斯時，檢調同仁當起風險之念，蓋報導越多、越大、越長，社會直覺必是一件大弊案，若後來以小案收尾或草草結案，不僅侵擾當事人權益，也代表辦案人員本事有限，績效不佳。縱使提起公訴，如蒐證不全，判決無罪確定，更被指責辦案不力。因此偵辦不在動作，而在成案，不能成案，等於白忙一場。

又公務員因涉嫌貪瀆犯罪而被偵查、審判以迄判決確定，常經過長期冗長訴訟程序之煎熬，身心疲憊，心力交瘁，甚而有流浪法庭6年、8年、12年、15年、20多年不等之悲劇情況，而且對其家庭之影響相當大。且當前定罪率不如其他刑責案件高，所有調查偵審之公務人員應戒慎恐懼，依據證據公平審斷，做到精緻檢察、公平審判之期待，以免公務員飽受司法程序之沉重壓力。

四、　本章小結

政府大力強調為民服務，肯定便民公務員，公務員應有正向之服務信念；由於有公務員在為民服務時，對圖利與便民之界線認識不足，欠缺興利膽識，本章乃從法律風險衡量闡明公務員為民服務正念，辨明錯誤之法律認知，瞭解刑事規範之內涵，並深入探討外界對公務行為衡酌之基準，利於公務員嚴正執行，快樂為民服務。

本章摘要

1. 政府大力推動為民服務，鼓勵便民，造福社會，公務員需有正念，在法令範圍內，需從服務態度與技巧改善為民服務之成效。

2. 現行圖利罪已有修正，使其涵義更為明確。本文乃從圖利罪之意義、類型

及要件詳加剖析，並舉出事例以明其內涵。

　　3. 爲使公務員明確認知圖利與興利之分際，詳細解說兩者之意涵與切割面，並論述興利之作法。

　　4. 公務員執行公務，有其想法與作爲，有時依主觀見解或未綜觀全貌而判斷執行，未必能爲社會或當事人所接受。本章乃提出必要性、一致性、合理性、生活經驗性與說服性等衡量基準，作爲推動公務之準據，防免法律風險實現。

思考題

❖ 公務員依據職權，執行公務，你認爲常被社會質疑，是否風險管理能力不足？還是有其他原因？

▌▍參考文獻

1. 盧映潔，《刑法分則新論》，新學林出版，2012年2月4版2刷。
2. 張麗卿，《新刑法探索》，元照出版，2012年10月4版1刷。
3. 黃仲夫，《刑法精義》，元照出版，2008年1月修訂2版。
4. 最高法院，刑法修正之適用問題，2006年8月版。
5. 法務部，法務部103年統計年報，網址：http://www.rjsd.moj.gov.tw/rjsdweb/book/Book_Detail.aspx?book_id=122。
6. 法務部，《釐清圖利與便民，辦公安心又自在》，1998年6月初版2刷。
7. 最高檢察署，《貪瀆案例無罪分析第三輯》，2000年12月初版。
8. 張清雲、周志榮、朱兆民、吳文忠、盧文祥、郭利雄、謝瑤偉，《圖利罪相關問題之研究》，法務部，1996年6月初版。
9. 宋明哲，《公共風險管理——ERM架構》，台灣金融研訓院，2015年2月初版。
10. 施茂林，〈柔性司法工程之建構開展與發展軌向〉，在吳尚儒、張智盛、魏馬哲主編《法學發展新趨勢——司法、財經、科技新議題》，亞洲大學，2015年5月。
11. 法務部，《貪瀆犯罪及其防制對策之研究》，法務部，1995年6月。
12. 李茂生，〈新修公務員圖利芻議〉，《月旦法學雜誌》，第91期，2002年12月。
13. 林東茂，〈公務員圖利罪圖於違背法令之意義〉，《台灣本土法學雜誌》，第97期，2007年8月。
14. 施茂林，《法律站在你身邊——法律風險防身術》，聯經出版社，2013年1月。

15. 施茂林，〈當前政風核心工作──展現存在價值、再創績效高峰〉，《法務通訊》，2006年8月。

16. 施茂林，《常見公務人員貪瀆犯罪解析》，臺灣省政府人事處，1995年6月。

17. 施茂林演講題材：公務防弊與興利、肅貪案例實務、掌握法律界線、快樂爲民服務、圖利與便民之迷思與辨正、釐清圖利與便民、從反浪費、反腐敗、反貪汙談型塑廉能政府、當前政風核心工作──展現存在價值、強化全民反貪意識、反貪預防與調查防制工作、現階段興利除弊嶄新思維、建立廉能政府──培養公務員清廉正直之操守、防範危害政風事件發生之前瞻性思維、具體落實執行反貪行動方案、興利與圖利之辨──談公務員之行政效能及爲民服務、圖利與興利之法律風險實務、政府職能與風險管理、圖利與興利法律實務與風險、政風預防業務與風險預測、杜絕反浪費之具體方法、活化政風效能、展現反貪成效。

第六篇

實作驗證篇
——法律風險管理實踐與鑑析

本篇分五章論述，主要在闡述法律風險管理之具體實踐運作圖像，首先說明企業組織運作與企業貪瀆風險防範，其次解說企業員工管理與法律風險防控，接著論述新科技發展與法律風險治理，再敘述契約簽約、履約涉及之法律風險，最後解析外國法律之風險評斷與管理。

第 **21** 章

企業組織運作與
企業貪瀆風險防範

讀完本章可學到：

1. 認識少數股東權及運作要領。

2. 辨明董事會形式化與不依程序進行之法律風險。

3. 清楚公司負責人法律風險責任與商業判斷原則之適用。

4. 瞭解企業負責人應有之法律風險意識。

5. 知悉企業貪瀆規範與法律風險預防管理。

一、 股東權益與風險檢測

（一）股東權股東會與運作

　　很多人投資公司或在證券市場買賣股票成為股東，因股數少，很難參與公司之經營，一直認為是「細漢」的，以致對公司經營層或董監事不盡責、胡搞、無作為甚或利益輸送、舞弊不法等情形，均自認無力感，也很少去思考法律上對於少數股東有諸多保護規定，更談不上如何應用保護救濟。

【案例1】董事長怠忽職責之風險

　　T傳產公司的名下土地很多，在地價大漲時期，都不做適當處分，任其錯失商機，市場派的多位股東一再要求董事會規劃，但董事會置之不理，股東便找上監察人甲為公司利益召開董事會，改選董監事；董事會的公司派不以為意，沒想到在其他董事的合縱連橫、積極運作下，董事長落得「下臺一鞠躬」。

【案例2】少數股東之法律威力

　　M公司是家族企業，8成股份集中在少數幾人手中，掌控了董事會，其他股東對盈餘分配「看得到、吃不到」，公司幹部也是由親信任職，而且發現公司的財產去處、資金流向大多不明，多次與董事會交涉，都沒有結果。持有3%股份1年以上的股東，在忍無可忍下聲請法院選派檢查人（依《公司法》第245條），檢查公司業務帳目、財產情形，全面深入瞭解有無掏空、舞弊、侵占等情況。法院認為有必要，指示監察人召開股東會處理。

【案例3】少數股東假處分之效果

　　生產汽機車零配件的P公司，董事分成兩派人馬，雙方只有一票之差。某次召開董事會前夕，因為要討論的案子有利少數派，少數派便先找律師研究，揪出多數派的2位董事違背職務的事實，以此向法院聲請停止執行董事職權，讓他們無法出席董事會，本來少一席的少數派就變成多出一席的多數派，順利通過了他們想要的議案。

【案例4】終結公司之考量

　　K公司專營稀土進口，後來因為原料供應國的政策改變，限制出口額，造成對

方公司發生供貨困難，面對客戶廠商催貨壓力，也無法提供替代原料，有樂觀的股東提出增資要求，以度過困境，但有股東反對，認為榮景遙遙無期，乾脆向法院聲請裁定解散。

　　由上述案例，可看出少數股東只要肯用心，依法律規範運作，對公司之營運業務與組織仍大有空間。現說明《公司法》對於公司之股東與股東會賦予諸多權利，簡而言之，可分成[1]：

1. 公司股東一般權利
   (1) 股息紅利分派權
   (2) 參與公司管理權
   (3) 股東會表決權行使
   (4) 股份自由轉讓權
   (5) 股份收買請求權（第186、317條）
   (6) 優先購買新股權
   (7) 剩餘財產分配權
   (8) 權損害救濟權
   (9) 推薦董事權

2. 股東會之權限
   (1) 查核權（第184條第1項）
   (2) 受監察人表冊查核報告權（第219條）
   (3) 受虧損報告權（第211條第1項）
   (4) 受公司債之募集報告權
   (5) 其他

3. 企業股東權
   (1) 股東資訊權
      A. 類別
         a. 查閱權
         b. 資訊權：有個別權及獨立權之運作模式。

---

[1] 陳連順，《公司法精義》，一品文化出版社，2007年11月修訂7版，頁408-418；廖大穎，《公司法原論》，三民書局，2012年8月增訂6版1刷，頁179-184。

B. 資訊權

　　a. 股東會前資訊權，包括行使要求提供權、補充資訊權。

　　b. 股東會發言權，如資訊權、要求回復權。

C. 查閱權

　　a. 一般查閱權

　　b. 股東會前查閱權

　　c. 股東會議記錄查閱權

4. 股東撤銷權

(1) 股東會會決議事項

A. 盈餘分派：虧損撥補（第184條第1項）

B. 選任檢查人（第184條第2項）

C. 董事之選任（第192條）

D. 董事之報酬（第196條）

E. 董事之解任（第199條）

F. 對董監事提起訴訟，而另選代表公司為訴訟之人（第213、225條）

G. 選任監察人（第216條）

H. 財務表冊等會計（第231條）

I. 其他

(2) 當召集程序與決議方法有瑕疵，可撤銷決議（第189條）

　　眾所皆知，股東會為公司最高意思機關，也是權力機關，每一年度之股東會都是公司當年度之最大要事，原因何在？在法律上其實是董監事責任是否解除之關鍵[2]，幾乎每一公司之負責人、總經理及經營群，都以順利完成當年度之股東會為要務；換言之，股東如有此正確認知，在股東會對於營運、財務及管理上之不法、違法、不當、濫權等多所質疑，對董事會與經營團隊構成重大之壓力，體認需正面經營企業，當可促導公司朝正向發展[3]。

　　又股東大會時，對於議案應詳細深入討論，目前許多公司召開股東會時，草草

2　《公司法》第231條規定：「各項表冊經股東會決議承認後，視為公司已解除董事及監察人之責任。但董事或監察人有不法行為者，不在此限。」
3　近年來，上市櫃公司之股東會有計畫集中少數日期，甚且曾發生630家公司同日召開之空前盛況，其背景固與防範職業股東有關，但以此方式處理等同限制股東權之行使，影響股東參加股東會，實質影響股東權益，主管機關不能忽視，需予改善。

完會，形同自願放棄股東權益，弱化股東會功能，也間接導致董事會坐大，容易讓董事會忽視股東會，甚而認為股東會聊備一格。是以，股東會淪為「形式開會」、「董事會主導股東會」、「股東忽略股東會權能」時，無異自廢武功。反之，若股東會發揮其權能，作好把關工作，對董事會所提不合理、不適當或妨礙公司發展或不利營運等強力監督[4]，予以否認，都可改變企業之運作規則，有利公司之成長。

（二）少數股東權

有關少數股東權，《公司法》有下列保障規定[5]：

1. 公司法第173條：召開股東臨時會
2. 公司法第214條：對董事提出訴訟
3. 公司法第184條第2項：選派檢查人
4. 公司法第192條之1：提出董事候選人
5. 公司法第194條：停止董事不法行為
6. 公司法第11條：聲請裁定解散
7. 公司法第10條：申請命令解散
8. 公司法第186條：要求收買股份
9. 公司法第189條：撤銷股東會決議
10. 公司法第172條之1：書面提案
11. 公司法第198條：集中或分配選舉董事

由上述說明，少數股東權益，現行《公司法》等有相當多條文保護，少數股東可依各別情況、需求及考量之目的，選擇最適當之方式行使權利，其法律威力不少，甚而逼使董事長與董事會讓步，吐出不法利得，從制衡董事會來說，可謂是喪鐘條款[6]。又公司治理主軸，強調保障少數股東權益，有關《公司法》之規範以及IR聯繫制度，在強化投資人與股東權益之保護，即為公司、董事長、董監事等法律風險之所在。

---

[4] 2015年10月矽品董事會反對日月光收購股權而引入鴻海換股聯盟，企圖將提高資本額、將資單一有價證券限額提高予以稀釋，股東臨時會各以46.6%、47.2%同意而未獲得半數股權之同意，專家認為股東會中有相當多股東重視股東權益，發揮股東會效能，改變當前股東會形式化之運作模式。

[5] 施茂林，《法律站在你身邊》，聯經出版社，2013年3月初版4刷，頁163-164。

[6] 施茂林，《法律站在你身邊》，同前註，頁158-161。

二、董事會形式化之法律風險

（一）董事會程序與紀錄風險鑑析

現在工商社會之企業組織以股份有限公司為最常見，依《公司法》之設計，其機關採用三權分立原則，分為三：

1. 股東會：公司意見之形成機關，也是公司最高意思機關。
2. 董事會：公司業務之執行機關，供應營運實際運作機關。
3. 監察人：公司經營之監督機關，代替股東會監督之機關。

此三種機關肩負積極創設企業組織之有效率管理，防範企業經營之濫權，藉由三權分立觀念，建立公司組織之權責區分，相互制衡，實現自治之觀念[7]。

公司董事會係公司運作的核心，執行業務必須遵照公司法令章程和股東會的決議，但這只是法律的最低要求。董事會還必須秉持良心，以公司利益為前提，作出有助公司發展的決議，讓公司獲取最大利潤，方符合《公司法》第1條之精神。

當董事會之決議違反法令章程，致使公司受有損害時，參與決議之董事依《公司法》第193條第1、2項之規定，對於公司負賠償責任，又依第194條之規定，繼續1年以上持有股份之股東，得請求董事會停止其行為，監察人並得依第218條第2項之規定，通知董事會停止其行為。

股份有限公司董事會之主要權限為：召集股東會（《公司法》第171條）、選任董事長、副董事長、常務董事（第208條第1、2項）、發行新股（第266條第2項）、聲請公司重整（第282條第1項）、編造各種會計表冊、章程（第228條、229條、第183條、第201條）及第185條第5項之提案等。

董事會之運作，係以會議方式為之，其以現場會議或視訊會議為之，均無不可，但需要依法定程序召集，不得未經召集，亦未進行會議而以簽章出席或事後補簽代表出席，否則，其決議發生法律效力問題，並涉有偽造文書罪責。

【案例5】未開會只簽名的法律責任

宇瀚股份有限公司有董事7名，均為有名企業老闆，也因事務繁忙不易湊齊召開董事會，常由祕書持至各董事服務處所，由其簽名，表示已開過董事會達成決議，法務經理好意提醒有問題，董事長不聽，後因股東檢舉董事長背信投資其關係

---

[7] 廖大穎，同前註1，頁174-175。

企業，致使血本無歸，董事長抗辯已得董事會決議同意，檢察官乃調閱資料，查得當時有董事2人出國、1人當天時段主持自己公司會議、1人重病住院，根本未召開會議，係由該4人補簽解決，檢察官雖認定背信罪嫌不足，依偽造文書起訴。

【案例6】開會9分鐘之風險

偉士公司董事長汪凱好友惠埜公司經營不善，為協助其脫困，決定高價購買其機器設備，經形式評估後，提董事會討論決議通過，股東不服提出抗議，汪凱極力否認有背信之事，抗辯：經九席董事全票通過，股東多人仔細追查，發現此項2.6億元買賣，開會僅9分鐘，各董事也稱：汪凱一再暗示是協助惠埜，告訴人向檢察官堅稱9分鐘扣除朗讀案由、相關財務表件，討論不到2分鐘，哪有在討論，純係董事長假借合議制擋箭牌，會議無效。

檢調機關在偵辦企業貪瀆案件時，涉案人員也常以「業經董事會決議」卸責，需查閱董事會內容，此時，調查董事會是否確有召開成為偵辦要項。只要訊問製作之祕書或傳訊董事，有無召開會議，立即真相大白。有心人士想利用董事會議決議遮飾犯行，必徒勞無功，是以企業負責人與經營團體務必有此法律風險知覺。

不論是否合議，都有其會議程序，縱使行禮如儀，也需要花費相當時間，因此，開會時間過短或離譜，容易被抓包，成為風險因子。再者，會議記錄必須依照實際情況記載，不能隨意增刪、竄改或添加，否則有登載不實之問題。有董事長認為於會議中所作之結論不盡理想，乃指示增修改正，被股東檢舉偽造文書被判罪[8]。

又董事會之開會程序，需遵照議事規則進行，其為上市、上櫃公司，金管會訂頒有會議規則可遵循。一般公司也可依自訂之會議規則處理，或者依內政部發布之會議規範進行，擔任董事會主席之董事長或代理主席之董事需依循其程序進行董事會，使董事會不致因程序之問題產生法律上之爭議[9]。

【案例7】董事代替董事長宣布散會之風險

總裁倪君有八家關係企業，對於某公司董事長不具好感，一再構思董事長人選

---

[8] 施茂林，《法律站在你身邊》，聯經出版，2013年3月初版4刷，頁175。

[9] 施茂林，〈上市櫃公司法律風險管理——從司法案例談企業風險實現之效應〉，臺大商管，2015年8月15日。

與布局，乃指示召開董事會，準備改選董監事。原董事長被蒙在鼓裡，當天開會時由董事長擔任主席，討論議案中，有董事突提罷免董事長，重新改選，其他董事同意新人選，董事長一直抗議，眾董事噤聲，親信董事宣布選舉完畢，散會，與會人員離席，留下孤伶伶又氣憤難平之董事長。有識之士認為該董事會之程序有問題，是否合於議事規則，頗值研議，而董事長未察覺其中特殊玄機，也令人費解。

（二）傀儡董事會之法律風險

從工商界出現之案例，顯示有不少企業披著合法外衣，利用傀儡董事會達到特定之目的，依其類型有下列非法犯罪之行為[10]：

1. 偽造決議：公司負責人炒作股票失利，為彌補已經挪用公司資金的缺口，用倒填日期方式，製作不實的董事會會議紀錄，以「多角化經營，獲得投資利益」為由，通過投資個人持有的公司股票的決議，作為掩飾。

2. 紙上開會：在檢調偵結的大案中，出現某集團負責人透過設立為數眾多的人頭公司，然後虛構人頭公司的董事會議紀錄，向銀行信用貸款或利用商業本票套現，結果滾成資金大黑洞。

3. 張冠李戴：某科技公司掏空案，檢察官發現，董事長利用部分沒有參與業務的「無知」董事，串通高階經理人報告不實的業務需要，將數筆經過董事會同意的營業資金挪為己用。

4. 利用授權：有傳統產業的公司董事長，利用母公司和轉投資公司的長短期有價證券買賣和相關資金調度的機會，先買入無記名可轉讓存單（NCD），當天以9成質借，撥入個人帳戶去還債。

5. 假傳聖旨：未召開董事會，由董事長指示，以董事會同意為名提撥公關費，或藉口董事會授權處理事情，以不實名目將款項匯入自己帳戶，侵占公司款項。

公司之營運、業務執行、財務調度以及公司之實際利潤，只有少數核心董事知情，一般董事並不瞭解真相。這些董事必須小心，不要被他人利用，成為他人操弄不法完成特定目的的工具，讓董事會演變為「傀儡董事會」，這也是風險之敏銳度所在。

---

[10] 施茂林，《法律簡單講》，聯經，2012年10月初版4刷，頁95-96。

三、　公司負責人法律風險責任與阻卻違法

（一）公司負責人之法律責任

公司董事長執行公司業務時，是代表公司為之，其法律效果由公司承受，對董事長而言，應該是無需負責任。但法律有相當多規定，公司負責人需負一定法律責任，包括民事責任、刑事責任與行政責任。因此，身為公司負責人對此法律風險責任，不能不瞭解，以免責任上身，也要注意避免董監事為股東或外界質疑，甚而有法律風險事件[11]。

【案例8】賠償不改善環保設備之罰鍰

海東公司生產過程會產生廢水，經環保局裁罰，通知改善，多名董事在董事會提議要設置汙水處理廠，董事長趙龍因金額高，力排眾議不願設置。後廢水流入30公尺外養殖魚池，致使魚死亡800公斤，飼戶張明理論未果，訴請法院判決需賠償220萬元確定，趙龍乃指示給付，贊成設置汙水設備之董事反對，主張係趙龍之疏忽，應由個人賠償該220萬元。

【案例9】董事長扛公司逃稅責任

上揚公司以不正當方法逃稅，公司和董事長都被起訴。董事長在法庭上抗辯：他本人沒有逃稅，是公司逃稅，為何起訴他？檢察官告訴他，這就是「轉嫁處罰」，他才認知到，依《稅捐稽徵法》第47條規定，公司是法人，不能被關，要由自然人代替，最後董事長被判4個月徒刑。

【案例10】總經理也是負責人之風險

永生公司生產沙拉油，於製造過程，發現進口之原料遭到汙染，對人體健康有不良影響，依《食品衛生管理法》第7條第5項之規定，原應停止製造、販賣，董事長以知悉之人很少，仍繼續製造販賣。為衛生局查獲，裁罰鍰200萬元，永生公司拒不繳納，行政執行署乃對總經理限制出境，通知其繳納，總經理抗議，執行單位

---

[11] 多年來公司董監事酬勞自肥之問題，一直被關注，尤其是公司獲利衰退，董監事仍自肥，而金融業董監事將股票大量質押，仍坐領高薪，形同肥貓。由於董事薪資與股利為公司內部事項、公司章程之規定，若不違反法令，外界只能指摘不宜，但身為負責人宜避免此事發生。

告以依《公司法》第8條規定，並無不法。

公司負責人之民事責任，分成兩種，一是「個別責任」，指違反特定事項時，要負賠償責任；第二是《公司法》第23條所說的「概括責任」，包括應「盡忠實和善良管理人的注意義務」，否則對公司有賠償責任；其第2項所稱之違反法令，通常為侵權行為，包括《民法》第184條第2項所稱「違反保護他人法令」在內，其責任不輕，另還有對第三人造成之賠償，要負連帶賠償責任[12]。

公司是法人組織，無法實際執行意思表示，要有自然人來決定、執行法人的意思表示，該自然人就是公司的董事長或經營者，因此《公司法》第8條乃規定公司的負責人有兩類，包括當然負責人、以及職務範圍內的公司負責人，兩者的責任相當。

2011年11月修正《公司法》第23條時，為明確規定公司負責人對於公司應踐行忠實義務及注意義務，乃增訂第1項：「公司負責人應忠實執行業務並盡善良管理人之注意義務，如有違反致公司受有損害者，負損害賠償責任。」明白揭示董事負有忠實義務。

由於善良管理人之注意義務，一般認為其程度上係抽象輕過失，實務見解如42臺上字第865號判例：「即依交易上一般觀念，認為有相當知識經驗及誠意之人應盡之注意」、79年臺上字第120號判決：「行為人注意之程度，依一般社會上之觀念，認為具有相當知識及經驗之人對於一定事件所能注意者，客觀的決定其標準；至於行為人有無盡此注意義務之知識或經驗，在所不問」，均可看出其注意程度甚高，較之美、日法院對於董事之注意義務標準為高，公司負責人未予遵守，其法律責任甚重。

又《公司法》第23條規定，公司負責人應忠實執行業務，對於決定之商業性交易行為，應迴避利害關係，本於職能誠信且獨立執行有利公司之業務，獲取公司最大利益。

公司負責人處理公司事務，會涉及利益衝突之情事，例如：

─違反競業禁止（《公司法》第209條）

─與公司交易（《公司法》第223條：應由監察人代表公司與其交易）

─掠奪公司資產或商業機密

---

[12] 張格明，《新公司法論》，翰蘆圖書出版，2014年7月初版，頁100-102。

—利用職務關係獲取私人利益

公司負責人（董事）根據董事會所呈現之資料為公司利益而執行職務，並不受外界任何因素影響，否則可能導致負責人行為受到非誠信之責難。反之，負責人如果受到與該交易有利益之個人或團體控制支配，或受該等人之影響而為決策，負責人對該決策即已喪失獨立自主之裁量，該負責人即不具獨立性。

【案例11】好康讓好友得利之風險

上市公司董事長齊山在董事會決議至永康設廠擴大生產線後，通知其友人吳章，吳章立即在永康郊區以每坪2.2萬元購得一塊適合土地，齊山同意購買，約定每坪為3.6萬元，經人檢舉圖利吳章。齊山在偵查中抗辯：與市價相當，而且買下來已有2年，土地已漲至6.4萬元，公司獲利不少，股票也漲幅18%，並無背信行為。但經送鑑定，當時市價約2.4萬元至2.6萬元，現市價為3萬元，檢調不相信其說詞，認為係不合常規交易。

【案例12】投資失利之風險責任

股東會開會時，有數位股東發言質疑，為何3年前投資達仁科技公司迄今仍未獲利，且財報載明虧損將近半個股本，當初決定投資失策，董事會應負起全責，董事長強調因看準該項科技研發有前景，才決定投資，後因某項技術未突破以致失利，當初之決定合理且正當，不能怪罪董事會。

【案例13】授權製藥程序瑕疵之風險

優力公司研發新藥，董事長評估需投資巨額款項方能生產，且市場反應難以把握，未提董事會決議，乃將之授權東興公司生產。3年後，東興公司獲利良好，優力公司因當初授權金之比率不高，所分得之成數不多。迨下屆董事上任，根據副總經理報告，認為前董事長有利益輸送嫌疑，董事長據理力爭，強烈表達該藥品之暢銷，係發生未料及之流行性感冒，並非一般疾病之治療情況。當初之授權評估，特別組成專案小組經半年多方考量，才從三家藥廠選定東興，問心無愧。

類似情形，在商場上經常遇到，經營群或負責人難免被懷疑是否涉嫌背信罪或犯《銀行法》、《證券交易法》等特別背信罪，也有可能被檢討是否盡《公司法》第23條的忠實義務？需否負損害賠償責任？

（二）商業判斷原則之適用

現在是個競爭時代，企業經營面臨的政經、社會變動、市場國際趨勢、行業競爭等問題日漸嚴重。商場有如戰場，有利商機瞬息萬變，當下決策有資訊充分的困難，也有時間壓力，如不考量當下時點的所有情境，而以「事後論神仙」方式嚴格檢驗其結果，顯然不恰當。

如何釐清商場實務與法律要求的關係，有其必要性。在美國，主要藉商業判斷原則來平衡，既不輕易縱容經營者法律責任，也給予寬廣正當的空間，使企業經營能本諸專業，依商場平常心，作好最適當的商業決策。

由於公司治理在促發公司價值極大化及利潤最大化，所以積極面在強調興利、創利，加強公司董事會結構與功能，提高公司競爭力，不必對董事會給予太多監督核管，基於所有權與經營權分離原則，容許董事會有更多、更大空間，賦予有效職權，使董事會能依市場導向，靈活從事各項商業（事）經濟活動，而且，公司治理也含有激勵機制，既要馬兒好，當然要給充足糧草，其間，賦予經營權充足職權、彈性空間與適度尊重，有利其有效率經營企業。基於此，商業經營法則適可促成董事會職權的有效發揮，所以在談公司治理時，並不否定商業經營原則的適用。

美國習用的business judgement rule，有使用商業判斷原則，有稱：企業判斷原則，有採經營判斷法則，主要認為公司董事會在執行業務時，對於經營事項所為之判斷與決定係基於善意，並在資訊充分情況下所為，而且可以合理相信對公司有利，實不應苛責董事的法律責任。換句話說，縱然該商業決定不正確或錯誤，甚至造成公司遭受虧損也無需負責——這成為對經營者有利推定的重要原則，也給經營者放膽地從事專業性的經營行為的基礎。

商業判斷法則綜合各方見解，其積極要件，有六：1.須從事商業性交易的決策或決定；2.須決策者與交易沒有利害關係；3.須執行過程具備獨立性；4.須已盡到合理注意義務；5.須基於善意執行職務；6.須未濫用裁量權。就消極要件而言，也有二：1.須非屬詐欺、越權或不合法行為；2.須無浪費行為。是以，從數理量化來看，商業判斷之「大公」、「公利」、「公益」等「純度」比例要多高，方能判斷商業行為是否為商業判斷原則[13]。

《公司法》第23條明定應忠實執行業務，其法律責任重大，負責人需有法律風險知覺，注意此忠實義務之程度，防免執行業務帶來法律責任。惟當負責人盡忠職

---

[13] 陳錦隆等，《商業判斷原則與企業經營責任》，新學林，2011年12月初版1刷，頁10-14。

守，實心任事，盡心盡力，從其結果不如預期，成果有限，亦得藉商業專業判斷原則減緩責任[14]。目前司法實務上已有採納之案例，相信在當事人的主張與攻防，擴大其適用的空間。

四、　公司負責人之法律風險評量

（一）公司負責人偵測法律風險

誠如前述，公司負責人在法律上有其相當多且重之法律責任，很容易涉及法律責任上身。身為公司負責人不能漠視其法律風險責任，否則不管事、不會管事、不願管事，可能法律風險輕易上身，後悔不及。

有關公司負責人之法律責任，主要規定在《公司法》、《證券交易法》及金融法規中，擔任公司負責人者，需設法瞭解各法規之要求，例如：為公司前景，有必要轉投資，則需瞭解《公司法》第13條之規定，即不得為他公司無限責任股東，不得為合夥事業合夥人及非以投資專業不得超過公司實收股本40%，此轉投資不論單項投資或雙向投資在內[15]，以防控法律風險之思維，依公司業務之性質、董事會之結構、股東會之運作等，策定風險避讓之作法，以免惹禍上身。

【案例14】以公款收購委託書之法律風險

改選董監事與董事長之股東會召開在即，公司派與市場派爭執不下，各方人馬垂涎，各顯本事，勇奪董事，公司派發現危機重重。掀起保衛戰，董事會決議收購委託書，指定由公司員工分頭徵購，共花費4000萬元，由公司支應，改選結果，公司派大獲全勝，保有經營權。經人檢舉董事長、員工等，背信被訴，理由是擔任董監事，係股東個人之問題，非關公司之公共議題，不應由公司支付收購委託書之費用。

【案例15】借錢予個人之法律風險

魏貴為上櫃貴平公司董事長，明知公司之資金不得貸予股東或任何人，竟指示財務經理溫煜先後出借1300萬元、2400萬元給其小學同學吳榮應急，而未收取任何

---

[14] 陳連順，同前註1，頁106-107。
[15] 潘秀菊，《企業的擴充與多角化經營策略》，李永然文化，2002年8月初版，頁29-30。

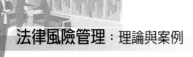

利息，迨借期屆滿，又未積極催促吳榮還債，致使貴平公司另向銀行借貸3000萬元應急，經調查局依《證券交易法》第174條第1項第8款罪責移送偵辦。

又國內發生多次經營權之競爭，進而以法律規範爲籌碼或工具進行爭奪，形同法律戰，其模式大致爲：1.徵求小股東委託書；2.大股東合縱與連橫；3.弔詭式之策略聯盟；4.公股關鍵性決定權；5.決戰外資；6.律師參與商場戰。對公司負責人而言，以正派經營之方式應對可考量之策略：1.落實公司治理至上；2.重視股東權益保證；3.引進公正獨立董事；4.吸引外資投入。

（二）影子董事長之法律風險

我國中央銀行總裁成效優異，連續獲得銀行界5A殊榮，而許多企業也常有總裁領軍，帶領企業衝刺，或以總裁名望增加企業知名度，或以設置總裁凸顯企業龐大。當企業發生法律事件時，因非公司董事長，一般人總認爲總裁並無責任可言。

【案例16】總裁也是共犯

上櫃登奇集團內規規定：公司經理以上之人事案，50萬以上之支出及500萬以上採購案，均需經總裁彭昱簽章才能生效或支付，且當公文上呈時，經主管、總經理及董事長簽認後，在公文右上角騰出一方格由總裁簽署。某日登奇公司涉及仿冒商標，對方控告公司總經理、董事長與總裁共犯《商標法》，總裁抗辯：公司之負責人是董事長，不是伊本人，伊不知情云云。經法院調出當初決定生產新商品之公文上，明明白白看到總裁有簽字，法官認定知情爲共犯，判處徒刑在案。

【案例17】一公司三主角同負法律風險責任

上市A公司成立40年，業務一向良好，吸引不少新股東投資。某日董事會決議公司投資B生物科技公司，製造癌症學名藥，經過3年時間，3億元投資血本無歸，股東會10多位股東砲聲隆隆，抗議該項投資錯誤，董事長袁偉說明當天公司創辦人許豪、前任董事長莊義總裁及前前任董事長王吉主席也在董事會極力贊成，說服董事會通過，不是伊人所決定，股東廖文等立即要求董事長、創辦人、總裁、主席4人共同負起《公司法》第23條之賠償責任。

社會上一般認爲總裁名義好聽，主席頭銜響叮噹，創辦人更是有氣派，殊不

知這些「太上皇」、「影武者」、「幕後高手」等已被迫要走出臺面，負起法律上之民事、刑事及行政罰之責任。原來《公司法》第8條第3項修正：「公開發行股票之公司之非董事，而實質上執行董事業務者，與本法董事同負民事、刑事及行政責任。」足見「影子董事長」之末日已到，總裁無法律豁免金牌[16]。

（三）防範併購與風險衡量

企業併購近年來，已成為流行之趨勢，在世界各國大型併購方興未艾，在臺灣已有諸多企業併購之事例，引起社會關注，如日月光併購矽品、國票金擬併購三商銀、台新銀行與彰銀間之併購、投資風波等。尚有諸多銀行準備打「亞洲盃」入主或合併亞洲區部分銀行，也有拚「世界盃」，國泰金更準備600億元海外併購。中國大陸紫光集團旗下晶片廠，也在2015年11月5日公告擬增資人民幣800億元，其中人民幣600億元用來興建存儲（記憶體）晶片廠、人民幣162億元用以收購記憶體相關業者[17]，12月間紫光頻頻對臺灣半導體、光電企業進行購買股票、併購等事項。

全球在貨幣寬鬆帶動下，企業界再度掀起併購熱潮。2015年1月至9月全球大型併購案總額突破1兆美元，升高為2008年金融海嘯以來最高水準，併購標的甚廣，航空、電訊、醫療、酒類等均在內。經濟學家富文及奧斯扎格研究指出，併購可能使一些企業獲得「超正常報酬」，使企業主管及股東的所得激增，使所得不均情況更加嚴重。借錢容易促使企業高層轉而「購買」成長，而非以既有事業來追求成長。專家警告：「企業勿促成婚，恐含淚收場。」[18]

對企業負責人而言，是否併購其他企業，有其經營策略與目標，但其間涉及之法律議題既廣甚多，所含法律風險甚廣，不容忽略，必須全面性風險評量。而本身企業有無可能被他企業併購，為風險事項，企業經營層不能無風險意識，認為不同意能奈我何？但諸多敵意併購或非合意收購成功，企業一夕變天，顯非抗拒所能阻擋[19]。

---

[16] 公司設有總裁之類者，實質上控制公司人事、財務、會計等主權，營運方面亦是影武者，公司之董事長常只是人頭負責人，淪為空頭總公司、傀儡董事長，對公司缺乏獨斷之權利，若有不法犯罪行為，也常出於總裁之抉擇，董事長多為應聲蟲。因此，由總裁負起主要法律責任名實相符。在刑事實務上，法院也會審酌總裁之實質權力、決斷力，量刑高於名義之董事長。

[17] 《經濟日報》，2015年11月2日國際A7版。

[18] 施茂林，《法律做後盾》，聯經出版社，2013年4月初版10刷，頁93-95。

[19] 我國對於敵意併購之法律規範尚有不足，以致在併購過程中產生諸多法律爭議？也涉及交易資訊之揭露問題，如何強化董事會（企業董事長）之忠實義務，主管機關之治理權限與範圍

五、 企業貪瀆與法律風險剖繪

（一）企業貪瀆之處罰

臺灣企業家族化，可說是公開事實，以臺灣前30大企業與前100大企業，家族企業比率分別占68%與83%，而且持股分散，控股模式相對複雜，除了投資公司、關係企業與海外公司控股，部分持股皆透過財團法人、壽險與信託方式，導致錯綜複雜，未來在傳承與交棒上面臨諸多疑義[20]，也引發諸多家族內鬩惡鬥情事，甚而發生殺害事件。

家族企業在權力結構上常由第一代之集權機制，轉至第二代時，已難以強而有效之集權方式治理公司，因接班、分權、平權、均權等問題，產生諸多衝突。部分企業會發生爭權、爭錢、爭資源等情事，連帶會有違法、不法等舞弊行為。此時公司治理成為家族企業之強心針，而在非家族企業之上市櫃公司、企業內部有舞弊、掏空等行為，亦常發生，公司治理也成為重要課題。

現代公司法制強調所有權與經營權分離，加上槓桿原理運用，企業組織體連橫、合縱操作，經濟體龐大，財經帝國模式出現，股東很難參與、干預與督導，加上《公司法》上有關少數股東權不會行使，在公司治理成效不彰時，形成諸多五鬼搬運、掏空挪用、回扣收賄、不法舞弊之情事，也讓公司治理蒙塵[21]。

由既往發生之財經金融犯罪案件解析，案件由小而多，人數由少數而集體，金額由小而大額，案情由簡單而複雜，手法由單一而計畫性犯罪[22]，涉及之金額經常在億元以上、上百億、2、3百億，甚而高達到6、7百億元。依其危害之嚴重性，具有危險性、危害性、掠奪性、腐蝕性，不得忽視，嚴重破壞經濟發展、金融秩序、財經紀律等[23]，政府主管機關需強力發揮監理效能，充實財經金融法制，檢調也需

為何，均有賴修正使其完備。

[20] 台灣董事學會2014年10月29日公布「2014年華人家族企業報告」，指出臺灣上市櫃公司在兩岸三地中，家族企業比率最高，但規模最小、持股比率最低、控股結構最為複雜，負責人平均年齡60歲，面臨家族接班問題，家族治理成為企業翻轉契機。

[21] 中國《法制日報》推出「2015中國企業家犯罪（媒體樣體）研究報告」，收集中國600多個案例，比2014年426個案例為多，以國企高層為多。

[22] 施茂林，〈我國金融犯罪之具象與刑事司法析論〉，《朝陽商管評論特刊》，朝陽科技大學管理學院，2012年5月，頁4。

[23] 施茂林，〈金融犯罪司法實踐力之建構與實務〉，《刑事法雜誌》，56卷2期，2012年4月，頁32。

提高偵辦能力，有效防止犯罪歪風[24]。

在金融法規方面，《銀行法》規定，銀行人員背信、詐欺，刑度都很重，最輕3年，最重10年；至於收取佣金、酬金、不當利益，也都有刑罰規定；另外，對於主要股東和銀行人員，以及和銀行人員有利害關係者，甚至平時互相有往來的銀行，若中間有不法之資金往來，比如違反限制規定的授信貸款，都可以判處刑責。

類似的規定，也出現在《金融控股公司法》、《票券金融管理法》和《農業金融法》等。另外，《不動產證券化條例》也規定，為了保障投資者的權益，對於從業人員有虛偽不實的行為、估價報告師有隱匿的情事、私募受益憑證未依規定公開說明，以及違背職務的背信行為，都有處罰。

【案例18】特定親屬貸款責任

A向B銀行貸款9千萬元，因周轉問題延期4月清償，並付清利息。未料經人檢舉，檢察官認為無不法情事為不起訴處分。惟發現B銀行董事長C為A之兄長，乃提起公訴，經法院判刑10月，外界質疑犯什麼罪，原來《銀行法》第127條之1規定，銀行無擔保授信貸款予負責人之弟，有利害關係，構成犯罪。

【案例19】職業工會收支存款之刑事責任

台明公司經營困難，資金短絀，貸款不易，董事長突發奇想，指示副總經理研辦由職工福利社以謀取員工福利名義，收取員工款項，再發予高於一般存款2%利息，3個月為期，共收得6千萬元資金，董事長、福利委員會主任委員被判刑6年，原因是違反《銀行法》第29-1條規定，論以第125條第1項之罪。

（二）證券交易法之重罰規定

《證券交易法》為發展國家經濟，保障投資安全，對於上市上櫃及公開發行公司之約制甚多也甚深。對於有價證券之募集、發行、私募及買賣有嚴格之規定。有關有價證券之上市與買賣，要求多、限制嚴、規範深，帳簿表冊、財務報告、傳票及文件之登載與揭露有周密之規定。若違反時，涉有刑事責任，而且其刑期動則3年以上，10年以下；犯罪所得達1億元以上，處7年以上有期徒刑；而且律師、會計師也有刑事罰。凡此均足以說明本法對上市櫃企業有如地雷，萬一不慎引爆，後果

---

[24] 施茂林，同前註，頁48、58-60。

嚴重，爲便於瞭解，簡單列述如下[25]：

1. 詐欺募集發行罪（《證券交易法》第171條第1項第4款）

(1) 有價證券募集、發行、買賣虛偽、詐欺、致人誤信

(2) 申報或公告財報或業務文件虛偽、隱匿

2. 炒作股票罪[26]

(1) 成交而不履行交割

(2) 通謀拉高或壓低股價交易

(3) 拉高或壓低連續高價、低價買賣

(4) 製造活絡表象連續買賣

(5) 散布流言及不實資料影響股價

(6) 影響股價之操縱行爲

3. 內線交易罪

(1) 公開前或公開後18小時內買賣

(2) 董監事或特定人

(3) 有重大影響股價之消息

4. 不合常規交易罪（第171條第1項第2款）

(1) 以直接或間接方式

(2) 不利益交易

(3) 不合營業常規

5. 特別背信罪（第171條第1項第3款）

(1) 意圖爲自己或第三人之利益

(2) 違背任務或侵占公司資產

(3) 致使公司損害逾5百萬元

---

[25] 賴英照，《股市遊戲規則——最新證券交易法解析》，作者自行出版，2006年8月初版3刷，頁467-500；廖大穎，《證券交易法導論》，三民書局，2011年9月修訂5版1刷，頁477-483。

[26] 股市作手聯合炒作股票之模式，基本上爲：

（一）股市炒手以炒作爲業，與公司派、市場派、金主派甚至黑道分子，共同在股市廝殺、謀利。

（二）有時與股市名嘴合作，相互串聯，拉抬股市。

（三）炒手於事發，以自白事實變相施壓，有的形同勒索，予取予求，董事長百股無奈。

（四）炒手靈光見機不妙，認罪、捐款，換免牢獄之災。

（五）上市公司負責人不甘願，極力辯白，被判重刑，2-8年不等。

（六）炒手事後以仍有部分未查到，將予爆料舉發，公司派皮皮挫。

6. 特別文書罪等（第174條）

(1)募集發行等申請資料虛載

(2)對股票行情虛載而散布於眾

(3)主管規定之帳冊財報、業務等虛載

(4)其他

7. 《商業會計法》犯罪

如帳冊不實，《商業會計法》第71條明列，明知為不實登入帳冊、憑證；滅失毀滅帳冊、憑證、報表；偽造或變造帳冊、憑證、報表；毀損帳冊憑證頁數；遺漏會計事項不為記錄；利用不正當方法致使發生不實等，均構成犯罪。

8. 《刑法》犯罪，包括背信、侵占、詐欺、竊盜、偽造文書等。

（三）風險案例

【案例20】知悉內情避險之法律責任

天德公司2014年第三季財報虧損131億元，執行長在11月2日宣布，將於2015年1月與6月分階段請辭負責，股價隔天跌停鎖死，以每股16.9元歷史低價作收，排隊委賣超過五萬張。清查發現甲、乙等人在天德發布虧損訊息前，開始以本人或人頭帳戶賣股避損，有人更在收盤前3分鐘，倉促指示證券營業員：「以市價全部賣掉！」甲男哥哥丙幾乎賣光持股。如以虧損前，股價逾18元估算，每股避損約3元多。檢察官調查天德內部共有三批人馬在巨額虧損曝光前，賣掉合計一千張持股、避損多多。因3人承認犯罪，繳回不法所得。地院依違反《證券交易法》，判甲、乙各1年10個月徒刑，緩刑3年，另須支付國庫80萬元及服80小時義務勞役；丙判1年8個月徒刑，緩刑2年，另須支付國庫20萬元。

【案例21】護盤之法律風險

光清公司負責人邱哲得知子公司香港上市光清（中國）控股公司，與香港上市德林國際公司進行合併案，並在臺灣證交所公開資訊觀測站公告重大訊息前，自2014年6月2日起至2014年6月13日止，以每股19.3-19.8元不等買進光清股票，金額逾1億元，再於2014年7月10日至2015年3月17日止將股票賣出，扣除證交稅及手續費共獲利近476萬元。邱哲辯稱：(1)未護盤；(2)對抗掠奪之禿鷹；(3)只承認有買賣之事，未自白有犯意。法院不予採信，但以其深表悔意，案發後辭去董事長一

職，並將內線交易的犯罪所得，全部交出，並諭令向公庫支付3,927萬元，判決1年6月，緩刑3年在案。

【案例22】掏空資金之刑責

上櫃甲資訊網路公司董事長虛設乙公司以虛偽不實專利權鑑價報告、評價報告及交易價格合理性意見書，取信甲公司董事會，讓甲公司向自己經營之乙公司購買其持有乙股份，並偽造乙公司股東臨時會議記錄及董事會議記錄，向主管機關登記菲律賓籍史密斯為乙公司董事長，透過外國人身分便於轉錢，將2億4000萬餘元結匯成810萬美元轉匯香港，掏空甲公司。違反《證券交易法》等，被限制出境予以境管。

【案例23】集體報銷之法律風險責任

公開發行昌明公司董事長柯寶與總經理串通，藉與海外數公司交易貨品，在境外付款，而未入公司帳戶，形成呆帳2億元。其方式由總經理指示幹部輪流充當人頭，申請各類費用，各員工只需拿出身分證、駕照、印章等，由特定人申辦所領之款項充做統籌款，作為公關、回扣、支付高層支出，前後集體舞弊5年，得利4億元，涉及財報不實、特別背信、侵占等罪，經檢察官提起公訴。

【案例24】掏空公司資產

許姓夫婦2人入主上櫃新成公司，以挪用、借貸、投資、操縱股價、虛增營收或虛偽增資美化財報等手法[27]，掏空公司資產1億3千萬元，又高價購買數位的電子產品，簽訂9億9千萬元合約，投資屬於再生能源的廢棄塑膠裂解廠，逐步掏空公司資產，匯入私人帳戶1億元，再編列不實財務報表誤導董事會同意轉投資，經法院判處有期徒刑7年6個月。

【案例25】藉轉投資螞蟻搬象侵吞公款

上櫃公司志超電子董事長方同，將侵占款項以「螞蟻搬象」方式搬回家中，檢調搜索位於臺北市的豪宅，一舉查扣3億5千萬元現金，創下現場查扣現金新高

---

[27] 掏空公司之手法多端，曾有一科技公司聯手多家上櫃公司，透過相互配合供銷貨廠商虛增交易，以互買公司產品方式，進行循環假交易，營造業績大幅成長假象，美化公司財報，致使散戶誤信業績良好投資，再從中獲利，掏空24億元，並向銀行詐貸，造成銀行呆帳，損失6.2億元，似此手法，經司法機關偵查起訴及判罪之件數逐漸增加。

紀錄。經調查，自2015年起以轉投資方式將志超電子的資金挪至海外子公司AirKec International、AirPong，之後再將資金轉匯入利用員工名義設立的海外紙上公司帳戶藏匿，然後在臺灣被人以小額提領方式，每年約領走1億多元，款項自此去向不明，宛如人間蒸發，經搜索方查獲。檢察官以方同涉違反《證券交易法》第171條的「非常規交易」及「侵占公司資產」等罪嫌約談收押法辦。

【案例26】併購空殼公司

仲奇公司負責人先前投資設立A公司，虧損連連，迨接任上市公司後，遮飾美化A公司，主導併購A公司，事後發現公司負債27億元，合併毫無益處，且負債轉由公司負擔，內情披露，股東譁然，經檢察官以涉及不合常規交易起訴後，判刑8年在案。

【案例27】內線交易

美商公司2006年6月和Y公司洽談併購案，欲以6億2千萬至7億美元價格收購；甲、乙等獲悉此消息，同年9月13日至10月30日間，進場買Y公司股票，並在臺灣X公司公開收購，全數出脫，共獲取4億7千2百多萬元不法利益。甲、乙否認犯行，法院認定，明知臺灣X與Y公司必然會簽訂併購書，利用此重大訊息購入Y公司股票，股票數目龐大，重判8年徒刑，並科罰金1億元。

【案例28】違約交割

2015年2月間，市場傳出A上市公司將與美商CORDISH合作發展渡假村觀光事業，股價一度飆到歷史新高74元，日後利空消息接踵而來；4月7日先公告未與CORDISH合作，21日發生違約交割，30日再跳票1億4千餘萬元，股價從違約交割日狂瀉17元更跌停板，最終下櫃。檢調調查，A之利空消息曝光前後，林傑等禿鷹集團趁機放空A股價，不法金額約1億1千多萬元，可說此波下殺之罪魁禍首。

（四）企業貪瀆與風險控管

1. 企業貪瀆之刑事政策與實踐

幾年前法務部對外宣布，將企業貪瀆納為檢肅黑金案件的範圍，而且1年內要

辦三十件重大案件，其中有十件是指標性案件[28]。外界好奇，這跟公務員貪瀆有何關係？其實，從許多實例可以看出，企業的貪瀆行為、型態、方式，與公務員相近。比如：銀行收回扣就等於公務員的收賄；此外，企業貪瀆是集體性、計畫性的犯罪，對社會的影響不亞於公務員犯罪。此項宣示可導正檢調機關未高度重視偵辦之作法，掃除影響經濟發展之阻力[29]。

分析各財經金融犯罪，可得悉部分企業界，不顧法律風險，乃有下列企業貪瀆行為：(1)賄賂；(2)不法報酬；(3)報銷舞弊；(4)收取回扣；(5)內線交易；(6)低價高買；(7)高價低買；(8)非常規進銷貨；(9)營運舞弊；(10)高額貸款；(11)綁標舞弊；(12)投資詐欺；(13)利益輸送；(14)挪用掏空；(15)交叉持股；(16)賤售不良資產；(17)掠奪研發成果；(18)炒作股價；(19)虛進虛消交易；(20)逃漏稅捐；(21)洗錢等[30]，均構成犯罪。其涉案人不僅董事長1人，也常有經營群集體貪瀆，或幹部員工瞞上而集體性舞弊，顯示企業貪瀆之面向寬廣，又深層，對企業之績效、獲利等影響不小。

幾年來，檢調機關積極偵辦企業貪瀆案件之績效越來越好，解析其偵辦之歷程與方向，約略為：

(1) 由小而大。

(2) 由官商配合、勾結；進而為企業貪瀆。

(3) 由底層至主管。

(4) 由主管至負責人。

(5) 由內部單純不法至舞弊、掏空行為。

(6) 由單一式犯行演變為複雜性、結構性、集體性犯罪。

由於社會越來越重視企業貪瀆，主管機關從法制面修訂法律，產生下列現象：(1)規範越來越密；(2)約制越來越多；(3)處罰越來越重；(4)專業人士責任越來越高；(5)公權力越來越強；(6)主管機關監察力道越來越大。

再者，企業貪瀆案件亦呈現下列特性：(1)案件越來越多；(2)檢舉事件越來越

---

[28] 法務部於2006年9月11日宣示將打擊企業貪瀆列為肅貪重點，2007年1月一再宣布整頓企業重大貪瀆案件，要求檢調全力偵辦。同年6月20日要求檢察機關有效綜合辦案機關，朝五大方向進行：(1)辦新不辦舊；(2)辦大不辦小；(3)辦主角不辦從犯；(4)辦快不辦慢；(5)辦嚴不辦鬆，在觀念上要破傳統，立新招，辦出好案。

[29] 陳志龍，《財經發展與財經刑法》，元照出版，2006年12月初版1刷，頁17、19。

[30] 施茂林，〈法律風險管理之課題與圖像〉，收錄於氏主編《工商事業活動與法律風險管理》，五南書局，2014年11月初版1刷，頁4。

廣；(3)偵辦越來越順；(4)蒐證越來越周；(5)審理越來越精；(6)成案越來越多；(7)量刑越來越重；(8)防逃措施越來越密。

2. 對企業貪瀆之預防管理

最近3年內，調查局與檢察機關對於企業貪瀆之偵辦相當認真，成效優異，許多內線交易、掏空舞弊侵吞公款、巧立名目之案件再三被發掘，從部分案件中顯示企業負責人與經營層欠缺遵法觀念，有的法律風險意識淡薄。從各刑案之偵辦，提醒企業界體悟：不能有違法犯罪行為，必須培養法律風險意識，清查企業貪瀆之危險因子[31]，建立遵法機制，管理好法律風險，避免身陷囹圄。

上市、上櫃及公開發行公司之董事長、總經理及高階幹部因企業貪瀆案，經檢調縝密偵查涉案事實提起公訴，分析其能順利偵處，其實部分來自內部之舉報，從既往案例觀測，有下列經人舉報之行為，助益良多：

(1) 畫圖明示不法帳冊所在。

(2) 提供資金存放之銀行。

(3) 指明帳冊傳票不實記載之方法與內容。

(4) 闡明企業犯罪集團手法。

(5) 說明企業勾結舞弊脈絡。

(6) 印送企業不法犯行之帳冊、憑證等。

(7) 提點關鍵人、關係帳戶及資金流向。

(8) 案情膠著，舉報突破點。

(9) 舉發即將湮滅事證之具體方向。

(10)不甘被辦，供述他人不法行為[32]。

近幾年來，上市上櫃公司董事長、總經理等高階經理人被偵辦以及判處罪刑確

---

[31] 政府對於肅貪、防貪工作一向不遺餘力，而在政風防處上，對於腐敗貪汙之風險源頭與危險因子，必須正視，不得鄉愿或疏忽不予防阻。觀察諸多事件，可認知到危險因子，不外為：(1)酬庸：容易有利益糾葛與派系結合現象；(2)熟識：公務員與特定人熟識，易有革命情感進而包庇、迴護與圖利；(3)依賴：如線民與辦案人員、地方角頭與管區員警等形成依存鏈；(4)代理：代理當事人申請各類案件，基於辦事之便，與公務員形成特殊性配合；(5)辦案獎金：公務員因辦案獎金違法、違規或違職；(6)勾結：如政商勾結、不法行業與主管人員勾結；(7)不法暴利：業界設法打通關節，公務員意志不堅，分享利得。

[32] 解析各案例之事發原由，不外是：(1)暗路走多；(2)無法無天；(3)勾結舞弊；(4)一手遮天；(5)聽信親信；(6)酒池肉林；(7)反目成仇；(8)獨厚自己；(9)苛刻剝削；(10)切割自保。再就其風險源來自內部與外部而論，內部則與員工、幹部、高層主管、董監事、前後任負責人之反目、自保、不滿、怨尤等有關，外部則為員工洩漏得悉第三人、廠商或知情之第三人。

定在案，較之以往爲多。部分案件既均有優秀之律師團隊集體參與，行使防禦權及強力辯論，但仍被判處罪刑，實有探究之餘地。經綜合各案件之面向及內容觀之，其不如預期答辯與攻防之原因，大致上有：

(1) 案件本身明確；

(2) 鋪陳事實欠缺；

(3) 訴訟策略錯誤；

(4) 舉證分量不夠；

(5) 抗辯內涵不正；

(6) 控訴關鍵忽略；

(7) 窩裡反力量強；

(8) 指證氛圍充分；

(9) 同案辯解衝突；

(10)律師專業不足；

(11)律師態度欠佳；

(12)法官見解獨特等。

從風險評量角度分析，炒作股票有下列問題值得探討，亦足以促使公司有法律風險知覺及避免陷入法律地雷區內：

(1) 公司負責人之買賣股票，歷經近10年訴訟，是否值得？

(2) 公司內部人之身分認定廣泛，涉案可能性增大。

(3) 部分案件判決無罪，在重大訊息公布18小時前買股，而重大訊息之法院見解。

(4) 瓜田李下，有理會說不清，風險性高。

(5) 涉案時如何提出有力證據、辯解之詞，實際上相當不易。

(6) 訴訟攻防中，有無必要提出買股類別、金額、次數與憑藉？又是否提出該類股票前後買賣之次數、金額與依據？

企業必須本預防管理策略，積極預防貪瀆行爲發生，提升企業向上之能量。而從上述各節，即可知悉企業貪瀆在司法機關處理上之風險所在，從中吸納其重點，調整不良之風氣，使企業發揮公司治理之效能。

從偵查實務觀測，當前許多企業貪瀆之案件，均來自檢舉，其中企業人員舉報，甚而提供相當完整證據之情形甚多。對企業經營群、管理幹部而言，要有深切之法律風險意識，千萬不要心存僥倖，否則禍從內部而起。當然也不要心存貪念、

歹念，正當、正規經營企業，才是最佳之良策。

又有識之士爲防制企業貪瀆以及黑心食品、排放廢水等企業不法行爲，主張引進美國吹哨人保護制度，建立完善之證人保護機制，讓勇於檢舉企業內部不法行爲之員工不致曝光，防免廠商有機會報復，提升民眾檢舉意識。此項立法建議，對企業而言，是一風險訊息，也是提醒企業自我遵循法令之重要性[33]。

企業貪瀆案件涉及之法律以《證券交易法》最多，其刑責以有期徒刑爲例，分成六種類型：(1)3年以上，10年以下有期徒刑；(2)7年以上有期徒刑；(3)1年以上，7年以下有期徒刑；(4)7年以下有期徒刑；(5)5年以下有期徒刑；(6)1年以下有期徒刑等。足見其法定刑責甚高，而且具體刑案，判處有期徒刑9年、8年6個月、8年、7年6個月、7年2個月、6年、5年者爲數甚多，比傳統自然犯之量刑明顯爲高。是以，此種法律責任之重責重罪，均是法律風險訊息，足以讓企業界在從事預防管理作出最好之法律風險評量。

又《證券投資人及期貨交易人保護法》於2000年7月17日公布，自2003年1月1日施行後，財團法人證券投資人及期貨交易人保護中心（下稱投保中心）正式成立，依據該保護法採行團體訴訟，對《證券交易法》第20條之1等財報不實、第157條之1內線交易等代表、小股東，採行團體訴訟，成果斐然，不少企業主、董事長、內線交易人員、會計師等都嚐過被追償之苦果。可說投保中心是投資人之靠山，是企業負責人及經營群之剋星。是以，企業負責人等要從事財經犯罪時，要有高度法律風險意識，除被追究刑事責任外，也將被求償民事賠償責任，到頭來血本無歸，引來一堆民刑事責任，一定划不來[34]。

公司治理不是口號，是企業貪瀆防治之利器，做好三道防線，於營運管理，且落實內部監督與督導功能以及內部稽核，讓公司在法令軌道上運作[35]。再者，企業

---

[33] 台灣軟體聯盟（The Software Alliance，簡稱BSA）於2014年發布「臺灣民眾社會揭弊意識」，有近9成民眾認爲臺灣企業不正當手段營運舞弊之狀況嚴重，超過6成民眾願意挺身而出檢舉非法，不願出面檢舉的民眾近4成，原因大多是擔心被企業解僱、或害怕公司報復。若吹哨人保護制度建立，民眾勇於舉報必增多。

[34] 博達科技公司前董事長掏空63億元資產，判刑14年併科罰金1.8億元，民事部分財團法人證券投資人及期貨交易人保護中心代受害投資人求償，高等法院2015年12月15日判決前董事長、弟弟、博達公司高層、董監事等10多人，應連帶賠償受害投資人共53億9千多萬元。

[35] 國際內部稽核協會與COSO委員會於2015年7月發布「運用COSO於三道防線」，研究報告明確說明，企業應該建立內部控制之三道防線，第一道防線：營運管理，由高階負責、設計與控制可能之風險及維持核心競爭力；第二道防線：內部監督與督導功能，建立防弊及通報機制，防範不法舞弊情事；第三道防線：內部稽核，由董事會指定合適者從事檢核、稽核工作，以協助防弊策略之推展，進而興利，創造企業價值。

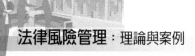

貪腐之成本將轉嫁給消費者，從諸多事例顯示，企業貪腐使攸關全民利益之採購品質下降，涉及市場交易秩序與公平性，可見企業貪腐明顯與公共利益相關，並降低國家競爭力。是以，企業界不良之慣例已被檢視其違法性，貪瀆問題已非公司內部事務之處理，需從高度視角觀測其指標性，防範未然，處罰已然。

企業經營固在追求利潤極大化，但追求利潤之過程不能違背法令或犯罪。而從諸多具體財經犯罪案例觀之，其不遵守法令固為其因，但實質探討，是否企業人與經營群之道德倫理有問題？個人修持素養有所不足？企業倫理有欠缺？此基本問題確係企業必修之課程。是以，企業倫理加上負起社會責任，為降低法律風險之根本問題。有水準、有遠見、有善念之企業家，需要能內自省，躬自厚，先義後利，以保企業永續經營。

當前，國際社會相當重視企業貪瀆之危害性，先進國家趨向企業貪瀆之防治，國際透明組織也一再呼籲臺灣應積極推動預防企業貪瀆工作。企業更要有強烈危機感，防範企業貪瀆之發生，提高企業之形象。

六、 本章小結

公司組織運作涉及公司成長與股東權益，少數股東無法參與經營，法律賦予諸多權利，而董事會之召集、決議需依法執行，其有不合程序或不合法，將有法律責任。同時公司負責人之法律責任重大，商業判斷原則可減輕其責任，惟需具有全面性法律風險意識，防免企業貪瀆發生，帶領公司發展。

本章摘要

1. 《公司法》賦予股東有相當多之權限，彰顯最高權力意思機關之特性。有關少數股東權之範圍廣，讓少數股東得確保其個人與公司權益。

2. 董事會係公司運作之核心，需遵守法令、章程、股東會決議，其權限之行使，需依法令章程進行，董事會不得未召集或未依程序而運作，亦不允許傀儡董事會之情事。

3. 公司負責人之法律責任重，需盡其注意義務，忠實執行業務，否則將發生個別或概括民事責任。惟時代變化多端、商場瞬息萬變，強求公司負責人盡責形同萬能並不可能，美國習用之商業判斷原則，適可減緩其責任。

4. 公司負責人對公司負經營成敗之責，有關公司之營運、績效與成長等需有能力發揮最大效能，需具法律風險意識，防免法律風險事件發生，開展良好成效，注意不利於公司之併購行為。而影子董事長在《公司法》第8條第3項修正後，已無豁免之機會。

5. 企業貪瀆事件一再發生，其類型多、態樣廣，大大影響公司形象，也讓公司治理蒙塵。公司經營層需充分瞭解現有財經犯罪之法律，清楚其限制多、刑責重，儘速建立遵法機制，推廣法律風險管理措施，有效防範企業貪瀆情事。

思考題

❖ 有人說：董事長很威風，總裁很權威，但諸多法律風險事件常讓董事長落難，總裁也要負責，原因何在？公司由總經理領軍，那董事長何以責任如此重？

參考文獻

1. 廖大穎，《公司法原論》，三民書局，2012年8月增訂6版1刷。
2. 梁宇賢，《公司法論》，三民書局，1993年初版。
3. 劉連煜，《現代公司法》，新學林出版，2006年2版。
4. 陳連順，《公司法精義》，一品文化出版社，2007年11月修訂7版。
5. 王文宇、林國全、王志誠、許忠信、汪信合，《商事法》，元照出版，2004年6月初版。
6. 王文宇，《公司與企業法制（二）》，元照出版，2007年1月初版1刷。
7. 黃清溪，《公司法爭議問題研析——董事篇》，五南圖書，2015年9月初版1刷。
8. 方嘉麟、林進富、樓永堅，《企業併購個案研究（八）》，元照出版，2016年1月初版1刷。
9. 張格明，《新公司法論》，翰蘆圖書出版，2014年7月初版。
10. 陳錦隆等，《商業判斷原則與企業經營責任》，新學林出版，2011年12月初版1刷。
11. 陳錦隆，《公司治理與董事高權》，台灣本土雜誌，2011年6月初版1刷。
12. 潘秀菊，《企業的擴充與多角化經營策略》，李永然文化，2002年8月初版。
13. 顧雷，《上市公司證券違規犯罪解析》，中國人民公安大學出版社，2009年8月初版。

14. 張進德，《證券交易法》，元照出版，2015年9月初版1刷。
15. 賴英照，《股市遊戲規則——最新證券交易法解析》，作者自行出版，2006年8月初版3刷。
16. 廖大穎，《證券交易法導論》，三民書局，2011年9月修訂5版1刷。
17. 姚志明，《公司法、證券交易法理論與案例研究》，元照出版，2013年10月初版。
18. 劉連煜，《現代公司法》，新學林出版，97年9月增訂4版。
19. 陳家彬、廖大穎、蘇顯騰、何曜琛、陳怡成、洪秀英、劉至剛、王富哲，《財經犯罪與證券交易法理論》，新學林出版，2009年6月初版1刷。
20. 王志誠、邵慶平、洪秀芬、陳俊仁，《實用證券交易法》，新學林，2015年10月4版1刷。
21. 施茂林，《法律做後盾》，聯經出版社，2013年4月初版10刷。
22. 施茂林，《法律站在你身邊》，聯經出版，2013年3月初版4刷。
23. 施茂林，《工商事業活動與法律風險管理》，五南書局，2014年11月初版1刷。
25. 演講題材：企業經營之法律風險、臺灣金融犯罪與刑事司法對策、法律風險規劃與調控圖誌、企業經營與法律風險管理之規制與課題、評量法律風險、提升經營成效、掏空企業操作探微與防制思路、企業經營法律實務、預測法律風險、強化企業體質、企業經營與法律風險治理、法律風險管理之工具及方法、企業經營之基本法律思維。

第 22 章

企業員工管理與
法律風險防控

讀完本章可學到：

1. 瞭解勞工人權與勞資關係和諧之重要性

2. 認識團體協約性質、簽立及效力

3. 體認職業災害之法律責任及防範

4. 清楚明瞭競業禁止條款與風險訊息

5. 明白竊取營業祕密之危害與做好防範員工洩密之風險防控工作

6. 體認僱用他公司離職員工之風險性

7. 清楚採購弊端與風險衡量及具體防範作法

一、 和諧勞動關係法律地圖

　　全世界工商社會中，存有經營管理階層與勞動階層，臺灣社會也不例外。從實體操作與運作互動過程，常呈現雇主與勞工間之衝突與合作。當衝突多於合作，勞資關係將產生諸多爭議，包括勞動條件不相容、權益不平衡、協調不順遂等。而合作大於衝突，代表勞資關係處在於均衡基礎上。對企業主而言，合作多、衝突少、調和高，產能必能提升，是以，和諧勞資關係正是企業需努力之目標。

（一）勞工人權趨勢

　　晚近人權保護已成普世價值，人權觀念已由第一、二代人權進步至第三代人權，再進入至第四代人權。有關社會權、集體權、環境權、生存權等保護已成爲主流保護重心。我國多年來，也積極推動人權法制，以多軌方式予以規範落實。爲實施1966年公民與政治權利國際公約（International Covenant on Civil and Political Rights）及經濟社會文化權利國際公約（International Covenant on Economic, Social and Cultural Rights），健全我國人權保障體系，於2009年4月22日總統明令公布《公民與政治權利國際公約及經濟社會文化權利國際公約施行法》，明定兩公約所揭示之保障人權之規定，具有國內法律之效力（第2條），各級政府機關行使其職權，應符合兩公約有關人權保障之規定，積極促進各項人權之實現（第4條），其中人權包含生存權、工作權、報酬權與平等權等勞工權益，顯然爲其保障之重要課題。

　　《憲法》對於勞工權益之保護相當重視，從社會安全視角，明定人民之生存權、工作權、財產權應予保護（第15條）。國家應給予有工作能力者適當工作機會（第152條）。而爲改良勞工及農民生活，增進其生產技能，應制定保護勞工及農民之法律，實施保護勞工及農民之政策；對於婦女兒童勞動者，應按其年齡及身體狀況，予以特別之保護（第153條）。有關勞資雙方應本協調合作之原則，發展生產事業，並以法律規定勞資糾紛之調解與仲裁（第154條）。又《中華民國憲法增修條文》第10條亦明定，國家應重視國民就業、保障身心障礙者就業輔導與扶助保障軍人退役之就業、消除性別歧視，促進兩性地位之實質平等[1]。

---

[1]　大法官第189、220、279、310、373、389、456、494、529、568、570、584、595、609、683、726號解釋文中，亦揭示勞資和諧與勞工保護、福利之重要性。

（二）勞工法規

《憲法》第15條規定，人民之生存權、工作權及財產權應予保障，對勞工而言，生存權與工作權最為重要，包括1.各別勞工之保障：如勞動契約、勞資關係、勞工退休保險、勞工福利安全衛生、勞動檢查等；2.就業安全保障：如職業訓練、就業服務、失業保險、弱勢族群就業等；3.集體勞工保護：如勞資爭議集體協商、團體協約、工會組織等。再者，與財產權有關者含括勞工參與、勞工經營權、分紅入股、股票分配等[2]。其中從人權、人道視角貫徹保障勞工權益，則屬勞工安全與衛生部分最為重要。蓋其不僅涉及勞工生命、身體與健康，也關係勞工家庭權益及福祉，對企業而言，若發生勞工安全衛生事件或職業災害時，需負損害賠償等法律責任，也會伴隨刑事責任。企業應基於預防風險，做好勞工保護措施，防止不安全動作、不安全環境、不安全防護、不安全系統操作等[3]。

現行勞工法規涵蓋甚廣，舉凡勞工組織、勞動條件、勞工安全衛生、勞工檢查、勞工福利、勞工保險、職業訓練、技能檢定等均包含在內。勞動三法體現《團體協約法》於1930年公布後，至2008年已予修正3次，強化團體協約之協商程序及效力，促進勞資和諧、保障勞資權益。《工會法》於亦歷經70年之久，於2000年後3次大翻修，規劃工會組織與運作，以促進勞工之團結，提升勞工權益及改善勞工生活。另《勞資爭議處理法》於1928年公布後，至2000年4次大修改，規定其調解、仲裁及裁決程序等，穩定勞動關係[4]，足見勞工保護之法制漸趨完備。

（三）勞資權益均衡

【案例1】鋼索斷裂致死

3名工人在大樓外牆施作防水補強工程，未料乘坐之吊籠左側鋼索突然斷裂，吊籠工作平臺嚴重左傾，未扣安全環的工人由十樓高墜落，送醫不治。另2名在高空飄盪17分鐘，經調查，吊籠左側一條8mm鋼索斷裂，導致失去重心傾斜，不幸往生的A雖有扣安全帶，但未依規定將安全扣環勾在救命索上，卻錯誤地勾在吊籠上；足見工人施工前未確實檢查吊籠鋼索，雇主沒有配置救命纖維索，工人也未正

---

[2] 簡建忠，《人力資源管理——以合作觀點創造價值》，前程文化，2006年4月初版，頁466。
[3] 李文斌、臧鶴年，《工業安全與衛生》，前程企業，2001年3月3版5刷，頁20-26。
[4] 邱周剛、田靜婷、林欣怡、林俊宏、高文彬、徐克成、劉敏熙、羅潔伶，《現代人力資源管理》，新文京出版，2009年8月初版，頁326-328。

確使用安全帶，涉有過失致死罪嫌，經檢察官起訴，將雇主判刑罪刑。

【案例2】超時工作偏癱

　　高美在海雄電子公司工作，每天工時逾12小時，5至6月間曾長達30天完全沒休假，6月放了一天颱風假，7月10日進行配線作業時身體不適，送醫院診斷出右側出血性腦中風，造成左側肢體偏癱，日常生活無法自理，尚需復健，總計醫療、看護、勞動減損等費用逾2000萬元。勞動部委託教學醫院評估明顯超時工作，工作和腦血管疾病具有強烈相關性，認定為職業災害，第一審法院判決海雄公司需賠償1800萬元。

【案例3】高處跌落地面癱瘓

　　古旻受僱在丁新營造廠工作，某日在屋頂裝設烤漆浪板，因踩破浪板，從近3公尺高跌落地面，造成下半身癱瘓、膀胱機能永久性障礙，一生都要坐輪椅。在法庭上，丁新抗辯：古旻不是他僱用的，只是找他一起去施工，且當天施工平坦，有帶五套安全繩索，但沒有用到，是他自己沒站穩掉下去的。法院判決證據顯示古旻是丁新僱用，在高度超過2公尺的場所施工，雇主應提供安全帶、安全帽及其他必要防護措施，竟沒準備，依業務過失重傷罪判刑8月。

　　基本上，勞資關係不外是勞工與資方雙方權益的平衡問題。如何平衡兩者的差距，如透過法律制度使勞資關係趨於和諧，這將牽涉到整個國家、社會的永續發展，也和每個家庭的生存保障息息相關。企業面臨全球和國內的高度競爭，如何求生存、求發展是企業隨時要面對的挑戰；同樣的，勞動階層也必須面對來自於外來勞工的競爭，這看似平淡無奇的競爭，其實都是攸關生存的大事。如何讓企業經營的管理階層與勞工階層能互相瞭解彼此所負的權利與義務，相互照顧、彼此扶持，共同面對競爭，一起追求安定發展，除政府機關應妥善訂定政策、善加輔導之外，將勞資之權利與義務普遍、廣泛的讓所有管理及勞工階層瞭解，而共同信守，也將是穩定勞資和諧的重要關鍵[5]。

---

[5] 施茂林，〈勞資關係底蘊流動地圖〉，中華法律風險管理學會網頁，網址：http://www.lrm.org.tw/index.php?option=com_content&view=article&id=329:2010-11-24-02-17-27&catid=50:articles&Itemid=90，最後瀏覽日期：2015年12月10日。

（四）企業和諧之風險視野

　　眾所周知，勞工權益之保障與貫徹，已成為全球最關注之議題，企業主應有風險視野，體認各國均逐步齊備勞工法制，使勞工「合於有尊嚴者之生存條件及合於人道條件之工作環境」，工商企業經營者必須有此法律趨勢之認知，此其一。又工作之風險、薪資風險、安全衛生風險等之預防發生，為企業經營過程必須防範之重點，此其二。勞工權益意識抬頭，企業主需穩定勞資關係，調和勞資互動，減少勞資衝突，避免法律風險實現，此其三。有關員工工作環境、條件、離職限制等事項，為企業主重視之課題，但應評量其適法性，以免徒勞無功，此其四。當人權意識日益高漲，必須使勞工權益得到更多的法律保護，勞工也逐漸瞭解其精義，作必要之爭取與救濟，對企業主是一項壓力，此其五。同時，經營者更要預測法律風險之內涵，做合法之風險避讓，進而防止法律風險之發生，達到勞資雙贏的局面[6]，此其六。總而言之，勞工受僱企業工作，當忠於職責，實心任事，發揮工作效應，而資方雇主則應善待員工，鼓勵員工具備法律風險衡量能力，對於勞工權益之保護必須正面看待，遵守法律規範行事，減少勞工法律事件發生，尤其職場災害，對勞工個人家庭影響深遠，更應作預防與降損防控措施[7]。

二、審慎簽訂團體協約[8]

　　團體協約係指個別或多數的雇主或雇主團體，與代表工人的團體，或由工人依照國家法令選舉並授權的代表，所締結關於工作條件及僱用條件的書面契約。按我國《團體協約法》第2條規定，「稱團體協約者，謂雇主或有法人資格之雇主團體，與依工會法成立之工會，以約定勞動關係及相關事項為目的所簽訂之書面契約。」明白地說明團體協約是工會與雇主之間，就雙方關切的事項如：工資、工時、福利、休假、獎懲、罷工、僱用流程、違約賠償、經營權與勞動權的互動等，經談判所達成的共識，而以文字具體化的一種產物。

---

[6] 施茂林，〈企業經營與法律風險管理之綜觀與微觀〉，收錄氏編《工商事業活動與法律風險管理》，五南圖書，2014年11月初版1刷，頁19-22。

[7] 常見之職場事故，有工作中墜地傷亡、工作過程傷害、機械造成傷害、電器釀成災害、工作環境造成傷亡以及職業病等，參見簡建忠著，《HRM+勞資關係=∞》，前程文化，2013年9月初版，頁290-292。

[8] 施茂林，〈審慎簽訂團體協約，勞資關係和諧發展〉，聯合報法律簡單講部落格，網址：http://blog.udn.com/thelawofring/18743801，最後瀏覽日期：2016年1月8日。

　　所以，團體協約是雇主與工會，以對等立場所簽訂的協約，並非個人與個人間所簽的「合同」。而且團體協約是決定一般勞動條件最低標準的協定，也不是為任何個人創造勞動關係，同時團體協約與勞動契約、勞資會議的異同等，不盡然相同，各有其特性與適用效力。常見的工作規則是事業主基於管理、經營的需要，針對勞工在工作場所中的各類行為，自訂的具體規範。因此，工作規則的內容，可能和團體協約大體重疊。惟團體協約中，會規範到勞資關係的部分。又依照《勞動基準法》第71條規定，「工作規則，違反法令之強制或禁止規定或其他有關該事業適用之團體協約規定者，無效。」所以，團體協約的法律位階是高過工作規則。

　　我國團體協商一直不發達，目前簽訂團體協約之企業與行業，有物流業、化工業、交通業、駕駛業、銀行業、公營事業、報紙媒體業、電信業、郵政業、證券業、科技業、航空業、汽車製造業等。現在教師工會也積極在與雇主間洽商簽訂團體契約，可見其適用範圍正擴大中，相信在政府鼓勵下、勞資民主化下，應有其良好發展空間[9]。

（一）團體協約簽立之先期工作

　　先期工作方面，工會之準備工作：工會方面應就與雇主相關產業的市場概況、雇主的市場概況（含市場占有率、競爭性、利潤與價格等），以往各次的協約內容、談判對手獲得支援程度、談判對手協商代表的性格特質、背景，公司訂單情形及發展，公司財務狀況及營運方針、公司給付能力的資訊、企業讓步的彈性尺度等充分瞭解與掌握，才能滿足勞方會員之需求。另外，對本地區及全國之工資、物價及勞動力的統計資料、相關工會的現況需求、政府有關勞工政令的領導、會員對團體協約的簽訂、修改的反應資料、社會輿論與本項行動的報導等資料，必須加以收集分析。

　　雇主之先期作業，應就有關工資、福利、年資、工作效率、工作標準及與團體協商相關的資料，追蹤過去工會談判的經驗，預擬工會談判的策略，研究現行團體協約，逐條、逐字分析，檢討可能變更的條款；分析過去的勞資爭議事件，其是否具有破壞性或不可執行者，或可成為工會要求的重點。

　　又雇主平常會與基層勞工或領班接觸及會商，一方面指導基層勞工領班執行現行勞動條件，另方面實際瞭解其執行上的困難。也要經常與同區域內，同屬於相關

---

[9] 衛民、許繼峰，《勞資關係：平衡效率與公平》，前程文化，2013年3月3版3刷，頁202-203。

工會的同業企業主保持聯繫，交換意見，預知工會可能的需求，都是協約前資訊之來源。又平常透過勞資會議瞭解勞工未來需求，分析社會輿論對本項行動的報導，極可能形成工會新需求的資訊；另方面蒐集政府有關經濟、法律、財政及社會等政策，與相關統計資料；分析法庭或勞資爭議調解、仲裁委員對勞資爭議的裁決，都是資方要做的工作。另雇主代表參加工會談判會議前，試擬正式交涉的基本原則，分析工會需求的總成本，試擬定談判的最大讓步底線，工會協商代表的性格特質等，進行準備，好洞悉工會的動向。

（二）團體協約之簽訂

雙方在正式談判前，當事人均應完成最大讓步程度之考量，是否採行爭議手段及採行爭議手段的時機，交涉時所持的態度，須堅持的條款與可讓步的條款；完成團體交涉的實現之協商策略，以資因應。但策略的運用，如採取強硬、極端、溫和的口吻，則須依實際情形、評理，交叉配合，同時，觀念上不必預存非得完全打敗對方不可的心態，畢竟團體協約的本質是互惠的，是一種本於雙方合意的條件交換，雙方如能善意平和達成協約，是雙贏的成果。

團體協約草案的擬定，或由選出的協商代表主其事，或由工會負責研擬。然而，不論草案如何完工，皆須有充分準備，俾求其內容滿足需要。例如：寄發問卷、探詢大家的需求；召開座談會，集思廣益，廣納建言。當擬妥草案後，召開說明會，再次容納各方意見。目前各事業單位勞資雙方已簽訂的團體協約，會互相參考、抄襲，有時純依《勞基法》的翻修。事實上，應以雙方需求內容爲要，若忽視事業的特質，和雙方的實際需求，顯示對團體協約欠缺完整的認識。

當團體協約達成後，就具備法規性效力、債法性效力及組織法效力、對資方而言，需依協約誠信履行，對協約當事人團體與其團員間也發生一定權利、義務，團員須遵守協約內容，團體也有使團員遵守之義務。若有一方不履行其義務時，他方得請求賠償其損害。

由於團體協約之簽訂，對企業有相當之壓力，但企業主不應排斥，需正面看待，審慎評量其約制與未簽約之法律風險，本公平、公開、互惠共利原則，與勞工代表充分溝通，詳細磋商，簽立雙方均能接受之內容，作爲未來執行之依據。若一昧拒絕，容易陷入勞資對立之風險，不可不慎。

三、 職業災害與法律責任

（一）職業災害風險認識

勞工在工作場所、職場及關聯環境發生工安意外，常有所聞，對勞工個人與家庭影響深遠。對雇主而言，亦帶來相當重大法律責任。社會方面亦失去寶貴人力資源，並損及公共利益。督促雇主做好工安工作，負起法律責任，是重要課題[10]，雇主更需有法律風險之危機意識，防免職業災害之發生。《勞動基準法》第59條前段規定，勞工因遭遇職業災害而致死亡、殘廢、傷害或疾病時，可以向雇主請求補償；此職業災害補償責任的規定與《職業災害勞工保護法》之規定不盡相同。

又職業災害係指以勞工所擔任之業務與災害之間有密切關係存在為判斷標準。所謂密切關係則指災害被認定為業務內存在或通常伴隨的潛在危險的現實。職業災害補償之本質因屬損失填補的一種型態，故職業災害，需業務和勞工之傷痛間有因果關係，任何企業對職業災害必須有風險認識。

【案例4】被高壓氣體噴擊傷亡

曾新儀、吳寶佑在長明石油化學公司工作，當在化學槽邊進行壓克力乳化聚合的投料作業時，突遭槽內噴出的高壓氣體噴擊，曾男頭部受重傷死亡，吳男臉部灼傷、雙手虎口及頭部有撕裂傷、左前臂及右手腕骨折，送醫後幸無生命危險。長明廠長表示2人所投為化學原料二甲苯，二甲苯為壓克力乳化聚合過程的催化劑，依廠方製造工作流程需添加3次，每隔1小時添加1次，每次添加10公斤裝二甲苯3包是投料速度過快所導致，公司將負起照料遺族及賠償責任。

【案例5】轉包廠商工人職災責任

湯新營造公司承包村山科技公司廠房後，將工程轉包與明世公司承建。某日，受明世公司僱用之工人李誠在工作中跌落地上受傷，李誠乃向明世公司請求補償醫療費用，明世推辭，請其向村山公司索賠，李誠無奈求助律師，律師即以郵局存證信函告知該二公司，依《勞動基準法》第59條、第62條第1項規定，均應負責。後村山、明世公司商議結果，共同給予李誠補償。

---

[10] 李文斌、臧鶴年，《工業安全與衛生》，前程企業公司，2001年3月3版5刷，頁17-19。

【案例6】自殺認定為職業災害

有一清潔隊駕駛，質疑隊上未落實麥德姆颱風天出勤補休，與領班起爭執，領班向其他隊員抱怨其：「沒有是非邏輯」、「豬頭」、「我理他才是神經病」；又向工會投訴，指駕駛常利用工會常務理事身分在外亂搞，並常常不配合隊上排休假。後駕駛跳樓自殺以明其志。職業專科醫師，開立診斷書證明，過去並無精神疾病史，私生活也無重大壓力事件，過世前更曾數度向他人表達委屈，依照「職業性精神心理疾病認定參考指引」，符合職業性急性事件導致自殺的標準。

【案例7】颱風放假赴公司查看

潘智在尚澤公司擔任課長，某日颱風放假，因有事至附近大賣場購買明日備用之器具，見風雨較小，遂前往公司查看，未料途中路樹斷落，為了閃躲，汽車撞上安全島反彈入水溝重傷，家屬向尚澤公司請求補償，尚澤公司以當天放颱風假自行到公司，不在上班期間，不予賠償。經向勞工局局長信箱求助，告以符合職業災害範圍，尚澤公司之拒絕並無理由。

【案例8】搬物從三樓摔落之賠償

工人顏松長期搬重物，膝蓋受損，以致腿部不能彎曲。某日從一樓搬運材料上三樓時，因重量高達50公斤，顏松膝蓋無法承受，致使搬運物傾斜，人從三樓摔落二樓，多處受傷，要求老闆賠償，老闆說：「你體質差，也不會保養，所以別人都沒事，你卻有事，公司沒有賠償理由。」經提起民事訴訟，法院判決公司需賠償醫藥費、未工作之工資損失等62萬元。

【案例9】指揮作業被壓死之賠償

工人盧朝祥在廠房指揮吊掛大理石板作業，因鋼索鬆脫，慘遭重達2公噸的大理石板壓住胸口，當場臉色發黑，員工及鄰居共10個大男人，合力把大理石板搬開，大理石板卻文風不動。消防員救出時，送醫搶救雖恢復心跳，但終因傷重死亡。公司負責人邱弘昌否認有過失責任，經法院判處公司需賠償980萬元。

【案例10】輻射傷害之賠償

甲身體不適，主張其在台電核一、核二廠工作逾30年退休，因在核電廠高輻射區工作10多年，台電未提供完整防護，導致身體受輻射傷害，退休後罹患喉癌，

訴請負起職業災害賠償。台電公司抗辯：甲從1977年起共16年的體外暴露總劑量僅2354毫侖目，尚不及行政院依《原子能源法》發布「游離輻射防護安全標準」規定，輻射作業人員單一年度暴露劑量限度5000毫侖目的一半，足見其罹患疾病和其暴露在輻射環境無關，台電無職災補償責任。高院根據臺北榮總及臺大醫院之診斷，認定台電應負職災補償責任，判決應賠償甲126萬元。

近代事業之經營，由於機械或動力的大量使用，或由於化學物品或輻射性物品的使用，或由於工廠設備的不善，或由於勞工的工作時間過長或一時的疏失，很容易發生職業上的災害，致使勞工傷病、死亡或殘廢。勞工一旦不幸遭受職業上之災害，不免使勞工及其家屬的生活，陷入貧苦無依之境。勞工遭受職業上之災害，既然是因執行業務而發生的，雇主自應負一定之法律責任，對被害之勞工及其家屬給予相當之救助。

（二）職業災害之補償

有關職業災害之補償，簡述如下[11]：

1. 補償醫療費用

勞工受傷或罹患職業病時，雇主應補償其必需的醫療費用。職業病的種類及其醫療範圍，依《勞工保險條例》有關之規定辦理。

2. 補償不能工作之工資

勞工在醫療中不能工作時，雇主應按其原領工資數額予以補償，且應於發給工資之日給與（《勞動基準法施行細則》第30條）。但醫療期間屆滿2年仍未能痊癒，經指定的醫院診斷，審定已喪失原有的工作能力，且不合第三款的殘廢給付標準者，雇主得1次給與40個月平均工資，此後即不必再給與工資補償。

3. 給予殘廢補償

勞工經治療終止後，經指定之醫院診斷，審定其身體遺存殘廢者，雇主應按其平均工資及其殘廢程度，1次給予殘廢補償。殘廢補償標準，依《勞工保險條例》第53條及其附表之規定發給。

---

[11] 施茂林、吳謀焰，《犯罪被害事件分類保護護照》，法務部，2007年4月修訂版，頁128-136。

4. 給予喪葬費

勞工遭遇職業傷害或罹患職業病而死亡時，雇主應給予5個月平均工資的喪葬費，並應給予其遺屬40個月平均工資的死亡補償。且勞工之喪葬費應於死亡後3日內給付，死亡補償應於死亡後15日內給付（《勞動基準法施行細則》第33條）。

再者，同一職業災害的事故，依《勞工保險條例》或其他法令規定，已由雇主支付費用補償者，雇主得予以抵充之。但支付的費用如由勞工與雇主共同負擔者，其補償的抵充，按雇主負擔的比例計算（同法施行細則第34條）。因依《勞工保險條例》第15條規定，勞工職業災害的保險費，全部由雇主負擔。故同一職業災害，勞工如依《勞工保險條例》規定，已取得補償，就其取得補償的數額，雇主即可予以抵充，只須再補給不足的差額即可。

又如同前例有再次承攬之情事時，《勞動基準法》第62條第1項：「事業單位以其事業招人承攬，如有再承攬時，承攬人或中間承攬人，就各該承攬部分所使用之勞工，均應與最後承攬人，連帶負本章所定雇主應負職業災害補償之責任。」又《職業災害勞工保護法》第31條第1項也規定：「事業單位以其工作交付承攬者，承攬人就承攬部分所使用之勞工，應與事業單位連帶負職業災害補償之責任。」顯然對勞工有周密之保護。

（三）職業災害與賠償

於工作場所中，因其他同受僱之勞工執行職務時，疏未注意，造成勞工傷亡時，為《勞動基準法》第59條之職業災害，勞工或其家屬得依該條規定向雇主請求補償。職業災害之事件如符合侵權行為之要件，又依《民法》第188條第1項前段「受僱人因執行職業，不法侵害他人之權利者，由僱用人（雇主）與行為人連帶負擔損害賠償責任。」因依《勞動基準法》第1條第1項規定，上開《民法》的規定仍可適用。故受傷之勞工也可依本條項規定，訴請雇主與行為人連帶賠償醫藥費、喪失勞動能力的損害及精神慰藉金。但醫藥費已由勞保局支付者，不得再請求賠償。且依《勞動基準法》第60條規定：雇主依第59條規定給付的補償金額，得抵充就同一事故所生損害的賠償金額。因此，勞工就其所受到的損害，僅能選擇對自己有利的條件，請求賠償，不可重複請求賠償。

至於《民法》第188條第1項但書所定：「但選任受僱人及監督其職務之執行，已盡相當之注意或縱加以相當之注意而仍不免發生損害者，僱用人不負賠償責任。」對於勞工因遭遇職業災害而致使死亡、殘廢或傷害時，則不能適用。因《勞

動基準法》對於職業災害的補償，已採取無過失責任主義，而免除其補償責任[12]。

又依《工廠法》第45條規定，凡依法未能參加勞工保險之工人，因執行職務而致傷病、殘廢或死亡者，工廠應參照《勞工保險條例》有關規定，給予補助或撫卹費。

【案例11】長髮被捲入之傷害

趙琴擔任金天機械廠切割機臺現場作業員，某日操作機械時，長髮為機械絆住捲入，致頭皮被拉扯下一大塊，右手掌遭切割，治療後已無法操作機器，其學歷又低，無法勝任文書類工作，乃予解僱。趙琴向勞工局申訴，勞工局告知金天機械廠於法不合。

《勞動基準法》第13條規定，「勞工在第50條規定之停止工作期間或第59條規定之醫療期間，雇主不得終止契約。」實務上對於醫療期間，認為包含醫治、療養、復原、重建之醫治期間[13]，雇主如違反第13條之規定，因係違反《民法》第71條所稱之強制規定，無效。是以，雇主因趙琴職業災害不能擔任操作員，不得依《勞動基準法》第12條第1項第6款的規定，不經預告而終止勞動契約。

雇主為管理法律風險，最簡單之方式即以投保作風險避讓，可比較各保險公司之優缺點，投保合適之商業保險，也可以投保責任險附加職災條款，與保險公司談妥保障內容，其項目、範圍、賠償越多，對雇主越有利。

【案例12】投保責任險

森活公司鑒於勞工職業災害將帶來高額之賠償，影響公司之利潤，乃高額投保責任保險。某日，工人周端在高處修理機器時，不慎跌落摔傷，大腿骨折，周端要求公司負責賠償40萬元，公司爽快答允，再加慰問金10萬元，其同事覺得有蹊蹺，多方查證，才知道公司得到70萬元賠償金。

由於雇主投保之情形，常未公開，員工大半不暸解。其實從凝聚員工向心力，提高生產效能而言，雇主應公告投保之公司、內容、金額等，讓員工知悉。同時，

---

[12] 施茂林、吳謀焰，同前註11，頁132。
[13] 最高法院90年度臺上字第1800號民事判決、臺灣高等法院88年度勞上字第18號民事判決、臺灣彰化地方法院92年度勞訴字第26號民事判決。

勞工也要主動瞭解資方投保的種類、金額和給付方式，免得資方屆時未給足夠給付。

四、 勞工申訴與風險辨識

勞工權益遭受侵害時，除透過刑事、民事訴訟程序救濟外，爲保障勞工權益另設有申訴制度：

（一）勞工發現事業單位違反本法（《勞動基準法》）及其他勞工法令規定時，得向雇主、主管機關或檢查機構申訴。（《勞動基準法》第74條）

（二）勞工發現事業單位違反《職業安全衛生法》或有關安全衛生規定，疑似罹患職業病或者身體或精神受傷害者，得向雇主、主管機關或檢查機構申訴。（《職業安全衛生法》第39條等）

（三）事業單位應於顯明而易見之場所公告下列事項：1.受理勞工申訴之機構或人員；2.勞工得申訴之範圍；3.勞工申訴書格式；4.申請程序。（《勞動檢查法》第32條）勞動檢查機構於受理勞工申訴後，應儘速就申訴之內容派勞動檢查員實施檢查，並應於14日內將檢查之結果通知申訴人。勞工向工會申訴之案件，由工會依申訴內容查證後，提出書面改善建議送事業單位，並副知申訴人及勞動檢查機構。事業單位拒絕前項之改善建議時，工會得向勞動檢查機構申請實施檢查。（《勞動檢查法》第32、第33條）

（四）勞工發現雇主違反促進工作平等措施之規定時，得向地方主管機關申訴（性別工作平等法第33條）。

【案例13】好意修剪枝葉受傷之賠償

啓佑公司外籍移工祈宗2年前來臺工作，週日上午9時同寢室的室友打開宿舍窗戶透氣，發現他吊掛在宿舍旁、約6公尺高之黑板樹上，身上冒著白煙，手中拿著鋸子，研判修剪樹枝時，誤觸其旁1萬1千伏特高壓電纜。公司表示祈宗平時除了生產線作業，負責整理廠區環境，當天他休假，廠方並未要求他去修剪樹枝。勞檢單位表示移工在雇主提供的住宿區被電死，公司仍需依《勞動基準法》的職災補償規定補償，經申訴後，勸導啓佑公司賠付。

此外，勞工對於資方雇主之福利待遇、工作條件、升遷降級等與資方有不同意

見時，常會向勞工主管機關陳情、投訴、請求、舉報、告發等行為，勞工主管機關基於維護勞工之權益，乃予受理，通知雇主改善、調整，其有所調處或協調時，亦會大力勸導雇主儘量考量勞工之需求予以解決。此從風險控管視角而言，雇主需有風險評量、測定之作法面對，避免事先無準備，措手不及或當場起衝突。又上述之申訴，既為法律所設計之機制，雇主更需有風險管理之對策。

五、 競業禁止條款與風險訊息

「競業禁止條款」乃禁止員工於離職後一定期間內，從事與原雇主「相競爭同業」的條款。目前有許多企業都會要求員工簽立競業禁止條款，有時沒有必要的行業或員工，也都會簽訂類似條款，形成企業界共通現象。但實際上之效果如何，未必瞭解，反而因有此競業禁止條款，即可高枕無憂，致使疏於作好營業祕密之安全控管措施，帶來真正之風險。

【案例14】競業禁止條款之法律效力

普肯公司生產運動衣，業務處經理甲跳槽至同類生產女休閒服公司，擔任行政副總經理，乃對甲提出損害賠償訴訟，要求依原來簽立之競業禁止條款賠償300萬元，甲律師抗辯該條款無效，原因是約定甲不得到同種公司工作，其範圍無限擴大到所有衣服、鞋類、配飾公司均不可，形同限制甲之工作權，普肯公司表示甲心甘情願簽約。法院審理後，認為約定過寬，甲現有工作之公司性質與原來公司不同，又不負責生產、行銷、業務，所約定3年過長，判決普肯公司敗訴。

綜合法院判決，可歸納出下列衡量原則[14]：

（一）企業或雇主須有依競業禁止特約之保護利益存在。

（二）勞工在原雇主之事業，應有一定之職務或地位。

（三）對勞工就業之對象、期間、區域或職業活動範圍，應有合理的範疇。

（四）應有補償勞工因競業禁止損失的措施。

（五）離職勞工之競業行為，是否具有背信或違反誠信原則之事實？

又勞委會曾訂出「競業禁止條款」基本原則，包括：

---

[14] 臺灣板橋地方法院97年度重勞訴字第6號、臺灣高等法院95年度勞上字第32號、96年度勞上易字第24號民事判決。

（一）必須是勞工的職位可知悉雇主的營業利益。

（二）其約定足以保護雇主的「正當」營業利益。

（三）條款規定的期間、區域、職業活動的範圍，必須是未對勞工生存造成困難，並超越合理範疇。一旦違反上述原則，勞雇簽訂的「競業禁止條款」就屬無效。

2015年10月間勞動部再鑒於以往勞動法令雖無競業禁止明文規定，但業界濫用情況嚴重，乃參考法院判決，訂定《勞資雙方簽訂離職後競業禁止條款參考原則》，供法院及業界援引採用。勞動部在原則中指明雇主簽訂競業條款資格，必須是企業基於受法律保護之營業祕密或智慧財產權（如專利權）等利益，而員工職務需接觸營業祕密或優勢技術，方為限制對象，並非一般性工作或者通用技術即為競業禁止之對象。

2015年12月16日《勞動基準法》修正，有關競業禁止在第9條之1明定必須符合四大要件，包括雇主有應受保護之正當利益；員工能接觸營業祕密；競業禁止之期間、區域、職業活動等不可超過合理範圍；雇主對員工損失有合理補償等，否則無效。而且勞工與雇主簽訂競業禁止約定，規定離職後最長2年不能從事相關行業工作，但期間之損失，原雇主需給予合理之補償；依規定補償不得將勞工在職工資、紅利和年終折抵，若雇主不支付，雙方的競業禁止條款無效。此對科技業之科技人有利，但有科技公司表示對企業發展不利，指出人才流失更快。

企業界為保障企業生存，能永續經營，要求員工簽訂競業禁止條款，有其必要性。但以往過於浮濫寬鬆，未來企業界需體認有其目的性、必要性、合理性及相當有償性，否則所訂內容嚴苛不適宜。限制跳槽與未來工作之範圍過苛，遇到具體訴訟案件時，法院也不會接受，企業界需有此風險認知。再者，有竊取營業祕密或察覺產業間諜時，儘速向主管機關提出禁止行為，如要求海關、國貿局禁止出口等[15]。

六、 營業祕密之風險管理[16]

營業祕密係企業經營之王牌，也是提高競爭力之利器。在現代競爭激烈之工商

[15] 施茂林，《法律當後盾》，聯經出版，2013年11月初版10刷，頁98-99。

[16] 營業祕密在《營業祕密法》第2條有立法定義，與工商祕密、業務祕密、企業祕密等未必同義，請參閱張靜著，《我國營業祕密法學的建構與開展第一冊營業祕密法的基礎理論》（新學林出版，2007年9月初版1刷），第26頁以下。

社會中，競爭者為取得對手企業之營業祕密，常運用竊取、潛伏、臥底、內諜、侵入電腦、冒充竄改等方式，使企業不得不提高警覺，從資訊安全、公關資訊、客戶情資、廠房門禁、庫房把關、人身鑑別、特定管制等建立防護系統，確保營業祕密之安全。

（一）侵害營業祕密之案例

【案例15】唆使竊取營業祕密之刑責

甲原在國內半導體公司工作，多年前離職，轉赴大陸半導體公司當經理。透過獵人頭公司搞客，鎖定全球生產料排名第一，6吋砷化鎵及氮化鎵半導體晶圓代工龍頭，乙半導體，挖角丙、丁、戊在職研發工程師，以原年薪80萬元之5倍外加200萬元簽約金為條件，要求需先提供部分機密以示誠意。丙、丁、戊乃以手機偷拍公司機密文書圖卷，陸續提供甲有關乙公司製造無線電、軍用高功率雷達等多組晶片製程參數、機密技術資訊。經乙公司察覺，由檢察官依違反《營業秘密法起訴》。

【案例16】洩漏營業祕密之處罰

A原在同仁擔任顯示器技術開發中心資深協理，為該中心最高主管，可任意取得、接觸及下載內部相關資料。2011年9月中旬離職前，使用個人電腦、隨身碟下載許多公司的投影片檔案，離職數日後就到KHM上班，將公司機密之AMOLED技術的機密圖檔洩漏給癸興，使癸興生產的液晶顯示器能擁有同仁的PSA等技術，又B原是同仁OLED技術處經理，前年離職前，多次將同仁的祕密資料存在公司配發的電子郵件後，再轉寄至私人信箱，作法可疑。2位離職主管的行為，不但侵害產業重要研發成果，更嚴重影響產業的公平競爭，影響產業捍衛公司創新研發結果與智慧財產權之功能，檢察官偵查後，依《刑法》「利用電腦設備洩密工商祕密」等提起公訴。

【案例17】營業祕密刑事案例

編號	公司	提告對象	事件
1	台積電公司	研發處前資深處長梁○○	梁○○離開台積電2年後，到三星擔任研發部副總。2012年台積電告梁侵害營業祕密，智慧財產法院今年做出二審判決，包括其不得使用或洩露台積電營業祕密，禁止梁於明年底前為三星服務。
2	友達公司	顯示器開發中心前協理連○○、OLED技術處前經理王○○	2012年1月，友達指控2人侵害面板產業重要研發成果，導致公司損失上百億元。
3	宏達電公司	工業設計部前副總兼首席設計師簡○○等人	2013年北檢認定，簡○○等人涉嫌將尚未公開的商業機密攜往中國，並浮報、收受回扣，依《證交法》背信罪等起訴簡等共9人。
4	威盛公司	前副總經理林○○、研發主管及工程師	2013年8月，威盛控告林○○等竊取威盛USB3.0技術，違反《著作權法》；2013年12月，再對華碩與其子公司祥碩提出民事訴訟，求償41.37億元。
5	聯發科公司	多位離職工程師	2014年6月，鄭姓及多位離職工程師，涉嫌帶走聯發科電路設計圖、銷售資料，轉任港商鑫澤數碼公司。
6	聯發科公司	手機前晶片部門總經理袁○○	2013年狀告袁○○跳槽、挖角，違反營業祕密和競業禁止條款，日前新竹地檢署裁定刑事部分不起訴；另，假處分裁准。
7	聯發科公司	人力資源部主管林○○	竊取內部大量人事資料，離職後另成立人力仲介公司，持續透過仍在職中之丈夫設法挖角公司人才，被提起公訴。
8	大連公司	生產部部長	竊走公司AVE乳膠生產技術跳槽中國，整廠複製洩密。

【案例18】禁售侵害營業祕密產品

　　南韓記憶體晶片大廠SK海力士涉嫌竊取儲存型快閃記憶體（NAND flash）商業機密，遭日本東芝（Toshiba）及美商晟碟（SanDisk）提告求償，恐挨罰1091.5億日圓（約新臺幣323億元）。東京警方2014年3月逮捕1名曾效力於晟碟的工程師，該技術人員涉嫌複製NAND Flash研究技術，隨後立即跳槽到SK海力士，並洩漏相關資料；東芝更估計公司至少因此虧損1000億日圓，嚴重影響獲利。東芝與

晟碟雙方長期在日本合作製造晶片，旗下共擁有四間記憶體廠房，東芝與晟碟指控 SK海力士竊取智慧型手機、行動面板記憶體技術，東芝方面要求法院勒令停止相關商品產線，並下達禁售令。

近幾年來，臺灣科技業跳槽風氣日盛，挖角風氣亦日盛，連中國大陸也在臺灣挖角人才，為保持企業競爭力與領航力，營業機密之保全措施越來越重要，必須建立法律風險防控機制，以免營業祕密外流。

（二）防範竊取營業祕密之風險對策

竊取營業祕密有出於內部員工，有來自外部人員，亦有內外勾結情形，作好防範對策是上上策，畢竟「防患未然」是最實在之方法。

1. 釐清公司應祕密之資訊

(1)《營業秘密法》所列之營業祕密。

(2) 人事資訊祕密。

(3) 公司發展藍圖、策略、方針。

2. 簽訂競業及保密條款

公司與員工簽訂競業與保密條款，要求員工於一定期限內不可至同產業之他公司任職，亦不得洩漏公司營業機密，並約定懲罰性違約金[17]。

3. 建置防弊制度

(1) 建立營業祕密分級分類保護機制，明定得予接觸及使用之層級與權限。

(2) 機密文件製作時，在原始碼加入特殊記號。

(3) 機密文件設計存取、防偽之限制管制措施。

(4) 採客製化，訂購軟體及監控資訊流向設計。

(5) 重要資訊不存放在電腦內，也不能影印。

(6) 內部文件列印，增加浮水印。

(7) 禁止發送機密文件至外部網路及利用3G訊號傳送資料。

(8) 辦公室與廠區不建置無線網路聯繫。

---

[17] 周天，《營業秘密法》，經濟部中小企業處，1999年7月版，頁44-46。

4. 完備控管

(1) 設立抓鬼大隊、監察員。

(2) 落實稽核管考工作。

(3) 借重會計師鑑識。

(4) 重要產品只有高階主管，才能瞭解整個產品之設計與製程。

(5) 指定監督主管。

5. 具體防範措施

(1) 照相手機不能入門，只能用功能性手機。

(2) 影印、列印留存紀錄，不得隨意擺放資料。

(3) 電腦內資料存放雲端資料庫，加密保護，駭客只得亂碼之天書。

(4) 控管複製、影印、列印、隨身碟等。

(5) 系統偵測未授權者，發出警示。

(6) 培養員工共識與有風險文化。

(7) 訪客管制出入。

A. 廠區內設網路遮斷器，阻斷網際網路，只針對特殊客戶提供WiFi密碼，透過網管人員監管。

B. 訪客拜會攜帶筆電時，將被要求封閉所有USB插槽，阻斷任何資料拷貝行為。

6. 員工有效管理

(1) 用指紋辨識，進而使用臉部辨識。

(2) 人員進出設安檢關卡。

(3) 等級區隔授權入門。

(4) 機器、人工監控併行。

(5) 保密條款+處罰條款。

(6) 定期公告提醒員工。

(7) 對特定人採例外管理。

(8) 對高階人員及專業技術人員採有效之約制措施[18]。

---

[18] 企業常重視中、低階員工之洩密問題，也祭出嚴苛之競業條款，但對高階主管反而疏漏，未精準認知到高階主管反而最容易瞭解公司重要祕密，甚至是關鍵性營業祕密，也是對手最喜歡挖角之對象。比如臺灣LED近年來人才遭惡意挖走，技術也外洩。晶電曾被大陸一光電挖

7. 設立檢舉辦法

(1) 設立專線。

(2) 鼓勵舉報。

(3) 重罰。

(4) 給獎及升遷。

8. 落實稽查

(1) 檢視現有作法與之缺失。

(2) 稽核鑑識個案問題。

(3) 採取有效完備作法[19]。

【案例19】

　　A於2014年12月離職前，將GAD之營業報表、切結書、授權書、特色需求單等寄給將跳槽的KAN團購網，之後GAD清查公司伺服器發現此事，A偵查中辯稱，覺得前東家的報表資料格式美觀好用，所以寄給KAN團購網人員依此格式修改，並非有意傷害仿冒，但檢察官認為A與GAD公司訂有保密協定，且營業報表內有網路無法查詢到的內帳細節，屬工商祕密無疑，乃依背信未遂、洩漏工商祕密罪嫌起訴。

七、　防範員工洩密風險控管

【案例20】洩漏祕密之困擾

　　立人科技公司營業額龐大，進貨材料甚多，是許多公司爭取對象，因同類公司競爭日趨激烈，為取得訂單，每家公司無不卯足全力，運用各種管道與關係攻城掠地，立人公司因此得以大幅殺價，得到最低進料價格，生產成本相對降低。某日有

　　角近百人，而新世紀也爆內鬼，技術長離職後，以刨根式方法連續挖走中高階主管到競爭對手工作，並洩漏營業祕密，使對手產品結構近似新世紀，導致訂單下滑，估計損失10多億元。新世紀股價摔成水餃股，2016年1月檢調全力偵辦。類似情形，企業對於高階及技術人員宜有適當之約制作法，培養彼等職業倫理觀念，減少營業祕密洩漏。

[19] 從發生之案例可看出，各公司內部人員洩漏、竊取企業祕密之情形都有可能發生，可借重他企業之個案檢視自己公司之問題，而公司一再發生員工竊密事件，表示管理有問題。曾有一大科技公司8年內發生4件營業祕密竊取案，該公司再三表示捍衛權利，但何以再三遭竊，值得深思。

三家下游廠商董事長連袂至立人公司拜訪，抗議立人公司食人夠夠，爲何獨厚偉宏公司，其供應價高於他們三家公司達12%，立人公司總經理知道偉宏老闆是立人董事長的親戚，從小一起長大，感情深厚，當然不能明講，只好支支吾吾，表示將再瞭解予以打發，立人董事長知道後非常不滿，要求查辦何人洩漏，造成如此困擾。

【案例21】帶槍投靠提供營業祕密

豐澤科技公司工程師孜孜研究新科技，每天工作到深夜，竟未得到長官肯定，薪津又低，覺得很不值得。某日，與另一明遠科技董事長接觸，鼓勵他跳槽，帶槍投靠，願給予高薪，工程師同意前往任職，陸續將豐澤公司之技術祕密，提供明遠公司接續研發改進，經投入生產，大大降低成本，致使豐澤公司難以競爭，深入查探，乃向法院請求工程師賠償1000萬元，工程師抗辯技術是他研發（未申請專利），當初又未有何保密約定，哪有侵權行爲，拒絕賠償。

【案例22】和解書未立保密條款

杏華醫院病患因腸癌住院，引發併發症，遂向法院提起民事訴訟要求，損害賠償80萬元，經醫院人員再三勸導，雙方以8萬元成立和解，書立和解書，醫院也在3天後如數支付，但因病患對於醫護人員的服務品質與態度不滿，仍心有不甘，於是e-mail給報社「我不滿，我敢爆」之類信箱，指出醫院自己承認有醫療上疏忽，才願意給錢了事，爲避免該醫院人員服務態度不改善，特地爆料讓社會大眾知道，記者乃據此查訪，在報紙上大篇幅報導，引起社會關注。醫院看到報導，甚爲不滿，向病患理論，病患家屬反嗆再囉嗦，我們就爆料更多。醫院主管乃要求檢討，發現和解時未書立保密條款，才無法約束病患及家屬。

【案例23】計畫性收集營業祕密之影響

石化大廠總經理石堅夥同廠長楊正等高階幹部，經長時間部署，有計畫收買員工，支付酬勞，收集公司營業圖檔資料，包括用化學品之製程技術、工程圖說、研發報告等機密性技術文件、營業祕密資訊十萬筆進行重製，轉寄至私人電子信箱或複製到隨身硬碟。前往中國大陸兜售新開發製程技術，並研擬自立門戶，在中國複製設廠，如計畫實現，恐損及該石化大廠營業利益數百倍，石化大廠表示石男等人「行爲很不道德，對公司傷害很多」。

幾10年前，工商經濟活動不如現在頻繁活絡，企業間之競爭雖會短兵相接，還算良性，當時企業間之約定常常是口頭講話、電話敲定、傳真確認等就搞定，也不會觸及來往互動間資訊文件之保密，大家也大致相安無事。

近10年來，科技高速升級，經濟快速發展，工商百業興隆，各行各業間競爭逐漸激烈，各有自己祕訣、妙方、法寶與獨到、獨門技術，設法在同行間脫穎而出，彼此間無不重視自己營運、業務、製造、產銷的祕密，也開始重視保密約定，尤其是科技業所訂保密條款更為嚴謹完備，連帶地與公司同仁間也要求簽屬保密書，甚而一般性之文件資料，也會在契約中加註保密條款，牽制相關人員或關係廠商。

（一）保密條款與責任

一般保密條款大都會約定保密的課題，從研發過程、成果、產製、技術配合程式、產品特性與價格、行銷手法、營運技巧、客戶資訊、通話系統、進料管道、付款方式、協力廠商、供應鏈系統……五花八門，有的可說只要是我方的東西，除非營運上必要，都不能洩漏，否則構成洩密等罪[20]。

在民事法律上，洩漏企業祕密，涉有民事賠償責任。由於廠商間訂有保密條款，如有洩漏行為，構成違約之不履行責任，也有《民法》第184條侵權行為損害賠償責任。就公司內部人員，與公司有委任關係，洩密明顯違反受任人義務，有債務不履行賠償責任，公司也可依侵權行為要求損害賠償。曾有工程師、公司主管將公司內部之機密資料洩漏給競爭對手，被追索高額賠償金。

《營業秘密法》對於方法、技術、製程、配方、程式、設計或可用於生產、銷售或經營之資訊，都認定為營業祕密，受僱人在職務上研究或開發之營業祕密，歸僱用人所有，同時，職員侵害營業祕密，須負損害賠償（第13條第1項）。如為故意，法院因公司之請求，得酌定損害額3倍以下之損害賠償。又洩密者與個人資料保護有關者，《個人資料保護法》更有賠償規定。

（二）保密契約之條款

法律諺語：有侵害，就有救濟；有救濟，就有求償。但當侵權行為發生時，已造成莫大損失，不如事先做好防範工作，印證俗語：「預防勝於治療。」因此要保

---

[20] 詹森林，《競業禁止與保密條款契約實務》，經濟部智慧財產局，2009年1月3版1刷，頁80-87。

護企業祕密，就需做好預防措施，在契約上明定保密條款，或者要對方簽立保密契約，減少洩密之危害。

由於企業類別多，業務廣，各有不同類型與需求，現列出各種保密條款或約定，企業有需要時可參考採用。必要時，參考各種範例予以調整，訂出合於業務需要之內容，以求完備[21]。

2012年有一項企業舞弊及不當行為問卷調查報告顯示，超過6成上市櫃公司主管認為，舞弊及不當行為是目前臺灣經營環境須關注的一大問題。竊取機密資訊與違反個資，是現今較擔心的舞弊風險，其比率高達40%，與2009年調查相比，增加近1倍[22]。是以，企業對於竊取營業祕密已成為需密切處理之課題。

現舉出有關保密條款之約定以供參考之：

1. 買方對履行本合約而接觸之買方機密資訊，負有保密義務；如有洩密，罰以本合約價款三倍之賠償。

2. 「本合約涉及高科技技術，雙方均有保密之義務。」、「保密範圍包括設計圖樣、機器廠房設備、製造方法、電子程式、電腦資訊、光碟、錄音帶等紀錄、簡訊以及產品型錄、報價、銷售方法、客戶資料等相關資訊訊息。」、「凡有洩漏者，應賠償對方500萬元以上損害。」

3. 除乙方事先以書面同意外，甲方對本契約由乙方交付之所有文件、圖檔、文件等均需保密，否則須賠償乙方所有損害。

4. 本契約所訂保密條款，雙方之董監事、顧問、經理人、執行長、主管、員工、代理商等均有保密之責任，如有違反，應就對方之損害，負連帶賠償責任。

5. 本契約之保密義務，於履約期間及合約終止、解除或期滿3年內持續有效。

6. 甲乙雙方同意有關本契約之保密條款，於終止、解除或有部分、全部條款無效時，仍有遵守之義務。

對企業而言，在業務推動過程中，透過保密條款的運用，以保障權益，平日更需多教育員工知道。再舉例來說，有位在商場打滾30多年的總經理，實戰經驗豐富。退休後，老同學請他擔任諮商顧問，常去指導，對於企業經營手法、員工管理

---

[21] 施茂林，〈商業外洩如同商機喪失〉，《金融保險論》，第32期，2012年11月1日，頁72-75。

[22] 安侯建業會計師事務所（KPMG）繼2009年底首次調查後，2012年2月再次發起企業舞弊及不當行為問卷，對國內1600家以上的上市櫃公司內部稽核及財務主管進行調查，企業舞弊風險：偷竊存貨或機器設備占6%、虛構交易詐取財物利益占10%、虛報費用報銷占16%、侵犯智慧財產權占20%、竊取機密資訊或違反《個資法》占40%（參見《經濟日報》2012年7月18日A22稅務法務版）。

技術、銷售技巧等，有獨到處理方式，讓他老同學的業績蒸蒸日上，傳到老總原來公司董事長耳中，打電話質問怎麼可以洩漏業務祕密，總經理答說：這家公司與你們公司業務完全不同，我先後待過五家公司，告訴他們的都是以前自己體會到的心得，沒有洩漏營業祕密。董事長乃暗中派人查訪，發現老總所說的是事實。從此案例，就可以知道老總有保密之風險。因此，員工如有正確保密觀念，是法律風險控管的良方。

八、 僱用他公司離職員工與風險衡量

【案例24】僱用同業員工之風險

甲公司擬生產新產品，經人介紹與乙公司之員工接洽，將任職乙公司期間所用圖檔、影像、程式、儲存隨身碟，攜至甲公司服務，參與新產品之開發及生產。乙公司聲請對甲公司負責人、接洽之副總及乙公司員工等，假扣押3億元與假處分獲准。甲公司、副總及員工，以違反工商祕密、《著作權法》等起訴。乙公司起訴甲公司等，惡意竊用營業祕密等，請求甲公司與員工等連帶賠償4億元。乙公司另又提起附帶民事訴訟，主張依下列法律關係請求賠償60億元：(1)被告等以背信之不法方式侵權；(2)違反《公平交易法》第19條；(3)返還不當受領之利益等。

上述案例對於乙公司之影響甚大，從資金調度、營運推廣、客戶行銷、技術水準、上下游廠商疑慮以及公司與負責人形象等均有不利之影響。所以，僱用其他公司離職員工，需有風險衡量[23]：

（一）僱用必要性

1. 盡量以不挖角為原則。
2. 同業員工應徵，瞭解其動機、離職原委等。

---

[23] 對離職員工而言，亦需有法律風險意識，以免帶走智慧財產權資料或營業祕密，致使自身陷入法律風險泥淖中，亦致使新就職公司涉有法律責任。因此，離職前先檢視與原任職公司簽立之契約，瞭解著作權等歸屬，除非很明確外，不要隨意帶走任職時與職務及工作有關之文稿、簡報、企劃、程式、技術等文件書面資料或隨身碟、電腦備份亦需注意其合法性。未來在新公司上班，不要隨意將在舊公司之設計、技術、企劃案等重複使用，應自行重行設計規劃。

3. 同業員工與本公司敬業之態度與層面等。

4. 非同業員工與本公司業務之關連性。

（二）風險評量

1. 僱用他公司員工之風險。

2. 僱用他公司員工從事相同工作之風險。

3. 僱用他公司員工，而使用原來公司技術等風險。

4. 僱用他公司員工之接洽、延伸風險。

5. 僱用他公司員工之公司負責人法律責任風險。

6. 僱用他公司員工違反競業禁止之風險。

7. 僱用他公司員工違反保密條款之風險。

8. 僱用他公司員工遭致對方公司大軍壓境訴訟之風險。

9. 僱用他公司員工遭對方公司進行殲滅戰之風險。

10.無形損失之風險。

（三）新東家之風險意識

1. 預防措施

(1)晤談、查核員工在其舊公司有何保密、禁業或特殊約定條款。

(2)來本公司負責業務與其舊公司工作之同質性為何。

(3)攜帶之電腦、隨身碟或文件有無其舊公司機密事項。

(4)明示不得利用其舊公司之營業祕密。

(5)推展「反向保護措施」，揭示「本公司不使用其他企業營業祕密」原則。

2. 管理作法

(1)檢核員工職務上有無使用其舊公司之技術等。

(2)申請之專利有無其舊公司之相關或鄰接專利。

(3)測試反向保護措施之實施程度。

(4)員工訓練不以對方企業作法為充當教材。

(5)專人檢視有無涉及其舊公司之營業祕密。

九、 採購與風險衡量

【案例25】收取回扣事例

1. 2011年11月台○○員工利用與韓國商人經手產品石油交易，收取韓國近1.2億元回扣。

2. 2012年12月宏○公司臺灣區業務副理，浮報客戶出貨量，從中侵吞商品牟利上億元。

3. 2013年12月宏○電公司前首席設計師、設計部處長等涉及浮報、虛報款項及收取廠商回扣，牟利3356萬元。

4. 2014年9月台○漳州福欣鋼鐵廠工程師，向油漆商索賄巨款。

5. 2014年12月台○總管理處採購，收取千萬之回扣。

6. 2015年1月鴻○公司查獲負責iPhone生產線協理收賄1億元，又富○○中國幹部疑貪汙逾15億元。

7. 2015年7月（2013年10月至2015年3月）台○高階等25名員工，集體收賄億元。

【案例26】採購收取佣金

鴻○旗下SMT技術委員會副主委廖○○、總幹事鄧○○等人，透過白手套郝○○於2009年7月至2011年12月鴻○生產iphone4S手機期間，向供應商索討1億6232萬餘元回扣，廖從中抽成約50%、鄧抽10%，剩餘40%由郝負責打點陳○○等人。郝要求供應商依設備交易金額或採購數量比例支付佣金，通常約2%；以採購貼片機為例，鴻○原擬採購某日商產品333臺，廖找理由將其中36臺改為其他廠商產品，郝○○後續就收到佣金15萬美元，廖○○也依50%比例收到7.5萬美元回扣，索取1.6億回扣。

【案例27】採購回扣弊案

甲輪胎執行副總特助兼資材部門協理乙夫妻，利用採購製胎原料天然膠、人造膠、生膠機會，17年來向廠商索取回扣粗估逾15億元。經蒐索查扣，清點贓款。從移鈔、鋪鈔到點鈔，前後近8個小時，終於算清楚在陳家取出的現金共達2億853多萬元，另有美金、人民幣折合臺幣約1千多萬元，總計共2億9千多萬元，辦案人員

哀號：「數錢數到手抽筋！」鈔票堆滿八張會議桌，如同鈔票山。

（一）採購弊案現象深度解析

1. 千億大公司不如50億元之中小企業之保護措施。
2. 層層關卡及防弊措施，不敵員工之貪念[24]。
3. 內部下列廉政規範形同具文，員工大行回扣之道。
    —只可收2000元以下禮品
    —不可收現金
    —不能與供應商吃飯
    —不能收取任何形式傭金、處理費、溝通費或回扣
4. 企業法律風險知覺低，形同不設防。
5. 經營管理層風險防範意識薄弱。
6. 有內部稽控制度，未認眞執行，無法有效防治。
7. 部分企業素有無敵採購招牌，因防範稽核不足，仍然破功。
8. 董事長多年親信，權勢遮天，從容或不察[25]。
9. 收取回扣時間長遠，企業稽核防弊漏洞百出。
10. 風險控制錯失，集團清廉文化一夕淪陷。
11. 根基穩固，爲何瞬間動搖，值得探究。
12. 諸多採購弊案，不是企業自行發現，係內部或外部廠商舉報。
13. 營運管理流程失靈，無人察覺弊端。
14. 壯士斷腕，被誤解係內部鬥爭。

（二）收取回扣等手法解碼

1. 員工與廠商共謀，內外配合。
2. 企業採購嚴謹，仍要暗盤回饋。

---

[24] 利之所在，一般人均趨之若鶩？企業之採購常涉及龐大金額，經辦採購人員及主管需有堅定戒律，否則容易捲入採購是非。企業之管理策略與方式相當重要，需依照採購性質、項目、金額訂出合適之採購方法，否則管理過嚴、過寬均會發生問題。

[25] 企業界基於信賴關係，常指定有相當關係或認爲可信任之人擔任採購之人員與主管，然既爲可信賴，何以仍一再出現舞弊情事，其關鍵在於企業主忽略人性與貪念，欠缺法律風險管理意識，也缺稽核機制，可謂是企業主管理企業之盲點，也印證：「最安全的地方，也是危機的所在」之道理。

3. 以洩密方法暗助廠商得標供應。

4. 固定回扣，公開祕密，利於運作。

5. 權勢在手，老闆親信，容易得手。

6. 現金交易、投資乾股、白手套過手，藉畫展、打球、打牌輸送利益、招待、性交易、國外旅遊等多重手法。

7. 摻雜劣品，巧取利潤支應。

8. 層級高，得手易。

（三）企業風險知覺

【案例28】欠缺法律風險意識之效應

有收取回扣金額超過10億元以上之企業，對於採購主管長達12年上下其手，卻察覺不到採購成本偏高、利益團體形成，及時揪出；業界表示，這不只是公司內控出問題，涉案的絕對不是一個人、而是一群人，甚至有大股東涉入其中，這名主管只是洗錢的白手套。

由上述說明，企業風險知覺不足：

1. 少額（1200元）採購，拉下總經理等20名員工，公司警覺性不足。

2. 廠商利潤低，甘願長期贈送，管理明顯出問題。

3. 單數少、總數大，回扣多，防弊作法不足[26]。

4. 由上而下，為長期性、集體性行為。

5. 企業集體作弊有如肉粽，如何查出頭部或全部，有待企業全面性檢核。

6. 嚴密之防弊鐵箱也有生鏽之一天，為企業忽略之弱點。

7. 長期主持與控制採購，公司警覺性低。

8. 發生案例涉及大企業之接班計畫與步局，影響深遠。

9. 大企業逐步機關化、衙門化、恐龍化，正是風險歷程。

10.企業壯士斷腕，痛下快手，作好危機損失控制。

---

[26] 企業採購舞弊，常以回扣方式處理。而回扣之收取有件件定額計算，有以每一採購案件金額一定比例計付。若以單件觀察，其金額未必高，但因長期性件件支付，累積結果，回扣金額相當可觀，從數百萬元，至數千萬元，並高達2、3億元。

（四）法律風險管理之戰略思維

1. 確保立基[27]
2. 風險預防
3. 透明陽光
4. 人品考慮
5. 定期輪調
6. 適度控管
7. 偵防機制
8. 積極作法

（五）風險偵測作法

1. 內部稽核精準。
2. 重點管理與例外管理並行。
3. 找出風險因子，預先防範。
4. 大數據控偵測。
(1)結合多數資料（得標率、e-mail、社群網站）。
(2)整理與交叉比對。
(3)找出異狀、異端。
(4)釐清不當交往。
(5)鎖定對象控管、調查。
5. 鼓勵員工舉報，保證保密。
6. 內部稽核控管。

（六）防範對策

1. 運用大數據解析，找出隱藏風險。
2. 落實公司治理工作，強化其效能。
3. 建立法律風險管理制度，推動法令遵循機制。
4. 與協力、外部廠商密切勾稽、查核。

---

[27] 採購回扣，不僅僅是企業成本之增加及利潤減少，重要的是企業內部害群之馬，也是組織文化優質化之蠹蟲，更斲害企業形象，對負責人之信譽與管理能力是一大傷害。

5. 制頒採購、控管、稽核三道管理機制。

6. 採非親信條款，不任用管理層與經營層之特定親友。

7. 培育員工優良品格，經常研訓。

8. 形成優良之採購文化。

9. 定期職務輪調。

10. 設置反貪小組，勤抓內鬼。

11. 設立吹哨者制度，鼓勵舉發[28]。

12. 設立高額檢舉獎金。

13. 選擇法律風險迴避與轉嫁之模式，參加保證保險，如員工誠實保證保險、企業犯罪防護保險等。

十、 本章小結

　　企業內部關係攸關公司營運績效與有機成長，需有和諧之勞資關係，預防員工違反競業條款、竊取營業祕密。對於來自他公司員工之僱用與指派工作，需防範有侵害他人智慧財產權之情事發生。也需從法律風險管理角度，防阻採購弊端，減少公司損害。

本章摘要

　　1. 勞工人權已成為世界主流價值，勞工法制需予完備。企業經營人應重視勞資權益平衡，維持和諧之勞資關係，做好法律風險之衡量。

　　2. 勞工三權逐漸成熟，有關集體協約之規定已相當完備，勞資雙方本公平、互惠原則，審慎簽訂團體協約，作為雙方遵循之法則。

　　3. 職業災害對勞工有重大傷害，法律規定補償醫療費用、殘廢金、喪葬費，且受害勞工並得請求損害賠償。

　　4. 現代企業幾乎都要求員工簽立競業禁止條款、保密契約，並認為越嚴越

---

[28] 吹哨者（whistleblower）機制，起源於英國，當警察發現有犯罪事件發生時，吹響哨子引起同僚及民眾注意。目前延伸為揭發組織內部違反法令或道德等不正當行為的人。其實近年來發生之某副縣長貪汙案、屏東餿水油案，靠一上市公司總裁及一老農夫舉報才查出。因此，許多專家認為內部舉報機制為企業防範弊端最有效方法之一。2014年11月7日修正《上市上櫃公司誠信經營守則》第23條，已規定上市上櫃公司應訂定具體檢舉制度，確實執行。

好，但從司法實務與勞工主管機關之立場，有其一定條件，企業主需有此風險認識。

5. 員工洩漏工商祕密與營業祕密，對公司有相當大之影響，企業應做好防範措施，要求員工簽立合理且有制裁內容之保密條款，訂定嚴格之控管機制，認真執行，減少洩密之機率。

6. 企業僱用他公司離職之員工，如借重其經驗，需評量其參採他公司資訊文案業務祕密之風險性，做好風險衡量及控管作法，避免陷入法律訴訟之泥淖中。

7. 企業採購舞弊事件一再發生，本文對其發生原因與手法詳予解析，提出法律風險管理之戰略思維與防範對策，有效防控採購回扣之不良風氣。

思考題

❖ 俗諺說：「攘外要先安內」。企業內部不和，內鬼多，為何常出現內部管理危機事件？如何才能有好績效？

參考文獻

1. 簡建忠，《人力資源管理——以合作觀點創造價值》，前程文化，2006年4月初版。
2. 丘周剛、田靜婷、林欣怡、林俊宏、高文彬、徐克成、劉敏熙、羅潔伶，《現代人力資源管理》，新文京出版，2009年8月30日。
3. 衛民、許繼峰，《勞資關係：平衡效率與公平》，前程文化，2013年3月3版3刷。
4. 簡建忠，《HRM+勞資關係=∞》，前程文化，2013年9月初版。
5. 李永然，《勞資和諧法律看招》，李永然文化出版，2012年2月初版。
6. 曹永昌、陳泓文，《勞工安全衛生管理》，新文京出版，2008年1月20日初版2刷。
7. Neil Gilbert、Pavl Terrall著，黃志忠、曾蕙瑜譯，《社會福利政策》，雙葉書廊，2012年1月初版1刷。
8. 施茂林，《法律簡單講》，聯經出版，2012年10月初版4刷。
9. 施茂林，《法律風險管理跨領域融合新論》，五南圖書，2013年9月初版1刷。
10. 施茂林，《工商事業活動與法律風險管理》，五南圖書，2014年11月初版1刷。
11. 詹森林，《競業禁止與保密條款契約實務》，經濟部智慧財產局，2009年1月3版1刷。

12. 謝銘洋、古清華、丁中原、張凱娜，《營業秘密法解讀》，月旦出版，1996年11月初版。

13. 李智仁、王乃民、康復明、陳銘祥，《企業管理與法律》，元照出版，2014年9月6版1刷。

14. 陳麗潔，《企業法律風險管理的創新與實踐》，法律出版社，2012年4月初版1刷。

15. 施茂林演講題材：將帥兵棋推演經營實務、管理藝術、從行政管理實務談企業高度管理藝術、激發團隊戰力，建立新文化、企業經營之法律視野與新課程、企業經營一般法律事務、企業業務處理平臺與法律規範、企業經營法律風險防範、勞資關係和諧新思路、企業防弊與風險管理、企業掏空圖景與防制對策。

第 23 章

契約規劃履行與
法律風險防控

讀完本章可學到：

1. 瞭解契約之基本觀念與契約自由原則。
2. 認識履行契約之保障方法。
3. 清楚違約不履行之效力。
4. 認知定型化契約之內容與《消費者保護法》之規範。
5. 從預防管理確保契約之合法有效。
6. 瞭解簽訂契約時之法律風險評量作法。

一、 從法律知覺認識契約風險[1]

【案例1】借據之證明力

甲向乙借款2千萬元，乙死後，甲拒不清償，乙之子丙訴請甲返還，提出借據一張為證。甲在庭上承認有開立借據，但否認有收到錢，法官要丙提出付款證明，丙相當不悅認為法官偏袒甲，表示有借據何需提出付款證據，法官乃判決丙敗訴，丙之妻丁請教律師，方得知借貸為要物契約，需付款方生效，借據只證明有借貸合意，不足以認明有付款之事實。丙趕緊找出經由銀行匯款2千萬元予甲之證明，提出上訴，二審即改判丙勝訴。

【案例2】債權移轉之良方

戊販賣飼料為業，全省有十五家經銷商，因資金短缺向丁借用，丁囿於同學之情誼，陸續借與戊1500萬元。後戊周轉不靈無力還債，求救法學教授，告以債權移轉方式，請戊將十五家經銷商尚未付清飼料費之債權讓與丁，戊同意後通知各經銷商，戊夫婦努力收回1100萬元。事後丁經常告訴友人不要輕易出借，要有擔保，並採取有效債權保全方法以保障權益。

【案例3】無權簽約之效果

手機通訊承銷公司因市場環境改變，銷售困難乃與供應商業務經理洽談，對方同意承銷價下降1成，未付貨款延長1個月、達成率減少8%、獎金條件放寬，雙方簽訂MOU。未料供應商董事長不答應，雙方訴訟，承銷公司敗訴，理由是供應商否認MOU，並指出經理未經授權無權代表公司為之。

（一）基本觀念

1. 契約之成立，只須雙方口頭同意即可

在我們日常生活中，隨時在與他人成立契約。例如：搭乘計程車、向機車行買機車、去飯店餐廳吃飯、購買雜貨食品、去歌廳聽歌、電影院看電影、到百貨公司買衣服……都是契約行為。不論年齡，不分南北，隨時隨地都因當事人雙方意思表

---

[1] 本章有關契約之論述，摘自作者著〈契約之概念、履行與違約之效力〉，收錄於《e世代常用六法智庫》，世一文化，2007年12月修訂，頁2305-2310。

示內容之一致而成立契約，故契約即是雙方當事人合意而生法律上效果之行為。

2. 契約之成立不需訂立契約書

有許多人誤認為成立契約需要訂立書面契約才有效，但依前面所列之例子來看，搭計程車、買房子、吃飯、看電影時，並未與對方訂契約書，因此除少數情況下，並不必訂立書面契約書。現在社會上常有書立契約書之情形，不是必要的條件，其好處在於使約定內容明瞭，便於遵守、及防止糾紛。

3. 契約是雙方共同創造之新關係

契約之雙方當事人，本來並無任何權利、義務關係存在，因雙方之意思一致，無中生有，締造新的權利、義務關係，使雙方同受契約約定之約束，因係雙方心甘情願，自動同意而成立，自然不容任意變動或推翻。部分人未注意到此，以為事後可以再變動，造成甚多困擾，甚至於違約，還得賠償對方損害。因此訂約之時，應慎重其事，多方考慮再決定，免得「君子出言，駟馬難追」，悔之不及。

4. 契約之適用面甚為廣泛

有些人以為契約只適用於有關金錢債權、債務或買賣、租賃等事項，其實契約適用範圍甚廣，下列各項約定，均為契約：

(1) 國與國間訂立之條約、約定、條款、協定等。

(2) 政府與人民間訂立有關公法事項之契約，如自願留營協議。

(3) 私人間所訂立之身分行為契約，如訂婚、結婚、離婚、收養等。

(4) 私人間所訂立之物權行為契約，如抵押權設定、地上權登記等。

(5) 私人間之債權債務、契約，如買賣、借用、贈與、承包、和解等。

由此可知，金錢債務契約或買賣契約等，只是契約之一種而已。

（二）契約自由訂定之原則

契約自由原則、所有權絕對觀念及過失責任，為近代民法之三大指導觀念，原則上當事人對於是否與他人訂立契約，是否願與何人達成協議，以及契約之內容將如何約定，均可自由決定與處理，法律並不加以干涉。但近年來社會連帶責任的思想日漸發達，有關契約自由之原則乃有所變更，認為法律應有適當之干預與參與，俾契約對己有利，對社會亦有益處，因此公權力介入結果，對於訂立契約之自由、對方選擇之自由、及內容決定之自由，不得不有相當限制，除部分需訂立書面契

約（如：房地產買賣）、交付標的物（如借貸）、辦理登記（如工地房屋移轉所有權、離婚）外，社會上大部分契約之訂立仍任由當事人同意成立。

二、 保障契約之履行

（一）確保契約之履行之方法

確保契約履行之方法，說明如下：

1. 約定定金：定金可以促使對方依約履行，故定金越多，契約越能履行。

2. 約定違約金：違約金是約定債務人不照契約內容實現時，需支付一定之違約金，以防其不履行契約之內容，其方法有二：(1)懲罰性違約金（尚可請求不履行之損害賠償）；(2)賠償金額預定之違約金（不能另外請求不履行之損害賠償）。若違約金越高，履行之可能性越大，反之則否。

3. 促使找出保證人：保證人係於債務人不履行契約時，由其代負履行契約之責任，當然保證人之資力好、信用佳、誠意夠最好，不然資力、信用不好的人擔任保證人，等於沒有保證人。又民間上常用之連帶保證，等於連帶保證人亦要負債務人責任，保障性很強。

4. 提供擔保品：擔保品，可由債務人或第三人提供，其提供房屋、土地者，可向地政事務所設定抵押權登記，又如提供動產或權利，設定質權。另依《動產擔保交易法》及《海商法》之規定，尚可設定動產或船舶抵押。

5. 使用附條件買賣：此買賣約定買受人得先使用買賣的物品，等繳清價金，才將所有權轉移買主。

6. 運用混合契約、繼續性供應契約等方式，將數個契約或履行條件方式等綁在一起，讓對方考慮不履約之後果。

【案例4】

蓮台建築公司向桃欣大理石公司購買大理石等石材，雙方簽訂買賣契約，第6條約定：蓮台公司認為石材有終止供應之必要時，得不經催告逕行終止契約之全部或一部，一經通知，桃欣無條件配合，並按已送交之材料結算貨款。訂約後，桃欣依據市調與實地考察，向國外進口石材，供貨二批後，突接蓮台公司通知30天後停止供應石材，桃欣評估進口石材將無買主，積極向蓮台爭取理論，蓮台以當初雙方

經充分溝通，達成上開協議，定明在契約，桃欣不能反悔，而且向國外進口之事，蓮台不知情，也非其授意，拒絕補償。桃欣董事長大火，責怪同仁何以簽立此種不公平條款[2]。

（二）注意契約延伸之保護

1. 住宿場所主人之保管責任

(1) 以供客人住宿用之場所（如旅館、飯店、賓館、山莊等），於客人投宿之時，往往未將行李、物品交與櫃檯或服務生保管，然既將之存放於旅館等場所內，其性質與寄託無異。因此，《民法》第606條第1項之規定，該場所主人對於客人所攜帶之行李、物品發生損毀、喪失（如被燒、被刮破）……應負賠償責任，而且第三人行為所造成時，如小偷潛入竊取，亦要賠償。

(2) 餐廳、小吃店、飲食店、澡堂、三溫暖等場所主人，對於客人所帶之通常物品（如雨傘、外衣、隨身化妝品等）之損毀、喪失負其責任（《民法》第607條），惟此賠償不包括通常物品以外之財物，此與前述情形不同，蓋因吃飯、洗澡時，一向僅攜帶通常用品而已。

(3) 上述主人對於客人之現金、有價證券、珠寶等貴重物品，須向櫃檯、服務人員報明性質、數量及交出保管者，才負責。如果主人為免除責任，在營業場所掛立牌表明：「客人應注意保管自己財物，如有遺失、損毀，本店概不負責」等字樣，依《民法》第609條之規定，是無效的，還是要依法負責。

2. 行使留置權

債權人占有屬於債務人之動產，就其物所生之債權，未清償之前，有留置之權利，其目的在督促債務人履行債務，求其雙方之公平。例如：拿手錶去修理、開車去修理，如未付修理費，則修理該手錶、汽車之人得留置該手錶及汽車，到時候，若不還清，得拍賣該車、錶取償，或取得其所有權。現行《民法》亦有同樣規定：(1)房東對於房客所留置之冰箱、機車等動產。(2)飯店、飲食店經營之主人，就客人住宿、飲食、墊款所生之債權，得對於客人攜帶之行李、物品。(3)運送人為保全其運費、其他費用，對於運送物品等均可行使留置權。

---

[2] 此種供貨契約，性質上屬於繼續性供給契約，其權利、義務與單純買賣契約有別。

3. 主張法定抵押權

　　承包工程，若為建造房屋、教室、橋梁、吊橋、紀念場所等工作物或為此等工作物之重大修繕，其工程款之數額甚高，若發包之業主不付款，影響承包人之權益，依《民法》第513條之規定，承包人得對於上述房屋、教室等不動產，有抵押權存在，而且此抵押權可解讀成既為抵押權登記，發包業主不清償所欠之工程款時，得拍賣該房屋等不動產。

三、　違約之效力

　　契約成立後，當事人雙方應本誠實信用之原則履行契約之內容，若有不依約履行時，債權人得主張下列權利：

　　（一）不能給付之權利：債務人拒絕給付或不完全給付（瑕疵給付或加害給付），債權人得向法院聲請強制執行（《民法》第227條）。

　　（二）部分不能給付之權利：契約之內容有一部分不能給付，而其他部分之履行，對債權人無利益時，債權人得拒絕該部分之給付，請求賠償損害（《民法》第226條）。給付不能之原因非可歸責於債務人，得免除給付義務，此時債務人對第三人有損害賠償請求權時（如房屋因第三人失火燒掉），債權人得向債務人清求讓與該請求權或交付所受領之賠償物（《民法》第225條）。

　　（三）沒入定金：契約可歸責於付定金當事人之事由（如違約），他方即可沒收該定金。（《民法》第249條第2款）。

　　（四）加倍返還所受之定金：契約因可歸責於受定金當事人之事由，致不能履行時，有加倍返還其所受定金，給與付定金的當事人。（《民法》第249條第3款）

　　（五）請求給付懲罰性違約金，其違約金之數額，由當事人自由約定。若債務人違約時，得請求懲罰性違約金。又債務人除交付違約金外，債權人亦得請求債務履行或因不履行所生之損害賠償。

　　（六）解除的契約：契約之解除，係經雙方合意或法律許可將原訂契約加以廢棄之制度，其效力可溯及於未訂約之前，使解除前的契約關係一概消滅（《民法》第254條至262條）。

　　（七）終止契約：契約終止，指契約自終止後，失去效力，終止前之契約關係，仍為有效，不像解除契約，需回復原狀。終止之原因，可由雙方同意而終止。若一方不同意時，《民法》對於終止之情形有詳細規定，如租賃、僱用、旅遊、保

證等。

（八）賠償損害：債務人對於契約約定之事項，有給付不能或為不完全給付或拒絕給付或遲延給付時，債權人除得解除契約外，並得請求損害賠償。賠償之方法，依《民法》第213條之規定，原則上回復他方損害發生前之原狀。若不能回復或回復顯有重大困難者，以金錢賠償。又賠償之金錢，除所受之積極損害外，還包括失去之利潤或可賺得之利益（《民法》第216條）。

（九）行使同時履行抗辯權：因契約互負債務者，於他方當事人未為對待給付之前，得拒絕自己之給付。但須自己本身無先給付之義務，此稱之同時履行抗辯權（《民法》第264條）。例如：買機器時，他方不給付貨款，可以不交付機器；又如買房子時，於買主不付清房屋價金時，可以拒交房屋。另外本身先有給付之義務，但於訂約後，對方之財產如顯然減少，將造成難為對待給付時，在他方未為對待給付或提出擔保前，得拒絕給付（《民法》第265條）。

（十）危險負擔之對待給付：契約訂立後，因不可歸責於雙方當事人之事由，致一方之給付全部不能者，他方免為對待給付之義務（如買賣之馬，於交付前死亡，賣主可以不必交馬）；如僅一部不能者，按比例減少對待給付。如已為全部或一部之對待給付者，可依不當得利之規定，請求返還（《民法》第266條）。

（十一）拍賣抵押物、質物：債務人不依約行事，對於債權人提供之抵押物、質物可聲請查封拍賣，以滿足債權。

（十二）情事變更之增減給付：契約訂立後，可能物價變動、經濟環境、工商條件變更等情形，此時此種非契約當事人所能預料，若仍照原本之約定履行，必造成不公平之結果。因此，法院對此情形，得以職權為公平之裁量，作出增減給付或變更其他原有效果之判決，以符合公平正義原則（《民事訴訟法》第397條）。契約當事人亦可以在訴訟過程中提出聲請，促請法院審理。

（十三）對第三人行使權利

1. 行使代位權：債務人如怠於行使權利時，債權人因保全債權，得以自己名義，行使其權利（《民法》第242條）。例如：第三人欠債務人100萬元，債務人不向其請求償還，此時，債權人可用自己名義，代債務人行使請求償還之權利，而請求該第三人償還100萬元。

2. 詐害行為之撤銷：債務人有脫產或擅自將財產轉移給第三人時，或贈送與第三人時，此種有價或無償行為，對於債權人已構成詐害，債權人得聲請撤銷之（《民法》第244條）。

3. 追保：第三人擔任保證人時或提供抵押物設立抵押權或提出質物時，得對保證人請求履行契約內容或拍賣抵押物或質權。

（十四）請求債之移轉

債務人如有其他債權時，可與債務人協商，將其對第三人之債權，依《民法》第394條規定，讓與本人行使該債權；又債務人無力清償，也可請其找有能力之第三人「承擔債務」，由該第三人清償。

四、 定型化契約與法律約制風險

（一）定型化契約之概念

所謂定性化契約，係由企業經營者單方面擬定契約條款，而由消費者在契約上簽名、蓋章而成立之契約行為。由於消費者在沒有選擇的情況下「附合」於企業經營者撰擬的定型化契約條款，因此稱為「附合契約」。可見消費者立於不平等地位，只有締結與否之自由，而無參與決定契約內容機會[3]。

定型化契約在日常生活中最常見，可說有80%是以定型化契約進行：

1. 「商品」定型化契約：有預售屋買賣契約、仲介契約、汽車分期付款買賣契約、運送契約、旅遊契約、銀行貸款契約、保險契約等。

2. 「服務」定型化契約：有飛機票、汽車票及火車票。

定型化契約之特徵[4]：

1. 單方擬訂：契約之內容與條款，由一方當事人之企業經營者單方面所訂立。

2. 對方、對象為多數人：定型化契約與多數消費者締結契約。

3. 消費性行為：定型化契約以消費性行為占多數。

目前社會中常見的定型化契約，大部分使用艱深難懂的文字，又偏向專業性知識，多數人更是一知半解，再加上字體很小，一般人很少看完其全部內容。若企業經營者心態不正，可能暗藏不利於消費者之條款，而且經營者預期消費者不會詳細

---

[3] 目前定型化契約除《消費者保護法》規定外，有（一）以法令規章為內容之附合契約，如勞保、公保；（二）經國家核准訂定之附合契約，如《工廠法》第75條；（三）私法上之附合契約，如保險、租賃契約等。參見施茂林、劉清景，《法律精解大辭典》，世一文化，2010年1月初版，頁249-250。

[4] 施茂林，同前註3，頁2314-2315。

閱讀或瞭解，更不會提醒消費者注意，一旦消費者簽下契約，會居於不利之地位。

我國對於定型化契約原無特別規範，只有《民法》第71條、第72條、第74條、第148條、第219條之規定，可以援用，但適用結果效果不彰，不無隔靴搔癢之苦。現《消費者保護法》業已公布施行，已有明確規範可依循。

《消費者保護法》對於定型化契約之指導原則：

1. 平等互惠原則：企業經營者在定型化契約中所用之條款，應本平等互惠之原則（《消費者保護法》第11條第1項）。

2. 有利原則：定型化契約如有疑義時，應為有利於消費者之解釋（《消費者保護法》第11條第2項）。

3. 誠信公平原則：定型化契約中之條款違反誠信原則，對消費者顯失公平者，無效（《消費者保護法》第12條）。《消費者保護法施行細則》第13條並補充規定其判斷標準：定型化契約條款是否違反誠信原則，對消費者顯失公平，應斟酌契約之性質、締約目的、全部條款內容、交易習慣及其他情事來判斷之。

【案例5】拒絕退貨違反平等、誠信原則

祥豐電器公司生產家電，為確保銷售成本，在與企業客戶簽訂之集體性買賣契約中規定，企業客戶為公司員工訂購電器後，不得以員工拒購等理由退貨，仍需負責支應貨款，後有貴堯企業公司員工以冰箱冷度不足、電視機色彩不定要求更換，祥豐予以拒絕，此種約定即涉及違反平等、誠信原則。

（二）定型化契約之條款

定型化契約條款，包括一般條款及非一般條款：

1. 一般條款

一般條款係指企業經營者為與不特定多數人訂立契約之用，而單方預先擬定之契約條款（《消費者保護法施行細則》第10條第1項）。例如：保險契約經常先印好各類保險契約，即為定型化契約，其中所約定之保險種類、保費等，即為一般條款。例如：房屋仲介公司在營業場所張貼：「本仲介公司除公示仲介費，不另收仲介報酬」，為一般條款。

【案例6】未記載契約之揭示效力

竹科高爾夫球場擴大經營，招募新會員，特別立牌寫明：本次新會員轉讓時，費用從優3萬元，另在新會員同意入會時，發出謝函夾附信紙，新會員入會後攜帶配偶及子女視同會員收費。詹正德參加後，攜帶2男1女同來打球，球場經理告知只優待1人而已，詹正德表示當初信東並無此項限制，經理實告是漏掉，詹據理力爭，經理只得以其董事長名義之無記名球證供其子女打球，詹甚爲不快。後詹至東南亞投資，將球證賣與蕭旻，過戶時，球場收費5萬元，詹正德以手機拍下之牌示抗議，只有3萬元，鬧到調解委員會調解，經向民間消保會律師請教，球場之主張無理由。

一般條款內容常對消費者不利，其存在不以書面爲限，又無一定型式，爲保障消費者權益，《消費者保護法》乃規定：

(1) 一般條款，原則上應記載於契約中

契約中必須要有一般條款存在，方爲定型化契約，使消費者得以瞭解內容，作爲當事人履行之依據。因此，原則上，需明示之（《消費者保護法》第13條第1項）。

(2) 一般條款，未記載於契約中之特別規定

A. 明示：一般條款雖未記載於定型化契約中，但企業經營者如已向消費者明示其內容，並經消費者同意受其拘束者，該條款即構成契約之內容。

B. 公告：一般條款雖未記載於定型化契約中，且明示其內容有困難時，企業經營者已以顯著方式公告其內容，並經消費者同意受其拘束者，該條款亦可以稱成契約之內容。

【案例7】牌示依同業標準賠償

李美香購買一價值2萬元名牌衣服後，委託立可達貨運公司送交其女兒李琪，李琪收到後發現衣服全部沾染汙穢顏色，研判係同車託運品退冰所致，要求立可達賠償，立可達依同業公會所定賠償標準理賠3000元，李美香認爲3000元過低而不接受，立可達表示當初業務員已提示該標準，李女未反對，有錄影帶可憑，經消保官協調，李女知道立可達所述事實，同意立可達多加2000元解決。

(3) 訂立契約前，應給予消費者合理審閱契約的期間

《消費者保護法》第11條之1規定，企業經營者應給予消費者合理審閱期間：

A. 30日審閱期

企業經營者與消費者訂立定型化契約前，應有30日以內之合理期間，供消費者審閱全部條款內容。企業經營者違反此規定者，該條款原則上不構成契約內容。但消費者得主張仍構成契約內容。若使消費者拋棄其權利無效。

B. 審閱期間之縮減

定型化契約合理審閱期間，最長為30天，其期間之長短，因各種消費行為而有不同，應參酌定型化契約條款的重要性、涉及事項多寡與複雜程度等事項，由中央主管機關選擇特定行業，公告審閱期間，作為該行業統一遵行之依據[5]。

【案例8】限定審閱條件之效力

浩吉建設公司在林地出售分割成小坪數之土地供買主興建小木屋，準備組合成80戶臻昔休閒園區。由於地點佳、視野好，參觀者絡繹不絕，有意購買者反應浩吉姿態高，限消費者在土地現場內閱覽契約之內容，不給予審閱期間。有人向律師請教，律師回答：消費者無法充分審閱契約內容，對消費者顯失公平，該契約的一般條款不能構成契約內容，契約成立後未來未必對建設公司有利。

(4) 一般條款需非屬異常條款

異常條款，係指一般條款不論其是否記載於定型化契約中，依照正常情形，顯然不是消費者所能預見或難以注意時，即為異常條款：

A. 消費者不能預見之異常條款

契約之一般條款未經記載於定型化契約中，而依正常情形顯非消費者所得預見者，該條款不構成契約內容（《消費者保護法》第14條）。

B. 消費者難以注意之異常條款

契約一般條款之字體、印刷或其他情事，致難以注意其存在或辨識者，如密密麻麻或權利、義務前後倒置，混淆不明，依照《消費者保護法》施行細則第12條規定，該條款不構成契約之內容，但消費者得主張仍構成契約之內容。

---

[5] 各主管機關公告之定型化契約範本之審閱期一般至少為5日，少數為有1日、2日、3日，長者有7日不等。

【案例9】異常條款之效力

高偉來向銀行貸款時，簽立貸款申請書、借貸合約、本票等，後借期未到，銀行要求先行償還1/3貸款，高向銀行理論，銀行告知當初借貸書上有約明：「如向其他銀行貸款，需先還1/3借款」，高偉來抗議當初並無該約定，銀行出示借貸書，果有此文字，高偉來表示不服，向總行抗議：其約定文字隱藏在其他條款內，又以細小字體列印，根本是「異常條款」，不受其拘束。總行法務人員研究後，認為高之主張有理，建議先不要收回貸款。

2. 非一般條款

非一般條款係指契約當事人個別磋商而合意之契約條款。例如：保險契約中，對於長期又為大宗客戶之保險人，特別約定保險費比一般保戶少千分之三，此為雙方個別商議約定之內容，即為非一般條款。又如百貨公司對於貴賓，同意在年終大回饋中仍得就特別價以貴賓打9折優惠，亦為非一般條款。

（三）定型化契約之效力

《消費者保護法》為保護消費者，特別對契約內容有限制：

1. 不得違反誠實信用原則（《消費者保護法》第12條第1項）。

2. 不得對消費者有顯失公平之情形（第12條）。

3. 契約之一般條款，未經記載於定型化契約中，應向消費者明示其內容，若明示有困難，應以顯著方式，公告其內容（第13條）。

4. 契約之一般條款未經記載於定型化契約中，而依正常情形顯非消費者所得預見者，該條款不構成契約之內容（第14條）。

前述顯失公平之認定：《消費者保護法》第12條第2項有規定：

定型化契約中之條款有下列情形之一者，推定其顯失公平：

1. 違反平等互惠原則者。

2. 條款與其所排除不予適用之任意規定之立法意旨顯相矛盾者。

3. 契約之主要權利或義務，因受條款之限制，致契約之目的難以達成者。

《消費者保護法施行細則》第14條補充規定，其違反平等互惠原則認定標準：

1. 當事人間之給付與對待給付顯不相當者。

2. 消費者應負擔非其所能控制之危險者。

3. 消費者違約時，應負擔顯不相當之賠償責任者。

【案例10】不合理之契約條款

安龍旅行社招攬七彩雲南旅遊團前往昆大麗旅遊，在旅遊定型化契約中，約定旅遊途中如客人中有個人因素以致增加費用，團員同意平均負擔。後有客人酒醉撞倒飯店大廳名瓷，旅行社要求每一客人負擔5000元引發糾紛，此種條款，明顯違反公平平等原則。

【案例11】約定客戶承受失竊偽造責任

A銀行鑒於客戶常有印章、存摺被竊或遺失情形，認為錯不在銀行，乃在契約中約定：印章遭第三人偽造竊用，存摺為第三人侵用、冒用，由存款戶自行負責等文字，因存款人對於被偽變造、變造、冒用、塗改等有能力防阻控制等語，A銀行此種在定型化契約中，將該危險全部移轉給存款人承擔之有關條款，應為無效。

【案例12】違約金過高

樓瑞向價倫公司分期付款購買機車，簽立機車分期付款買賣契約後出國旅遊加上返國後忙碌，等抽空繳交分期款時，價倫公司要求依契約約定遲延一日支付160元之違約金，樓瑞發現違約金高得離奇，主張無效。

《消費者保護法》對於定型化契約之效力，採從嚴規定：

1. 定型化契約中之條款違反誠信原則，對消費者顯失公平者，無效。（《消費者保護法》第12條第1項）

2. 定型化契約中之定型化契約條款牴觸個別磋商條款之約定者，其牴觸部分無效。（《消費者保護法》第15條第1項）

3. 定型化契約中之定型化契約條款，全部或一部無效或不構成契約內容之一部者，除去該部分，契約亦可成立者，該契約之其他部分，仍為有效。但對當事人之一方顯失公平者，該契約全部無效。（《消費者保護法》第16條）

4. 中央主管機關得選擇特定行業，公告規定其定型化契約應記載或不得記載之事項。違反公告之定型化契約無效。（《消費者保護法》第17條）

定型化契約條款無效時，可以發生下列效果：

1. 契約部分無效時，定型化契約中之定型化契約條款，有全部或一部無效，或不構成契約內容之一部者，該契約並非當然無效，如除去該部分，契約亦可成立者，該契約之其他部分，仍為有效（《消費者保護法》第16條）。

2. 契約全部無效：定型化契約中之定型化契約條款，有全部或一部無效，或不構成契約內容之一部者，如果當事人之一方顯失公平者，該契約全部無效。

（四）主管機關介入處理

消費者與企業經營者間發生消費爭議，原為私權爭執事項，行政主管機關一般不會介入干預，但為防範定型化契約之濫用，影響消費者權益，促進此類契約之透明、公開、公平、合理化，《消費者保護法》特別採行政介入機制：

1. 派員查核

對於企業經營者使用之定型化契約，依《消費者保護法》第17條第3項規定，主管機關得隨時派員查核，瞭解其使用運作情況，必要時，採取行政措施。

2. 公告契約記載等事項

定型化契約種類甚多，不易逐一規定，對於部分重要行業使用之定型化契約，《消費者保護法》第17條第1項將授權中央主管機關可以依據實際需要情形，選擇特定行業，公告規定其定型化契約應記載或不得記載之事項，供各該行業遵行之參據。

目前主管機關從1995年5月起，對定型化契約範本與得記載、不得記載之公告甚多，種類繁多、林林總總，涵蓋文教補習、休閒旅遊、車輛房屋、金融保險、保育教養、運輸通信、殯葬禮儀、禮券、婚姻媒合、移民服務、職業介紹、郵購食品、婚紗攝影等，對於消費者參用時，甚為便捷[6]。

3. 監督

直轄市或縣市政府並得依《消費者保護法》第4章之規定，進行各項行政監督行為。

---

[6] 詳參范姜群生，《定型化契約範本暨其應記載及不得記載事項彙編》，行政院消費者保護委員會，2011年12月修正6版。

五、　從預防管理確保契約合法有效

【案例13】認清契約文書用字之真意

有兩兄弟財力相差大，弟弟欠他人債款，債主上門討債時，弟弟轉而向哥哥的朋友張三借貸，張三明知其經濟情況不佳，無力還債，卻又礙於情面，於是對朋友的弟弟出了一個難題說：「可以借錢給你，但須請你哥哥當保證人」，於是弟弟就央求哥哥當保證人，哥哥也知道作「保」者乃呆人也，但畢竟是親兄弟，若不答允，弟弟必借不到錢，必懷恨在心，最後勉強答應，於是在保證書上簽字願負保證的責任。等還款期限已到，弟弟並未還錢，張三到法院起訴要求哥哥負保證人責任，結果張三對弟弟的官司獲得勝訴，不過對於哥哥的部分卻敗訴，因為哥哥在保證書上記載者：「本人保證優先催促弟弟還債」，當初張三見到這些文字，像吃了定心丸，殊不知其實該保證之真意是哥哥只願將「催促還債」部分當呆人，而未就「代還債務」部分保證，所以此保證「催促」還債不等於其有「義務」還債。

【案例14】按捺指紋之法律效力

乙向丙購買山坡地，已付款500萬元，因房價下滑，不急於過戶。2年後經過該地，發現丙已興建房屋，向丙理論不得要領，訴請丙履行契約，丙之子丁代父出庭，否認出售之事主張丙未簽名，指紋非父所為，經送鑑定因按捺指紋模糊不清，無法鑑定，承辦代書眾人均已過世，丁並主張該指印無2人以上證人無效，且500萬元為借款非土地付款，最後判決乙敗訴。

【案例15】約定反攻大陸再歸還

軍人之友社於1965年間，以「反攻大陸，亟需民間支持」為由，遊說北市家畜公會出資建造「臺北國軍賓館」，公會乃將每隻豬1元之勞軍款充作建築費，共40萬元，興建賓館，無償提供作為國軍休憩、飲食使用。1988年間軍友社搬遷，僅留三樓作為軍友社臺北市軍人服務站，一、二、四、五樓均由軍友社出租營利，該公會遂向法院訴請返還房屋。軍人之友社抗辯：其為房屋所有人，以承租人身分與北市府簽土地租賃契約。即使雙方成立使用借貸關係，當初合約明載「將來光復大陸後，軍友社如對該館無需要時，應移交公會掌管」，因此借用期限可至「光復大陸後」，目前無需返還。高院認為從軍友社和家畜公會雙方來往公函等資料來看，本

案僅成立「未定期限的使用借貸契約」，家畜公會有權討回國軍賓館，最高法院維持高院法院見解，認為國軍賓館使用方式和當初借貸目的不同，判決軍友社敗訴，須返還建物，全案定讞。

【案例16】違反契約事實之舉證責任

美商A公司以其臺籍資深經理B派至中國管理亞洲發展中心，以公司名義委請供應商C公司聘僱產品設計顧問，私下以便於管理相關顧問人員為由要求C設計獨立D公司，事後一手操弄蘋果與C之報價與合約，從中侵吞1億1170萬元公款，並流入妻子、大嫂等人的私人帳戶內。A公司向法院訴請B賠償多年來的薪資及公司損失共2億622萬元，B堅決否認有責任。A公司則認為，雙方聘僱契約中明文規定員工不得與供應廠商有任何非道德行為，更不能收取回扣或佣金，B利用供應商侵占公款，明顯違反契約，B繼續抗辯：並非事實。地方法院調查結果，依據單據、郵件內容及相關人士證詞，認定款項確實用於公務，甚至還曾先替公司代墊費用，看不出有侵吞之虞。由於A未能另外舉證證明B有侵害公司權利，判決A公司敗訴。專家認為本案契約約定明確，敗訴在於未能舉證導致。

（一）注意契約內容有效性

《民法》對於契約之有效性，有一般性規定，如果違反，契約就無效，即等於沒訂約，並可能造成重大損失。在訂約時，需一併暸解：

1. 可能：例如買賣房屋時，房屋已燒毀，買賣契約即無效，故訂約時，內容之實現須具備可能性。

2. 確定：契約之事項必須已確定，或可得確定，如買箱子內水果。如果不確定根本無法實現其內容，例如：甲允許乙一切要求，這種契約就歸無效。

3. 合法：契約內容須符合法律制度精神，否則契約無效：

(1) 不違反強行禁止規定：如要契約之對方犯罪：偷東西、搶財產、殺人放火等給與報酬，要人拋棄自由給與報酬，未成年私自結婚、離婚，公司股東會決定開賭場等。

(2) 不違反公序良俗：公序良俗是公共秩序、善良風俗之意，公共秩序是指國家或社會生活之一般要求或公安、利益；善良風俗指國民一般道德觀念。公序部分，如販賣人口，以人質押；約訂圍標金；良俗部分，如約訂某人離婚給予代價，以金錢給付為離婚要件；收養外孫為養子等。如果違背公序良俗，就無效。

（二）注意當事人之因素

《民法》對於行為能力原則以滿20年為準，而訂約時須注意年齡，並注意訂約之對象，不能將法律主體弄錯，或代理人與本人混淆，也不能誤認法人之代表人。對於非法人之團體，原則上理事長、社長、會長為對象。又為免訂約有人冒充，宜查看身分證或登記資料，並將其出生年月日、籍貫、戶籍地、統一號碼，記在契約書上，以便查考。

【案例17】凶宅之法律風險

王榮所有幸福社區第一棟三樓房屋出租與李琳，實際上是李男父母居住，不料李母因罹患乳癌心情低落，從租屋處跳樓輕生，陳屍中庭。事後賣屋時，買主以凶宅為由要求降價，屋價損失765萬餘元，但提告只求償200萬元。李男辯稱母親並非死於屋內，而是墜落社區中庭而死，未使該屋成為凶宅。法官則認為凶宅並非法律名詞，定義莫衷一是，有依冤魂、冤屈程度分為大凶、中凶、小凶。而民間認為凶宅是因為非自然死亡冤魂附於屋宅所致，「若沒有冤屈而自願求死，死亡乃其所願，何冤之有？」認定李母跳樓並非受到冤屈所逼，且死在中庭，該屋不算凶宅，判決免賠。有律師指出，自殺發生處即為凶宅，也有房客從租屋處跳樓輕生獲判賠償。因此專家就提醒房東對於房客之人格、個性、心理面及特質也要有所瞭解，否則成為凶宅問題不少，也影響房屋價格。

（三）約明契約內容

法律對於契約名稱並未限制，可依需要取一適當之名稱，但以容易瞭解為宜，如借據、合約書、合同、契約讓渡書等。契約開頭，一般人都載明訂約原因，例如：購買房子、租地、車禍、承運、借款、互助會、代工、合建、賠償、解約……，可確定訂約之雙方為何人，及指出訂約之理由，以供爾後發生紛爭時便於解釋。有關契約之內容、保障條款、爭議處理也應詳細記載。契約用語明確，段落要分明，意思也要肯定，最好分條、項、款逐一列出記載，以免混淆不清。目前有些人對於契約之文字用語並不講究，甚至有數十字為一句之情況，而且文字密密麻麻，字體又小，根本難以閱讀。尤其銀行契約、保險單之文字又臭又長，產生文字迷魂陣之陷阱。所以訂約時要避免有「文字遊戲」之現象，應以白話易懂之文字、用語書寫契約內容，俾供雙方遵照。

（四）注意契約附屬內容

契約複雜時難免要用附表、附件，一般均與本文同視。同時有附款、說明書、備忘錄時，也是契約的一部分，各該部分當然要小心查看，避免前後衝突。一份契約書，有兩張以上或有附表、附件、附款，為證明契約連續一貫，最好在每頁騎縫處上加蓋各人印章，可以防止被調換、塗改。訂約後難免意見不同，最好有人見證，可免對方毀約，並於爭執訴訟時，作為證人。

（五）簽章要合法[7]

僅簽名或蓋章，易生流弊。上上之策，應簽名並蓋章，以免事後對方加以否認，旁生枝節。如為代理人所為，應予記明。有人認為指紋的法律效力最高，其實在法律上並非如此。理論上，天下沒有2人有完全吻合或相同的指紋，所以刑案現場的指紋，常成為破案的關鍵，但其紋路必須清楚易鑑定，不然模糊的指紋根本無濟於事。又以指印代簽名者，在文書上尚須經2人簽名證明「右列指紋經張三、李四證明為王五之指紋」，方能與簽名產生同等效力。此點往往為一般人所忽視，造成文書之效力產生問題。

六、 簽訂契約防範法律風險對策

契約要簽立前後，雙方當事人大都經過相當時間之考量、評估、對話、談判方能確定內容，終而簽訂雙方均能接受之契約。一旦簽立，當然不希望發生無法履行、不易履行或一方因故不願履行等情事。俗稱：萬事慎於始。因此，在簽訂時，應充分思考，做好法律風險防範工作。

（一）先訂預約

當與對方討論某一契約內容已有頭緒時（如買賣土地、房屋，或一經銷合約，或某商品之買賣或機器之承租等），因尚未立即簽訂契約，又害怕對方事後不願訂約，就可先訂立預約，以後在訂立本約。現今社會流行簽訂MOU，未必是預約。

---

[7] 施茂林，〈簽名、蓋章、指紋玄機多〉，聯合報系作家部落格（udn部落格）：法律簡單講，網址：http://blog.udn.com/thelawofring/9518158，最後瀏覽日期：2016年1月4日。

（二）多用有名契約

有名契約係指由法律明定其名稱、內容及雙方權利、義務之契約，若未規定者，為無名契約。有名契約因法律已明文規定，相當明瞭，亦利於雙方遵循；而無名契約只能依其性質，準用有名契約之規定。我國《民法》所訂之有名契約計有：買賣、贈與、租賃、借貸、合夥、保證等[8]。

（三）精細安排契約

每一公私部門、家庭個人與他人簽訂各類契約時，有其不同之目的與需求，幾乎所有契約主體均強烈期待契約能符合原先規劃與預期之目標，內容可履約達到預定目的。但契約千百種，即使同類之契約亦因主體之不同而有相異之內容。是以，各契約主體需以謹慎態度，進行下列重要工作，千萬不能大意，隨意簽約，屆期發生爭議，才發現契約簽出問題，難補救。

1. 擬定契約之方向與重要內容。
2. 安排適當人員參與磋商及主辦。
3. 妥慎與契約對造對談。
4. 決定與商談內容一致之契約內容。
5. 檢核契約與設定目標之接近度與差異部分之接納性。
6. 確定契約內涵與簽訂。

【案例18】契約內容隨便抄襲之後座力

巴嘉公司董事長蘇金發黑手出身，個性豪邁，不拘小節，代工一向順利，對法律欠缺感覺，其員工則因公司技術升級，牽涉法律議題增多，體認公司欠缺法律專業人員，蘇金發認為不必花錢請法務人員，員工遇有契約則以上網搜尋或找認識朋友提供類似契約參考。某次上游廠商東榮公司要求減少供應零件1/3，巴嘉主管不同意，東榮則依契約有權如此處理，巴嘉經理仔細查閱契約，確有約定：「東榮有權在1個月前停止巴嘉之零件供應，所造成之損失由巴嘉自行吸收」，乃查問何以同意，營運處告以是董事長秘書拿給我們參考的，而董事長為了省錢，常叫秘書收集類似契約備用，不便責怪同仁，指示未來要改變作法。

---

[8] 《民法》〈債篇〉第二章第1節至第24節之1，從第345條迄至第756條之9所規定者均為有名契約，對契約當事人之權利、義務有極為詳細之規定。

（四）履約風險評估

簽立契約有其原由目的，雙方當事人均期待由契約之履行，達到當初商談契約之目的。對企業而言，更與拓展業務、增加營運、創造價值及獲取利潤息息相關。因此，契約之履行最為關鍵。而為使契約實現，不致產生不履行之情形，必須在契約商談過程中，作好未來履約之風險評量，鑑測風險機率：

1. 對方之債信、風評、誠意。
2. 對方之信用、履約之熱度。
3. 對方之執行能力與力道。
4. 對方在業界之履行狀況。
5. 契約磋談過程，表現締約之強度。
6. 對違約之處罰與寬嚴情形。
7. 其他相關因素。

【案例19】以高違約金約制對方未必有用

　　騤騤公司生產工作，有五家協力廠商配合供應零件，總經理于淳宗從相關資訊中判斷昭彥公司、樹鳴公司會有供應遲延問題，乃要求同仁在供應契約上，提高懲罰性違約金為10倍。昭彥公司董事長盧松袋認為于淳宗看不起人，本身業務不錯，不願續約。而樹鳴公司董事長歐文正接受，後樹鳴果真供貨斷斷續續，騤騤祭出違約金罰款，也不為所動，延續1年。騤騤公司乃訴請賠違約金，法院判決違約金之約定過高，僅罰1倍，樹鳴董事長告之于淳宗：「這麼高的違約金，一定會減的，我朋友已有多件，你們拿這個壓我，沒什麼用！」于淳宗省悟履約與否，不是靠違約金處罰高就有用。

（五）法律專家審閱

　　法律是專業，契約更涉及法律專業，一般人未必對法律有正確認知，如憑主觀或直覺解讀法律、研擬契約，會出現法律風險。重要或關係重大之契約所列需由法律專業人士審閱，提供諮詢意見，作必要之修正。

1. 企業內部之法務、法令遵循部門人員。
2. 企業內有法律專業背景人員。
3. 法律顧問。

4. 法學教授、專家。

5. 律師。

【案例20】自己主觀判斷之風險

雲嘉農產公司董事長翁連科對一生物技術研究機構——稻米新品種技術甚為有興趣，經多次協商，以500萬元買下技術與品種權。某日翁之妻朱瓊惠瞥見協議書草約放在桌上，經予閱覽，見第8條約定：研究機構保證有專利技術及取得品種權，由雲嘉公司負責栽培種植，研究機構協助向農委會辦理法定手續等有問題，乃告知翁連科應徵詢律師確定研究機構需負責雲嘉公司得以培育栽種量產，翁董認為堂堂大研究機構之新科技不會有問題，經簽約後，農委會不同意雲嘉公司作田間試驗，無法生產，連同開銷，近千萬元均泡湯，翁連科後悔未委請法律專業人士審閱，提供法律意見。

（六）認證或簽證

契約由雙方當事人談妥成立，以及簽立契約書後，對雙方當事人固有其心理上及實務上之壓力與拘束力。但從既往案例觀之，常有當事人否認其內容，或主張某部分或條文當初不是如此約定，或意思不是如此，造成衝突。因此，基於預防角度，宜請公證人依《公證法》予以認證，以減少爭議。

契約簽立後，由公正第三人予以簽證，此在國外相當通行，為杜絕爭議，亦可委請第三人簽證，確認雙方當事人有契約之合意與約定之內容，此第三人大多找律師處理，有時亦會委請專業人士如會計師、專利師等處理。

又簽訂契約之過程與達成合意，常有仲介人、捐客或知悉詳情之第三人，則於簽約時，請各該人員在契約書上擔任見證人以存其真實，對契約之履行有相當助益。

（七）公證

一般私權爭執常需提民事訴訟，勝訴確定之後，方能強制執行。而《公證法》第13條則規定下列法律行為作成之公證書，載明應逕受強制執行者，得依該證書執行，亦即不必再打官司，甚為便利：

1. 以給付金錢或其他代替物或有價證券之一定數量為標的者。

2. 以給付特定之動產為標的者。

3. 租用或借用建築物或其他工作物，定有期限並應於期限屆滿時交還者。

4. 租用或借用土地，約定非供耕作或建築爲目的，而於期限屆滿時應交還土地者。

又公證書除當事人外，對於公證書作成後，就該法律行爲，爲當事人之繼受人，及爲當事人或其繼受人占有請求之標的物者，亦有效力（《公證法》第11條第2項）。簡而言之，該公證書有訴追及繼受人之效果。

七、 本章小結

無論公部門、私人企業或個人家庭事務，會以契約爲營運、互動之工具。有關契約之基本觀念、契約自由原則、保障契約履行方法、違約之效力，均需有正確認知。明瞭定型化契約之內容與《消費者保護法》之約制，並從法律預防管理確保契約合法有效，且充分作好簽約、契約前後之法律風險評量工作。

本章摘要

1. 契約在社會中廣泛運用，成爲處理事務之媒介，而且契約是雙方當事人共同創造之新關係，牽涉雙方權利、義務內容，需有正確認知。

2. 確保契約之履行方法，有約定定金、違約金、有保證人或提供擔保品或使用附條件買賣等。

3. 契約之效力一般以雙方當事人約定的內容爲準，但法律上有特別規範，將契約延伸，賦予權利人留置權及法定抵押權。

4. 違約不履行時，債權人得主張沒入定金、要求違約金、解除或終止契約，同時行使履行抗辯權、拍賣抵押物及損害賠償，並得對第三人行使代位權等，維護權益。

5. 定型化契約相當流行，其涵義、特徵、指導原則有其特別規範，《消費者保護法》對於一般條款、非一般條款均有規定。

6. 爲保障消費者權益，《消費者保護法》對定型化契約之內容，要求不得違反誠信原則、顯失公平原則、登載契約原則等，違反者基本上爲無效。同時主管機關也介入查核，公告契約登載事項，發揮行政監理效果。

7. 契約首重合法有效性，乃從法律預防管理，說明契約適法問題，注意當事

人因素，約明契約之內容，注意契約附屬內容，也不能忽略簽章之法律要求。

　　8. 簽訂契約時，防範法律風險因素，可先預約、多用有名契約、精細安排契約、評估對方履約狀況、請法律專家審核、辦理認證或簽證，上策在於公證。

思考題

❖ 有人說十個法律專家，十一個意見，你（妳）如何解讀這句話。

參考文獻

1. 王澤鑑，《法律思維與民法實例》，三民書局，2014年9月初版16刷。
2. 張吉人、林裕山，《契約書製作與範例》，五南圖書，2008年12月4版1刷。
3. 徐錦昌，《契約簽訂與履行》，書泉出版，2007年5月10版1刷。
4. 劉清景，《新編契約實用寶鑑（一）》，學知出版，2000年6月初版。
5. 楊淑文，《新型契約與消費者保護法》，元照出版，2006年4月2版1刷。
6. 陳自強，《不完全給付與物之瑕疵》，新學林，2013年12月初版1刷。
7. 馮震宇、姜志俊、謝穎青、姜炳俊，《消費者保護法解讀》，元照出版，2000年9月初版1刷。
8. 姜志俊、黃立、范建得，《消費者權益保護》，空中大學，2001年6月初版2刷。
9. 黃明陽，《消費者保護法入門》，商務印書館，2006年3月初版。
10. 洪誌宏，《消費者保護法》，五南圖書，2014年8月初版2刷。
11. 詹森林、馮震宇、林明珠，《消費者保護法問題資料》，行政院消費者保護委員會，2005年8月再版。
12. 范姜群生，《定型化契約範本暨其應記載及不得記載事項彙編》，行政院消費者保護委員會，2011年12月修正6版。
13. 施茂林，《工商事業活動與法律風險管理》，五南圖書，2014年11月初版1刷。
14. 施茂林，《e世代常用六法智庫》，世一文化，2007年12月修訂5版。
15. 施茂林，《法律精解大辭典》，世一文化，2010年1月初版。
16. 施茂林演講題材：法律ABC綜觀與微觀、農產品營銷法律風險因子與控管、休閒遊憩安全管理與法律風險、工商企業活動與法律風險治理防範、權利保護與救濟途徑、權益關係與法律責任、消費者權益保護、常用民法案例解析、權益受害內涵、保護要領、解決方案與索賠須知、競爭與消費者權益保護、跨越法律風險的曠野—權利保護心法、盤點自己的法律風險意識——開啓權利保護法門、工商經營與法律風險。

第**24**章

新科技發展與法律風險治理

讀完本章可學到：

1. 認識科技事務涉及諸多法律議題。
2. 瞭解科技與智慧財產權之關係。
3. 清楚科技業法律爭奪戰之實況與對應。
4. 體認科技業法律新思維與風險防控。

一、 科技發展與法律對話

（一）科技法律議題

新科學、新技術發展神速，引領人類社會長足進步，促發交通之便捷，人際互動快速，也增加生活上之便利。然因其具有不安定性、不確定性、不能掌握性及不易預測性，明顯會有高度風險，而嚴密預防風險之產生，其中更涉及法律議題甚多甚廣。再觀察研析新科技與新技術，在新穎、創新進步圖譜下，涉及法律適用之空間，以及法律跟不上腳步，而產生法律落後現象，以致隱藏相當多之法律風險問題[1]。

2010年國衛院公布臺灣原住民痛風基因研究，並向美國申請專利引發爭議。談到科技研究不能忽略法律問題，尤其是與人體有關研究，更需高度小心，避免涉及基因歧視、種族平等、人種控制、隱私權、工作機會等權利問題，否則「我的血液，不是你的專利」之抗議聲音，將越來越多。

再以生物醫療科技之研究應用而言，也涉有許多法律規範，即與醫療等事務相關之事項，也有相當多之行政責任、民事責任與刑事責任，而且涉及突破外國智慧財產權法律網，亦是一大挑戰，對研究者而言，不能忽略其法律風險責任，否則，萬丈雄心，滿腔熱血，投入研究行列，換來未曾料到之法律責任[2]，必打擊自己信心，影響團隊士氣[3]。

【案例1】行政責任風險

下列行為，涉有行政責任：

1. 研究機構對人體試驗未經報准，裁處罰鍰60萬元（《醫療法》第105、78條）。

2. 參與判定死亡之醫師協助肝臟移植，裁處罰鍰30萬元（《人體器官移植條例》第16、5條）。

3. 人體研究主持人未詳細解說告知，經衛福部罰鍰40萬元（《人體研究法》

---

[1] 陳銘祥、吳尚昆、陳昭華、張凱娜，《智慧財產權與法律》，元照出版，2009年9月初版1刷，頁44-46。

[2] 施茂林，〈生醫科技研究發明應用，重視法律風險〉，聯合報法律簡單講部落格，網址：http://blog.udn.com/thelawofring/19679700，最後瀏覽日期：2016年1月8日。

[3] 馮震宇，《智慧財產權發展趨勢與重要問題研究》，元照出版，2011年1月2版1刷，頁135-136、150-151。

第24、13條）。

【案例2】刑事責任風險

下列發生事例，均有刑事責任：

1. 皮膚科醫師使用國外流行尚未經核准進口之禁藥藥膏，被判處有期徒刑8月，緩刑3年（《藥事法》第83條）。

2. 婦產科醫師使用專供研究室用之胚胎，法院判刑6個月（《人工生殖法》第30條）。

3. 病患家屬不滿醫療結果，將維生設備強行拆除，被判處有期徒刑7個月（《醫療法》第106條Ⅱ）。

【案例3】民事責任風險

從既有發生事例，舉出下列須負民事責任者：

1. 醫療法人將醫院資金貸放500萬元與其胞弟，無法收回，由董事長負責賠償500萬元及利息（《醫療法》第37條、第112條第2項）。

2. 醫師手術時，疏於注意併發症致病患死亡，法院判決醫院與醫師共同賠償1200萬元。

3. 醫院救護車司機不慎擦撞騎士倒地受傷，判賠償280萬元。

生物醫學科技之研發，對人類生命、身體、健康之助益厥功甚偉，是人類之大福音，但因其是有高度不確定性與危險性，常需要相當時間之觀察、適用與追蹤，方能查得其真正之風險與副作用，從法律風險管理之立場，不能不作好法律風險識別、評量與控管。例如：研發製作過程之法律搭配、人體試驗之法律限制、上市前法律風險預測、營運上法律相關事項、與配合利用者之法律分配與區隔、測試者與試驗者之適法性、測試者與試驗者身心健康之法律責任、個人遺傳資料之保護、防止基因研究造成之歧視與犧牲、個人生命身體利益之保護、群體法律責任之釐清與分擔、負責企業之法律責任與擔保等項[4]。

---

[4] 施茂林，〈法律風險管理體用矩陣與連動議題之研究〉，收錄於氏著《法律風險管理跨領域融合新論》，五南圖書，2014年9月初版2刷，頁29。

（二）新科技與法律規範

科技進步日新月異，新科技帶來社會進步、文明發達與生活之便利，幾乎一段的時間科技就會翻新，預期未來科技、資訊、物聯網等密切結合，必帶來產業變革，光電半導體產業將更進步，新興物聯網實用性必加強，生物特徵辨識與行動支付服務越成熟。工業4.0所帶動之企業資訊架構重整商機起飛，而物聯網作業系統更活絡實用，虛擬實境產業體系更有突破，生物醫療科技也將大放異采。

基因改造食品（genetically modified food）為近年來很受矚目之題材，1946年科學家發現DNA在生物間轉運，開啓了科技新革命。經專家積極研究，1983年世界首次將含有抗生素藥類抗體的DNA加入菸酒培植成功，其後逐漸商品化，番茄、黃豆、甜菜、木瓜、南瓜、大米、玉米等10多種基因改造作物陸續生產，其衍生食品之範圍也逐漸加廣，如番茄產製番茄汁、番茄醬、佐菜料；玉米產品有食用油脂、麵包、玉米粉、餅乾、雪餅、零食等；黃豆則有豆類飲品、醬油、豆粉、豆乾、豆腐、乳化劑等；馬鈴薯包括薯片、餅乾、果實食品等，經上市販賣成為生活必需品。目前估計全球有相當大面積之土地種植基因改造作物，以大豆、玉米為大宗，美國、巴西、阿根廷、加拿大、印度為主流。

由於研究開發時間尚短，對人體身體及健康之影響為何，專家無法確保沒有影響，當然具有潛在之風險，加上在研究上，由美、澳等國研究中，使用基因改造飼料曾導致豬胃炎機率增加，研究老鼠在肝、腎內出現毒性反應，以致許多人懷疑其對人體健康產生危害。各國對於基因改造食品，採取不同程度之管理或管制措施。行政院衛福部曾依照《食品衛生管理法》第14條之規定，訂頒《基因改造食品之安全性評估方法》規範，要求欲製造或輸入基因改造食品者，應向衛生主管機關申報，以確認產品符合本評估方法之要求。再者民眾對食品安全品質之重視，對於食品含有基改成分，要求要標示清楚，主管機關亦應依法強力要求。日前，食藥署自2015年7月起分階段實施基改標示，陸續納入銷售農產品業者，具商業登記銷售初級加工品（豆漿、豆腐、豆花、豆干、豆皮、素肉製品）業者。12月31日起，擴及包裝食品、食品添加物業者，以及未具商業登記銷售初級加工品業者、餐飲場所，例如：市場攤商、便當店。以消除消費者疑慮，確保民眾飲食安全。近幾年來，塑化劑、黑心食品、黑心食用油以及餿水油事件，要安全性達到標準要求，除衛生單位盡責稽查督導外，更應有高度之法律風險意識，以嚴謹負責態度研發，若有健康顧慮即不應生產、販賣。因此，多數人認為業界之企業良心與正確心態，更是關

鍵[5]。

　　近年來科技快速發展，涉及之法律議題甚多，範圍亦廣[6]，也影響法律的成長，其中連動關係，使科技業對法律不能不正面接納，將法律成分加重在研發與經營事務上，改變以往「法律擺一邊」、「法律不是重心」等思維。而且科技之發展，智慧財產權之數量是衡量科技創新能力指標。目前外國專家認為智財為臺灣科技最有價值之資產，智財顯然是無體產品，為財產權之一，其範圍需要登記。當前世界流行企業併購，傾向以專利權之取得，並可得人才、技術、製程、通路等，對企業發展有深遠影響。

二、　科技與智慧財產權

　　一科技公司能異軍突起，業績長紅，利潤傲人，常繫於有新的科技、新的研發、新的創新，又能本領航管理之信念，將同業拋之在後，不怕他人抄襲與侵害，其中並涉及新技術、新發明、新創意之法律保護，使他人不改輕易侵犯。因此，現代企業相當重視智慧財產權之開發與保護[7]，而國內外科技公司更無不以智慧財產權之保護列為首要工作，重視智慧財產權在國內外布局，經營策略與目標之地位。

　　智慧財產權（Intellectual Property Rights）（IP）在權利分類上屬無體財產權，是人類智能研發開創之無形資產，對人類文明有重大貢獻，各國法律對此均有嚴密之保護，賦予權利人專屬、排他權利，禁止他人未經權利人許可不得利用重製、仿冒。凡違反者，為保護權利人之心血結晶，均需負一定之法律責任。

　　有關智慧財產權之範圍，並不限專利、商標、著作權及營業祕密四種，並包括積體電路電路布局權、光碟保護、植物品種權、新藥專屬權[8]、及免於不公平競爭

---

[5] 施茂林，〈基因改造食品，作好安全性評估〉，聯合報法律簡單講部落格，網址：http://blog.udn.com/thelawofring/17392573，最後瀏覽日期：2015年12月28日。

[6] 施茂林，同前註4，頁28。

[7] 美國2015年汽車及小型卡車總銷售量達1750萬輛，汽車業者極重視專利之開發。以豐田汽車為例，所持有之專利權逾1400項，比其他汽車業者多出1倍，屬全球龍頭。

[8] 《藥事法》第40條之1規定：「中央衛生主管機關為維護公益之目的，於必要時，得公開所持有及保管藥商申請製造或輸入藥物所檢附之藥物成分、仿單等相關資料。但對於藥商申請新藥查驗登記屬於營業祕密之資料，應保密之。前項得公開事項之範圍及方式，其辦法由中央衛生主管機關定之。」、《藥事法》第40條之2規定：「中央衛生主管機關於核發新藥許可證時，應公開申請人檢附之已揭露專利字號或案號。新成分新藥許可證自核發之日起5年內，其他藥商非經許可證所有人同意，不得引據其申請資料申請查驗登記。新成分新藥許可證核發之日起3年後，得依本法及相關法規有關藥品查驗登記審查之規定提出同成分、同劑型、同劑量及同單位含量藥品之查驗登記申請，符合規定者，得於新成分新藥許可證核發屆滿5年之

等類，在法律上涵蓋《專利法》、《商標法》、《著作權法》、《營業秘密法》、《積體電路電路布局保護法》、《光碟管理條例》、《植物品種及種苗法》、《藥事法》、《公平交易法》等。

【案例4】數字商標

任職5858咖啡業執行長之甲，在職期間於臉書成立「咖寶網」粉絲頁，分享經營咖啡之訊息，超過萬人按讚。離職後又另成立「585咖貝網」，5858公司乃提起仿冒訴訟，檢方函請智慧財產局，經檢視雙方商標後，智財局認爲兩者相似，都是以相同數字重複連貫爲主要構圖意象，且業務上也有重疊，消費者有可能會誤認兩商品來自同一來源，或彼此有相關；檢察官乃認爲甲已侵害5858商標權，予以提起公訴。

【案例5】高額權利金

2014年2月10日在美國國際貿易委員會（ITC）宣告諾基亞對臺灣H公司侵權終判前，H公司與諾基亞先就雙方所有專利爭訟達成和解，並簽訂專利與技術合作契約，預估H公司需支付的權利金額將在150億元以上，換算每支手機須支付760元權利金，可能影響市場競爭力。

【案例6】龐大和解金

又IC封測大廠G公司與封裝IP公司Tessera於2014年2月間達成和解，未來5年內須陸續支付1.96億美元，折合59億元臺幣和解金，該公司去年每股盈餘不錯，將會每股虧損5.24元，且每股淨值從46.5元降至38.7元，影響不小。

近10年來科技高度發展，日新月異，各種理工、醫療技術日趨進步，精美準確，應用方便，各企業爲求生存與突破，全力從事研究開發，設法獨占鰲頭。而在競爭過程，常發生技術接近，相互參仿，彼此借鏡，甚至仿造、冒用他人科技成果，以致侵害智慧財產權之事件層出不窮，發生無數訴訟案件，有和解、言和；有經法院判決高額賠償，驚動業界，方省悟智慧財產權之法律風險問題，警覺會影響

翌日起發給藥品許可證。新成分新藥在外國取得上市許可後3年內，必須向中央衛生主管機關申請查驗登記，始得準用第二項之規定。新藥專利權不及於藥商申請查驗登記前所進行之研究、教學或試驗。」揭示1.保護藥商新藥之營業祕密資料；2.新成分新藥許可證5年專用權。

公司之生存，也能認知到專利等可以合法手段排擠對手，也是商業戰略之手法。

　　回顧10年來臺灣企業被國內企業或外國公司控訴侵害智慧財產權，有相當多之案例，都是天價的和解與賠償金。2003年甲公司與美商億世ESS公司有關DVD軟體著作權訴訟，達成和解，甲給付9000萬美元權利金。2004年乙公司與丙公司侵權案，由丙支付乙16億元和解金。2005年丁與戊智財案，雙方和解，戊給付給丁56億元。2006年甲與美商卓然Zoran智財案，雙方和解，簽立專利授權合約，甲公司支付27億元。其後陸續發生侵權案件，讓科技業認為制裁官司為企業經營必會發生之現象。

　　又智慧財產權訴訟，其類型多樣化，有為國內企業間提出訴訟、有為國外企業對臺灣公司訴訟、亦有部分為國內公司控訴國外企業，其中有民事事件、有的刑事訴訟案件，有的民刑事訴訟一起提起。例如：2001年9月英代爾控訴國內A公司P4系列、晶片組侵害其專利權，A公司也告英代爾，雙方2003年4月達成和解，撤回五國二十七項專利，共十一件訴訟案。由A公司支付權利金，雙方簽訂10年交互授權協議。2007年3月惠普在美控告國內B公司侵犯五項科技專利權，要求高額賠償金以及禁止B公司在美出售有爭議之電腦，B公司也反控惠普侵權，要求鴻海、廣達、緯創代工廠同負保證責任。

　　PCB上游銅箔基板（CCL）供應商台○公司，於2015年9月公告遭美國銅箔基板廠Isola控告侵權，並求償1150萬美元（約新臺幣3.7億元），美國亞歷桑那陪審團判決台○侵權需賠償高額賠償金，超過上半年獲利總和，此顯示若企業遭裁決天價賠償金，超過其風險胃納，可能被迫關門。

　　2010年B公司與樂金電子（LGE）簽訂和解暨交互授權協議，結束雙方自2008年以來的侵權紛爭，包括LG、Vizio在美國的所有侵權官司、國際貿易委員會（ITC）所有命令與決定都在和解之內，也取得LGE今年200萬臺灣液晶電視代工訂單。

　　2010年蘋果、宏達電互告專利侵權；隔年雙方再度互控侵權，包括多點觸控縮放、4G技術等，2012年11月雙方和解，簽訂10年授權合約。

【案例7】訴訟策略

　　2012年因蘋果控告國內C公司侵害專利權，國內C公司告蘋果五項侵權，並禁止iPhone、iPad販售。蘋果則告C公司20項專利侵權，以戰逼和。同年蘋果在美、德控告C公司侵害專利權，蘋果也在美、德、澳、荷告三星侵權，後三星也在美、

英、義、日、澳等控告蘋果侵權，互有輸贏。2012年11月11日蘋果與C公司和解，撤銷所有20多項專利訴訟，給予10年專利授權契約，結束雙方法律訴訟案件12件，外界研判和解原因係雙方發現市場流失，三星壯大得利，牽起對方培養競爭者制衡三星，借力求生。

【案例8】專利戰保衛

統一企業透過有效的生意模式，成功開發老罈酸菜牛肉麵夢幻產品，改變統一中控速食麵命運。而原本差異化之產品，大幅領先市場3年，引來競爭對手急起仿效，過去引以為傲的差異化變成同質化，且演變成價格戰；2013年中國所有速食麵品牌都仿效統一推出紫色包裝的老罈酸菜牛肉麵，市場由一片紅海變成紫海。為破除中國「模仿」亂殺魔咒，統一企業董事長決定未來在中國的產品策略上將改打品牌專利戰，所有新產品的品牌、包裝型態、顏色都會申請專利，俾能法律保障。

【案例9】中止訴訟戰

蘋果和三星電子公司於2014年8月間發表共同聲明，同意撤回在美國以外國家彼此間之所有專利訴訟，包括澳洲、日本、南韓、德國、荷蘭、英國、法國和義大利的所有侵權官司全數撤銷，共同聲明「三星電子與蘋果已同意，結束美國以外所有國家的專利相關爭議。但協議不牽涉任何授權安排，雙方在美國法院既有的訴訟將持續。」顯示雙方已兵疲馬困，體認到訴訟戰得不償失。

【案例10】忽視智財權策略

同德科技公司擁有九十六項專利，因製程常發生障礙，生產量無法提升，負責之副總經理黃義指示同仁設法瞭解同業之技術予以修改，致遭海山公司告訴侵權，要求賠償1400萬元，董事長甚為不悅，認為每年支付數千萬元之權利金給國內，自己研究之專利沒有用處，還被索賠，責怪黃義，黃義滿腹委屈，申辯說：公司新型專利無力，設計專利占大多數，發明專利少，是公司策略失敗。董事長才明白，公司主軸為代工，創新力與能量較弱，長年以來，突破與提升有障礙，缺乏整體性開發，趕緊調整智財策略。

在各侵權訴訟中，國內企業常輸多贏少。以上述【案例五】H公司為例，諾基亞在歐洲、英國、德國等各國，控告H公司的侵權判決，大都贏少輸多。有識之士

認為天價智財賠償竟未撼動臺灣企業，令人奇怪。由其中案例，透露有科技業居然不怕賠償，亦不重視其風險，不做風險迴避，似此被判決賠償，就賠償了事，形同麻痺不仁。

綜合外國法律專家之觀察，（一）台灣部分科技業，經營團隊，對智慧財產權之認知不足；（二）作法保守，喪失主動優勢；（三）法律訴訟是反應商業行為之**轉變**，臺灣有科技業尚未察覺；（四）智財權是全球化之議題，臺灣科技業未能體察智財戰是商業行為必然**趨勢**，容易陷入法律訴訟泥淖中；（五）臺灣已從侵權成為別人侵權對象；（六）臺灣科技業視訴訟為畏途，應慎重思考法律戰已是不可免之生存法則；（七）臺灣科技業需改變作法從以往被動防守策略，轉為主動攻擊思維，爭取及維護自己權益。

又智慧財產權之數量與產業鏈之技術地位，已成為企業領先之指標，有遠見之企業主無不卯足全力研發與創新，並採取有效之智慧財產權管理策略，以提升企業競爭力，其具體作法包括[9]：（一）人力之進用、培養與獎勵；（二）研發環境之提供、充實與完備；（三）對智慧財產之爭取、登記與規劃；（四）有關智慧財產之保護；（五）公司組織變動對智慧財產權之因應；（六）公司事務創新對智慧財產權之確保；（七）公司發展與智慧財產權之整體運作；（八）智慧財產保護之完整措施；（九）專利之隔離保護、行銷合資、轉向與移轉等風險管理[10]。因此，許多專家常提出呼籲：全球化過程，智慧財產權問題無從避免，必須充分體認智財權是科技業技術的利器，且海外智財訴訟以智財管理為成功與否關鍵。

三、 科技業爭奪戰與法律風險衡量

【案例11】智財爭奪戰

森港公司董事長韓森因被控侵害智慧財產權，出庭多次，甚為不甘，見大學開設智慧財產保護專題講座，遂報名親自參加。唐教授分析現行科技業智財大戰之新手法千奇百怪，訴訟也成為科技業之習慣，韓森總算瞭解公司被告不算例外，也擔心國外公司是否會提告，唐教授說這也是訴訟戰新策略，國內有公司至歐美告臺灣

---

[9] 施茂林，〈科技發展與法律風險規則特徵〉，第二屆皖臺科技論壇、銘傳大學等，2012年5月25日。

[10] 施茂林，同前註4，頁27。

的對手公司，外國公司也在世界提告他公司。如2010年3月蘋果首告國內A公司侵害專利、2011年8月A公司也告蘋果侵害4G專利、2012年6月蘋果再控告A公司濫用4G專利及違反反托拉斯法、2012年10月31日前雙方法律訴訟12件。又如惠普至美控告國內B公司侵犯五項專利科技，要求3倍賠償，請求禁止B至美國出售爭議科技之電腦，同年5月B反控惠普侵權，要求國內三家代工廠同負保證責任。韓森因而充分瞭解智財權訴訟戰之大要，也清楚公司必須有新的策略。

　　科技業之競爭相當激烈，企業與企業間之競爭已經從有形商品轉向無形之技術競爭，以確保未來持續發展之張本[11]。而且新科技之研發與運用成為每一科技公司領先之法寶，曾幾何時，在科技競爭過程中，演進為法律競爭，再而成為法律衝突戰，而且所採取之手段常出人意外之快、狠、準，令對手應變不及。茲解析科技爭奪戰之內情如下：

　　（一）從發展過程，由法律戰，進至訴訟戰，再成為策略戰，再演變為商業戰，成為商業競爭之策略[12]，進階至壟斷戰，甚而殲滅戰。

　　（二）在科技突破競爭上，常資訊戰為先，爭取領先地位，並伴隨心理戰，重挫對手銳氣，增強己方之贏面。

　　（三）以專利侵權解決商業競爭，如韓國三星之競爭對手常是供應商，三星則扮演大買主角色，但對於對手複製其技術或產品，則猛力砍殺，採取訴訟法對付，有如魔鬼與天使二合一。

　　（四）喜採集體烏賊戰，先行控訴，告關鍵之一產業連動相關產業，再訴追相關企業，一起拖下水，致使相關業者無法作壁上觀，全部掉入其預設訴訟之局中。

　　（五）在採取商業戰時，使對手忙於應付訴訟，無力亦無暇顧及行銷營運之間，集中力量搶攻市場，擴大占有率，而且常不一次訴訟清楚，分數次提告，更讓對手疲於奔命，無心在商場中大力競爭。

　　（六）訴訟策略非常靈活，常採下列方式處理：

　　1. 一次告五家同質企業，宣示其為業界之首，不要侵犯其智財權。

　　2. 一狀告侵害專利權二十項，旨在追求對手忙於應付。

---

[11] 袁建中、陳坤成，《科技管理——以科技服務透視科技移轉與智慧財產權》，華泰文化，2008年9月初版，頁8。

[12] 施茂林，科技發展與法律風險議題教材，逢甲大學科技管理研究所，2015年3月，頁10-12、80-83。

　　3. 連續訴訟，一次告一項，採取長期作戰模式，逼迫對手投降。

　　4. 訴訟程序中，再三追加訴訟標的，讓對手陷於惶恐情緒中。

　　5. 法庭攻防戰，陸續出招提證，對手不易摸清實況。

　　6. 聘請明星律師示威、示警，使對手體認訴訟為幌子，確係實戰訴訟。

　　7. 運用保全程序，箝制對手營運，再趁機擴廠生產，大力行銷，提高市占率。

　　8. 運用行政訴訟策略，活用法律規範，增強其競爭之空間。

　　（七）侵權戰之範圍廣，從手機打到平板，趕盡殺絕。目的在封殺對手，此種焦土戰、滅絕戰或殲滅戰，對手若無力應付，將是企業之最大壓力。

　　（八）法律是商業新手段：訴訟不求勝，而有其他目的。曾有一公司巧妙選在對手公司上市上櫃前夕提告，逼迫對方和解或策略聯盟，又曾控告對方供應鏈之廠商，逼使對方出面協調或打亂軍心，可謂打智財權戰已成商業新手法、新策略[13]。

【案例12】專利蟑螂

　　美國電動車大廠特斯拉（Tesla）與中國商人占寶生達協議，並稱中國當局從中幹旋，未來占寶生將註銷已登記的特斯拉商標名稱，同意取消其在中國註冊的特斯拉相關中、英文名稱商標，且特斯拉無需承擔賠償責任；針對占寶生持有的網域名稱tesla.cn及teslamotors.cn，未來也將轉移到該企業名下。在此之前，占寶生曾向特斯拉索賠1.15億元，專家表示Tesla向專利蟑螂妥協，付費取回中國商標權，是策略之一。

　　（九）海外智財權訴訟逐漸增加，全球化法律戰不可免。海外智財權訴訟、智財權管理是成功關鍵，且專利訴訟戰，乃國際化必修課程，法務管理像盲腸可有可無。

　　由上述，科技業對於智慧財產權絕不能漠視或忽略，需積極衡量可能之法律風險，評量其風險機率，採取預防策略，避免捲入智財侵權戰中。而且不幸發生智慧財產權訴訟時，需鑑別對方之目的、其主要策略、攻擊點、採取之力道等，正面迎擊，萬一有侵權之虞時，可轉購相關專利反控對手侵權，以資牽制。

---

[13] 張保隆、伍忠賢，《科技管理》，五南圖書，2010年10月初版1刷，頁503。

四、 科技業法律風險新思維

【案例13】智財觀念薄弱

　　青山科技公司林達董事長某日早上準備出門時，有3名穿西裝之男士站在門口等候，表明身分後，告知有刑案需訊問，希能同行，否則將以拘票拘提，林達只得同意。訊問中才瞭解伊公司新開發科技產品，涉及仿冒、著作權等罪嫌，林達當場表示不是只有我們公司抄襲他們產品，另有二家公司也一樣，我們即使有參考也是小東西，辦案人員回以我們負責辦這件案子，你們公司其他的事，今天不便過問。林達回公司後，召集重要幹部討論，新來副總報告：經這3個月觀察，公司內部智慧財產權觀念薄弱，法令不重視，不願花錢聘請法律人員處理，運用訴訟戰以保護權利意願低，也不花錢請律師處理侵權案件等，林達立即指示重新調整作法，改變舊有法律思維模式。

【案例14】假處分威力

　　中勇公司生產電腦周邊零件，訂單源源而來。某日法院人員突來假處分，禁止使用某項技術生產，全公司四條生產線全部停產，趕緊請律師提出抗告，董事長郭豐並指示總經理採取因應對策，經全面檢討，才發現對手黑達公司將同業共同技術小題大作，請教一專利律師好友，得悉類似情形不少。例如：以小小豆漿機專利為例，有公司共申請200件專利，即溫控與加熱專利17項、熬煮專利6項、粉碎技術專利49項、外觀專利111項、按鍵、零件等20項，大家都知道專利有獨占性，非常注意。董事長方才瞭解公司智財權觀念落伍，需改弦易張，建立智財權地圖。

　　法律常因社會、財經之發展或變動而修正，但因無法預測趨勢、評量未來必然之發展性，僅能就原有發展之現況及可預見之前景配合修正法律內容。事實上，常常在立法程序完成後，已與社會現況有差距，尤其是科技之發展日新月異，法律規範無法隨科技發展而調整，對科技業而言，存有規範腳步較為緩慢之風險。

　　無可諱言，科技發展神速，乃引導法律研究，而法律之探索，規範科技帶來之相關議題，亦促使科技符合規範性，兩者有其緊密結合之處。為保障科技之智慧結晶，有關智慧財產權之保護，越來越周密，又因其與整體科技之發展、社會之公共利益密切關聯，其保護適度性，為法律必須考量之重點，一則鼓勵創新，二則避免

阻斷創造，是以二者融合，不但能刺激研發，並可防免侵權，故科技之發展與法律規範需注意調和，俾公益、私利兩相權，否則會發生法律保障之過於寬鬆或限縮，必造成科技發展存有法律風險空洞。

（一）科技研發，注意法律成分

新科技之研發，經常帶來個人、家庭、社會重大衝擊，涉及諸多法律議題，對於研發團隊、開發應用系統以及使用者，都有法律上之禁制與要求。如同前述，也常涉及民事、刑事及行政責任，因此研究新科技與應用時，應有法律概念，加入法律成分，而經由各類通訊、網路功能所進行之商業行為或非商業活動，常會涉及個人隱私安全問題，所有開發、應用、推廣及商業機關對隱私之保護與個人權益之維護，均應瞭解法律之規範與限制底線！

（二）正視智慧財產戰與威力

智財戰是智識與創意的競爭與戰爭，也是商場之策略戰，技術業要體會「有時需告人，也會被告」。從現有之訴訟運作，智慧財產權已成為企業競爭之武器，無法免於此種競爭環境之外，而且智財戰花費成本相當高，是昂貴之綜合戰。有企業即主張專利不是消極的，不是在保護而已，更需具攻擊性、主動發揮法律威力。再從歷年來智財戰之內容，可謂智財戰是無所不能訴訟，如手機之外形（圓弧形）、觸控及零件服務均為訴訟標的，令人不能不正視智財戰之威力。

目前臺灣專利研發全能，為全球第五，投入最多、影響力較大之專利三大領域為電力設備、工程與電能、半導體及工具機，而在美國獲准專利屬於這三類數量排名第六，次於美國、日本、德國、南韓、加拿大，且有逐年上升趨勢。自2009年至2013年累計獲得美國專利逾四萬件，占比3.62%[14]。但要注意的是臺灣與工業4.0有關的物聯網、製造智慧化兩項專利表現，仍落後於全球。

（三）有敏銳之法律風險意識

諸多案例顯示法律風險，不要惹火上身，否則後患無窮。台灣當前科技大廠部分為代工業，容易捲入國際大品牌之侵權官司。曾有代工某零件之深圳公司受託生產零件，上游廠商被追償2億美元，乃要求該公司負擔1成2千萬美元，該公司洽商

---

[14] 參見國家實驗研究院於2015年10月13日發布，我國科技競爭力分析報告。

美國律師，光訴訟費用就讓該公司驚嚇。

中國對智慧財產權之保護，已日漸重視，但有商標蟑螂問題存在，業者不能忽略連國際知名品牌iPhone製造商蘋果、精品業愛馬仕、BURBERRY、籃球明星Michael Jordan喬丹、美國女歌手布蘭妮都受害。臺灣農產品，如萬巒豬腳、臺南擔仔麵、阿里山茶、新竹米粉也被搶先註冊。因此，企業對於自己之商標及其他智慧財產權，必須重視在中國大陸之法律規範與保護。

（四）提高決策層次

又智慧財產權價值大小，端視企業之格局，如何運用法律彰顯智慧財產權價值，需要有宏觀視野、看得遠、看得長，有效整合智財及加以應用，開創利潤，減少成本支出。若有計畫收購專利案，妥善布局，減少法律障礙，則IP之價值必高。有許多企業，一直停留在最底價之防衛被侵害，需有所調整。

智慧財產權已成為科技業生死之關鍵，首應體認智慧財產權是唯一重要資產，科技業經營者，必須提高參與層面，提升決策層次，充分認識智財可轉化為獨特資產，制敵之祕密武器，建立自己智財庫，行使智財權。必要時，爭取智財授權，包括談判權利金聯盟與合作、互換條件等。同時，企業經營層要有以世界級專利、獨一無二營業祕密為提升之目標，相信在高視野之規劃下，必可帶動員工朝向頂尖之科技境界[15]。而企業為因應全球化布局，開發海外市場專利成為重要利器，而且靠著獨特之專利技術，競爭優勢加強。

（五）建立智財權保護軍火庫

所有技術均重視，不論著作權、專利權、商標權以及營業祕密，均不能忽略，核心技術需高度保護，有效將技術、業務、人員結合，建立保護機制。而且科技內容要設法成為營業祕密，透過軟體程式、圖檔文案、資料檔案等模式，取得著作權、商標權、專利權，形成智財網。同時，鑑於部分科技業之研發運用未與法律結合，應採撒網式申請專利，並以網式保護型維護權益。

臺灣專利大多是新型專利、設計專利，有關發明專利比重未如預期高[16]，其中

---

[15] 林重宙，《科技四重奏：成功創業故事解密》，商訊文化，2013年7月初版1刷，頁63-64。

[16] 近5年來，2011年總專利申請件數82988件，發明專利50082件，占60.3%。2012年總件數85073件，發明專利51189件，占60.1%。2013年總件數83211件，發明專利為49218件，占51.19%。2014年總件數78014件，發明專利46378件，占59.4%。2015年總件數73627件，發明專利44415件，占60.3%。顯見發明專利尚有努力空間。

自行研發之發明專利尚嫌不多，且屬於改良發明為多，對臺灣科技之發展不利。企業應本重質不重量之思維，提升專利品質為要，不必盲目追求專利數量。智財權已居商業戰核心之地位，企業需將專利質量並重，擴大商標權登記保護，作好營業祕密之防護措施，提升自我競爭力。

（六）掌握產物鏈之所有智財權地圖

科技公司較少生產全部之零件，有的則向其他廠商購買零件，有的則為出售與組裝公司，應注意防止過程涉及侵權，作好防避措施。因此，須掌握產物鏈之智財地圖，充分瞭解上下游工廠之智財問題。若公司規範越大，應避免有雷同、相同侵權行為，須廣泛登記所有專利等智財權地圖，國內外一網打盡，相信智財網越大越好。目前臺灣部分商標在中國大陸被搶註，專利亦有被侵害之事例，而兩岸有關智慧財產權之保護不完全相同，在中國法院訴訟之勝訴不易把握，企業界應有充分之認識，研討回應對策。

（七）關鍵性技術要有避險作法

科技業之種類繁多，各系統性之科技產業鏈中常有關鍵性技術，凡擁有者，幾乎掌握該系統之命脈，其他科技業稍有不小心，即涉及侵權，因此避免觸法成為首要防範之作法，可考量合作、策略聯盟、分享技術、事先布局等方式。再則研發新技術避開，另起爐灶或採繞道作法保護自我，而自己擁有最優秀之研發團隊，鼓勵研發，提升研發創新能力，最為實在。再者，技術移轉，亦為解決良方[17]。又智慧財產權訴訟，常為科技業使用之手段，一般會回到談判點，用協議等商業手法處理，在訴訟中，精細分析其涉及侵權程度，採取對策因應。

（八）有效實施智財保護權利

科技研發、創新需花費高額經費，動用相當多人力、物力，需善加利用法律賦予之權利。兵法有言：攻擊為最上策，防禦常居下方。目前有許多科技公司運用法律規範，採取強大之法律火力，控訴侵權，請求高額賠償，有的在外國訴訟，利用外國律師天價費用，迫使對手棄守；甚而配合商業策略，使對手敗陣退離競爭市場，如運用訴訟壓制對手、以法律訴訟逼走對手離開特定市場、以侵權之法律手段

---

[17] 傅兆章，《科技管理實務》，學貫行銷公司，2008年11月初版1刷，頁6-25。

解決商業競爭、滾動式追償共同被告、一次打擊到位等。

（九）充分評量訴訟風險

　　不論在國內訴訟或在國外訴訟既費事又費時[18]，常需經冗長時間才有結果，律師費可觀。在美國、歐盟更高，動輒數百萬美元又未必勝訴。因此，對我方不利時，在訴訟之前或訴訟中可考量和解之可行性、可能時機點、可能條件及可能金額，期間更需評量雙方實力，系爭問題之證據與成案率，和解對雙方之益處，儘量達成和解，其條件包括雙方各自休兵、給付損害賠償金或授權金、雙方策略聯盟、同意合作模式及協助研發營運等，並簽訂保密條款，避免我方不利之問題昭告市場，影響市占率與發展，並可以交叉授權方式解決。再者，專利訴訟審理中，對於技術意見，如法官揭露供訴訟雙方攻防時，需評估原有專利等智財是否有外洩可能性[19]。

五、 法律風險調控之具體作法

【案例15】缺乏法律風險管理思維

　　明山科技公司董事長從大學畢業後，即投入科技業，從研究員、小主管、升至副總經理，再邀集友人成立公司，業務狀況良好，因技術起家，對法律未予重視，公司研發單位，又常參考他公司技術。某日，同業聲請假扣押、假處分及提出告訴，檢察官申請搜索票，大動作搜索公司，報章媒體大幅報導，立即聘請律師處理，一直不順遂，經友人瞭解後，告知所聘律師無科技智財專業，董事長再三檢討，體悟一向無配合律師，也無固定諮詢團隊等，遇到問題方找專家，腳痛醫腳，並不適當，趕緊成立法務室，聘請律師主持。

（一）加重法律成分

　　在公司營運上，對於有關法律之事務，需瞭解法律層面之意涵與責任，利用

---

[18] 智慧財產權訴訟經常花費相當長久時間才能定讞，如鹿港百年餅店「玉珍齋」家族商標訴訟，有假處分事件、有民事訴訟事件，前後長達10多年時間。

[19] 專利訴訟中，技術意見是否公開供兩造當事人辯論、攻防，迄今仍有諸多爭議，如公開由雙方論駁攻防，真理越辯越明，有利於法官作出正確之研判，但對擁有專利之一方原因侵權仍有本件訴訟，若專利實質內容或對方原不瞭解之部分將公開，未必有利。

各種手段搜尋同業智慧財產權資訊，防免涉及抄襲、仿冒之事，而且常在各種會議與教育訓練中，提醒同仁不要以抄襲、模仿爲念，應設法突破創新，開創自己之技術。同時，靈活應用智慧財產法律，擴大專利等IP影響力，有計畫作好撒網與布局工作，將IP之保護網建構清楚，進行技轉收取權利金，必要時進行訴訟，爭取最大效益。

（二）體認智慧產財權爲商業競爭新手法

【案例16】智財訴訟布局

工研院認爲三星侵犯了工研院在美國申請的行動通訊、半導體、LED、LCD電視方面的專利布局，於2009年6月19日在美國聯邦法院阿肯色州西部地方法院（Arkansas Western District Court）控告三星電子侵害工研院兩項專利，10月19日，工研院再控告三星侵害工研院五項專利權，目的在做專利布局之保護，以訴訟讓對方和解，收取權利金，作爲獲利之手段[20]。

現在有許多科技業，以專利作爲衡量與同業競爭之指標[21]：
1. 比數量：以考量科技創新能力。
2. 比先進：以凸顯自己研發之能力及技術之領先。
3. 比關鍵性技術：以彰顯自己在科技上之重要地位。
4. 比法律操作靈活度：以證明企業營運與策略之成功度。

是以任何科技業已不能視而不見，必須正視智慧財產權之重要性，將創新聚焦在智財發展策略。

（三）將智慧財產權提升爲商業競爭策略

智財授權與聯盟，將成爲產業競爭之重心，可預見未來產業成爲軟體戰爭。有遠見之科技業，需加強投資心智與創造活動所得之結晶，並依法登記，掌握先機。

---

[20] 中央研究院積極研發生物科技基因體，研究中心近年授權多項技術給國內的新藥公司，成爲生技產業技術寶庫，並進行多項產學合作，如泉盛旗下的抗體藥物，潤泰集團總裁尹衍樑投資的浩鼎生物、醣基生醫等。其中，泉盛公司於2014年3月17日宣布，將完成旗下抗體新藥Anti-cemX對美國食品藥物管理局（FDA）人體臨床（IND）審查送件及啓動國際授權，預估僅前期授權金（upfront payment）上看5億美元。
[21] 張保隆、伍忠賢，同前註13，頁565-567。

而且應靈活有效利用智慧財產權，以高價轉讓，爭取高額權利金，並簽訂有利之契約，明定再授權、終止授權、品質控管以及擔保、違約條款，確保權益[22]，並可運用專利反授權策略，爭取有利契機[23]。

（四）積極取得智慧財產權

【案例17】權利金取得授權

臺灣浩鼎與美商默沙東藥廠（MSD）簽訂產品授權合約，浩鼎將其旗下產品新型抗生素「鼎腹新」DIFICID在臺產品開發及銷售權利，獨家授權給MSD；依照合約協議，MSD初期將支付300萬美元（約合臺幣9700萬元）簽約金，未來浩鼎尚可收取銷售權利金及數個未揭露事項達成後的里程金。默沙東則負責未來鼎腹新在臺所有經銷、研發、生產經費及事宜，雙方均對於合作事項滿意。

凡有利於技術之提升、改進或升級之智慧財產權，科技公司應洞燭機先，取得有用之專利等智財權，在方式上可採取如下：
1. 聯合開發：如合資、合作、同盟等。
2. 技術移轉：包括購買、授權、交換、分紅、抽成等。
3. 邊作邊學方法：常見有代工、外包及傳授等。
4. 企業併購：常見併購獲得人才、技術、製程、通路等。

（五）加強智慧財產權之商業化

國內部分科技業擁有不少專利等智慧財產權，但只流於登記擁有智慧財產權而已，並非積極應用開發成為具體商品，無異是空炮彈之專利權。因此，加強商業化為必要之模式，其方式為：
1. 自研自製。
2. 出售。
3. 合作生產。
4. 合資開發。

---

[22] 林佳瑩，《設計產品的智慧財產權保護》，元照出版，2014年2月2版1刷，頁267-295。
[23] 專利反授權係指擁有專利之甲公司向乙公司購買專利時，需將甲公司自有之專利同步授權乙公司使用，如此其他購買乙公司專利之廠商即可免費使用他人之專利。

5. 授權收取權利金，包括授權一家或授權多家生產[24]。

又學者經常討論之強制授權，對需要該項技術之科技公司最具實益性。是以，科技公司應研究強制授權之法令與必要性、合理性，提出具體事證，請求經濟部智慧財產局授予臺灣公司強制授權，以利生產競爭[25]。

（六）有效運用法律保護機制

法律對於智慧財產權之保護相當周密，有關權利取得需登記之方式、保護之內涵以及救濟程序均有詳細規定。如有不法侵害時，自得依法尋求救濟，以維護權益。同時熟悉政府機關職能，如司法警察機關、檢察機關、海關、工業局、國貿局、經濟部查禁仿冒小組、NCC、公平交易委員會、消費者保護基金會等之職權、功能及啓動方式，並活用訴訟策略，善用假處分制度：

1. 正向（攻擊性）假處分
   —禁止製售販賣等
2. 負向（防禦式）假處分
   —禁止專利權人干擾其生產製造等

（七）組成堅強之法律團隊

科技業與法律關係息息相關，涉及智慧財產權等法律問題眾多，已不能只著重技術，而忽略法律。當公司規模相當時，應有優質之法律團隊，執行法律諮詢、契約審核、研發法律運用、智財權保護、權利行使以及訴訟輔導、代理等事務，其組成人員可依業務需要、公司發展等設立法務部門，聘請律師加入或主持，亦可外聘律師擔任顧問，作必要之法律服務。

（八）策訂智慧財產權踐行方略

全球大企業對於智慧財產權相當重視，普遍認爲築起智財高牆，可以強化國

---

[24] 臺灣多年來支付與國外之智慧財產權授權金在1500億元以上，而只收到國外付與臺灣權利金200多億元，比例懸殊，企業在努力創新研發中，應考量轉成爲有價值之技術，收取權利金。目前也有不少企業積極進行此項工作，如法德樂公司於2015年12月與美國通路商Trupharma LLC簽訂整合產品開發、生產及銷售的合約，包含簽約金及未來按各合約產品的開發進度里程金，將收取合計635萬美元的里程金（約新臺幣2.09億元），Trupharma也將負責合約產品美國市場銷售，未來法德樂亦可享有各項簽約產品在美國銷售利益分潤所得，對公司獲利大有助益。

[25] 張保隆、伍忠賢，同前註13，頁433-434。

際競爭力。有企業甚至將專利活化，積極朝貨幣化前進，國內產業對此需有危機意識，提升專利申請及予以有效應用[26]。再者，智慧財產權之保護與實施一般都有相當瞭解，但就採主動出擊或被動防禦方式，有不同思考立基，其採防禦型方略，主要以建立智財庫、增強防火牆，一方面防止他人侵犯智慧財產權，避免對手攻擊，另一方面則防免侵害他人智財權技術；而採攻擊型方略，一則達到寡占目的，二則對於侵犯智財權者，全力採取訴訟等措施[27]。再者，有智慧財產權也要會運用，設法轉讓出去，取得權利金，以免浪費專利功能，增加公司成本，而能為公司獲利加分[28]。

六、 本章小結

　　臺灣近幾年科技發展成績傲視世界，得到各國肯認，但科技業大多注重法律規範，瞭解科技發展與智慧財產權之重要性，也積極依法登記及實施保護策略，連帶也將法律運用到競爭場中，顯現法律商業戰、法律保護戰、法律殲滅戰之威力，對科技業來說要有新的法律思維與法律風險管理策略。

本章摘要

　　1. 新科學、新技術進步神速，法律未必能趕上配合，發生諸多法律風險問題，不能忽略法律規範之約制以及法律風險責任。

　　2. 新技術研發之成果不容被侵奪，科技業為確保其獨占優勢，需依法申請登記及實施智慧財產權保護，避免發生外國法律專家所指作法保守，忽略智財權保護戰之重要性。

　　3. 在競爭激烈環境中，科技業之賽事演進為法律競爭，由法律戰進入訴訟戰，再成為策略戰、商業戰，進階至壟斷戰及殲滅戰，使法務管理成為企業必須重視之工作，防範法律風險實現。

---

[26] 根據經濟部智慧財產局公布2015年第3條專利申請趨勢統計，有18,000件國人申請發明的專利，有退縮現象，高達1成，而外國人之申請件數平穩增加，總件數較2014年之19,543件為少，國內企業應體認其重要性，加強申請專利保護。

[27] 傅兆章，同前註17，頁7-14。

[28] 在工商界，有企業空有許多專利而未有效利用；有企業擁有雄厚資金，但缺乏技術，二者如能配合，必相得益彰。臺灣應建立專利交易中心，從事媒合協助工作，以帶動經濟之發展。

　　4. 科技事務與法律息息相關，法律需重視與科技發達之配合度，科技也需符合規範性，二者相互涵容。故需有法律新思維，建立智財權保護軍火庫，掌握法律地圖，有效實施智慧財產權之保護。

　　5. 科技在開發營運中，要加強法律成分，充分體認智財權為商業競爭新手法，提升商業競爭策略，加強智財權之商業化，靈活運用法律手段，一則保護自我權益，也可適度遏阻他人之侵權行為。

思考題

❖ 兵法曰：兵不厭詐，又曰：兵貴神速。在科技業法律爭奪戰中，如何運用？又何以會演變成此趨勢？

參考文獻

1. 陳銘祥、吳尚昆、陳昭華、張凱娜，《智慧財產權與法律》，元照出版，2009年9月初版1刷。
2. 馮震宇，《智慧財產權發展趨勢與重要問題研究》，元照出版，2011年1月2版1刷。
3. 林佳瑩，《設計產品的智慧財產權保護》，元照出版，2014年2月2版1刷。
4. 陳秋陽，《綠色科技管理》，東南科技大學，2008年1月初版。
5. 林重宙，《科技四重奏：成功創業故事解密》，商訊文化，2013年7月初版1刷。
6. 傅兆章，《科技管理實務》，學貫行銷公司，2008年11月初版1刷。
7. 賴士葆、謝龍發、陳松柏，《科技管理》，華泰文化，2015年1月初版。
8. 袁建中、陳坤成，《科技管理——以科技服務透視科技移轉與智慧財產權》，華泰文化，2008年9月初版。
9. 張保隆、伍忠賢，《科技管理》，五南圖書，2010年10月初版1刷。
10. 楊崇森，《專利法理論與應用》，三民書局，2003年7月版。
11. 謝銘洋，《智慧財產法》，考用書局，2009年3月初版。
12. 楊智傑，《智慧財產法》，新學林，2013年9月初版1刷。
13. 經濟日報電子報（網址：http://edn.udn.com/）。
14. 自由日報電子報（網址：http://www.ltn.com.tw/）。
15. 聯合報電子報（網址：http://udn.com/news/index）。

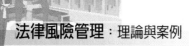

16. 施茂林，〈科技發展與法律風險議題〉，逢甲大學科技管理研究所，2015年3月。

17. 施茂林，《法律站在你身邊：法律風險防身術》，聯經出版，2013年3月初版4刷。

18. 施茂林，《法律風險管理跨領域融合新論》，五南圖書，2014年9月初版2刷。

19. 施茂林，《工商事業活動與法律風險管理》，五南圖書，2014年11月初版1刷。

20. 施茂林，《醫病關係與法律風險管理防範》，五南圖書，2015年10月初版1刷。

21. 施茂林演講題材：科技法律訴訟戰實務解碼、科技發展與法律風險衡量、科技業競爭與法律戰實例解析、智慧財產權法律網與風險管理、法律相對性與驗證實務、當前科技法律訴訟實務、科技法發展與法律風險評斷、科技發展與智慧財產權保護策略、科技醫學應用與法律風險、科技發展與法律規範、當電腦擁抱世界的陽光思路、科技發展與智慧財產權趨勢。

第 **25** 章

外國法律之風險評量與管理

讀完本章可學到：

1. 企業要注意本國法律風險，也不能忽略外國法律風險。

2. 體認全球普遍在查辦反托拉斯行為及法律威力。

3. 認識外國企業反傾銷之事例越來越多，需有所因應。

4. 瞭解外國對產業間諜之處罰以及影響力。

5. 清楚對於外國公務員行賄罪及其處罰內涵。

6. 瞭解外國追查稅捐之法律風險及力量。

　　法律風險管理之目的在於控管法律風險，避免法律風險實現，設法降低法律風險之損害或損失。由於各行各業所觸及之法律風險不同，其態樣有異、類別不同，在評量法律風險時，需依其行業、營運、交易型態、相對人、事務內容等多方考量，儘量確定法律風險之範圍與發展，利於做好各階段之管理工作。

　　法律風險管理本係運用科學方法，有系統、有步驟、有效率評估鑑測及評定法律風險之發生，其評定之法律風險越精準，則防範法律風險出現之策略越準確，所採取之控制、監管與執行之作為越適當。是以法律風險之衡量預測，實為法律風險管理成敗之不二法門，其中，所應評量之法律風險，不限本國法律，對於外國法律之評估更為重要。尤其全球化時代，法律之影響力、擴散力日廣日深。如同美國重視法治，也使輸出法律國家的企業，其法律規範須認識、瞭解清楚。對與外國交易及輸出之企業，外國法律之風險必須常在我心，精確評定其風險性，否則外國法律風險實現，造成之損失（害）非常重大，引發不良之效應[1]。

　　目前企業對於本國法律規範一般尚不重視，對於外國法律之風險則更加忽略，殊不知外國法律規範嚴格，其違法之法律責任奇重，處罰金額常常天價，國內很多企業被裁罰時，才發現「代誌大條了」，部分負責人與高階主管還得赴國外服刑。因此，外國法律風險之評量在國內企業經營上也需列為重要事項，充分瞭解進口國之法律規範與責任處罰，採遵法思維，深入瞭解具體內容與要求，儘量避免觸犯，防免法律風險實現[2]。

　　目前各國企業對於外國法律之威力逐漸有所警惕，對於違法之企業美國不僅祭出重罰，歐盟之裁罰也甚高，連日本、韓國、中國大陸等也不遑多讓。美國高層選定違法、違規之企業，以刑事罰勸導企業及經理人答允給付巨額罰款和解。近幾年來，包括花旗、高盛、摩根大通、美國銀行等繳付天價罰鍰；英國石油公司因漏油汙染海域罰款130億美元；法國巴黎銀行、瑞士信貸、巴克來銀行等之和解金也在10億美元以上。是以，企業在全球化之浪潮下對於外國法律之風險不能等閒視之，需以正面態度評量法律風險與責任，合法操作營運方式，以免陷入法網遭到重罰。

　　全世界已成為地球村，有許多牽涉全球化之議題，成為各國政策重視之重心，也是企業必須面對之挑戰，尤其全球減碳之抗暖行動，已成為全球150個國家同心

---

[1] 施茂林，〈法律風險管理體用矩陣與連動議題之研究〉，收錄於氏著《法律風險管理跨領域融合新論》，五南書局，2014年9月初版2刷，頁10。

[2] 施茂林，〈企業經營與法律風險管理之綜觀與微論〉，收錄於氏編《工商事業活動與法律風險管理》，五南書局，2014年11月初版1刷，頁38-39。

協力之目標。

聯合國第21屆氣候變遷會議（COP 21於2015年11月30日至12月11日）在巴黎舉行，190國領袖和代表齊聚一堂，達成「巴黎議定書」，取代「京都議定書」，全球共同合作減少溫室氣體排放，碳交易逐步化為普世價值[3]。未來企業如不能配合，以綠色生活、綠色消費、綠色金融為主軸，轉向低碳綠化經濟，可能接不到訂單。因此，未來各國政府取消石化燃料補貼，賦予CO_2價格，企業經營成本必然增加，企業會著力低碳基礎建設，有關碳金融之需求也會提高，各企業不能忽略「碳資產管理」工作，而且有關國際性公約、各約、議定書等，也成為企業需予重視之法律風險。

【案例1】協助客戶移轉資金被重罰

近年來全球約有十家金融機構違反美國經濟制裁令，協助客戶移轉資金，其中德國商業銀行（Commerzbank AG）於2015年初與美國監管機構達成共識，支付14.5億美元和解金；法國巴黎銀行2014年也因違反經濟制裁法，被美國法院判處5年緩刑，並遭罰近90億美元，創美國刑事罰款史上最高額案例。又美國聯準會（Fed）於2015年11月與紐約州金融服務署聯合宣布，德意志銀行違反美國對伊朗及敘利亞等國制裁令，協助客戶移轉資金，將開罰2.58億美元（約84億臺幣）。

【案例2】單一最高和解案

英國石油公司（BP）位於美國路易斯安納州海岸外的「深水地平線」鑽油平臺於2010年4月20日故障爆炸，歷經87天努力將漏油井封住，估計平均每天有1.2萬到10萬桶原油溢入墨西哥灣，達1.34億加侖，導致2500平方公里以上之海面為石油覆蓋，有五個州的海灘遭到染黑，當地漁業和觀光業全面癱瘓，成為美國史上最大之環境災害。經多次折衝，英國石油公司於2012年11月與美國達成初步和解，接受12.56億元刑事罰款，提供23.94億美元支付與野生動物基金會，用於環境補救行動，3.5億元付給美國國家科學院。另在未來3年向美國證交會支付5.25億美元，迨2015年10月BP與美國司法部達成和解，由英國石油公司支付208億美元（約臺幣

---

[3] 碳交易乃在促進減少排放全球溫室氣體，而將CO_2之排放改列為市場交易之機制，亦即將二氧化碳排放權當成商品，由買方透過撮合平臺支付另一方，以獲得溫室氣體減排額度，形成CO_2排放權之交易市場，此機制係聯合國政府間氣候變化委員會於1992年，通過「聯合國氣候變遷綱要公約」（UNFCCC），再於1997年《京都議定書》通過附加協議，建立碳交易機制，臺灣預計將於2017年後上路。

6843億元），和解2010年墨西哥灣漏油事件的政府索賠官司，成爲美國司法部歷來和單一機構達成之最大和解案。

【案例3】排廢數據作弊重罰

美國環保署於2015年間指出，福斯近3年銷售量較大的三款柴油引擎車款，包括Toureg休旅車及旗下豪華品牌保時捷Cayenne、奧迪A6 Quattro，都涉及安裝作弊軟體、實際排廢數據超標，也引起各國重視、美國認爲係違反清潔空氣法，加州空氣資源委員會於2015年11月要求福斯在45個工作天內提交解決方案，未來將下令召回修理3000CC的福斯、奧迪和保時捷汽車。於2015年11月26日宣布，將對福斯集團開罰1230萬美元，並下令召回逾12.5萬輛柴油引擎車，其餘未售出的福斯和奧迪車款也將暫停銷售。美國司法部向密西根法院提告，近60萬輛安裝「減效裝置（defeat device）」違反四項法令，每輛違規可罰款3.75萬美元。又南韓近2千名福斯和奧迪車主已發起連署，將提出集體訴訟，尋求損害賠償。

【案例4】大帆内線交易案效益

大帆（Galleon Group）創辦人Raj Rajaratnam拉加拉特南因得知數家科技公司之重大消息，非法獲利5千萬元以上，經判決需向美國證交所（SEC）繳交9億3千餘美元罰鍰。本案涉案之主角包括大帆企業創辦人拉加拉特南、超微公司前執行長魯茲、IBM公司前資深副總莫法特、英特爾公司前策略投資部門主管戈爾、高盛公司前董事古塔、亞洲區科技產業研究部主管金文衡、麥肯錫公司前董事庫瑪等，對臺灣也發生相當連鎖效應。

1. 臺灣明星分析師捲入
   —負責與美股高度連結之大型電子股
   —大帆避險基金之客戶
   —提供臺灣產業訊息出貨量
   —大帆作爲短線進出美股參據
2. 臺灣成爲彭博社（Bloomberg）全球商情黑市中心
   —透露供應商之產品規格與出貨量
   —掌握、瞭解大廠未來股價變動
   —敏銳者加碼買進，容易獲利
   —從公平性來看，對不知者顯然不公及不利

3. 臺灣之迴響

　—部分人認爲「這樣算犯法嗎？」

　—許多人直覺「如此，則研究部不是都有罪嗎？」

　—提供訊息給臺灣媒體、研究報告多的是

　—投資人、媒體、業界認爲是平常之常態消息

　—被查者是倒楣鬼

　—精準盯緊數據換來致命傷

4. 法律對應方略

　—提供資訊越新越齊全，風險越大

　—普通欠缺法律風險意識

　—對外國法令忽略，帶來危險性

　—謹愼提供出貨等數據，儘量提出趨勢

　—企業習以對外資暗示營運訊息，需作調整

　—遵守資訊公開公平原則

一、 反托拉斯法

　　自由經濟社會強調公平競爭，反對不正當方式之競爭型態。因此，不論美國、歐盟、日本、韓國、中國等都有類似不正競爭法或反托拉斯法，我國稱爲《公平交易法》，對違反公平競爭、干預市場之行爲均予規範、取締及處罰。

　　美國反托拉斯法案主要有三：（一）謝爾曼法案：規定基本禁止之托拉斯活動，包括操縱價格（與競爭對手協議提高、降低或穩定價格）、分配顧客（與競爭對手協議指定銷售地區或限定顧客）、圍標（與競爭對手協議由何公司得標）等；（二）聯邦貿易委員會法案：規範傷害競爭之行爲；（三）克萊頓法案：規範謝爾曼法案未明文禁止之特定行爲，如合併及購併等，可見美國反托拉斯法制規範聯合行爲（涵蓋定價、圍標、限制市場、分配市場、分配客戶等）、壟斷市場、干預市場、限制競爭自由等樣態[4]。而在處罰上分爲民事罰與刑事罰；刑事責任有刑事罰與自由刑，而爲獎勵自新，利於調查，實施特赦之寬恕機制，其願自首與承辦機關

---

[4] 劉尚志，〈競爭法規範與各國反托拉斯法制簡介〉，收錄於賴清揚主編《綁架市場價格的幕後黑手》，五南圖書，2012年9月初版1刷，頁44-89。

合作，可免於刑事處罰，此形同窩裡反條款，在反托拉斯案件發揮相當效果[5][6]。

【案例5】價格壟斷重罪

2001年9月14日臺灣面板廠（LCD）代表在臺北飯店密會，就面板價格定價，之後邀請韓國二面板業聚會水晶會議，持續交換生產製造、供給、需求、交貨及價格資訊，至2006年12月爲止，違反美國反托拉斯法。司法部於2006年底開始調查亞洲八大面板，經查出2001年9月至2006年12月間在水晶會議密商成爲關鍵致命傷，涉案企業有三星、夏普、樂金、友達、奇美、華映、彩晶等，經美國裁罰約13億美元，有多家公司之主管不得不認罪，多名經營群主角赴美服刑。

【案例6】歐盟等重罰LCD價格壟斷

前例之面板業價格壟斷市價中，歐盟等爭相裁罰，日本罰23.2億日圓、歐盟罰6.4892歐元、南韓罰1940億韓圜、中國罰3.53億元人民幣，引起臺灣企業界大震撼。中華法律風險管理學會曾先後邀集大學、企業界、工商團體等舉辦3次法律風險管理研討會，提醒業界不得忽略外國法律風險。

【案例7】DMDN壟斷被重罰

1999年至2002年間，美光、海力大、三星、爾必達、英飛凌等企業因動態隨機存取記憶體（DMDN），經美國政府裁罰7.32億美元，18位高階主管判4月至14月徒刑，25萬美元罰金。外界一直好奇，臺灣企業何以如此欠缺外國法律風險之意識？

【案例8】操縱信用卡等高額和解金

威士公司（Visa）、萬事達卡（MasterCard）和部分銀行業者於2012年7月已同意和美國零售商和解一樁操縱信用卡與簽帳金融卡（debit card）費用訴訟，整體和解金額高達72.5億美元，可能成爲美國史上規模最大的反托拉斯和解案，估計

---

[5] 寬恕政策俗稱窩裡反條款，指聯合行爲的涉案廠商可主動向政府提供相關違法事證或陳述具體違法事實，藉以換取免除或減輕罰鍰。目前全世界已有60多個國家有寬恕政策。美國的寬恕政策只有一家廠商可適用，罰鍰、刑責全免，民事求償則不需3倍賠償，僅須賠償1倍，其他廠商則僅能認罪協商。

[6] 臺灣於2011年在《公平交易法》增列寬恕政策，在《公平交易法》第35條之1亦已納入，主要參考歐盟規範，寬恕類型爲一個免除、三種減輕，前者僅適用第一位提出申請者，未涉及強迫、揭露行爲，已停止聯合行爲，並協助調查；後者減輕幅度則從第一位逐步減至第四位。目前適用之企業尚不多，成效不如預期。

影響美國七百萬家零售商。按消費者刷卡消費時，會出現一筆支應處理信用卡和簽帳卡付費的交換費，費率由信用卡業者設定，但常被發卡銀行從交易費用中扣除，因此這筆成本基本上是轉嫁商家。但威士和萬事達卡長期禁止特約商店向刷卡的消費者收取更多費用，促使零售商控告威士和萬事達卡涉嫌共謀直接或間接透過發卡銀行，禁止特約商店尋找降低信用卡成本的方式，和解案經美國聯邦地方法院批准後，特約商店才能向消費者多收費用。

【案例9】阻止非銀行進入利率交換市場

芝加哥教師退休基金（CTHF）向紐約聯邦法院提起訴訟，指出參與全球利率交換市場的十家大銀行，即高盛、美銀美林、摩根大通、花旗、瑞士信貸、巴克萊、法國巴黎銀行、瑞士銀行、德意志銀行、蘇格蘭皇家銀行以及交易平臺毅聯匯業資本市場（ICAP）和Tradeweb市場公司，在利率交換市場扮演造市商的角色，阻止買方投資人在電子平臺上從事這類交易，成功地阻止非銀行業進入這塊獲利豐厚的市場。根據國際清算銀行（BIS）統計，2016年上半年，全球利率交換市場的名目價值共約320兆美元，明顯阻礙競爭，以獨占地位收取數10億美元之租金利益。

【案例10】收取貨運燃油附加費之反托拉斯法

美國航空貨運承攬人指控航空公司聯合行為，提起團體民事訴訟。2006年美國對全球二十八家航空公司調查，認為2000-2006年收取貨運燃油附加費違反反托拉斯法，亞洲主要公司相繼和解，國內華航以9000萬美元和解，5000萬美元於2013年提列，4000萬美元於2年分三期提列。長榮則以9900萬美元和解，2014年提列8000萬美元，後虧損13.06億元，每股虧損0.4元，2015年影響股利0.15元。

上述案例，是臺灣企業界相當熟悉之案例，其實類似相同之案例還相當多。如臺灣汽車車燈業者2001年至2009年合意共謀，被美國司法部查到，有一家公司認罪，支付500萬美元，董事長判罪服刑。另一家亦認罪，支付4300萬美元，亦被判刑；再如日本汽車零件業者，亦被美國裁罰7.4億美元，多人坐牢；他如羅氏、巴斯夫（BASF）藥廠A、B_2、B_5、C、E等維他命業主之反托拉斯案，美國分別裁罰5億、2.25億美元，而歐盟罰羅氏藥廠4億歐元[7]。

---

[7] 賴清揚、李芃嶢、杜冠傑，〈美國司法部反托拉斯訴訟案例〉，收錄於前註4書，頁93-163。

【案例11】預力鋼腱聯合壟斷

　　歐盟鋼鐵業者在1984年到2002年聯合壟斷預力鋼腱價格，歐盟二十七國中只有英國、愛爾蘭和希臘未受影響， 18年來共集會550次，「涉案的公司通常趁正式貿易會議的空檔在歐洲各地的飯店密會」，歐盟反托拉斯監管當局歐盟執委會說：十七家公司聯手操縱用於混凝土的預力鋼腱（prestressing steel）價格；歐盟（EU）2010年6月乃對包括全球最大鋼鐵製造商阿賽洛米塔爾（ArcelorMittal）在內的十七家鋼鐵業者祭出合計逾5億歐元的罰款，原因是這些業者聯手操縱營建用鋼品價格，阿賽洛米塔爾傷得最重，被罰2.765億歐元。

【案例12】網路搜尋之壟斷

　　自2010年起，歐盟開始調查Google壟斷，認為Google濫用其網路搜尋市場之壟斷地位，消費者上Google線上搜尋產品，最先列出者為Google shopping比價網路結果，其他競爭網站被放在不易看到之頁面低處。另外影響競爭網路內容，不公平限制有往來廣告商、軟體開發商。為導正市場自由競爭，需調查處罰，讓小型網路公司得以與業界鉅子競爭。

　　上述二例，足以證明歐盟對於不公平競爭之行為，亦不遑多讓，嚴正執法，從重處罰。再觀2012年歐盟認定微軟壟斷競爭市場，裁罰18億歐元，可見歐盟重視之程度，國內企業界不能掉以輕心。

【案例13】大陸反壟斷處罰

　　中國大陸自2008年實施反壟斷法以來，多次對外國企業啟動調查，迫使外商配合，於2013年、2014年內，對反壟斷之執法亦相當用心、用力：

	時間	企業	處罰理由	罰款
1	2013年1月	三星、LG等六家企業	市場壟斷	人民幣3.53億元
2	2013年8月	多美滋、雅培等六家乳企	市場價格偏高，限制競爭行為	人民幣6.7億元
3	2015年2月	高通	專利授權費、採購價過高	罰款估計百億元以上
4	2014年2月	六十四家銀行業之機構	銀行違規收費、手續費過高	退費加罰金共人民幣8.25億元

	時間	企業	處罰理由	罰款
5	2014年5月	尼康、蔡司、博士倫等七家眼鏡商	壟斷市場價格，限定轉售價格條款	人民幣1,900萬元
6	2014年9月	汽車產業	銷售、服務、推行價格協議壟斷	克萊斯勒3.1億元 大眾汽車2.49億元

【案例14】汽車壟斷之裁罰

　　2013年6月，中國商務部宣布將對車市存在的壟斷行為啟動調查。8月中，湖北武漢四家寶馬經銷商遭罰共163萬元人民幣（以下同）。對日本住友等八家零組件企業開罰8.3196億元，對日精工等四家軸承企業開罰4.0344億元，為2008年實施「反壟斷法」以來開出的最高罰金。因有自首，透過「寬恕制度」豁免罰金20%至100%。9月對湖北等八家奧迪因涉及警車銷售與服務維修價格壟斷，經銷商罰款2.4858億元及2996萬元。克萊斯勒及其上海三家經銷商也因限定轉售價格、售後價格，分別遭上海物價局處以3168.2萬元、214.21萬元罰款。凸顯北京以反壟斷手段迫使車商降價，修正過去零件維修和車價過高，被視為存在暴利的行為。有識者也提醒半導體、醫療器械業者，會可能成為檢討之重點。

【案例15】反壟斷之處罰

　　2014年開始大陸高舉反壟斷大旗，已開出數十億人民幣罰單。

大陸受矚目反壟斷案件		
名稱	違法案由	罰款金額
日本零組件與軸承企業	汽車零組件企業與軸承企業橫向達成價格壟斷10年	12.35億元
微軟中國	涉嫌濫用市場支配地位	30億元（未確定）
高通[8]	未對外透露，傳與高通和不同手機廠商的專利授權差異化有關	18億元（未確定）

---

[8] 美國手機晶片大廠高通企業涉及壟斷事件也經歐盟調查，向法院控告高通，要求客戶低價售賣並付費要求客戶獨家採用其自家晶片，企圖扼殺市價競爭，已傷害第三代、第四代行動通訊技術傳輸晶片之競爭及創新，以迫使同業退出市場，高通將面臨全球年度營收10%之罰款。我國公平會與韓國公平交易委員會亦調查高通專利技術授權與客戶作法，涉嫌壟斷。

名稱	違法案由	罰款金額
浙江保險行業協會和二十三家省級保險業	涉嫌達成、實施價格壟斷協議	1.1億元

總而言之，反壟斷、反聯合、反密室合作等作法，已成為當今各國紛紛採取之策略，法規之處罰規定也越來越重。國內所有外銷之企業，務必有外國法律風險之知覺，辨識外國法律禁止限制之規範，作做好法律風險迴避工作，避免觸法，陷入訴訟泥沼，影響公司利潤與發展[9]。

二、 反傾銷法律

【案例16】徵收懲罰性關稅

2014年7月13日，美國宣布對臺韓八個國家進口之油與業用鋼管開徵懲罰性關稅2.05至118.32%。

【案例17】徵收傾銷稅

2014年7月25日美國商務部裁定臺灣、中國太陽能、面板傾銷，課徵26.33%至165.04%稅率。

反傾銷稅之課徵旨在保障本國產品，扶植本國產業生存與發展，確保本國產品之競爭力。而對被課徵之進口產品，將相對增加成本與價格，削弱競爭力，迫使外國產品不容易在本國銷售，一旦無利可圖，外國產品可能自動在本國市場退出。是以，世界有許多國家均以反傾銷稅作為貿易戰之手段。

臺灣近幾年被控反傾銷產品有一百二十件以上，8成已被課稅，其範圍包括太陽能、不鏽鋼、輪胎、化工、紡織品等，課徵國家有美國、印度等。而中國被課稅，連帶影響臺灣，如太陽能、不鏽鋼等。是以，臺灣企業界出口時，對於是否符合進口國之雙反規定要予以評量、測定、採取風險避讓措施，防範被課徵雙反稅，

9　陳義揚、賴清揚，〈反托拉斯案件的風險與管理〉，收錄於同前註4書，頁38-39。
施茂林，〈正視反托拉斯法，避讓法律風險〉，中華法律風險管理學會網頁，網址：http://www.lrm.org.tw/index.php?option=com_content&view=article&id=635:2012-05-11-08-41-10&catid=58:review-activities&Itemid=91，最後瀏覽日期：2015年12月30日。

致使無利可圖。

　　所謂傾銷係指以低於正常價格銷售，易言之，即依一般市場狀況，該售價明顯偏低，是傾銷有價格上差異之不公平性存在，亦即買賣價格「較公平價格為低」（less tham fair value, LTFV）。而價格是否低於正常價格，常以相近產品再對照市場價格衡量。亦即以外國製造商之本國市場價格為準，之所以會偏低，常因出口政府有優惠、獎勵條件或予以補貼，造成進口國產業不利之發展，產生實質之傷害[10]。

　　美國「反傾銷法」（antidumping law）基於下列二條件，對來自特定國家的產品課徵額外稅：（一）是美國商務部必須裁定這些產品以「傾銷」價格在美販售；（二）是國際貿易委員會（ITC）裁定進口產品對國內類似產品的製造商可能造成重大損害。反傾銷判決成立，未來進口產品都須付反傾銷稅的現金保證金，且連續5年有效。

　　歐盟近年來，對於傾銷、壟斷事件甚為重視，另對於規避對某國家課徵反傾銷稅及平衡稅之行為，亦積極調查，如查證屬實將課以高額反規避稅率，對企業而言，也是法律風險之一。如歐洲太陽能產業協會（EU ProSun）向歐盟執委會提出控訴，我國與馬來西亞廠商涉嫌將中國大陸太陽能產品違規轉運至歐盟，以規避歐盟對中國大陸所課徵的反傾銷稅及平衡稅，歐盟於2014年5月15日對從中國進口之太陽能玻璃實施反傾銷、反補貼之雙反懲罰性關稅。又歐盟執委會於2015年5月29日啟動調查，臺灣有二十一家主要太陽能電池與模組業，經歐盟調查後，於2015年12月23日公布免課64.9%重稅，安全過關，有利臺灣爭取歐盟客戶。

　　反傾銷稅主要是進口貨物以低於同類貨物之正常價格輸入，致影響進口國之產業，乃課徵適當之反傾銷稅；又進口貨物在輸出或產製國家之製造、生產、銷售、運輸過程，接受財務補助或其他形式之補貼，致損害進口國之產業者，得課徵平衡稅，以保障進口國之產業，此謂之雙反政策，已逐漸為各國所採納，並加強執法力道[11]。當產業被課徵反傾銷稅時，相當不利。以太陽能為例，2012年美國課徵結果，也影響臺灣太陽能界。因此，外銷外國之企業，必須針對進口國之反傾銷稅法

---

[10] 蔣孝剛等，《美國法律18講》，遠流出版，1993年1月初版1刷，頁294、296。

[11] 我國也依《關稅法》第69條第4項規定，訂頒《平衡稅及反傾銷稅課徵實施辦法》，對於進口貨物在輸出或產製國家之製造、生產、銷售、運輸過程，直接或間接受財務補助或其他形式之補貼，致損害中華民國產業者，除微收關稅外，另徵適當平衡稅；又進口貨物低於同類貨物之正常價格輸入，致損害我國產業者，另徵反傾銷稅。

律充分瞭解，採行風險迴避措施，儘量避免被課徵，而帶來嚴重不利影響。

又企業被調查涉嫌反傾銷時，絕不能掉以輕心，需先瞭解調查之事項、方向與重點，評量自己企業之實際情形與可能之風險，進而調整防控對策，諸如減產、減少出口調查國家，轉向其他國家及地區銷售等，並在合適情況下配合調查，提供相關數據以及有利之事證。有關政府補貼乙事，更需提出實際資料駁斥，減少法律風險[12]。

三、 經濟間諜法與法律風險評估

當前全國諸多國家對於產業間諜，偷竊營業祕密、竊取專利發明者，均立法規範，以保障本國產業，維護產業倫理，確保競爭程序，調和公共利益。我國制定《營業秘密法》亦同其理，企業對營運業務有關聯國家之產業間諜法律必須注意防範。

【案例18】當商業間諜在中國被判刑

受僱英國藥廠葛蘭素史克的英人韓飛龍（Peter Humphrey）夫婦，在中國開設諮詢公司，涉嫌非法蒐取200位中國人之個資，轉售予葛蘭素史克等二百五十條以上訊息，經檢察官提起公訴，在法庭上韓飛龍辯稱：提供顧問的服務，有時包含個人資訊，民眾的戶籍資料是透過其他公司取得，知道遊走於灰色地帶，但並不知道透過第三方獲得資料屬非法行為，其妻虞英表示蒐集資料是撰寫報告之一部分，不知不合法。上海第一人民中級法院宣判，韓飛龍除被判刑2年6個月，併科罰金人民幣20萬元，驅逐出境；虞英被判刑2年，併科罰金人民幣15萬元。

美國於1996年10月制定聯邦經濟間諜法（Economic Espionage Act of 1996），對於從事產業間諜之行為明文處罰，其規範對象原則上為美國人，外國人之犯行部分在美國境內實施者亦適用。以發生之案件而言， 2011年共起訴90件，外國人平均判10個月徒刑；2012年1至3月共處以567億美元罰金。其中1997年7月費城聯邦

---

[12] 於2015年間美國鋼鐵（USSC）等六家鋼廠向美國商務部及國際貿易委員會提出申請，控訴中國大陸、印度、義大利、臺灣、南韓等地輸入美國的特定抗腐蝕性（鍍面）鋼品有傾銷行為，造成美國產業損害，要求同時展開傾銷稅及平衡稅調查，臺灣有數家企業在內，11月美國商務部初判定臺廠無補貼情況，12月23日判定臺廠也無傾銷行為不課徵反傾銷稅，至於中國大陸遭判定課徵255.8%，韓國判定課徵2.99%至3.51%。

檢察官起訴第一件經濟間諜案件，被告爲幾位來自臺灣之華人，原委係臺灣一家公司希望進入生物化學領域，發展製藥能力，乃由周姓經理連絡上一位名義爲技術顧問而實爲聯邦調查局幹員，經多次洽談，主要在於想取得防癌新藥「汰癌勝」（Taxol）之製造技術，後周經理、徐組長及何顧問在費城接洽，會議一結束即被逮捕，指控3人「意圖竊取商業祕密」，違反經濟間諜法，後周、何2人陸續認罪，經判處罰金，成爲本法少見前例[13]。

又處罰行爲，主要有二：

（一）竊取他人祕密行為

1. 公司處以500萬元以下罰金。
3. 自然人處以10年以下徒刑或25萬元以下罰金。

（二）為他國竊取美國公司之祕密行為

1. 公司處以1000萬元以下罰金。
2. 自然人得判處15年以下或50萬元以下罰金。

由於進行新經濟間諜行爲，常會有其他之行爲併同進行，例如：竊盜、侵入電腦、竄改程式、詐欺、贓物等行爲，可說是數罪併罰之型態爲多。

四、 行賄罪與法律風險衡量

【案例19】向外國行賄

出產賓士（Mercedes-Benz）的德國知名汽車製造商戴姆勒（Daimler）公司在美國坦承，曾賄賂中國，受賄國包括中國、越南、泰國、俄國、埃及、希臘、匈牙利、印尼、伊拉克、象牙海岸、拉脫維亞、奈及利亞、克羅埃西亞、塞爾維亞、蒙特尼哥羅、波士尼亞、土耳其、土庫曼、烏茲別克等至少二十二國政府官員，以爭取公家合約，認罪後和美國司法部達成庭外和解，繳交1億8500萬美元（約台幣58億9000萬元）罰款。

---

[13] 陶龍生，《善與惡：美國重大刑事審判的故事》，聯合文學出版，2015年1月初版，頁169-175。

【案例20】行賄繳交鉅額罰款脫身

德商大企業近年接連爆發行賄醜聞，西門子公司去年也因賄賂外國官員，在美國繳交8億美元（約臺幣255億元）罰款始得脫身。

按美國聯邦國外行賄法（Foreign Corrupt Practice Act of 1977），對於企業行賄罪有明文規定，其規範對象：包括：（一）美國公司；（二）美國人；（三）美國境內外國人；（四）股票在美國上市公司、在海外向當地官員行賄，而且爲鼓勵舉報，訂有吹哨者條款，凡提供訊息者，得給予獎金10% - 30%。其構成行賄罪者，公司罰200萬美元以下罰金；自然人部分，則判5年以下徒刑，25萬美元以下罰金。

五、 稅捐法

在臺灣企業對於稅捐乙事最爲惶恐，有關課徵、稽徵等程序相當戒愼，連帶在處理會計、財務等作業相對謹愼，儘量依據稅捐法律與稅捐機關之稅務解釋、法令辦理，以免被認爲有逃漏稅捐之情事，帶來諸多法律風險責任，包括補稅、罰鍰、被禁止移轉財產、直接收取稅款、限制出境、查封拍賣財產等，尤其法務部行政署之催收能手優異，成效良好[14]。

聯合國貿易暨發展會議（UNCTAD）表示，企業逃稅導致較貧窮國家1年損失約1000億美元。目前國外多數國家逐漸重視租稅收入，稅捐徵收幾乎已成爲全球大風險。過去流行之租稅獎勵已逐漸在改變，跨國企業不能忽略雙重課稅之壓力。即便擁有雙重國籍者也成爲追稅的對象，肥咖政策已在部分國家實施，而且加強查稅力道，外國稅捐法已成爲個人與企業必須正視之法律風險[15]。

美國2010年通過「肥咖制度」（FATCA），課徵高達30%稅率，風暴立即席捲全球，再加上二十國集團（G20）財長與央行行長會議，納入稅基侵蝕和利潤轉移計畫（BEPS），將無法輕易逃漏稅。又美國總統歐巴馬於2014年1月發表國情咨文，主軸將擺在敦促國會推動稅改，透過對富人與大型金融機構加稅的方式開源徵收稅款，藉此關閉稅制漏洞、提振中產階級所得。徵收稅款提高到28%、課遺產

---

[14] 法務部行政執行署於2006年成立以來，本企業經營理念經營，展現武器多、手段多、速度快、催討緊特性，催收公法債權之成效優異。

[15] 根據南韓央行和政府機關資料顯示，自2007年至2014年，南韓本國大型企業匯至海外避稅天堂資金總額達4324億美元，至2015已追回1583億美元，剩餘部分繼續追討中，也對逃稅之企業裁罰。2012年爲8258億韓圓，2013年增至108兆韓圓。

稅、雙薪家庭減稅500美元、提高教育與育兒等稅務優惠額，均影響外國企業之稅捐負擔。

又跨國企業透過關聯公司與海外交易利用制度漏洞減少繳稅，進行避稅之行為，也成為許多政府調查之對象。如英國在2015年3月對將獲利轉至境外的企業開徵「Google稅」。又如瑞士信貸涉及協助客戶逃稅為美國調查，後與美國司法部磋談和解，包括要求瑞信認罪及16億美元和解，瑞信為減輕此案的影響，成立獨立的CS國際顧問公司（CS International Advisors），並於2014年2月將旗下美國跨境業務轉移到CS，共轉2.42億瑞郎的資產及2.38億瑞郎的債務到CS；又2009年瑞士銀行（UBS）和解類似案件涉嫌協助德國富人海外逃稅，曾支付德國和解金3億歐元，結束追稅調查。

二十個國家為防堵跨國企業避稅，由經濟合作暨發展組織（OECD）訂定國際反避稅行動計畫，並積極制定本國反避稅法案，將陸續上路，中國大陸也重視反避稅法案[16]，美國近年來，對於企業利用海外併購以遷移稅址，以便在境外獲利可享低稅率，透過「盈餘削減」（earnings stripping）之作法，藉此企業內貸款取得稅務優惠，甚為不滿。於2015年11月19日規定新措施，限制企業藉由與外國對手合併把稅籍地轉移至第三國，藉此降低稅負的能力，並且提高併購難度，以降低「稅負倒置」（tax inversions）作法，對運用避稅交易模式有深遠影響。臺灣企業務必有風險意識，充分瞭解各國法令及具體作法，做好租稅規劃，合理分配利潤，減少稅務風險。

【案例21】揭露在澳洲之營收稅額

澳洲政府自2015年起積極推動打擊跨國企業逃稅的措施，澳洲參議院曾在聽證會上調查蘋果（Apple）、Google、輝瑞（Pfizer）和嬌生（Johnson& Johnson）等跨國企業，是否利用複雜的公司結構以減輕稅務負擔，擬於調查報告中公布加以譴責，要求總部設於境外的企業應揭露在澳洲地區的營收、稅額和減稅額。

歐盟於2015年10月21日調查，認為飛雅特自2012年起在盧森堡透過複雜之人為手段，獲得超低稅率，減少稅務負擔達2千萬至3千萬歐元，比應繳的稅款不到20分之一。又荷蘭政府透過稅務規定，自2008年起大幅降低星巴克的稅務負擔，總計

---

[16] 臺灣尚未訂定反避稅法案，有主張政府對外資友善，因此對外國企業無法稽徵到必要稅捐。

讓星巴克減少約2千萬至3千萬歐元的稅款，而星巴克去年的稅後盈餘超過10億歐元，卻只繳了不到60萬歐元的稅。又亞馬遜歐洲總部設在盧森堡，2013年營業額達1360億歐元，只繳7500萬歐元稅款；蘋果公司位於愛爾蘭的歐洲總部，前幾年也出現稅前盈餘250億歐元，也繳不到2000萬歐元的稅。歐盟要求荷蘭與盧森堡政府向飛雅特、星巴克企業追繳2千萬至3千萬元（約臺幣7.3億至11億元）不等稅金。此顯現跨國企業避稅手法違法公平交易法及公平納稅精神，未來跨國企業需慎重考量境外稅負之法律風險問題。

【案例22】證券作空被限制出境

中國A證券公司總裁涉嫌作空，遭辦案單位邊控即限制出境，在自家陽臺以電線自縊，令同業震驚。原來總裁在數月前，曾雄心萬丈在媒體舉辦之金融年會上表示，「互聯網+」是最好的時代，應該增進企業股權投資，透過資本支付實體經濟和新興產業，來獲得更長期、具營利空間的投資回報。權威人士表示此與大陸打擊貪汙有關，但其忽略法律風險更是重點，也未體會遭調查與限制出境之風險。

中國大陸於2013年立案159件，補稅46億人民幣，超過10億者有10件，內含微軟繳1.37億美元。2014年8月13日至19日大陸對汽車業寶馬、賓士零件業NTN、NSK進行反壟斷調查，罰1千至2億元不等。又微軟繼遭到北京反壟斷調查後，另因跨國避稅，補繳8.4億人民幣（約42.3億臺幣），且今後每年還需多繳超過1億人民幣的稅款，成為「中國反避稅第一大案」。另中國於2015年9月創造資金1943億美元外流紀錄，致人民幣貶值壓力增加，中國央行及外匯管理局，正研議引進托賓稅（Tobin Tax），課徵外匯交易稅，企業也需高度重視。

世界各國對於稅捐問題逐漸重視，進行大搶稅運動，跨國企業原先規劃可避稅、節稅，但隨著租稅獎勵漸漸成為過去式，反而容易被雙重課稅，使外國稅捐法律成為必須正視之法律風險課題，企業必須重視租稅管理，密切注意跨國重複課稅相關內容，如移轉訂購、跨國課稅計價、稽徵標準、減免措施、爭議解決機制等，進行功能風險與價值鏈之評量，及早準備與尋求自保之道，作好價值鏈管理，才能增強防禦力。重視利潤、成本符合實質經濟活動，提高資訊高度透明化，講一套各國都適用的故事，不能心存「等送入急診室再救，此時就來不及了」[17]。

---

[17] 逃漏稅捐除涉及行政裁罰外，並涉有刑事犯罪之處罰，已有相當多國家以刑事制裁及從嚴追訴，從重量刑嚇阻逃稅行為，而且一有逃稅之情事，即為不可逆，對企業或個人帶來嚴重之法律風險事件，不可不慎！

六、　本章小結

　　本國企業對於外國法律規範，必須正視遵循，舉其重要者，如反托拉斯、反傾銷、產業間諜、行賄及逃漏稅捐等，均有重罰，企業在經營與在外國交易時，必須要防範此法律風險責任之出現，避免遭受重罰。

本章摘要

　　1. 企業常忽略外國法律風險，造成重大損失，今後需衡量外國法律風險之訊息。

　　2. 世界各國對於壟斷、聯合、干預市場等行為，均依反托拉斯法規定重罰，臺灣企業已飽受其惡果，應痛定思痛，作好法律風險控管工作。

　　3. 臺灣因違反外國反傾銷法律，被裁處高額罰款，未來不能忽略法律風險管理之重要性，採取風險規避行為。

　　4. 產業間諜影響企業之競爭力，美國對從事產業間諜之行為有明確規範，而且外國企業對美國公務員行賄，也有重罰，企業對此需有法律風險之正確認識。

　　5. 全球進行大搶稅，跨國企業容易雙重課稅，擁有雙重國籍者也成為對象。有關外國稅捐法律之風險責任逐漸提升中，必須作好風險規劃。

思考題

❖ 有云：外國的月亮是圓的，對企業而言，外國法律是圓的、扁的，還是方的？有什麼好提防的。

參考文獻

1. 賴清揚，《綁架市場價格的幕後黑手》，五南圖書，2012年9月初版1刷。
2. 陶龍生，《善與惡：美國重大刑事審判的故事》，聯合文學出版，2015年1月初版。
3. 蔣孝剛等，《美國法律18講》，遠流出版，1993年1月初版1刷。
4. 賴清揚，《美國商標案例解析》，五南圖書，2011年9月初版。

5. 楊智傑，《聽美國法律說故事》，博雅書屋有限公司，2008年10月初版。

6. 勞倫斯‧傅利曼著、楊佳陵譯，《美國法導論》，城邦文化事業，2004年3月初版。

7. 勞倫斯‧傅利曼著、吳懿婷譯，《二十世紀美國法律史》，城邦文化事業，2005年2月初版。

8. 陳家駿、羅怡德，《公平交易法與智慧財產權——以專利追索為中心》，五南書局，1989年11月初版。

9. 陳曉峰，《企業知識產權法律風險管理》，中國檢察院，2009年初版。

10. 李小海，《企業法律風險控制》，北京法律出版社，2007年10月初版。

11. 經濟日報電子報（網址：http://edn.udn.com/）。

12. 自由日報電子報（網址：http://www.ltn.com.tw/）。

13. 施茂林，〈上市櫃公司法律風險管理——從司法案例談企業風險實現之效應〉，發表於臺大商學院研討會，2015年8月15日。

14. 施茂林，〈科技發展與法律風險議題〉，逢甲大學科技管理研究所，2013年3月21日。

15. 施茂林，《法律風險管理跨領域融合新論》，五南書局，2014年9月初版2刷。

16. 施茂林演講題材：工商企業法律風險衡量心法、工商業與法律風險評量、工商企業經營與法律風險、上市櫃公司法律風險管理、新興科技發展涉及法律風險之評量、全球化法律發展趨勢與權益保護心法、新科技法律議題。

國家圖書館出版品預行編目資料

法律風險管理：理論與案例／施茂林等著.
--初版.--臺北市：五南圖書出版股份有限
公司, 2016.08
　面；　公分
ISBN 978-957-11-8682-5（平裝）
1.商事法 2.風險管理
587.19　　　　　　　　　　　105011534

1FW8

法律風險管理：理論與案例

作　　　者 ― 施茂林、宋明哲、宋峻杰、陳維鈞

發 行 人 ― 楊榮川

總 經 理 ― 楊士清

總 編 輯 ― 楊秀麗

主　　　編 ― 侯家嵐

責任編輯 ― 侯家嵐

文字校對 ― 陳俐君、王婋家、蘇文聖

封面設計 ― 盧盈良

出 版 者 ― 五南圖書出版股份有限公司

地　　　址：106台北市大安區和平東路二段339號4樓

電　　　話：(02)2705-5066　　　傳　　　真：(02)2706-6100

網　　　址：https://www.wunan.com.tw

電子郵件：wunan@wunan.com.tw

劃撥帳號：01068953

戶　　　名：五南圖書出版股份有限公司

法律顧問　林勝安律師

出版日期　2016年8月初版一刷
　　　　　2023年5月初版三刷

定　　　價　新臺幣760元